教育部人文社会科学重点研究基地重大项目"城乡公共服务均等化机制创新研究"（18JJD630004）最终研究成果

江苏高校哲学社会科学重点研究基地"苏州科技大学城市发展智库"重大专项研究成果

城乡公共服务均等化机制创新研究

田晓明 等著

中国社会科学出版社

图书在版编目（CIP）数据

城乡公共服务均等化机制创新研究 / 田晓明等著. -- 北京：中国社会科学出版社，2024.9. -- ISBN 978-7-5227-3900-7

Ⅰ.D669.3

中国国家版本馆 CIP 数据核字第 2024AP0910 号

出 版 人	赵剑英
责任编辑	彭　丽　涂世斌
责任校对	闫　萃
责任印制	王　超

出　　版	中国社会科学出版社
社　　址	北京鼓楼西大街甲 158 号
邮　　编	100720
网　　址	http://www.csspw.cn
发 行 部	010-84083685
门 市 部	010-84029450
经　　销	新华书店及其他书店

印　　刷	北京明恒达印务有限公司
装　　订	廊坊市广阳区广增装订厂
版　　次	2024 年 9 月第 1 版
印　　次	2024 年 9 月第 1 次印刷

开　　本	787×1092　1/16
印　　张	40.5
插　　页	2
字　　数	623 千字
定　　价	228.00 元

凡购买中国社会科学出版社图书，如有质量问题请与本社营销中心联系调换
电话：010-84083683
版权所有　侵权必究

目 录

导 论 ·· (1)

总 论

第一章 公共服务均等化研究的背景、历史与目标 ················ (17)
  第一节 公共服务均等化研究的基本状况 ······················· (17)
    一 数据来源及研究方法 ··· (18)
    二 统计分析 ··· (18)
    三 公共服务均等化研究领域的研究热点 ······················· (22)
    四 公共服务均等化研究领域的发展路径及研究前沿 ······ (29)
  第二节 城乡一体化发展背景下的公共服务均等化 ············ (33)
    一 乡村与城市及其关系 ··· (34)
    二 公共服务均等化的主要内涵 ····································· (35)
  第三节 中国城乡公共服务的历史演化 ···························· (37)
    一 公共服务分隔格局的产生 ·· (37)
    二 公共服务二元隔离的改革 ·· (39)
    三 公共服务均等化的发展 ·· (42)
  第四节 公共服务均等化：城乡发展的目标向度 ················ (44)
    一 公共服务均等化：政府职能的新要求 ······················· (45)
    二 公共服务均等化的模式与问题 ································· (48)
    三 公共服务均等化的矛盾与问题 ································· (50)
    四 公共服务均等化的新环境 ·· (53)

第二章 城乡公共服务均等化模式分析与机制创新 …………… (63)

第一节 城乡公共服务均等化模式分析——以江苏为例 ……… (64)
  一 调查访谈提纲拟定及调查问卷设计 …………………… (67)
  二 调查对象的选定 ………………………………………… (67)
  三 数据统计分析及讨论 …………………………………… (70)
  四 结论：江苏城乡公共服务均等化"三维模式框架" …… (84)

第二节 城乡公共服务均等化机制创新 ………………………… (90)
  一 江苏"三维模式框架"及其运行机理分析 …………… (91)
  二 城乡公共服务均等化"五位一体"之"经"度
    分析 ………………………………………………………… (98)
  三 城乡公共服务均等化"六级联动"之"纬"度
    分析 ……………………………………………………… (109)

第三节 机制创新实践——城乡公共服务均等化之
    苏州范例 …………………………………………………… (122)
  一 苏州"行动计划"推进城乡公共服务均等化 ………… (123)
  二 苏州"健全财政"保障城乡公共服务均等化 ………… (124)
  三 苏州"供给创新"提升城乡公共服务均等化 ………… (125)
  四 苏州"畅通民意"提高城乡公共服务均等化 ………… (127)
  五 苏州"评估监管"完善城乡公共服务均等化 ………… (128)

第三章 城乡公共服务均等化之助推——公共服务标准化
  研究 …………………………………………………………… (129)

第一节 公共服务标准化概述 …………………………………… (129)
  一 公共服务标准化的理论基础 …………………………… (130)
  二 公共服务标准化相关概念 ……………………………… (134)
  三 公共服务标准化的意义 ………………………………… (139)

第二节 公共服务标准化流程与保障 …………………………… (141)
  一 公共服务标准化建设的前期准备 ……………………… (141)
  二 公共服务标准的制定 …………………………………… (143)
  三 公共服务标准的宣贯与实施 …………………………… (146)
  四 标准体系的维护与改进 ………………………………… (149)

五　公共服务标准化运行保障机制 ……………………………(153)
第三节　公共服务标准化影响机制研究 ………………………………(157)
　一　理论研究进展与思考 ………………………………………(158)
　二　研究假设与理论模型 ………………………………………(162)
　三　实证研究 ……………………………………………………(164)
　四　思考与展望 …………………………………………………(193)
第四节　苏州市城市综合服务标准化创新实践 ………………………(194)
　一　苏州市城市综合服务标准体系总体设计 …………………(194)
　二　公共教育标准化 ……………………………………………(199)
第五节　公共服务标准化促进城乡公共服务均等化的
　　　　机制探析 ……………………………………………………(207)
　一　城乡公共服务标准化建设现状及面临难题 ………………(207)
　二　实现公共服务均等化的路径选择 …………………………(209)
　三　公共服务标准化与均等化的内在逻辑 ……………………(212)
　四　以标准化促进均等化的作用机制 …………………………(213)

分　论

第四章　城乡基础教育发展均衡化研究 ……………………………(219)
第一节　城乡教育发展及其均衡化内涵 ………………………………(220)
　一　教育发展均衡化的相关概念界定 …………………………(220)
　二　教育发展均衡化的理论基础 ………………………………(223)
　三　教育发展均衡化的价值意义 ………………………………(227)
第二节　城乡基础教育发展均衡化 ……………………………………(230)
　一　历史及其发展 ………………………………………………(230)
　二　基础教育的城乡不均衡分析 ………………………………(236)
　三　城乡基础教育均衡化探索——苏州样本 …………………(249)
第三节　中国城乡基础教育发展均衡化的政策思考与
　　　　机制创新 ……………………………………………………(256)
　一　中国城乡教育发展均衡化的政策思考 ……………………(256)
　二　中国城乡基础教育发展均衡化的机制创新 ………………(265)

第五章 城乡基本公共卫生服务均等化研究 (275)

第一节 相关概念的界定 (276)
  一 公共卫生 (276)
  二 基本公共卫生服务 (277)
  三 基本医疗卫生服务均等化 (278)

第二节 中国城乡基本公共卫生服务的发展及现状 (280)
  一 中国基本公共卫生服务的发展 (280)
  二 基本公共卫生服务的内容 (280)
  三 中国基本公共卫生服务的现状分析 (282)

第三节 中国城乡基本公共卫生服务不均等的原因分析 (298)
  一 城乡、区域间经济差异长期存在 (298)
  二 公共财政体制的不完善 (300)
  三 法治体系不完善 (301)
  四 基本公共卫生服务体系不健全 (302)
  五 公共政策制定中民意表达存在问题 (305)

第四节 实现城乡基本公共卫生服务均等化的机制探讨 (306)
  一 协调城乡发展是实现基本公共卫生均等化的现实需求 (307)
  二 改革财政制度是实现基本公共卫生均等化的根本保证 (308)
  三 健全公共卫生法律制度是实现基本公共卫生均等化的有力保障 (310)
  四 完善公共卫生服务供给制度是实现基本公共卫生均等化的有效途径 (312)
  五 建立健全监督评价制度是实现基本公共卫生服务均等化的关键环节 (316)
  六 建立民意表达制度是实现基本公共卫生均等化的内在要求 (317)

第六章 城乡基本社会保障均等化研究 (320)

第一节 城乡基本社会保障均等化之一——最低生活保障 (322)

一　历史及其发展 ………………………………………（322）
　　二　最低生活保障的城乡不均等分析 …………………（324）
　　三　最低生活保障均等化探索——苏州样本 …………（327）
第二节　城乡基本社会保障均等化之二——基本医疗
　　　　保险 ………………………………………………（329）
　　一　历史及其发展 ………………………………………（329）
　　二　基本医疗保险的城乡不均等分析 …………………（332）
　　三　基本医疗保险的均等化探索——苏州样本 ………（334）
第三节　城乡基本社会保障均等化之三——基本养老
　　　　保险 ………………………………………………（337）
　　一　历史及其发展 ………………………………………（337）
　　二　基本养老保险的城乡不均等分析 …………………（339）
　　三　基本养老保险的均等化探索——苏州样本 ………（343）
第四节　城乡基本社会保障均等化之四——基本住房
　　　　保障 ………………………………………………（347）
　　一　历史及其发展 ………………………………………（347）
　　二　基本住房保障制度的城乡不均等分析 ……………（351）
　　三　基本住房保障的均等化探索——苏州样本 ………（354）
第五节　城乡基本社会保障均等化的机制创新 ……………（359）
　　一　构建城乡统一的基本社会保障是公共服务供给
　　　　均等化的目标机制 …………………………………（359）
　　二　法律法规制度是实现基本社会保障均等化的基本
　　　　载体 …………………………………………………（360）
　　三　财政持续投入机制是推动基本社会保障均等化的
　　　　有效动力 ……………………………………………（361）
　　四　民意表达机制是实现城乡基本社会保障均等化的
　　　　有效支撑 ……………………………………………（363）
　　五　监督评价机制是城乡基本社会保障均等化的优化
　　　　手段 …………………………………………………（364）

第七章 城乡基本公共就业服务均等化研究 (366)

第一节 基本公共就业服务与均等化内涵 (366)
一 基本公共就业服务的内涵 (367)
二 基本公共就业服务均等化的内涵 (372)

第二节 基本公共就业服务的历史及发展 (376)
一 历史与发展的三个阶段 (376)
二 均等化快速发展阶段 (380)

第三节 基本公共就业服务城乡不均等分析 (382)
一 基本公共就业服务不均等的表现类型 (382)
二 基本公共就业服务不均等的具体表现 (384)
三 基本公共就业服务城乡不均等分析 (388)

第四节 城乡基本公共就业服务均等化探索：以苏州为样本 (392)
一 苏州公共就业服务体系的基本情况 (392)
二 城乡基本公共就业服务均等化的苏州经验 (396)

第五节 城乡基本公共就业服务系统及瓶颈分析 (402)
一 问题提出 (402)
二 研究方法 (404)
三 结果与分析 (407)
四 公共就业服务系统分析 (419)
五 当前公共就业服务系统的瓶颈分析 (429)

第六节 城乡基本公共就业服务均等化的机制创新 (430)
一 城乡基本公共就业服务均等化建设的机制创新原则 (430)
二 城乡基本公共就业服务均等化建设的机制创新建议 (433)

第八章 城乡基本公共体育服务均等化研究 (439)

第一节 基本公共体育服务均等化的内涵 (439)
一 公共体育服务 (439)
二 基本公共体育服务 (443)

三　基本公共体育服务类型 …………………………………………（446）
四　基本公共体育服务均等化 ………………………………………（448）
第二节　城乡基本公共体育服务均等化之一——学校体育
　　　　教育 ………………………………………………………………（451）
一　历史及其发展 ……………………………………………………（451）
二　学校体育教育的城乡不均等分析 ………………………………（457）
三　城乡学校体育教育的均等化探索——苏州样本 ………（469）
第三节　城乡基本公共体育服务均等化之二——社会体育
　　　　服务 ………………………………………………………………（473）
一　历史及其发展 ……………………………………………………（473）
二　社会体育服务的城乡不均等分析 ………………………………（476）
三　社会体育服务的均等化探索——苏州样本 ……………（478）
第四节　城乡基本公共体育服务均等化的机制创新 …………（483）
一　改革基本公共体育服务财政制度 ………………………………（484）
二　改进基本公共体育服务供给制度 ………………………………（487）
三　健全基本公共体育服务法律制度 ………………………………（489）
四　建立基本公共体育服务民意表达制度 …………………………（490）
五　完善基本公共体育服务监督评价制度 …………………………（492）

第九章　城乡公共文化服务均等化研究 ……………………………（494）

第一节　城乡公共文化服务均等化的政策法规、学术研究和
　　　　社会实践现状 …………………………………………………（495）
一　公共文化服务及其均等化的提出及发展 ………………………（495）
二　公共文化服务均等化的要求和衡量指标 ………………………（500）
三　苏州市公共文化服务均等化发展的三次跃迁 …………………（503）
四　公共文化服务均等化面临的主要挑战 …………………………（507）
第二节　城乡公共文化服务均等化的理论基础和
　　　　价值取向 ………………………………………………………（510）
一　文化是平凡的日常生活 …………………………………………（511）
二　国内公共文化服务的理论依据和价值取向 ……………………（513）

第三节　城乡公共文化服务均等化创新路径之一：
　　　　文化权利的满足 ……………………………………… (519)
　　一　公共阅读服务模式不断创新，公共图书馆可及性
　　　　普遍提高 ……………………………………………… (520)
　　二　公共文化服务精准到位，促进城乡一体化 ………… (523)
　　三　关怀流动人口文化权利，增加城市文化认同 ……… (525)
　　四　创新特殊群体文化服务内容，屡获好评和嘉奖 …… (526)

第四节　城乡公共文化服务均等化创新路径之二：
　　　　文化需求的民意表达与采纳 …………………………… (527)
　　一　建立反馈机制，广开言路倾听民众文化需求 ……… (529)
　　二　创新线上互动渠道，鼓励民众参与公共文化建设 …… (531)

第五节　城乡公共文化服务均等化创新路径之三：
　　　　社会力量参与 …………………………………………… (537)
　　一　社会力量参与公共文化服务的政策支持 …………… (537)
　　二　社会力量参与公共文化服务的途径 ………………… (539)
　　三　创新社会力量参与途径的苏州探索 ………………… (540)

第六节　城乡公共文化服务均等化创新路径之四：
　　　　数字化 …………………………………………………… (549)
　　一　公共数字文化的推进及制度保障 …………………… (550)
　　二　苏州市公共数字文化建设基本情况 ………………… (553)
　　三　公共数字文化服务的创新实验 ……………………… (555)
　　四　数字化展陈尽显文化服务空间现代化 ……………… (557)
　　五　云平台助力公众获取一站式公共文化服务 ………… (558)
　　六　数字化对公共文化服务均等化的积极意义 ………… (559)
　　七　数字化对公共文化服务均等化的局限 ……………… (563)

第七节　城乡公共文化均等化制度保障体系创新 ………… (565)
　　一　政策驱动公共文化服务，完善财政保障机制 ……… (566)
　　二　建立监督评审制度，提升公众满意度 ……………… (568)
　　三　落实公共文化服务法律法规，健全执法检查制度 …… (569)

目录

附录一 城乡公共服务均等化状况调查 …………………………（571）

附录二 城乡公共服务均等化访谈提纲 …………………………（574）

附录三 苏州市综合服务标准化工作调查问卷 …………………（579）

附录四 苏州市综合服务标准化项目调研提纲（1）……………（581）

附录五 苏州市综合服务标准化项目调研提纲（2）……………（582）

附录六 政府服务标准化水平、公共服务效能及城市综合
竞争力调查问卷 ……………………………………（583）

附录七 苏州市地方标准：政府公共服务平台诉求分类与
代码（DB3205）……………………………………（588）

后 记 …………………………………………………………（636）

导　　论

　　对于"公共服务均等化"问题的研究，学界已拥有相当的积累。国外学者从公共产品、福利经济学等多个角度阐释了公共服务均等化的定义。亚当·斯密在《国富论》中就提出了"公共服务应保证公平供给"的观点①。托宾认为，医疗、教育等公共服务应和支付它们的能力一样，实现均等分配②。科尔奈也强调，公共服务的均等性是政府提供公共服务的应尽义务，享受基础教育和医疗是公民的基本权利③。对于公共服务均等化的实施现状，Boyne等从英国的公共服务需求、权利和努力程度进行了分析④。Berman则从人本主义角度，分析了公共服务配置在不同类型人群中的分配过程以及存在的问题与矛盾⑤。对于如何实现公共服务均等化，萨瓦斯建议，公共服务均等化的供给主体应该民营化，在政府和私人机构相互竞争的过程中提高公共服务的供给效率⑥。

---

　　① 参见韩增林、李彬、张坤领《中国城乡基本公共服务均等化及其空间格局分析》，《地理研究》2015年第11期。
　　② 参见廉永生《农村公共文化服务体系文献研究综述》，《经济研究导刊》2013年第2期。
　　③ [匈牙利]雅诺什·科尔奈、翁笙和：《转轨中的福利、选择和一致性：东欧国家卫生部门改革》，罗淑锦等译，中信出版社2003年版。
　　④ 参见韩增林、李彬、张坤领《中国城乡基本公共服务均等化及其空间格局分析》，《地理研究》2015年第11期。
　　⑤ 参见韩增林、李彬、张坤领《中国城乡基本公共服务均等化及其空间格局分析》，《地理研究》2015年第11期。
　　⑥ 孔营：《公共服务民营化的理论逻辑与实践反思——萨瓦斯民营化理论评述》，《观察与思考》2017年第5期。

国内学界对公共服务均等化的关注，始于21世纪初，近十年来成为一个理论热点问题。王德炎从城市和乡村的视角分析，认为城乡公共服务均等化是指农民作为一国的平等公民，在财政待遇、享受政府提供的基本公共服务时与城镇居民大体一致①。曾保根则从基本公共服务的视角分析，将其划分为：基本公共服务体制、基本公共服务法制、基本公共服务机制，认为公共服务体制是基本公共服务制度体系中最为重要的组成部分，直接影响均等化的实现程度，包括公共财政制度和户籍制度等②。高军提到要实现公共服务均等化，就要使全体社会成员享有基本公共服务的机会均等、结果大体相等，同时尊重社会成员的自由选择权③。因此，城乡公共服务均等化是以政府为主体、农村为重点，在城乡间合理配置公共服务资源，向城乡居民提供与其需求相适应、不同阶段具有不同标准、最终大致均等的公共服务，使城乡居民在享受公共服务的数量、质量和可及性方面都大体相当。对于推进城乡公共服务均等化的制度困境，张莹认为，城乡二元结构的制约、城乡户籍制度的限制以及现行法律关于城乡居民权利某些不合理的规定、城乡之间社会治理能力的差距是造成不均等化的原因④。翟秋阳和崔光胜认为，除了城乡二元结构下农民的弱势地位外，公共服务财政支出的"城市偏好"和偏重经济指标忽视公共服务指标的官员政绩考核体系也是造成不均等的重要原因；他提出采取打好"政策组合拳"，提高农民在公共服务决策上的参与度和话语权，建立纵向财政转移支付制度为主和横向援助制度为辅的公共财政服务制度和合理的官员考核机制、农村公共服务需求瞄准机制等措施加以解决⑤。徐

---

① 王德炎：《我国城乡基本公共服务均等化的现状及实现途径》，《商业时代》2010年第19期。

② 曾保根：《公平正义取向下推进基本公共服务均等化的制度创新研究——以体制、机制和法制为视角》，博士学位论文，华中师范大学，2012年。

③ 高军：《城乡公共服务均等化论纲》，《理论导刊》2012年第10期。

④ 张莹：《城乡公共服务均等化制度障碍与破解——基于社会结构和治理能力的视角》，《人民论坛》2014年第34期。

⑤ 翟秋阳、崔光胜：《我国城乡基本公共服务均等化研究——基于东、中、西部若干省市的比较分析》，《求实》2015年第7期。

丽杰则建议，通过强化政府职责，完善公共服务法律体系，加大公共服务建设力度，合理划分中央和地方的财权事权，加大中央和省级财政的转移支付力度弥补地方财力不足，通过撤村建区等方式促进人口集聚，通过规模集聚效应，降低基本公共服务供给成本来实现公共服务的均等化[1]。项继权和王明为则专门从财政角度对均等化的实现路径进行了分析，他认为可以通过一事一议财政奖补政策，将财政资金和公共资源投入农民最迫切需要的公共事业建设中、将中央投入与地方分级配套结合起来[2]。李斌等人认为，中央政府应加大对地方民生财政支出的管理力度，既要通过法律规范地方政府的民生财政开支走向，同时中央政府也应积极调整发展战略，完善官员政绩考核体制，为城乡公共服务的均等化发展奠定体制基础[3]。从文献研读来看，无论在原因分析方面，还是路径分析方面，尽管对城乡公共服务均等化的研究成果比较丰富，但存在两个方面的不足：要么仅仅就一个问题探究而显得比较单一，要么仅仅基于国家政策的解读而显得比较宽泛。此外，城乡公共服务均等化问题不仅隐含着城市和乡村的差异，而且还隐含着区域之间发展不平衡等问题，既有研究成果在这些方面也缺少深度的探究。

从中国现实来看，在2012年，时任国务院总理温家宝主持召开国务院常务会议，讨论通过了《国家基本公共服务体系"十二五"规划》，该《规划》明确了"十二五"期间基本公共服务体系的范围和重点，其中涉及公共教育、就业服务、社会保障、医疗卫生、人口计生、公共文化、基础设施、住房保障、环境保护九个方面。2016年至2020年是"十三五"时期，也是我国决胜全面建成小康社会的关键时期，国家发布的《"十三五"推进基本公共服务均等化规划》也以"均等化"为核心，以实现公平正义为根本目的，首次搭建基本

---

[1] 徐丽杰：《中国经济新常态下推动城乡一体化发展的新策略》，《税务与经济》2016年第1期。
[2] 项继权、王明为：《新型城镇化：发展战略、动力机制与创新突破》，《城市观察》2015年第5期。
[3] 李斌、李拓、朱业：《公共服务均等化、民生财政支出与城市化——基于中国286个城市面板数据的动态空间计量检验》，《中国软科学》2015年第6期。

公共服务制度框架。2021年至2025年是"十四五"时期，国家颁布的《"十四五"公共服务规划》中明确了以标准化推进基本公共服务均等化的路径与具体任务，确定了补齐基本公共服务短板的重点领域与任务，提出了完善推进基本公共服务均等化机制的具体举措，有利于引导各地更加注重加强普惠性、基础性、兜底性民生建设，对照中央要求精准查缺补漏，优化资源配置，推动基本公共服务均等化水平明显提高，为扎实推进共同富裕提供有力支撑。就我国目前阶段而言，最核心、最重要的内容表现为城乡之间的公共服务均等化问题。城市和乡村是两种不同的社会和经济形态。长期以来，无论是思维习惯、还是生活方式以及关系形态，农村和城市都呈现出相互区隔、分割，有时候甚至处于对立的状态。同时，随着经济社会的发展，二者之间又存在着越来越密切的内在联系，彼此的依赖性和互补性越来越强，逐渐形成一种相互促进的良性互动模式和共生关系。从政府职能和公共性价值来说，公共服务均等化是城乡关系的一种必然趋势。但是，这种均等化并不意味着要消灭城乡差异，而是指城乡之间更好地相互促进、协调发展和资源统筹。

结合对国家政策精神的研读，我们在梳理和研读学界相关既有理论研究成果时，密切关注了这样几个关键词：一是"差异性"；二是"公共性"；三是"均等性"；四是"操作性"。我们发现，就"差异性"而言，城乡公共服务之差异不仅表现为城乡之间的差异，而且表现为区域之间的差异，即便是公共服务各个领域的内容也不尽相同，甚至差异性很大；就"公共性"而言，这里不仅意味着政府必须为民服务的责任和担当，而且隐含着对公民合法、正当的基本权益保护以及对社会公平正义的坚守，其"公共性"特征还体现在共享特点和共同参与等方面；就"均等性"而言，最直观的就是城市与乡村的非均等（其实还有不同区域之间的均衡、协调问题等），尽管城市和乡村的差异客观存在，但我们所主张和强调的城乡公共服务均等化，并不是简单意义上的平均化。从法理上讲，公平有起点公平、过程公平和结果公平。事实上，在社会生活中，我们很难甚至无法做到起点公平和结果公平，过程公平可能是我们主要甚至唯一能够做到的，而过程公平具体表现在"规则公平"，这里包含着机会公平、制度公平等诸多方面的内容。因此，城乡公共服务均等化在本质意义上就是"规则公平"。从"操作性"来看，有效实施和平稳推进城乡公共服务均等化，必须依托相对统一的标准。事实上，实施标准化是实现均等化的标尺和依托，只有基于城乡公共服务均等化实践探索的总结和提炼，并形成相对统一的标准，才能有效规避既往实践探索中曾经遭遇的挫折或失败风险，使实践探索的成功经验得以巩固，指导和助推未来事业的可持续发展，并对其他区域、其他领域发挥示范效应，最终实现城乡平衡、地区平衡、行业均衡的发展愿景。

基于这样的基本理解和研究初念，我们在本书设计时确立了三个研究目标：一是理论梳理和分析；二是模式分析与机制创新研究；三是标准化研究。

首先，基于政治学、经济学、社会学、管理学等不同学科既有的相关理论研究成果，我们对公共服务均等化的内涵进行全面梳理和对比剖析，以求对公共服务均等化研究的历史背景、现实状况、热点问题等内容拥有比较全面的了解和把握。在此基础上，以机制创新为切入点，基于问题导向，对现有的城乡公共服务现状进行质性和量化的分析，充分挖掘影响城乡公共服务均等化的体制障碍与制度诱因，系统探讨实现公共服务均等化的具体目标及评价标准，就如何实现城乡基本公共服务均等化机制创新提供工具性和价值性的理论支持。具体而言，我们运用 CiteSpace 软件对中国学术期刊网络出版总库（CNKI）相关数据进行系统分析（如发文量、发文机构、研究者以及研究内容聚焦等方面的分析），并以可视化方式呈现中国学界有关公共服务均等化研究的基本现状。据此明晰城乡公共服务均等化的概念理解，并系统梳理和深入分析中国城乡公共服务的发展历史，探索性地提出公共服务均等化的城乡发展目标向度。我们寄望，通过这些跨界研究工作的开展，进一步丰富城乡公共服务均等化理论研究成果。

其次，拟构建"五位一体"（即"改革财政制度、服务供给制度、民意表达制度、监督评价制度、健全法律制度"）和"六级联动"（即"城乡基础教育、城乡医疗、城乡就业、城乡社会保障、城乡基础设施、城乡公共文化"）的城乡公共服务均等化运行机制，这是本书设计之初的主要目的和愿景，也是本书的核心内容之一。

我们在本书设计之初，就曾围绕"城乡一体化进程中公共服务均等化"主题，对公共教育（如幼儿园、中小学教育等）、就业服务（如提供就业信息、职业介绍、职业培训等）、社会保障（如最低生活保障、养老、工伤、失业保险等）、医疗卫生（如医疗保险、医疗服务等）、住房保障（如住房公积金制度、廉租房、公租房等）、公共文化（如广播电视、图书室、农村文化娱乐等）、基础设施（如交通建设、供水供电、体育设施等）、环境保护（如绿化、污水处理等）、人口计生（如生育保险、计生检查等）和公共安全（如社会治安等）十个城乡公共服务领域进行了实地访谈调研，分别在苏南地区、苏中地区和苏北地区各选取一些乡镇（如苏州市高新区浒墅关镇、南通市如皋市石庄镇、连云港市浦南镇等）进行了问卷调查和实地深度访谈，获取了大量调查数据和20多万字的原始访谈素材，这无疑是本书研究的重要基础和有力支撑。通过数据分析和素材研读，我们不仅基本掌握了乡镇居民对城乡公共服务均等化的重要性理解、进展认知程度以及满意度状况，而且对苏南、苏中和苏北地区城乡公共服务均等化实践进行了模式化总结和凝练，即苏南地区"内生综合型"模式、苏中地区"多向应对型"模式和苏北地区"后发赶超型"模式。这三种模式很好地印证了城乡公共服务均等化与所在地区经济社会发展状况的高度相关。调查访谈发现，随着经济社会发展，所在地区公共服务均等化所面临的问题不尽相同，甚至差异很大，比如说，关于环境保护的问题，经济高度发达的苏南地区所面临的环保问题十分严峻，这种严峻性不仅表现在因为其经济高速发展初期，由于忽视环境保护甚至以牺牲自然资源来换取经济效益等问题，导致自然生态环境被严重破坏（如环太湖地区因化工产业集聚、人工养殖等而导致太湖大面积出现蓝藻现象等），而且表现为经济社会高度发展之后，人民对美好生态环境的热切期盼和强烈愿望。相比之下，经济相对滞后的苏北地区，当地的政府和居民尚未意识到环境保护的重要性，其主要兴趣依旧在经济发展速度和指标方面，甚至不加选择地将正在困扰苏南地区环境保护并亟待关闭的诸多化工企业引进到本地，以完成政府下达的"招商引资"硬性指标任务。因此说，城乡公共服务均等化不仅是城乡之间均等化，而且还包含着不同地区、不同领域、不同历史发展阶段等诸多关系的相对均等化。

应该说，对一线工作实践进行总结和凝练是深入开展社会科学研究的前提条件和重要基础。但是，从本质意义上讲，这种基于现实的模式化总结还只是一种描述性的提炼。具体到城乡公共服务均等化研究这一主题，如何在实践总结基础上，进一步创新城乡公共服务均等化机制，借以有效指导实践、维系可持续发展，便成为我们又一个学术关注。换言之，这也就是本书设计之目的和初念。

基于对江苏样本的实地考察和实证分析结果，我们总结和概括了基层乡镇政府所面临的自上而下的上级政府政绩期待、自下而上的社会民众需求以及自身职业生涯发展焦虑等多重压力及其原因，系统分析了与之高度相关的基层乡镇政府所面临的三种困境，即价值取向的纠结与冲突导致政府功能定位和干部角色定位的模糊、供给能力的不足导致资源获取的焦虑以及需求主体的多重压力导致履职动力的不足。在此基础上，系统研读和深刻领会国家文件精神，并从政府职能转变和角色转换、供给能力提升、履职动力强化等方面，确定从财政改革制度、服务供给制度、民意表达制度、监督评价制度、健全法律制度五个方面入手（即"五位一体"），聚焦城乡基础教育发展、城乡公共医疗服务、城乡社会保障服务、城乡公共就业服务、城乡公共基础设施、城乡公共文化服务六个具有"共性"或代表意义的城乡公共服务领域（即"六级联动"）作为关注重点进行研究，试图构建一种新型的城乡公共服务均等化机制。简言之，即以"五位一体"为"经"，"六级联动"为"纬"，分别进行有针对性的分析和研究，力求寻找能够统筹协调解决现实难题的有效方法，指导政府完善相关机制，提升公共服务水平，消除公共服务均等化的机制性障碍。我们寄望，通过这些研究工作的开展，构建"五位一体""六级联动"公共服务均等化机制创新模型。

最后，系统开展公共服务标准化研究，探索以公共服务标准化助推城乡公共服务均等化的方法和路径。为何本书引入公共服务标准化研究且作为创新点之一？我们基于这样的思考。由于公共服务的外溢性、各级政府信息不对称以及多层分权的投入——产出低效率等多种因素影响，导致公共服务供给呈现碎片化困境。① 为此，国家开启了以顶层设计和制度规范为主的公共服务供给标准化制定工作。公共服务标准化是指政府为满足公民公共需求、取得最佳秩序与社会效益，在公共服务实践中对于重复性的行为、技术和产品通过制定、颁布、实施标准，达到统一的活动过程。公共服务标准化的核心目标是统一和协调，既要对国家标准的制定进行统一，还要对地方标准的实施进行协调。"统一"是制定一定时期内较为稳定、一致、普遍适用的标准和规范，以此作为公共服务供给的顶层保障；"协调"则强调对地方标准的制定和实施，地方标准相对趋于稳定的国家标准而言更突出公共服务供给的动态性，因此宏观层面应当结合各地区的地域特点、城镇化程度、公共服务资源、居民群体特点等实际情况制定相对差别化的标准，明确各地区、各部门公共服务供给的具体程序，保证地方政府可以按照中央政府所制定的国家标准和地方标准相结合进行实施。当前，国家发展和改革委员会会同教育部、卫生健康委等20个部门，共同研究起草了《国家基本公共服务标准（2021年版）》，明确了现阶段国家提供基本公共服务项目的基础标准，成为各级政府履行基本公共服务职责和人民享有相应权利的依据。② 我们认为，公共服务标准化、均等化是加快完善公共服务体系的首要任务，但"标准化"与"均等化"并非是并列关系，而是手段与目标、过程与结果的关系。均等化是标准化建设的目标和核心原则，是标准化建设的核心伦理价值所在，而标准化则是贯彻均等化理念和原则、实现各阶段具体均等化目标的直接有效手段和可行现实路径。因此，公共服务标准化不仅是实现公共服务均等化的标尺，也是助推公共服务均等化的依托。正是基于这样的理解和思考，我们主要参与了苏州市综合服务标准化建设工作，拥有了比较系统的理论研究成果和实践探索经验积累，这使我们萌生了"标准化助推均等化"的研究初念，并借此作为本书研究目标和创新点

---

① 刘银喜、赵子昕、赵淼：《标准化、均等化、精细化：公共服务整体性模式及运行机理》，《中国行政管理》2019年第8期。
② 《以标准化推动基本公共服务均等化——国家发展改革委有关负责同志就〈国家基本公共服务标准（2021年版）〉答记者问》，《宏观经济管理》2021年第5期。

之一。我们以苏州市为个案，① 通过文献研读、问卷调查、案例分析等方法，获取到大量数据和资讯，借此对公共服务标准化等系列相关概念进行梳理和分析，对公共服务标准化指标制定流程和运行保障机制进行了分析和探索，并基于苏州市公共服务标准化水平、公共服务效能、城市综合竞争力以及居民满意度等调查数据，对苏州市公共服务标准化影响机制进行了系统而深入的实证分析，得出了比较可靠的研究结论。事实上，苏州市综合标准化建设工作不仅有效提高政府工作效能，而且大力提升了城市综合竞争力和影响力。苏州市作为全国首个"综合服务标准化"试点单位，通过公共服务标准化工作的逐步落实，成功建立了一系列"苏式服务"品牌，形成了具有示范意义、可借鉴的"苏州标准"。2020 年，我们为苏州市人民政府研制了《政府公共服务平台诉求分类与代码》（苏州市地方标准，编号：DB3205；发布时间：2020 年 9 月 21 日。见附录七）。苏州市标准化建设成功实践证明，加强标准化建设不仅可以有效提高政府服务效能，而且可以显著提升城市综合竞争力。可以预见，在推进城乡公共服务均等化过程中，加强标准化建设将不失为可以依托的有效手段和方法；对标准化建设的理论研究成果也必将成为助推城乡公共服务均等化的有效理论支持。我们寄望，通过公共服务标准化实证研究，并以苏州市综合服务标准化工作经验为指导，依据区域特色、城乡差异探索适合在苏州甚至在全国范围推广的城乡公共服务均等化机制。

以上三方面的研究内容，是本书设计之初所确立的三个主要研究目标，也是本书最终研究成果的主体部分，我们将这三方面研究内容汇总成本书最终研究成果之"总论"（即第一章至第三章）。

---

① 该专题研究主要采用问卷调查的方法，选取苏州市内的公共服务单位与组织，调查对象涉及公共安全、公共教育、公共安全、公共教育、公共卫生与基本医疗、社会保障、公共基础设施与公共事业、环境保护公共服务、公共信息服务、公共文化和体育服务、公共科技服务 11 大公共服务大领域及旅游、金融、物流和服务外包 4 大现代专业服务领域。共发放问卷 1800 份，回收 1800 份，回收率 100%，其中有效问卷 850 份，回收问卷的有效率为 47.2%。该专题研究之主要阶段性成果为一份调研报告（30 万字）及研制了《政府公共服务平台诉求分类与代码》（苏州市地方标准，编号：DB3205；发布时间：2020 年 9 月 21 日）。

在本书研究的具体实施过程中,得到了苏州市政府相关部门及其所辖地方基层政府的大力支持,因此,课题组获得了大量城市和乡镇实地调查访谈第一手原始素材(20多万字)、调查数据以及丰富的二手数据资料。在此基础上,我们分别形成了"城乡基础教育发展均等化研究""城乡基本公共卫生服务均等化研究""城乡基本社会保障均等化研究""城乡基本公共就业服务均等化研究""城乡公共体育服务均等化研究""公共文化服务均等化研究"六份研究报告,这些系列研究报告已经提交苏州市人民政府研究室,并获得了充分肯定。这些研究报告不仅是对拥有相对成功的苏州市城乡公共服务均等化的经验总结,也有融合了国内其他地区一些成功实践经验、理论探索成果的比较分析,为地方政府有效、稳步推进城乡公共服务均等化工作可持续发展提供了比较可靠的决策咨询理论依据。为了保证本书最终研究成果表达的完整性,我们将这些系列研究报告作为本书最终研究成果之"分论"予以呈现(即第四章至第九章)。"分论"之六章内容,主要以苏州为样本,比较全面、深入地分析了"五位一体、六级联动"新机制所包含的公共教育、就业服务、社会保障、医疗卫生、公共文化等城乡公共服务均等化的基本内涵、基本经验以及制度保障、机制创新。这样的安排,比较直观地呈现了苏州市城乡公共服务均等化之状况及经验,不仅有效支撑了"总论"部分,而且从"总论"与"分论"之间的逻辑关系中,也可以领略到城乡公共服务均等化"一般"与"特殊"、"面"与"点"的关系。

"分论"之具体内容如下:

一是关于城乡基础教育发展均衡化问题(即"第四章")。① 教育是一种重要的基本公共服务,而现实中却又不是一种纯粹的公共服务,

---

① 本书研究之主题系公共服务均等化,教育尤其是基础教育与医疗卫生、社会保障、文化事业、住房保障等一样,也属于公共服务范畴。但在教育研究的学术语境中,一般不用"教育均等化"的提法,而主张"教育均衡化",因为一方面教育作为一项公共活动,需要保持自身不断进步和发展;另一方面作为民族国家的责任,还需要促进人的全面发展,这里既包含了静态意义上的均等,也蕴含着动态意义上的平衡。因此,本书第四章所聚焦的"城乡基础教育均衡化研究"中所指之"均衡化"等同于其他章节的"均等化",特此说明。

而是"一种准公共性服务产品"①。教育的"准公共性产品"定位在根本上是由教育发展的不均衡、教育资源的不充分、教育过程的有限性和教育结果的不公平等因素共同导致的。为破解这个问题，保障教育"纯粹公共性产品"的应然定位，就需要促进教育均衡发展、配置充分的教育资源、提供足够的教育机会、实现公平的教育结果。本章聚焦教育发展均衡化问题，主要探究教育均衡发展的理性内涵、理论基础、发展历程、现实教育不均衡发展的问题及原因，以及促进教育均衡发展的实践建议与现实路径等。

二是关于城乡基本公共卫生服务均等化问题（即"第五章"）。公共卫生服务均等化是公共服务均等化内涵中的一个重要子集，政府和社会的高度关注，"没有全民健康，就没有全面小康"，补上城乡和地区医疗服务"短板"，持续推进落实"大卫生""大健康"政策，建设健康中国已上升为国家战略。然而，公共卫生服务均等化工作目前存在着城乡、地区经济发展水平和卫生投入不均、专项财政转移支付不科学、基本卫生服务体系不完善等一系列压力，极大掣肘着群众满意度的提高。同时，政府也在公共卫生服务均等化供给过程中暴露出来了诸如相关制度缺位、能力缺位、手段缺位、意识缺位的一系列问题，严重制约了相关民生改革目标的实现，乃至国家社会治理能力和治理体系现代化的进程。本章将聚焦以上系列问题，系统梳理我国公共卫生服务历史发展脉络和现实状况，对公共卫生服务不均等之原因进行详细分析，并以苏州市为例，对其基本医疗保险体系中制度模式之城乡差异、财政投入制度城乡不均等以及管理体制的问题进行了全面剖析，梳理其基本医疗保险的历史发展过程，并从中总结和提炼出苏州经验。在此基础上，提出了公共卫生服务均等化机制创新的建议。

三是关于城乡基本社会保障均等化问题（即"第六章"）。对"基本社会保障"的认识，可以从人的基本需求出发，包括基本的营养健康需求、基本卫生保健需求、基本的住所安全需求、基本医疗服务需求、基本的老年服务需求等。对于满足上述基本需求有困难的社会成

---

① ［美］詹姆斯·M. 布坎南：《公共财政》，赵锡军、张成福等译，中国财政经济出版社1991年版，第54—96页。

员，由国家出面对其提供相应的保障。因此，基本社会保障是一种普遍的、底线的保障，其责任主体是政府。本章将聚焦研究内容主要包括最低生活保障、基本养老保险、基本医疗保险和基本住房保障四个方面，并以苏州为样本，分别进行详细分析。在此基础上，从公共服务供给、制度创新与安排、财政投入等方面提出了推动基本社会保障均等化的机制创新建议。

四是关于城乡公共就业服务均等化问题（即"第七章"）。就业是民生之本，党中央长期坚持就业优先战略。为城乡居民提供均等化的公共就业服务是各地政府深入贯彻"就业优先战略"的重要体现，也是"积极开展各项就业工作"的重中之重。目前，我国公共就业服务工作的不均等现象依然突出，主要表现为"区域不均等"和"城乡不均等"。相比"区域不均等"，公共就业服务上的"城乡不均等"现象更为普遍，也更能说明非经济因素（如机制设置不合理等）所带来的问题。试图促进政府更充分地落实"为所有公民提供均等化基本公共就业服务"的职责，就有必要梳理我国城乡公共就业服务均等化发展的现状，剖析我国公共就业服务系统的要素与结构，厘清目前"导致城乡公共就业不均等化现象产生"的短板和瓶颈的深层次原因，本章采用扎根理论进行系统的质性研究，并在此基础上提出一些有针对性的对策和建议，以促进城乡公共就业服务的机制创新与可持续发展。

五是关于城乡公共体育服务均等化问题（即"第八章"）。[①] 公共

---

① 世界银行对基础设施的界定较具权威性，得到学术界的普遍认可。它将基础设施的种类分为经济基础设施和社会基础设施。前者是支持物质生产过程的基础设施，包括供水系统、排水系统、邮政系统、运输系统和能源供应系统。后者是产生间接影响、改善人民福利的基础设施，包括卫生系统、文化系统、教育系统、福利设施和环境系统等。国内学者对基础设施的研究始于20世纪80年代，一般将基础设施分为广义和狭义来研究，广义的基础设施不仅有如交通、通信、电力、水利、环境等，还包含教育、医疗、文化、体育等，狭义的基础设施则主要是交通运输、能源电力、给排水等方面。鉴于我国城乡一体化政策的推进，公共基础设施投资主体的多样性和复杂性，加之课题组在调查访谈时，敏感注意到居民对于基础设施的理解往往习惯性地理解为公共体育设施建设，因此，我们便选择了公共体育设施建设作为研究的关注点，借此考察乡镇居民对公共基础设施的满意度、感知度和重要性认识。这是研究计划的局部调整，特此说明。

体育服务是公共服务体系中的重要内容之一，也是公民健康的基础。"它以满足社会公众的体育需求为逻辑出发点，旨在促进人的全面发展，包括人的基本体育需求的满足，人的身体素质和健康水平的提高，以及人的潜能的充分发挥。"[①]《"健康中国2030"规划纲要》中指出，"推进健康中国建设，是全面建成小康社会、基本实现社会主义现代化的重要基础，是全面提升中华民族健康素质、实现人民健康与经济社会协调发展的国家战略，是积极参与全球健康治理、履行2030年可持续发展议程国际承诺的重大举措"。因此，对城乡基本公共体育服务的研究至关重要。本章以苏州市为例，从学校体育教育和社会体育服务两个方面全面分析了城乡公共体育服务不均等现象的深层原因，并从财政制度、供给制度、法律制度、民意表达制度和监督评价制度五个方面提出了城乡公共体育服务均等化机制创新的建议。

六是关于公共文化服务均等化问题（即"第九章"）。公共文化服务和公共文化标准化、均等化概念于21世纪以来相继提出，并以学术研究、公共文化服务政策和社会实践三线并进加以推进。首先，从国家层面看，国务院、文化和旅游部等通过政策法规强势推行基本公共文化服务标准化、均等化和公共文化服务体系；其次，从地方政府看，地方政府积极投入公共文化服务设施建设、公益文化产品提供，在实施基本公共文化服务十多年后很大限度上改善了基层公共文化服务匮乏和失衡的情况，在经济和文化发达地区，公共文化服务已进入现代化和高质量发展阶段；最后，从公共文化服务运行机制看，与国家层面政策指导和落地实施的力度相比，公共文化服务研究更多停留在政策解读和社会实践经验总结上，具有中国特色的理论建构和探索比较薄弱，也落后于社会实践。此外，本章还从文化权利的满足、文化需求的表达与采纳、社会力量参与以及数字化四个方面，对公共文化服务均等化创新路径选择进行了探索和总结。

---

① 曹可强、俞琳：《公共体育服务：体系构建、机制创新与制度安排》，北京体育大学出版社2013年版，第10页。

总　论

第一章　公共服务均等化研究的背景、历史与目标

第二章　城乡公共服务均等化模式分析与机制创新

第三章　城乡公共服务均等化之助推——公共服务标准化研究

第一章 公共服务均等化研究的背景、历史与目标

党的十九届四中全会强调,完善公共服务体系,推进基本公共服务均等化、可及性。就我国目前阶段而言,最核心、最重要的内容表现为城乡之间的公共服务均等化问题。乡村和城市是两种不同的社会和经济形态。长期以来,无论是思维习惯,还是生活方式以及关系形态,农村和城市都呈现出相互区隔、分割,有时候甚至处于对立的状态。同时,我们也发现,随着经济社会的发展,二者之间又存在着越来越密切的内在联系,彼此的依赖性和互补性越来越强,逐渐形成一种相互促进的良性互动模式和共生关系。从政府职能和公共性价值来说,公共服务均等化是城乡关系的一种必然趋势。但是,这种均等化并不意味着要消灭城乡差异,而是指城乡之间更好地相互促进、协调发展和资源统筹。可以说,公共服务的均等化既是城乡一体化发展的必然结果,也是检验城乡一体化是否真正实现的重要标志。

第一节 公共服务均等化研究的基本状况

改革开放以来,尤其是近十几年来,公共服务均等化一直是学界高度关注的热点问题,为了更好地把握现有的研究状况,我们对相关研究文献进行了比较详尽的梳理和总结。

一 数据来源及研究方法

1. 数据来源

本书的数据来自中国学术期刊网络出版总库（CNKI），通过"高级检索"，以"公共服务均等化"为主题词，选择文献类别为"核心期刊"，检索出相关文献3004条，经过阅读和对比筛选，将指导意见、专家解读、新闻报道、项目简介、规划公告等非研究类文献予以剔除，最终保留了2910条相对有效的文献，作为本书知识图谱分析的研究基础，操作时间为2020年2月9日。

2. 研究方法

本书采用的分析工具是CiteSpace软件。CiteSpace软件是由美国德雷塞尔大学陈超美博士开发出来的网络可视化工具。CiteSpace软件可以对某一研究领域中的大量文献进行科学的分析，通过一种可视化的方式呈现科学知识的结构、规律和分布情况，帮助我们更加直观地了解该领域的研究前沿、研究热点和研究演变等。本书先将筛选出来的文献以"refworks"格式导出，在获取CiteSpace能够识别的文献类型后，运行CiteSpace.5.5.R2软件，将文献导入，设置"Time Slicing = 2001 – 2020""Years Per Slice = 2"，在"Selection Criteria"中选择"Top N = 50""Threshold Interpolation = (2, 2, 20); (4, 3, 20); (4, 3, 20)"，之后分别选取"作者"（author）、"机构"（institution）、"关键词"（keyword）为网络节点类型，依次进行相应的作者共现分析、机构共现分析和关键词共现分析，并通过生成可视化的科学知识图谱探测公共服务均等化研究领域的热点和演变路径。

二 统计分析

1. 发文量分析

发文量能够在一定程度上衡量学者们对某一领域的研究热情和学术关注，也从侧面反映出了该领域在现实世界的重要程度。从图1–1可以看出，自2006年开始公共服务均等化研究领域的发文量开始呈现上升趋势，到2008年发文量急剧增长，首次突破200篇，2011年发文量达到顶峰，总共313篇，2012年至2016年发文量开始出现缓慢的下降趋势，但基本维持在200篇以上，从2017年开始发文量下跌至200篇以下，之后几年基本呈现出缓慢下降但基本平缓的趋势。从该曲线图可以看出我国的公共服务均等化研究从2005年开始逐渐兴起，这主要源于在2005年中共十六届五中全会在通过的《中共中央关于制定国民经济和社会发展第十一个五年规划的建议》中，首次提出"按照公共服务均等化原则，加大对欠发达地区的支持力度，加快革命老区、民族地区、边疆地区和贫困地区经济社会发展"。之后随着2006年党的十六届六中全会、2007年党的十七大的召开，2008年胡锦涛总书记在政治局第四次集体学习时的讲话提出的对基本公共服务体系的建设构想以及2009年全国财政会议的举行，都明确强调推动公共服务均等化、建设公共服务体系的重要性。因此，从2005年开始发文量一直呈现出显著上升的趋势。在2012年，国务院总理温家宝主持召开国务院常务会议，讨论通过了《国家基本公共服务体系"十二五"规划》，该《规划》明确了"十二五"期间基本公共服务体系的范围和重点，涉及公共教育、就业服务、社会保障、医疗卫生、人口计生、公共文化、基础设施、住房保障、环境保护九个方面。因此，在2011年至2015年，虽然发文量有下降的趋势，但可以表明学者们的研究方向开始变得更加具体和深入。"十三五"规划的颁布，一方面表明我国推动公共服务均等化取得的巨大进展；另一方面也表明推动公共服务均等化还存在很多的难点和短板。该规划将"十三五"基本公共服务体系建设的任务聚焦为推进均等化，这也意味着学者们的研究重点需要不断的聚焦和深刻，为2020年基本公共服务均等化的总体目标实现发挥作用。因此，我们也不难理解发文量在2016年到2017年下降幅度比较大，但之后呈现下降逐渐平缓的趋势。通过上述的分析发现，学者们的研究热情与国家相关的政策安排和导向有关，发文量的骤增、平稳以及下降随着相关时期领导人的重视程度、相关政策的发布不断变化，将理论与实践相结合，为推动公共服务均等化做出贡献。

图1-1 公共服务均等化研究领域的核心期刊发文量变化趋势

2. 研究机构分析

运用 CiteSpace 软件对研究文献进行相应的研究机构分析，网络节点类型选择"机构"（institution），得到如图1-2的研究机构共现图谱，在该软件中节点的大小代表的是发文数量，简单地讲节点越大代表发文数量越多，节点之间的连线可以表示为机构间存在合作发文的现象。从图1-2中可知，财政部财政科学研究所、吉林大学行政学院、武汉大学经济与管理学院的发文数量居于前三，东华大学旭日工商管理学院、上海理工大学管理学院和中国社会科学院财贸所、重庆医药高等专科学校和重庆市卫生局之间有着合作和联系。除此之外，我们能发现针对公共服务均等化研究领域，不同类型的研究机构都对其做出了相应的贡献，包括管理类、经济类、财税类、医科类、农村研究类、体育类、法律类等机构或院校，而经管类（包括行政、管理、经济、财税）的机构相比于其他类型的机构而言则处于主要的地位。总体而言，该领域的研究机构多、联系少，只存在极少的同领域或同地区机构之间的合作，不同机构之间的发文数量有着明显的差距。

第一章 公共服务均等化研究的背景、历史与目标

图1-2 公共服务均等化研究领域研究机构共现图谱

3. 研究作者分析

运用 CiteSpace 中的作者分析功能对这些研究文献进行相应的可视化分析，主要操作步骤为将网络节点类型选为"作者"（author），其他保持不变，我们可以得到图 1-3 的研究作者共现图谱。由图 1-3 可知，作者丁元竹、孙德超、田发和何坪的发文数量相对较多，分别为 12、11、11 和 10 篇。从作者的联系情况来看，潘伦、吴海峰、何坪、蒲川、李雪平和张维斌之间存在比较紧密的合作情况，周琛影和田发、卢洪友和李凌、刘亮和胡德仁、田侃和陈海威以及吕炜和管永昊之间都存在着合作关系。值得注意的是，在这些作者的合作当中，一般都属于同一所高校或机构，或者是同一地域的两所高校之间的合作。从图 1-2 和图 1-3 结合来看，虽然各研究机构或研究人员存在着合作的现象，但是，跨领域和跨区域之间的合作却很少发生，这也是公共服务均等化研究领域存在的不足之处，而公共服务又涉及各个领域、各个范围，因此，如果加深各种类型机构之间的合作，可能会探索出不一样的理论分析视角，为完善我国公共服务体系，促进公共服务均等化提供帮助。

三 公共服务均等化研究领域的研究热点

关键词可以帮助我们迅速理解研究论文的核心关注点，是对整篇论文高度简洁的概括。运用 Citespace 中的关键词分析功能，可以比较全面地掌握在一定时间范围内，学术界对该领域相关的研究热点和研究关注。具体操作如下：将 Citespace 中的节点类型选择为关键词（Node Type = Keyword），然后将算法类型选择为"Minimum Spanning Tree"（最小生成树算法），点击"运行"，得到了相应的关键词共现网络图谱（见图 1-4），其中得到的节点总数为 187（N=187），节点之间的连线为 377（E=377）。在 Citespace 中节点的圈层大小代表的是关键词出现的频次（换言之，频次越多，节点圈层越大）；节点之间连线的粗细表示节点之间的关联强度；圈层的颜色代表时间的远近，紫色外圈标记的节点具有较高的中心性，是知识图谱中重要的网络节点。为了更加清楚、直观地看到关键词之间的联系以及整个网络的主要布局，我们

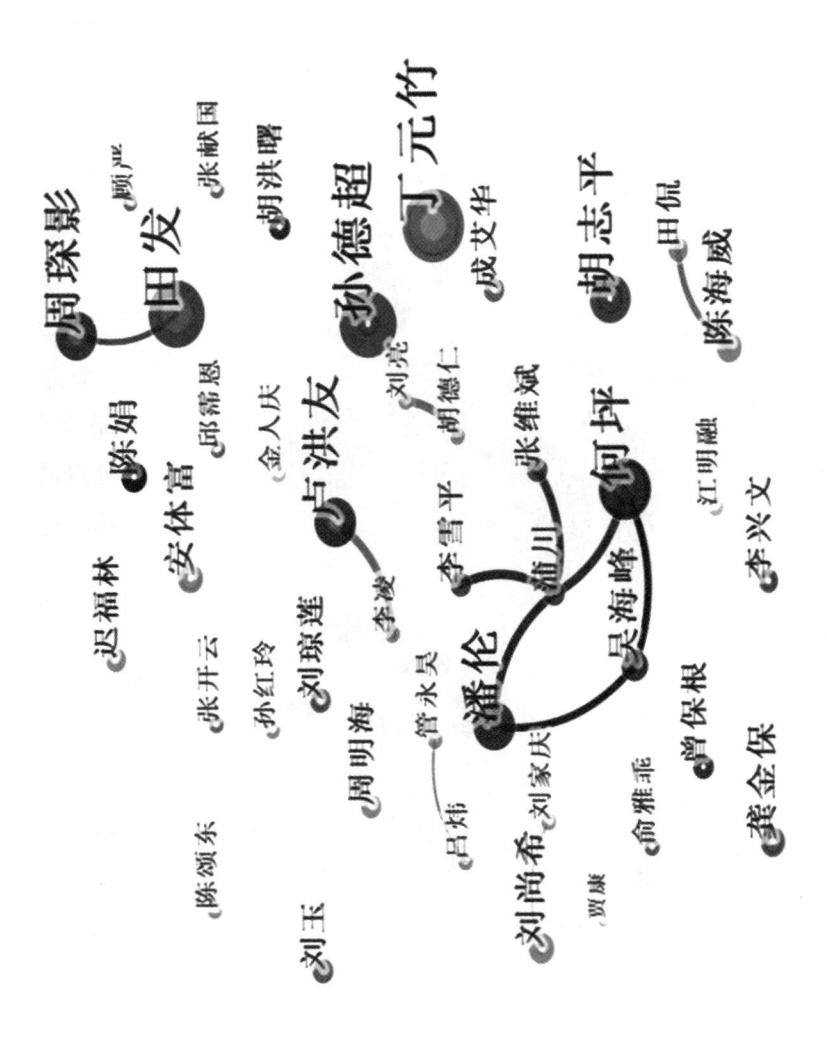

第一章 公共服务均等化研究的背景、历史与目标

图 1-3 公共服务均等化研究领域研究作者共现图谱

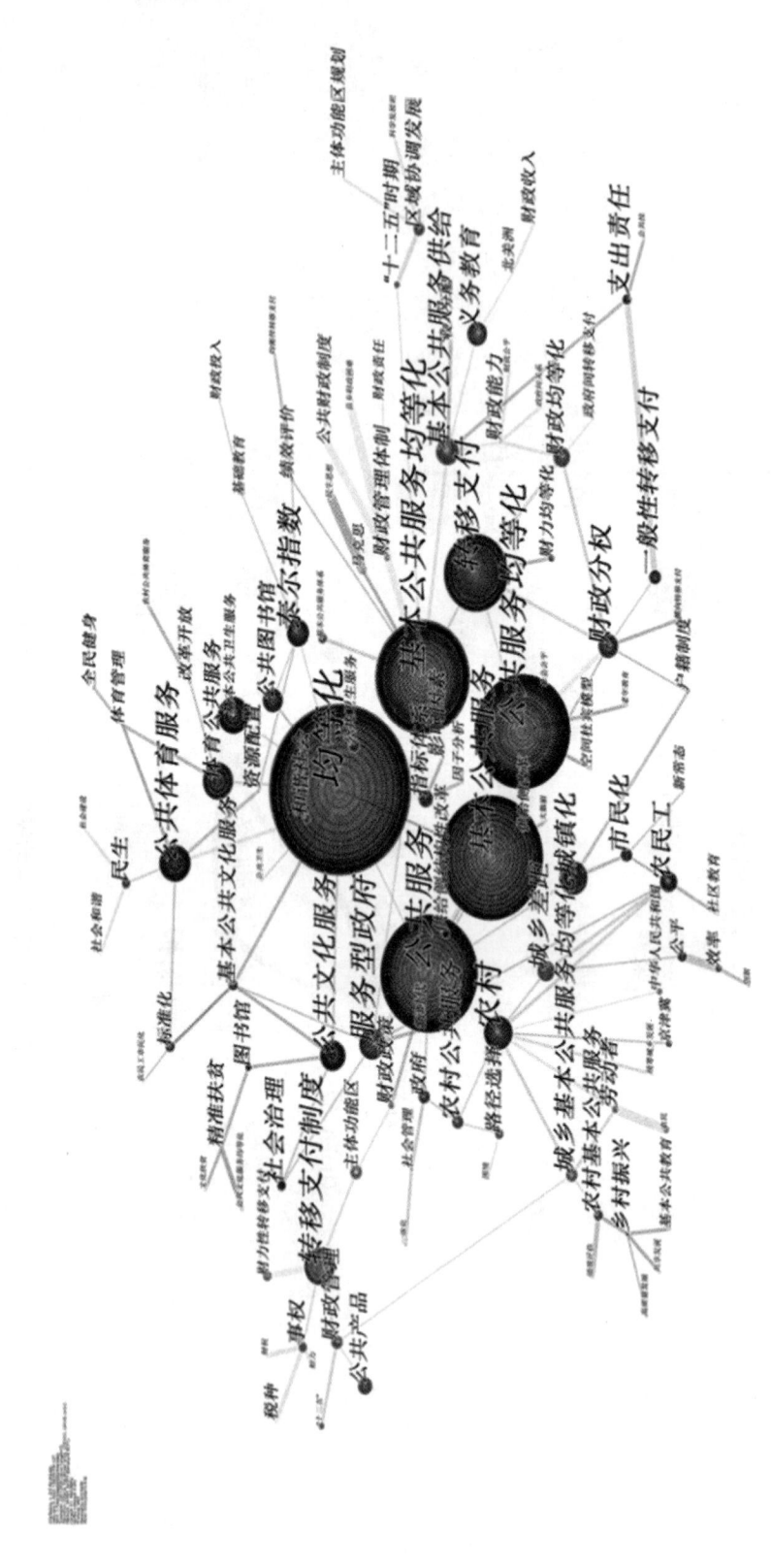

图1-4 公共服务均等化研究领域关键词共现网络图谱

第一章 公共服务均等化研究的背景、历史与目标

修剪了图谱中一些过于分散和重叠的节点或散枝，通过相应的调整可以将主要和基本的节点网络进行展示。与此同时，通过关键词统计功能，得到关键词高频率表（见表1-1），这些高频关键词在一定程度上体现了公共服务均等化研究领域在近20年的时间内的研究关注。其中，"均等化""基本公共服务""公共服务""基本公共服务均等化""公共服务均等化"这些关键词排名靠前，出现的频次分别为646次、411次、321次、319次、271次。从这些关键词的频次来看，在公共服务均等化研究领域，研究者们倾向于对"公共服务均等化"词组的拆分，将其分别列为关键词（比如公共服务和均等化）。

表1-1 公共服务均等化研究领域高频关键词（前20） 单位：次

序号	关键词	频次	序号	关键词	频次
1	均等化	646	11	新型城镇化	63
2	基本公共服务	411	12	转移支付制度	60
3	公共服务	321	13	财政金融	57
4	基本公共服务均等化	319	14	中央政府	56
5	公共服务均等化	271	15	服务型政府	55
6	转移支付	155	16	基本公共卫生服务	54
7	财政转移支付	72	17	城乡一体化	51
8	财政支出	70	18	农村	48
9	公共财政	65	19	体育公共服务	46
10	财政	65	20	公共体育服务	44

关键词的聚类分析是指在一个聚类中的关键词存在着高度亲密程度的关系，可以帮助我们将众多的关键词进行更好的分类，点击关键词聚类分析，在本书中一共得到10处聚类，分别为#0基本公共服务均等化、#1均等化、#2分税制改革、#3新型城镇化、#4农村、#5公共服务均等化、#6基本公共服务、#7转移支付制度、#8指标体系、#9农村公共体育服务。结合图1-5和表1-1，我国公共服务均等化研究领域的研究热点和主要关注如下。

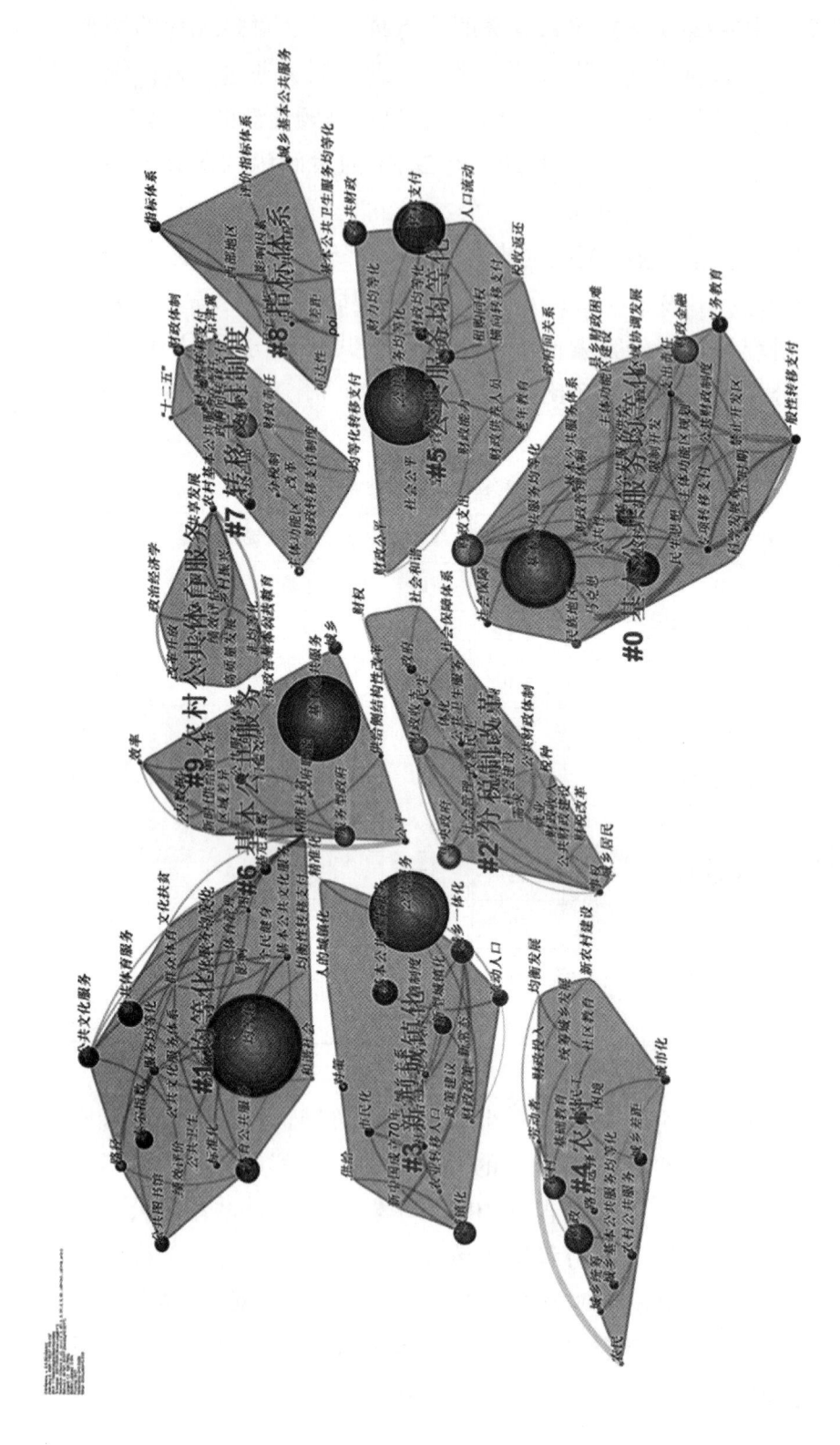

图 1-5 公共服务均等化研究领域关键词聚类视图

1. 有关公共服务均等化的基本内容研究

该类热点研究包括聚类#0、#1、#5和#6，是公共服务均等化研究领域涉及最广的主题，包括对（基本）公共服务的基本内涵和具体内容进行分析和研究、如何实现这些基本公共服务的均等化以及面临的困境和对策。所谓的基本公共服务均等化是指全体公民能够公平、平等地享受大致相同的公共服务[1]。有学者将基本公共服务体系概括为四项内容，即底线生存服务、公众发展服务、基本环境服务和公共安全服务[2]。为了更加深入地了解我国提供的不同公共服务的具体现状，不同学者从各自的学科领域出发对不同的公共服务，包括对公共文化、公共体育、公共卫生、公共财政等方面进行了研究。除此之外，政府作为基本公共服务的提供主体，既需要具备一定的能力，又需要承担起一定的责任，积极落实好中央有关公共服务均等化的相关政策，向服务型政府转变。此外，客观存在的区域性差异也显著表现在区域公共服务水平的差异。因此，如何缩小区域间的差距，促进均等化的实现也是学者们的研究热点所在。

2. 有关财政体制的研究

该类热点研究包括聚类#2和#7，主要涉及我国财政体制方面的研究。实现公共服务均等化需要完备的财政体制提供保障。自1994年实行分税制改革以来，中央与地方政府之间的财政收入占比关系发生了一定的调整，在一定程度上抑制了地方政府的积极性，而地方政府又承担着地方公共服务的提供职责，因此为了实现地区基本公共服务均等化，需要完善财政转移支付制度，进一步明确中央政府与地方政府的财权和事权的划分[3]。所以，分税制、转移支付制度、财政收入、财政支出、央地事权和财权的划分等与财政管理体制有关的内容也是公共服务均等化研究领域的热点关注。

---

[1] 韩学丽：《基本公共服务均等化的内涵及实现途径分析》，《商业时代》2009年第34期。

[2] 陈海威：《中国基本公共服务体系研究》，《科学社会主义》2007年第3期。

[3] 倪红日、张亮：《基本公共服务均等化与财政管理体制改革研究》，《管理世界》2012年第9期；谢贞发：《基本公共服务均等化建设中的财政体制改革研究：综述与展望》，《南京社会科学》2019年第5期。

3. 有关城乡方面的研究

该类热点研究包括聚类#3、#4和#9。中国的城乡差距问题一直以来都是学者们密切关注的一大问题。有学者指出，由于城乡"二元结构"的利益固化导致了城乡基本公共服务的非均等化，农村居民享受着不公平的公共服务供给待遇，而政府需要为实现公共服务在城乡中的均等化发挥作用①，这也是缩小城乡差距迫切需要解决的问题。在该书热点当中，学者们聚焦于农村公共产品的提供上，包括农村公共体育、公共卫生、义务教育、医疗供给等方面。为了衡量不同地区的城乡差距情况，有学者以省级层面为单位，通过建立不同维度的指标体系来考察不同地区间的城市和农村基本公共服务提供水平②；有学者以单个省份为主要研究对象，在纵向时间上考察该地区的城乡公共服务供给情况③，并提供制度上的建议。除此之外，还包括对城乡一体化、新型城镇化、统筹城乡发展、乡村振兴等方面的相关研究。

4. 有关指标体系的研究

该类热点研究包括聚类#8。衡量公共服务是否实现均等化以及存在的差异状况，需要建立一定的指标体系。因此针对不同的地区，如何构建指标体系，选择衡量维度，以一种量化的方式来客观分析各地区公共服务均等化已然成为学者们的研究热点。通过指标体系的构建，来分析比较不同省份、不同地级市、不同区域的公共服务均等化水平④；除了

---

① 马海涛、程岚、秦强：《论我国城乡基本公共服务均等化》，《财经科学》2008年第12期；洪银兴：《城乡差距和缩小城乡差距的优先次序》，《经济理论与经济管理》2008年第2期。

② 韩增林、李彬、张坤领：《中国城乡基本公共服务均等化及其空间格局分析》，《地理研究》2015年第11期。

③ 沙治慧、冯国静：《四川省城乡公共服务均等化实证研究》，《城市发展研究》2011年第11期；左晓斯、吴开泽：《城乡基本公共服务：从服务均等化到制度一体化——基于广东省调查数据的分析》，《广东社会科学》2016年第6期。

④ 林阳衍、张欣然、刘晔：《基本公共服务均等化：指标体系、综合评价与现状分析——基于我国198个地级市的实证研究》，《福建论坛》（人文社会科学版）2014年第6期；安体、富任强：《中国公共服务均等化水平指标体系的构建——基于地区差别视角的量化分析》，《财贸经济》2008年第6期。

对公共服务均等化构建的综合性指标体系外，还有学者从单个领域视角出发来构建指标体系，比如就环境、环保、基础教育方面构建的评价指标[1]。因此就衡量公共服务均等化而言，需要从多维度的视角进行综合评价，并且考虑到地区差异性给予一定的调整，从而不断推动评价指标体系的优化。

四 公共服务均等化研究领域的发展路径及研究前沿

运用CiteSpace软件得到关键词的科学知识图谱之后，可进一步对关键词共现网络进行突变检验和时区分析，由此得到表1-2的关键词突变词信息表以及图1-6的时区视图。突变词与关键词的总频率无关，主要是指该关键词在某些年突然被大量文献使用从而出现频率骤增的情况[2]。我国有关公共服务均等化研究领域的热点前沿中主要有财政管理体制、政府间转移支付等65个突变词。在图1-6中出现的节点中有深色圈层的就是突变词。时区视图通过观察各个时区的关键词以及各关键词之间的连线来探索该研究领域的研究前沿和发展轨迹。通过结合表1-2和图1-6，本书将公共服务均等化领域的研究划分为三个阶段。

表1-2　　　　　公共服务均等化研究关键词突变词列表

开始年份	突变词（突变强度）
2006	中央政府（9.219）转移支付制度（6.9664）财力性转移支付（4.1761）分税制（4.0068）财政管理体制（3.8756）政府间转移支付（3.8756）公共财政制度（3.3209）
2007	公共财政（8.8681）财政收支（6.084）财政金融（5.3176）税收返还（5.076）劳动者（4.2964） 农民（4.2964）和谐社会（3.9456）中华人民共和国（3.8849）财政支出（3.5942）财政均等化（3.4715）财政能力（3.3809）

---

[1] 乔巧、侯贵光、孙宁、夏建新：《环境基本公共服务均等化评估指标体系构建与实证》，《环境科学与技术》2014年第12期；王莹：《基础教育服务均等化：基于度量的实证考察》，《华中师范大学学报》（人文社会科学版）2009年第1期。

[2] 姜晓萍、苏楠：《国内服务型政府研究的知识图谱》，《四川大学学报》（哲学社会科学版）2014年第2期。

续表

开始年份	突变词（突变强度）
2008	主体功能区（5.3407）财政政策（3.6003）
2009	城乡基本公共服务均等化（6.6782）财政管理（4.2672）城乡基本公共服务（3.4108）改善民生（3.4108）
2010	城乡统筹（4.9348）公共卫生服务（4.8617）区域协调发展（4.2529）路径选择（4.0774）"十二五"时期（3.9935）
2011	对策（6.1473）基本公共服务体系（5.374）城乡一体化（5.255）事权（4.4629）公共卫生（3.4298）民生（3.1775）
2012	基本公共卫生服务（4.8885）
2013	城镇化（8.5069）市民化（7.1184）基尼系数（5.4474）社会保障（4.8607）农民工（4.519）政府职能（4.2652）指标体系（4.2367）效率（3.7403）基础教育（3.197）区域差异（3.197）
2014	新型城镇化（19.9293）公共体育服务（6.2871）公平（3.4276）
2015	公共文化服务（8.6118）基本公共文化服务（7.3717）标准化（6.2676）京津冀（5.369）社会治理（4.9056）图书馆（4.4714）流动人口（4.1137）因子分析（3.7474）全民健身（3.575）户籍制度（3.575）农业转移人口（3.2665）创新（3.211）人的城镇化（3.211）
2016	绩效评价（4.1029）
2017	供给侧结构性改革（4.5413）改革开放（3.4039）

1. 公共服务均等化研究的起始发展阶段（2006—2010年）

从表1-2来看，2006年起公共服务均等化关键词开始突变，在2005年我国首次提出了"公共服务均等化"原则，学术界在感受到我国实际的情况以及研究热点之后也开始了相应的研究。在该时期我国的人均GDP突破1000美元，意味着我国进入了发展的关键时刻，同时也是社会矛盾不断增多的时期，而公共服务均等化则是有效缓解社会矛盾的关键。因此，在各地区存在显著差异、服务水平参差不齐的情况下如何推动公共服务均等化的实现是我国当时的重中之重。从研究文献来看，完善政府间的转移支付制度是实现各地公共服务均等化的重要方式，通过该制度能够有效调节各地公共服务供给能力的差异[①]。

---

① 王磊：《我国政府间转移支付制度对公共服务均等化的影响》，《经济体制改革》2006年第1期。

第一章 公共服务均等化研究的背景、历史与目标

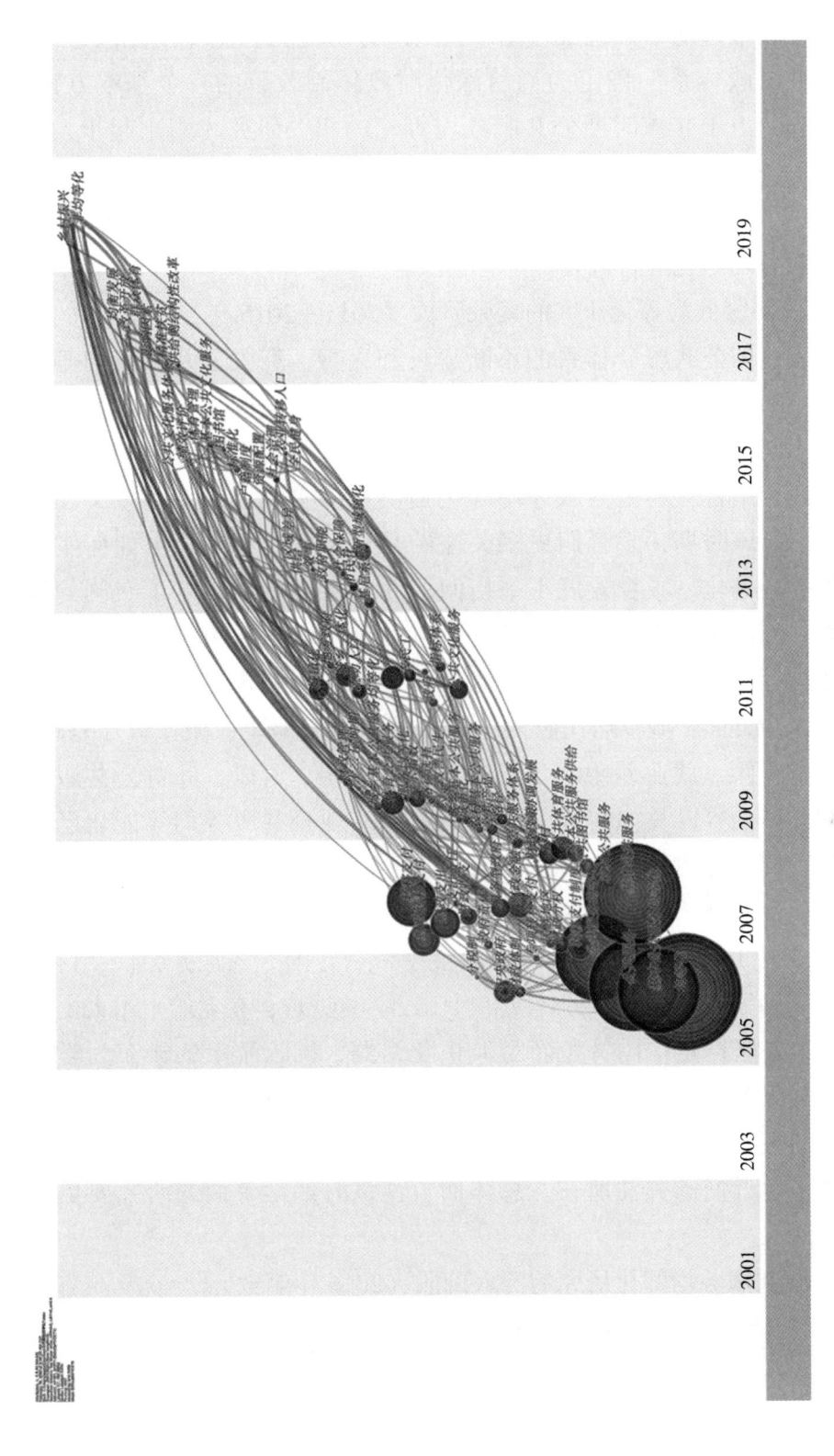

图1-6 公共服务均等化研究的前沿时区视图

党的十七大报告把"围绕推进基本公共服务均等化和主体功能区建设，完善公共财政体系"确定为当前深化财政体制改革的一个基本方针。除此之外，由于在该时期公共服务均等化的相关研究才刚刚起步，很多学者对公共服务均等化的基本概念、含义、目前的现状以及遇到的困境做出了解释和分析，并且从我国存在的区域差异、城乡差异出发，对公共服务均等化进行研究。

2. 公共服务均等化研究的繁荣阶段（2011—2015年）

随着我国公共服务体系的不断建设和完善，有关公共服务均等化的研究不断向纵深发展。很多学者从各个地区的实际出发，将该地区或各个不同地区的公共服务建设情况进行深入的比较和分析，通过理论和实践相结合，为公共服务均等化提供更多实践上的借鉴意义和思考反思。在该时期，学者们更多关注的是从城乡层面来思考如何实现公共服务均等化。城乡发展不平衡问题在一定程度上影响了我国的经济发展，制约了经济的快速增长，所以处理好城乡差距问题是推动公共服务均等化的基础。中国农业大学张正河教授指出，城乡差距具体体现在六个方面：城乡居民收入差距、城乡教育差距、城乡医疗差距、城乡消费差距、就业差距、政府公共投入差距。所以，针对公共服务供给的具体内容以及如何减少这种差距以实现公共服务均等能化已然成为学者们研究的焦点。从表1-2和图1-6中我们也能够看出，城乡一体化、市民化、基本公共服务体系等是该时期的突变词和研究前沿。2012年5月16日，国务院总理温家宝主持召开国务院常务会议，讨论通过了《国家基本公共服务体系"十二五"规划》；在党的十八大上明确强调，要坚持走中国特色新型城镇化道路，国家政策的颁布为学者们对公共服务均等化的研究提供了方向。从表1-2中可以发现，新型城镇化的突变强度达到19.9293，是历年来突变强度最大的关键词，这也预示了学者们的关注所在。总体而言，该时期学者们的研究要更为丰富和深入。

3. 公共服务均等化研究的深入阶段（2016年至今）

"十二五"以来，我国的基本公共服务体系构建得比较完善，各级各类的基本公共服务设施的覆盖面也在不断地扩大，已经初步构建起了覆盖我国全民的国家基本公共服务制度体系。但是基本公共服务均等化仍然存在一定的盲区和短板，需要进一步的提升和发展。2016年至2020年是"十三五"时期，也是决胜全面建成小康社会的关键时期，国家发布的《"十三五"推进基本公共服务均等化规划》以"均等化"为核心，以实现公平正义为根本目的，首次搭建基本公共服务制度框架。因此针对一些还未被公共服务覆盖的贫困地区、偏远地区，需要解决供给方式问题、健全保障机制并全面建立相关的标准体系，以在2020年总体实现基本公共服务均等化。从表1-2和图1-6来看，该时期的突变词和研究成果并不多，一是可能学者们的研究热点仍然与上一阶段的有关；二是随着公共服务均等化的基本实现，学者们对该领域的关注也相对减少。

总体上来说，现有研究非常丰富，并有了较为系统和深入的研究成果，但是依然缺乏理论上的创新，在研究方法方面依然大部分停留在理论层面的分析，缺乏具体的案例和翔实的资料。

第二节 城乡一体化发展背景下的公共服务均等化

公共服务均等化尽管包含很多内容，但是，就我国现实而言，城乡之间的公共服务均等化最为重要、最为核心，也是目前亟须解决的关键问题。从历史的角度来说，公共服务均等化是城乡发展一体化背景下的必然要求和目标。由于中国特殊的历史，城乡关系一开始呈现二元发展格局，随着市场经济的不断发展，一体化发展趋势越来越强，公共服务的均等化也就有了某种必然性。可以说，公共服务均等化是城市与乡村之间关系发展至某种特定阶段的结果，城市和农村之间存在着相互制约、相互影响、相互作用的内在关系，而均等化就是使得这种内在和谐、相互促进、协同发展的效应达到一种更加理想的状态。

一 乡村与城市及其关系

乡村是指以土地为依赖，基于农作物耕种为纽带的生产生活方式，跟人口集中的城镇比较，农村地区人口呈散落居住。而城市也叫城市聚落，是以非土地依赖为纽带的生产生活方式的人口的聚集地。二者之间存在着明显的差异，波特（Potter）等人认为，城乡关系来源于两者之间的差异性和互补性①。城乡关系是伴随着走向工业化、现代化过程中逐渐凸显的一个问题，而且相互之间的关系模式也是不断变迁的。在工业化之前，各个国家都经历了从农业社会到工业社会的转变过程。在西方工业革命之前，各国的基本状态就是农业为主的人口模式和生产生活模式。工业革命后，随着生产力的发展和技术的革新，欧洲一些主要国家的人口开始以城市为中心作为核心的生活和工作空间，原有的城乡之间的相对平衡关系被改变和调转，城市对农村的依赖逐渐转变为农村对城市的依赖②。人口逐渐向城市汇集，城市化的问题由此而产生，城乡之间的关系日益成为一个重要的问题。一般来说，在工业化前期，城乡关系主要表现为农业部门对工业部门的贡献，城市的发展需要不断地从农村地区汲取大量的资源，城市的发展可以说都离不开来自农村的最初的资本原始积累。农村不仅为城市的发展提供必需的粮食，还为城市工业的发展提供各种原材料。更重要的是，城市中的大量劳动力都是从农村地区转移过来的，在不少地方，城市发展的资金也是来自农村。但是，随着工业化的不断发展，城乡之间的这种关系不断发生改变。在工业化过程的中后期，城乡关系开始发生逆转。城市作为现代工业的象征，不仅代表着技术、效率，也代表着先进的文化和价值理念。城市工业的迅速发展为农业部门提供了先进的技术和新的观念，从而促进了传统农业的改造，推动了农业现代化的历史进程。随着城市的不断发展，越来越多的人进入城市生活、工作，

---

① Robert B. Potter et al., *Geographies of Development*, Harlow: Pearson/Prentice Hall, 2004.

② 陈方：《城乡关系：一个国外文献综述》，《中国农村观察》2013年第6期。

这为农村现代规模化农业生产奠定了基础,一些资金和技术也逐渐进入农村,城市反哺农村、工业反哺农业成为新的趋势。

由于城乡关系涉及经济、社会、环境、生活以及空间等方方面面。总体而言,可以把纷繁复杂的城乡关系大致划分为空间联系和功能联系两种。前者表现为基础设施和体系网络构成。而后者表现为由城市和农村二者在经济社会中的不同功能和角色而发生的各种联系和互动。基础设施在城乡的发展和联系中扮演着关键性的角色,是最重要的物质载体之一,包括其中的人、财和信息等要素。可以毫不夸张地说,基础设施是连接城市与乡村的一张网,这张网的建设很大限度上决定着城乡之间的关系状态和质量。除此之外,城乡之间的经济联系也非常重要,经济联系依附于基础设施网络,但是,反过来,经济联系也决定并推动着基础设施的不断完善。城乡之间的经济联系相互依赖、互补,相互成就,也相互制约;社会联系是另外一个重要的城乡关系载体,反映了城市和乡村之间社会服务体系的基本情况,如受教育程度、收入水平以及医疗、公共事业设施情况等[①]。建构良性的、高质量的城乡一体化的社会关系是城乡公共服务均等化的重要目标和体现。当然,需要特别强调的一点是,城乡一体发展并不意味着要消除城市和农村之间的差别,也不是把这两者之间的模式和机制简单地重复和替代,而是倡导二者在劳动方式、生活方式和文明水平趋于一致基础上的新型城乡关系的建立[②]。

二 公共服务均等化的主要内涵

与其他国家的城乡关系不同,在中国,公共服务均等化有其特殊的内涵。由于特殊的历史背景,城乡一体化有着自身较为独特的含义。与其他国家城乡一体化过程中的城乡关系问题不一样,在中国,城乡的演进并不是工业化自然过程中伴随产生的,而是过去特殊环境下特

[①] 完世伟:《区域城乡一体化测度与评价研究——以河南省为例》,博士学位论文,天津大学,2006年,第25页。

[②] 陈国灿:《江南社会农村城市化历史研究》,中国社会科学出版社2004年版。

殊工业化路径选择下所形成的城乡二元行政壁垒所带来的。二元区隔或者说二元结构是我国城乡关系中的一个突出特点，城乡二元结构的生成和固化是城乡关系困境的根源所在，也是公共服务均等化过程中最大的阻碍。这里所说的二元结构是指计划经济时代我国在城市和乡村之间所建立的两套完全不同的管理和制度体系，两种体系之间相互隔离，相互区别。理论上来说，在任何国家，城市与农村的这种区隔是一种本质的存在，并随着工业化的进程而逐渐缩小。但是，在中国，这种区隔则是一种国家力量作用下的结果，随着工业化进程的推进，城乡的区隔非但没有逐渐缩小，反而不断固化。经过改革开放以来的不断改革，城乡之间的二元结构在很大程度上日益得以消除，但是，受到过去计划经济的惯性影响，以及相关的经济社会发展的城乡不平衡，这种二元结构依然存在，例如在教育、医疗、就业的某些方面，依然存在着沟壑。这对于我国经济、社会等各方面的发展产生了明显的制约作用，同时也损害了社会公平，不利于社会稳定[①]。

可以看出，与西方国家不同，我国的公共服务均等化主要是针对计划经济时代所形成的独特的城乡二元体制来说的，在新的经济社会环境下，如何有效地真正打破二元呈现制度隔离，建立更加合理的城乡之间在劳动力流动、社会福利、教育医疗以及土地使用制度等，创建城乡之间更加有效的政治、经济、社会运行的融合机制。因此，在我国，公共服务均等化主要不是从空间地理的角度来谈的，尽管我国同样存在着空间地理的城乡关系问题。在中国，公共服务均等化的特殊内涵主要表现在：第一，克服城乡分割，促进城乡公共服务统一协调发展；第二，推动城乡公共服务相互补充、相互协同、相互促进；第三，促进城公共服务之间的融合不断走向纵深化；第四，努力推进城乡居民享有公平和平等的医疗、教育、养老等基本公共服务。当然，同样，今天在中国谈论公共服务均等化并不是说城乡一样化，完全平均化，也不是乡村城市化。

---

① 马军显：《城乡关系：从二元分割到一体化发展》，博士学位论文，中共中央党校，2008年，第34页。

第三节 中国城乡公共服务的历史演化

从农村走向城市，从农业走向工业，是现代国家发展的普通进程。按照马克思主义的观点，城市和农村的分离是人类历史文明的重要转折点和进步标志[①]。根据对人类社会历史变迁中城乡关系的科学梳理，正如马克思在《共产党宣言》中所强调的那样，把工业和农业有机地结合起来，促进城市与农村之间对立的消除是社会主义的重要历史任务。但是，毫无疑问如何具体处理城乡关系则应根据具体情况选择符合各国国情的发展道路。我国公共服务均等化从现实实践到理论归纳，再到政策总结，最后经过实践再检验，是一个漫长的历史过程。

一 公共服务分隔格局的产生

作为世界上以农立国的古老文明，历朝历代中国的统治者都非常重视农民的生存和农村的稳定。近代之前，中国农村和城市并不存在依附或对立的关系。一方面，城市发展十分缓慢，农村则与王朝更替一样呈现周期性发展态势；另一方面，城市与农村处在大一统的郡县制治理之下。但是，随着工业的发展，农村与城市的关系被打破，城市逐渐成为经济、社会、文化和政治的中心，农村逐渐沦为城市剥夺和支配的对象。早在中华人民共和国成立前，中国共产党人就意识到"三农问题"的重要性。毛泽东根据中国革命现实，提出农村包围城市的革命道路，指出"农民问题乃国民革命的中心问题"[②]。在抗日战争和解放战争期间，通过多次农村土地改革运动和经济建设，建立革命统一战线，改善农村百姓生活，因而获得广大农民支持，赢得了最终的胜利。中华人民共和国成立初期，解放区农村相对稳定，经济获得

[①] 《马克思恩格斯选集》第1卷，人民出版社1995年版，第104—105页。
[②] 《毛泽东文集》第1卷，人民出版社1993年版，第37页。

较为持续的发展,相反,多数城市在国民党统治时期,因为战争动荡、政权腐败和通货膨胀而出现衰败现象,因此,1949年的城乡差距并不明显。在国民经济恢复期,在如何有效处理好农业与工业、农村与城市关系的问题被不断强调。新中国初期开始的土地改革总体上也是在尊重农民基本意愿的前提下逐步推行的。总结这一时期的城乡关系,应该是在全国经济普遍落后的情况下,调动农民生产积极性的"蜜月期"。正是在农业经济恢复和农村建设的支持下,连续两个五年计划都得以顺利完成。

然而,短暂的"蜜月期"之后,迫于国内外严峻局势的压力,再加上城乡二元的对立观念根深蒂固[①],由于经验缺乏,中华人民共和国成立不久便选择全盘搬用苏联计划经济体制,新中国开启了大规模的工业化建设进程。由于先天的缺陷,小农经济无法为工业化的发展提供必需的资金和资源支持,开始在农村推进农业改造,以适应工业发展的需求。土地私有、分散且落后的耕作方式难以为工业提供有效的支撑[②],被视为现代工业化生产的阻碍力量:一是以家庭为单位的生产方式难以实现有效的规模化的分工,而且土地小块难以实现协同性的、规模化的耕作[③];二是这种小农经济可能导致的严重后果之一就是人口扩展而带来的资源压力;三是技术方面的困境,小农经济的耕作方式使得提升效率的新技术难以找到生存的空间,也缺乏新技术的产生动力和强大的需求,从而使得技术的变革长期停滞,这对社会经济和工业化的发展是不利的。黄宗智的"内卷化"理论似乎对这一问题有了很好的解释。在他看来,在中国明清时期的江南地区,之所以难以产生真正的工业化文明决定性的因素就是人口压力下人们过多地依靠劳动力的投入来实现产量,结果既然导致劳动密集化、劳动边际报酬递

---

① 张军、万兴亚:《中国共产党促进城乡一体化发展战略的历史演进及其启示》,《学习与探索》2013年第6期。

② 孙晓邨、萧鸿麟:《我国农业的社会主义改造问题》,湖北人民出版社1955年版,第10页。

③ 苏丹:《谈谈小农经济的改造问题》,湖北人民出版社1954年版,第13—14页。

减、劳动生产率下降，从而出现"没有发展的增长"①。

中华人民共和国成立后，依然面临的困境就是农村土地和劳动关系的分散、孤立和落后的局面。正如《中国共产党中央委员会关于发展农业生产合作社的决议》（1953年）中所强调的那样，"孤立的、分散的、守旧的、落后的个体经济限制着农业生产力的发展，它与社会主义的工业化之间日益暴露出很大的矛盾"②。正是基于这种现状，为了更好地推动规模化的现代工业的发展，实现重工业优先发展的基本战略以赶超西方国家现代化的步伐，决定把农村的资源更好地集中和整合起来，为工业化提供强有力的支撑。在20世纪50年代初，我国开始在农村推行粮食"统购统销"，禁止粮食自由流通，禁止私下支配和交易粮食，从而隔离了农村和城市之间的市场纽带。在这种格局下，农村成为支持国家有计划地工业化发展的资源供应基地。为了强化这一功能，工业和农业产品实现"剪刀差"式的不平等价格体系，以实现"农业反哺工业"。更加重要的和产生深远影响的是城市和农村不同的人口管理制度的建立，为了阻止农村劳动人口向城市的流动，中国建立了农业和非农业两种户籍制度，并基于着两种不同的户籍制度建立了与之相对应的教育、医疗、就业、福利和分配制度，在农村建立公社化组织，在城市设立单位组织，把两种不同身份地人口分别加以区划和隔离。可以说，虽然"统筹兼顾、适当安排"这类口号和提法依旧被用来指导和处理城乡关系，但是造成中国城乡公共服务二元格局的经济和制度因素主要就根源于这个时期。

二 公共服务二元隔离的改革

以党的十一届三中全会为序幕，中国开启了十分艰难的改革开放进程，并逐步推进建立社会主义市场化体系。适应这种新的需求，改革原有的城乡二元分隔的体系成为一个核心内容。1979年以后，中国开始在

---

① ［美］黄宗智：《长江三角洲小农家庭与乡村发展》，中华书局1992年版，第11页。

② 中华人民共和国国家农业委员会办公厅：《农业集体化重要文献汇编（1949—1957）》（上册），中共中央党校出版社1981年版，第215页。

全国推行家庭联产承包责任制，打破了过去那种以生产队作为独立核算单位的农村生产模式，转而让家庭在整个农村生产生活中扮演关键角色。1982—1986年中央连续颁布了"一号文件"，内容都是围绕着农村改革，包括人民公社的废除、取消统购统销制度到后来的家庭联产承包责任制，全面激发农民积极性，全面激活农村的活力，有效释放农村生产力。同时，统筹和分配也转向市场体制，农产品的买卖逐步通过市场交易的方式进行，收入的分配也更多地体现了市场的因素[1]。而在城市，改革主要体现在开放沿海城市，鼓励和扶持非公有经济成分的发展，对僵化的国有企业管理机制进行改革，在人事任免方面引入竞争机制等。在诸多领域，大量地缩小运用命令计划机制的范围并促进市场力量在引导再分配和生产领域的选择方面发挥的主导性功能[2]。而这对于城乡关系的转型至关重要，改革意味着城乡之间的壁垒开始松动。

改革的过程首先是从农村启动的，公社体制的解体和家庭联产承包制的实施使得农民获得了土地耕种和经营的自我决定权，同时也获得了对自身劳动力的支配权。农民可以依照市场的供求关系和自身的具体能力、资源状况决定自己耕种土地的投入意愿，决定土地的产出形态等，这意味着资源可以自由流动，国家资源垄断体制最薄弱的环节发生了裂变，从国家垄断几乎全部资源的体制中，游离出了最初的"自由流动资源"，为城乡之间建立更加动态化的市场体系奠定了良好的基础。同样，农民获得自我劳动力的支配权意义更加重大，农民可以基于人地关系的紧张状态和对自身能力的评价，脱离土地关系，自由地获得自身的价值，使得越来越多的农村劳动力向城市转移，大大促进了城市和农村之间的融合发展。而在城市，情形同样如此，随着国家对生产资料和资金适配权的松动，特别是双轨制的实行，相当一部分资源要素从国家原有的控制中脱离出来而进入市场领域。财政分灶吃饭和企业自留资金（包括外汇留成）的增加，更强化了资源拥有

---

[1] [美] R. 麦克法夸尔、费正清编：《剑桥中华人民共和国史下卷 中国革命内部的革命：1966—1982》（下），俞金尧等译，中国社会科学出版社1992年版，第552—558页。

[2] Tony Saich, *Governance and Politics of China*, New York: Palgrave Macmillan, 2001, p. 203.

的多元化。而国家权力对大众活动领域禁令的解禁或放宽，也就是"政策允许范围内"，使得人员的自由流动变得更加活跃。在城市，个人经商以及发展第三产业等方面政策的放宽和鼓励更加有效地促进了城乡之间的人员自由流动①。

人员的城乡流动则更为引人注目，在很多人看来，过去的小农经济以封闭化的自给自足为特征，这使得长期以来农民的活动地域被限制在非常狭小的空间之中，或者是以血缘为基本纽带，以"老乡带老乡"的形式前往同一目的地②。虽然在传统中国，也在一定程度上存在着市场化的某些体系，如物物交换、简单的生产资料地交易③，但是，这很显然并没有形成主导性的交往模式。计划经济时代的农民由于市场被系统化地取缔，加上组织化的生产方式和户籍制度，农村形成了一种高度固定化的活动特征。20世纪70年代末期的改革使得农民的自由活动空间得以形成，使得农民的流动范围大大扩展。在有的学者看来，70年代以来我国地方民众流动过程可以简单地概括成以下几个方面：一是从1970年到1980年的地下小群体流动，这是国家行政控制出现危机，传统网络重新发挥功能，动员潜在的社会积累来支持的流动；二是1980—1982年处于小群体的流动阶段，一些先知先觉的人依靠传统的人际网络开始进入城市；三是1982—1984年可以称为完全进入市场的群体流动；四是1984—1986年是一种连锁式

---

① 孙立平：《改革前后中国国家、民间统治精英及民众间互动关系的演变》，《中国社会科学季刊》（香港）1994年第1卷（总第6期）。

② John S. Macdonald and Leatrice D. Macdonald, "Chain Migration, Ethnic Neighborhood Formation and Social Networks", *The Milbank Memorial Fund Quarterly*, Vol. 42, 1964, pp. 82–97.

③ 例如在施坚雅（Skinner）看来，在中国传统社会后期，中国农村地区的市场层级可以分为三个层次，那就是基层市场、中间市场和中心市场体系，并认为，每一个层级的市场的基本功能都不一样，普通农民主要在基层市场体系中活动，而中间市场和中心市场体系中活动的主体是地方上层人士和代理商。他并不认同农民的活动边界为村庄，认为这歪曲了农村社会结构的实际。认为农民的实际社会区域的边界不是由他所住村庄的狭窄的范围决定，而是由他的基层市场区域的边界决定的。参见［美］施坚雅《中国农村的市场和社会结构》，史建云、徐秀丽译，中国社会科学出版社1998年版，第5—42页。

的流动，有关对人口流动限制的政策陆续出台；五是1987—1995年的集体流动，这段时期，市场内移、系统化并向全国扩张，传统网络本身发生了重要的形变，新的产业和新的社会资源开始出现，同时内部交易规则再度创新等，而国家的角色也发生了变化①。虽然，城乡二元分割的户籍制度依然没有发生根本变化，但是，市场经济所创造出来的大量的机会，地方大众获得的自由空间足以使企业自主性的增强，使得劳动力的流动以及人员流动成为一种必然，原有的计划经济条件下的以劳动力分配、资料配给以及户口三位一体的反流动（anti-migration）体制已经不可避免地走向衰落②。城乡公共服务二元隔离的状况日益得到改善。

三 公共服务均等化的发展

从改革开放到现在的40年时间里，中国的经济社会发展取得了奇迹般的发展，城乡关系也出现了巨大的变化。但是，由于过去计划经济时代的历史关系，以及经济社会发展的阶段所制约，我国城乡公共服务中依然存在着不少令人关注的问题。尤其是随着改革开放的不断深入，城乡关系中一些深层次的问题开始暴露并日益凸显。城乡之间呈现了一些不太和谐、不大令人放心的问题，例如城乡之间居民收入差距的扩大，一些城市一味地追求大规模、大发展，一味地追求GDP的数字化考核，农民工难以有效地进入到城市生活的体系之中。其中最引人注目的是城市和农村之间在公共服务和公共福利方面面临的不平等问题。公共服务是一个社会公平公正的重要体现，也是社会和谐稳定的重要基础性条件。不少研究显示，尽管到了21世纪的今天，我

---

① 作者是以北京城南的"浙江村"为个案，从国家、市场和社会网络来分析市场化过程中人口流动的基本过程，参见项飚《流动、传统网络市场化与"非国家空间"》，载张静主编《国家与社会》，浙江人民出版社1998年版，第130—140页。

② Lei Guang, "Reconstituting the Rural-Urban Divide: Peasant Migration and the Rise of 'Orderly Migration' in Contemporary China", *Journal of Contemporary China*, 2001, 10 (28), pp. 471–493.

国城市和农村之间在公共服务水平方面的差距依然非常明显,特别是社保、教育、医疗等领域[①]。一些农村和偏远地区的基本公共服务尤为不足,难以满足公众对基本生存和发展的需求,也成为影响城乡矛盾与社会和谐稳定的一个潜在因素。

2003年世界银行有关中国发展的报告——《中国经济报告:推动公平的经济增长》指出,中国城乡之间的差距越来越明显,如果不采取有效措施,推动城乡之间发展的均衡化,那么这种差距就可能越来越大,到2020年基尼系数很有可能会上升到0.474。很显然,这是一个惊人的数字,如果是这样,则与我国长期以来所称道的"共同富裕"的社会主义原则相悖,全面实现小康社会战略目标也就难以真正达成[②]。进入21世纪以来,城乡关系中的一些问题不断凸显,党中央国务院日益认识到,有效地解决城乡问题对于中国经济社会的良性发展、对于实现全面和谐幸福意义重大。党的十六大把城市与乡村之间的关系放到了一个新的战略高度。大会强调必须统筹发展城市与农村经济社会,推进现代农业建设,全面发展农村经济,不断推进农民收入的增加,真正实现全面小康社会。从统筹发展的角度来说,就是要打破过去从农村或城市自身的角度来看经济社会发展,而是要超越二元的视角,从整体的、全局的、城乡一体的视角来看待农村和城市的发展。从过去的农村反哺城市、农业反哺工业,转变为城市反哺农村、工业反哺农业,城市带动农村发展。党的十六届四中全会对这一新型的城乡关系做了进一步的系统的说明,认为在工业化达到一定程度后,必须实现对农村从有效反哺,以工业带动农业发展,这是世界工业化国家基本的经验之一。顺应这种趋势,进入21世纪以来,国家在政策上进行了明显的调整,推动资源要素向农村流动,开始深化消除城市和农村

[①] 这方面的研究非常多,如陈潭、罗新云:《公共教育资源配置失衡及其政策补给——以湘南H区2005年的相关教育数据为分析样本》,《公共管理学报》2008年第2期;高彦彦、周勤、郑江淮:《为什么中国农村公共品供给不足?》,《中国农村观察》2012年第6期;王春福:《公民身份与城市外来人口公共服务的供给——基于杭州市外来人口调查的分析》,《浙江社会科学》2010年第11期。

[②] 武力:《1949—2006年城乡关系演变的历史分析》,《中国经济史研究》2007年第1期。

发展过程中不公平、不均等的服务体系。从城乡一体化的战略高度推进"三农"问题的系统化解决。2005年年底，农业税宣布正式废除，两千多年以来的农业税进入历史。2007年10月，在党的第十七次全国代表大会上，强调了"三农"问题的解决，提出建立推进城乡一体化发展的长效机制。2008年党的十七届三中全会通过了农村发展的专门性文件——《中共中央关于推进农村改革发展若干重大问题的决定》，并设立了到2020年基本建立城乡经济社会发展一体化体制机制的目标。在2010年党的十七届五中全会上通过的《中共中央关于制定国民经济和社会发展第十二个五年规划的建议》，把农业现代化视为"十二五"的一项重大任务，把解决"三农"问题视为全党工作的重中之重。

党的十八大同样对城乡发展问题高度重视，指出城乡发展一体化是解决"三农"问题的根本途径，并强调进一步加大城乡统筹发展的力度，推进城乡的共同繁荣、共同发展。党的十九大报告对这一目标进行了再次强调。党的二十大报告则指出，坚持城乡融合发展，畅通城乡要素流动，推进乡村振兴发展。必须坚持城乡融合发展，以政府为主导，升级农村产业，保障资源分配合理，以此助力乡村振兴。可见，自党的十六大以来，不断确立了城乡之间统筹发展、城市带动农村发展、工业反哺农业等重大的部署和措施，城乡一体化发展被放到了前所未有的高度，标志着我国的城乡关系进入了一个新的历史阶段。

第四节 公共服务均等化：城乡发展的目标向度

十九届四中全会公报提出：要坚持和完善统筹城乡的民生保障制度，并且强调统筹城乡，关注城乡在教育、社会保障、医疗等国家基本公共服务方面的差距。在城乡一体过程中，为了统筹城乡发展，使得城市和农村在经济、社会上统一协调发展，改变历史上长期形成的城乡分割、工农分割，优势互补、互相促进、互相融合，居民身份地位平等，享受公平的政治经济地位，需要政府转变计划经济时代的职能和理念，要求各级政府进一步扩大和强化公共服务职能，从传统全能管制型政府转变为有限的责任型、服务型、法治型政府。其中城乡一体化过程中政府职能转变的核心目标是政府服务均等化。

一 公共服务均等化：政府职能的新要求

在中国现代化的进程中，政府的影响力延伸到社会经济发展的各个角落。上至军事外交，下至百姓的衣食住行，都能看见政府的身影。给政府一个合理的权力边界、一个明确的职能范围是非常困难的，在不同的国家、不同的历史阶段，政府所面临的主要目标、任务不同，其权力边界和职能范围也不一样。特别是我国正处于现代化的过程之中，许多矛盾纷繁复杂，什么是政府该管的，什么是政府不该管的，管多少，力度如何都需要去摸索和探讨。无论如何，在我国城乡一体化这个伟大历史进程的关节点上，政府都是主角之一。改革开放四十多年，我国的政府主导的经济发展取得了令人瞩目的成绩，一方面经济的发展和人们的生活水平都到了一个新的高度，下一个阶段的发展需要转变经济发展方式，把社会建设以及保障和改善民生放在更加突出的位置，让经济发展的成果更广泛地惠及全体百姓，由突出效率的优先地位到凸显公平的价值；另一方面人们对生活水平较低时追求生活必需品到耐用消费品升级，从私人产品的满足到公共产品的要求，从追求物的发展到追求人的自身发展上来，具体到日常生活中人们的需求也日益变化，由主要以解决生存的满足温饱的基本需求转变为解决就业、公共卫生、医疗保障、教育、住房、食品安全、环境健康等提高工作生活质量的更高需求。政府无论是在主观层面还是客观层面，都意识到职能转变迫在眉睫。城乡一体化是经济社会发展转型的一个重要环节。同时，城乡一体化要求政府转变职能。在政府的传统观念中，地方政府认为经济建设是工作中心，就要抓招商、抓项目，而公共服务投资大、见效慢，钱花在无形之处，不能体现政府绩效。认为应该先把经济发展得够好、蛋糕做得够大以后，才考虑公共服务相关的教育投入、就业增加、社会保障覆盖等。加上"官本位"观念的顽强，形成公共服务的观念还需要时间。

实际上，在政府的现实工作实践中，经济建设依旧是整个工作的中心，重经济建设、轻社会服务的执政理念引导着整个政府的行为逻辑，在GDP发展这个大的旗帜下，社会全面发展、环境保护、资源节约、公共服务这些理念很大程度上还只在理论的层面上。政府职能不清，由此造成矛盾突出，一些不该由政府管的经济事务没有交给市场，政府既当裁判又是队员，导致经济发展受到影响，另外，本来由政府负责的公共服务，却又没有做到位，忽视社会公共事务的资金、时间、精力的投入，对公共服务的重要性和现状不了解，对如何提供有效的公共服务没有思路，对如何提供城乡一体无差别的公共服务更是缺少研究。中国是一个大国，每个地区、每个群体都具有各自特点，提供人们满意的合适的公共服务，还有很多课题需要我们去研究、去试探。因为不重视、不知道如何去提供公共服务，为了甩包袱，开始尝试把一些公共服务交给社会组织来承办，或者推向市场，导致公共服务质量不高，很多社会组织提供的所谓公共服务流于形式。

城乡一体化的提出，对地方政府职能转变提出新的挑战。和所有其他后发的传统国家一样，近一百年来，实现从传统农业社会到现代的工业社会的过渡，从计划经济转型为市场经济体制。政府作为这一系列转变的主角，其职能也随着我国社会的转型发生巨大转变。我国的经济和社会发展进程中，人为采用了迫于当时情境的二元政策，如产业政策、户籍政策、财政金融政策、税费政策、社会保障政策等，都造成了城乡二元对立，由此带来工业与农业、城市与农村关系的失衡、对立，产生一系列的社会问题，为了扭转这一态势，我们需要转变我们以往的政策思路和政府工作的着力点，把农民利益纳入日常决策中来。这其中政府职能的调整、转变是改变城乡二元对立所带来一系列深层次矛盾的关键所在，也是推进城乡一体化的必备手段。

改革开放四十多年之后，市场经济条件下地方政府的主要职能是提供公共服务，要实现政府职能从传统的经济职能转变为提供公共服务，首先要充分认识到政府的存在本质，转变政府的执政理念。政府为社会提供的公共服务可分为经济性公共服务、社会性公共服务以及制度性公共服务。也可分为基础性公共服务、经济性公共服务、社会性公共服务和公共安全服务四大类型。① 党的十七届二中全会通过《关于深化行政管理体制改革的意见》强调要正确履行政府职能，该由政府管的事政府要管住管好，并把政府职能划分为改善经济调节、严格市场监管、加强社会管理和公共服务四项基本职能。

总的来说，在城乡一体化的背景下，对于地方政府而言，与中央政府相比，更接近自己的公众，从而对所管辖地区的居民的效用函数和公共产品需求比较了解。② 基层政府的政府职能面临着巨大的挑战，需要进行政府职能转变，目标是建立公共服务型政府，为民众提供基本有保障的公共产品和有效的公共服务，满足人们日益增长的物质和文化需要以及公共利益的诉求。一般来说，基本公共服务是指建立在一定社会共识基础上，由政府主导，市场、社会共同参与提供的，与经济社会发展水平和阶段相适应、旨在保障全体公民生存和发展基本需求，能够体现公平与正义的大致均等的公共服务，一般包括保障基本民生需求的教育、就业促进、社会保障、医疗卫生、人口与家庭、住房、文化体育等领域的公共服务，广义上还包括与人民生活环境紧密关联的交通、通信、公用设施、环境保护等领域的公共服务，以及保障安全需要的公共安全、消费安全和国防安全等领域的公共服务。促进基本公共服务均等化，是各级人民政府义不容辞的责任。城乡一体化进程中，就是要求政府转变政府职能，强化公共服务职能，优化政府所提供的公共产品与公共服务的质量与效率。③ 作为地方政府，其首要职能是满足其辖区内居民、企业、生产者和消费者的社会公共需求，提供公共物品和公共服务。增加就业、文化教育、医疗卫生、社会保障等都是地方政府的基本职能。其次用"有形之手"纠正市场失灵，弥补市场缺陷，承担必要的成本。

---

① 赵黎青：《关于公共服务与公共服务型政府的几个基本问题》，载中国（海南）改革发展研究院编《政府转型：中国改革的下一步》，中国经济出版社2005年版。
② 平新乔：《财政原理与比较财政制度》，生活·读书·新知三联书店上海分店、上海人民出版社1995年版。
③ 全毅：《强化政府公共服务，加快地方政府职能转型》，《福建论坛》（人文社会科学版）2015年第12期。

二 公共服务均等化的模式与问题

我国城乡公共服务均等化研究建立在对现行城乡公共服务体系模式的理解基础之上。就现行公共服务供给模式而言，它主要包括三种模式：一是城乡公共服务的"政府主动型"供给模式；二是由下而上的"需求表达型"供给模式；三是由上而下的"政府压力被动型"供给模式。从城乡公共服务供给的三种模式来看，它包含两个基本维度，一是公共服务的产生和完善基于政府的公共管理职能，政府是公共服务的主要供给方；二是公共服务供给数量和质量最终取决于公民的生存和发展需求，公民是公共服务的需求方。

就第一种模式而言，"传统性"政府公共服务模式的基本特征表现为"被动性"和"滞后性"。随着改革开放进程的不断深入，对内，中国政府加快了公共行政管理模式和结构的转型步伐；对外，在实践上，中国政府不断吸收和引入西方发达国家公共行政管理的先进理念和操作模式；在理论上，随着中西学术交流的不断深入，中国公共行政管理学学者也自觉地运用西方发达国家公共行政管理学较为成熟的研究方法、分析工具和理论模型来解决中国公共行政管理问题。公共行政管理的理论和实践的转型主要体现为从"传统型"和"被动型"向"现代型"和"主动型"的理论和实践模式转换。与传统政府公共行政管理模式不同，现代政府公共服务模式的"主动型"理念来源于"新公共管理学"理论。"新公共管理学"遵循公民本位、社会本位和权利本位理念，利用可视化的"GIS"、决策支持系统等信息技术，以实现积极主动地为人们提供全面细致服务的新型模式。

就第二种模式而言，美国政治学家阿尔蒙德认为，利益表达就是集团或个人提出要求的过程，在这个过程中，多数人达成的共识，通常被称为"公意"，在公共决策的过程中，"公意"是科学决策的基本前提。[①] 公共利益表达机制是现代民主政治文明建设的重要内容，同时

---

① ［美］加布里埃尔·A. 阿尔蒙德、小 G. 宾厄姆·鲍威尔：《比较政治学：体系、过程和政策》，上海译文出版社1987年版，第30页。

公共需求表达机制也是规范政府权力运行的前提保证。如果公共需求不能够被完整地表达出来，政府就难以对利益表达主体的需求形成清晰的认识，更难以做出积极回应，并且，即使政府在主观上希望对各种要求进行协调，希望以公共利益最大化为价值取向，但在实践中做出决策的价值取向也完全可能发生偏差。"上级向直接下属所传递的信息平均只有20%—25%被正确理解；下属向直接上级反映的信息被正确理解的比例不超过10%。"① 因此，在这种情况下，如果公民需求表达不足，单纯地依赖于上级政府的公共政策指令，基层政府就很难实现公共服务的均等化。

就第三种模式而言，它意指"县""乡"一级政治组织为了实现经济赶超，完成上级下达的各项经济社会发展指标，而采取的数量化任务分解的管理方式和物质化的评价体系。在公共服务的过程中，上级政府直接给下级政府下达公共服务指标，下级政府被迫按照上级的指示或者是变相地完成上级政府的任务。在此压力型公共服务模式下，县乡政府在文化教育、公共设施、公共医疗、环境保护和社会保障等领域的公共服务意识带有明显的被动色彩，将这些领域的公共服务视为一种政治任务来实施和完成。由于下级政府对上级政府规定的公共服务政策指令的理解上的偏差，因此这也必然给其公共服务的供给带来质量和数量上的偏差。总体来说，如果一级政府将公共服务理解为一项政治任务，甚至将其视为一种政绩，其任务的完成也就必然带有被动性。在此模式下，政府的公共行政管理缺乏创新性和主动性，将其所有的关注点放置在如何完成上级传达的政策指令上，而并没有将自己视作真正意义上的以"公共行政管理"为己任的政府行政管理的主要角色，因此，政府公共服务也就缺乏公共服务的设计创新、统筹规划、科学运行机制和长远发展机制，而将其主要精力落实在完成"数量"指标体系，由此，政府公共管理必然无力顾及公共服务的以"监督体系"和"评价体系"为核心的"质量运行体系"。而这恰恰是当今中国各级地方政府在公共服务实践中普遍存在的观念和现象。

---

① 唐铁汉：《建设服务型政府与基本公共服务均等化》，《国家行政学院学报》2008年第2期。

如果将全部"公共服务"比作一个三角形,并划分出不同模式的"公共服务"在其中所占的比例,现行城乡公共服务体系结构的缺陷和问题也就显现出来了。"公共服务"由三个部分构成:一是政府主动供给的公共服务处于"最顶层";二是由"公意"而产生的公共服务处于"中间层";三是因上级政府的压力而产生的公共服务处于"最底层"。可以看出,政府压力被动型模式占比最大,城乡居民的利益表达供给模式占比居第二位,政府主动型供给模式占比最小。长期以来,政府角色定位不清,政府职能也未能有效地转型。在理论上,政府的概念本性在于它的"公共性"和"普遍性",它是为全体城乡居民服务的行政机构,这就决定了政府公共行政管理的角色定位必然是"公共性"和"普遍性"的"服务型政府"。因此,"服务型政府"的缺场必然导致政府与城乡居民之间的"信息沟通渠道"和"权力运作模式"受到"权力本位"观念的干扰和阻隔,政府与城乡社会之间的公共服务需求信息反馈机制缺乏。因此,市场需求与权力本位之间存在着深刻矛盾。城乡居民的利益需求不能得到根本解决。

三 公共服务均等化的矛盾与问题

公共服务均等化的矛盾和问题主要表现在以下三个方面。

首先是现代性利益表达通道与传统性政府管理模式的矛盾。"民意表达"通道是社会与政府信息沟通、开展社会监督、提高政府公共决策科学化程度的重要途径,它是政府化解社会矛盾的有效方式。近年来,网络社会兴起了"微博"和"社区论坛"等新兴的"民意表达"通道。它们让网民在网络上享有合法的公共服务的利益表达机会和表达权利。我们在看到网络民意表达的独特意义外,它也存在着民意泛化、偏激和不平衡等问题。[①] 但无论如何,我们必须认识到,网络是现代社会城乡居民进行公共服务需求的利益表达的新通道和新形式。在城乡居民利益表达通道的多样化态势下,政府公共行政管理部门面对复杂多样的民意诉

---

① [美]沃纳·赛佛林、小詹姆斯·坦卡德:《传播理论:起源、方法与应用》郭镇之等译,华夏出版社2000年版,第125页。

求往往处于被动状态。在根本上,权力本位的政府观念根深蒂固,它必然决定政府管理模式的单一性、传统性甚至落后性。

其次是城乡居民利益表达固有结构的差异性。改革开放以来,中国城乡社会的面貌和结构都发生了巨大变化。但城乡二元结构依然存在,且差距依然明显,城乡之间公共服务的数量和质量还存在着显著差别。新一轮城镇化系统工程就是新一届政府力图解决城乡差别而采取的国家行动。城乡差别的根源在于城乡居民的固有结构差异。它包含两个方面:一是城乡居民的文化素质的差异;二是城乡居民的表达机会和表达通道差异。根本上,城乡公共服务的差距产生于城乡居民参与公共事务的话语权差异。正如阿尔蒙德所说,"在贫富差距巨大的社会里,正规的利益表达渠道很可能由富人掌握,而穷人要么是保持沉默,要么是采取暴力的或激进的手段来使人们听到他们的呼声"[1]。并且,由于人口的加速流动及社会公众对公共产品和公共服务的需求量不断增加、内容快速更新,导致相对性短缺明显,进一步加剧了公共服务的城乡不平衡问题。

最后是政府公共行政管理的被动性。当前上下级政府之间主要以领导与被领导的行政隶属关系为主,行政管理分工不明确,上级总是将自身定位为"上传"和"下达",它只是起到一个"二传手"功能,而并不承担具体的公共服务事项。所有这些事项都由其下级行政单位具体承担和实施。因此,下级政府在公共服务过程中充当了"分包商"的角色,将上级交办的任务进行分解、下达,逐级分包。这种体制在一定程度上易于指标化考核,效率比较高。但压力型体制一旦与市场中的"经济中心主义"相结合,就会催生出"全员招商"的负面影响。而政府一级一级地简单分解下达任务也会产生一个矛盾:在政府职能上基层政府需要承担大量的行政事务,但在成本和治理资源上基层政府又严重缺乏。在这种矛盾的催促下,各类寻租和掠夺性的行为必然会应运而生了[2]。

---

[1] G. A. Almond, J. S. Coleman, *The Politics of the Developing Areas*, Princeton: Princeton University Press, 1960.

[2] 周小霞:《基层政府破解维稳难题的路径探析》,《咨询与决策》2011年第10期。

长期以来，在经济增长的同时，由于忽视共享社会发展成果的理念，农村居民在发展成果分享过程中始终处在不利的位置，集中表现为城乡居民享受公共服务的不均等。在此，我们把农村的公共服务生产力量主要归为政府体系以及微小的社区力量，城市的公共服务生产主要归为政府体系、社区力量、市场力量及其他力量，从双方的力量对比上，可以清楚地看出，城乡之间公共服务生产的差距主要存在于"政府体系""社区组织""市场力量"等方面。但是，地方政府在城乡统筹建设方面不断加大财政支持力度，农村也获得了政府强大的财政支持力度，因此，从当前的发展现状来看，公共服务的城乡差距主要存在于后两者"社区组织"和"市场力量"。一方面，城乡社区公共服务生产力量不平衡。近年来，虽然农村社区为社区居民提供了诸多优惠的公共服务，但它仍然存在公共服务供给不足的问题，主要体现在两个方面：一是关系农村民生的基本公共服务短缺，如农村的教育、医疗卫生及社会保障；二是农村发展急需的生产性公共服务严重不足，如大型水利设施道路、电信电网等基础设施严重短缺，这些制约因素影响农业生产的发展，从而使城乡差距进一步扩大，农村公共服务供给效率低下。另一方面，公共服务生产过程中城乡之间市场力量悬殊。由于城市市场体系的逐步完善，城市公共服务的供给、生产主体逐渐趋向于多元化，形成一个由政府引导为主，企业、民间投资者等多个主体共同参与的竞争格局。在市场化的公共服务运营格局中，各个主体本身的资金状况、信誉等级等要素条件成为进入公共服务市场的首要条件，与此同时，它也成为规范其本身朝着群众满意的方向发展。在多元参与的投资和生产过程中，相互之间的法律关系成为主要内容，任何一方都要按照法律法规的规定有序运行。而政府则可以拥有更多的时间和精力加强公共服务生产的监督和管理，一旦出现纠纷，可以采用司法途径解决，这样，城市公共服务真正具备了市场经济的因素，并实现由行政管理向合同关系转化。① 但是，相比之下，农村并不具有城市拥有的有利因素。在市场化语境下，农村市场要素和结构的天然

---

① Gordon P. Whitaker, "Coproduction: Citizen Participation in Service Delivery", *Public Administration Review*, 1980, 40 (3), pp. 240–246.

缺陷直接导致农村公共服务处于弱势地位，因为资本的本性就是谋求利润最大化。

长期的城乡二元结构限制了资源的合理流动，导致城乡之间的联系过于机械化和指令化，互动性不足，城市对农村经济发展的拉动作用未能显现。在传统的"取之于农、用之于工"的国家倾斜分配体制下，大量的农村和农民利益输入城市，由此也造成城乡居民之间的情绪对立，严重制约着农村乃至整个社会的稳定与发展。长期的国家倾斜分配体制造成了城乡之间的单一直线接口式公共服务分配方式。农村由于其自身有限的生产能力决定了其公共服务产品的有限性。同时，在某种程度上，城市却存在着一定的公共服务的过剩现象。传统单一直线接口式分配模式主要存在三个弊端：一是隔断了城乡之间的联系，拉大了城乡差距。由于城乡壁垒的存在，处于相对封闭状态的农村与城市之间缺少必要的联系，导致城市中先进的技术与经验不能快速向农村传播，从而制约了农村的经济社会发展。相应地，城乡间的公共服务也呈现出不合理的分配状况。二是导致资源大量浪费。城市中存在着大量的公共服务生产主体，它们所提供的公共服务充分满足了城市居民对于公共服务的需求，但是，相比之下，农村公共服务却一直处于相对不足的状态。三是公共服务生产主体利润下降，规模萎缩。在城市中，由于所能提供的公共服务产品已经处于或接近饱和状态，因此，企业总体利润达到了利润增长的临界点，强大的竞争压力加剧了公共服务的生产风险。而对于农村生产主体而言，长期的封闭式生产导致相对落后的公共服务观念和生产技术，因此，农村公共服务产品面临着被消费者淘汰的危险。

四 公共服务均等化的新环境

近年来，特别是党的十八大以来，中国经济发展进入新常态，城乡关系的矛盾与问题正以新的形式不断呈现出来。而随着政府改革的不断深入、市场经济的不断发展与完善，社会组织正在公共服务方面扮演着越来越重要的角色，基层政府的城乡公共服务职能必须适应新的环境的要求，积极转变自身职能。基层政府直接面对公众，对公众公共服务的需求有着最直观的感知，在公共服务均等化过程中更是扮演着越来越重要的职能。有关政府职能的争论，其焦点是政府究竟应该管什么、不应该管什么、管到什么程度，其主要反映的问题集中在国家与社会的关系、政府与市场的关系、公平与效率的关系这三个相互联系的主题上①。世界不是一成不变的世界，社会、政治、经济处在不断的变化之中，主要矛盾和次要矛盾处于不停的变化之中，为了解决社会变化中不同的矛盾，政府职能也处于不断的调整过程中。在城乡一体化过程中，为了解决历史遗留问题，实现城乡一体化，政府进行符合时代发展的职能转变是当务之急。但是并不是说，时代有需求，政府就会自然而然地进行职能转变，根据新制度主义的观点，政府具备的本来的职能一旦形成之后，就有了按照既定的行动逻辑行动的路径依赖，没有外力的推动或者没有动力机制，政府的职能不会自行转变。对于当下城乡一体化进程中政府职能转变的动力机制，笔者把它总结为政府改革、市场发育和社会成长三个方面。政府为应对社会、政治、经济的变化进行变革，其中就包括需要对已有的政府职能进行调整，使之适应当下的发展；市场发育要求政府给市场发育足够的空间，把需要政府做的事情做好，市场发育要求政府把该做的事情做好，不该做的事情放手，既给市场发育足够的空间，又能规范市场的不足，发挥"无形之手"的作用；中华人民共和国成立以来，国家力量渗透到社会的方方面面，虽然经过了几番改革，但依旧是"大政府""小社会"，在我国现代化的过程中，经济发展到了一定程度，"大政府"使得政府管得太多，效率不高，这就需要政府管好该管的，提高管理效率，把属于社会的事务交给社会去处理，帮助社会成长。概括起来，当前地方政府正面临着以下三个方面的新的环境变化。

第一，政府改革的全面深入。

"任何组织都需要注意外部世界，因为在那里可发现组织的关联因素、机会和威胁。对于公共组织来说，情况尤其如此，它们受到外部团体影响的程度大于私营部门。"② 政府作为最大、最有权威的公共组

---

① 张国庆：《行政管理学》，北京大学出版社2002年版，第87页。

② ［澳］欧文·E.休斯：《公共管理导论》（第二版），中国人民大学出版社2001年版，第223页。

织，外部世界的风吹草动都影响着其行动方向和行动力度。首先，经济发展带来社会物质财富比以前任何世纪增长都要快，呈几何级的增长，这要求政府对经济活动的介入程度和方式的变化，政府从管理者变成了规则的制定者和争议的裁判者，我国自改革开放以来，政府也由全能型政府转变为有限的政府和服务型政府。其次，以经济建设为核心的发展模式，在实现效率的同时，公平没有得到很好的兼顾，社会严重失衡导致社会稳定面临问题，譬如就业、社会保障、教育、医疗、收入差距等。这些问题都是关系着社会稳定的国计民生的大事，直接决定我国社会发展的可持续性。再次，随着全球化的进程，信息化时代的到来，要求我国政府进行改革，改善公共产品的提供，提升政府效能，同时公民意识、公民素质的提升，对政府提出越来越多的要求，里外因综合起来，使得政府改革不得不推行。复次，这些年来，公共突发事件频频发生，公共突发事件的主要特征是高度的不确定性、独特性、紧迫性以及信息不对称，没有案例可循，也不能预估其后果，如果处理不当会给国家和人民的生命财产安全造成巨大损害，如SARS、禽流感、H1N1等公共突发事件不断发生，要求政府改变僵化的应对公共风险的体制，进行政府改革，提供有效的公共服务，使得对公共突发事件的应对能够高效，把风险降到最低。最后，我国政府自身存在着许多问题，我国的官僚制虽然源远流长，拥有几千年的历史，但是经历近百年来的洗礼，又经过计划经济时代，使得我国的政府机构膨胀、僵化，不能适应高风险、市场经济体制已经需要提供公共服务的大的宏观环境的要求。不管是客观环境，还是民众的主观愿望都以新的要求来要求政府组织，要求提供便捷、全面的公共服务，要求提供良好的、安全的社会环境、要求高效的、公平的平等的管理体制等。

为了应对时代要求，深入改革，党中央和国务院一再强调对我国政府进行改革和创新。2012年11月，党的十八大提出："稳步推进大部门制改革，健全部门职责体系。"2013年2月，党的十八届二中全会通过了《国务院机构改革和职能转变方案》，并获得十二届全国人大一次会议批准。十八届二中全会指出："行政体制改革是推动上层建筑适应经济基础的必然要求，要深入推进政企分开、政资分开、政事分开，健全部门责任体系，建设职能科学、结构优化、廉洁高效、人民满意的服务型政府。"① 在转型中国，为了迎接挑战，更好地服务民众，提供让民众满意的公共服务和公共产品，积极进行政府改革，建立高效而有限的政府。政府改革要求政府转变职能，政府改革，是转变职能的一贯主线，也是职能转变的动力。政府改革要求地方政府适应市场经济发展要求，转变职能，制定好游戏规则，做好裁判员。这是一个循序渐进的过程，加上我国幅员辽阔，各地都有各自不同的特征，东西部发展差距较大，在文化上也有所不同，政府职能也不能一概而论，对于东部发达地区，政府职能定位从经济建设为中心转变为以提供公共服务为主要目标；对于西部边疆地区，如新疆云南等地，维护当地的稳定和安全是政府职能的首要目标。

第二，市场经济的不断完善。

城乡一体化过程中，地方政府职能转变的核心动力就是市场发育。市场发育为基层政府职能转变提供了强大的动力，为了应对市场需求，基层政府不管愿意或者不愿意，主动或者被动，为了经济、社会的发展，都不得不进行职能转变。那么什么是市场？人们对于市场这个常常出现的词汇越来越熟悉，每个人对市场也都有不同的理解，但是真正深刻理解市场这个词汇，并且能够从实质上对之进行把握并非简单的事情。市场"从狭义上讲，就是指某种商品买卖双方通过交易实现供求转换的场所，这种意义上的市场是有形的市场"②。如股票市场、劳动力市场、技术信息市场、期货市场等。"从广义、本质的角度上讲，市场是商品、劳务和要素关系的总和，可以是有形市场，也可以是无形市场。从经济学的观点看，市场就是产权交换关系的总和。"③ 作为有形或者无形的市场，其对一个国家的社会、政治、经济的作用不容小觑，直接影响一个国家的命运。具体而言，市场是商品生产者、经营者和消费者进行生产与交换的场所，能够优化资源的配置，最主

---

① 《中国共产党第十八届中央委员会第二次全体会议公报》，http://news.12371.cn/2013/02/28/VIDE1362051363403567.shtml。

② 曹沛霖：《政府与市场》，浙江人民出版社1998年版，第40—41页。

③ [美] 萨缪尔森、诺思豪斯：《经济学》，萧琛等译，人民邮电出版社2008年版。

要的是优胜劣汰的竞技场,市场通过天然的竞争刺激市场主体内心原始的欲望,去创造或占有社会财富,为了从竞争中胜出,市场参与者如商品的生产者和经营者,只能不断地改进技术,进行科技和产品创新,满足客户的需要。因此可以推动社会生产的扩大和进步,正是因为这样,市场凭借"自发定价"的交易机制和"优胜劣汰"的竞争机制,促使社会中的"人力资源""自然资源""资本""技术"迅速地流向能够最大限度地实现其价值或使用的个人或者企业手中。"人力资源""自然资源""资本""技术"被喻为经济增长的"四个轮子"。[1] 而市场就是为这四个轮子输送强大动力的引擎。由市场配置资源是推动经济社会迈向富裕和文明的最佳办法。

市场意味着效率、竞争、活力,充满竞争的经济环境,高效地配置资源,使得生产力的发展焕发着勃勃生机,在城乡一体化进程中,基层政府要充分尊重市场的力量,遵从市场规则,发挥市场在资源配置中的基础性作用,指引市场主体理性地占有资源、使用资源,促进资源效率的最大化。但是市场并不是万能的,市场机制本身有他自身"天生"的缺点,主要表现在:其一,市场扭曲。事实上,几百年来的市场经济实践证明,完全竞争的市场体制并不存在,市场价格往往会被一个或者多个决策者控制,结果造成控制某个行业,形成不完全竞争的垄断,垄断或者寡头经济导致价格扭曲、产量扭曲和收入扭曲,造成市场扭曲,也不可能实现市场本来的资源优化配置。其二,产生外部经济效果。"每当某一商品的生产或消费所产生的效应扩散到商品消费者或者生产者之外,外部经济效果就产生。这些扩散到外部的效应没有在市场价格中反映出来。"[2] 虽然外部性不一定就是不良的社会效果,但是如果是不良的社会效果,社会就会为此付出巨大的代价。市场无法对这些外部效果进行标价,不能通过价格机制对产生或好或坏的外部经济效果的生产者进行区分,现实的市场经济社会里,商品的生产产生过太多的不良的外部经济效果。而在中国的发展

---

[1] 孙天承:《政府、市场关系的厘清与作用发挥的法治保障》,《南京农业大学学报》(社会科学版) 2015 年第 1 期。

[2] [美] 斯坦利·费希尔、鲁迪格·唐不什:《经济学》,中国财政经济出版社 1989 年版,第 394 页。

过程中，相对于城市来说，农村的发展走在城市后面，在以经济建设的旗帜下，基层干部招商引资的积极性很高，对引入的企业产生的外部效应被经济发展的数据掩盖，使得农村本来脆弱的生态雪上加霜。其三，造成贫富悬殊。就算市场能够像古典经济学家们所说的那样，能够实现资源的优化配置，但是市场的缺陷依旧无法回避，市场带来了收入分配的日益悬殊。"价格机制的辩护者和批评者们应当认识到，有效率的市场制度可能产生极大的不平等"①。因为市场竞争机制带来的优胜劣汰，使得富者越富、穷者越穷，形成马太效应，这对社会发展以人为本来说是个大大的不足，我们不能要求市场去做它办不到的事情，经济社会的发展；以人为本，实现人的全面发展；推进城乡一体化离不开市场的作用，市场的缺陷需要政府通过干预来弥补。②

市场的缺陷正给政府干预经济提供了现实可能性，但是市场和政府的关系并不像理论家们期待的那样，现实中常常会出现政府对经济干预过多或者过少的情况，都不利于经济社会的健康发展。在《中共中央关于全面深化改革若干重大问题的决定》中指出："必须积极稳妥从广度和深度上推进市场化改革，大幅度减少政府对资源的直接配置，推动资源配置依据市场规则、市场价格、市场竞争实现效益最大化和效率最优化。政府的职责和作用主要是保持宏观经济稳定，加强和优化公共服务，保障公平竞争，加强市场监管，维护市场秩序，推动可持续发展，促进共同富裕，弥补市场失灵。"③ 对于市场的不足，政府主动采取适当的措施进行干预，使得市场经济能够良性、有序地发展，政府在干预市场的时候，应该有所为而有所不为，发挥"无形的手"的作用，规范市场行为。在城乡一体化进程中，基于中国的国情，在建立和完善市场经济体制之后，依旧需要充分尊重市场配置资源的基础作用，发挥政府的主导作用，规范市场运作。

我国自改革开放以来，计划经济体制逐渐被废除，随着市场的培育

---

① ［美］保罗·A. 萨缪尔森、威廉·D. 诺思豪斯：《经济学》上册，第12版，中国发展出版社1992年版，第83页。

② 曹沛霖：《政府与市场》，浙江人民出版社1998年版，第253—259页。

③ 《中共中央关于全面深化改革若干重大问题的决定》，《人民日报》2013年11月16日。

发展，社会主义市场经济体制逐渐培育，并最终建立社会主义市场经济体制。市场经济体制的建立，地方政府不管是主动还是被动，都从控制一切的角色中退回本来属于政府的领域中，但是这个过程不是一天完成的，市场经济体制建立了，但是其完善、市场得到充分的发育还需要很长的时间，在这个过程中，政府需要减少对经济生活的干预和控制，退出微观经济领域。同时，中国是一个不均衡发展的大国，区域之间差距较大，各区域的文化、经济、社会发展都不平衡，市场发育也良莠不齐，在东部沿海地区，市场经济相当成熟，政府和市场的边界也比较清晰，但是在西部地区，特别是西部农村地区，农村市场缺乏市场发展的历史和条件，农村市场发育的状况不尽如人意，处于层次低、效率低的发育初级阶段，有的区域还有自然经济的存在，所以市场发育不均衡。在市场发育过程中，政府发挥着不可或缺的功能：政府可以为市场发育消除阻力；建立和培育市场；配置市场不能够配置的资源等，市场发育离不开政府的努力。政府作用于市场发育是把双刃剑，在干预市场的同时，也会带来负面影响：政府行为的不规范；政府本身的利益诉求；寻租及腐败的滋生等。所以总的来说，政府是市场发育的主要推动者，在市场发育初期，在政府的积极推动下，市场得到了较为充分的发育，市场发育到较高的阶段，政府行为的不合理、不规范起到适得其反的阻碍作用，发育后的市场又对政府行为提出了更高要求，在此背景下，要求地方政府角色的变化，适应时代，转变政府职能。特别是在城乡一体化进程中，针对已经发育的农村市场，虽然农村市场的发育似乎是个自然而然的过程，但是这并不能否认农村市场发育中基层政府的积极作用，市场机制本身具有缺陷，在基础薄弱的农村，倘若没有政府的规范、引导，其发展状况会更加孱弱，所以政府在农村市场发育的过程中占有非常重要的地位，基层政府对农村市场发育具有积极作用，但是发育起来的农村市场反过来要求基层政府转变职能，为基层政府职能转变提供巨大的动力，基层政府通过职能转变，构建农村市场发育的坚实基础，完善农村市场发育的环境。

第三，社会组织的不断发展。

中国经济社会转型进入攻坚阶段，必须要加大政府职能转变的决心和力度，大胆探索，转变政府职能重心，社会现实表明，中国随着社会的发育，市场经济的建立，中国的经济社会转型进入到多元主体（如政府、市场、社会）共同参与的新阶段，三者之间互相促进，协调治理。政府在给市场充分的自由的同时，还必须放权给社会，让社会也就是社会组织①承担起政府、市场和居民做不了也做不好的事情，社会组织会成为不同于政府干预和市场调节的第三方力量。② 这是一个放权的过程，原来集中于政府的权力，逐渐转移到各种社会组织身上，相应的政府职能也发生转变，一些职能放给社会去完成，整个社会发展的支撑力量也由政府独大转变成政府、市场和社会利益集团共同承担，使得社会经济有序、理性发展。

截至2014年6月，民政部登记的全国各类社会组织共56.1万个，其中民办非企业组织26.4万个。③ 因为经济体制的改革和政府改革为中国的社会组织发展提供了广阔的空间，加上市场经济走向成熟，公民参与的热情越来越高，自主、自治、自愿服务的意识觉醒，中国的社会组织自20世纪90年代中期以来，得到了迅猛的发展。但是社会组织的发展还面临着许多问题，从社会组织发展的自身来看，社会组织的主要问题表现在：其一，资源不足。主要表现在资金资源和人才资源的缺乏，相当一部分社会组织因为资金不足，无法开展正常活动，为了筹集资源，有时候会忘记组织成立的初衷。其二，能力不足。组织的发展需要相应的能力运营，如活动能力、管理能力、发展能力等，我国的社会组织规模小，资金筹集能力弱，动员社会资源的能力较差，无法吸引到有能力的人投身社会组织。其三，缺乏自治。中国的社会组织成立之初多

---

① 关于什么是社会组织的问题，学术界有很多相近的概念，譬如NGO、非营利组织、第三部门、社会中介组织、非政府组织、公民社会、公益组织、社会服务组织、自愿组织、民间组织、草根组织等。这些概念虽然在内涵上会有一定的不同，但是从本质上都具备共同的特征。在本书中，这类词都属于等价词，因为行文需要，统一用社会组织来说明。其为不以营利为目的、介于政府和市场之间的一种组织形态，具有组织性、民间性、非营利性、自治性和自愿性的特征。

② 吴锦良：《政府改革与第三部门发展》，中国社会科学出版社2001年版，第24—25页。

③ 截至2014年6月底全国社会组织数量达56.1万个，http://fj.ifeng.com/zt/gongyi/news/detail_2014_08/04/2704386_0.shtml。

少会有政府的影子，组织的资源很大部分都来自政府的投入，这就会束缚社会组织开展活动的手脚，难以成长为独立的社会组织；其四，发展不平衡，譬如在我国的中小城镇，特别是在我国中西部广袤的农村地区，除了因为扶贫助学或者教育外来的一些社会组织之外，当地的社会组织几乎是空白，而在经济发达的上海、江苏、广东等地，社会组织发展迅猛。①

社会组织发展存在的问题也有政府的原因，首先，"乱办"现象严重。大多数政府部门都办有一种或几种社会组织，使得社会组织盲目发展。政府自身对于社会组织的成立也没有具体思路，只觉得社会组织在理论上是个好东西，要发展社会力量，但是如何指导社会组织，则没有思路，没有明确的法律条文。在一些发达地区，大力推动社会组织的成立，加上社会需求量大，政府也成立社会组织发展中心，积极孵化社会组织，投入了大量的人力和物力，也培育了大批社会组织，由于缺少评估、监管机制，导致社会组织数量膨胀，但是这些社会组织所带来的成效无法评估，或者说没有成效，直接导致社会组织的信任度下降，影响其自身的发展。其次，"乱管"现象突出。管理体系混乱，管理思路混乱。政府不能很好划分其与社会组织的边界，政府对于社会组织要么就放任自流，导致社会组织违法乱纪的现象时有发生；要么又管得太死，干涉太多，使得社会组织不能独立自主地开展活动。最后，"乱执业"现象较为普遍。执业环境恶化，执业质量低。社会组织在设立上和管理上的混乱，直接结果是社会组织领域执业秩序混乱。一些不合格的社会组织得以取得执业资格，开展以营利为目的的经济活动，或者为了物质利益不顾执业道德和执业质量，损害公众的利益。这些问题的存在，严重影响了社会组织的健康发展，造成政府和社会资源的浪费。转变政府职能，规范社会组织、发展社会组织已经刻不容缓。②

中国社会组织的发展与状态，政府起着决定性的作用，所以二者

---

① 王名、贾西津：《中国非营利组织：定义、发展与政策建议》，载范丽珠编《全球化下的社会变迁与非政府组织（NGO）》，上海人民出版社2003年版，第268—275页。

② 黄友：《我国政府职能转变与社会中介机构建设》，《理论与改革》2002年第3期。

的关系千丝万缕，剪不断、理还乱。社会组织发展培育中的种种问题，并不是来自社会组织自身，而是来自政府。改革开放以来，社会组织得到了很大发展，这要归功于政府的努力，但是社会组织存在的混乱、无序状态，政府也难辞其咎。政府是社会组织的组建者，改革开放以来，随着市场经济的建立，社会组织出现是市场的需要。建立社会组织之初，由政府出资、政府扶持，或者由政府来办。政府办社会组织也是"中国特色"之一，所以用社会组织的五个特征来衡量中国的社会组织，没有一个是真正意义上的独立的社会组织。这又是另外一个议题。那么多社会组织纷纷建立，一方面是改革的需要，另一方面也是利益的考量。政府的权力与自利动机一旦结合，问题不可避免，政府成了社会组织秩序混乱的始作俑者。

随着市场经济的发展，政府改革的进行，社会组织逐渐发展壮大，规范社会组织最重要的是让政府退出社会组织领域，完成从主导者、参与者到规则的制定者、监管者的转变。规范社会组织领域，首先要规范政府行为，因为许多社会组织的问题来自政府，政府规范了，社会组织的规范就不会太困难，所以规范政府行为的边界，明确政府角色，转变政府职能刻不容缓。[①]

[①] 吴锦良：《政府改革与第三部门发展》，中国社会科学出版社2001年版，第268—271页。

第二章 城乡公共服务均等化模式分析与机制创新

将"城乡公共服务均等化机制创新"作为本书的研究聚焦,首先必须厘清"机制"这一概念。"机制"一词最早源于希腊文,是从"机器"和"制动"这两个科技术语中各取一字构成的,原意是指机器构造及其运作原理。后来,有学者将"机制"一词引用到生物学和医学研究领域,喻指生物有机体的结构和功能,旨在探究它们运行、调节的方式和规律,具体指有机体的构造、功能和相互关系。再后来乃至而今,"机制"一词便跨越了历史鸿沟,被包括自然科学家、社会科学家在内的几乎所有相关学科的学者广泛应用于自身的研究领域,其意义所指便是"机体或系统的构造、功能以及相互关系"。我们认为,欲准确理解"机制"这一概念,需要把握好三个基本点:一是事物及其组成部分是客观存在的。二是事物各个组成部分之间存在何种关系?三是如何协调事物各个组成部分之间的关系?即事物具体的运行方式是什么?基于这样的理解,我们认为,机制就是以一定的运作方式把事物各个组成部分联系起来,使他们协调运行而发挥作用。

既然机制是以"客观存在的事物及其组成部分间相互关系"为研究对象,那么这一研究对象又是如何存在的呢?或者说,客观存在的事物是以何种形式或方式存在的呢?显然,这是一个无法回避的问题。这就极其自然地涉及"模式"问题了。所谓"模式"(pattern),就是客观事物存在的形式。[①] 这一存在形式,不是简单、宽泛的整体性描述,而是

---

① 《中国大百科全书》(第二版),第16卷,中国大百科全书出版社,第184页,"模式识别"。

从生产经验和生活经验中经过抽象和升华提炼出来的核心知识体系，也可以说是解决某一类问题的方法论，即把解决某一类问题的方法总结归纳到理论高度的指导性知识体系。事实上，"模式"不仅是事物存在的一种相对标准的样式，也是主体行为的一般方式，它是理论和实践之间的中间环节，具有一般性、简洁性、重复性、结构性、稳定性和可操作性等特征，也正是具有了这些特征，"模式"便成为可以让人仿效学习的标准样式，也是有关"机制"问题研究绕不开的话题。

因此，本书研究的逻辑主线便是从分析和研究城乡公共服务均等化模式切入，基于广泛而深入的田野调查，对城乡公共服务均等化模式进行总结凝练和机理分析，在此基础上，对城乡公共服务均等化运行机制进行研究，并试图构建一种具有借鉴意义和示范价值新型的机制模型。

第一节 城乡公共服务均等化模式分析——以江苏为例

客观地讲，西方发达国家关于城乡公共服务均等化问题研究早先于中国。学习和借鉴国外先进管理经验和理论研究成果，是本土研究的一种自然选择。学者张华从"供给"维度系统总结了一些发达国家在城乡公共服务均等化的区别，提出了"政府主导与法律监管"的日本模式、"政府引导下多元供给"的美国模式、"市场机制调节下地区创新"的英国模式和"全面发展福利社会"的北欧模式。[1] 日本在城市化进程中，政府出台了一系列政策，全力扶持农业经济发展，通过工业反哺农业，实现农业现代化。该国的基本公共服务提供由政府主导，同时重视制定系列法律来规范政府在提供基本公共服务方面的行为。美国是混合市场经济模式的代表，在基本公共服务的供给方面，

---

[1] 张华、张桂文：《城乡基本公共服务均等化得国际经验比较与启示》，《当代经济研究》2018年第3期。

经历了从政府推行市场化到政府出资投入再到引入竞争机制的过程。政府主导表现在资金投入和政策引导上主要依靠政府行为，多元供给表现为政府引导下多种机构参与供给基本公共服务。英国经历了长期的通过劳动力转移而实现的城市化与工业化进程的漫长阶段，在城乡现代化发展的同时也积累了大量的问题，于是在解决城市病与维持乡村可持续发展的过程中，形成了政府干预的地区创新发展模式。北欧国家在"二战"后的国家重建和发展进程中，曾经出现过城乡发展不均衡的问题。一直到20世纪70年代，大部分北欧国家采取有计划的政府改革，通过财政转移支付支持农村地区发展。同时，在全国范围内提供统一的基础设施，无差别的基本公共服务，特别在社会福利方面，设定了统一的标准。西方国家在该方面的模式研究与总结，为我国基本公共服务均等化提供了国际借鉴，辩证地吸取和借鉴这些经验和做法，对我国基本公共服务均等化具有积极的启示意义。

我国城乡公共服务均等化研究方兴未艾，公共服务均等化研究的时间起点与"基本公共服务均等化"国家政策萌生相随，经过十多年的研究发展和繁荣，成果斐然，目前当处沉淀阶段，研究既朝向多元化发展，亦有提炼和升华的空间。从"城乡公共服务均等化模式研究"维度看，也已经拥有良多的积淀。比如，学者刘流认为，实现城乡基本公共服务均等化的模式选择主要取决于对城乡基本公共服务的界定和均等化标准的认识。根据我国现阶段城乡基本公共服务供给、需求情况以及公共财政构建中的特点，提出城乡居民享受的基本公共服务应由福利水平分层次、分阶段逐步向城市水平靠拢的城乡基本公共服务均等化模式。[①] 该模式的论述主要从城乡公共服务均等化的项目和水平两个角度来界定的，更本质地讲，是一种对公共服务均等化之内涵和目标理解基础上进行的模式概括，属于典型的规范研究。浦东干部学院的学者李德提出的政府治理视野下基本公共服务均等化的"五W"模式，即从"Who、Whom、What、When、Where"五个方面对基本公共服务均等化进行分析[②]，亦

---

① 刘流：《实现城乡基本公共服务均等化的模式选择》，《贵阳学院学报》（社会科学版）2010年第2期。

② 李德：《善治与和谐——对政府治理视野下基本公共服务均等化"五W"模式的探讨》，《上海行政学院学报》2009年第2期。

有同工之处。再比如，学者汪国华、张登国深入考察了城乡基本公共服务均等化的昆山"内生能力"模式和东莞"外生能力"模式①，从两个城市的基本公共服务均等化特质中，析出了均等化基础、主导机制、实施战略、产业配套等要素，并从城市化、流动人口的角度对这两种模式进行了评估和推广性探索。基本公共服务均等化的内生能力模式，通过错时或共时发展城乡基本公共服务，实现相应的基本公共服务能力提升，进而共同提高服务水平，在政府相应的制度设计之后，基本公共服务逐步实现续接。外生能力模式以政府和企业供给能力为判别标准提供基本公共服务，强调政府的供给能力依赖外资企业，实际是外源经济供给基本公共服务模式。这项研究的模式分析立意具体城市，由实践上升至学术归纳总结，注重实证研究，给模式研究增添了实践素材。此外，还有一些学者②的研究，虽然没有直接上升到模式的层面，但在其公共服务均等化的基础理论研究、现状研究、困境研究，特别是实现路径的研究中，或多或少都有较具启发意义的、值得反思总结之处，为模式研究提供思路和素材。

江苏作为中国改革开放之排头兵，不仅拥有厚重的经济、社会、文化等多方面的历史积淀，而且改革开放以来其经济社会发展速度迅猛，曾经给我国改革开放和现代化进程贡献过诸如"张家港精神""昆山之路"和"园区经验"等具有引领和示范意义的"苏南模式"。在城乡公共服务均等化方面，江苏实践与探索也同样走在全国之前列。因此，对江苏城乡公共服务均等化实践的进行总结和凝练，同样可以给人们以引领和示范的价值期待。此外，从区域地理布局这一客观因素来看，尽管江苏经济社会发展水平总体较好，但也同样存在着区域发展不平衡的情况，尤其在苏北地区、苏中地区和苏南地区之间，这种不平衡状况始终是困扰江苏整体、协调和可持续发展的难题。从这一意义上讲，对江苏城乡公共服务均等化实践进

---

① 汪国华、张登国：《城乡基本公共服务均等化模式比较研究——以昆山、东莞为例》，《兰州学刊》2014年第7期。

② 学者安体富、王玮、孙德超、刘琼莲、胡至平、郭小聪等丰富了中国公共服务均等化研究的理论成果，成为该研究领域的权威学者，启发着后来的研究者进行更深入的探索。

行剖析、总结和凝练，不仅可以洞悉公共服务领域在城市和乡镇之间的差异，而且可以领略公共服务之区域不平衡境况，其意义和价值则是不言而喻。

本书以江苏省为例，从政府的价值导向、供给能力和满足需求的主体等角度，通过大量实地调查访谈和问卷调查，比较系统、深入地考察了江苏省苏南地区、苏中地区和苏北地区的公共服务均等化现状，并进行了详细的实证分析，在此基础上，总结归纳出江苏城乡公共服务均等化的"三维模式框架"。

一　调查访谈提纲拟定及调查问卷设计

首先，我们基于文件、文献检索和研读，对城乡公共服务的具体领域进行了研讨，并组织了三次专家咨询会，初步确定了城乡公共服务的十个领域，即公共教育（如幼儿园、中小学教育）、就业服务（如提供就业信息、职业介绍、职业培训等）、社会保障（如最低生活保障、养老、工伤、失业保险等）、医疗卫生（如医疗保险、医疗服务等）、住房保障（如住房公积金制度、廉租房、公租房等）、公共文化（如广播电视、图书室、农村文化娱乐等）、基础设施（如交通建设、供水供电等）、环境保护（如绿化、污水处理等）、人口计生（如生育保险、计生检查等）、公共安全（如社会治安等）。根据上述十个领域，我们拟定了"城乡公共服务均等化访谈提纲"（见附录二）。

其次，在对服务对象进行访谈的同时，课题组考虑到服务对象对公共服务水平和质量的满意度、感知度以及重要性认识十分重要。事实上，城乡居民的满意度、感知度和重要性认识不仅是城乡公共服务均等化水平、质量和程度的重要量度，也是有效促进公共服务水平和质量提升的重要依据。为此我们设计了"城乡公共服务均等化调查问卷"（见附录一）。

二　调查对象的选定

公共服务水平与所在地区的经济发展水平以及文明程度高度相关，

其水平、质量以及程度主要受制于其经济发展状况。从经济发展状况来看,江苏区域发展很不平衡,苏北地区最低,苏中地区居中,而苏南地区最为发达。因此,课题组分别选择苏北、苏中和苏南三个地区的一些典型的乡镇或社区作为调查点。客观上讲,这种抽样方法比较粗糙,但仍不失一定的代表性。具体调查点如下。

(一) 苏北地区:连云港市 PN 镇

课题组成员首先对该镇党委书记、分管副书记以及相关单位负责人 11 人进行了深度访谈,其后发放调查问卷 300 份,回收 271 份,有效问卷 255 份,问卷有效回收率 85.00%。具体受访者人口学信息见表 2–1。

表 2–1 受访者基本情况描述性统计

特征	类别	频数(人)	百分比(%)	特征	类别	频数(人)	百分比(%)
性别	男	189	75.6	户口性质	城镇户口	13	5.4
	女	61	24.4		农业户口	228	94.6
年龄	16—35 岁	42	18.5	政治面貌	非党员	219	87.3
	36—55 岁	173	76.2		党员	32	12.7
	56 岁及以上	12	5.3	职业	高级白领	12	4.8
文化程度	小学及以下	21	8.6		中低阶服务人员	27	10.7
	初中	118	48.2		体力劳动者	110	43.7
	高中/职高/中专	77	31.4		失业/无业/退休	6	2.4
	大专	25	10.2		其他	97	38.5
	大学本科及以上	4	1.6		样本数总计	255	100

(二) 苏中地区:南通市 SZ 镇

课题组成员首先对该镇党委书记、副镇长、镇长助理以及相关单位负责人 12 人进行了深度访谈,其后发放调查问卷 400 份,回收 381 份,有效问卷 338 份,问卷有效回收率 84.50%。具体受访者人口学信息见表 2–2。

表 2-2　　　　　　　　受访者基本情况的描述性统计

特征	类别	频数（人）	百分比（%）	特征	类别	频数（人）	百分比（%）
性别	男	253	76.2	户口性质	城镇户口	14	4.3
	女	79	23.8		农业户口	308	95.7
年龄	16—35 岁	39	12.3	政治面貌	非党员	268	83.5
	36—55 岁	219	69.3		党员	53	16.5
	56 岁及以上	58	18.4	职业	高级白领	18	5.5
文化程度	小学及以下	39	11.9		中低阶服务人员	49	14.9
	初中	176	53.5		体力劳动者	90	27.4
	高中/职高/中专	76	23.1		失业/无业/退休	17	5.2
	大专	27	8.2		其他	155	47.1
	大学本科及以上	11	3.3				

（三）苏南地区：XG 镇、SX 镇等

课题组成员首先对三个乡镇党委书记、镇长、分管副书记以及相关单位负责人等 18 人进行了深度访谈，其后发放调查问卷 1200 份，回收 1139 份，有效问卷 958 份，问卷有效回收率 79.83%。具体受访者人口学信息见表 2-3。

表 2-3　　　　　　　　受访者基本情况的描述性统计

特征	类别	频数（人）	百分比（%）	特征	类别	频数（人）	百分比（%）
性别	男	542	56.9	户口性质	城镇户口	500	52.9
	女	411	43.1		农业户口	446	47.1
年龄	16—35 岁	424	45.8	政治面貌	非党员	225	90.6
	36—55 岁	455	49.1		党员	893	9.4
	56 岁及以上	47	5.1	职业	高级白领	104	10.9
文化程度	小学及以下	51	5.4		中低阶服务人员	318	33.2
	初中	285	29.9		体力劳动者	67	7.0
	高中/职高/中专	251	26.4		学生	32	3.3
	大专	221	23.2		失业/无业/退休	66	6.9
	大学本科及以上	144	15.1		其他	371	38.7

需要说明的是，调查问卷发放对象主要是乡镇居民。课题组认为，城乡公共服务均等化问题主要是考察城乡之间的差异性，在这种差异

性中，乡镇显然处于弱势地位，因此，课题组将主要考察对象聚焦于乡镇居民。事实上，从上述受访者基本情况之"城镇户口"和"农业户口"分布状况看，苏南地区城镇化水平显著高于苏北和苏中地区，其公共服务水平以及均等化程度便可想而知。

三 数据统计分析及讨论

（一）访谈调查

课题组根据"城乡公共服务均等化访谈提纲"分别对连云港市PN镇、南通市SZ镇和苏州市XG镇、SX镇等乡镇干部、社区工作人员进行了为期半年的深度访谈，并随场进行了同步录音，课题组根据现场录音整理出20多万字的第一手访谈素材。这些第一手原始素材为后续的公共服务均等化模式分析和机制创新研究提供坚实的支撑。

（二）居民满意度、感知度和重要性认识调查分析

首先，课题组从总体上考察苏南、苏中和苏北三个地区居民对城乡公共服务均等化在满意度、感知度和重要性认识方面的差异。

调查分析发现，在居民满意度指标上，从苏州地区（苏南）到南通地区（苏中）再到连云港地区（苏北），居民对城乡公共服务之10个指标的满意度显著降低。具体而言，苏州地区居民在城乡公共服务10个指标上的总体满意度水平显著高于南通地区和连云港地区（$t=3.01$，$p<0.01$；$t=13.81$，$p<0.01$）；南通地区人员在城乡公共服务10个指标上的总体满意度水平显著高于连云港地区（$t=8.27$，$p<0.01$），见表2-4。

表2-4　　　　　　　　不同地区居民的总体满意度差异

	地区	人数	M	SD	t
苏州—南通的满意度差异	苏州 南通	958 338	3.70 3.60	0.50 0.52	3.01**
苏州—连云港的满意度差异	苏州 连云港	958 255	3.70 3.18	0.50 0.49	13.81**
南通—连云港的满意度差异	南通 连云港	338 255	3.60 3.18	0.52 0.49	8.27**

注：*$p<0.05$，**$p<0.01$，***$p<0.001$。

在居民对城乡公共服务均等化感知度指标上，从苏州地区（苏南）到南通地区（苏中）再到连云港地区（苏北），对城乡公共服务均等化10个指标的均等化感知显著降低。具体而言，苏州地区居民在城乡公共服务均等化10个指标上的总体均等化感知水平显著高于南通地区和连云港地区（$t=3.49$，$p<0.01$；$t=22.41$，$p<0.01$）；南通地区居民在城乡公共服务均等化10个指标上的总体均等化感知水平显著高于连云港地区（$t=16.49$，$p<0.01$），见表2-5。

表2-5　不同地区居民的总体均等化感知差异

	地区	人数	M	SD	t
苏州—南通的均等化感知差异	苏州 南通	958 338	3.60 3.50	0.55 0.48	3.49**
苏州—连云港的均等化感知差异	苏州 连云港	958 255	3.60 2.73	0.55 0.47	22.41**
南通—连云港的均等化感知差异	南通 连云港	338 255	3.50 2.73	0.48 0.47	16.49**

注：*$p<0.05$，**$p<0.01$，***$p<0.001$。

在居民对城乡公共服务均等化重要性认识指标上，苏州地区（苏南）居民和南通地区（苏中）居民在城乡公共服务均等化10个指标上的总体重要性感知水平均显著高于连云港地区（苏北）居民（$t=7.45$，$p<0.01$；$t=5.12$，$p<0.01$）；苏州地区（苏南）居民和南通地区（苏中）居民在上述指标上没有显著差异（$t=0.60$，$n.s.$），见表2-6。

表2-6　不同地区居民的总体重要性感知差异

	地区	人数	M	SD	t
苏州—南通的重要性感知差异	苏州 南通	958 338	4.30 4.20	0.52 0.54	0.60
苏州—连云港的重要性感知差异	苏州 连云港	958 255	4.30 4.00	0.52 0.53	7.45**
南通—连云港的重要性感知差异	南通 连云港	338 255	4.20 4.00	0.54 0.53	5.12**

注：*$p<0.05$，**$p<0.01$，***$p<0.001$。

其次，课题组分别考察苏南、苏中和苏北三个地区居民在各自地区城乡公共服务均等化10个指标上的满意度、感知度和重要性认识方面差异情况。

(1) 苏北地区：连云港市PN镇

调查分析发现，在居民对城乡公共服务均等化满意度指标上，连云港地区居民对城乡公共服务均等化10个指标的满意度水平存在显著差异（$F=7.77$，$p<0.01$），见表2-7。为了进一步厘清差异主要体现在哪些指标之间，课题组进行了两两指标之间的t检验。结果发现，在城乡公共服务均等化10个指标中，连云港地区居民对于基础设施的满意度水平较高，且显著高于除就业服务以外的其他指标，见表2-8。

表2-7　　　　连云港地区居民对各个指标满意度的方差分析

	M	SD	MS_A	MS_e	F
1. 基础设施	3.33	0.51	t检验8.34	0.24	7.77**
2. 就业服务	3.25	0.44			
3. 社会保障	3.23	0.50			
4. 公共文化	3.21	0.37			
5. 人口计生	3.21	0.62			
6. 公共教育	3.17	0.38			
7. 公共安全	3.15	0.61			
8. 环境保护	3.09	0.53			
9. 住房保障	3.08	0.39			
10. 医疗卫生	3.06	0.44			

注：*$p<0.05$，**$p<0.01$，***$p<0.001$。

表2-8　　　　连云港地区居民在两两指标之间的满意度差异分析

	1	2	3	4	5	6	7	8	9
1. 基础设施									
2. 就业服务	1.89								
3. 社会保障	2.23*	0.48							
4. 公共文化	3.03**	1.11	0.51						
5. 人口计生	2.38*	0.84	0.40	0					

续表

	1	2	3	4	5	6	7	8	9
6. 公共教育	4.00**	2.19*	1.52	1.20	0.87				
7. 公共安全	3.60**	2.11*	1.61	1.34	1.10	0.44			
8. 环境保护	5.19**	3.69**	3.06**	2.95**	2.34*	1.95	1.81		
9. 住房保障	6.19**	4.60**	3.76**	3.85**	2.82**	2.63**	1.54	0.24	
10. 医疗卫生	6.38**	4.86**	4.06**	4.15**	3.14**	3.01**	1.90	0.69	0.54

注：*$p<0.05$，**$p<0.01$，***$p<0.001$。

在居民对城乡公共服务均等化感知度指标上，连云港地区居民对城乡公共服务均等化10个指标的均等化感知水平普遍不高（总体均值为2.73，最大值为2.90，最小值为2.63），但10个指标的均等化感知水平存在显著差异（$F=9.07$，$p<0.01$），见表2-9。为了进一步厘清差异主要体现在哪些指标之间，课题组进行了两两指标之间的t检验。结果发现，在城乡公共服务均等化10个指标中，连云港地区居民对于人口计生的均等化感知水平较高，且显著高于除就业服务以外的其他指标，见表2-10。

表2-9　　　　连云港地区居民对各个指标的均等化感知差异

	M	SD	MS_A	MS_e	F
1. 基础设施	2.67	0.43	3.62	0.22	9.07**
2. 就业服务	2.84	0.57			
3. 社会保障	2.74	0.34			
4. 公共文化	2.79	0.43			
5. 人口计生	2.90	0.55			
6. 公共教育	2.68	0.56			
7. 公共安全	2.75	0.35			
8. 环境保护	2.70	0.37			
9. 住房保障	2.63	0.53			
10. 医疗卫生	2.64	0.46			

注：*$p<0.05$，**$p<0.01$，***$p<0.001$。

表2-10　　连云港地区居民在两两指标之间的均等化感知差异分析

	1	2	3	4	5	6	7	8	9
1. 基础设施									
2. 就业服务	-3.78**								
3. 社会保障	-2.03*	2.40*							
4. 公共文化	-3.14**	1.11	-1.45						
5. 人口计生	-5.24**	-1.20	-3.94**	-2.51*					
6. 公共教育	-0.23	3.18**	1.47	2.48*	4.46**				
7. 公共安全	-2.30*	2.14*	-0.33	1.15	3.66**	-1.69			
8. 环境保护	-0.84	3.28**	1.27	2.52*	4.80**	-0.47	1.56		
9. 住房保障	0.93	4.29**	2.78**	3.73**	5.62**	1.03	3.01**	1.72	
10. 医疗卫生	0.76	4.34**	2.78**	3.79**	5.77**	0.88	3.03**	1.62	-0.23

注：*$p<0.05$，**$p<0.01$，***$p<0.001$。

在居民对城乡公共服务均等化重要性认识指标上，连云港地区居民对城乡公共服务均等化10个指标的重要性感知水平存在显著差异（$F=38.46$，$p<0.01$），见表2-11。为了进一步厘清差异主要体现在哪些指标之间，课题组进行了两两指标之间的t检验。结果发现，在城乡公共服务均等化10个指标中，连云港地区居民对于公共教育的重要性感知水平较高，且显著高于其他指标，见表2-12。

表2-11　　连云港地区居民对各个指标的重要性感知差异

	M	SD	MS_A	MS_e	F
1. 基础设施	3.88	0.65			
2. 就业服务	3.98	0.34			
3. 社会保障	4.11	0.47			
4. 公共文化	3.82	0.38			
5. 人口计生	3.75	0.44	11.18	0.25	38.46***
6. 公共教育	4.34	0.63			
7. 公共安全	4.13	0.52			
8. 环境保护	3.93	0.42			
9. 住房保障	3.8	0.57			
10. 医疗卫生	4.2	0.47			

注：*$p<0.05$，**$p<0.01$，***$p<0.001$。

表 2-12　　　连云港地区居民在两两指标之间的重要性感知差异分析

	1	2	3	4	5	6	7	8	9
1. 基础设施									
2. 就业服务	-2.17*								
3. 社会保障	-4.56**	-3.56**							
4. 公共文化	1.27	4.99**	7.63**						
5. 人口计生	2.63**	6.58**	8.89**	1.92					
6. 公共教育	-8.08**	-8.00**	-4.65**	-11.24**	-12.21**				
7. 公共安全	-4.78**	-3.84**	-0.45	-7.66**	-8.87**	4.09**			
8. 环境保护	-1.03	1.47	4.54**	-3.09**	-4.71**	8.61**	4.76**		
9. 住房保障	1.47	4.31**	6.67**	0.46	-1.10	10.11**	6.80**	2.92**	
10. 医疗卫生	-6.35**	-6.03**	-2.15*	-10.00**	-11.12**	2.83**	-1.59	-6.81**	-8.61**

注：*$p<0.05$，**$p<0.01$，***$p<0.001$。

（2）苏中地区：南通市 SZ 镇

调查分析发现，在居民对城乡公共服务均等化满意度指标上，南通地区居民对城乡公共服务均等化 10 个指标的满意度水平存在显著差异（$F=48.85$，$p<0.01$），见表 2-13。为了进一步厘清差异主要体现在哪些指标之间，课题组进行了两两指标之间的 t 检验。结果发现，在

表 2-13　　　　南通地区居民对各个指标的满意度差异

	M	SD	MS_A	MS_e	F
1. 基础设施	3.46	0.47			
2. 就业服务	3.48	0.54			
3. 社会保障	3.6	0.43			
4. 公共文化	3.64	0.42			
5. 人口计生	3.69	0.49	11.82	0.24	48.85**
6. 公共教育	3.81	0.55			
7. 公共安全	3.8	0.46			
8. 环境保护	3.29	0.41			
9. 住房保障	3.28	0.53			
10. 医疗卫生	3.61	0.58			

注：*$p<0.05$，**$p<0.01$，***$p<0.001$。

城乡公共服务均等化10个指标中,南通地区人员对于公共教育和公共安全的满意度水平较高,对这两个指标的满意度水平显著高于其他指标,见表2-14。

表2-14　　南通地区居民在两两指标之间的满意度差异分析

	1	2	3	4	5	6	7	8	9
1. 基础设施									
2. 就业服务	-0.44								
3. 社会保障	-3.50**	-2.77**							
4. 公共文化	-4.54**	-3.72**	-1.06						
5. 人口计生	-5.39**	-4.58**	-2.20*	-1.23					
6. 公共教育	-7.70**	-6.81**	-4.78**	-3.91**	-2.59**				
7. 公共安全	-8.22**	-7.18**	-5.05**	-4.09**	-2.60**	0.22			
8. 环境保护	4.34**	4.46**	8.30**	9.48**	9.96**	12.06**	13.16**		
9. 住房保障	4.04**	4.20**	7.46**	8.47**	9.03**	11.04**	11.79**	0.24	
10. 医疗卫生	-3.20**	-2.61**	-0.22	0.67	1.68	3.98**	4.08**	-7.17**	-6.68**

注:$^*p<0.05$,$^{**}p<0.01$,$^{***}p<0.001$。

在居民对城乡公共服务均等化感知度指标上,南通地区居民对城乡公共服务均等化10个指标的均等化感知水平存在显著差异($F=90.51$,$p<0.01$),见表2-15。为了进一步厘清差异主要体现在哪些

表2-15　　南通地区居民对各个指标的均等化感知差异

	M	SD	MS_A	MS_e	F
1. 基础设施	3.21	0.45	16.86	0.19	90.51**
2. 就业服务	3.33	0.39			
3. 社会保障	3.4	0.36			
4. 公共文化	3.5	0.51			
5. 人口计生	3.72	0.44			
6. 公共教育	3.7	0.42			
7. 公共安全	3.8	0.26			
8. 环境保护	3.38	0.51			
9. 住房保障	3.12	0.48			
10. 医疗卫生	3.42	0.43			

注:$^*p<0.05$,$^{**}p<0.01$,$^{***}p<0.001$。

指标之间,课题组进行了两两指标之间的 t 检验。结果发现,在城乡公共服务均等化 10 个指标中,南通地区居民对于公共安全的均等化感知水平较高,且显著高于其他指标,见表 2-16。

表 2-16　　　南通地区居民在两两指标之间的均等化感知差异分析

	1	2	3	4	5	6	7	8	9
1. 基础设施									
2. 就业服务	-3.21**								
3. 社会保障	-5.24**	-2.10*							
4. 公共文化	-6.78**	-4.21**	-2.55*						
5. 人口计生	-12.89**	-10.55**	-8.95**	-5.20**					
6. 公共教育	-12.66**	-10.27**	-8.63**	-4.82**	0.52				
7. 公共安全	-18.06**	-15.95**	-14.33**	-8.34**	-2.49*	-3.22**			
8. 环境保护	-3.98**	-1.24	0.51	2.65**	8.03**	7.70**	11.67**		
9. 住房保障	2.18*	5.40**	7.42**	8.63**	14.66**	14.46**	19.81**	5.90**	
10. 医疗卫生	-5.37**	-2.47*	-0.57	1.91	7.76**	7.41**	12.03**	-0.95	-7.40**

注:* $p<0.05$, ** $p<0.01$, *** $p<0.001$。

在居民对城乡公共服务均等化重要性认识指标上,南通地区居民对城乡公共服务均等化 10 个指标的重要性感知水平存在显著差异($F=60.08$, $p<0.01$),见表 2-17。为了进一步厘清差异主要体现在

表 2-17　　　南通地区居民对各个指标的重要性感知差异

	M	SD	MS_A	MS_e	F
1. 基础设施	4.08	0.65			
2. 就业服务	4.15	0.47			
3. 社会保障	4.45	0.48			
4. 公共文化	4.01	0.39			
5. 人口计生	4.06	0.27	15.25	0.25	60.08**
6. 公共教育	4.51	0.54			
7. 公共安全	4.38	0.61			
8. 环境保护	4.25	0.36			
9. 住房保障	4.02	0.56			
10. 医疗卫生	4.56	0.57			

注:* $p<0.05$, ** $p<0.01$, *** $p<0.001$。

哪些指标之间，课题组进行了两两指标之间的 t 检验。结果发现，在城乡公共服务均等化10个指标中，南通地区居民对于医疗卫生和公共教育的重要性感知水平较高，其中，对医疗卫生的重要性感知水平显著高于除公共教育之外的其他指标，见表2-18。

表2-18　　　　　南通地区居民在两两指标之间的重要性差异分析

	1	2	3	4	5	6	7	8	9
1. 基础设施									
2. 就业服务	-1.39								
3. 社会保障	-7.28**	-7.10**							
4. 公共文化	1.47	3.65**	11.32**						
5. 人口计生	0.45	2.64**	11.26**	-1.68					
6. 公共教育	-8.09**	-8.00**	-1.32	-11.94**	-11.86**				
7. 公共安全	-5.35**	-4.75**	1.43	-8.13**	-7.63**	2.54*			
8. 环境保护	-3.64**	-2.69**	5.30**	-7.19**	-6.72**	6.37**	2.92**		
9. 住房保障	1.11	2.83**	9.27**	-0.23	1.02	10.02**	6.92**	5.50**	
10. 医疗卫生	-8.83**	-8.83**	-2.35*	-12.67**	-12.61**	-1.01	-3.43**	-7.31**	-10.75**

注：*$p<0.05$，**$p<0.01$，***$p<0.001$。

（3）苏南地区：苏州市 XG 镇、SX 镇等

调查分析发现，在居民对城乡公共服务均等化满意度指标上，苏州地区居民对城乡公共服务均等化10个指标的满意度水平存在显著差异（$F=49.37$，$p<0.01$），见表2-19。为了进一步厘清差异主要体现在哪些指标之间，课题组进行了两两指标之间的 t 检验。结果发现，在城乡公共服务均等化10个指标中，苏州地区居民对于公共教育和人口计生的满意度水平较高，对这两个指标的满意度水平显著高于其他指标，见表2-20。

表2-19　　　　　　　苏州地区居民对各个指标的满意度差异

	M	SD	MS_A	MS_e	F
1. 基础设施	3.61	0.52			
2. 就业服务	3.70	0.61			
3. 社会保障	3.71	0.39			
4. 公共文化	3.58	0.38			
5. 人口计生	3.80	0.42	11.73	0.24	49.37**
6. 公共教育	3.84	0.47			
7. 公共安全	3.72	0.57			
8. 环境保护	3.50	0.48			
9. 住房保障	3.54	0.51			
10. 医疗卫生	3.62	0.47			

注：$^*p<0.05$，$^{**}p<0.01$，$^{***}p<0.001$。

表2-20　　　　　苏州地区居民在两两指标之间的满意度差异分析

	1	2	3	4	5	6	7	8	9
1. 基础设施									
2. 就业服务	-1.79								
3. 社会保障	-2.45*	-0.22							
4. 公共文化	0.74	2.66**	3.8**						
5. 人口计生	-4.52**	-2.15*	-2.5*	-6.18**					
6. 公共教育	-5.22**	-2.89**	-3.39**	-6.84**	-1.01				
7. 公共安全	-2.27*	-0.38	-0.23	-3.25**	1.8	2.58*			
8. 环境保护	2.47*	4.1**	5.4**	2.08*	7.48**	8.05**	4.7**		
9. 住房保障	1.53	3.2**	4.21**	1	6.26**	6.88**	3.74**	-0.91	
10. 医疗卫生	-0.23	1.65	2.34*	-1.05	4.54**	5.26**	2.15*	-2.84**	-1.83

注：$^*p<0.05$，$^{**}p<0.01$，$^{***}p<0.001$。

在居民对城乡公共服务均等化感知度指标上，苏州地区居民对城乡公共服务均等化10个指标的均等化感知水平存在显著差异（$F=32.53$，$p<0.01$），见表2-21。为了进一步厘清差异主要体现在哪些指标之间，课题组进行了两两指标之间的t检验。结果发现，在城乡公共服务均等化10个指标中，苏州地区居民对于人口计生、公共教育和公共安全的均等化感知水平较高，这三个指标的均等化感知水平显著高于其他指标，见表2-22。

表2-21　　　苏州地区居民对各个指标的均等化感知差异

	M	SD	MS_A	MS_e	F
1. 基础设施	3.51	0.69	9.46	0.29	32.53**
2. 就业服务	3.63	0.61			
3. 社会保障	3.59	0.56			
4. 公共文化	3.5	0.45			
5. 人口计生	3.74	0.51			
6. 公共教育	3.69	0.39			
7. 公共安全	3.65	0.56			
8. 环境保护	3.51	0.64			
9. 住房保障	3.44	0.51			
10. 医疗卫生	3.49	0.38			

注：*$p<0.05$，**$p<0.01$，***$p<0.001$。

表2-22　　　苏州地区居民在两两指标之间的均等化感知差异分析

	1	2	3	4	5	6	7	8	9
1. 基础设施									
2. 就业服务	-2.07*								
3. 社会保障	-1.43	0.77							
4. 公共文化	0.19	2.73**	1.99*						
5. 人口计生	-4.26**	-2.20*	-3.15**	-5.61**					
6. 公共教育	-3.61**	-1.32	-2.33*	-5.08**	1.24				
7. 公共安全	-2.51*	-0.38	-1.21	-3.32**	1.89	0.93			
8. 环境保护	0	2.16*	1.5	-0.2	4.47**	3.82**	2.62**		
9. 住房保障	1.3	3.8**	3.15**	1.4	6.62**	6.19**	4.41**	1.36	
10. 医疗卫生	0.4	3.1**	2.35*	0.27	6.25**	5.84**	3.76**	0.43	-1.25

注：*$p<0.05$，**$p<0.01$，***$p<0.001$。

在居民对城乡公共服务均等化重要性认识指标上，苏州地区居民对城乡公共服务均等化10个指标的重要性感知水平存在显著差异（$F=34.12$，$p<0.01$），见表2-23。为了进一步厘清差异主要体现在哪些指标之间，课题组进行了两两指标之间的t检验。结果发现，在城

第二章 城乡公共服务均等化模式分析与机制创新

乡公共服务均等化10个指标中,苏州地区居民对于公共教育的重要性感知水平最高,对该指标的重要性感知水平与社会保障、医疗卫生和公共安全这三个指标之间的重要性感知水平不存在显著差异,然而显著高于其他指标,见表2-24。

表2-23　　　　　苏州地区人员对各个指标的重要性感知差异

	M	SD	MS_A	MS_e	F
1. 基础设施	4.19	0.59			
2. 就业服务	4.29	0.37			
3. 社会保障	4.35	0.56			
4. 公共文化	4.13	0.36			
5. 人口计生	4.12	0.32	8.86	0.26	34.12**
6. 公共教育	4.41	0.44			
7. 公共安全	4.32	0.68			
8. 环境保护	4.28	0.63			
9. 住房保障	4.24	0.43			
10. 医疗卫生	4.34	0.57			

注:$^*p<0.05$,$^{**}p<0.01$,$^{***}p<0.001$。

表2-24　　　　　苏州地区人员在两两指标之间的重要性差异分析

	1	2	3	4	5	6	7	8	9
1. 基础设施									
2. 就业服务	-2.28*								
3. 社会保障	-3.13**	-1.42							
4. 公共文化	1.38	4.93**	5.26**						
5. 人口计生	1.66	5.53**	5.67**	0.33					
6. 公共教育	-4.75**	-3.32**	-1.34	-7.83**	-8.48**				
7. 公共安全	-2.3*	-0.62	0.54	-3.93**	-4.23**	1.77			
8. 环境保护	-1.66	0.22	1.32	-3.29**	-3.6**	2.69**	0.69		
9. 住房保障	-1.09	1.4	2.48*	-3.12**	-3.56**	4.40**	1.58	0.83	
10. 医疗卫生	-2.91**	-1.17	0.2	-4.95**	-5.35**	1.55	-0.36	-1.12	-2.23*

注:$^*p<0.05$,$^{**}p<0.01$,$^{***}p<0.001$。

最后，课题组进行了综合比较分析，即对苏南、苏中和苏北三个地区居民在城乡公共服务均等化10个具体指标上的差异分析与比较。

结合表2-4可知，从苏州地区到南通地区再到连云港地区，总体满意度显著降低，且苏北地区与苏中地区、苏南地区之差异尤为显著。就具体指标而言，有三点值得关注：一是三个地区对于住房保障和环境保护的满意度水平均较低，课题组分析，这与江苏作为一个经济发达和人口密集之省情存在较大相关，居民对环境保护状况以及住房条件存在较大的期待；二是在公共文化服务方面，作为吴文化重镇、拥有千年文化积淀之苏州地区，居民对公共文化服务的满意度竟然低于只有数百年历史的苏中地区南通，似乎有些异常，但仔细分析之后发现，仅仅就博物馆这一文化名片而言，南通地区拥有大大小小的官办和民办的博物馆百余座，远远超出苏州地区，居民对此项指标的满意度便可想而知了；三是在公共教育服务方面，连云港地区居民的满意度与苏州地区、南通地区居民存在较大差异，这与苏州地区、南通地区基础教育水平和质量是密切相关的，如图2-1所示。

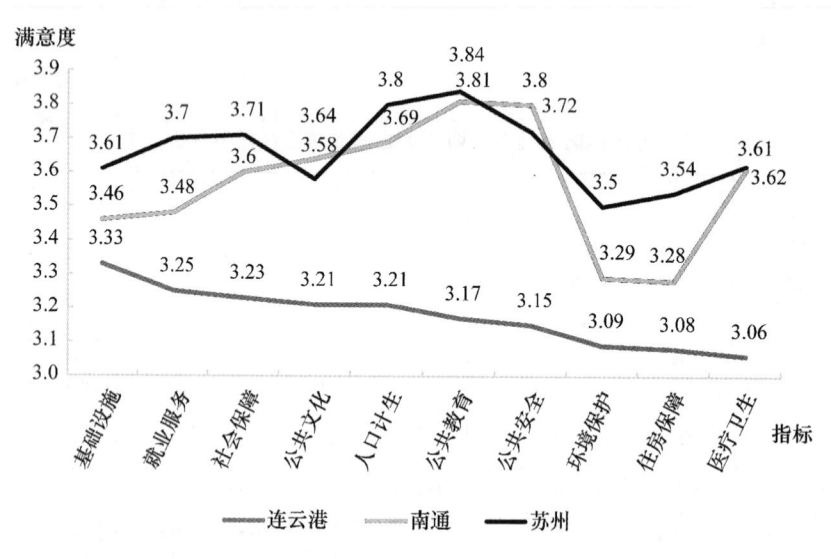

图2-1 不同地区在城乡公共服务均等化10个指标上的满意度水平

结合表2-5可知，从苏州地区到南通地区再到连云港地区，总体均等化感知显著降低，且苏北地区与苏中地区、苏南地区之差异尤为显著。就具体指标而言，有三点值得关注：一是三个地区对于住房保障的均等化感知水平均最低，这与江苏省情高度相关；二是在公共文化服务方面，南通地区与苏州地区居民感知度相同，似乎有些异常，原因同上；三是在公共安全服务方面，南通地区居民感知度显著高于苏州地区，我们分析，这与两个地区人口比例结构（本地与外来）以及区域位置高度相关，如图2-2所示。

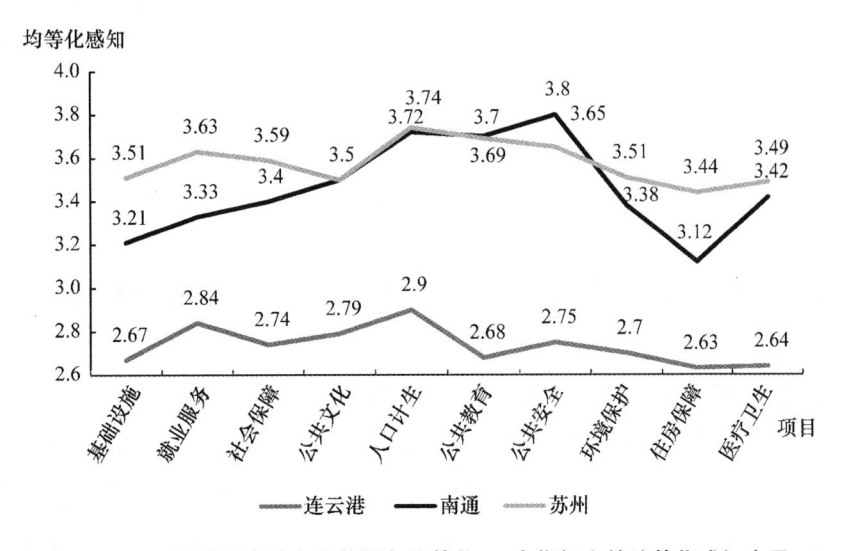

图2-2 不同地区在城乡公共服务均等化10个指标上的均等化感知水平

结合表2-6可知，从苏州地区到南通地区再到连云港地区，总体均等化感知显著降低且苏北地区与苏中地区、苏南地区之差异尤为显著。就具体指标而言，有三点值得关注：一是三个地区对于各指标重要性感知水平呈现除了相似的变化轨迹，我们可以理解为这是江苏的共性；二是三个地区居民对于公共教育和医疗卫生的重要性感知较高，尤其是南通地区最高，我们认为，这与南通地区居民重视基础教育因素高度相关，事实上，南通基础教育是举世闻名的；三是在社会保障和医疗卫生方面，南通地区居民的重要性认知甚至高于了苏州地区，这与南通近年来高速发展与基本社会保障形成的反差高度相关，如图2-3所示。

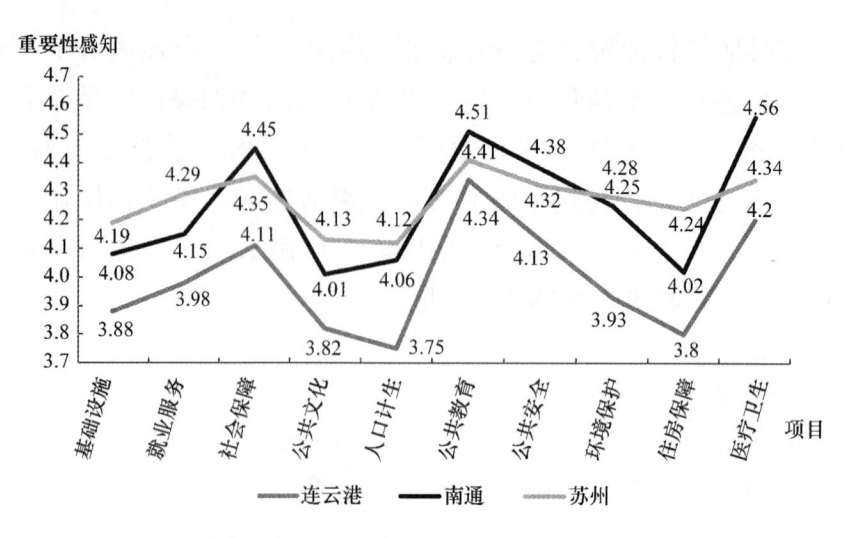

图 2-3　不同地区在城乡公共服务均等化 10 个指标上的重要性感知水平

四　结论：江苏城乡公共服务均等化"三维模式框架"

基于上述实证分析结果，我们发现，苏南地区、苏中地区和苏北地区居民对城乡公共服务均等化的满意度、感知度和重要性认识存在显著差异。尽管在某些指标（如公共教育等）方面有些"异常"，但就总体而言，苏南地区居民在满意度、感知度和重要性认识方面得分最高，而苏中地区居民居中，苏北地区居民最低，且在城乡公共服务均等化 10 个指标上的变化趋势基本趋同（见图 2-1—图 2-3），这也显示出江苏省情与特色。课题组分析，这与三个地区地理位置、经济发展水平、历史积淀以及人文习俗等因素存在高度关联。在课题组分别对三个地区相关人员进行深度访谈时，这一实证结果也获得了很好的佐证。结合深度访谈所获取的 20 多万字第一手原始素材，课题组从政府职能、供给能力等角度入手，将江苏城乡公共服务均等化模式总结归纳为"三维模式框架"，即苏北地区"后发赶超型"模式、苏中地区"多向应对型"模式和苏南地区"内生综合型"模式。

这种"三维模式框架"诞生，基本遵循了我国现代化进程的演进逻辑。放眼世界，欧美发达国家强调以价格调节机制为核心的市场功能，抑制甚至反对国家和政府对经济的干预，借此形成的新自由主义理论在 20 世纪 70 年代十分流行。该理论否定国家是公共利益的守护者，强调国家不能干预经济，在完全开放的市场中实行经济自由化，认为经济政策的非政治化才是实现发展的唯一路径。这一理论对拉美影响巨大，同时也把拉美国家拖进了死胡同。其后崛起的韩国、新加坡、中国台湾、中国香港等国家和地区有效规避了这一理论的影响，其所诞生的"东亚模式"强调"找回国家"，认为发挥政府与市场的协同功用才是有效的应对之道。"找回国家"的理念为后发国家赶超提供了新的路径。

  作为典型的后发赶超型国家，中国有效借鉴了这些管理理念。在改革开放之前，由于国家几乎垄断了全部资源，基层政府尤其是乡镇政府并没有太多的施政空间，其主要职能便是贯彻国家的意志、维护国家的利益，管理自己辖区的政治经济活动。改革开放之后，中国强调"以经济建设为中心"，地方政府便抛却了以政治任务为核心，经济管理职能由此得到了前所未有的强化与拓展。但从本质上讲，中国的体制是一种"压力型体制"，党中央集中统一领导是将国家意志和主张通过各级政府层层传导至基层。在普遍推行目标责任制之后，尤其是实行严格的目标管理模式和"一票否决"式的绩效考评机制之后，干部的考核和升迁往往取决于其指标完成情况，因此，基层政府的压力被层层加码，可谓压力巨大。这种压力来自三个方面：一是上级政府的政绩要求压力；二是同级政府之间的竞争压力；三是所辖基层公众日益增长的需求压力。在改革开放之后的很长一段时期，围绕经济增长这一目标，三种压力达成了一致和共识：对于上级政府来说，保持经济持续增长是国家战略、政治任务；对于地方政府来说，只有实现经济增长，才能在与其他地方竞争中保持领先优势；对于当地公众来说，保持经济增长与他们的就业和生活水平改善有着直接关系。但是，透过这种社会共识，我们应该理性洞察到背后所隐藏的诸多矛盾和隐忧，最为典型的就是，将发展简单、粗暴地理解为经济增长，而忽视了公共需求和公共利益。

  除了上述管理体制压力，财政体制的现实制约也是影响基层政府推进公共服务的重要因素。改革开放之后，中央启动以"包干"为核心的财政体制改革。实地调查访谈发现，为了实现财政最大化，地方政府不得不采取两种应对策略：一是在与上级政府签订财政承包合同时讨价还价,通过减免税收等做法与上级政府周旋;二是直接介入地方经济的发展当中,地方官员甚至承担硬性指标的招商引资任务,直接导致了乡镇政府行为的异化。1994年新的分税制代替了过去的财政包干制,尽管这一改革在很大程度上改变了中央与地方的财政格局,但并没有改变财政体制下地方政府通过发展经济以追求财税最大化的行为取向,这种行为取向甚至比以前更加明显。我国乡镇财政收入一般由三部分组成:一是财政部门收取的农业税费部分,主要以农业税为主体;二是地税收入,包括地方工商税收和企业所得税、个人所得税等;三是国税收入(增值税)的留存部分,一般占国税收入的1/4。对于以农业为主的地区而言,农业税一般占当地财政收入的30%以上。[①] 由于我国地区经济发展不平衡,各地对农业的依赖程度不同,越是经济落后地区,乡镇财政收入对农业税收的依赖程度越强。农业税取消后,以农业为主要生产的乡镇,其财政收入大幅度减少并且随农业税搭车收费的非规范性收入完全取消,因而其财政状况更是捉襟见肘,难以为继的乡镇财政便无力提供公共服务。此外,由于中央政府与地方政府在基本公共服务供给中责任不清晰,在农村义务教育、公共卫生、基础设施建设等方面,中央和地方政府的职责并无明确的法律规定,这使得原本处于"次要"地位的公共服务便成为基层政府"有意或无意"忽视的事项。

(一)苏北地区之"后发赶超型"模式

就江苏而言,以上所分析之情形尽管在苏北地区、苏中地区和苏南地区不同程度或不同阶段地有所体现,但相比较而言,经济发展相对滞后的苏北地区则更加明显。因此,我们将苏北地区的城乡公共服务均等化样态定义为"后发赶超型"模式。这一模式的特征主要表现为基层政府基本公共服务供给具有政府压力的被动色彩。在压力型体制下,公共服务供给过程中,便是上级政府直接给下级政府下达指标、下级政府被迫地完成上级政府下达的指标任务。久而久之,这一程式便自然演化为一种政治活动,即地方基层政府将文化教育、公共设施、

[①] 瞿蓉:《乡镇政府公共服务供给困境及对策研究》,硕士学位论文,上海交通大学,2008年。

公共医疗和社会保障等领域的公共服务理解成一项政治任务。可想而知，以完成任务甚至谋求政绩的工作心态来对待职责履行，其结果必然是被动的。因此，政府公共服务也就必然缺少主动性和创新性。

压力型体制下的目标责任机制也使得某些地方政府一味追求"成本收益计算"，这种政绩导向十分容易导致地方政府行为的失范，滋生华而不实的政绩冲动，偏离公共管理的终极目标。合理的公共服务供给模式的建构应该包括不断健全、完善和扩大的民意表达机制，着重培育公民的民意表达意识。此外，后发地区政府市场经济起步晚，发展程度低，这直接导致后发地区公共服务处于弱势地位。政府缺少市场的辅助而不得不独自承担公共服务的提供，这种供给主体的单一化现象不仅加重了政府的负担，也不利于公共服务产品质量的提高。

总而言之，压力型体制下的"后发赶超型"模式，尽管政府在提供均等化公共服务的供给能力方面具有显著的比较优势，但政府往往把公共服务和社会建设放在次要地位，而置于经济发展之后，有时甚至处于一种缺位状态，而且，政府的行为具有鲜明的被动色彩，这就难免导致政府行为的失范，加之民意表达机制的不健全，以及公共服务供给主体的单一化，其所辖地区的公共服务均等化水平和质量便可想而知了。这一事实在上述实证研究结果中已经得到充分的验证。

（二）苏中地区之"多向应对型"模式

正如前文所言，苏中地区基层政府所面临的境况与苏北地区基层政府基本相同，如他们在工作中同样面临着三方面的压力，即上级政府的政绩要求压力、同级政府之间的竞争压力和所辖基层公众日益增长的需求压力。与苏北地区基层政府不同的是，这些压力在苏中地区基层政府表现得更为尖锐和巨大。仅从压力源这一视角来看，如果说来自基层同级政府之间的竞争压力基本相同，那么自上而下的上级政府政绩要求压力尤其是自下而上的所辖基层公众日益增长的需求压力则显著超过了苏北地区基层政府，这一事实在上述三个地区居民相关满意度、感知度和重要性认识的实证分析结果中已经得到很好的验证（见表2-4—表2-6和图2-1—图2-3）。作为自上而下的体制压力、自下而上的社会压力以及来自周遭的同行竞争压力的交汇点，地方基层政府对其公共服务职能的履行在很大程度上需要有效平衡这些来自多向度的压力需求。

从自上而下的体制压力看,苏中地区基层政府所面临的压力较苏北地区更大。苏中地区位于长江北三角洲,濒海沿江,坐拥广袤的江海平原,自然地理条件优越,经济发展水平素来超过贫瘠的苏北地区。因此上级政府在各类发展指标下达时,极其自然地超过苏北地区。当这种来自上级政府的发展指标超过了所辖区域经济发展实际水平时,加之来自传统的公共服务供给主体单一化的影响,苏中地区基层政府便不可避免地承受较苏北地区基层政府更大的体制性压力。

从自下而上的社会压力看,相对富裕的苏中地区居民对公共服务和社会建设的诉求,不仅在数量上而且在质量和层次上显著高于苏北地区居民,这便使得苏中地区基层政府面临着来自更大的基层民众压力和社会舆论压力。以所辖地区居民对公共服务均等化重要性认识这一分析指标为例(见表2-6),问卷调查分析结果表明,尽管在公共服务均等化水平、质量和程度等方面,苏南地区显著超过苏中地区,但在重要性认识方面,苏中地区居民与苏南地区居民之间竟然差异并不显著,从这一分析结果看,苏中地区居民的主观诉求愿望是十分强烈的。

此外,在压力型体制下,中国官员的仕途升迁与其执政绩效存在挂钩关系,上级政府通过控制人事权力,激励下级在执政绩效上展开竞争。[①] 这使得基层政府干部面临着自身职业生涯发展的巨大压力。显然,基层政府决策层在制定、执行公共服务供给政策时不可避免地受到来自上级政府的体制性压力、基层民众的需求压力和自身职业生涯发展压力等多重因素的掣肘。如何在这种多重压力下进行理性的职能履行便成为基层政府面临的重要问题。调查访谈中发现,基层政府干部在对待上级考核时往往采取两套不同的策略:(1)将通过考核作为向上级、向媒体大众传递自身执政政绩的重要机会;(2)将通过考核作为维持自身职业生涯的必要途径。这两种策略源自基层政府干部对自身职业生涯前景的判断。但是,基层政府干部这种突出政绩的愿望又受到当地社会环境的制约。比如,地方公共服务的供给状况、基础

---

① 周黎安:《转型中的地方政府——官员激励与治理》,格致出版社、上海人民出版社2008年版。

设施开发项目的完成情况有赖于地方官员能否找到新的资金来源以及使用这些资金的能力;① 再如,一项有效运作的制度,在其创新建立阶段需要庞大的创办成本,② 等等。因此,苏中地区基层政府干部试图履行好政府公共服务职能,就必须疲于奔命、竭尽心智地周旋于各种诉求主体之间,巧妙应对来自多向度的压力。一方面,让上级政府从自身具有特色的政绩中产生信任;另一方面,让所辖区域民众和社会舆论从若干颇有起色的实事工程中看到希望。这便是苏中地区城乡公共服务均等化"多向应对型"模式。在深度访谈中,课题组成员都能切身感受到苏中地区基层政府干部的这份真情实感!

(三) 苏南地区之"内生综合型"模式

在前文中,课题组已经对苏北地区"后发赶超型"模式和苏中地区"多向应对型"模式进行了分析。综合来看,无论是"后发赶超型"模式,还是"多向应对型"模式,其地方基层政府的角色都是处于一种被动地位,基层政府承应着来自上级政府的政绩需求压力、所辖地区民众需求压力以及自身职业生涯发展压力等多重压力,在多重压力之下,基层政府在履行公共服务职能时的行为总体是被动的。这种被动性行为与基层政府本身的目标可能存在着内在的张力,在公共服务职能履行时就难免发生异化,甚至可能产生相反的效果,这便与服务型政府所倡导的理念产生冲突,甚至背道而驰,这无疑会在很大程度上消解政府履行公共服务职能之效用。相对于稳定性较差的苏北地区"后发赶超型"模式和苏中地区"多向应对型"模式,苏南地区城乡公共服务均等化"内生综合型"模式则是另一种有效模式,其基层政府在履行公共服务职能时呈现出更加积极主动的角色,通过充分发挥政府和市场的力量,建立新的内在机制,从内在职能转型和公众需求出发,思考公共服务均等化问题。"内生综合型"模式更加善于把握政府供给和社会需求之间的平衡,在纵横两个方面呈现出较好效果和发展态势。从横向看,"内生综合型"模式有效突破了苏北"后发赶超型"

---

① [德] 托马斯·海贝勒、雷内·特拉培尔:《政府绩效考核、地方干部行为与地方发展》,王哲译,《经济社会体制比较》2012年第3期。

② [美] 道格拉斯·诺斯:《制度、制度变迁与经济绩效》,刘守英译,上海三联书店1994年版,第127—128页。

模式和苏中"多向应对型"模式所遭遇的供给主体单一化之羁绊，地方基层政府较早地将眼光投向了市场和社会力量，构建了多元供给主体的协调发展思路，形成了以政府为主导、以市场为基础、以社会组织为协同的稳定格局，为公共服务均等化提供了良性的发展条件和基础。从纵向看，改革开放之后，苏南地区基层政府把握住历史发展机遇，当城乡二元格局的开始松动，便关注公共服务均等化问题。在地方基层政府的强力推动之下，协同和调动市场与社会力量，率先开启了城乡一体化进程，用改革打破制约经济社会发展的既有传统平衡，以发展不断平衡改革进程中所面临的诸多矛盾和问题，力求在动态平衡中发展和提升。在实地调查访谈中，我们不仅能够聆听到苏南地区基层政府与市场双向互动的历史脚步声，也能感受到苏南地区基层政府职能履行过程中孕育着一种内生驱动、从弱小到强大的良性建构力量。比如，动迁——城乡一体化发展的艰难第一步；就业——着眼于失地农民的现实困境；生活服务——业委会的诞生和市场力量的介入；文体活动和老有所养——政府与社会的合作；制度创新——"草根能人库"的建立；等等。

这种模式内生于20世纪80年代的资本积累，综合了20世纪90年代的政策机遇，使政府在与市场彼此互动的过程中形成了科学的管理体制，使得社会力量在此间得以发展壮大，形成了政府—社会—市场的良性互动。"内生综合型"模式下，其公共服务均等化拥有长期的经济和社会积累作为基本保障，财政收入平衡，管理体制健全，供给能力比较强，能较好地把握政府供给和社会需求的平衡，公共服务均等化发展情况较好。无疑，这是一种值得借鉴和推广的城乡公共服务均等化模式。

第二节 城乡公共服务均等化机制创新

在第一节中，课题组基于江苏城乡公共服务均等化状况的实地考察和实证分析，总结和凝练出由苏北地区"后发赶超型"模式、苏中地区"多向应对型"模式和苏南地区"内生综合型"模式组成的江苏城乡公共服务均等化"三维模式框架"。尽管分别基于三个地区具体实践总结、凝练而成的模式具有相对独立性，但作为江苏"三维模式框架"则不应该是这三者的简单、机械式的叠加。作为一种有机组合的产物，江苏城乡公共服务均等化"三维模式框架"应该拥有整体性、特殊性和可操作性等特征。对这些特性的总结和凝练，不仅是我们学术研究的目的和任务，也是科学指导实践、提升实践效用的需要和责任。从本书研究思路设计看，基于城乡公共服务均等化模式运行机理的分析也是我们试图构建城乡公共服务均等化运行机制模型的重要前提和基础。

一 江苏"三维模式框架"及其运行机理分析

大量的实地访谈材料以及问卷调查分析结果表明，无论是经济建设发展水平相对落后的苏北地区"后发赶超型"模式和经济社会发展水平比上不足、比下有余的苏中地区"多向应对型"模式，还是经济社会发展水平较高的苏南地区"内生综合型"模式，在当今中国体制条件下，尽管城乡公共服务中市场因素和社会组织也有不同程度的介入，但其主体依然是政府（尤其是地方基层乡镇政府）。基于这样的形势研判，我们在分析城乡公共服务均等化的影响因素时，就必然会将探索的目光聚焦于地方乡镇基层政府。那么，基层乡镇政府在履行其公共服务职能的过程中，又将遭遇到哪些难题呢？

调查访谈发现，基层乡镇政府面临着三种困境：一是价值取向的纠结与冲突导致政府功能定位和干部角色定位的模糊；二是供给能力的不足导致资源获取的焦虑；三是需求主体的多重压力导致履职动力的不足。其实，这三种困境是与前文所言之基层乡镇政府面临上级政府政绩期待、社会民众需求以及自身职业生涯发展焦虑等多重压力高度相关的。

(一) 政府职能转变与角色转换

基层乡镇政府价值取向的纠结与冲突十分容易导致政府功能定位和干部角色定位的模糊。在公共服务均等化实践过程中，基层乡镇政府的价值取向纠结主要表现为"公平"与"效率"的关系认识和处理上。从"公平"视角聚焦"公共服务均等化"问题，需要关注"公共性""服务"和"均等化"三个要素。就"公共性"而言，这里不仅意味着政府必须为民服务的责任和担当，而且隐含着对公民合法、正当的基本权益保护以及对社会公平正义的坚守，此外，其"公共性"特征还体现在共享特点和共同参与等方面；就"均等化"而言，最直观的就是城市与乡村的非均等（其实还有不同区域之间的均衡、协调问题等），尽管城市和乡村的差异客观存在，但我们所主张和强调的城乡公共服务均等化，并不是简单意义上的平均化。从法理上讲，公平有起点公平、过程公平和结果公平。事实上，在社会生活中，我们很难甚至无法做到起点公平和结果公平，过程公平可能是我们主要甚至唯一能够做到的，而过程公平具体表现在"规则公平"，这里包含着机会公平、制度公平等诸多方面的内容。因此，城乡公共服务均等化在本质意义上就是"规则公平"。作为核心要素的"服务"，一般有两个方面的理解：一是当我们将"服务"理解成名词时，"均等化"则表达为特定的目标和理念，是对公民权利和政府责任的社会需求界定；二是当我们将"服务"理解成动词时，"均等化"则是对公民参与和政府行为的运作机制的特征性归纳，是对公共资源分配动态过程的描述和评价。应该说，以上有关"公平"概念的理解和认知人们不会存有太大的疑虑，基层乡镇干部也是如此。问题的关键在于，面临自上而下的上级政府政绩期待、自下而上的社会民众需求以及自身职业生涯发展焦虑等多重压力，基层乡镇政府干部不可能仅仅依靠对"公平"的认知加以应对，更为重要甚至是最为主要的因素还是富有成效的工作业绩。恰恰正是因为这些来自多向度且不断变化的压力导致基层乡镇干部的价值导向产生了纠结，而这种价值导向的纠结模糊了基层乡镇干部的角色定位和政府功能定位。这种现象在改革开放以来，尤其是1994年分税制改革和2004年取消农业税政策之后更加明显。一方面，政府职能在"发展"和"服务"之间摇摆不定；另一方面，基层乡镇政府权力资源不断削减，而有限的权力资源又高度集中于少数甚至个人。这一困境便萌生出必须及时、有效地转变政府职能、转换干部角色的改革要求。在实地访谈和问卷调查分析中，课题组发现，经济社会发展水平较高的苏南地区"内生综合型"模式此类现象并不十分明显，而经济社会发展状况相对滞后的苏北地区"后发赶超型"模式和苏中地区"多向应对型"模式此类现象比较明显。起初令人困惑的是，苏中地区"多向应对型"模式似乎比苏北地区"后发赶超型"模式更加明显。进一步分析研究之后，课题组发现，这与苏中地区基层乡镇政府干部自身职业生涯发展焦虑程度更高、所辖地区居民对公共服务需求的程度较高及其满意度、感知度、重要性认识存在高度的相关。

(二) 加强公共服务供给能力建设

供给能力的不足不可避免地导致基层乡镇政府获取资源的焦虑。政府公共服务的供给能力与公共服务均等化程度之间存在高度相关。对基层乡镇政府而言，其公共服务供给能力的构成并不是单一的。基层乡镇政府能否提供公共服务？提供服务的数量如何？提供服务的质量又是如何等，这一系列问题不仅仅取决于基层乡镇政府的公共治理能力，在某种程度上，将直接取决于乡镇公共财政能力。实地访谈和问卷调查发现，这一现象在经济社会发展状况相对滞后的苏北地区"后发赶超型"模式和苏中地区"多向应对型"模式中表现得尤为明显。基层乡镇公共财政能力包括财政收入、财政支出和财政平衡三个方面。所得税改革和农业税全面取消之后，乡镇政府财政状况更为艰难。欠发和后发地区乡镇政府几乎陷入"吃饭财政"的窘境，不得不通过财政空转、买税、垫税等方式制造虚假收入应对上级政府财政收入的考核检查。[①] 在实地访谈中，我们关注到，基层乡镇政府公共服务供给能力具有几个特点：一是所辖地区居民对切身感受到的公共基础设施服务（如公共体育设施等）与较少涉及的公共安全服务、直接关乎基本生活的社会保障服务（如医疗、养老）之公共产品与间接相关的公共教育以及就业等社会服务之间的认知和要求呈现显著差异；二是不同地区居民对公共服务供给能力的要求在范围、大小和侧重点上都有所不同；三是城镇化进程中的不同历史发展阶段，所辖地区居民对公共服务供给能力的需求具有相对性特征；四是不同地区居民在对基层乡镇政府公共服务供给能力的评价方面存在差异，欠发或后发地

---

① 赵树凯：《乡镇治理与政府制度化》，商务印书馆 2010 年版，第 109 页。

区居民容易将政府公共财政能力的不足"错位"理解成乡镇政府治理能力的不足，而发达地区居民也容易将政府公共服务供给能力"过多"聚焦于"政府—市场—社会"三者的互动关系方面。这些特点在问卷调查所辖居民之满意度、感知度和重要性认识等实证分析结果中也得到了很好的验证。此外，在欠发或后发地区的实地访谈中，我们还发现一种令人诧异的特殊现象：偏远、落后地区的基层乡镇政府越是高度依赖上级政府的财政投入，公共服务供给能力越差，而基层乡镇政府压力却越小，居民满意度、感知度和重要性认识也并不太低。相反，想方设法开源节流的基层乡镇政府，越是不满足于单一的上级政府财政投入，积极、主动争取市场、社会组织资源（如招商引资等），并主要用于公共服务基础建设、经济发展等，其基层乡镇政府负债率越高，干部越不轻松，所辖地区居民满意度、感知度和重要性认识有时反而越低。仔细思考之后，个中原因其实是不言而喻的。这一困境便对传统、滞后的财政政策、监督评价等制度体系提出了改革要求。

（三）强化公共服务基本动力保障

需求主体巨大的多重压力往往会导致基层乡镇政府履职动力的不足。实现城乡公共服务均等化的重要意义是不言而喻的，这不仅有助于社会主义新农村建设向更广阔更深的领域开展从而进一步建设和谐的城乡文明生态，而且有利于让更多的城乡居民享有基本的公共服务从而实现宪法赋予公民的平等权利。然而，作为直接履行政府公共服务均等化职责、直面诸多矛盾的基层乡镇政府，无疑面临着自上而下的上级政府政绩期待、自下而上的社会民众需求以及来自自身职业生涯发展诉求等多重需求主体的压力。一方面，从上级政府来看，积极推进公共服务均等化，为城乡社会提供更健全、更完善、更优质、更公平的公共服务体系，不仅有助于行政合法性从管理向服务转型，顺应地方政治的发展趋势，有助于打破城乡隔离，实现人才、资金和商品的自由流通，释放乡村的消费潜力，从而确保经济持续健康发展，而且有助于缩小城乡差距，缓解城乡冲突和矛盾，维持社会和谐稳定。这种意识形态的考量和政治业绩的要求之双重导向，必然会聚合成巨大的政治要求，硬性传递甚至强力下达至下级政府，直至基层乡镇政府。当这种压力适度时，无疑可以激发基层乡镇干部的积极性和创造性，但当这种压力过于强大甚至不切实际时，自然就会引发基层乡镇干部的不满甚至对抗情绪，消解政策、指标等预期效用，导致基层乡镇政府履职动力的不足，最终事与愿违。另一方面，对所辖地区居民而言，随着市场化和社会化的不断深入以及城乡一体化和乡村振兴进程的加快，人民群众生活水平得到显著改善，受教育程度不断提高，人民群众对美好生活的向往也会与日俱进，这无疑是时代进步和社会发展之必然。问卷调查结果也表明这一事实，尽管在公共服务均等化程度、水平和质量等方面，苏中地区与苏南地区之间存在较大差距，但两个地区居民在对公共服务均等化重要性认识方面的差异却并不显著（见表2-6），从这一实证分析结果看，所辖地区居民对公共服务均等化的重要性认识以及主观诉求与其所在地区公共服务均等化实际水平、质量并非完全正相关。当这种来自社会的诉求压力适中时，固然可以激发基层乡镇干部的积极性、主动性和创造性。但我们也应该看到，在当今物欲横流的消费社会，也不可避免地会遭遇一些消极、戾气的社会现象，这些负面现象固然可以有效锻炼和提升基层乡镇干部的治理能力和为人素养，但也往往会消磨基层乡镇干部的意志和棱角，而导致履职动力的不足。此外，从基层乡镇干部自身职业生涯发展诉求来看，凭借自身的不懈努力，成就一番事业，在为人民群众谋取幸福的同时，争取更大、更宽、更好的发展机会和平台，实现自身抱负和理想，不仅是天经地义，而且值得鼓励和提倡。但心理学知识告诉我们，当外在和内在压力过于繁重时，不仅有损于个体的身体健康，也不利于个体的心理发展。超负荷的工作压力不仅不能带来预期的工作业绩，甚至还会极大耗损个体的精神力量，进而导致履职动力的不足甚至丧失。因此，在具体实践中，不仅需要竭力维护基本公平、尝试突破发展和竭尽忠诚服务，还需要兼顾考核评价之科学性、多元需求的复杂性和个体价值实现的合理性，稳健推进城乡公共服务均等化进程。这就衍生出对考核评价、民意表达、法律法规等制度体系进行改革的要求。

（四）"五位一体、六级联动"机制的提出

通过以上对江苏"三维模式框架"运行机理的深入分析，一方面，我们可以领略到我国尤其是江苏在城乡公共服务均等化方面取得了较大的发展成就；另一方面，我们也能真切感受到所面临的诸多棘手难题。这些难题不仅有财政体制束缚、评估监督不力、民意表达不畅等纵向维度的困扰，也有城市与乡村、不同区域之间差异以及同级政府之间竞争等横向层面的矛盾。实地访谈和调查分析之后，课题组发现，在当今中国特色体制条件下，试图稳健、快速推进城乡公共服务均等化进程，就必须大力加强地方政府尤其是基层乡镇政府的职能建设，这也是理性直面、妥善处理这一系列矛盾和问题之关键。经过综合凝练，课题组认为，可以从以下几个方面有意识加强基层乡镇政府的职能建设，这也是江苏在城乡公共服务均等化方面的有益探索和经验总结。

首先，推动从"外部压力"向"内部需求"转变，实现基层乡镇政府的动力转型。实地访谈和调查发现，无论是苏北地区"后发赶超型"模式，还是苏中地区"多向应对型"模式，在供给能力、激励结构以及政策导向方面都具"压力外生的行政逻辑"，这种行政逻辑之下的政府公共服务供给往往与当地的实际需求存在比较严重的脱节。如此情形下，基层乡镇政府一方面想方设法地"聚焦"少数几个政绩点，应付上级政府的考核评估，另一方面又因民众极少关心和参与，使得基层乡镇干部严重脱离实际、脱离群众，而成为独角戏之主角。如此循环往复，便使得公共服务均等化供给之实际效能和可持续发展面临严峻挑战和威胁。因此，良性的公共服务均等化供给模式必然是有效实现动力机制从外生压力驱动向内生需求驱动的职能转变。在这方面，苏南地区"内生综合型"模式激活了基层民众参与政府决策、执行、监督过程的制度化集体行动能力，有效规避了公共服务供给与民众公共服务需求不相对称的问题，为其他两种模式提供了很好的借鉴和示范。

其次，推动从"粗放应对"向"精细管理"转变，加强基层政府职能的制度建设。实地访谈和调查发现，无论是苏北地区"后发赶超型"模式，还是苏中地区"多向应对型"模式，压力型体制下的基层乡镇政府行政行为往往是想方设法应对上级政府的评估考核，而缺少广大民众的参与。这便使得基层乡镇干部在政策理解和执行过程中，不可避免地根据自身利益有选择性地进行，如此"粗放"甚至"粗暴"

的行政手段，便使得基层民众公共服务诉求不仅得不到保障和满足，甚至还会因此遭受损失和伤害。如何实现从"粗放应对"到"精细管理"的转变，对基层政府职能的制度建设便是不二选择。健全的制度体系，无疑是有效落实公共服务均等化供给模式分配效用的重要保障。在这方面，苏南地区"内生综合型"模式同样值得借鉴。

最后，推进从"一元"向"多元"转变，健全和完善基层政府职能的运行机制。在国家政策规定的可能范围内，最大限度地释放基层乡镇政府的施政空间，努力改变基层乡镇政府仅仅依靠上级财政投入这一落后理念和陋习，激发基层乡镇政府开拓进取、干事创业之积极性、主动性和创造性。在坚持政府主导的前提下，最大限度地开发市场力量，规范性吸收社会组织参与，作为单一财政投入的重要补充，有效推进公共服务均等化向高质量方向发展。在这方面，苏南地区"内生综合型"模式同样具有很好的示范效应。

基于上述综合分析和探索，课题组系统研读和深刻领会中央相关文件精神，并召开了专家咨询会，探索性地提出财政改革制度、服务供给制度、法律法规制度、监督评价制度、民意表达制度五个方面作为有效推进城乡公共服务均等化的制度保障，并对课题设计之初所确定城乡公共服务10个领域进行了聚类与综合，将研究聚焦于城乡公共教育、城乡公共就业、城乡社会保障、城乡公共卫生、城乡公共文化、城乡基础设施六个具有典型意义的城乡公共服务领域，并据此展开了城乡公共服务均等化机制创新研究，构建了以江苏为例的城乡公共服务均等化"五位一体、六级联动"机制模型。

所谓"五位一体"是指财政改革制度、服务供给制度、法律法规制度、监督评价制度、民意表达制度等五个方面的制度一体化保障；所谓"六级联动"是指城乡公共基础教育发展、城乡公共就业服务、城乡社会保障服务、城乡公共卫生服务、城乡公共文化服务、城乡基础设施建设六个具有典型意义的城乡公共服务领域彼此关联、并行推动。所谓"一体"，原指关系密切或协调一致，犹如一个整体。我们将实现城乡公共服务均等化的五个方面制度保障冠之以"一体"，意指相关制度紧密关联，科学配套，能较好地破解深层次的矛盾障碍。五位一体制度体系中，财政制度是根本，服务供给制度是核心，法律法规制度是基础，监督评价制度是保障，民意表达制度是灵魂，既有各自的独特地位，又紧密联系，相互作用，共同支撑推动城乡公共服务的均等化。所谓"联动"，原指若干个相关联的事物，当其中某事物发生运动或变化时，其他事物随之发生相应的运动或变化。本书所聚焦的公共基础教育服务、公共就业服务、基本社会保障服务、公共卫生服务、公共文化服务和基础设施建设是对人类发展具有重要影响的公共服务，也是广大城乡居民最关心、最迫切的基本诉求。我们将城乡公共服务的六大领域冠之以"联动"，意指相关服务必须紧扣以人为本这一理念，围绕着从出生到死亡各个阶段的公民基本需求，各项服务联动协作，进行全生命周期的供需匹配，同时，也指政府和社会并行推动六个领域的基本公共服务，使之全覆盖且公平可及。据此，我们以"五位一体"为"经"、以"六级联动"为"纬"，构成了城乡公共服务均等化运行机制的创新性提炼。

二 城乡公共服务均等化"五位一体"之"经"度分析

在城乡公共服务的各个领域中，都需要相应的制度保障。制度是社会的博弈规则，或更严格地说是人类设计的制约人们相互行为的约束条件。同时，制度是调整利益分配格局，体现社会成员之间权利关系或社会成员与政府之间权利和权力关系的社会规则结构[①]。制度约束行为的同时，在环境的变迁下，需要新的制度创新，从一些条件约束中走出来，进入到新的制度条件保障中。在城乡公共服务均等化过程中，同样需要改变传统的制度安排，进行制度创新，以此形成新的利益分配格局。本书中将这些制度安排提炼为财政制度、供给制度、法律制度、民意表达制度和监督评价制度，构成五位一体的制度创新。

（一）城乡公共服务财政制度创新

虽然城乡公共服务的均等化程度受到地区经济、政治、社会、历

---

① 王浦劬、王清：《制度变迁模式新析：利益均衡与制度替代——以当代中国城市户籍制度变迁为验证》，载《21世纪的公共管理：机遇与挑战 第三届国际学术研讨会文集》，格致出版社2010年版，第466—479页。

史文化等多重因素的影响，但是，由于基本公共服务的供给主要依靠政府财政，政府对基本公共服务的财政投入状况在相当程度上决定了基本公共服务的数量和质量。很多的调查和实践也显示了城乡之间的公共服务水平与财政投入直接相关。因此，加强城乡公共服务的财政投入，构建城乡公共服务财政保障制度，是实现城乡公共服务均等化的基本途径。

1. 构建均衡导向的财政保障制度

宏观调控的中央层面，已经以城乡均等化财政投入保障区域间的平衡理念来制定相关领域的政策，调配公共服务的保障经费。但是由于历史形成的城乡基本公共服务的资源占有和服务条件严重不均，造成了城乡之间公共服务实际水平的显著差异。城乡公共服务均等化不仅要求新增经费和资源的均等化分配，也要求缩小和消除历史形成的既有差距。现实情况下会存在这样的矛盾，一些公共服务供给水平较低的地区，却是经济落后，财政困难的地区，很难依靠自身条件来改善，差距会越来越大，非均衡性越发明显。因此，构建均衡导向的财政保障制度，首要的是继续调整城乡之间的财政投入比重和结构，加大对农村地区、困难地区的公共服务财政投入，甚至在某一阶段要形成重乡村轻城市的投入格局，加速提升农村地区的公共服务水平。同时，应进一步完善财政转移支付制度。目前，我国中央对地方转移支付主要分为两类：财力性转移支付和专项转移支付。财力性转移支付包括一般性转移支付、民族地区转移支付、民族地区转移支付、农村税费改革转移支付、调整工资转移支付、县乡奖补转移支付等。专项转移支付包括社会保障支出、农业支出、科技支出、教育支出、医疗卫生支出等。城乡公共服务当前主要由专项转移支付来负担，一些研究表明，某些专项转移支付存在不稳定和分配不公的情况。因此，是否可以考虑将涉及就业、社保、教育、医疗等领域的基本公共需求所需财政投入纳入一般性转移支付，根据城乡不同地区的需求和财政缺口，按照公平公正、规范透明、持续稳定的方式财政拨款，以均衡城乡各地财力，保障城乡公共服务的均等化。

2. 合理划分城乡公共服务的责任与成本

提供公共服务是各级政府共同的责任。一般来说，政府间公共服务的责任划分主要依据公共服务的受益范围来确定。对于受益范围溢出地方的或具有外部性的公共服务，应由中央政府和省级政府来提供，地方政府承担地方受益的公共服务的财政投入责任。但是，考虑到平衡地方、政治稳定、全国统筹等因素，中央及省级政府需要承担更多的地方公共服务。从国际上看，较多国家在教育、医疗和社会保障方面，皆由中央政府/联邦政府承担。我国长期以来，各级政府间的公共服务责任划分缺乏明确的法律界定，财政支出责任不清。中央财政在基础设施建设投资安排上，未能有效匹配农业转移人口市民化的需要，部分领域地方政府承担的支出责任仍然较重，具有均衡性的转移支付占比偏低，对缓解地方财政困难的效果有限。因此，应根据财权与责权一致的原则，明确划分各级政府的公共服务责任，确定财政分担比例，使公共服务投入法律化、制度化，进一步理顺中央和地方财政关系，充分发挥中央和地方两方面的积极性，形成权责清晰、财力协调、城乡均衡的央地财政关系。由于我国当前公共服务的资金需求量大，一些县市地方政府财力有限，可按照以下两个方式进行成本分担。一是按类型分担，由中央财政承担公共服务的人均服务经费，如义务教育、医疗卫生、社会保障及公共文化领域，省市承担公共服务运营管理经费。二是按比例分担，根据公共服务的财政需求，按照中央与地方实际财政收入的比例，承担公共服务的财政支出比例。

3. 丰富公共服务投入资金的来源形式

近年来，公共服务投入不断加大，设施条件不断改善，但相对于群众多层次多样化需求，仍然存在供给不足、质量不高、发展不均衡等问题，教育、就医、养老等方面的服务质量和水平与群众期待还有不小差距，这既是现阶段社会主要矛盾的表现，又是政府投入的重点，也是潜在的巨大国内市场。2018年，国家发改委出台《加大力度推动社会领域公共服务补短板强弱项提质量促进形成强大国内市场的行动方案》，其中确立了补齐短板，保障基本原则，采取针对性更强、覆盖面更广、作用更直接、效果更明显的举措，优先补齐基本公共服务短板，促进公共服务资源向基层延伸、向农村覆盖、向边远地区和生活困难群众倾斜，推进基本公共服务均等化、普惠化、便捷化。同时，政府在做好政策制定、规划引领、环境营造、监管服务的前提下，充分发挥市场和行业协会、商会等社会组织的作用，鼓励引导社会力量参与，扩大公共服务有效供给，推动非基本公共服务市场化、多元化、优质化。到2022年，形成公共服务供给更加充足、资源布局不断优化、覆盖全民、普惠共享、城乡一体的基本公共服务体系。在具体实施中，强调要充分发挥有效市场和有为政府作用，积极发挥政府投资引导带动作用，合理安排经费并及时下达资金，确保中央财政性资金优先支持基本公共服务领域补短板项目建设。鼓励地方政府依法合规采取政府和社会资本合作（PPP）等方式，吸引更多社会力量参与建设、运营和服务。加大金融支持力度，综合利用债券、保险、信贷、产业投资基金等方式，为公共服务项目融资提供支持。

4. 探索竞争性使用财政资金的创新机制

竞争性用财机制能够较好解决财政资金使用碎片化、经济效益不高等问题，在一些地区已经探索实施并取得了较好的效果。新华社曾报道了山西省万荣县竞争性用财机制推进城乡公共服务均等化的案例。该县在美丽乡村建设，补齐乡村路、水、电、污、厕等农村公共服务的突出短板中，采用了一事一议、精准投入、公开竞争立项演讲答辩会等形式，开启了竞争性使用财政资金的创新机制尝试。特别值得借鉴的是，在竞争演讲答辩会现场，村干部作为代表演讲，介绍村基础设施运行管理现状、美丽乡村建设具体工程项目及初步预算、工程推进质量保障措施、乡村振兴长远规划等内容，并就规划设计、投入能力、建设保障、长效机制、脱贫增收路径等进行答辩。通过这样的方式竞争立项资金，实现了从"大水漫灌"到精准投入，从"让你干"到"我要干"、从"选谁当官"到"选谁干事"等多重转变①。在公共服务财政投入和使用机制的研究中，如何把有限的财政资金"用在刀刃上"，又如何撬动社会资本参与城乡基础设施和公共服务供给是理论界和实务界的一大难点。案例中的竞争性使用财政资金的制度，值得总结和推广，使城乡公共服务均等化的财政资金使用效率进一步提高。

（二）城乡公共服务供给制度创新

我国经济社会飞速发展，财政能力日益增强，公共服务供给水平

---

① 新华社：《山西万荣县：竞争性用财机制推进城乡公共服务均等化》，https://new.qq.com/rain/a/20/20123/AOAMRM00，2020年12月31日。

明显提高。政府在城乡公共服务供给方面的政策层出不穷，自2015年11月习近平总书记在中央财经领导小组第十一次会议上首次提出供给侧改革以来，公共服务领域的供给侧结构性改革也拉开了序幕。供给侧结构性改革意味着从提高供给质量出发，推进结构调整，扩大有效供给，提高供给结构对需求变化的适应性和灵活性，要实现公共服务供给从"有"到"优"的转变。

1. 多元主体合作供给机制的强化

公共服务的供给侧结构性改革强调政府、市场和社会组织之间的紧密结合，通过多元主体的共同参与，来保障公共服务的有效供给。根据研究，如果将政府作为供给主体，按其介入程度的不同，可以将公共服务的供给机制分为三类：政府全能型直接供给、政府主导型供给和政府参与型供给。政府全能型直接供给基于传统的全能政府认知，政府以公共财政为基础，向全体民众提供各类基本公共服务，相应的财政支出占比很高，容易给财政带来较大的负担。政府主导型供给是一种以政府主导，社会其他主体参与共同提供基本公共服务的机制，政府选择性地将一部分公共服务交由社会其他主体参与供给，以满足公众的多样化需求。政府参与型供给则更强调通过市场化和社会化运作的方式，政府职责以决策规划、调控监督为主。三种机制在不同时期、不同领域被选择采用，各有优势。我国曾经在计划经济时期实行了政府全能型直接供给，进入市场经济时期，开始实施政府主导型供给，一定程度上依托了市场和社会的作用，至今仍有较多公共服务项目中，政府处于主导地位，同时，政府购买公共服务已成为多元主体参与公共服务供给的主要形式。在今后的均等化推进过程中，公共服务的供给，一方面政府需要调动市场和社会组织参与公共服务供给的积极性；另一方面政府还应完善公共服务合作供给目标的协商机制、合作过程的协调机制、合作责任的分担机制和责任追究机制，促使三方更好地为公众提供全方位的公共服务。

2. 公共服务供给的标准化和精准化并进

标准化作为一种提升公共服务水平的普适工具已经经过实践验证并得到广泛认同。2018年7月，中央全面深化改革委员会第三次会议通过了《关于建立健全基本公共服务标准体系的指导意见》，明确了构建四个层面的基本公共服务标准体系。"十三五"期间,涌现了许多公共服务标准化试点建设项目和基本公共服务标准化样本。"一张服务清单"、一个"标准体系"、"一个数据库"、一批基本公共服务领域的"深圳标准",这是创建国家基本公共服务标准化综合试点"深圳样本"的成果发布。标准化供给除了规范服务流程、明确权责关系外,还有助于提升服务质量、优化资源配置,成效可感知、质量可评估、基本公共服务更易落地推广[①]。公共服务均等化是战略目标,是标准化的结果,公共服务标准化是公共服务均等化的过程和手段。因此,在供给基本公共服务时,要注重服务标准化构建。

精准化可以破解公共服务供需失衡矛盾。习近平总书记谈基层公共服务时提到:"基层公共服务关键看实效,要提高针对性,老百姓需要什么,我们就做什么。"[②] 传统公共服务供给中存在一个困境:供给的种类、数量、质量与需求不匹配和错位。缓解困境的方法之一就是要实现精准化供给,公共服务供给精准化是公共服务供给侧改革的应有之义,是贯彻以人为本、实现公共服务供给与需求匹配,实现资源合理配置,提升服务供给质量的必要机制。在精准化供给中,有一个必要之环,即对公共服务需求的把握,此处略谈,将在城乡公共服务民意表达制度创新中具体再论。当需求被收集上来之后,需要汇总分析,当今社会新工具的大数据分析在此亦有用武之地。国外学者曾经提出过"数字治理"理念,主张信息技术和信息系统在公共部门改革中的作用,这一理论为公共服务迈向精准化供给提供了理论基础。以大数据和互联网技术破解传统困境,利用云计算、物联网、智能技术全方位掌握整合服务需求,同时,建立公共服务资源共享平台、跨部门协作机制,实现公共服务供需的耦合度。

(三) 城乡公共服务法律制度创新

法律是由国家制定或认可并以国家强制力保证实施的,反映由特定物质生活条件所决定的统治阶级意志的规范体系。城乡基本公共服

---

① 《福田:打造国家基本公共服务标准化"深圳样本"》,《深圳特区报》2021年8月14日。

② 《习近平谈基层公共服务:关键看实效》,《中国日报》2020年9月17日。

务均等化对维护人的基本权利和社会公正有重要的意义。为此，国家需要通过立法的形式，通过国家强制力的保障，规范城乡基本公共服务的实施和均等化实现。

1. 完善公共财政立法

公共服务的供给应建立在法治的基础上，使其获得稳定的法律保障。公共财政与公共服务供给关系密切。公共服务的有效供给需要公共财政给予经济支持。公共财政牵扯到复杂的利益分配，由此引发的国家与社会、政府与公民之间的关系，中央和地方财政事权与支出责任的划分等诸多深层次问题，都必须以立法手段加以厘清。尽管财政领域的制度规范数量庞杂，但高位级的法律供给不足，不少领域处于法律盲区。由于立法是一个社会各方取得共识和相互协调的过程，在法律缺失的情况下，财政的效率和公平都会受到很大的影响。因此，为了实现公共服务的有效供给，必须用法律来调整公共财政关系，合理划分不同层级政府间的财权和事权，明确不同层级政府的财政支出义务，规范不同层级政府间的财政转移支付制度。我国一直在推进中央与地方财政事权和支出责任划分的改革，在教育、基本公共卫生服务、养老保险、生活救助、住房保障等领域也密集公布了修订后的相关转移支付资金管理办法，今后需进一步加强有关立法。

2. 呼吁制定《公共服务基本法》

建立规范、权威的公共服务法律体系。应纵向梳理中央政府和地方政府现有的与公共服务有关的法律法规，横向梳理不同地方政府现有的与公共服务有关的法律法规，制定一部完整的、具有权威性的《公共服务基本法》，使公共服务的实施做到有法可依。通过法律进一步明确公共服务的内涵、范围，基本公共服务的标准，公共服务的资源配置、管理运行、供给方式以及绩效评价等一系列内容。英国于1997年制定了《公共服务法》、澳大利亚联邦会议早在1902年、1922年和1999年通过了三部《公共服务法》，确立了其公共服务体系、职责和管理内容[1]，完善的法治体系为这些国家基本公共服务的实施和均

---

[1] 廖文剑：《西方发达国家基本公共服务均等化路径选择的经验与启示》，《中国行政管理》2011年第3期。

等化提供了制度保障。政府的本质是一个公共服务组织，我国一些地方政府已经开始有所尝试，进行了相关地方立法实践。通过广泛宣传和深入推动实施，凝聚社会共识，普及公共服务法治意识，为国家层面的立法积累了经验。

3. 健全城乡公共服务六大领域内的基本法律法规

除了公共服务总体上的基本立法要完善之外，城乡公共服务六个领域内也要健全相应的法律法规。在城乡公共教育领域，为实现城乡教育均衡发展、加快城乡教育一体化进程，需要在户籍和学籍制度上进行改革，从省级乃至国家层面统筹管理受教育者的学籍，尝试在教育经费投入、资源配置、教育服务质量、学位分配等方面与拥有正规学籍、接受本地教育服务的受教育者的数量进行统筹管理，实现跨地区学籍互认，实行允许异地中考、高考等制度，切实保障受教育者的合法权益，缩小城乡教育差距，促进城乡教育均衡、协调、一体化发展。在城乡就业领域，目前的主要法律是《中华人民共和国就业促进法》，但是这部法律对"公共就业服务"很多重要议题都没有涉及，比如如何保障"基本公共就业服务均等化"目标的实现等，此外该部法律虽然对公共就业服务有了一些具体的规定，但"很多内容仍然较为原则、抽象、操作性不强"[①]。为此，全国人大应积极围绕该法积极开展调研，为该法下一次修订创新积累一手素材，同时也建议能尽快出台《中华人民共和国公共就业服务保障法》，为城乡公共就业服务均等化目标的实现保驾护航。在城乡公共卫生领域，我国已于2019年颁布了《中华人民共和国基本医疗卫生与健康促进法》，这是我国医疗卫生领域的第一部基础性、综合性、系统性的法律。今后应在基本公共卫生服务均等化政策的指导下，以上述促进法为基础，构建传染病防治法、突发公共卫生事件、慢病健康、妇幼保健法等为核心的基本公共卫生法律制度。在城乡社会保障领域，社会保险、社会救助、社会福利等相关法律法规需要加强完善，建议出台《社会救助法》，在基本养老保险、医疗保险领域破除户籍障碍，推动制度城乡衔接互转。在城

---

① 宁博：《浅析〈就业促进法〉中促进就业措施及其存在的问题》，《法制与社会》2008年第21期。

乡公共文化服务领域，《公共文化服务保障法》2016年出台，之后陆续出台9部省级公共文化服务保障地方性法规，仅2020年就连续出台了5部。这9部法规平均分布于东、中、西部地区，在设施建设和保护、强化政府保障责任、完善社会化评价机制、突出地域文化特色、体现融合发展、落实"大文化"观理念等方面有所突破。推动公共文化服务保障法全面落地并逐步完善，是"十四五"时期公共文化服务体系建设的重要任务。在城乡公共体育服务领域，重点在于弥补我国法律法规在协调城乡基本公共体育服务不均衡方面的不足。目前我国有不少关于促进城乡基本公共体育服务均等化的法律法规和规范性文件，但是系统性不足。如《全民健身条例》中对公共体育设施建设做了规定，但缺乏相应追责条款，且各地方政府也没有配套的法律法规。系统性缺失的法律法规很难被有效落实，进而难以推动城乡基本公共体育服务均等化的协同治理。因此，健全基本公共体育服务的法律制度，需要系统化地设计、制定和完善关于财政、供给、需要表达、监督和评价等一系列的法律法规或规范性文件，以规范基本公共体育服务投入或供给主体的行为。

（四）城乡公共服务民意表达制度创新

公众参与、民意表达是提高公共服务有效供给的重要途径，民意的表达有利于推动以政府为中心的思维定式的转变，也有利于政府提供精准的服务。从实践来看，公众参与动力能力不足、参与流于形式，民意表达制度保障缺失、参与平台建设力度不够、公共服务信息公开不到位等影响了公共服务的实施效果。需要进一步加强引导培育公民参与意识，健全民意表达机制，才能有效推动城乡公共服务均等化更好实现。

1. 强化民意表达的制度保障

公共服务中公众参与权利和义务的意识内化离不开规章制度强有力的约束和保障，民意表达制度应成为政府城乡公共服务供给的刚性制度安排。当前民意表达更多的是宏观层面上的规定和支持，到具体运作过程中，民意表达仍缺少底层制度的支撑，特别是在市、县一级层面，各地方政府未对具体操作规程进行细化，民意表达渠道难以得到保障。民意表达呈现粗放型制度框架，执行性制度呈空白，公众参与公共服务的主体性地位和行为无法实现。因此，要进一步加强民意表达制度建设，从法律层面上明确民意表达的合法性，夯实公众参与的制度基础和保障，包括基础性制度、过程规则制度、责任追究制度等，如基层民主制度、信访制度。同时，为避免制度空转，需要强化制度执行力和约束力。具体到地方执行层面，要具体细化、明确民意表达、公众参与公共服务事项的范围，严格落实法定程序，参与的途径和程序，通过更多的方式落实民意表达的权利，切实扩大公众参与。

2. 创新民意表达平台和途径建设

进一步完善公共服务信息公开机制，打造"透明政府""阳光政府"，为公众的参与提供基础和前提。强化政府门户网站在政府信息公开中的主导性地位，依照民众关注的公共服务热点及焦点整合成专题，以图片、声音、视频等方式给予展示，使公众能够及时、准确、方便、快捷地了解与掌握相关公共服务的信息，如公共服务政策公示等。

同时，只有进一步健全与完善形式更加多样化、内容更为丰富、沟通更为便捷的公众参与平台及管理机制，才能真正地确保公众参与的落地生根，提高参与的有效性。在继续完善原有公众参与渠道的基础上，积极探索创新公众参与新模式。发挥互联网时代"互联网＋公共服务"优势，使其成为汇集民意、利益表达的主要机制。加大包括政府门户网站、微博、微信、客户端等在内的公众查询、留言与咨询互动功能比例，强化民意征集、网上政策意见调查的功能，使其成为公众利益诉求表达的重要渠道。进一步整合包括政府热线、领导信箱、领导接待日等渠道的民意征集功能，有效解决群众的声音进不来的问题，使公众任何的公共服务需求或问题都能在第一时间内通过各种正规的渠道得以反映并解决。鼓励人民团体和社会组织的发展，发挥上传下联的平台作用，为民众一致行动提供可能性，逐渐形成小政府大社会的格局，实现公共服务参与的有序化。如赋予工、青、妇等人民团体更"实"的职权，明确、增强其工作职责，将加强联系与沟通、调研各类社情民意等纳入工作绩效检查，真正成为广纳群言、广集民智的参政议政主体。设立街道办事处或村级公共服务信息采集窗口，以征求民众意见和建议。设立专职人员，深入社区和农村，拓宽政府与群众的沟通渠道，做好基层意见搜集。①

（五）城乡公共服务监督评价制度创新

城乡公共服务监督和评价是对公共服务的提供过程、数量、质量和效果等诸多方面进行考核与控制的一种方式，监督贯穿公共服务全流程，评价一般处于末端，通过监督和评价，能对供给主体进行约束和激励，能推动城乡公共服务更好地供给与实施。

1. 构建公共服务"四重"监督机制

公共服务走到哪里，公共服务监督就应到哪里，公共服务投入越大，公共服务监督力度就应越大。首先，深化改革，构建"合力"监督机制。监督主体既要多元化，又要协同化，通过体制改革梳理、整合各种公共服务监督资源，使人大的权力监督、政协的民主监督、公众和新闻舆论的社会监督等形成监督合力。其次，完善程序，构建"过程"监督机制。重"决策"轻"监督"，重"要素"轻"体系"，重"结果"轻"过程"，已成为公共服务监督必须克服的突出矛盾。加强公共服务事前、事中、事后监督，公共服务重大决策要经过多方的调研、咨询和论证，避免低效或失误的公共服务决策发生，对公共服务实施中的即时监督，保证公共服务决策失误的及时纠偏，应建立重大公共服务决策的终身责任追究制。再次，打造平台，构建"共享"监督机制。建立公共服务监督的信息公开机制，对应公开的信息以法规和制度确定下来，信息沟通渠道畅通，投诉电话和热线等要有人处理，使"网络问政""电视问政"发挥更好的作用。最后，防范风险，构建"预警"监督机制。要对公共服务决策的风险点进行预测，要对公共服务决策风险进行分类分级管理。②

2. 提高公共服务第三方评估的深度和质量

我国公共政策和公共服务领域的第三方评估已经取得了初步的成效，第三方评估的业务能力不断扩展、评估专业水平不断上升；政府对于第三方评估关注度、重视度、信任度有所加强，需求不断上升；

---

① 蔡梅兰：《公众参与视角下提升公共服务有效供给的对策》，《行政管理改革》2017年第9期。

② 《有公共服务，必有公共服务监督》，《光明日报》2021年6月21日。

评估规范性持续加强；第三方评估机构的影响力、活跃度与技术驱动能力均有提升；以评促改，评价结果影响力提升。但是，有数据显示，现有公共政策与公共服务领域借助于第三方评估的深度与质量依然还处在比较初步的水平①。建立公共服务责任机制，加强对公共服务市场和社会供给主体资质的审核，对公共服务执行绩效以及群众满意度进行第三方评估，既能促进公共服务满意度的提升，也有利于增进群众对公共政策的理解和支持。例如苏州市某街道建立了完善的社区公共服务评估机制，群众代表通过协商提出公共服务需求，由政府牵线整合辖区资源提供服务，通过第三方对公共服务的执行进行监督和评估，广受群众好评。但同时要指出的是，当前第三方评估机构规范性与标准化程度良莠不齐，公开性与透明度依然存在不足，甚至存在为特定机构量身定做，过多依赖第一方自我填报数据，或者就是由第一方平台自己管理服务对象评价结果的现象，因此，应重视第三方评估行业组织的建设，明确第三方的行业资质、行业自律，进行行业能力建设。

3. 强化社会信用体系支撑

2019年7月国务院办公厅印发《关于加快推进社会信用体系建设构建以信用为基础的新型监管机制的指导意见》，指出要按照依法依规、改革创新、协同共治的原则，以加强信用监管为着力点，创新监管理念、监管制度和监管方式，建立健全贯穿市场主体全生命周期，衔接事前、事中、事后全监管环节的新型监管机制，不断提升监管能力和水平，推动高质量发展。在公共服务领域，加强公共服务行业自律和社会监督，将公共服务机构、从业人员、服务对象诚信情况记入信用记录，纳入全国信用信息共享平台，对严重失信主体采取失信惩戒或依法强制退出等措施。

三 城乡公共服务均等化"六级联动"之"纬"度分析

2012年5月，《国家基本公共服务体系"十二五"规划》在国务

---

① 《公共治理领域第三方评估工作应强化》，《中国青年报》2020年10月27日。

院常务会议讨论通过，这是我国历史上第一个国家层面的基本公共服务专门规划。该规划明确了"基本公共服务""基本公共服务均等化""基本公共服务标准"和"基本公共服务体系"的基本内涵。其中规划的范围确定为公共教育、劳动就业服务、社会保障、基本社会服务、医疗卫生、人口计生、住房保障、公共文化等领域的基本公共服务，并从第三章到第十章详细地提出了每个领域的重点任务、基本标准和保障工程。2017年1月，国务院下发了我国基本公共服务领域的第二份专门规划《"十三五"推进基本公共服务均等化规划》，规划指出需要通过推动基本公共服务全覆盖来弥补改革中的各类短板，列出了"十三五国家基本公共服务清单"，包括公共教育、劳动就业创业、社会保险、医疗卫生、社会服务、住房保障、公共文化体育、残疾人服务等八个领域的81个项目。每个项目均明确服务对象、服务指导标准、支出责任、牵头负责单位等。

上述官方文件中明确了城乡基本公共服务的内容，本书将住房保障、残疾人服务和社会服务纳入社会保障大类中，因为在中央文件中的这三类公共服务，实质内容涉及廉租住房、公共租赁住房、棚户区、农村危房和保障性住房管理，残疾人的相关服务，社会救助、社会福利和社会优抚等，这些在学术研究中，都放入社会保障体系加以讨论和研究，故此处归为一类。同时，在"十二五"规划纲要中，还提到了基础设施、环境保护两个领域，因分别纳入其他专项规划而没有体现在基本公共服务专项规划中，但由于城乡基础设施的地位，以及保证本书的完整性，故研究中加入城乡基础设施这个领域。综上，通过整合精简，最终将城乡公共服务均等化的领域分为城乡公共教育、城乡公共就业、城乡社会保障、城乡公共卫生、城乡公共文化和城乡基础设施。

（一）城乡公共教育领域的均等化

教育是一种重要的基本公共服务，国家建立基本公共教育制度，保障所有适龄儿童、少年享有平等受教育的权利，提高国民基本文化素质。公共教育发展均衡化主要有公共教育发展均衡化、基础教育发展均衡化、城乡教育发展一体化和高等教育发展均衡化。

1. 公共教育发展均衡化

教育发展均衡化就是指教育向着均衡状态不断转化、发展的过程，亦可称"教育均衡发展"。在这个过程中，要"通过法律法规确保给公民或未来公民以同等的受教育的权利和义务，通过政策制定与调整及资源调配而提供相对均等的教育机会和条件，以客观公正的态度和科学有效的方法实现教育效果和成功机会的相对均衡"[1]。这种教育均衡发展实质上就是保证受教育者平等地接受教育的过程，正如联合国教科文组织国际发展委员会编著的《学会生存——教育世界的今天和明天》中所说："可能平等地受教育，这只是求得公平的必要条件，而不是它的充分条件。人们有可能同样受到教育，但并不是说，他们都有同等的机会。平等的机会必须包括同样成功的机会。"此外，教育均衡发展还是一个"人权问题"[2]。1948年联合国《世界人权宣言》指出："人人都有受教育的权利，教育应当免费，至少在初级和基本阶段应如此。"《中华人民共和国教育法》也明确规定："公民不分民族、种族、性别、职业、财产状况、宗教信仰等，依法享有平等的受教育机会。"[3]

因此，教育发展均衡化的实质在于教育平等，主要表现为四个方面：一是权利平等，保证所有人享有平等的受教育权利；二是机会平等，保证所有人享有平等的受教育可能；三是过程平等，保证所有受教育者享有平等的资源配置；四是结果平等，保证所有受教育者获得平等的教育结果。

2. 基础教育发展均衡化

基础教育发展均衡化是指基础教育不断向均衡状态转化、发展的过程。在这个过程中，基于教育公平、教育平等原则和相关政策法规，实现地区间、城乡间、学校间的基础教育均衡发展。基础教育是"面向全体国民的基础素质教育"[4]，因此，基础教育均衡发展"主要是政

---

[1] 于建福：《教育均衡发展：一种有待普遍确立的教育理念》，《教育研究》2002年第2期。

[2] 顾明远：《教育均衡发展是教育平等的问题，是人权问题》，《人民教育》2002年第4期。

[3] 姚永强：《新时期下我国义务教育均衡发展方式的转变》，中国社会科学出版社2016年版，第70页。

[4] 杨启亮：《底线均衡：义务教育优质均衡发展的解释》，《教育理论与实践》2010年第1期。

府的责任","政府不仅须在现有的教育资源配置上要做调整,同时,要在一系列制度上,保证教育的均衡发展"①。这种均衡发展是一种"底线均衡",就是根据"水平、程度、价值等的最低合格标准"达成的"平等、公平、平衡样态",具体包括四个方面:"兜底"均衡的资源配置保障、合格均衡的评价取向、体验均衡的教育关怀、特色均衡的差异思想。②基础教育发展均衡化的目标是促进所有地区、学校和师生的共同发展,保障所有人享有基本的教育权利、获得基本的教育资源、体验基本的教育服务、实现公平的教育结果。

3. 城乡教育发展一体化

城乡教育发展一体化就是破除城乡教育二元结构,统筹城乡教育资源,实现城乡教育均衡、协调和共同发展的教育发展模式。这种发展模式,首先需要"打破城乡二元僵局",破除"旧有的城乡教育体制机制"③;其次需要树立"从城乡各自的小循环、小系统走向城乡统一的大循环、大系统,树立城乡一盘棋的总体思想"④;最后需要"构建动态均衡、双向沟通、良性互动的教育体系和机制"⑤,促进城乡教育资源共享、优势互补、责任共担、困难互助等,最终实现城乡教育的一体化发展。

(二) 城乡公共就业领域的均等化

就业是民生之本,党中央长期坚持就业优先战略。公共就业服务是公共服务中的一种,为城乡居民提供均等化的公共就业服务是"就业优先战略"的重要体现。

---

① 谈松华:《非义务教育的公立教育也应该均衡发展》,《人民教育》2002年第4期。

② 杨启亮:《底线均衡:义务教育优质均衡发展的解释》,《教育理论与实践》2010年第1期。

③ 李玲、宋乃庆、龚春燕、韩玉梅、何怀金、阳泽:《城乡教育一体化:理论、指标与测算》,《教育研究》2012年第2期。

④ 李广舜:《国内外城乡经济协调发展研究成果综述》,《地方财政研究》2006年第2期。

⑤ 褚宏启:《城乡教育一体化:体系重构与制度创新——中国教育二元结构及其破解》,《教育研究》2009年第11期。

1. 公共就业服务

在公共就业创业领域，提供基本公共就业服务被视为重点任务之一。该项服务面向所有"有就业需求的劳动年龄人口"，主要包括提供就业政策法规咨询、职业供求信息、市场工资指导价位信息和职业培训信息、职业指导和职业介绍、就业登记和失业登记、流动人员人事档案管理等服务。公共就业服务主要有四个方面的属性：从性质上讲，公共就业服务具有公益性，具有公共产品的性质[①]，同时公益性是公共就业服务最显著的特征之一。从目的上讲，大多数的定义都强调公共就业服务是以促进社会就业为目的或帮助劳动者获得就业岗位、满足其就业需求的，尤其是以帮扶就业困难群体为重点。可见，公共就业服务"是政府促进就业的重要手段"[②]。从服务的提供主体而言，提供就业服务是政府的职能，当然，政府未必要自己提供，可以通过公共就业服务机构来提供。此外，一些社会机构也可能会参与。从资金的支出方而言，政府是出资方，在《"十三五"推进基本公共服务均等化规划》中明确指出：国务院有关部门所属人才中介服务机构开展流动人员人事档案管理所需经费由中央财政予以补助，其余由地方人民政府负责。可见，政府是基本公共就业服务所需经费的支出方。只是某些公共服务的经费来源于中央财政，某些公共服务的经费来源于地方财政。

2. 城乡公共就业服务均等化

对于公共就业服务均等化，很多学者都有自己的理解和认识。陈诗达和陆海深认为，公共就业服务均等化是指政府向每一个公民提供的公共就业产品和公共服务是公平的，即机会均等[③]。张海枝的观点则响应了刘磊和许志行两位学者的主张。张海枝认为，公共就业服务均等化即公共就业服务主体应向全体社会成员提供大致相同质量和数量

[①] 贾荣言、刘力军：《借鉴国内外公共就业服务研究 完善河北省公共就业服务体系》，《河北企业》2014 年第 4 期。

[②] 张海枝：《我国公共就业服务均等化现状研究》，《兰州学刊》2013 年第 6 期。

[③] 陈诗达、陆海深：《公共就业服务均等化的财政支持研究——以浙江为例》，《当代社科视野》2009 年第 2 期。

的就业服务,(这)是公共就业服务发展的目标①。可见,张海枝给出的定义也强调,在机会均等的同时,也要努力做到结果均等。不过,无论机会公平,还是结果公平,作为政府提供的公共就业服务,"公共就业服务均等化"都要"能够基本适应经济社会发展水平,体现公平正义原则,所有社会成员能得到大致均等的服务"②。

此外,作为基本公共服务,政府也"有义务为城乡居民提供与公共财政职能和国家财力相适应的平等的基本公共就业服务,同时城乡居民有平等权利享受政府提供的基本公共就业服务"③。因此,作为供给主体的政府,在提供公共就业服务过程中,"应遵循均等化原则,具体包括公共资源投入均等原则、就业机会平等原则和公民同等受益原则"④。

(三) 城乡社会保障领域的均等化

覆盖城乡居民的社会保障体系已基本建立,人人享有基本社会保障的目标已基本实现。但是社会保障体系在体现待遇公平性、保障合理性方面仍然存在非均衡发展的状态。促进城乡社会保障均等化不仅是民生发展规律的内在要求,也是实现我国社会公平,建设和谐社会的现实路径。

1. 基本社会保障

对"基本社会保障"的认识,可以从人的基本需求出发,包括基本的营养健康需求、基本卫生保健需求、基本的住所安全需求、基本医疗服务需求、基本的老年服务需求等。对于满足上述基本需求有困难的社会成员,由国家出面为其提供相应的保障。因此,基本社会保障的责任主体是政府,是一种普遍的、底线的保障。

---

① 张海枝:《我国公共就业服务均等化现状研究》,《兰州学刊》2013年第6期。

② 李兆鹏:《推进城乡就业体系 建设促进公共就业服务均等化》,《山东人力资源和社会保障》2017年第10期。

③ 李学明:《基本公共就业服务均等化管理机制的构建》,《人才资源开发》2017年第15期。

④ 麻宝斌、董晓倩:《中国公共就业服务均等化问题研究》,《东北师大学报》(哲学社会科学版)2009年第6期。

国际上针对基本社会保障的研究一直在进行。2015年的联合国大会重申了"社会保护底线建议"（第202号建议书）的全球协议。国际劳工组织在《世界社会保障报告（2017—2019）》中提出：尽管世界上许多地区社会保障的发展取得了显著性的进步，但全球仍只有29%的人口享有全面的社会保障体系，剩下的71%，约52亿的人口没有或仅有部分保障，更有多达40亿的人口没有任何社会保障。一个国家应当提供最基本的社会保障，并将社保底线作为其社会保障体系的一部分。一些已经实现了全面保障的国家，还需要在扩大覆盖率和确保足够的福利水平方面做得更多[①]。报告对基本社会保障的项目考察集中在全民医疗保险、养老金保障和特殊人群的社会保障（如儿童和家庭福利、生育保障、残疾福利、失业保障）方面。

我国的社会保障项目体系，官方明确界定的是社会救助制度、各项社会保险制度、社会福利制度及相关补充保障措施。其中又以最低生活保障、基本养老保险、基本医疗保险、保障性住房为最基本的保障制度。最低生活保障是对难以维持最低生活水平的社会成员给予现金、实物等资助，以保障其基本生活所需的一项社会救助制度。基本医疗保险是为补偿社会成员因疾病风险造成的经济损失而建立的一项社会保险制度。基本养老保险是对老年人口给予养老金，以保障老年基本生活需求的一项社会保险制度。保障性住房制度是为了解决住房困难的社会成员的基本住房需求，给予居住货币补贴或提供基本住房的一项制度。

2. 城乡社会保障均等化

关于社会保障均等化的研究，学者关注较多，这与我国的社会保障体系具有特殊的城乡二元性及其非均衡性相关。西方发达国家历史上的城乡发展差距不是很大，社会保障等公共服务体系的城乡差距并不明显，所以国外的学者并没有特别地关注到这个领域，专门的研究比较少，观点成果散见在政府财政均等化、区域公共服务差别等研究中。1950年，布坎南提出财政均等思想，他认为财政均等是指具有相

---

① 唐霁松、马洁：《社会保障可持续发展目标——国际劳工组织世界社会保障报告（2017—2019）摘要》，《中国社会保障》2018年第2期。

似状况的个人从公共服务中获得的回报与其所承担的税负之差相等。同时也指出,全体人民在基本公共服务领域应该享有同样的权利。在丹麦学者安德森《福利资本主义的三个世界》中,以瑞典、挪威为代表的北欧社会民主主义保障体系堪称社会保障均等化的典型,它们的制度体系去商品化程度最高,贯彻了社会福利普遍化的原则。我国学者关注社会保障均等化,主要是从社会保障均等化的概念、社会保障均等化的指标评价体系、社会保障非均等化的现状和非均等化的原因,以及实现社会保障均等化的机制构建和保障措施方面进行的,并特别从城乡均等化角度切入研究。

基本社会保障涉及社会成员的生存权和发展权,不仅是社会保障体系中最基础、最核心的部分,同时也是基本公共服务的有机组成部分。基本社会保障均等化是基本公共服务均等化的应有之义,两者具有共通之处。溯观均等化的研究和实践,往往都是从机会均等和结果均等两个方面来探讨。如英国学者特纳在其1986年的《均等》著作中,将均等分为机会均等、个人基本的平等、条件的均等、产出的均等四个方面。加拿大宪法中对均等化的界定包含:居民福祉机会平等;通过经济发展减少机会差别;所有加拿大居民享有质量适度的基本公共服务[①]。

同样地,基本社会保障均等化的内涵也可以从上述两个维度来思考。"机会均等"内化到基本社会保障中,是要求所有社会成员能够享受基本社会保障权利,进一步地具体化为建立一个广泛覆盖全体国民的基本社会保障制度体系。"结果均等"内化到基本社会保障中,是要求所有社会成员能够享受到适度水平的基本社会保障,进一步地具体化为为全体国民提供一个在数量上和质量上大体相等的基本社会保障标准。因此,本章所研究的基本社会保障均等化是指社会成员人人享有最低生活保障、基本养老保险、基本医疗保险、基本住房的保障权利,并且在这一权利下,享受大体相等、合理适度的保障水平。

(四)城乡公共卫生领域的均等化

城乡公共卫生领域的均等化是基本公共服务均等化内涵中的一个重要子集,得到了政府和社会的高度关注。"没有全民健康,就没有全

---

① 丁元竹:《理解均等化》,《读书》2009年第11期。

面小康",补上地区医疗服务"短板",持续推进落实"大卫生""大健康"政策,建设健康中国已上升为国家战略。

1. 基本公共卫生服务

在国外,基本公共卫生服务的概念最早溯源到1952年温斯洛提出的改善健康的五大公共卫生干预措施。1978年9月,为促进世界所有人民健康的《阿拉木图宣言》订立,由此初级卫生保健的概念在全世界范围内形成共识,这也被视为基本公共卫生服务发展的一个重要转折点。1993年在《1993年世界发展报告》中提出了基本公共卫生的六项服务,包含:(1)计划免疫;(2)以学校为基础的医疗卫生服务;(3)计划生育和营养的信息及某些服务;(4)减少烟草和酒精消耗的计划;(5)为改善居民环境而采取的行为调控和信息服务;(6)防治艾滋病[1]。在国内,基本公共卫生服务的实践探索可追溯到20世纪60年代,1993年全国卫生工作会议中,提出了"三保三放"的改革思路,但只能作为一种政策方面的提出,很难界定具体服务内容[2]。周永强认为,基本的医疗服务应该针对生活水平不高的公费医疗职工和部分自费患者,采取低收费高补贴的办法[3]。陈琴芳等认为基本医疗要能够满足城镇大多数职工的需求,并且随着经济发展水平的提高不断丰富服务内容[4]。李玲等认为基本卫生服务的界定要以我国社会主义初级阶段理论为依据,配套医疗保障、疾病预防等改革[5]。兰迎春认为基本公共卫生服务包括一般公共卫生服务和基本公共卫生职能,两者皆具有公共产品的特征[6]。郭海

---

[1] World Bank, *World Development Report*, *Investing in Health*, Oxford: Oxford University Press, 1993, pp.156-157.

[2] 胡善联:《基本医疗卫生服务的界定和研究》,《卫生经济研究》1996年第2期。

[3] 周永强:《关于基本医疗服务和特殊医疗服务的几点思考》,《卫生经济研究》1994年第2期。

[4] 陈琴芳、缪宝迎:《浅谈基本医疗服务的界定》,《中国卫生事业管理》1997年第4期。

[5] 李玲、程晓明、巫小佳等:《社区卫生服务及基本生服务主要内容探讨》,《卫生经济研究》2004年第11期。

[6] 兰迎春:《基本卫生服务均等化的伦理思考》,《中国医学伦理学》2009年第1期。

健等认为基本公共卫生服务是国家为提高居民健康水平,提供的基本公共服务之一,属于广义上的公共产品[①]。综上所述,基本公共卫生服务作为公共产品,由国家保障提供,政府结合社会经济发展情况以及居民的基本健康问题综合考虑确定,并由专业的公共卫生机构提供的基本卫生医疗服务。

2. 城乡公共卫生服务均等化

学者从不同的角度对基本公共卫生服务均等化做出了解释。常修泽认为所有居民都有自由选择基本公共卫生的权利,同时拥有均等的机会享受基本公共卫生服务[②]。赵红等认为基本公共卫生服务的供给与需求,要基于政府财政承受能力、经济水平的发展、居民的健康需要综合考量[③]。王虎峰认为医疗服务的公平性,可以从医疗资源的纵向整合、医师培训和诊疗标准的统一、基层医院和大医院联盟三个角度来实现[④]。刘晶等从公平正义的视角阐述了基本公共卫生服务均等化的必要性,但不强求绝对公平,做到相对均等,要保证起点、过程、结果公平[⑤]。《深化医药卫生体制改革问答》一书中,将基本公共卫生服务均等化定义为:"全体城乡居民,无论其性别、年龄、种族、居住地、职业、收入,都能平等地获得基本公共卫生服务。"[⑥]

因此,对基本公共卫生均等化理解有三个层面的含义,一是服务内容具有动态性,要根据政府财政承受能力、社会的经济水平以及居民的健康需要,来均衡确定供给和需求。二是服务对象覆盖所有城乡

---

① 郭海健、徐金水、沈雅等:《不同视角下我国基本公共卫生服务现状与发展》,《中国健康教育》2018年第4期。

② 常修泽:《我国现阶段基本公共服务均等化研究》,《中共天津市委党校学报》2007年第2期。

③ 赵红、王小合、高建民、李瑞:《基本公共卫生服务均等化研究综述》,《中国卫生事业管理》2010年第11期。

④ 王虎峰:《整合资源促进医疗服务的公平性》,《中国卫生》2010年第1期。

⑤ 刘晶、王昊君、李京辉、闫凤茹:《以公平正义的视角审视我国基本公共卫生服务均等化》,《卫生软科学》2016年第12期。

⑥ 国务院深化医药卫生体制改革领导小组办公室:《深化医药卫生体制改革问答》,人民出版社2009年版,第42页。

居民;三是基本公共卫生服务的均等化不是绝对的平均化,而是享受服务的机会均等。2020年6月1日《中华人民共和国基本医疗卫生与健康促进法》正式实施,其中规定了与基本公共卫生服务相关的制度和体系,意在完善基本公共卫生系统的制度建设。随着基本公共卫生服务内容的不断丰富、覆盖面的不断拓展、内涵的不断深化,基本公共卫生服务的公益性和公平性也越来越得以凸显。

(五) 城乡公共文化服务均等化

随着我国对公共文化服务均等化的高度重视,基本公共文化服务、公共文化服务、现代公共文化服务、公共文化服务均等化等概念相继浮出水面并进入理论研究和社会实践互动推进的阶段。国家层面也不断出台相关方针政策,以构建系统完备的公共文化服务体系并提升均等化水平。

1. 公共文化服务均等化

所谓"公共文化服务",指由政府主导、社会力量参与,以满足公民基本文化需求为主要目的而提供的公共文化设施、文化产品、文化活动以及其他相关服务。基本公共文化服务的"基本",既指满足社会民众最迫切和最低程度的文化需求,也指政府在财政能力范围内能提供的公共文化服务,包括公共文化基础设施和场所、公共文化产品、公共文化活动和其他公共文化服务。基本公共文化服务属于公益性、非竞争性的公共文化产品,原则上由政府无偿提供给社会民众共享。由于各地区经济发展不平衡、公共文化资源积淀厚薄不均、不同群体文化需求的差异性,各地区基本公共文化服务"底线"设定并不一致。公共文化服务均等化的要求,是在"基本"保障的基础上提出的新要求。有学者从"均等""平等"和"公平"角度做了语义辨析,认为平等表示资源分配均匀,而公平则更为强调公道和公正,公平与平等之间最大的差异在于是否承认存在差异。通常,无差异一定是平等的,但有差异未必是不公平的,差异过大或过小都有可能导致不平等。[①] 因此,全体民众能够享受水平大致相当的基本公共文化服务是"均等化"

---

① 魏和清:《"十一五"以来中国基本公共文化服务均等化差异的追踪分析》,《经济统计学》2016年第1期。

的核心要义,同时,也应该鼓励经济发达地区、文化资源丰沛之地能够为民众提供更丰富多元和更高品质的现代公共文化服务均等化。

2. 公共文化服务均等化的要求和衡量指标

建立一个统一的服务标准体系是保证基本公共文化服务均等化的途径之一。① 但是由于国家没有统一的标准,学术界关于此的讨论很多,但充满争议,尤其在定量评介指标体系构建上,不同学者的观点差距甚大。王晓洁提出以公共文化支出、公共文化资源、文化活动项目数、文化活动人次数、可及性为依据建构基本公共文化服务均等化指标体系。② 占绍文将公共文化服务评价指标体系设为三级指标,公共文化服务均等化为一级指标,下设文化事业费、文化事业人员配备、公共文化设施及活动三项二级指标,并配备有七个三级指标,分别为人均文化事业费、文化事业费占财政支出比重、文化事业人员总数、从业人员中级职称所占比重、人均藏书量、文化设施总建筑面积、广播电视覆盖率。③ 在这些评价指标体系中,将公共财政和文化事业费的支出视为均等化最重要的依据。公共文化服务的社会实践在国家政策的指引和推动下迅速推进。国务院印发了《关于加快构建现代公共文化服务体系的意见》(2015)以及《国家基本公共文化服务指导标准(2015—2020年)》两个实操性非常强的文件。国家文化和旅游部在《"十三五"时期文化发展改革规划》中明确提出"十三五"期末"县级公共图书馆、文化馆和乡镇(街道)综合文化站设施建设基本达标,基本实现每个行政村(社区)都兼有综合性文化服务中心,贫困地区县县有流动文化车"的指标性要求。这里的"达标"指"全国人均公共图书馆(含分馆)藏量达1册,全国公共图书馆年流通人次达8亿,文化馆(站)年服务人次达到8亿,博物馆年服务人次达到8亿"。为达成此目标,《规划》还提出了六个方面的实施原则,包括以县为基本

---

① 彭程等:《基于AHP分析法的浙江省基本公共文化服务标准体系构建实证研究》,《标准科学》2016年第6期。

② 王晓洁:《中国基本公共文化服务地区间均等化水平实证分析——基于1999年、2000年数据比较的考察》,《财政研究》2012年第3期。

③ 占绍文、居玲燕:《基于功能导向的公共文化服务评价体系构建探析》,《广西社会学》2017年第2期。

单位,全面推进基本公共文化服务标准化均等化;完善公共文化设施网络;加大贫困地区公共文化服务体系建设力度;提高公共文化服务效能;推动公共文化服务社会化发展;全面加强边境地区文化建设。各省市望风而动,结合自身实际情况,纷纷出台相应的实施意见、指导标准和规划。

(六) 城乡基础设施领域的均等化

基础设施是城乡社会生存和发展重要的物质基础,推进城乡基础设施均等化建设,是城乡公共服务均等化的重要内容。基础设施建设服务在地域间、城乡间的发展不平衡不充分已经成为满足人民日益增长的美好生活需要的制约因素。2020年中央一号文件再次提出要加快补上农村基础设施和公共服务短板。

1. 城乡基础设施

世界银行对基础设施的界定较具权威性,得到学术界的普遍认可。它将基础设施的种类分为经济基础设施和社会基础设施。前者是支持物质生产过程的基础设施,包括供水系统、排水系统、邮政系统、运输系统和能源供应系统。后者是产生间接影响、改善人民福利的基础设施,包括卫生系统、文化系统、教育系统、福利设施和环境系统等。[1] 国内学者对基础设施的研究始于20世纪80年代,一般将基础设施分为广义和狭义来研究,广义的基础设施不仅有如交通、通信、电力、水利、环境等,还包含教育、医疗、文化、体育等,狭义的基础设施则主要是交通运输、能源电力、给排水等方面。

本书研究基于项目组成员的专业领域,重点关注城乡体育设施的均等化研究,体育服务设施是公民健康的基础,在促进城乡居民的身体素质和健康水平,以及人的潜能方面有重要的作用。

2. 城乡基本公共体育设施的均等化

《体育发展"十三五"规划》中指出健康中国和全民健身作为国家战略,需要进一步发展公共体育服务体系,推进基本公共体育服务均等化,"使全体人民在体育参与中增强体育意识,享受体育乐趣,提升

---

[1] 世界银行:《1994年世界发展报告》,毛晓威译,中国财政经济出版社1994年版,第119—210页。

幸福感，做到体育发展为了人民，体育发展依靠人民，体育发展成果由人民共享"。基本公共体育服务的不均等有多种类型，譬如，区域间的、城乡之间的以及不同群体间的等。全民健身是实现体育强国、健康中国战略的重要途径。因此，推进城乡公共体育均等化是"健康中国2030"规划落实所依循的基本原则，是消除基本公共体育服务的其他类型不均等的基本着力点。城乡公共体育服务均等化即通过调整基本公共体育供给，优化城乡体育资源配置，逐渐缩小城乡之间差距，使得城乡居民在获得基本公共体育产品或服务方面具有同等机会，占有相同资源，满足他们的基本公共体育需要，保障他们平等享有基本公共体育服务的权利，以实现社会的公平正义。21世纪以来通过实施各种全民健身工程、农民体育健身工程去改善城市、农村以及落后地区的体育硬件设施，但城乡公共体育发展不均等的现象依然较为明显，在数量上，在质量上城乡社会体育资源分配不均等，大量的优质资源集中在大中城市，而乡村设备一般较为简单且缺乏专人维护。

综上，城乡公共教育、城乡公共就业、城乡社会保障、城乡公共卫生、城乡公共文化和城乡基础设施这六大领域，无一不关联人的基本需要，关系城乡居民的生存生活，在城乡公共服务均等化过程中，始终需要联动推进，六级均等化水平同步提升。

第三节　机制创新实践——城乡公共服务均等化之苏州范例

苏州位于长江三角洲中部、江苏省东南部，是著名的江南水乡，富饶之地，人民安居乐业。长期以来，苏州市在城乡公共服务领域，坚持共享发展，以普惠性、保基本、均等化、可持续为方向，在教育、社保、医疗、就业、公共文化、基础设施等诸多公共服务领域持续发力，持续提升了覆盖城乡、市域的基本公共服务水平。2017—2020年是苏州市城乡基本公共服务均等化持续获得新进展的重要推进阶段，本书研究聚焦这一期间城乡公共服务均等化的苏州样本，以期对前文城乡公共服务均等化"内在综合型"模式和"五位一体、六级联动"机制创新佐以支撑。

一 苏州"行动计划"推进城乡公共服务均等化

苏州市政府出台《苏州市推进基本公共服务均等化行动计划(2017—2020年)》，有效保障人人享有基本公共服务。制度先行，法律法规制度护航推进基本公共服务均等化，契合了"五位一体"模式。在行动计划中，提出了总体思路：以增进人民福祉、促进人的全面发展作为出发点和落脚点，以标准化推动均等化，把基本公共服务制度作为公共产品向全民提供，着力保障城乡居民基本生存权和发展权，着力增强基层服务供给能力，着力完善服务供给机制和财力保障机制，加快完善符合市情、项目完整、普遍惠及、持续有效的基本公共服务体系。设立了基本原则：一是保基本。科学设置基本公共服务项目，牢牢把握标准，严格落实到位，保证每一个符合条件的常住人口都能够享有不低于最低标准的公共服务，并控制和缩小人群之间的基本公共服务待遇差距。二是促均等。立足于规划一体化、制度一体化，加强统筹协调和政策衔接，控制并缩小城乡之间、区域之间的基本公共服务水平差距，促进基本公共服务资源在城乡、区域间均衡配置。三是可持续。强化政府公共服务职能，合理划分各级政府事权和支出责任，加强公共财政可持续保障和监督问责。深化改革创新，建立基本公共服务多元化供给机制，支持各类主体平等参与并提供服务，提高基本公共服务供给效率。四是建机制。推进基本公共服务均等化、标准化、法制化建设，建立保障基本公共服务体系有效运行的长效机制。基本公共服务均等化循序渐进，充分考虑与周边城市基本公共服务政策协调，并将其与苏州城市发展目标有机结合，设计适度的保障待遇和服务标准。确立了行动目标：到2020年，覆盖全市城乡居民的基本公共服务体系比较健全，项目体系更加完备，服务供给总量持续增加，结构进一步优化，规模和质量能够满足全市城乡居民的基本需求。以基层为重点的基本公共服务网络全面建立，基本公共服务规范化、标准化、信息化、法制化水平不断提高，基本公共服务均等化评估和监管机制更为健全，城乡居民获得基本公共服务更加便捷。按照公共服务的不同领域划分了具体的任务和落实了需要完成的公共服务各类别提升工程。

正是由于《行动计划》的明确要求和具体指向性约束，苏州市的城乡公共服务均等化取得进一步的成效有了制度保证。2017—2020年，"六级联动"中，在基本公共教育领域，开展了"学前教育城乡一体化发展工程""义务教育学校标准化建设工程""中等职业教育能力提升工程""终身教育体系完善工程"；在公共就业服务领域，开展了"公共就业创业服务平台建设工程""人力资源市场能力提升工程""公共实训基地建设工程""全民创业工程""重点人群就业能力提升计划"；在城乡社保领域，开展了"全民参保登记计划""人力资源和社会保障信息化建设""社会服务设施建设工程""养老服务体系建设工程""住房保障体系建设工程"；在公共卫生领域，开展了"苏州市健康市民531行动计划"和"苏州市健康城市531行动计划"；在公共文化体育领域，开展了"基层综合性文化服务中心建设""应急广播体系建设""有线智慧镇（街道）全覆盖工程""公益电影定点化、室内化、标准化放映全覆盖工程""全民健身设施建设"；在公共基础设施领域，开展了"公交都市创建工程""镇村公交持续健康发展工程""宜居城市环境建设工程""美丽乡村环境建设计划""综合防灾减灾能力提升工程""城乡无障碍环境建设计划"等。

二 苏州"健全财政"保障城乡公共服务均等化

苏州市政府明确了市、区、县各级政府财政支出结构，加大财力统筹，保证基本公共服务项目与工程投入，形成有效的基本公共服务财政保障能力。同时加大政府性基金预算、国有资本经营预算与一般公共预算的统筹力度；加强廉政建设，优化财政支出存量结构，逐步削减财政公务开支，将节约的资金用于基本公共服务领域。

财政保障机制是城乡公共服务均等化的动力源泉。苏州样本中，苏州市政府凭借雄厚的经济与财政实力，能够保证城乡均等化发展中巨大的资金需求。在跨越式发展道路上行进的苏州，经济和财政实力迅速增强，主动抓住国家城乡一体化发展改革的先机，使苏州市成为最有条件率先实现城乡均等化发展的地区。在开始大规模推进城乡均等化发展的2009年，全市地区生产总值达7400亿元，地方一般预算收入745亿元，按户籍人口计算城镇化率46%，城镇居民人均可支配收入26320元，农民人均纯收入12969元，远远高于全国及全省平均水平。所辖昆山、常熟、张家港、吴江、太仓5市均连年进入全国百强县前10名。财政收入超过10亿元的镇比比皆是。正是由于拥有如此雄厚的经济与财政实力，在城乡均等化发展中，苏州市各级财政投入了大量资金。当前，在巩固和进一步推动城乡公共服务均等化道路中，财政机制依然发挥着重要的支撑作用，苏州市本级2020年财政决算报告中显示，2020年全市用于民生改善的城乡公共服务支出1766.9亿元，增长4.8%，占一般公共预算支出的78.1%。其中与民生相关的市级重点支出中，教育支出增长5.8%，社保就业支出增长3.1%，卫生健康支出增长11%，住房保障支出增长24.3%（见表2-25）。

表2-25　　近三年苏州市用于民生改善的城乡公共服务支出[①]

年份	用于民生改善的城乡公共服务支出（亿元）	占一半公共预算支出之比重（%）
2018	1483.0	75.9
2019	1686.4	78.7
2020	1766.9	78.1

三　苏州"供给创新"提升城乡公共服务均等化

苏州深化行政管理体制改革，增强政府履行社会治理和公共服务的能力。创新公共服务供给机制，积极推行政府购买公共服务等方式，引导企业和社会力量参与基本公共服务供给。苏州市进一步完善政府购买服务制度，由财政部门积极推进《苏州市政府购买服务实施细则》（以下简称《实施细则》）制定工作，按照预算约束、以事定费、公开

[①] 《关于苏州市本级财政决算（草案）的报告》（2018年、2019年、2020年），www.suzhou.gov.cn。

择优、诚实信用、讲求绩效原则，进一步突出政府购买服务的公共性和公益性，规范政府购买服务行为。进一步规范政府购买服务内容。对适合通过市场化方式提供的服务事项，大力提倡通过政府购买服务方式实施。坚持以事定费、费随事转，新增公共服务事项适宜市场化方式提供的，优先采用政府购买服务方式。《实施细则》首次提出政府购买服务"负面清单"管理，对不属于政府职责范围以及应当由政府直接履职的事项，不得实施政府购买服务，有效防止政府购买服务泛化。进一步加强政府购买服务指导性目录管理，每年定期完成苏州市级政府购买服务的指导性目录，对苏州市政府购买服务的种类、性质和内容做出详细规定。

供给创新的案例在苏州城乡公共服务中层出不穷。2021年全国农村公共服务典型案例中张家港市"全域推广乡村公益医疗互助"入选。张家港市强化政府引导，完善制度设计，积极推动村级互助帮扶和村级医疗互助，在一定程度上弥补了政府基本医疗保障目前存在的能力有限、水平偏低问题，同时充分调动了农村居民参与的积极性，群众的幸福感和获得感显著提高。截至目前，张家港市11个镇（街道）199个村（社区）全部开展了乡村公益医疗互助，60.17万人自愿参加，群众参与率达到78.06%。累计15.28万人次享受补助，补助1.35亿元，整体减轻群众住院医疗负担21.34%以上，其中个人累计补助最高金额达到9.96万元，补助次数最多的达59次[①]。

同时，苏州积极推动公共服务供给标准化。苏州市在全国率先启动的城市综合服务标准化试点，涵盖了公共安全、公共教育、公共卫生与基本医疗、社会保障、公共文化和体育等公共服务领域。先后开展了苏州市人民政府承担的国家级城市综合服务标准化试点，苏州市劳动就业管理中心承担的苏州市公共就业服务标准化试点、吴江区盛泽镇行政服务局承担的吴江区经济发达镇一站式政务服务综合标准化试点、苏州市人民政府便民服务中心承担的苏州"12345"政府公共服务平台标准化试点、苏州高新有轨电车有限公司承担的苏州有轨电车

---

① 《第三批全国农村公共服务典型案例发布苏州两例成功入选》，《苏州日报》2021年12月20日。

运营服务标准化试点等国家级社会管理和公共服务标准化试点。通过开展试点工作,苏州市在公共服务领域建立了较为完整的标准体系,民众满意度提高,在司法公正、就业管理、文化服务、便民服务等领域,还形成了具有苏州地方特色、全国领先水平的服务品牌。

四 苏州"畅通民意"提高城乡公共服务均等化

苏州市公共服务相关部门在开展城乡公共服务均等化推进中,坚持走群众路线,注重汇聚民智民力,畅通社情民意表达渠道,谋划发展思路,向群众问计;出台发展措施,向群众请教;落实发展任务,靠群众支持;衡量发展成效,由群众评判。

比如,在苏州市人力资源和社会保障官网上,首页有专栏"民意调查",公开征求涉及广大民众的政策方案的意见,并对征求意见进行结果反馈。姑苏人社全面畅通民意表达渠道,落实了三项机制:一是落实领导周五值班机制;二是落实政务信息公开机制;三是落实信访接待处理机制。在苏州市民政局官网上,互动交流中也设有"民情调查"栏目,发布政策办法等的调查问卷、评估问卷,并及时公布反馈报告。各部门领导同时也定期走进"政风行风热线"节目,解读政策,回应社会热点问题,真正做到听民声、解民忧、暖民心。昆山开办"网络议事厅",不仅接受咨询投诉,也主动发布政策信息,效率和便捷,使议事厅迅速成为"汇聚民智、疏导民意、改善民生"的主阵地。该网络问政平台的基本流程是:网友要咨询或投诉先发帖。成功后,后台管理员花几分钟审查。如果提交到了正确的对口板块,一两分钟内就会在页面上看到。如果没有提交对,管理员做调整。涉及交叉部门,由管理员判断,哪个部门责任更大,或者需要多部门回复。昆山33个民生热点部门,8个公用事业单位入驻,实现了重点民生职能部门的全覆盖[①]。苏州畅通民意表达机制,有效支撑了城乡基本公共服务政策的落实和优化。

---

① 《昆山"网络议事厅"搭建畅通民意平台》,《苏州日报》2018年4月22日。

五 苏州"评估监管"完善城乡公共服务均等化

苏州通过监督评估机制的健全，完善城乡公共服务均等化。健全监督机制，加强对基本公共服务项目的监督和检查，形成各负其责、逐层逐级抓落实的推进机制。健全基本公共服务项目预算公开机制，增强预算透明度。强化激励约束，完善政府部门年度目标责任制考核办法，将基本公共服务工作评价结果，纳入各级政府领导干部政绩考评体系。完善基本公共服务项目运行绩效和均等化实现程度的评价指标体系和评价方案，组织客观公正的评估，并将评估结果以适当方式向社会公布。加强对各级政府履行基本公共服务职责的动态监测、评估，由苏州市发展改革、统计等部门组织实施，定期发布基本公共服务综合指数和评估报告。鼓励多方参与评估和第三方评估。

2017年8月苏州出台了《苏州市重大改革举措第三方评估实施办法（试行）》以群众和企业满意度为导向，构建客观公正、专业权威的改革评估机制。《办法》明确了评估范围和内容，确定了评估机构、方法和流程，并规范了评估结果运用。为建设人民满意的服务型政府，规范苏州市公共服务平台的运行管理，推动形成全社会动员、全社会参与、全社会监督的态势，2020年12月苏州市政府办公室制定出台了《苏州市12345公共服务平台运行管理办法》。苏州在公共服务评估和监管领域，通过多措并举形成了全社会共同关注、合力推进基本公共服务提升的良好氛围。

第三章　城乡公共服务均等化之助推——公共服务标准化研究

党的十九大报告提出，从 2020 年到 2035 年，基本公共服务均等化基本实现。实现基本公共服务均等化的关键是推进基本公共服务的标准化，以标准化手段优化资源配置、规范服务流程、提升服务质量、明确权责关系、创新治理方式，确保全体公民都能公平可及地获得大致均等的基本公共服务，从而切实提高人民群众的获得感、幸福感和安全感。通过健全基本公共服务标准体系，确保基本公共服务覆盖全民、兜住底线和均等享受，使人民群众的获得感、幸福感、安全感更加充实、更有保障、更可持续。

第一节　公共服务标准化概述

标准化作为科学管理的重要方法，在社会经济领域发挥着重要作用。近年来，标准化作为加强和创新社会管理的手段被应用于政府公共服务中，并得到不断完善和发展。公共服务标准化以标准化管理理论和公共服务理论为基础，为服务型政府建设在操作层面给予指引，为政府社会管理和公共服务提供重要技术支撑，成为完善社会主义民主政治、实现公共服务均等化、推进社会公平、适应经济全球化、提高公众满意度、构建社会主义和谐社会的重要途径。

一 公共服务标准化的理论基础

(一) 标准化管理的理论

标准化是人类在长期的社会实践过程中创立的一门科学,作为企业管理的一种理念与方法,标准化主要是对科学、技术与经济领域内重复应用的问题给予解决方法的活动,其目的在于获得最佳的秩序与效率。现代意义的标准化源自近现代工业企业管理的实践,标准化在政府部门的应用借鉴了工业企业标准化管理的理论与方法,因此要了解政府公共服务标准化的理论,首先要了解标准化管理的相关理论。

1. 科学管理理论

科学管理理论(Scientific Management Theory)是古典管理理论中第一个重要理论,最初是由美国著名管理学家弗雷德里克·温斯洛·泰勒(Frederick Winslow Taylor)提出,其理论核心是研究如何提高企业生产效率。泰勒指出科学管理要将科学化、标准化引入管理,第一次把科学方法系统地引入管理实践,总结出科学管理方法和原理。泰勒的《科学管理原理》(1911)的发表,标志着西方管理科学正式产生,企业管理从经验管理走向了科学管理,他也因此被称为"科学管理之父"。

科学管理思想形成于19世纪末20世纪初,当时美国内战结束,奴隶制度的废除进一步扫除了资本主义发展的障碍,美国资本主义经济得以迅速发展。现代产业出现,现代公司制度建立,企业规模迅速扩大,但由于管理落后,生产混乱、劳资关系紧张、工人"磨洋工"等现象大量存在,企业的生产效率低下,生产效率低与生产力提供可能性之间的矛盾尖锐[1]。这些问题引起了管理学家的注意,并对如何提高生产效率进行了研究,泰勒便是其中之一。

当然,泰勒的科学管理理论也存在局限性。首先,他认为工人的主要动机是经济的,工人最关心的是提高自己的金钱收入,即坚持"经济人"假设而忽略人的心理因素。其次,泰勒的科学管理仅重视技术因素,

---

[1] [美]泰勒:《科学管理原理》,马风才译,机械工业出版社2007年版,第6—17页。

不重视人群社会的因素。最后,"泰勒制"仅解决了个别具体工作的作业效率问题,而没有解决企业作为一个整体如何经营和管理的问题。①其后,卡尔·乔治·巴斯(Carl George Barth)的计算尺对工具标准化的推动、亨利·劳伦斯·甘特(Henry Laurence Gantt)对科学管理中人的因素的重视以及甘特图的发明、吉尔布雷思夫妇(Frank and Lillian Gillbreth)进行的动作研究、疲劳研究、制度管理以及利用多学科知识提高工人能力的研究等,丰富和促进了科学管理理论的发展②。

2. 质量管理理论

质量管理作为一项专门的管理活动始于19世纪末,已有100多年的发展历程。质量指产品或服务满足规定或潜在需要的特征和特性的总和。它既包括有形产品也包括无形产品;既包括产品内在的特性也包括产品外在的特性,即包括了产品的适用性和符合性的全部内涵。质量概念和质量管理理论随着社会经济的发展始终处于演化过程中,质量概念已由过去具体的、孤立的、客观的和解析式的概念逐渐发展成为现在抽象的、系统的、主观的和综合式的概念③,质量管理理论也随着社会的进步不断发展着。

一般认为现代质量管理理论经历了以三个主流理论为代表的发展阶段:初期的质量检验理论、统计质量控制理论到至今仍处于主流地位的全面质量管理理论,质量的概念也随之经历了符合性质量、适用性质量、顾客及相关方满意性质量的演变。

3. 标杆管理理论

标杆管理(Benchmarking)由美国施乐公司于20世纪70年代末创立,用以应对日本同行业的竞争压力,现在已经成为企业管理活动中支持企业不断改进和获得竞争优势的最重要的管理方式之一。标杆管理突破了企业之间、行业之间的界限,立足整个行业甚至更广阔的领域上寻找基准,选取在业务流程、制造流程、设备、产品和服务方面

---

① 孙国志:《论泰罗的科学管理理论》,《法制与社会》2007年第3期。

② 郭咸刚:《西方管理思想史》,经济管理出版社2004年版,第91—105页。

③ 章帆、韩福荣:《质量生态学研究(2)——质量概念与质量管理理论的演进》,《世界标准化与质量管理》2005年第4期。

等各个流程中的优秀经验作为学习榜样，集百家之长。企业在选取学习优秀管理实践经验的基础上，不断改进优化，获得突破性的创新，最终给企业带来巨大的效益。标杆管理较好地体现了当代管理中追求竞争优势的本质特性，因此具有巨大的实效性和广泛的适用性。如今，标杆管理已经在市场营销、成本管理、人力资源管理、新产品开发、教育部门管理等各个方面得到广泛的应用。

（二）公共服务的理论

政府公共服务问题是发挥政府作用、履行政府职能的核心问题，也是促进经济增长和社会进步的重大理论与实践问题。各国政府以及学者从不同角度对其进行了讨论，达成了一些共识，也提出了一些不同的理论。

1. 公共物品理论

公共物品理论是政治经济学的一项基本理论，也是正确处理政府与市场关系、政府职能转变、平衡公共财政收支、公共服务市场化的基础理论。公共物品理论起源于纯公共物品理论。1896年，瑞典经济学家克努特·威克塞尔（Knut Wicksell）在《公共财政理论研究》中将边际成本等定价设计应用于公共事业和带有垄断性的寡头产品等，由此提出了"纯公共物品理论"。公共物品的概念则起源于"林达尔均衡理论"。1919年，埃里克·罗伯特·林达尔（Erik Robert Lindahl）在"纯公共物品理论"的基础上建立了公共物品模型，并提出了林达尔均衡原理，有效解释了公共产品的供给水平问题。[①]

2. 社会福利理论

社会福利是西方资本主义工业化、城市化及现代化的产物，对提高公民生活质量、维持社会秩序具有重要意义。长期以来，福利问题一直是政治经济学家研究的一个重要领域。"福利"一词，英文为"welfare"，意指人、动物或群体的健康、安全、快乐的一种总体状态，亦指多由政府为有需要的人或者动物提供生活条件、经济帮助等。从社会学的意义来讲，福利包括个人福利和社会福利，其中个人福利通常被解释为"幸福""快乐"的同义语，是指个人对物质生活与精神生

---

① 徐凌:《西方公共服务思潮嬗变与启示》，《人民论坛》2013年第7期。

活的需要的满足；而社会福利是一个整体的概念，指一个社会全体成员的个人福利的总和或个人福利的集合①。20世纪90年代，新公共服务理论在对新公共管理理论进行批判和反思的基础上形成。新公共服务理论摒弃了新公共管理理论固有缺陷，从市场和经济学的角度重塑政府管理的理念和价值，是一种更加关注民主价值和公共利益、更加适合于现代公民社会发展和公共管理实践需要的新理论。

(三) 公共服务标准化的理论

1. 官僚制理论

官僚制理论（Bureaucracy Theory）是20世纪初由德国著名的社会学家马克思·韦伯（Max Weber）提出，它是传统的重要的组织管理理论之一，是当代公共行政管理理论和实践的基础。官僚制又称理性官僚制或科层制，它是一种理性化的管理组织结构，为组织的发展提供高效、合理的管理体制。韦伯指出官僚制是一种以分部—分层、集权—统一、指挥—服从等为特征的组织形态，是现代社会实施合法统治的行政组织制度。②它遵循一套特定的规则与程序，具有明确的权威等级，权责自上而下传递。该理论是组织理论发展史上的里程碑，标志着古典理论走向全面的成熟与完善，马克思·韦伯也因此被誉为"组织理论之父"。

2. 新公共管理理论

"新公共管理"最早由克里斯托夫·胡德（Christopher Hood）在1991年提出，它是以经济学为基础，以政府市场的协调为核心的公共管理理论，它的观点主要来自20世纪70年代末以来西方国家政府面临的财政危机、管理危机和信任危机引发的行政改革。这场改革自20世纪80年代在英、美两国应运而生后迅速扩展到西方各国，这场浩大的政府改革浪潮被称为"新公共管理运动"。新公共管理理论形成于对传统行政管理模式的批判和完善的基础上，反映了公共行政发展的趋势和方向，在一定程度上改善了西方国家的公共管理水平，推动了西方

---

① 郑功成：《社会保障学》，商务印书馆2000年版，第76页。
② 刘洋君：《浅析官僚制理论对我国行政发展的启示》，《中国商界》2010年第7期。

国家经济与社会的发展。

3. 治理理论

"治理"一词源于拉丁文和古希腊语，原意是控制、引导和操纵。在政治学领域通常是指政府如何运用权力管理人民。1995年全球治理委员会发表了题为《我们的全球伙伴关系》的报告，报告认为：治理是各种公共的或私人的机构管理其公共事务的诸多方式的总和。它是使相互冲突的或不同的利益得以调和并且采取联合行动的持续过程。这既包括迫使人们服从的正式制度和规则，也包括各种人们同意或以为符合其利益的非正式的制度安排[①]。治理有以下几个基本特征：①治理不是规则体系，而是一个过程；②治理过程的基础不是控制，而是协调；③治理既涉及公共部门，也包括私人部门；④治理不是单向的，而是持续的互动[②]。

4. 可持续发展理论

1987年，联合国世界与环境发展委员会发表报告《我们共同的未来》，正式提出可持续发展的概念，即可持续发展是既满足当代人的需求，又不危及后代人满足其需求的发展。旧有的发展模式带来各种经济社会问题，特别是全球性的环境污染、生态失衡以及不断加剧的贫富分化等，可持续发展理论是人类为了克服这些问题所做出的理性探索，是人们对漫长的社会发展过程进行痛苦的反思后提出的一种全新的发展思想和发展战略。

二 公共服务标准化相关概念

(一) 服务与公共服务

随着科学技术的进步和社会经济的发展，人们对服务的需求越来越多，服务业在产业结构中的比重也日趋增大，服务业水平成了衡量一个国家或地区经济发达程度和产业结构优化水平的重要标志。公共

---

① [美] 詹姆斯·Z. 罗西瑙：《没有政府的治理》，剑桥大学出版社1995年版，第5页。

② 全球治理委员会：《我们的伙伴关系》，牛津大学出版社1995年版，第23页。

服务是指以政府为代表的公共部门运用公共权力,通过采取筹集、调动社会资源的方式,面向社会提供产品与服务,满足公众特定的直接的需求的总称。[①] 公共服务是包括经济调控、市场监管、社会管理的四大国家职能之一,也是当前我国公共行政和政府改革的核心之一。下文我们将对与服务和公共服务相关的概念进行阐述与界定。

1. 服务的概念与内涵

服务的基本含义是为他人做事,并使他人从中受益的活动。随着社会的发展,人们对服务给出过不同的定义。亚当·斯密(Adam Smith)(1776)从劳动活动能否产生价值角度提出,一种劳动加在物上能增加价值,称为生产性劳动;另一种劳动不能生产价值,称为非生产性劳动,而"服务"为非生产性劳动。卡尔·亨利希·马克思(Karl Heinrich Marx)(1862)从经济学角度出发认为,服务不过是指劳动所提供的特殊使用价值,就像其他一切商品一样。美国市场营销协会(AMA)(1960)从经济学角度最先提出较完整的定义,认为"服务"是一种经济活动,是消费者从有偿活动或从所购买的相关商品中得到的利益和满足感。美国著名营销学家菲利普·科特勒(Philip Kotler)(1983)指出,"服务"是一个组织提供给另一个群体的任何活动或利益,它基本上是无形的且无法产生任何所有权问题,"服务"的产生可能与某一项实体产品有关,也可能无关。本书采用国标 GB/T 15624—2001《服务标准化工作指南》中的定义,即"服务"是指服务提供者与顾客接触过程中所产生一系列活动的过程及其结果[②]。其结果通常是无形的,并且是在供方和顾客接触面上至少需要完成一项活动的结果。服务业的基本特征是,以服务形式提供满足社会生产需要和人们消费需要的各种使用价值。服务业是在人类物质生活丰富以后逐渐发展起来的行业,也是当代经济中增长最快的行业。服务业的发展状况与发展水平,已成为衡量地区综合竞争力和现代化水平的重要标志。

---

① 黄恒学、张勇:《政府基本公共服务标准化研究》,人民出版社 2011 年版,第 20 页。

② GB/T 15624—2001 服务标准化工作指南。

2. 公共服务

公共服务这一定义起初源于经济学对公共物品特征的分析，关于公共服务国内外学者并没有给予一个明确的定义，目前有代表性的公共服务的定义有以下几种。第一，公共需求说。此观点把人的所有需求划分为私人领域的特殊需求和社会领域的公共需求，并认为公共服务就是满足社会领域的共性需要。第二，公共管理说。此理论认为管理即服务，公共服务也就是公共管理。第三，公共物品说。该理论认为公共服务就是为民众提供公共物品，公共服务本身就是公共物品的一种，此观点符合了最初的经济学的定义。第四，政府服务说。此理论认为公共服务的提供主体应该是政府，提供公共服务就是政府在履行社会管理的职能，即提供公共服务是政府的一种责任。第五，为人民服务说。这一观点具有中国特色，符合我国政府的权力是来自人民自下而上的授予的实际。提供公共服务的过程也就是实践全心全意为人民服务的宗旨的过程，所以公共服务可以等同于为人民服务。[①] 本书采用以下概念：即公共服务是指以政府为代表的公共部门运用公共权力，通过采取筹集、调动社会资源的方式，面向社会，来提供产品与服务，满足公众特定的直接的需求的活动形式[②]。

（二）标准与标准化

1. 标准

标准是标准化活动的成果，也是标准化系统的最基本要素和标准化学科中最基本的概念之一。美国约翰·盖拉德（John. Gaillard）在《工业标准化原理与应用》（1934）一书中指出，标准是对计量单位或基准、物体、动作、程序、方式、常用方法、能力、职能、办法、设置、状态、义务、权限、责任、行为、态度、概念和构思的某些特征给出定义，做出规定和详细说明，以语言、文件、图样等方式或模型、样本及其他表现方法出现，并在一定时期内适用；英国桑德斯（T. R. B. Sanders）在《标准化目的与原理》（1972）一书中认为，标准是经公认的权威机构批

---

① 尹爽：《地方政府公共服务满意度评价研究》，硕士学位论文，大连理工大学，2009年，第3页。

② 黄恒学、张勇：《政府基本公共服务标准化研究》，人民出版社2011年版，第20页。

准的一个个标准化工作成果。① ISO/IEC 联合发布的《ISO/IEC 指南 2：2004》（第八版）定义，标准是由一个公认的机构制定和批准的文件。它对活动或活动的结果规定了规则、导则或特征值，供反复使用和共同使用，以实现在预定领域内最佳秩序的效益。

2. 标准化

我国国家标准 GB/T 20000.1—2002《标准化工作指南 第1部分：标准化和相关活动的通用词汇》修改采用《ISO/IEC 指南 2：2004》（第八版）定义，即标准化是为了在一定的范围内获得最佳秩序，对现实问题或潜在问题制定共同使用和重复使用条款的活动。② 由此可见，标准化是一项活动、一个过程，包括标准的制定、发布、实施，以及标准制定前的研究和标准实施后的修订等。标准化是一项有目的的活动，其目的是通过规范产品、服务或过程等，在一定范围内获得最佳秩序，通过建立最佳秩序来实现效益最大化。

（三）服务标准化

标准化在现代服务业中扮演着重要角色，与知识管理与创新、信息化一起被称为现代服务业的三大重要特征。服务标准作为服务业发展的重要制度规范和技术支撑，有利于规范各服务行业市场准入条件、提高服务质量、增强服务企业核心竞争力、减轻国际服务贸易壁垒等，在促进服务业发展中发挥重要作用。

1. 服务标准化的产生

标准化最初主要体现在制造业的产品和生产流程中。随着技术的快速变化，世界各国经济结构不断优化和调整，到20世纪80年代后期，西方发达国家就基本完成了从制造业向服务业转移的产业结构调整，世界服务贸易成为当今世界贸易中增长速度最快的领域。为了更好地促进产业结构的合理调整、规范服务市场准入的资格、保证服务产品的质量、防止服务贸易壁垒的产生，标准化开始突破传统的标准化领域，被广泛应用于服务领域中。

---

① 刘荣：《小议标准的概念及标准的内涵》，《航天标准化》2012年第3期。

② GB/T 20000.1—2002《标准化工作指南 第1部分：标准化和相关活动的通用词汇》。

2. 服务标准化的相关界定

服务标准化是以服务活动作为标准化对象，通过对服务标准的制定和实施以及对标准原则和方法的运用，以达到服务质量目标化、服务方法规范化、服务过程程序化，从而获得优质服务的过程。[①] 服务标准是服务标准化活动的成果，是规定了服务应满足的要求以及确保其实用性的标准，又称为服务规范[②]。服务标准化的目的和效能都需要通过服务标准的制定和实施来实现，因此各类服务标准的制定和实施活动以及对实施标准的监督和改进成为服务标准化活动的基本任务和主要内容。

（四）综合标准化

1. 综合标准化的概念及相关界定

所谓综合标准化，也称"全面标准化"或"整体标准化"。1968年苏联国家标准给出的定义是：综合标准化是使成为标准化对象的各相关要素的指标协调一致，并使标准的实施日期相互配合以实现标准化，从而保证最全面、最佳地满足各有关部门和企业的要求。使用编制标准化计划的方法来保证综合标准化，计划中包括制品、装配部件、半成品、材料、原料、技术手段、生产准备和组织方法等。1985年苏联国家标准又给出综合标准化新的定义：综合标准化就是用系统分析方法建立的期限、执行者和以标准化方法为措施手段的相关综合体，在综合成就的基础上，不断提高满足社会需求的水平。我国国家标准GB/T 12366—2009《综合标准化工作指南》对综合标准化做了如下定义："为了达到确定的目标，运用系统分析方法，建立标准综合体，并贯彻实施的标准化活动。"[③] 综合标准化发展到今天，仍处于不断积累经验阶段，它的方法论尚在形成与不断完善过程中。

2. 综合标准化的特点

系统性是综合标准化的实质性特征之一，综合标准化是运用系统化方法，从标准化对象整体出发，针对不同的标准化对象，确定适当的系统。综合标准化的系统性，一方面表现在它针对标准化对象提出

---

① 柳成洋等：《服务标准化导论》，中国标准化出版社2009年版，第43页。

② GB/T 28222—2011《服务标准编写通则》。

③ GB/T 12366—2009《综合标准化工作指南》。

一整套有关主体对象和相关要素的标准，并把它们作为一个整体系统，用系统科学的观点去认识和处理系统与要素、要素与要素之间的关系，用系统工程的方法去组织制定和实施；另一方面表现在它注重系统效应，不但强调标准综合体每一组成部分（标准）的先进性、可操作性和作用，更注重标准系统总体结构协调与优化和扩展延伸性①。因此，在进行综合标准化时，既要充分考虑标准化对象同相关要素之间的联系，确定出主体对象和各相关要素协调一致的要求，又要合理地确定综合系统的范围和最佳约束条件，以求系统效应的最优化。

三 公共服务标准化的意义

（一）服务型政府建设的内涵与动因

服务型政府首先体现了"服务行政"的理念，"服务行政"一词来源于德国行政法学家厄斯特·福斯多夫（Ernst Forsthoff）的《作为服务主体的行政》（1938）②。所谓服务型政府，就是在公民本位、社会本位理念指导下，在整个社会民主秩序的框架下，通过法定程序，按照公民意志组建起来的以为公民服务为宗旨并承担着服务责任的政府③。当前，我国正处于经济转轨和社会转型的新时期，分权体制下形成的增长型政府模式导致了以经济快速增长与公共服务供给不足为主要特征的发展失衡问题，迫切要求政府加快从经济增长型政府向公共服务型政府的转变。构建服务型政府是实现经济与社会协调发展的必然要求，是全面落实科学发展观、建设社会主义和谐社会的重要内容，也是政府自身变革的内在要求。

（二）标准化在城市治理中的意义与价值

建设服务型政府的内在需求。由于社会管理和公共服务具有全民普适性，为保障民众普遍利益，在城市治理过程中，相关工作则始终

---

① 谭福友：《综合标准化》，《信息技术与标准化》2005年第11期。
② 程倩：《服务行政：从概念到模式——考察当代中国服务行政理论的源头》，《南京社会科学》2005年第5期。
③ 刘熙瑞：《服务型政府——经济全球化背景下中国政府改革的目标选择》，《中国行政管理》2002年第7期。

要由政府掌舵,以确保管理水平与服务质量,因此,现代化政府的建设是城市治理现代化的前提。党的十七大报告明确提出要加快行政管理体制改革,努力建设服务型政府,服务型政府目标的提出和确立,标志着我国政府职能转变和行政管理体制改革进入了新阶段。服务型政府建设的程度很大程度上决定着城市治理的效果,而标准化就成为建设现代化政府——服务型政府的内在需求①。

(三)国外政府公共服务标准化的运作与借鉴

随着社会经济的快速发展和生活水平的不断提高,公众对社会管理和公共服务的需求和质量要求不断提高。自20世纪80年代以来,在公共管理运动的推动下,西方国家开始推社会管理和公共服务改革,通过多种举措为社会公众提供优质高效的公共产品和公共服务。作为优化管理效能和提升服务质量的重要技术手段,公共服务标准化受到西方各国政府广泛关注与高度重视。以美国、英国、德国为代表的西方发达国家,都开展了一系列社会管理和公共服务标准化、规范化探索与实践,并取得了显著成效。

(四)综合标准化思想在政府公共服务标准化建设中的应用

政府公共服务作为综合服务标准化工作的对象,涵盖社会整个系统的对内服务和对外发展,涉及领域多、覆盖范围广;既包括维持社会正常运转和满足居民基本生活需要的公共服务,又包括提升经济发展水平的专业服务;既包括各级政府对于公共服务的整体管理,亦包括各服务业组织的具体实施,是一个极为复杂的综合体。当前我国政府公共服务标准化主要面临"三大挑战",一是经济社会发展水平与公共服务水平不同步,如何实现协调发展,面临一定挑战;二是我国人口众多、结构复杂,对公共服务需求各异,如何加强社会管理、提供基本均衡的公共服务,面临一定挑战;三是公共服务标准化覆盖面广、涉及区域和机构多,如何有效统一组织实施,面临一定挑战。

综合标准化不以制定标准为目的,而是以解决问题为目的;综合标准化要整体解决复杂的综合性问题,而不是个别的、孤立的问题;

---

① 柳成洋、李涵:《标准化与服务型政府建设》,《中国标准化》2012年第11期。

综合标准化过程必须解决标准"整体协调"等一系列难题;综合标准化过程中,涉及众多部门与环节,需要做大量协调和组织工作。综上所述,我国政府公共服务标准化必须利用系统论思想,应用综合标准化手段,统筹考虑经济社会发展与公共服务水平提升的关系,实现均衡发展;统筹考虑各类人群对公共服务的需求,实现整体提升;统筹考虑试点各个服务项目、服务机构,协调推进。对各个环节、各类要素系统考虑,实现系统管理、重点突破、整体提升。

第二节 公共服务标准化流程与保障

一 公共服务标准化建设的前期准备

政府公共服务标准化建设的准备工作主要包括标准化对象识别和标准体系建立两个方面的工作。

(一) 标准化对象识别

1. 标准化对象的认识

标准最初表现在语言、文字、符号的使用中(各种语言、文字的出现,中国北宋时毕昇的活字印刷术),这是社会交往和文化交流的需要;表现在计算、计时、度量中,这是生产、生活、交换的需要;表现在石器、青铜器的生产制造中,这是祭祀、生产和战争的需要;表现在建筑和交通运输规范中,这是居住和出行的需要。可见,只有"需要"标准化的,才能成为标准化对象。在实际使用中,为了使用方便,有时还需要比较详细的分类。按照标准涉及的对象,经常使用的分类结果有术语标准、符号标准、实验标准、产品标准、过程标准、服务标准、接口标准等。[①]

---

① 王忠敏:《标准化基础知识实用教程》,中国标准出版社2010年版,第2—3页。

2. 标准化对象的确定

为了取得更大效果，正确地选择综合标准化的对象是十分必要的。根据国外文献记载，在选择综合标准化对象一般是采用下列一些准则：①应考虑那些作为综合标准化对象及其各要素的各种产品、产品生产量和经济性；②所选定的对象在推行综合标准化时所产生的经济效果，其中包括提高质量所产生的效果；③对象的结构比较完善，从而有可能建立结构的同一系列和参数系列。标准化是一把双刃剑。标准化是人类社会的一个伟大创造，无论过去和将来都对社会进步起着特别的重要作用。可以说现今的人类社会，每时每刻都在享受着标准化带来的福祉，这一点是毋庸置疑的。但是，我们必须清醒地认识到标准化也是有风险的，任何一项标准其正确性、科学性或实用性都是相对的。由于种种主观和客观的原因，所制定的标准有的正面作用明显，有的反面作用明显，不能盲目地认为只要是标准就有积极作用。

（二）标准体系构建

与实现某一特定的标准化目的有关的标准，按其内在联系形成一个科学的有机整体，即"一定范围内标准按其内在联系形成的科学有机整体"成为标准体系[①]。而把该标准体系内的标准按一定规则和形式排列的图表，就是标准体系表，它是标准体系的表述形式。[②] 标准体系是标准化工程的基本要素，具有管理工程的所有基本特性，如目的性、协调性、相关性、层次性以及成套性等。一般来说，一个国家的标准体系包括国家标准体系、行业标准体系、专业标准体系与企业标准体系四个层次。与实现一个国家的标准化目的有关的所有标准，则是这个国家的标准体系。我国的国家标准体系以国家标准为基础，行业标准与地方标准为补充，企业标准为主体的标准体系。它反映了我国标准化的水平。行业是生产同类产品或提供同类服务的经济活动基本单位的综合[③]，与实现某个行业的标准化目的有关的标准，可以形成该行业的标准体系。

---

① GB/T 13016—2009《标准体系编制原则和要求》。
② 洪生伟：《标准化管理》，中国标准出版社2012年版，第33—36页。
③ GB/T 4754《国民经济行业分类》。

二 公共服务标准的制定

(一) 标准的制定程序

制定标准是标准化工作三大任务（制定标准、贯彻实施标准和对标准的实施进行监督）中的首要任务，制定标准不仅需要做大量的技术工作，而且需要进行大量的组织和协调工作。标准是利益相关方协调的产物，严格按照统一规定的程序开展标准制定工作，是保障标准编制质量和水平，缩短标准制定周期，实现标准制定过程公平、公正、协调、有序的基础和前提。①

1. 国家标准制定的常规程序

以世界贸易组织（WTO）关于标准制定阶段划分的要求为基础，参考国际标准化组织（ISO）和国际电工委员会（IEC）的《ISO/IEC 导则第 1 部分：技术工作程序》，结合我国《国家标准管理办法》对国家标准的计划、编制、审批发布和复审等程序的具体要求，我国颁布了 GB/T 16733—1997《国家标准制定程序的阶段划分及代码》标准，确定了我国国家标准制定程序阶段分为预阶段、立项阶段、起草阶段、征求意见阶段、审查阶段、批准阶段、出版阶段、复审阶段和废止阶段 9 个阶段。

2. 国家标准制定的快速程序

为了缩短标准制定的周期，适应国家对技术和经济快速发展和反应的需要，GB/T 16733—1997 对标准制定的快速程序进行了规定。原国家质量技术监督局于 1998 年发布的《采用快速程序制定国家标准的管理规定》，对国家标准制定的快速程序做了进一步规范。快速程序（代号 FTP）是在正常标准制定程序的基础上省略起草阶段（程序类别代号：B）或省略起草阶段和征求意见阶段（程序类别代号：C）的简化程序。国家标准制定的快速程序适用于已有成熟标准草案的项目，特别适用于变化快的技术领域（例如高新技术领域）。

等同采用或修改采用国际标准制定国家标准的项目可采用 B 程序，

---

① 上海市标准化研究院、中国标准化协会、上海信星认证培训中心：《标准化实用教程》，中国标准出版社、中国质检出版社 2011 年版，第 54—61 页。

即直接由立项阶段进入征求意见阶段（省略了起草阶段），将从国际标准转化后的标准草案作为国家标准征求意见稿，分发征求意见。现行国家标准的修订项目可采用 C 程序，即直接由立项阶段进入审查阶段（省略起草阶段和征求意见阶段），在原国家标准的基础上提出相应的成熟标准草案，直接作为标准送审稿进行审查。现行国家标准的修订项目也可采用 B 程序。

现行的行业标准、地方标准等转化为国家标准的项目，可采用 B 程序。

3. 采用快速程序制修订应急国家标准

为了以标准化手段应对突发紧急事件，国家标准化管理委员会、国家发展和改革委员会于 2004 年联合发布了《采用快速程序制修订应急国家标准的规定》，对应用快速程序制修订应急国家标准提出了要求。应急国家标准是指国家为了应对突发紧急事件急需实施的国家标准。应急国家标准项目建议由相关单位向国务院标准化行政主管部门提出，并抄送国家发展改革主管部门。国务院标准化行政主管部门收到应急标准项目建议后，商议国家发展改革主管部门及国务院有关部门，即时立项，即时下达计划。应急国家标准由国务院标准化行政主管部门委托有关单位组织起草，或根据需要直接组织起草。应急国家标准起草过程中，可省略部分程序，但草案完成后须经有关专家会议审查，由国务院标准化行政主管部门组织对口的标准化技术委员会或相关单位进行审查。应急国家标准经国务院标准化行政主管部门批准发布后，将及时在有关媒体上公布。对不再使用的应急标准，国务院标准化行政主管部门将及时予以废止，例如三聚氰胺事件。

（二）标准编写的原则

在编写标准时，应遵守一些基本原则，只有这样才能使制定出的标准在经济建设和社会发展中发挥应有的作用。

1. 制定标准的一般原则

《标准化法》中规定了六项对标准制定的原则。分别是：

（1）国家鼓励积极采取国际标准。

（2）制定标准应当有利于保障安全和人民的身体健康，保护消费者的利益，保护环境。

(3) 制定标准应当有利于合理利用国家资源，推广科学技术成果，提高经济效益，并符合使用要求，有利于产品的通用互换，做到技术上先进，经济上合理。

(4) 制定标准应当做到有关标准的协调配套。

(5) 制定标准应当有利于促进对外经济技术合作和对外贸易。

(6) 制定标准应当发挥行业协会、科学研究机构和学术团体的作用。

制定标准是一项政策性、技术性和经济性的工作。一个标准制定得是否先进合理、切实可行，直接影响到该标准的实施效果，影响到社会、经济效益的大小。因此，制定标准时，必须认真遵循以上原则和程序。[①]

2. 服务标准制定原则

服务标准是获得服务行为最佳秩序、实现产业发展最佳共同效益的得力工具。制定服务标准是服务标准化工作得以开展的基础。服务标准的制定是一项严肃的工作，标准的制定只有在一定的原则指引下，遵循既定的制定程序，对标准条款严格把关，才能保证制定出来的服务标准科学、适用，满足行业发展的实际需求。在苏州市城市综合服务标准化建设试点工作服务标准的研制过程中，除了遵循标准制定的一般原则外，根据城市服务的固有特性，还遵循了以下原则。

（三）标准的公开

标准作为我国政府信息的一部分，在实践中做法是强制性标准文本免费在政府相关网站公开，推荐性标准属于依申请有偿使用的范围。标准的公开包括标准规划、战略公开、需求征集的公开、立项的公开、征求意见公开、审查公开、发布公开、标准文本的公开等。强制性标准公开应遵循权利原则、透明原则、利益平衡原则、不收费原则、自由使用原则。[②]

1. 项目来源公开

标准化行政主管部门和相关部门每年应向社会公开征集标准需求。应通过政务网或其他社会容易获取信息的渠道发布征集标准需求的规

---

① 洪生伟：《标准化管理》，中国标准出版社2012年版，第159—163页。
② 黄恒学、张勇：《政府基本公共服务标准化研究》，人民出版社2011年版，第224页。

范性文件,明确信息反馈的流程、方法等。

2. 立项公开

标准申请立项的主体应明确并公开;申请立项需提交的材料应当公开;立项申请材料可以公开向社会征求意见;立项申请时间与截止时间应明确公开;项目计划应通过公开的程序确定,即标准化行政主管部门组织标准审查机构、标准化专业技术委员会或者有关专家,根据情况邀请行业管理部门、科研院所、企业、用户、消费者等相关领域的代表参加,召开立项申请的、论证会,并提出书面审查意见;根据立项审查会或者专家论证会的意见,确定标准制定或研究项目,编制标准制订项目年度计划,并以书面或通过网站公开发布;应明确不予立项的情况。

3. 征求意见公开

标准草案在经起草单位审查通过后,应当公开征求相关方的意见。强制性标准应在标准化行政主管部门网站公开征求意见,并按照WTO的要求履行通报义务。标准征求意见应全面,听取有关部门、企业、技术机构以及其他相关方的意见。涉及重大或者特殊专业技术问题的,应当召开会议,征求有关方面的专家或者其他专业人员的意见。征求意见期限明确公开。

4. 审查公开

标准审查程序应当明确、公开;审查期限应明确公开;审查会议专家代表确定程序公开,来源于社会各相关方;审查内容应明确公开。

5. 发布

标准发布以后,按照政务公开的要求,强制性标准文本应免费通过网站向社会公开。

6. 复审

标准复审结果应对外公开,使利益相关方知悉标准变化情况。

三 公共服务标准的宣贯与实施

实施标准涉及生产、经营、管理等多个部门和产品设计、生产和销售等多个工作环节。因此,实施标准必须是一项有组织、有计划的标准化活动，标准的实施可大致分为：实施准备和组织实施两部分工作。

（一）准备工作

1. 制订实施标准计划

为保证标准的实施，可把实施标准的要求纳入各个部门的岗位责任中，并通过日常的检查和定期考核，增加实施标准的压力和动力。标准实施计划的内容主要包括：实施标准的责任部门、标准实施方式、内容、步骤、起止时间及达到的要求等。在制订实施标准计划时，应注意以下几个问题。

（1）要从总体上设计实施标准计划，并将整体项目分解成若干具体项目和要求，明确相应的责任部门和工作进度要求。

（2）要系统分析实施标准的各种因素，在此基础上确定标准实施的先后顺序和应采取的对应措施。

（3）制订标准计划应包括实施标准所需要的人力、经费等方面的保障条件。

2. 实施标准的准备

为保证标准的顺利实施，标准实施前应做好相应的准备工作，一般包括以下方面。

（1）明确相应的机构，负责实施标准的组织协调。企业应明确企业标准实施的责任部门，牵头制订实施标准计划，负责实施标准的组织协调工作，推进标准的具体实施并对标准的实施效果进行监督检查。

（2）做好宣贯培训。在标准实施之前，企业标准实施的责任部门编写标准宣讲材料、组织多种形式的标准宣贯培训，使企业标准相关人员都能理解、掌握标准的内容及执行标准的注意事项。企业应系统地进行标准的培训，提升相关人员的标准意识、理论水平和执行能力；对于新制定或修订的标准进行宣贯，以确保实施者准确理解和把握标准的要求。

（3）进行技术准备，必要时进行技术攻关或技术改造。标准实施的技术准备工作是标准实施的关键环节，包括在实施过程中涉及工艺方法的改进、工艺装备及设备的改造，以及某些关键技术所需要组织的专项攻关。

（4）进行物质准备，为实施标准提供必要的资源。物质准备是标准实施前的一项重要工作。有些产品标准的实施，需要添置工艺装备、设备和检测仪器、进行厂房改扩建等。有些标准的实施涉及人力和财力资源，需要企业统筹资源的投入，做好相应的物质保障工作。①

(二) 组织实施

组织实施就是按规定的时间实施标准，实现综合标准化目标。这一阶段的工作内容往常的标准实施工作有许多相同之处。② 标准的实施是标准化活动的关键环节之一，标准实施是一项有计划、有组织、有措施的贯彻执行标准的活动，是将标准贯彻到企业生产（服务）、技术、经营、管理工作中去的过程。标准只有在实施之后，其作用和效果才能产生和体现出来。③

1. 实施标准的基本原则

实施标准必须符合国家法律法规的有关规定。国家标准、行业标准、地方标准中有关强制性标准，企业必须严格执行；不符合强制性标准的产品，禁止生产、销售和进口；纳入企业标准体系的标准（包括推荐性标准）都应严格执行；出口产品的技术要求，依照进口国（地区）的法律法规、技术标准或合同约定执行。

2. 标准实施过程

标准实施的各项准备工作就绪后，应进行标准的实施，由于标准本身的不同特点和实施要求，应分别组织实施。属于技术标准的，由企业技术部门负责实施，企业标准化机构或标准化专兼职人员在企业主管技术领导下进行组织协调；属于管理标准的，由各有关部门领导组织实施；属于工作标准的，由所属部门领导负责组织实施。企业有关部门必须严格实施各项标准，企业标准化机构及有关部门领导，必须深入实际，给予指导、帮助、解决问题。对上级标准实施中遇到的问题，应及时与标准起草单位和发布部门进行反馈和沟通。对新标准实施给企业带来的经济效果，必须做好统计和计算。

实施标准的监督检查是对标准贯彻执行情况进行督促、检查和处

---

① 上海市标准化研究院、中国标准化协会、上海信星认证培训中心：《标准化实用教程》，中国标准出版社、中国质检出版社2011年版，第128页。

② 李春田：《现代标准化方法：综合标准化》，2011年，第45页。

③ 上海市标准化研究院、中国标准化协会、上海信星认证培训中心：《标准化实用教程》，中国标准出版社、中国质检出版社2011年版，第127页。

理的活动,是确保标准实施的重要措施。标准实施的监督检查,主要包括企业自我监督和上级有关部门对企业的监督检查。通过监督检查,可促进标准的有效执行,并发现标准本身的问题,以采取改进措施。

3. 标准宣传培训与标准推广

标准的宣传培训与推广有利于推进标准实施。重点加强标准化试点、示范工作,选择标准化基础较好的区域,开展标准实施与推广的试点,总结试点经验,改进标准,创建服务品牌,在更大范围内推广,并在实践中提出新的标准化需求。

四 标准体系的维护与改进

标准体系涉及服务业组织服务、经营和管理活动的方方面面,包括多项标准,其功能作用比较复杂,因此,对标准体系维护的难度和工作量也较大。同时由于人们需求的不断变化,会出现新的服务领域,现有领域的各项标准也在不断更新,制定出更多先进标准。随着服务标准化相关理论的不断完善,标准体系的结构也可能会发生改变,以适应服务业组织的发展。

(一) 标准体系的维护

对企业综合标准体系表进行完善和优化。首先,应分析体系表构成的合理程度及系统协调配套状况。其次,分析体系表的功能是否达到企业标准化工作目标的要求。最后,分析体系表是否符合编制原则和编制要求。在分析的基础上对综合标准体系表进行调整、优化,以形成科学的有机整体。① 标准体系维护的一般流程包括:企业标准体系表的编制;企业标准的制定;企业标准的备案;标准的实施;企业标准的复审及修订;企业标准的废止;企业标准的评价与改进。②

1. 标准体系评价的依据和基本条件

服务业组织标准体系评价是一项比较复杂的工作。目前,该项工

---

① 赵莉:《企业综合标准体系表的编制与维护》,《航空标准化与质量》2014年第1期。

② 宋明顺、周立军:《标准化基础》,中国标准出版社2013年版,第140页。

作主要依据 GB/T 24421《服务业组织标准化指南》国家标准和国家标准委、国家发改委等六部（委、局）发布的《关于推进服务标准化试点的意见》（国标委农联〔2007〕7号）等文件，另外，还可参照 GB/T 15496—GB/T 15498《企业标准体系》系列国家标准、GB/T 19273《企业标准体系评价与改进》、GB/T 13016《标准体系表编制原则和要求》、GB/T 13017《企业标准体系表编制指南》以及 GB/T 1.1—2009《标准化工作导则》等国家标准。

被评价的服务行业组织应满足以下要求：

（1）建立了满足本组织服务、经营、管理要求的标准体系，并在标准体系文件批准发布后，进行了有效实施。

（2）设有专门的标准化管理机构，配备专职或兼职人员，标准化职责明确。

（3）全体员工应经过标准化专业知识培训，熟悉企业方针、目标和本部门、本岗位的职责、权限，掌握本岗位工作所执行的各项标准要求。

（4）最高管理者、中层管理者以及关键部门和岗位的工作人员，应熟悉国家有关的法律法规和规章，掌握服务业组织标准体系文件的有关内容。

以上是对被评价服务业组织提出的基本要求，是分别对标准体系的建立和运行、标准化机构和标准化人员以及标准化管理者提出的要求。只有达到这些要求后，服务业组织标准体系的建设工作才算是基本完成，才能进入标准体系评价阶段。

2. 组织机构和人员

标准体系评价涉及面宽，内容复杂，应成立相应的评价组织，并由专业人员完成。标准体系评价一般分为两类：一类是外部评价；另一类是服务业组织自己开展的内部评价。外部评价由有关部门或委托相应机构成立评价组织；内部评价由服务业组织成立评价组织，并可聘请外单位专业人员参加评价工作。评价组织成员的多少，应根据评价工作量的大小和涉及的专业来确定，既要保证评价工作质量，又要尽量减轻被评价组织的经济负担。

3. 评价的程序和方法

标准体系评价的基本程序为：成立评价组织；制订评价计划或方

案，确定评定方法、指标体系和判定规则；评价准备；评价实施；编写评价报告、评价结果处置。标准体系评价工作应按标准条款要求有序进行。要制订详细的评价计划或方案，一般包括评价目的、评价依据、评价方法、评价内容和要求、任务分工、时间、地点等。评价计划或方案一般应事先与被评价的服务组织进行沟通，征得其同意，方可实施。要结合被评价组织的实际，按照评价要求，建立科学的评价指标体系。标准体系的有关指标，在 GB/T 24421—2009 标准中已提出了相关要求，但应结合被评价组织的实际情况进行取舍或具体化。标准体系实施效果的指标确定，一般从服务质量、安全环保能力、经济社会效益等方面考虑。对于不能给出具体指标的项目，也应有一个明确的要求。建立指标体系后，应明确各项指标合格与否的判定规则。

标准体系评价一般采用下列方法：查看记录和报告；过程验证；观察、提问；满意度测评。上述方法中"查看记录和报告""观察""提问"是经常采用的评价方法。"过程验证"比较复杂，但往往能获得比较可靠的证据，必要时可以采用。"满意度测评"是考察服务质量的有效方法。当然，根据评价的需要，评价组也可以选用其他更有效的方法，不论采用什么方法，其目的都是要获得真实、可靠的数据。

4. 评价的内容和要求

标准体系文件评价包括以下内容：

（1）体系完整性评价：主要经营活动的标准覆盖情况。主要通过分析服务业组织的服务、经营、管理等各个环节，对照标准明细表，检查该有的标准是否具备，并计数标准的覆盖率。对于涉及服务质量、安全环境保护等重要标准以及有关法律法规规定必须具备的标准，而体系中缺少的，一般应视为严重不合格项，其余应视为一般不合格项或缺陷。

（2）体系规范性评价：标准体系框架、标准体系表、标准明细表、标准汇总表和标准文本。主要对照有关国家标准检查体系结构、标准文本编写质量等内容。

（3）体系协调性评价：标准和相关法律之间的协调性，标准之间的协调性。主要是检查标准体系的外部协调性和内部协调性。外部协调性主要考虑体系文件与有关法律法规及国家有关政策、现行国家标准、行业标准、地方标准的协调性；内部协调性主要是考虑体系内各标准之间以及标准各项规定之间的协调性。

(4) 体系有效性评价：满足经营活动需要的情况，保证体系正常运行及持续改进的有关措施。主要是检查标准体系文件对服务业组织各项活动的支撑作用，包括保障安全、保护环境、保证服务质量，提高工作效率，降低成本等多个方面；同时，还要检查保证体系正常运行及持续改进的有关措施是否有效等内容。

5. 评价数据分析、处理和评价报告

对评价过程获得的数据进行分析、处理，给出各评价单项的评价结果，汇总各单项评价结果，给出标准体系评价结论，出具评价报告是评价工作的重要环节。评价报告一般应包括以下内容：评价报告的名称、编号；评价的时间、地点、参加人员；评价的目的、范围；评价的简要过程，对评价组织的肯定、发现的问题及改进建议；评价结论。评价结论要客观真实地反映被评价服务业组织的实际情况，评价报告内容要齐全，格式要规范，体现评价工作的严肃性。

(二) 标准体系的改进

由于现代企业均处于动态的内、外部环境之中，技术进步和创新不断涌现，先进管理理念和方法不断应用，企业应按照PDCA（计划、实施、检查、改进）的思想，对标准体系的实施情况定期进行检查、评价和改进。以保证标准体系的持续改进，实现标准体系的先进性、适宜性和有效性。企业标准体系评价分为两种形式：一种是自我评价，即企业自己组织的评价；另一种是外部评价和确认，即由标准化行政主管部门认可的评价机构，按照规定的组织程序和要求对企业进行的评价和确认。企业标准体系评价应以自我评价为主，在自我评价的基础上争取社会确认。只有自我评价和外部评价确认相结合，企业标准体系评价才会更全面、更完整[①]。服务组织应持续改进其质量管理体系的有效性。这意味着连续改进服务组织持续提供合格产品和服务的能力。通常，系统的过程改进是通过全员参与，以识别改进的需求，并在其活动范围内制订改进方案。在职责和权限发生变更的情况下，改进过程应考虑以前的最初情况和决定，以确保所提供的服务的连续性、有效性和效率。在持续改

---

① 宋明顺、周立军：《标准化基础》，中国标准出版社2013年版，第140页。

进的过程中应考虑任何来自公众的声音、质量管理体系的审核的结果及其审核准则。它应考虑所能获得的必要资源，以使改进收到实效。

五 公共服务标准化运行保障机制

（一）标准化运行模式

1. PDCA 循环

标准化体系的运行模式实际上是一个"PDCA 循环"过程，其中，从选择对象、建立协调机构、确定目标、目标分解、到编制标准综合体规划和制订制标工作计划，就是 P（计划）；建立标准综合体和组织实施，是 D（实施）；从跟踪检查、记录到反馈信息，是 C（检查）；从审查、评价到验收或再改进，是 A（处置）。这个"PDCA 循环"是全面质量管理的工作方式，在质量管理活动中取得了巨大成功，原因就在于它符合解决问题的逻辑规律，特别是形成了持续改进的机制。①

2. 标准化三角形（ABCA 循环）

标准化的基本过程模型，反映的是标准化的基本过程。所谓基本过程是指标准从制定、实施到信息反馈的一次循环过程。标准化过程的三个环节，可以看作由一系列活动组成的三个子过程。它们之间的关系以及它们的各自地位、作用可以用一个等边三角形来表示（见图3-1）。

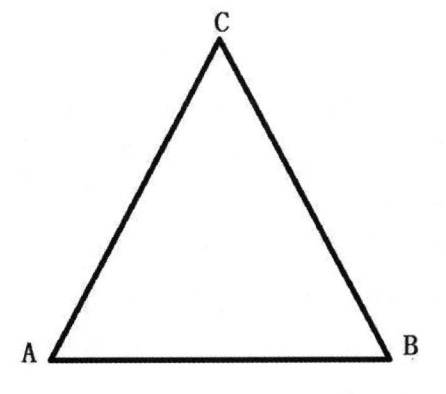

AB：标准产生子过程（标准信息的生成过程）
BC：标准实施子过程（标准信息的传递、转换过程）
CA：信息反馈子过程

图 3-1 标准化过程模式（标准化三角）

---

① 李春田：《标准化概论》，中国人民大学出版社 2010 年版，第 36—39 页。

标准化基本过程的三个子过程是同等重要的，不存在孰重孰轻的问题。三角形的三个边连接在一起，形成一个信息传递（转换）的闭环通道。标准化过程实际上就是由标准信息的生成、传递、转化、反馈等环节组成的连续过程。其中的任何一个环节发生缺失或功能不足都会对整个过程的效果产生直接影响；如果个别环节发生中断（如缺少信息反馈）则整个过程便会中断，闭环变成开环，反馈过程变成无反馈的失控过程。标准化过程中发生的许多不良反应，都可以通过对这个三角形的解析找到原因。三角形的三个子过程，是标准化过程基本的要素，他们中的每一个都是由一系列更具体的活动组成的子过程。

3. 标准化金字塔

标准化三角形反映的是标准化的基本过程，即"标准的产生—标准的实施—信息反馈"。但标准化活动并不到此终止。当基本过程结束时，第二次循环又开始了。第二次循环的终点又是第三次循环的起点。依次循环，永不止息，这个螺旋式上升的金字塔形才是标准化的全过程。标准化过程的 ABCA 循环，不是一次次地原地旋转，而是每循环一轮，都在原来的基础上有所创新、改进，即通过标准的重新修订，是标准向前发展一步。标准化就是在这种不断循环的过程中一步步向前发展的。它的发展轨迹是无数个不断"迁升"的三角形，它的发展模式就是构筑"标准化金字塔"。

标准化三角形从最初始的 ABCA 循环，向下一个以及以后的一系列循环的过渡的方式称为"迁升"。无论是标准还是标准系统它必须处于稳态才能发挥其功能。因此，它的每一个 ABCA 循环都是处于稳态（静态）的。保持这种稳态是标准系统控制的重要任务。不仅要及时排除影响系统稳定和系统功能发挥的各种干扰，而且从着手建立系统时就力求稳定（如不制定短命标准）。标准系统持续稳定的时间越长，标准化成本越低，对相关系统的干扰越小，社会效益也较好。但是标准系统不可能永远稳定，因为它的稳定性受诸多因素的影响。如果由于经济发展、技术进步、市场变化以及标准需求方的要求，使原有的标准或系统不能适用时，就应组织标准的修订或对标准系统进行了调整，这个修订和调整的过程也就是"迁升"的过程（见图3-2）。

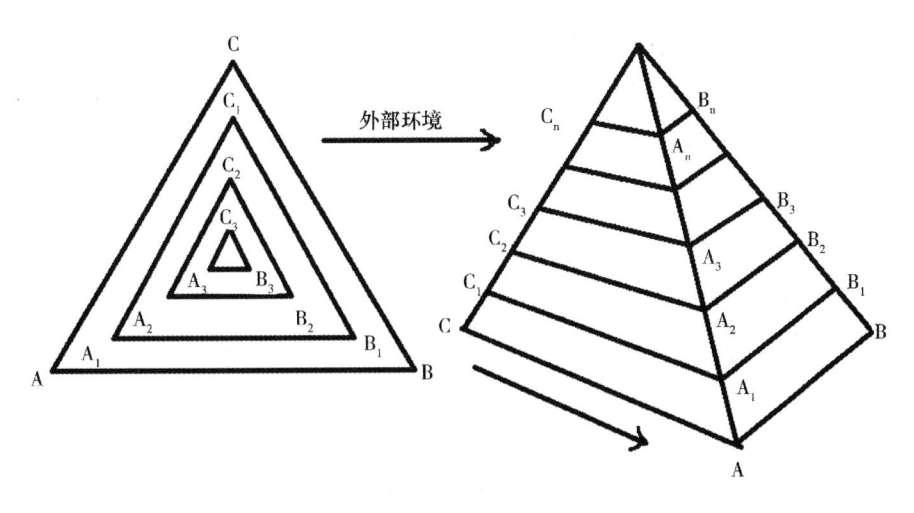

图 3-2 标准化三角形的迁升与标准化金字塔

(二) 服务标准化运行模式管理与保障[①]

由于标准化在我国处于发展初期阶段，标准化运行模式因政府机构改革而屡屡发生变动。另外，即使管理机构稳定不变，我国标准化模式也是不完善的，还带有很强的计划经济色彩，需要在发展中不断改进。

1. 标准化运行管理的总体思路

新时期对我国服务标准化工作提出了新的要求，我们应该厘清思路，创新思维，以市场为导向，保护消费者，遵循相关产业和标准化规律，在进行服务标准化工作时应遵循以下思路：①服务标准化工作要以本国、本地的政府、经济、文化以及自然禀赋为基础。②服务标准化要以相关产业发展为依托，以促进产业良性发展为出发点，服务标准的制定过程和实际内容要体现行业特点，满足行业发展需求，内容及时更新。③服务标准化工作应满足和引导消费者需求，保护消费者合法权益。④随着社会经济的发展，不断创新服务标准化工作意识、方法和手段，不断借鉴国外标准化工作的先进方法和经验。⑤应提出系统的中长期的发展规划，有步骤、有目的地推进服务标准化工作。⑥服务产品的开放要有明确定位，以试产为导向，围绕目标试产开展

[①] 柳成洋等：《服务标准化导论》，中国标准出版社 2009 年版，第 179—185 页。

标准化工作。⑦充分依靠行业协会，积极吸纳龙头企业参与服务标准化工作，形成政府、行业、企业和社会共同参与的局面。

2. 服务标准化运行模式

服务标准化工作中，由于服务对象是有感情的人，服务感受与人的精力、年龄、性别、民族、文化水平和个人爱好等因素密切相关，所以，服务标准化不仅要满足人的物质需求，还要满足人的精神需求。因此，服务标准化与工业标准化有很大的区别，工作思路也不尽相同。从大的原则来说，服务标准化工作应注意以下几点：①服务标准化工作要从人员的基本因素出发，考虑服务标准化的基本要求、基本程序和基本方法。②服务标准化应保持适当的灵活性，使服务人员有充分发挥的余地。③服务标准化要很好地与技术因素（如网络技术等）相结合。④公众在服务标准化工作中起着非常重要的作用，除了提出服务标准化的要求以外，还要参与标准研制、标准试点、标准实施评价等诸多环节。

3. 标准化运行保障措施①

为推动标准化工作目标和任务落到实处，就需要采取切实可行的措施，为标准化工作创造良好环境。标准化组织领导机构主要是对标准化战略实施过程中重大问题做出决策、部署和安排，并实现标准化与技术、资源、科技、管理、产业等相关工作的有效协调。2001年10月，中国国家标准化管理委员会成立，这是国家积极应对加入WTO所带来的挑战，提高我国标准化工作水平，更好地发挥标准在我国经济和社会发展中技术基础作用，促进我国质量整体水平的调高的重要举措。中国国家标准化管理委员会由国务院授权，履行统一管理全国标准化工作的职能。地方公共服务标准化实践中，主要领导需要参与标准工作。苏州市在2012年9月成立了试点工作领导小组，负责组织领导、协调管理等工作。领导小组在苏州质监局设立办公室，质监局抽调业务骨干组建了试点工作日常办事机构，29个项目承担单位和77个项目示范单位确定联络员，进行标准化活动的策划、安排以及加强对

---

① 黄恒学、张勇：《政府基本公共服务标准化研究》，人民出版社2011年版，第244—246页。

各环节管理。同时,各项目承担单位和示范单位也先后成立了由一把手领导或主管领导负责的领导机构和工作机构,规定了领导机构的主要任务和工作机构的标准化工作职责。从市政府层面到 29 个项目承担单位、77 个示范单位均建有工作机构,从而形成了覆盖九大公共服务领域和四大专业服务领域的工作网络,为试点工作的顺利进行提供了有力的组织保障。

第三节 公共服务标准化影响机制研究

我国是较早开展服务标准化工作的国家之一,但总体而言,我国服务标准化水平还比较低。国内外学者从标准化实践出发,对服务标准化进行了较深入的理论研究,具体可以参考导论部分以及政府公共服务与标准化的理论部分的介绍,在此就不再赘述。就我国学术界对服务标准化与城市综合竞争力的研究来看,目前研究还比较零散,缺乏系统性,主要从宏观经济学的视角探讨了标准与对外贸易,建立各种理论模型阐述了标准与贸易之间的作用机理,并利用多种分析工具,引用标准建立计量模型做出实证研究,支撑了标准对贸易有巨大影响的论点(郭力生,2002;李春田,2003;于欣丽,2008;金雪军,2006;程鉴冰,2008;侯俊军、马喜燕,2009;侯俊军、万欣,2009)。但也有研究表明标准阻碍国际贸易(周华、王卉、严科杰,2007;王耀中、贺蝉,2008)。这些研究都偏重于技术标准,并且多以标准化的存量作为分析的起点,不能够反映标准化的水平。郭政、季丹基于微观经济学的观点通过建立计量模型对服务标准化的经济效益进行研究,从组织层面探讨服务标准化对经济的重大贡献。①

---

① 郭政、季丹:《服务标准化对经济增长的贡献研究》,《标准科学》2013年第4期。

一 理论研究进展与思考

本章虽然旨在通过实证研究的方法论证政府公共服务标准化水平对一个城市综合竞争力的重要作用,但从问题的提出到理论模型的构建以及问卷的设计和之后复杂的数据分析都是在相关理论的支撑下完成的。因此为了厘清脉络,首先就研究中所涉及的政府公共服务效能、政府公共服务标准化以及城市综合竞争力等关键词分别展开综述,对与之相关的研究现状与成果进行比较全面的评述,为后续的研究提供理论上的借鉴。

(一) 政府公共服务效能的相关研究

在服务型政府建设中的中国,政府公共服务效能作为衡量一国综合实力、政府管理能力的核心指标,其重要性不言而喻,并且随着政府机构改革的深入,效能建设越来越多地受到各地方政府的重视,这使得政府效能问题在国内迅速成为一个新的研究热点。李军鹏于2004年界定了政府公共服务的概念,认为政府公共服务是政府满足社会公共需要、提供公共产品的服务行为的总称,它是由以政府机关为主的公共部门生产的、供全社会所有公民共同消费、所有消费者平等享受的社会产品。而政府提供公共产品的基本方式是服务,不论是公安、法律、政府行政管理,还是教育、卫生等都是服务,政府公共工程也是通过服务的形式为个人提供消费的。[①] 朱正威、杨晶晶在综述前人研究的基础上认为,我国学界对"政府效能"的概念的解释主要可以划分为以下两种:第一种观点认为政府效能是政府的工作效率和工作能力的统一,是政府机关运用其能力、能量,履行其职责,最终实现行政目标所达成的效率、效果和效益的综合体现。此定义包含两方面内容:其一,政府效能体现为政府机关实现行政目标,完成各项工作任务的能力。这些能力主要包括制定和执行公共政策的能力、整合行政资源的能力、维护社会秩序及社会公正的能力、自我更新与自我发展的能力等。其二,政府效能还体现为政府机关运用其能力、能量,履

---

① 见竺乾威《公共管理 (MPA) 简明读本》,复旦大学出版社2004年版,第39页。

行其职责，以最终实现行政目标所达成的效率、效果和效益。它主要表现为政府管理的经济效益与社会效益、投入产出比率等。第二种观点认为：政府效能着重体现政府活动的质，即政府行政管理目标达成的程度，而行政效率体现政府管理活动的量，即投入与产出相比较的情况而政府效能着重体现政府活动的品质方面。[①] 需要注意的是由于政府效能与政府绩效这两个概念存在较大交集，部分学者在研究中也未加以区别，政府效能很大一部分研究都落到了绩效板块。

（二）服务标准化水平测量的相关研究

目前，对标准化评价体系的研究或多或少存在着一定的缺点，尤其是指标体系的设定具有很强的片面性，所选取的指标可操作性不强，未能全面反映出标准化发展情况。[②] 且在为数不多的标准化实证研究文献中，学者们在研究标准与贸易之间的关系时，大多采用某地区或某国参与制修订的国家标准、国际标准数量作为标准的指标。但是，一国或一地区的标准化水平不能仅用国家标准、国际标准的数量来衡量。任子平等认为标准化水平的定量分析是认识一个国家标准化水平的基本途径。在设计标准化水平定量评价的指标体系时考虑了标准本身情况（如数量、行业分布、修订情况等）、标准化投入情况（人力、物力和财力）、标准化效益、标准的适用性以及标准或标准化水平与一个国家的科技水平，并设计6个一级指标组成的标准化水平定量评价指标体系。[③] 赵景柱等从实证的角度考察了技术标准对我国综合国力的贡献率，技术标准水平定量评价指标体系的建立考虑了标准人员、标准经费、标准活动、标准成果等因素。[④] 李林杰、梁婉君从理论层面出发，设计了农业标准化评价指标体系，该体系由5个一级指标、15个二级

[①] 朱正威、杨晶晶：《国内政府职能问题研究综述》，《特区经济》2007年第4期。

[②] 杨锋、王金玉：《标准化评价研究综述》，《商场现代化》2008年第30期。

[③] 任子平、赵景柱、邓红兵等：《标准化水平定量评价及其指标体系》，《武汉科技大学学报》（自然科学版）2004年第2期。

[④] 赵景柱、董仁才、邓红兵等：《技术标准对我国综合国力贡献率的初步研究》，《科技进步与对策》2005年第2期。

指标构成,从农业标准化基础水平、建设水平、实施程度、经济效益、生态效益等方面对我国农业标准化水平做出了评价。① 该指标体系较为全面地反映了标准化水平发展情况,但没有在实际应用中使用。刘倩华(2011)考虑到地方标准、企业标准、所申请成立的标准化技术委员会和用于标准研究专项经费的数目,以及技术创新水平等因素探讨了标准化水平对经济贸易的影响。②

(三) 城市综合竞争力的相关研究

Michael E. Porter 通过产业的角度来分析一个城市的国家竞争力,但他同时说明他的国家竞争力理论同样适合次级经济存在(如城市或区域)。Michael E. Porter 在《国家的竞争优势》一书中指出:"竞争力在国家水平上仅仅有意义的概念是国家的生产率。"③ 那么推及城市,一个城市竞争力是指城市的生产率。他认为,城市竞争力是指城市创造财富、提高收入的能力。Paul Cheshire 等认为城市竞争力就是指一个城市相对其他城市而言,能够给自身城市创造更多的就业机会和提高其收入水平的能力。④ 他认为在市场完善的前提下,城市间的比较优势决定它们之间的分工格局,而比较优势又会通过城市之间的成本差异表现出来。因此,一个城市有竞争力,就表明其在一些关键性的经济指数上持续存在不均衡,这种不均衡作为一种系统性差异使得一个城市相对其他城市而言具有更强的吸引力。Lain Begg 认为他认为城市竞争力就是城市提升居民生活水平,能够为居民创造最大化福利的能力。城市竞争力系统是一种复杂的"网络",城市竞争力系统可以看作投入产出链。城市竞争力的最终产出是城市居民生活水平的提高,城市就业率和城市生产率是支

---

① 李林杰、梁婉君:《农业标准化评价指标体系的理论设计》,《统计与决策》2006 年第 7 期。

② 刘倩华:《标准化对湖南省对外贸易影响的实证研究》,硕士学位论文,湖南大学,2011 年。

③ Porter, Michael E., "The Competitive Advantage of Nations", *Harvard Business Review*, 1990.

④ Paul Cheshire, Gianni Carbonaro and Dennis Hay, "Problems of Urban Decline and Growth in EEC Countries: or Measuring Degrees of Elephantness", *Urban Studies*, Vol. 2, 1998.

持性指标，三者共同构成了城市竞争力的产出系统。①

　　国内许多学者都从不同侧面提出了自己对城市竞争力的理解，郝寿义等认为城市竞争力是一个城市在国内外市场上与其他城市相比所具有的自身创造财富和推动地区、国家或世界创造更多社会财富的现实的和潜在的能力。② 徐康宁认为城市竞争力就是一个城市在充分利用自身的要素禀赋的基础上，进一步通过集聚、吸引、控制和利用其他城市资源，最终所表现出来的比其他城市具有的更强、更为持续发展的能力及趋势。③ 宁越敏、唐礼智认为，城市竞争力是在社会、经济结构、价值观、文化、制度政策等多个因素综合作用下创造和维持的，一个城市为其自身发展在其从属的大区域中进行资源优化配置的能力，从而获得城市经济的持续增长。④ 倪鹏飞认为，城市竞争力主要是指一个城市在竞争和发展过程中与其他城市相比较所具有的吸引、争夺、拥有、控制和转化资源与争夺、占领、控制市场，以创造价值，为其居民提供福利的能力。⑤ 于涛方认为，城市竞争力是在一定的外部环境条件下，一个城市在发展过程中所具有的吸引、争夺、拥有、控制和转化资源，以创造价值、财富，提高居民生活水平和城市可持续发展的能力。该定义强调了城市竞争的最终目的，即提高城市居民生活水平和城市的可持续发展，但没有强化城市资源优化配置的能力。⑥ 连玉明认为：城市竞争力是指一个国家的城市在全球经济一体化背景下，与其他城市比较，在要素流动过程中抗衡甚至超越现实和潜在

---

① Begg, Iain, "Cities and competitiveness", *Urban Studies*, Vol. 36, No. 5 – 6, 1999, pp. 795 – 809.

② 郝寿义、倪鹏飞：《中国城市竞争力研究——以若干城市为案例》，《经济科学》1998 年第 3 期。

③ 徐康宁：《开放经济中的产业集群与竞争力》，《中国工业经济》2001 年第 11 期。

④ 宁越敏、唐礼智：《城市竞争力的概念和指标体系》，《现代城市研究》2001 年第 3 期。

⑤ 倪鹏飞：《城市人才竞争力与城市综合竞争力》，《中国人才》2002 年第 10 期。

⑥ 于涛方：《国外城市竞争力研究综述》，《国外城市规划》2004 年第 1 期。

的竞争对手,以实现城市价值时具有的各种竞争优势的系统合力。① 总结上述定义可以发现,城市竞争的最终目的是城市的可持续发展和城市居民生活水平的逐步提高。而财富和价值创造是达到这个目标的途径或过程,资源的吸引、拥有、争夺、控制、转化和最终的优化配置能力是城市竞争力最根本的基础和因素。

二 研究假设与理论模型

本书的目的在于探讨政府公共服务标准化水平与政府公共服务效能之间的关系、政府公共服务效能与城市综合竞争力之间的关系、政府公共服务标准化水平与城市综合竞争力之间的关系,以进一步探讨政府公共服务效能在政府公共服务标准化水平与城市综合竞争力之间的中介效应。研究采用问卷调查的方法,选取苏州市内的公共服务单位与组织,调查对象涉及公共安全、公共教育、公共卫生与基本医疗、社会保障、公共基础设施与公共事业、环境保护公共服务、公共信息服务、公共文化和体育服务、公共科技服务9大公共服务大领域及旅游、金融、物流和服务外包4大现代专业服务领域。本次研究共发放问卷1800份,回收1800份,回收率100%,其中有效问卷850份,回收问卷的有效率为47.2%。

(一)研究假设的提出

1. 政府公共服务标准化水平与政府公共服务效能

政府公共服务标准化对政府公共服务效能的影响不言而喻。标准化在社会管理和公共服务领域的技术支撑作用越来越突出,美国的"文官制度改革法案",英国的"公民宪章运动"极大地改善了政府公共服务绩效,促进了社会管理和公共服务行为的规范化和服务质量的不断提升(侯非,2012)。② 随着我国服务型政府的建设,政府公共服务职能的转变,标准化在服务领域发挥技术支撑作用越来越显著,服务标准化对于

---

① 连玉明:《中国城市蓝皮书》,中国时代经济出版社2003年版。
② 见张登国《政府公共服务效能提升的对策研究》,《四川行政学院学报》2008年第1期。

第三章 城乡公共服务均等化之助推——公共服务标准化研究

全面提升一个城市的公共服务能力具有非常重要的意义(徐朴,2006;张登国,2008;柳成洋、李涵,2012)。胡税根、徐元帅(2009)也认为政府公共服务标准化建设能够使政府减少其随意性,促进政府推进自身改革,不断满足社会的公共需求。通过在政府公共服务中建立标准化的秩序,从而实现公众公共需求的不断满足和基本公共服务的均等化。

综上所述提出假设 H1:政府公共服务标准化水平对政府公共服务效能具有显著的正向影响作用。

2. 政府公共服务标准化水平与城市综合竞争力

城市竞争力是指一个城市在竞争和发展过程中所具有的吸引、争夺、拥有、控制和转化资源,并实现资源优化配置,以创造价值和财富,提高城市居民生活水平和可持续发展的能力。城市竞争力是一个综合的概念,是政治、经济、文化等各要素的集合体。经济因素一直以来就是表示城市综合竞争力的重要指标。标准化对经济贸易的促进作用已经为许多学者所验证(郭力生,2002;李春田,2003;于欣丽,2008;段琼、姜太平,2002;金雪军,2006;程鉴冰,2008)。同时政府公共服务标准化对提升城市竞争力的软件要素具有重要作用。良好的公共服务是实现社会基本平等与和谐稳定的基础,它经常性地发挥着社会矛盾的"缓冲器"作用。由公共产品组成的基础设施是市场经济得以良好运转的物质基础;公共产品通过良好的教育、更好的健康、增长的知识、清洁的环境提升经济效率和增长质量;良好的安全和治安环境,可以吸引更多的国外直接投资以及国内居民储蓄以转化为投资进而促进经济发展;制度和法律稳定健全,可以形成良好的预期促进市场交易和国际贸易。

综上所述提出以下假设 H2:政府公共服务标准化水平对城市综合竞争力具有显著地正向影响作用。

3. 政府公共服务效能的中介作用

随着我国服务型政府的构建,政府在提升城市竞争力是大有作为的。[1] 王艳、杨静认为政府在推动城市竞争力提升方面有着十分重要的作用。[2]

---

[1] 徐朴:《构建服务型政府提升城市竞争力》,《成都行政学院学报》2006 年第 6 期。

[2] 王艳、杨静:《政府在城市竞争力提升中的职能分析》,《产业与科技论坛》2008 年第 10 期。

政府公共服务效能和质量的高低将成为影响国家和城市竞争力的重要因素，因此提升政府的公共服务效能是提升城市竞争力和政府形象的有效途径。①

综上所述提出如下假设 H3：政府公共服务效能在政府公共服务标准化水平和城市综合竞争力之间存在中介作用；公共服务效能的不同维度所起的中介作用不同。

上述 3 个假设包含了政府公共服务标准化水平对城市综合竞争力之间的内在关系链和作用因素。

（二）理论模型的构建

根据前人研究成果，本书初步构建了政府公共服务标准化水平、政府公共服务效能、城市综合竞争力三个变量的假设模型，如图 3-3 所示。

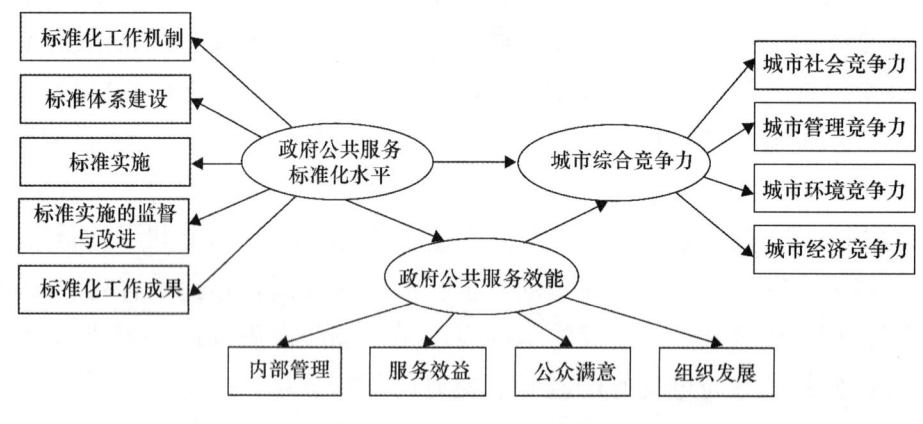

图 3-3 研究的假设模型

三 实证研究

（一）问卷质量分析

1. 政府公共服务标准化水平问卷质量分析

（1）项目分析

区分度分析。采用求出各个项目临界比率值（CR 值）的方法，将未达到显著水平的项目予以删除。即将被试总分按从高到低的顺序进

---

① 张登国：《政府公共服务效能提升的对策研究》，《四川行政学院学报》2008 年第 1 期。

第三章 城乡公共服务均等化之助推——公共服务标准化研究

行排列,得分位于前 27% 的为高分组,得分位于后 27% 的为低分组,进行高低两个组在每项得分平均数上的差异显著性检验,以检验每个项目的鉴别力。如果统计结论为差异显著,说明该题目的鉴别力高;如果差异不显著,那么该题目的鉴别度低,应该删除,结果见表 3-1。结果显示:29 个项目的区分度达到了非常显著的水平 ($p<0.001$),说明区分度良好无须删除题目。

表 3-1　　　　　　　高分组与低分组均值方程的 t 检验

题项	t	题项	t	题项	t
A1	-6.377***	A11	-14.260***	A21	-20.403***
A2	-10.741***	A12	-15.757***	A22	-18.792***
A3	-11.506***	A13	-12.537***	A23	-14.065***
A4	-9.644***	A14	-8.907***	A24	-15.750***
A5	-9.196***	A15	-11.808***	A25	-15.954***
A6	-14.884***	A16	-12.980***	A26	-15.232***
A7	-13.072***	A17	-20.287***	A27	-13.172***
A8	-8.322***	A18	-13.853***	A28	-15.009***
A9	-10.165***	A19	-15.169***	A29	16.067***
A10	-9.812***	A20	-14.598***		

注:* 表示 $p<0.05$,** 表示 $p<0.01$,*** 表示 $p<0.001$,下同。

与总分的相关分析。接着将具有良好区分度的 29 个项目与总分做相关分析,结果见表 3-2。结果显示:每个题项与总分的相关系数在 0.638—0.692 范围内,且都达到了显著的相关水平,故将 29 个项目保留。

表 3-2　　　　　　　　各题项与总分的相关

题项	r	题项	r	题项	r
A1	0.380**	A11	0.669**	A21	0.644**
A2	0.441**	A12	0.608**	A22	0.616**
A3	0.514**	A13	0.597**	A23	0.623**

续表

题项	r	题项	r	题项	r
A4	0.582**	A14	0.575**	A24	0.681**
A5	0.561**	A15	0.529**	A25	0.644**
A6	0.652**	A16	0.455**	A26	0.528**
A7	0.547**	A17	0.696**	A27	0.583**
A8	0.476**	A18	0.629**	A28	0.532**
A9	0.552**	A19	0.609**	A29	0.543**
A10	0.607**	A20	0.587**		

（2）因素分析

政府公共服务标准化水平问卷五个维度的划分是在进行开放式问卷，以及在专家学者讨论概括、归纳的基础上构想出来的。为了检验此理论构想是否符合实际情况，进行探索性因素分析。首先样本适应性分析。变量间的相关性是进行因素分析的先决条件，本书参与因素分析的变量为29个，变量间的相关特点用Bartlett球形检验，Bartlett球形检验$p=0.000$，小于0.001，说明各变量间不是独立的，变量内部存在共享因素。KMO统计量为0.907大于0.90，说明样本的充足度很好。综上，样本非常适合做因素分析，结果见表3-3。

表3-3　　　　　　　　　　KMO和Bartlett的检验

Kaiser-Meyer-Olkin 取样适当性度量		0.907
Bartlett 球形度检验	近似卡方	9580.046
	自由度	406
	p	0.000

利用主成分分析法（Principal components）抽取共同因素，再以最大方差法（Varimax）进行因素旋转，以使每个项目在尽可能少的因子上有较高的负载。参考以下标准删除不符合要求的题项：（1）题项最大的两个因子负荷之差小于0.14。（2）在多个因子上负荷高于0.44。经过数次方差分析，共淘汰11个题项：A4、A5、A6、A7、A12、A13、A14、A16、A18、A19、A26，共保留18个题项。首次因素分析，得到

特征根大于1的因子6个,累计方差解释率为66.708%。最后一次因素分析,得到特征根大于1的因子5个,累计方差解释率为71.492%,结果见表3-4。并且从碎石图可以看出,在第5个因素附近,曲线逐渐变得平缓,因而选5个因素比较合适,结果见图3-4。

表3-4　　　　　　　　各因素特征根及累积解释率

因子序号	未经旋转提取因子的载荷平方和			旋转提取因子的载荷平方和		
	特征值	方差贡献率（%）	累计方差贡献率（%）	特征值	方差贡献率（%）	累计方差贡献率（%）
1	6.299	34.994	34.994	3.108	17.264	17.264
2	2.586	14.364	49.358	2.754	15.302	32.566
3	1.578	8.766	58.124	2.544	14.136	46.702
4	1.276	7.086	65.210	2.293	12.737	59.439
5	1.131	6.282	71.492	2.170	12.053	71.492

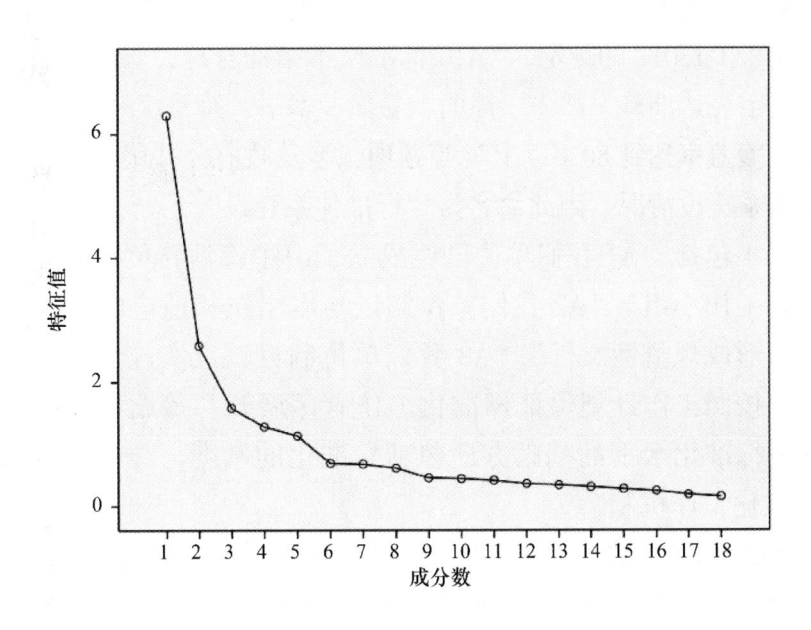

图3-4　因子分析特征根碎石图

通过Kaiser标准化的正交旋转法,各因子载荷值如表3-5所示。其中因子1包括"A15我们单位进行标准实施前的宣贯和培训""A20

我们单位制订了开展标准实施检查工作计划""A23 我们单位积极开展标准实施的社会评价，并将问题及时处理""A24 我们单位注重持续改进，并记录完整""A25 我们单位对标准实施检查，对自我评价和社会评价中发现的问题持续改进，及时提出修订标准的建议"等题项，涉及政府公共服务标准化水平的实施监督与持续改进，因此命名为"标准实施的监督与改进"。

因子2包括"A17 我们单位标准实施记录完备，并将各环节形成的数据和有关情况及时反馈""A21 我们单位定期组织检查，实施的检查记录和问题处理记录保持完整""A22 我们单位积极开展内部评估，对标准实施的符合性和实施效果进行评价，形成了评价报告"等题项，涉及政府公共服务标准化水平的实施过程，因此命名为"标准实施"。

因子3包括"A8 我们单位标准体系构成合理、结构完整，包括基础通用、服务保障和服务提供三大子体系""A9 我们单位标准体系结构图、标准明细表、标准统计汇总表和标准文本符合 GB/T 24421.2 和 GB/T 13016、GB/T 13017 的规定""A10 标准文本结构合理、层次分明、内容具体，文字表达准确、严谨、简明、易懂，术语、符号统一""A11 我们单位标准覆盖率达到80%以上"等题项，涉及政府公共服务标准化水平的标准体系建设情况，因此命名为"标准体系建设"。

因子4包括"A1 我们单位已经成立了由主管领导负责的标准化领导机构和工作小组""A2 我们单位制定与本组织相适应的标准化工作制度，并形成规范性文件""A3 我们单位制订试点实施方案，明确工作规划，按照工作计划保证标准化工作有序展开"等题项，涉及政府公共服务标准化水平的基础方面包括标准化的制度与准备，因此命名为"标准化工作机制"。

因子5包括"A27 我们单位积极与科研单位、高等院校合作提炼标准化理论成果""A28 我们单位获市级以上标准化工作表彰""A29 我们单位积极参与了省级以上标准制定"等题项，涉及工作的成果，因此命名为"标准化工作成果"。

表3-5　　　　　　　　　　　旋转的因子载荷矩阵

题项	因子1	因子2	因子3	因子4	因子5
A24	0.763	0.243	0.214	0.045	0.153
A25	0.721	0.139	0.188	0.167	0.119
A23	0.709	0.056	0.196	0.021	0.310
A20	0.662	0.217	0.143	0.201	-0.051
A15	0.610	0.144	-0.007	0.428	-0.040
A21	0.215	0.879	0.101	0.110	0.124
A22	0.263	0.845	0.070	-0.011	0.186
A17	0.133	0.827	0.192	0.156	0.220
A10	0.253	0.141	0.830	0.035	0.03
A9	0.146	0.106	0.739	0.317	0.047
A8	0.054	0.027	0.724	0.351	-0.030
A11	0.419	0.137	0.604	0.041	0.200
A2	0.158	0.048	0.138	0.831	0.051
A3	0.281	0.055	0.140	0.740	0.119
A1	0.019	0.099	0.305	0.731	-0.118
A28	0.065	0.416	-0.030	0.016	0.832
A29	0.080	0.410	-0.018	0.042	0.827
A27	0.425	-0.166	0.308	-0.019	0.694

（3）信度与效度分析

内部一致性信度。政府公共服务标准化水平问卷总量表的克隆巴赫 α 系数为 0.882，总量表的信度较好。问卷的标准实施的监督与改进、标准实施、标准体系建设、标准化工作机制、标准化工作成果五个维度的克隆巴赫 α 系数分别为 0.817、0.627、0.802、0.765、0.812。结果见表 3-6。

表3-6　　　　　　　　　　　内部一致性信度指标

信度	维度1	维度2	维度3	维度4	维度5	总量表
α 系数	0.817	0.627	0.802	0.765	0.812	0.882

折半信度。政府公共服务标准化水平问卷总量表的 SPearman-Brown 系数为 0.722，总量表的信度较好。问卷的标准实施的监督与改进、标准实施、标准体系建设、标准化工作机制、标准化工作成果五个维度的 SPearman-Brown 系数分别为 0.830、0.900、0.750、0.746、0.871，结果见表 3-7。

表 3-7　　　　　　　　　　折半信度指标

信度	维度 1	维度 2	维度 3	维度 4	维度 5	总量表
SPearman-Brown 系数	0.830	0.900	0.750	0.746	0.871	0.722

这些信度系数表明量表具有较高的同质性，各个因子中的项目趋于一致，因而是比较可靠的。

效度分析。探索性因素分析中各因子累积方差解释率达到 50% 以上，表明量表具有良好的结构效度。本次数据分析中因子累积方差解释率为 71.492%，达到了这一标准，表明本问卷的结构效度较好。

2. 政府公共服务效能问卷质量分析

（1）项目分析

区分度分析。政府公共服务效能问卷也采用求出各个项目临界比率值（CR 值）的方法，将未达到显著水平的项目予以删除，即将被试总分按从高到低的顺序进行排列，得分位于前 27% 的为高分组，得分位于后 27% 的为低分组，进行高低两个组在每项得分平均数上的差异显著性检验，以检验每个项目的鉴别力。如果统计结论为差异显著，说明该题目的鉴别力是高的；如果差异不显著，那么该题目的鉴别度不高，应该删除，结果见表 3-8。结果显示：24 个项目的区分度达到了非常显著的水平（$p < 0.001$），说明区分度良好无须删除题目。

表 3-8　　　　　　　　高分组与低分组均值方程的 t 检验

题项	t	题项	t	题项	t
B1	-16.146***	B9	-17.244***	B17	-20.585***
B2	-15.816***	B10	-20.043***	B18	-16.574***
B3	-17.576***	B11	-25.607***	B19	-18.719***

续表

题项	t	题项	t	题项	t
B4	-18.436***	B12	-19.639***	B20	-14.824***
B5	-17.227***	B13	-20.677***	B21	-14.576***
B6	-21.952***	B14	-19.831***	B22	-18.465***
B7	-18.363***	B15	-13.386**	B23	-20.731***
B8	-16.621***	B16	-22.194***	B24	-16.835***

与总分的相关分析。接着将具有良好区分度的 24 个项目与总分做相关分析，结果见表 3-9。结果显示：每个题项与总分的相关系数在 0.572—0.842 范围内，且都达到了显著的相关水平，故将 24 个项目保留。

表 3-9　　　　　　　各题项与总分的相关

题项	r	题项	r	题项	r
B1	0.783**	B9	0.800**	B17	0.790**
B2	0.798**	B10	0.843**	B18	0.768**
B3	0.804**	B11	0.826**	B19	0.797**
B4	0.795**	B12	0.817**	B20	0.603**
B5	0.787**	B13	0.762**	B21	0.572**
B6	0.825**	B14	0.764**	B22	0.792**
B7	0.823**	B15	0.624**	B23	0.785**
B8	0.773**	B16	0.842**	B24	0.698**

(2) 因素分析

政府公共服务效能问卷四个维度的划分是在平衡计分卡理论的基础之上构建的，各题项参考前人研究以及在请教专家学者讨论概括、归纳的基础上构想出来的。为了检验此理论构想是否符合实际情况，进行探索性因素分析。

首先进行样本适应性分析。变量间的相关性是进行因素分析的先决条件，本书参与因素分析的变量为 24 个，变量间的相关特点用 Bartlett 球形检验，Bartlett 球形检验 $p=0.000$，小于 0.001 说明各变量间不是独立的，变量内部存在共享因素。KMO 统计量为 0.958 大于 0.90，说明样本的充足度很好。综上，样本非常适合作因素分析。结果见表 3-10。

表 3-10　　　　　　　　　　KMO 和 Bartlett 的检验

Kaiser-Meyer-Olkin 取样适当性度量		0.958
Bartlett 球形度检验	近似卡方	8120.460
	自由度	153
	P	0.000

利用主成分分析法（Principal components）抽取共同因素，再以最大方差法（Varimax）进行因素旋转，以使每个项目在尽可能少的因子上有较高的负载。参考以下标准删除不符合要求的题项：（1）题项在多个因子上的负荷大于 0.52。（2）题项最大的两个因子负荷之差小于 0.02。经过数次方差分析，共剔除 6 个题项：B7、B8、B10、B14、B15、B23，共保留 18 个题项。

首次因素分析，得到特征根大于 1 的因子 2 个，累计方差解释率为 65.519%。最后一次因素分析，根据我们的理论构想，同时为了方便解释的原则，提取 4 个因子进行解释，累计方差解释率为 71.492%，结果见表 3-11。并且从碎石图可以看出，在第 4 个因素附近，曲线逐渐变得平缓，因而选 4 个因素比较合适，结果见图 3-5。

表 3-11　　　　　　　　各因素特征根及累积解释率

因子序号	未经旋转提取因子的载荷平方和			旋转提取因子的载荷平方和		
	特征值	方差贡献率（%）	累计方差贡献率（%）	特征值	方差贡献率（%）	累计方差贡献率（%）
1	10.874	60.413	60.413	4.520	25.111	25.111
2	1.247	6.926	67.339	3.198	17.767	42.877
3	0.798	4.434	71.773	3.067	17.037	59.914
4	0.637	3.539	75.313	2.772	15.398	75.313

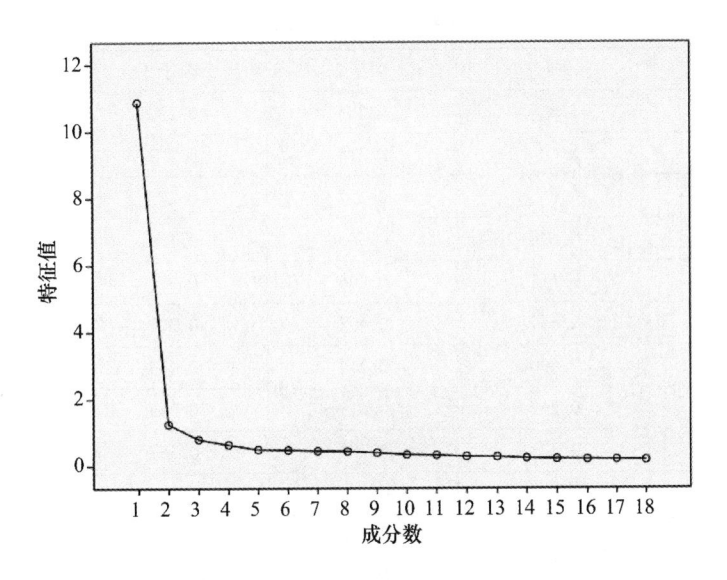

图 3-5　因子分析特征根碎石图

通过 Kaiser 标准化的正交旋转法，各因子载荷值如表 3-12 所示。因子 1 包括"B1 单位能高效率落实各项工作""B3 单位依法处理员工违法违纪情况""B2 单位对投诉的办理效率较高""B4 单位依法进行员工各项评议考核""B5 单位能依法公开政务实施情况""B9 单位能高质量的完成年度重点工作""B22 单位沟通渠道健全"7 个题项，反映了服务组织公共服务效能中的内部管理情况，因此命名为"内部管理"。

因子 2 包括"B6 单位能很好的控制行政费用""B11 单位能很好地降低办公成本""B12 单位结合工作实际推行了更多的惠民政策""B13 单位举办了更多的公益活动"4 个题项，反映了服务组织的社会效益和经济效益，因此命名为"服务效益"。

因子 3 包括"B16 社会公众认为我们的服务效率很高""B17 社会公众对我们的服务态度很满意""B18 社会公众对我们的服务环境很满意""B19 社会公众对我们的服务人员素质很满意"4 个题项，涉及公众对服务组织的满意情况，因此命名为"公众满意"。

因子 4 涉及"B21 单位重视人才的引进""B20 单位为员工的发展创造机会""B24 单位重视文化建设"3 个题项，涉及服务组织的发展，因此命名为"组织发展"。

表 3 – 12　　　　　　　　　旋转的因子载荷矩阵

题项	因子1	因子2	因子3	因子4
B2	0.802	0.245	0.232	0.223
B1	0.800	0.214	0.277	0.174
B3	0.683	0.337	0.283	0.246
B4	0.648	0.500	0.189	0.193
B9	0.612	0.306	0.376	0.252
B5	0.597	0.465	0.307	0.133
B22	0.590	0.214	0.413	0.339
B13	0.269	0.715	0.265	0.320
B12	0.323	0.704	0.357	0.270
B6	0.497	0.658	0.272	0.162
B11	0.367	0.610	0.395	0.274
B18	0.398	0.251	0.751	0.101
B17	0.228	0.412	0.730	0.247
B16	0.383	0.390	0.652	0.252
B19	0.404	0.224	0.580	0.405
B21	0.215	0.169	0.087	0.837
B20	0.090	0.282	0.193	0.821
B24	0.373	0.136	0.287	0.670

（3）信度与效度分析

内部一致性信度。政府公共服务效能问卷总量表的克隆巴赫 α 系数为 0.961，总量表的信度较好。问卷的内部管理、服务效益、公众满意、组织发展四个维度的克隆巴赫 α 系数分别为 0.931、0.899、0.895、0.821。分量表与总量表克隆巴赫 α 系数均大于 0.8，说明问卷信度较好，结果见表 3 – 13。

表 3 – 13　　　　　　　　　内部一致性信度指标（二）

信度	维度1	维度2	维度3	维度4	总量表
α 系数	0.931	0.899	0.895	0.821	0.961

折半信度。政府公共服务效能问卷总量表的 SPearman-Brown 系数为 0.928，总量表的信度较好（折半信度要求大于 0.7，说明问卷信度

较好)。问卷的内部管理、服务效益、公众满意、组织发展四个维度的SPearman-Brown 系数分别为 0.910、0.869、0.893、0.794,总量表与分量表的 SPearman-Brown 系数均大于 0.7,说明问卷信度良好,结果见表 3-14。

表 3-14　　　　　　　　　　折半信度指标

信度	维度 1	维度 2	维度 3	维度 4	总量表
SPearman-Brown 系数	0.910	0.869	0.893	0.794	0.928

效度分析。探索性因素分析中各因子累积方差解释率达到 50% 以上,表明量表具有良好的结构效度,本次数据分析中因子累积方差解释率为 75.313%,达到了这一标准,表明本问卷的结构效度较好。

3. 城市综合竞争力问卷质量分析

(1) 项目分析

区分度分析。城市综合竞争力问卷也采用求出各个项目临界比率值(CR 值)的方法,将未达到显著水平的项目予以删除。即将被试总分按从高到低的顺序进行排列,得分位于前 27% 的为高分组,得分位于后 27% 的为低分组,进行高低两个组在每项得分平均数上的差异显著性检验,以检验每个项目的鉴别力。如果统计结论为差异显著,说明该题目的鉴别力是高的,如果差异不显著,那么该题目的鉴别度不高,应该删除,结果见表 3-15。结果显示:21 个项目的区分度达到了非常显著的水平($p<0.001$),说明区分度良好无须删除题目。

表 3-15　　　　　　　高分组与低分组均值方程的 t 检验

题项	t	题项	t	题项	t
C1	-9.518***	C8	-16.564***	C15	-18.974***
C2	-15.727***	C9	-17.269***	C16	-18.549***
C3	-14.467***	C10	-15.862***	C17	-18.996***
C4	-13.244***	C11	-18.201***	C18	-17.756***
C5	-17.869***	C12	-14.529***	C19	-15.312***
C6	-16.803***	C13	-14.983***	C20	-12.742***
C7	-15.694***	C14	-17.933***	C21	-12.436***

与总分的相关分析。将具有良好区分度的 21 个项目与总分做相关分析，结果见表 3-16。结果显示：每个题项与总分的相关系数在 0.472—687 范围内，且都达到了显著的相关水平，故将 21 个项目保留。

表 3-16　　　　　　　　各题项与总分的相关

题项	r	题项	r	题项	r
C1	0.472**	C8	0.674**	C15	0.663**
C2	0.622**	C9	0.658**	C16	0.678**
C3	0.607**	C10	0.669**	C17	0.687**
C4	0.577**	C11	0.660**	C18	0.675**
C5	0.687**	C12	0.624**	C19	0.614**
C6	0.685**	C13	0.603**	C20	0.596**
C7	0.660**	C14	0.641**	C21	0.631**

（2）因素分析

首先进行样本适应性分析。变量间的相关性是进行因素分析的先决条件，本书参与因素分析的变量为 21 个，变量间的相关特点用 Bartlett 球形检验，Bartlett 球形检验 $p=0.000$，小于 0.001，说明各变量间不是独立的，变量内部存在共享因素。KMO 统计量为 0.916 大于 0.90，说明样本的充足度很好。综上，样本非常适合做因素分析。结果见表 3-17。

表 3-17　　　　　　　　KMO 和 Bartlett 的检验

Kaiser-Meyer-Olkin 取样适当性度量		0.916
Bartlett 球形度检验	近似卡方	6187.899
	自由度	210
	p	0.000

利用主成分分析法（Principal components）抽取共同因素，再以最大方差法（Varimax）进行因素旋转，使每个项目在尽可能少的因子上有较高的负载。参考以下标准删除不符合要求的题项：（1）题项最大的两个因子负荷之差小于 0.1。经过数次方差分析，共剔除 2 个题项：

C4、C5，共保留19个题项。

首次因素分析，得到特征根大于1的因子4个，累计方差解释率为62.839%。最后一次因素分析，得到特征根大于1的因子4个，提取4个因子进行解释，累计方差解释率为64.734%，结果见表3-18。并且从碎石图可以看出，在第4个因素附近，曲线逐渐变得平缓，因而选4个因素比较合适，结果见图3-6。

表3-18　　　　　　　各因素特征根及累积解释率　　　　　　单位：%

因子序号	未经旋转提取因子的载荷平方和			旋转提取因子的载荷平方和		
	特征值	方差贡献率	累计方差贡献率	特征值	方差贡献率	累计方差贡献率
1	7.840	41.264	41.264	4.007	21.089	21.089
2	1.821	9.583	50.847	3.041	16.004	37.093
3	1.483	7.803	58.650	2.824	14.863	51.956
4	1.156	6.083	64.734	2.428	12.778	64.734

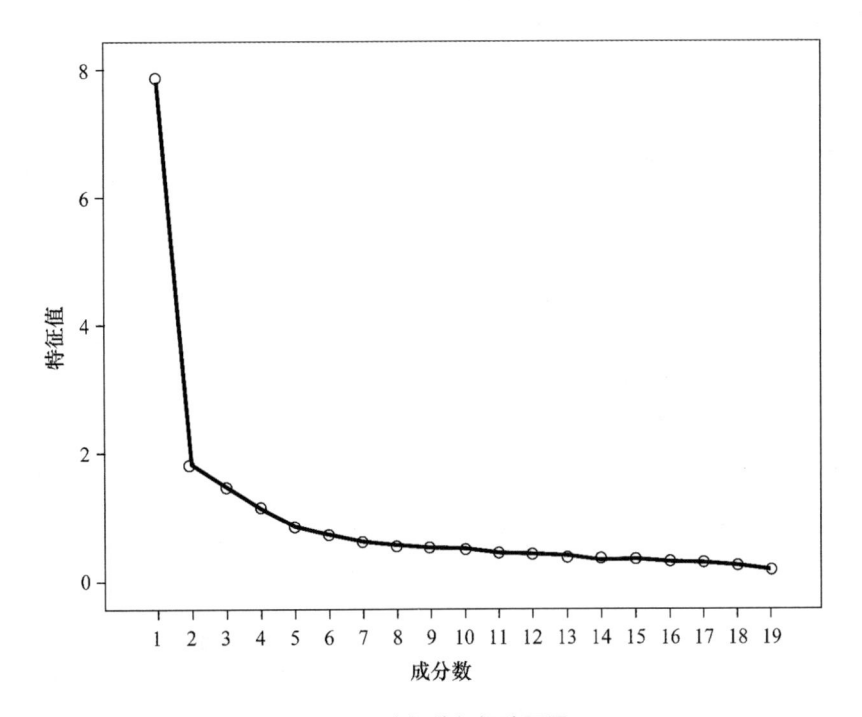

图3-6　因子分析特征根碎石图（三）

通过 Kaiser 标准化的正交旋转法，各因子载荷值如表 3-19 所示。因子1 包括 "C6 公共基础设施""C7 教育发展""C8 科技水平""C9 人力资源""C10 文化氛围""C12 区位优势""C20 国际旅游吸引力""C21 对外交通运输能力""C19 对外贸易与投资能力"9 个题项，反映了城市综合竞争力中的社会发展状况，遂命名为"城市社会竞争力"。

因子 2 包括"C16 环境质量""C17 环境保护""C18 工业污染防治"3 个题项，反映了城市竞争力中的环境质量，遂命名为"城市环境竞争力"。

因子 3 包括"C13 政府社会管理能力""C14 政府行政效率""C15 政府美誉度"3 个题项，反映了城市综合竞争力中的政府管理状况，遂命名为"城市管理竞争力"。

因子 4 包括"C1 经济实力""C2 经济结构""C3 经济效率"3 个题项，反映了城市的经济发展状况，遂命名为"城市经济竞争力"。

表 3-19　　　　　　　　旋转的因子载荷矩阵

题项	因子 1	因子 2	因子 3	因子 4
C8	0.784	0.150	0.157	0.144
C10	0.694	0.063	0.407	0.070
C7	0.687	0.325	0.048	0.140
C9	0.662	0.111	0.317	0.131
C12	0.655	0.002	0.269	0.266
C6	0.528	0.380	0.063	0.339
C21	0.522	0.353	0.069	0.278
C20	0.507	0.388	-0.117	0.371
C19	0.481	0.292	0.052	0.386
C17	0.215	0.857	0.206	0.067
C16	0.144	0.832	0.270	0.103
C18	0.261	0.793	0.282	-0.028
C13	0.182	0.122	0.800	0.168
C14	0.126	0.309	0.746	0.187
C15	0.102	0.428	0.639	0.243
C11	0.454	0.160	0.639	0.038

续表

题项	因子1	因子2	因子3	因子4
C1	0.221	0.004	0.016	0.803
C2	0.200	0.112	0.310	0.727
C3	0.203	0.061	0.359	0.709

（3）信度与效度分析

内部一致性信度。城市综合竞争力问卷总量表的克隆巴赫 α 系数为 0.919，总量表的信度较好。问卷的城市社会竞争力、城市环境竞争力、城市管理竞争力、城市经济竞争力四个维度的克隆巴赫 α 系数分别为 0.879、0.902、0.831、0.780。除维度4分量表之外，其余分量表与总量表克隆巴赫 α 系数均大于 0.8，说明问卷信度较好。结果见表 3 – 20。

表 3 – 20　　　　　　　　内部一致性信度指标

信度	维度1	维度2	维度3	维度4	总量表
α 系数	0.879	0.902	0.831	0.780	0.919

折半信度。城市综合竞争力问卷总量表的 SPearman-Brown 系数为 0.826，总量表的信度较好。问卷的城市社会竞争力、城市环境竞争力、城市管理竞争力、城市经济竞争力四个维度的 SPearman-Brown 系数分别为 0.823、0.888、0.807、0.806，总量表与分量表的 SPearman-Brown 系数均大于 0.7，说明问卷信度良好。结果见表 3 – 21。

表 3 – 21　　　　　　　　折半信度指标

信度	维度1	维度2	维度3	维度4	总量表
SPearman-Brown 系数	0.823	0.888	0.807	0.806	0.826

效度分析。探索性因素分析中各因子累积方差解释率达到50%以上，表明量表具有良好的结构效度，本次数据分析中因子累积方差解释率为64.734%，达到了这一标准，表明本问卷的结构效度较好。

(二) 相关分析

1. 政府公共服务标准化水平与政府公共服务效能的关系

由表 3–22 中数据可知,政府公共服务标准化水平各维度和公共服务效能及其各维度之间分别存在显著正相关 ($p<0.01$)。也就是说政府公共服务标准化水平越高,公共服务效能就越高。

表 3–22　公共服务标准化水平及其各维度与政府公共服务效能及其各维度的相关分析

	公共服务标准化水平总分	标准实施的监督与改进	标准实施	标准体系建设	标准化工作机制	标准化工作成果
公共服务效能总分	0.585**	0.328**	0.748**	0.275**	0.287**	0.383**
内部管理	0.485**	0.231**	0.687**	0.186**	0.278**	0.311**
服务效益	0.561**	0.322**	0.715**	0.254**	0.250**	0.386**
公众满意	0.552**	0.315**	0.720**	0.236**	0.218**	0.392**
组织发展	0.546**	0.387**	0.528**	0.408**	0.289**	0.305**

2. 政府公共服务效能与城市综合竞争力的关系

由表 3–23 中的数据结果可知,公共服务效能及其各维度和城市综合竞争力各个维度之间均存在显著性的正相关 ($p<0.01$)。也就是说,政府公共服务效能越好,城市的综合竞争力越强。

表 3–23　公共服务效能及其各维度与城市综合竞争力及其各维度的相关分析

	公共服务效能总分	内部管理	服务效益	公众满意	组织发展
城市综合竞争力总分	0.493**	0.391**	0.458**	0.471**	0.522**
城市社会竞争力	0.384**	0.276**	0.356**	0.357**	0.487**
城市管理竞争力	0.519**	0.473**	0.466**	0.506**	0.410**
城市环境竞争力	0.372**	0.275**	0.358**	0.371**	0.400**
城市经济竞争力	0.323**	0.275**	0.303**	0.295**	0.312**

3. 政府公共服务标准化水平与城市综合竞争力的关系

由表 3-24 中数据可以看出，除了公共服务标准化水平的标准化工作机制维度与城市综合竞争力的城市管理竞争力维度及城市环境竞争力维度相关性不大（$p>0.05$）之外，其余各维度分别存在显著正相关（$p<0.01$）。也就是说，城市标准化水平越高，城市综合竞争力就越强。

表 3-24　　公共服务标准化水平及其各维度与城市综合竞争力及其各维度的相关分析

	公共服务标准化水平总分	标准实施的监督与改进	标准实施	标准体系建设	标准化工作机制	标准化工作成果
城市综合竞争力总分	0.468**	0.346**	0.442**	0.388**	0.138**	0.281**
城市社会竞争力	0.428**	0.343**	0.354**	0.426**	0.131**	0.221**
城市管理竞争力	0.342**	0.197**	0.451**	0.188**	0.078	0.229**
城市环境竞争力	0.379**	0.303**	0.336**	0.250**	0.055	0.309**
城市经济竞争力	0.303**	0.200**	0.276**	0.294**	0.197**	0.126**

（三）多元逐步回归分析

本书的主要目的在于对政府服务标准化水平、公共服务效能和城市综合竞争力三者的关系及相互作用机制进行研究。通过上述对三变量之间的相关研究可知，此三个变量两两之间的相关均达到了显著性水平，对三个变量之间的关系做进一步的分析和探讨。

1. 多重共线性诊断

本书城市公共服务标准化水平与公共服务效能的共线性诊断指标值见表 3-25。结果显示，只有公共服务效能的 EIG = 0.009 < 0.01，其他指标都在正常范围内；所以城市公共服务标准化水平与公共服务效能的回归分析存在的共线性问题不严重。

表 3-25　　共线性诊断指标

指标	公共服务标准化水平总分	公共服务效能总分	指标佳值
TOL	0.658	0.658	>0.01
VIF	1.519	1.519	<10
EIG	0.018	0.009	>0.01
CI	12.727	18.539	<30

本书自变量各维度之间的共线性诊断指标值见表 3-26。结果显示，只有公共服务效能各维度指标都在正常范围内；公共服务效能的内部管理、服务效益、公众满意、组织发展维度的 EIG 并不满足大于 0.01 的条件，并且 CI 都大于 30，也不满足指标价值的条件，说明公共服务效能的各维度间存在共线性的问题。

表 3-26　　共线性诊断指标

指标	标准实施的监督与改进	标准实施	标准体系建设	标准化工作机制	标准化工作成果	内部管理	服务效益	公众满意	组织发展	指标佳值
TOL	0.548	0.347	0.587	0.674	0.699	0.219	0.232	0.247	0.488	>0.01
VIF	1.825	2.879	1.702	1.484	1.431	4.557	4.309	4.053	2.050	<10
EIG	0.086	0.071	0.025	0.020	0.012	0.010	0.009	0.007	0.006	>0.01
CI	10.639	11.731	19.665	22.203	28.131	31.368	32.442	36.651	40.746	<30

本书中采用逐步回归的方法消除多重共线性问题，将变量间的关系进一步细化，采用建立在多元回归模型基础上的路径分析。

2. 政府公共服务标准化水平对政府公共服务效能的多元逐步回归分析

相关研究结果表明，政府公共服务标准化水平和政府公共服务效能二者之间具有显著性的正相关。为了进一步检验政府公共服务标准化水平各维度能否显著预测政府公共服务效能及其维度，其预测力如何，所以，本书以政府公共服务标准化水平的各维度为自变量，政府公共服务效能及其各维度分别为因变量，进行回归分析，汇总结果见表 3-27。

表 3-27　　政府公共服务标准化水平各维度对政府公共服务效能的回归方程模型

因变量	自变量	B	Beta	T	R^2	$\triangle R^2$	F
公共服务效能	回归模型				0.575	0.573	246.259***
	标准实施	3.307	0.749	23.794***			
	标准化工作机制	1.108	0.136	4.403***			
	标准实施的监督与改进	-0.333	-0.074	-2.200*			

续表

因变量	自变量	B	Beta	T	R^2	$\triangle R^2$	F
内部管理	回归模型				0.511	0.507	142.226***
	标准实施	1.346	0.734	21.569***			
	标准化工作机制	0.681	0.201	5.736***			
	标准实施的监督与改进	-0.280	-0.150	-3.902***			
	标准体系建设	-0.163	-0.080	-2.145*			
服务效益	回归模型				0.517	0.515	292.788***
	标准实施	0.818	0.695	22.686***			
	标准化工作机制	0.175	0.081	2.630**			
公众满意	回归模型				0.519	0.518	590.716***
	标准实施	0.794	0.720	24.305***			
组织发展	回归模型				0.338	0.336	139.728***
	标准实施	0.340	0.440	11.908***			
	标准体系建设	0.221	0.259	6.998***			

从表 3-27 我们可以知道，政府公共服务标准化水平对政府公共服务效能的回归方程整体上是显著的（$F=246.259$，$p<0.001$）；以政府公共服务标准化水平的 5 个维度作为自变量预测总体公共服务效能时，进入回归方程的变量共 3 个，分别是标准实施、标准化工作机制、标准实施的监督与改进，其联合解释变异量为 0.573，解释率达到 57.3%，也就是说，城市标准化水平的标准实施、标准化工作机制、标准实施的监督与改进 3 个维度能联合预测公共服务效能的 57.3% 的变异量。

3. 政府公共服务效能对城市综合竞争力的多元逐步回归分析

相关研究结果表明，政府公共服务效能各维度和城市综合竞争力二者之间具有显著性的相关。为了进一步检验政府公共服务效能及其各维度能否显著预测城市综合竞争力，其预测力如何，所以，本书以政府公共服务效能的各维度为自变量，城市综合竞争力因变量，进行回归分析。统计分析结果如表 3-28 所示。

表 3-28　政府公共服务效能各维度对城市综合竞争力回归方程模型

因变量	自变量	B	Beta	T	R^2	$\triangle R^2$	F
城市综合竞争力	回归模型				0.308	0.305	121.539***
	组织发展	3.307	0.374	8.236***			
	公众满意	0.722	0.238	5.250***			

由表 3-28 我们可以知道，政府公共服务效能对城市综合竞争力的回归方程整体上是显著的（$F=121.539$，$p<0.001$）。以政府公共服务效能的 4 个维度作为自变量预测总体城市综合竞争力时，进入回归方程的变量共 2 个，分别是组织发展、公众满意，其联合解释变异量为 0.305，解释率达到 30.5%，也就是说，政府公共服务效能的组织发展，公众满意 2 个维度能联合预测公共服务效能的 30.5% 的变异量。

其标准化回归方程为：城市综合竞争力 = 0.238 × 公众满意 + 0.374 × 组织发展。即当其他自变量不变时，公众满意因子每增加一个单位，城市综合竞争力就会增加 0.238 个单位；组织发展因子每增加一个单位，城市综合竞争力就会增加 0.374 个单位。

4. 政府公共服务标准化水平对城市综合竞争力的多元逐步回归方程分析

相关研究结果表明，政府公共服务标准化水平和城市综合竞争力二者之间具有显著性的相关。为了进一步检验政府公共服务标准化水平各维度能否显著预测城市综合竞争力，其预测力如何，所以，本书以政府公共服务标准化水平的各维度为自变量，城市综合竞争力因变量，进行回归分析。统计分析结果如表 3-29 所示。

表 3-29　政府公共服务标准化水平对城市综合竞争力的回归方程模型

因变量	自变量	B	Beta	T	R^2	$\triangle R^2$	F
城市综合竞争力	回归模型				0.272	0.267	51.029***
	标准实施	1.103	0.331	7.963***			
	标准体系建设	1.035	0.281	6.152***			
	标准化工作机制	-0.723	-0.117	-2.746**			
	标准实施的监督与改进	0.328	0.259	2.060*			

由表3-29我们可以知道，政府公共服务标准化水平对城市综合竞争力的回归方程整体上是显著的（$F = 51.029$，$p < 0.001$）。以政府公共服务标准化水平的5个维度作为自变量预测总体城市综合竞争力时，进入回归方程的变量共4个，分别是标准实施、标准体系建设、标准化工作机制、标准实施的监督与改进，其联合解释变异量为0.267，解释率达到26.7%，也就是说，标准实施、标准体系建设、标准化工作机制、标准实施的监督与改进，4个维度能联合预测公共服务效能的26.7%的变异量。

（四）中介效应分析

目前，有许多方法用于检验中介效应，但使用最普遍的方法是Baron和Kenny在1986年提出的三步骤中介效应检验方法。该方法指出要进行中介效应检验需满足以下三个条件：（1）自变量（X）对中介变量（M）进行回归分析时的回归系数（a）应显著；（2）中介变量（M）对因变量（Y）进行回归分析时的回归系数（b1）也应达到显著；（3）自变量（X）对因变量（Y）的回归分析，回归系数（c1）达到显著；当自变量（X）与中介变量（M）一同进入回归方程时，中介变量的回归系数（b2）仍然处于显著性水平，但自变量（X）的回归系数比其单独进入回归方程时有所改变，若回归系数（c2）变得不显著，则说明中介变量（M）起到完全中介的作用；若自变量（X）的回归系数（c2）仍然显著，只是比之前单独进入方程时有所下降，则中介变量（M）只起部分中介的作用。关系图如图3-7所示。

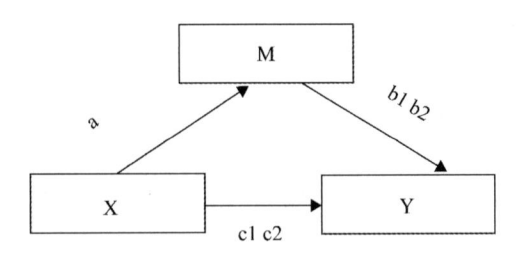

图3-7 中介关系

1. 政府公共服务效能总分在政府公共服务标准化水平和城市综合竞争力之间的中介效应

由表 3-30 中的数据可知，方程 1 中，政府公共服务标准化水平对公共服务效能的标准回归系数是显著的（$\beta = 0.585$，$p < 0.001$），政府公共服务标准化水平能够预测公共服务效能的变异量为 34.1%；在方程 2 中，公共服务效能对城市综合竞争力回归系数也达到了显著水平（$\beta = 0.493$，$p < 0.001$），公共服务效能可以解释城市综合竞争力 24.2% 的变异量；方程 3 中，单独以政府公共服务标准化水平为自变量时，回归系数很显著（$\beta = 0.468$，$p < 0.001$），同时以政府公共服务标准化水平、公共服务效能为自变量时，政府公共服务标准化水平对城市综合竞争力的回归系数依旧显著（$\beta = 0.273$，$p < 0.001$），只是较单独作为自变量时变小，即 c2 < c1。公共服务效能对城市综合竞争力的回归系数也依然显著（$\beta = 0.334$，$p < 0.001$）。两者能共同解释学习倦怠 29% 的变异，比单独以政府公共服务标准化水平为自变量时，解释率提高了 7.1%，根据中介效应的条件，这一结果表明了政府公共服务效能在政府公共服务标准化水平和城市综合竞争力二者之间起着部分中介的作用。

表 3-30　　　　　　　公共服务效能总分的中介效应检验

自变量	因变量（标准回归系数 Beta 值）			
	方程 1	方程 2	方程 3	
	公共服务效能	城市综合竞争力	城市综合竞争力	
			第一步	第二步
政府公共服务标准化水平	0.585*** (a)	—	0.468*** (c1)	0.273*** (c2)
公共服务效能	—	0.493*** (b1)	—	0.334*** (b2)
F	284.514***	176.420***	153.594***	176.420***
R^2	0.342	0.244	0.219	0.292
$\triangle R^2$	0.341	0.242	0.219	0.290

从表 3-31 和图 3-8 可以看出政府公共服务标准化水平对城市综合竞争力影响的总效应量为 0.473，即 47.3%，其中政府公共服务标准化水平对城市综合竞争力影响的直接效应为 0.273、间接效应为 0.200。

表 3-31　　　　　　　　　　　中介效应的分解

中介路径	直接效应 c2	中介效应 a×b2	总效应 c2+a×b2
X→M→Y	0.273	0.585×0.334=0.20	0.473

注：X 代表政府公共服务标准化水平，M 代表政府公共服务效能，Y 代表城市综合竞争力。

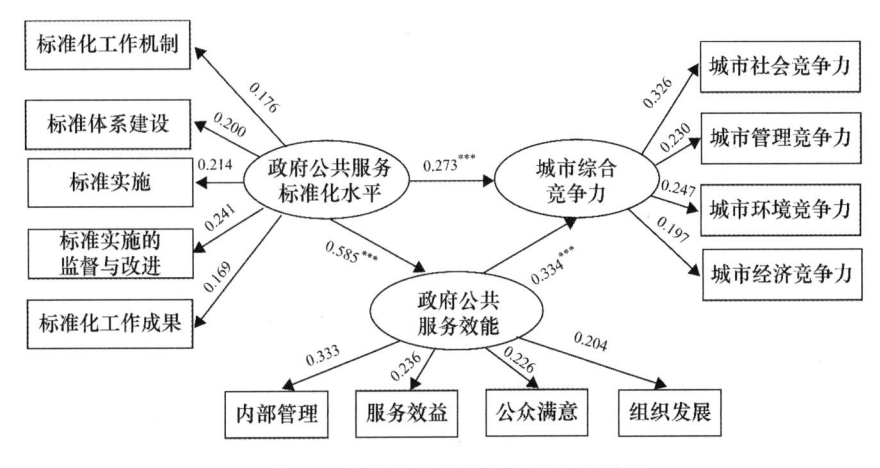

图 3-8　公共服务效能中介效应路径图

2. 政府公共服务效能各维度在政府公共服务标准化水平和城市综合竞争力之间的中介效应

政府公共服务效能包含 4 个维度，每一个维度的作用是否相同，是否起着孰轻孰重的作用，接下来分别检验公共服务效能各维度在政府公共服务标准化水平与城市综合竞争力之间的作用。

（1）内部管理维度的中介效应检验

由表 3-32 中的数据可知，方程 1 中，政府公共服务标准化水平对内部管理的标准回归系数是显著的（$\beta=0.485$，$p<0.001$），城市标准化水平能够预测内部管理的变异量为 23.4%；在方程 2 中，内部管理对城市综合竞争力回归系数也达到了显著水平（$\beta=0.391$，$p<0.001$），内部管理可以解释城市综合竞争力 15.1% 的变异量；方程 3 中，单独以政府公共服务标准化水平为自变量时，回归系数很显著（$\beta=0.468$，$p<0.001$），同时以政府公共服务标准化水平、内部管理为自变量时，政府公共服务标准化水平对城市综合竞争力的回归系数依旧显著（$\beta=0.364$，$p<0.001$），只是较单独作为自变量时变小，即

c2 < c1。内部管理对城市综合竞争力的回归系数也依然显著（$\beta = 0.215$，$p < 0.001$）。两者能共同解释城市综合竞争力25.1%的变异，比单独以政府公共服务标准化水平为自变量时，解释率提高了3.4%，根据中介效应的条件，这一结果表明了内部管理在政府公共服务标准化水平和城市综合竞争力二者之间起着部分中介的作用。见表3-33，图3-9。

表3-32　　　　　　　　　　　内部管理的中介效应检验

自变量	因变量（标准回归系数 Beta 值）			
	方程1	方程2	方程3	
	内部管理	城市综合竞争力	城市综合竞争力	
			第一步	第二步
政府公共服务标准化水平	0.485*** (a)	—	0.468*** (c1)	0.364*** (c2)
内部管理	—	0.391*** (b1)	—	0.215*** (b2)
F	168.716***	99.023***	153.594***	93.212***
R^2	0.235	0.153	0.219	0.254
$\triangle R^2$	0.234	0.151	0.217	0.251

表3-33　　　　　　　　　　　中介效应的分解

中介路径	直接效应 c2	中介效应 a×b2	总效应 c2+a×b2	中介率 中介效应/总效应
X→M1→Y	0.364	0.48×0.215=0.104	0.468	0.222

注：X代表政府公共服务标准化水平，M1代表内部管理，Y代表城市综合竞争力。

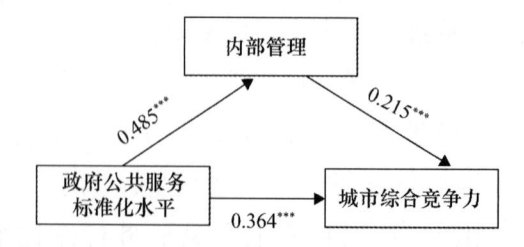

图3-9　内部管理在政府公共服务标准化水平和城市综合竞争力之间的中介效应

第三章 城乡公共服务均等化之助推——公共服务标准化研究

(2) 服务效益维度的中介效应检验

由表 3-34 中的数据可知,方程 1 中,政府公共服务标准化水平对服务效益的标准回归系数是显著的 ($\beta=0.561$, $p<0.001$),城市标准化水平能够预测服务效益的变异量为 31.4%;在方程 2 中,服务效益对城市综合竞争力回归系数也达到了显著水平 ($\beta=0.458$, $p<0.001$),服务效益可以解释城市综合竞争力 20.8% 的变异量;方程 3 中,单独以政府公共服务标准化水平为自变量时,回归系数很显著 ($\beta=0.468$, $p<0.001$),同时以政府公共服务标准化水平、服务效益为自变量时,政府公共服务标准化水平对城市综合竞争力的回归系数依旧显著 ($\beta=0.308$, $p<0.001$),只是较单独作为自变量时变小,即 c2<c1。服务效益对城市综合竞争力的回归系数也依然显著 ($\beta=0.285$, $p<0.001$)。两者能共同解释城市综合竞争力 27.2% 的变异,比单独以政府公共服务标准化水平为自变量时,解释率提高了 5.5%。根据中介效应的条件,这一结果表明了服务效益在政府公共服务标准化水平和城市综合竞争力二者之间起着部分中介的作用。见表 3-35 和图 3-10。

表 3-34　　　　　　　　　　服务效益的中介效应检验

自变量	因变量(标准回归系数 Beta 值)			
	方程 1	方程 2	方程 3	
	服务效益	城市综合竞争力	城市综合竞争力	
			第一步	第二步
政府公共服务标准化水平	0.561*** (a)	—	0.468*** (c1)	0.308*** (c2)
服务效益	—	0.458*** (b1)	—	0.285*** (b2)
F	252.125***	145.303***	153.594***	103.496***
R^2	0.315	0.210	0.219	0.275
$\triangle R^2$	0.314	0.208	0.217	0.272

表 3-35　　　　　　　　　　中介效应的分解

中介路径	直接效应 c2	中介效应 a×b2	总效应 c2+a×b2	中介率 中介效应/总效应
X→M2→Y	0.308	0.561×0.285=0.16	0.468	0.342

注:X 代表政府公共服务标准化水平,M2 代表服务效益,Y 代表城市综合竞争力。

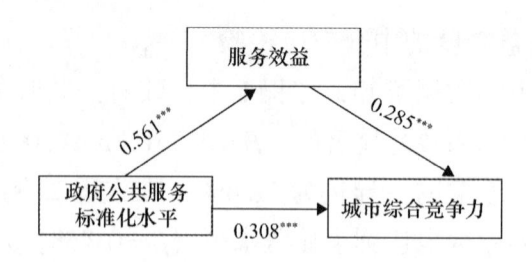

图 3-10　服务效益在政府公共服务标准化水平和城市综合竞争力之间的中介效应

(3) 公众满意维度的中介效应检验

由表 3-36 中的数据可知，方程 1 中，政府公共服务标准化水平对公众满意的标准回归系数是显著的（$\beta=0.552$，$p<0.001$），城市标准化水平能够预测公众满意的变异量为 30.4%；在方程 2 中，公众满意对城市综合竞争力回归系数也达到了显著水平（$\beta=0.471$，$p<0.001$），公众满意可以解释城市综合竞争力 22% 的变异量；方程 3 中，单独以政府公共服务标准化水平为自变量时，回归系数很显著（$\beta=0.468$，$p<0.001$），同时以政府公共服务标准化水平、公众满意为自变量时，政府公共服务标准化水平对城市综合竞争力的回归系数依旧显著（$\beta=0.299$，$p<0.001$），只是较单独作为自变量时变小，即 c2 < c1。公众满意对城市综合竞争力的回归系数也依然显著（$\beta=0.306$，$p<0.001$）。两者能共同解释城市综合竞争力 28.1% 的变异，比单独以政府公共服务标准化水平为自变量时，解释率提高了 6.4%。根据中介效应的条件，表明了公众满意在政府公共服务标准化水平和城市综合竞争力二者之间起着部分中介的作用。见表 3-37 和图 3-11。

表 3-36　　　　　　　　公众满意的中介效应检验

自变量	因变量（标准回归系数 *Beta* 值）			
	方程 1	方程 2	方程 3	
	公众满意	城市综合竞争力	城市综合竞争力	
			第一步	第二步
政府公共服务标准化水平	0.552*** (a)	—	0.468*** (c1)	0.299*** (c2)
公众满意	—	0.471*** (b1)	—	0.306*** (b2)
F	240.710***	156.195***	153.594***	108.430***

续表

自变量	因变量（标准回归系数 Beta 值）			
	方程1	方程2	方程3	
	公众满意	城市综合竞争力	城市综合竞争力	
			第一步	第二步
R^2	0.305	0.222	0.219	0.284
$\triangle R^2$	0.304	0.220	0.217	0.281

表 3-37　　　　　　　　　　中介效应的分解

中介路径	直接效应 c2	中介效应 a×b2	总效应 c2+a×b2	中介率 中介效应/总效应
X→M3→Y	0.299	0.552×0.306=0.16	0.459	0.349

注：X 代表政府公共服务标准化水平，M3 代表公众满意，Y 代表城市综合竞争力。

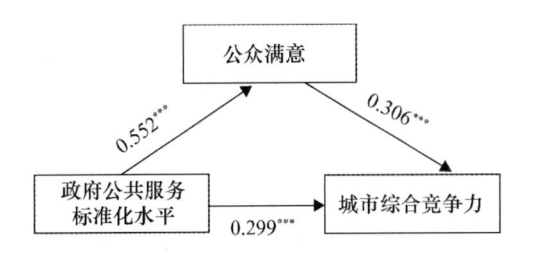

图 3-11　公众满意在政府公共服务标准化水平和城市综合竞争力之间的中介效应

（4）组织发展维度的中介效应检验

由表 3-38 中的数据可知，方程 1 中，政府公共服务标准化水平对组织发展的标准回归系数是显著的（$\beta=0.546$，$p<0.001$），政府公共服务标准化水平能够预测组织发展的变异量为 29.7%；在方程 2 中，组织发展对城市综合竞争力标准回归系数也达到了显著水平（$\beta=0.522$，$p<0.001$），组织发展可以解释城市综合竞争力 27.1% 的变异量；方程 3 中，单独以政府公共服务标准化水平为自变量时，回归系数很显著（$\beta=0.468$，$p<0.001$），同时以政府公共服务标准化水平、组织发展为自变量时，政府公共服务标准化水平对城市综合竞争力的回归系数依旧显著（$\beta=0.260$，$p<0.001$），只是较单独作为自变量时变小，即 c2<c1。组织发展对城市综合竞争力的回归系数也依然显著

($\beta=0.380$，$p<0.001$）。两者能共同解释城市综合竞争力31.8%的变异，比单独以政府公共服务标准化水平为自变量时，解释率提高了10.1%。根据中介效应的条件，表明了组织发展在政府公共服务标准化水平和城市综合竞争力二者之间起着部分中介的作用。见表3-39和图3-12。

表3-38　　　　　　　　　　组织发展的中介效应检验

自变量	因变量（标准回归系数 Beta 值）			
	方程1	方程2	方程3	
	组织发展	城市综合竞争力	城市综合竞争力	
			第一步	第二步
政府公共服务标准化水平	0.546***（a）	—	0.468***（c1）	0.260***（c2）
组织发展	—	0.522***（b1）	—	0.380***（b2）
F	232.639***	205.546***	153.594***	128.920***
R^2	0.298	0.273	0.219	0.320
$\triangle R^2$	0.297	0.271	0.217	0.318

表3-39　　　　　　　　　　中介效应的分解

中介路径	直接效应 c2	中介效应 a×b2	总效应 c2+a×b2	中介率 中介效应/总效应
X→M4→Y	0.260	0.546×0.38=0.207	0.467	0.443

注：X代表政府公共服务标准化水平，M4代表公组织发展，Y代表城市综合竞争力。

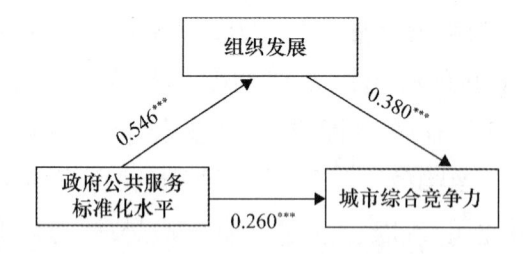

图3-12　组织发展在政府公共服务标准化水平和城市综合竞争力之间的中介效应

通过检验公共服务效能内部管理、服务效益、公众满意、组织发展4个维度在政府公共服务标准化水平和城市综合竞争力之间的影响作用，发现四维度均起正向影响作用，并且部分在政府公共服务标准化水平对城市综合竞争力的影响中起到了中介作用。从中介效应的分解表中可以看出组织发展的中介率最大为44.3%，公众满意为34.9%占第二位，服务效益为34.2%占第三位，内部管理中介率为22.2%占第四位。也就是说政府公共服务标准化水平对城市综合竞争力的间接影响路径中组织发展的影响较其余三者的作用大。

四 思考与展望

（一）结论

苏州市政府公共服务标准化水平和政府公共服务效能之间呈显著正相关；政府公共服务效能和城市综合竞争力之间呈显著正相关；政府公共服务标准化水平的标准化工作机制维度与城市综合竞争力的城市管理竞争力维度及城市环境竞争力维度相关不显著之外，其余维度均呈显著正相关。政府公共服务标准化水平能显著地正向预测政府公共服务效能；政府公共服务效能能够显著地正向预测城市综合竞争力；政府公共服务标准化水平能显著地正向预测城市综合竞争力。政府公共服务效能在政府公共服务标准化水平和城市综合竞争力二者之间起着部分中介的作用，中介效应占总效应的比率为42.3%。内部管理在政府公共服务标准化水平和城市综合竞争力二者之间起着部分中介的作用，中介率为22.2%。服务效益在政府公共服务标准化水平和城市综合竞争力二者之间起着部分中介的作用，中介率为34.2%。公众满意在政府公共服务标准化水平和城市综合竞争力二者之间起着部分中介的作用，中介率为34.9%。组织发展在政府公共服务标准化水平和城市综合竞争力二者之间起着部分中介的作用，中介率为44.3%。所以在政府公共服务标准化水平影响城市综合竞争力的四条中介路径中组织发展最为重要，公众满意次之。

（二）启示与展望

政府公共服务标准化水平和政府公共服务效能都对城市综合竞争力产生影响，政府公共服务标准化水平不但能够直接作用于城市综合竞争力，还可以通过政府公共服务效能间接作用于城市综合竞争力。所以，为了提升城市综合竞争力，在城市治理的过程中，不仅要重视标准化的重要作用，还要通过各种途径来提升城市综合竞争力。标准化手段对政府公共服务效能具有重要影响，本书也证实了政府公共服务标准化的每个维度和政府公共服务效能之间存在显著的正相关。因此要想提高服务组织的公共服务效能，标准化手段就要发挥其重要的技术支撑作用。标准化是一个动态的过程，其中完善标准化的工作机制，以及标准体系建设的质量，标准实施过程以及标准的持续改进，对标准化过程经验的总结与提炼都能对服务组织的内部管理、经济与社会效益、公众满意、组织的发展产生重要的影响。通过政府公共服务效能的中介作用研究，公共服务效能的中介作用较大，这里就提示了服务单位要注意标准化手段的运用。服务组织的服务效能体现在多个方面，主要包括内部管理、服务效益、公众满意、组织发展。标准化过程要与服务组织的实际情况相适应，与行业特色相协调，与服务创新相结合，将标准化工作融于日常服务工作中，与日常工作相对接，从而最大限度地提升自己的服务质量，为城市竞争力的提升助力。

第四节　苏州市城市综合服务标准化创新实践

一　苏州市城市综合服务标准体系总体设计

体系（system）是指相互关联或相互作用的一组要素，而标准体系（standard system）是一定范围内的标准按其内在联系形成的科学的有机整体。① 建立和完善标准体系不仅能奠定标准化工作基础，描绘标准化工作蓝图，明确标准化建设的主要范围和工作重点，而且还可以作为编制国家标准、行业标准修订计划的依据；不仅能有效整体识别标准化对象，保证各环节的有效衔接，降低组织运行成本，实现全过程质量控制，

---

① GB/T 13016—2009《标准体系表编制原则和要求》。

而且能深入挖掘和系统整理组织内部经验，并予以梳理和固化。

作为苏州市城市综合服务标准化工作的对象，城市综合服务涵盖城市系统的对内服务和对外发展，涉及领域多、覆盖范围广：既包括维持城市正常运转和满足城市居民基本生活需要的公共服务，又包括提升城市经济发展水平的专业服务；既包括各级政府对于城市服务的整体管理，亦包括各服务业组织的具体实施，是一个极为复杂的综合体。因此，苏州市城市综合服务标准体系的建设工作从两个层面共同开展：对城市综合服务标准化工作进行的整体布局，和面向各具体业务领域、各服务业组织开展标准体系建设。其中，前者作为顶层设计，采用综合标准化理论与方法进行研究；后者作为具体操作层面的标准化建设，采用普遍适用的服务业组织标准体系构建理论开展建设。

综上所述，苏州市城市综合服务标准体系搭建是以综合标准化思想为指导，以服务业组织标准体系建设方法为依托，确保标准体系的科学性、先进性与针对性，从而实现"系统管理、重点突破、整体提升"的效果与目的。

（一）标准体系构建原则

1. 全面系统、重点突出

体系的构建立足苏州市城市综合服务标准化试点工作的13大领域60个项目，把握当前和今后标准化工作的重点领域和重点任务，围绕苏州市城市综合服务标准化试点建设目标，使各部门、各行业根据各自具体服务职能，依据相关法律法规、政策，收集和整理相关标准，在协调服务提供者和服务对象等各方关系的基础上，制定苏州市服务业组织标准，建立并逐步完善公共服务领域标准体系及专业服务领域标准体系，确保苏州市城市综合服务标准体系的结构完整和重点突出。

2. 层次清晰、避免交叉

体系的构建基于对苏州市城市综合服务标准化试点工作13个领域、60个项目的科学分类从两个层面共同开展：对城市综合服务标准化工作进行的整体布局，和面向各具体业务领域、各服务业组织开展标准体系建设。要按照体系协调、职责明确、管理有序的原则编制苏州市城市综合服务标准体系，确保总体系与子体系之间、各子体系之间的相互协调，避免交叉与重复。

3. 开放兼容、动态优化

不同国家、地区间经济社会发展存在差异，其公共服务的内容也存在诸多不同。即使在同一地区，随着经济、社会发展阶段的变化，人们对公共服务的认识和需求也会有所改变。因此在苏州市城市综合服务标准体系框架搭建时，必须充分考虑到公共服务内容弹性，保持苏州市城市综合服务标准的开放性和可扩充性，以便随着公共服务建设发展需要，为新的标准项目预留空间。同时结合苏州市城市综合服务标准化试点工作的发展形势需求，定期对标准体系进行修改完善，提高苏州市城市综合服务标准体系的适用性。

4. 基于现实、适度超前

苏州市城市综合服务标准体系的搭建应立足标准化试点工作的现实需求，分析未来发展趋势，可以保持适度超前的原则，紧跟公共服务标准化的国际发展趋势，通过转化引进国外先进经验，加快苏州与国际接轨步伐，建立适度超前、具有可操作性的苏州市城市综合服务标准体系。通过标准体系的编制，系统地了解和研究国内、国外标准及其发展趋势，为采用国际标准和国外先进标准提供全面而准确的信息。

5. 与国家标准体系编制原则相一致

苏州市城市综合服务标准体系编制过程中遵循 GB/T 13016—2009《标准体系表编制原则和要求》中标准体系编制的四原则，即目标明确、全面成套、层次适当、划分清楚的原则。

（二）标准体系构建方法

本项目基于综合标准化"战略思维、统筹兼顾"的系统论思想，按照服务业领域分布，采用分类法和过程法相结合的方法，将苏州市城市综合服务标准化试点工作这一标准化综合体分解为公共安全、公共教育、公共卫生与基本医疗等 13 个重点要素，每个重点要素均为试点建设工作的分目标，每个分目标下设数量不等的子目标，共同作用于城市综合服务标准化水平不断提升这一总目标，最终实现"重点突破、整体提升"。

在各子目标及试点单位层面，在综合标准化方法框架内，引入 GB/T 24421.2—2009《服务业组织标准化工作指南 第 2 部分：标准体系》关于服务业组织标准体系的构建方法，将标准体系分为基础通用、服务保障、服务提供3大板块，同样综合使用分类法与过程法，对标准化对象进行分析研究，最终形成一整套苏州市城市综合服务标准体系开发方法，以此构建苏州市城市综合服务标准体系。

（三）标准体系框架设计

标准体系是一定范围内的一系列标准按其内在联系形成的科学有机整体。作为苏州市城市综合服务业标准的系统集成，苏州市城市综合服务标准体系应布局合理、领域完整、逻辑明确、功能完善，体现"目的性、全局性、长远性、重点性、统筹兼顾"的战略思维和"整体性、动态性、结构性、普遍联系"的系统思想，满足苏州市城市综合服务建设发展对于标准化工作的总体需求。基于上面的理论分析，从综合标准化"系统管理、重点突破"的想象出发，同时借鉴 GB/T 24421.2—2009《服务业组织标准化工作指南 第2部分：标准体系》关于服务标准体系的构建思路，绘制出苏州市综合服务标准体系逻辑图（见图3-13）。

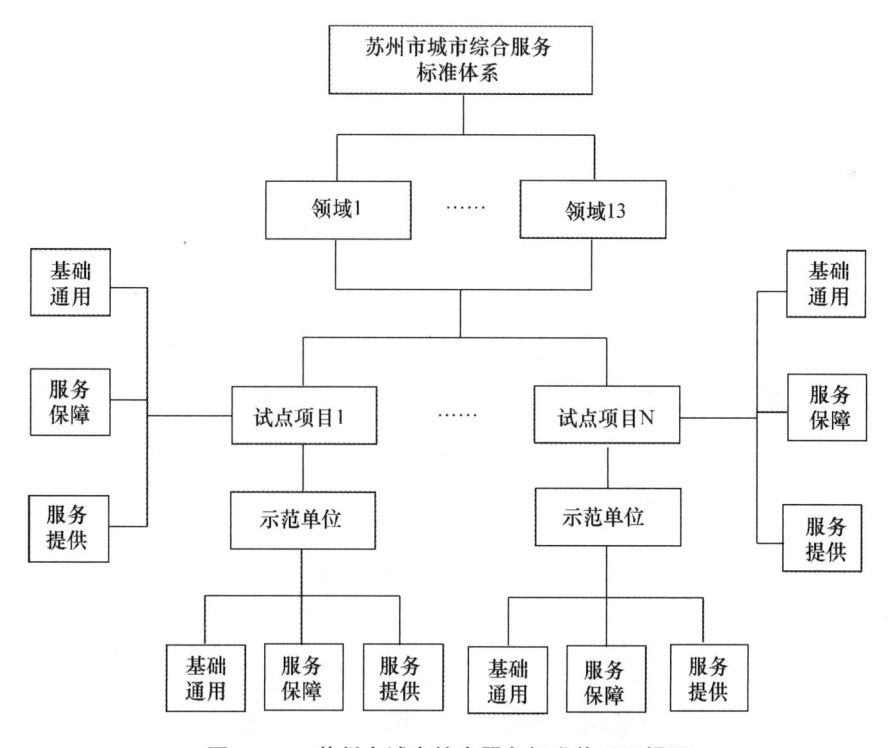

图3-13 苏州市城市综合服务标准体系逻辑图

城乡公共服务均等化机制创新研究

如图 3-13 所示,根据前文论述,苏州市城市综合服务标准体系构建的整体思路是综合标准化思想与服务业组织标准体系构建理论的有机结合,在此指引下选择了公共安全、公共教育、服务外包、金融、物流等苏州市城市综合服务标准化工作的 13 个重点领域,形成第一层级;在此基础上,按照"急用先立、逐步推进"的原则,分别在以上重点领域中选取数量不等的试点项目,共 60 个(见附录三:苏州市城市综合服务标准总体系框架图),开展标准化试点工作,形成第二层级;每个项目选择 1—3 个示范单位先行试点,共 77 个,形成第三层级,采用服务业组织标准体系的构建方法,将各试点项目标准体系分为基础通用、服务保障和服务提供 3 个板块,每个板块分别包含若干标准。在示范单位标准体系的基础上,通过提炼优化、广泛征求意见,形成苏州市通用标准体系,并在全行业推广试行。图 3-14 展示了各领域的项目分布情况。

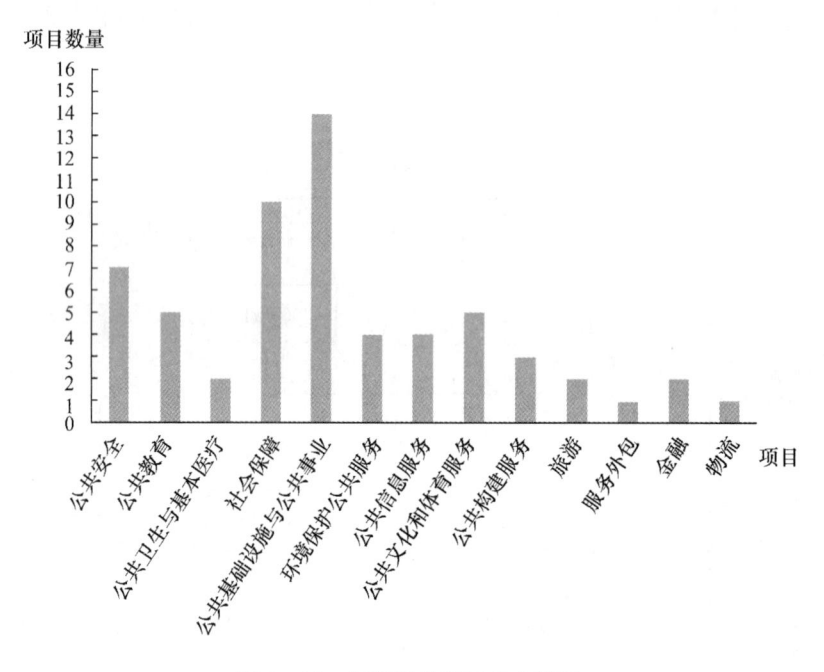

图 3-14 各领域的项目分布情况

苏州市城市综合服务标准体系构建的整体思路是综合标准化思想与服务业组织标准体系构建理论的有机结合,在此指引下,在颗粒度较大、覆盖面较广的体系层次中(即在子体系以上层面),采用了综合标准化分析方法,按照业务领域对标准体系进行划分与搭建。

在支体系以下层级，由于《服务业组织标准化工作指南 第2部分：标准体系》（GB/T 24421.2—2009）关于标准体系的构建方法更适用于服务业组织和颗粒度较小的服务业领域，因此在子体系以下层面采用服务业组织标准体系的构建方法。

二 公共教育标准化

（一）特殊教育标准化建设（以盲聋学校为例）

1. 苏州市盲聋学校基本概况

苏州市盲聋学校成立于1931年，是一所为盲、聋学生专设的特殊教育学校。现新建于柴之园内，是一所集古典与现代交融、特殊与通用相结合、兼顾盲聋感知特点、和谐辉映的"园林式学校"。目前学校形成了学前教育—九年义务教育—职业高中教育的教育体系，现有盲聋教学班19个，学生143名，在职教工54名。学校恪守"文化育人，服务社会"的办学宗旨，遵循"让特殊教育在每个特殊学生身上获得最大成功"的办学理念，确立了网络教育、艺术教育、劳技教育、融合教育、双语教育、画信教育六大特色教育；形成了以国家级课题《数字化校园与聋生的发展研究》为首的国际、省、市级课题为基础的教科研网络。学校提出了"三园三校"的中长期发展目标：绿色、环保、低碳、节能，具有综合教育功能特征的生态园；传承、发展、宁静、致远，富有教育特色的文化园；康复、教育、职训、监测为一体的残疾孩子康乐园；融合古典与现代、兼顾盲和聋感知特点的建筑设计的样板校；理念引领、开放创新、国际接轨的先行校；以人为本、科学发展的特殊教育示范校。

学校先后荣获全国教育系统先进集体、首届全国"百优中小学英雄团队集体"、江苏省特殊教育现代化示范学校、苏州市第十届社会主义精神文明十佳新人新事集体、江苏省平安学校、江苏省红十字示范学校、江苏省优秀家长学校、苏州市信息化先进学校、苏州市德育先进集体、苏州市教育科研先进学校等荣誉称号，还被确立为"中挪双语实验学校""中德合作促进基础项目示范学校""中日画信交流项目"成员单位及"江苏省书法绘画考级培训基地"、全国特殊艺术人才培养基地、联合国教科文组织亚太地区世界遗产青少年教育基地、中国音协民族器乐学会教学示范基地。

2. 标准化建设推进过程

根据《市政府印发关于开展苏州市城市综合服务标准化试点工作的实施方案的通知》《关于开展城市综合服务标准化试点工作的实施细则》以及苏州市城市综合服务领导小组办公室的要求，苏州市盲聋学校作为全市综合服务标准化试点单位，全面开展了苏州市盲聋学校城市综合标准化试点工作。

成立领导小组，制订实施方案。在2013年10月至11月，建立苏州市盲聋学校城市综合服务标准化试点工作领导小组，制订工作实施方案。组织相关人员参加标准化知识的业务培训。

建立标准体系结构图，实施标准转化。在2013年12月，仔细分析各部门的主要服务内容、服务的主要环节和程序，掌握现行的相关教育法律法规、政策和各部门职责、规章制度和工作流程的基础上，研究制定了《苏州市盲聋学校服务标准体系结构图》。在2014年1月，苏州市盲聋学校各部门根据梳理出的职责、规章制度和工作流程，集中转化了50条标准。

加强组织管理，不断改进完善。2014年3月，对已经完成的标准及时组织实施，对实施情况进行评价，并制定持续改进措施。苏州市盲聋学校领导小组办公室不定期召集各部门，讨论标准化试点工作进展情况，通报标准制定工作进展情况和阶段性成果。在标准制定期间，采取集中培训和自主培训相结合的方式开展培训工作，熟悉国家有关标准化法律、法规、方针和政策，了解标准化基本知识，熟悉并掌握管理职责范围内的各类标准，并加以贯彻执行。为了提高标准化试点质量，苏州市盲聋学校各部门树立信心，不等不靠，攻坚克难，多方学习取经，广泛听取教师代表的意见和建议，邀请有关专家召开专题论证会。苏州市盲聋学校服务标准化试点工作不断深入，日益走向正规化、科学化。

建立全面覆盖苏州市盲聋学校的标准体系。在吸收现有相关国家标准、行业标准和地方标准的基础上，结合学校管理、教育教学服务的实际，制定了面向服务对象的统一规范及各服务项目的操作规范，

第三章 城乡公共服务均等化之助推——公共服务标准化研究

构建了科学合理、层次分明、满足需要的特殊学校公共服务标准体系框架（见表3－40），编制标准体系结构图、标准体系编制说明等。依据 GB/T 24421—2009《服务业组织标准化工作指南》的要求，苏州市盲聋学校服务标准化体系包括通用基础标准、服务保障标准和服务提

表3－40　　　　　　　　　　标准体系标准统计表

子体系名称	标准类别名称	国家标准	行业标准	地方标准	组织标准	小计
子体系一：服务通用基础标准体系	JC101 标准化导则	9	—	—	1	10
	JC102 术语与缩略语标准	2	—	—	—	2
	JC103 符号与标志标准	6	—	—	—	6
	JC104 数值与数据标准	2	—	—	—	2
	JC105 量和单位标准	2	—	—	—	2
	JC106 测量标准	2	—	—	—	2
	小计	23	—	—	1	合计：24
子体系二：服务保障标准体系	BZ201 安全管理规范	3	—	—	4	7
	BZ202 教学场馆管理规范	—	—	—	3	3
	BZ203 教材教具管理规范	—	—	—	2	2
	BZ204 食堂管理规范	—	—	—	1	1
	BZ205 卫生医疗管理规范	—	2	—	1	3
	BZ206 网络信息管理规范	12	—	1	3	16
	BZ207 行政人员管理规范	—	—	—	4	4
	BZ208 学科教师管理规范	—	—	—	1	1
	BZ209 设施设备管理规范	—	—	—	1	1
	小计	15	2	1	20	合计：38
子体系三：服务提供标准体系	TG301 德育服务规范	—	—	—	10	10
	TG302 教学服务规范	—	—	—	4	4
	TG303 康复服务规范	—	—	—	7	7
	TG304 教育科研规范	—	—	—	3	3
	TG305 家校沟通规范	—	—	—	2	2
	TG306 生活服务规范	—	—	—	1	1
	TG307 服务评价与改进标准	—	—	—	2	2
	小计	—	—	—	29	合计：29
合计（按标准级别）		38	2	1	50	标准总计：91

供标准三个标准子体系，标准体系表编制遵循 GB/T 13016—2009《标准体系表编制原则和要求》等相关国家标准的规定。学校服务是一项政策性很强的公共服务，其服务活动开展的主要依据是《九年制义务教育》等法律法规和规范性文件，标准则是其细化和支撑，学校服务标准化体系的构建始终与相关的法律法规保持高度一致。学校以标准化建设为契机，在实现学校服务项目标准化的同时，还实现岗位工作标准化、业务档案管理标准化、信息管理标准化、教学设施设备管理标准化等，并进一步延伸到校车管理标准化、结算项目标准化等，实现苏州市盲聋学校服务标准化全覆盖，全面提升了学校服务及管理、教育教学的标准化水平。标准覆盖率达到90%以上，标准实施率达到95%以上，实现了苏州市盲聋学校服务的高度规范统一。

3. 标准化建设工作成效

营造了学校管理、运行和发展的制度环境。苏州市盲聋学校通过标准化工作，实现了以标准科学管理、规范运转，标准化体系建设中对教学场馆、教材、教具、食堂、卫生医疗、网络信息、学科教师服务评价等全面实施标准化管理，使学校运行高效规范、管理有章可循。同时，通过对各项标准的贯彻执行和持续改进，学校的运行管理进一步优化，学校的发展更加有序、科学。

保证了特殊教育学校教育教学服务质量。通过引入标准化的理念和方法，制定出了学校服务环节的多个质量标准，标准中明确了各部门具体事项办理的质量指标，对于服务过程中未达到的情况形成有效的监测点，并以统一的标准形式体现，及时预防和纠正各类不良现象。通过一段时间的实施，回访反馈，保证并提高了教育教学质量和满意度。

形成了符合实际工作的机制和原则。通过制定与执行"苏州市盲聋学校服务标准"，积极探索适合学校及特殊教育学校性质有关的现代学校内部管理运行机制，以此带动学校外延式发展向内涵式发展转变，从而以不断优化过程为重点，将学校日常工作进一步精细化管理，基本实现了学校教育服务从经验管理向科学管理的转变。

提升了学校品牌效应。在标准化试点工作中，苏州市盲聋学校高度重视行风建设工作，全力维护教育良好形象，努力践行"教育就是服务"的理念，在每次组织的家长问卷中，家长对学校的满意率均达98%

以上，得到社会广泛好评。近年来，在标准化工作的推动下，学校在2007年获"全国教育系统先进集体"荣誉称号、2007—2008年度学校评为"苏州市未成年人思想道德建设工作先进集体"、2010年获得"江苏省平安学校"称号、2010年获得"苏州市德育先进学校"称号、2009—2011年度获得"苏州市教育局文明单位"称号、2011年荣获"江苏省优秀家长学校"称号、2012年获江苏省教科系统"工人先锋号"荣誉称号、2013年学校网站荣获"苏州市中小学校优秀校园网评比"一等奖、2013年学校"融合教育课题"获得了"江苏省基础教育成果"特等奖、2014年"善行树"培育活动获2013年度"苏州市未成年人思想道德工作创新案例"一等奖、2014年获"全国教育系统先进集体"荣誉称号。

（二）中学教育标准化建设（以胥江实验中学为例）

1. 苏州市胥江实验中学基本概况

苏州市胥江实验中学是苏州市教育局直属公办初中。学校建筑面积为34467平方米，总投资1.2亿元，于2008年9月1日正式开学。学校注重校内资源与社会资源的有效互通。苏州图书馆胥江实验分馆的建立在国内首创了把中学图书馆纳入公共图书馆总分馆体系并实施紧密型管理的合作模式。学校的天文台、生物标本馆、地震勘测中心、艺体楼、室外运动场等重要教学资源也将逐步探索与社会资源的共建共享，努力实现教育资源的最大化利用，为社会提供更好的公共服务。

学校首批教职工共54人，其中任课教师48人，取得本科以上学历的为100%，获得硕士学位的教师占到15%，获得中级和高级职称的教师比例为48%，获得市级以上荣誉称号教师比例达到70%。首批教师以中青年教师为主，充满朝气与活力，有强劲的发展潜质。学校在建校办学中坚守"努力教好每一个学生"的信念，以"奠定未来发展的良好基础，留下终生难忘的美好回忆"办学理念为引领，以"和而不同"的校风、"教而顺学"的教风及"学而生疑"的学风为导向。在学生管理方面，注重加强德育及心育管理网络建构，在班主任负责的基础上每个班级还专门配备了疏导学生心理的辅导老师。

2. 标准化建设推进过程

2012年9月，苏州市政府正式开展城市综合服务标准化试点工作，苏州市胥江实验中学作为公共教育领域"幼儿园，中小学教育"项目，经教育局慎重考虑，成为首批试点单位。

积极开展标准化工作培训。一是进行基础培训。2012年10月、12月，2013年3月分三次接受苏州市质监局、苏州大学、中国标准化研究院的专家、领导培训。对标准化基础知识、标准体系构建、城市综合服务标准化和标准起草制定、标准化体系建设的基本方法、途径和实施原则等方面有了初步了解，也较为全面地了解了苏州市政府开展城市综合服务标准化试点工作的背景、意义，对"公共教育领域——义务制教育初中阶段"建设在城市综合服务标准化建设中的地位有了初步认识。二是标准化转化专题培训。2013年7月19日，教育局在胥江实验中学校对首批参与标准化体系建设的主要工作人员进行了培训。邀请城市服务标准化项目顾问单位苏州大学江波教授、苏州市质监局标准化处高方，分别从综合服务标准化概念、体系以及如何进行规章制度标准转化两方面进行了培训。

（1）前期动员和准备工作

①学校利用行政办公会多次对各职能部门负责人就苏州市实施综合服务标准化建设的背景、什么是综合服务标准化、学校参与标准化体系建设的意义及作用进行解读，使全员树立标准化意识。

②根据项目任务及学校实际情况，制定了《苏州市胥江实验中学校关于开展苏州市城市综合服务试点工作的实施方案》。在方案中明确了"强化学校服务职能，规范服务行为，优化服务质量，提高服务效率"的项目实施基本目标；确立了"统一思想、深化认识、总体规划、分步实施、明确职责、分级落实、提高水平、注重实效"工作实施思路；成立了校城市综合服务标准化试点工作领导小组。

③依照标准化建设的相关规范，在转化之前形成了标准化明细表和标准化体系结构图。

④收集整理现有且已经实施得比较成熟的学校规章制度。根据学校情况分五大部门进行收集、整理：资产、设备管理（总务处），学校管理、教师管理、校园安全（校长办公室），学科教学管理（教导处），学生管理（学生处），师资培训、课题管理（教师发展中心）。

⑤建立台账资料。分五个门类建立台账：上级文件汇集、学校相关文件汇集、培训资料汇集、推进性过程资料汇集、各种标准转化汇集。

（2）转化、督查、宣贯和调研

苏州市标准化试点工作领导小组进行了多次督查和调研。其中，2013年8月28日，由苏州市质监局的专家、领导来校，对胥江实验中学校第一批标准转化及前期工作进行了整体调研，听取了学校的专题汇报，调阅了标准化工作台账资料，审阅了部分转化好的标准。专家考察调研后出具的反馈意见中高度评价了学校的标准化工作。

3. 标准化建设工作成效

建立覆盖全面、科学合理的标准体系。自2012年9月参加苏州市城市综合服务标准化建设以来，苏州市胥江实验中学校开展了大量工作，目前已经建立起覆盖全面、科学合理、层次分明、满足需要的标准体系（中学教育标准体系标准统计表见表3-41）。三个标准子体系在吸收现有相关国家标准、行业标准和地方标准的基础上，结合了学校日常管理和服务的实际，已成功转化88项组织标准。学校管理处将标准化理念和方法广泛应用到教学、管理各个方面，全方位实现学校服务标准化。

形成了学校管理、运行和发展的制度（法制）环境。党的十八届三中全会中明确提出了"全面深化改革的总目标是推进国家治理体系和治理能力现代化"。依法治校的基础在于制度建设，标准化体系建设帮助了学校更加规范制度建设，更加注重依法治校的管理思维。在学校管理、制度完善、秩序维护等方面开始发挥重要作用。

学校服务质量和服务水平提高。学校作为公共服务行业，只有采用标准化管理，才能强化学校的约束机制，促使学校充分利用现有各种资源，以学生的发展需求为出发点，实现教育服务质量的控制。标准体系的建立更加精细控制了教育服务质量，提高了教育服务效率，提升教育的优质度、公平度和满意度。

实现了学校的内涵式发展。发展服务业的途径有两条：一是依靠增加投资来扩大规模，提高能力，在教育行业就是增加各种学校硬件资源的投入（如增添现代化的教育设备），这是外延式的发展道路；二是依靠改善管理来挖掘潜力、增强活力。在教育行业，就是增加学校科学管理、高效管理的力度，更多在于教学手段方式的现代化、教育教学观念的现代化、师资队伍的高水平化，这是内涵式发展之路。标

表 3-41　　标准体系标准统计表

子体系名称	标准类别名称	国家标准	行业标准	地方标准	组织标准	小计
子体系一：服务通用基础标准体系	JC101 标准化导则	9	—	—	1	10
	JC102 术语与缩略语标准	—	—	—	6	6
	JC103 符号与标志标准	—	—	—	2	2
	JC104 数值与数据标准	—	—	—	2	2
	JC105 量和单位标准	—	—	—	2	2
	JC106 测量标准	—	—	—	2	2
	小计	9	—	—	15	合计：24
子体系二：服务保障标准体系	BZ201 教室管理规范	—	3	—	1	4
	BZ202 专业场馆管理规范	1	3	—	10	14
	BZ203 教材教具管理规范	—	1	—	4	5
	BZ204 体育运动器材管理规范	—	25	—	—	25
	BZ205 食堂管理规范	—	—	—	2	2
	BZ206 卫生医疗管理规范	2	1	—	1	4
	BZ207 安全保卫管理规范	1	1	—	3	5
	BZ208 校园网络信息化管理规范	12	—	—	3	15
	BZ209 行政管理人员管理规范	1	—	—	6	7
	BZ210 后勤总务人员管理规范	—	—	—	3	3
	BZ211 学科教师管理规范	—	—	—	13	13
	小计	17	34	—	46	合计：97
子体系三：服务提供标准体系	TG301 德育服务规范	—	—	—	11	11
	TG302 教学服务规范	—	—	—	18	18
	TG303 教育科研规范	—	—	—	3	3
	TG304 家校沟通规范	—	—	—	3	3
	TG305 生活服务规范	—	—	—	6	6
	TG306 服务评价与改进标准	1	1	2	2	6
	小计	1	1	2	43	合计：47
合计（按标准级别）		27	35	2	104	标准总计：168

准化工作的实施，最大限度地挖掘现有的师资、物力、财力等各种资源潜力，并进行了合理配置和利用，人尽其用、物尽其用、财尽其用，使得教学质量稳步提高、学校办学水平稳步提升。

第五节 公共服务标准化促进城乡公共服务均等化的机制探析

一 城乡公共服务标准化建设现状及面临难题

近年来，我国城乡公共服务体系建设取得了一定成效，在覆盖面积、服务内容、保障程度各方面都取得了一定的突破，尤其是在城乡一体化战略推动下，城乡公共服务体系建设更是成效显著。我们以江苏为例，江苏省作为城乡一体化发展综合配套改革试点省份，其城乡公共服务体系建设成绩斐然，尤其在社会保障建设、农村基础设施建设和公共教育发展等方面走在全国前列。

首先，在社会保障建设方面，江苏的社会保障体系实现了三个转化，即从较低水平向中等水平转化；从有门槛向无门槛转化；从无覆盖向有覆盖转化。以就业保障服务为例，在就业统筹上，就业服务实行了统一化。具体表现为：一是农民流入城市就业的限制条件被消除了，同时将城镇就业政策推及农村，实现了城乡就业一体化；二是拓宽了统筹城乡的就业渠道，为农民提供了更多的就业机会并加强了城乡就业渠道的联系与互通；三是完善城乡劳动力市场信息系统，提供科学有效的信息，构建了城乡一体化就业网络体系；四是积极推行农民工资保证金制度，建立农村就业培训制度，极大改善了农村的就业环境；五是进行工作技能培训，为农民掌握基本技能提供了途径，成立了农村贷款机构，为创业提供足够的资金支撑。再以养老保险保障服务为例，在养老保障上，新型农村社会养老保险制度实现了全覆盖，全省参保人数大大增加。此外，在医疗保障上，开展了新型农村合作医疗，江苏已基本建成城乡一体化的社会保障制度。

其次，在农村基础设施建设方面，城乡基础设施差距逐渐缩小。交通上基本公共服务延伸至农村，城乡公交服务一体化基本实现。供水建设上城乡供水一体化和城乡垃圾和污水处理一体化取得显著成效。

此外，在体育、文化建设方面尤其是体育文化公共设施建设方面，加强了城乡统筹，积极推进省级标准文化站建设和文化信息资源共享工程建设，进一步实现了农村体育、文化一体化。

最后，在公共教育方面，全面推行义务教育，实现了国民教育体系城乡一体化。经过数年实践，江苏省已初步构建了城乡基本公共服务体系[①]。

然而，我们也清醒地看到，城乡公共服务体系建设过程中，因为受地域环境、经济发展水平、文明程度等因素的影响，不同区域公共服务体系发展程度不一，城乡差异明显，标准化程度不一，呈现出头重脚轻的局面。我们通过素材收集、调查访谈等形式，获得了大量现实数据，深入分析研究发现，农村基本公共服务标准化的体系还不完善，主要表现在以下几个方面：第一，农村基本公共服务资源配置标准缺失，包括产品品质标准缺失、机构设施保障标准缺失、资金保障标准缺失；第二，农村基本公共服务管理控制标准缺失，包括服务提供与岗位管理标准缺失、管理控制标准缺失和社会参与方面的标准缺失；第三，农村基本公共服务绩效评估标准缺失，包括绩效评价标准缺失、评估方法标准缺失和评估主体标准缺失；第四，农村基本公共服务标准落实不到位，由于农村基本公共服务标准缺乏强制性约束力和标准推行的刚性法律法规约束，使标准在执行过程中落实不到位；第五，农村基本公共服务标准化监督监管机制不健全，农村基本公共服务标准化工作很多地方都只是一种形式工作，只是为了应付中央下达的工作指示，没有把实际的标准红利落到实处[②]。各类标准规范的缺失导致乡镇政府管理混乱，职权不明，缺乏监管，权力泛滥，直接造成了乡村公共服务体系发展滞后的局面。标准缺失会阻碍公共服务水平和效率的提高，从而使得城乡区域均等化速度放缓，应把"标准化"作为加快城乡发展一体化进程的重要手段。所以，应建立一套符合当下农村改革实际、公共服务建设现状的农村公共服务标准，从多方面

---

① 张芬芬：《江苏推进城乡基本公共服务一体化实践创新研究》，《中共南京市委党校学报》2016年第2期。

② 米礼梅：《中国农村基本公共服务标准化问题研究》，硕士学位论文，山东师范大学，2017年。

进行引导规范,改变农村落后现状,最终使得成果惠及人民,从而促进经济社会可持续发展①。

二 实现公共服务均等化的路径选择

目前,我国基本公共服务方面存在的问题不少,譬如总量规模较小、市场主体作用弱化、质量水平低下且层次参差不齐、结构不均且发展不平衡、服务水平与经济社会发展和人民群众迫切需求不相适应等,这些都是阻碍我国基本公共服务体系迈向均等化的影响因素②。为改善人民群众的生活质量,推进国家治理体系现代化,中共中央办公厅在2018年1月正式发布《关于建立健全基本公共服务标准体系的指导意见》,将基本公共服务标准体系建设列为我国未来政务工作的重点方向,提出"以标准化促服务均等化"的指导纲领与发展目标,以期实现基本公共服务在全国范围内的同调前行、稳步共进③。从本质上讲,基本公共服务均等化是公正平等价值理念在公共领域的延伸和体现,是由其纯公共品属性所决定的,就是为全体公民提供公平可及、大致均等的公共产品与服务,包括城乡区域之间的大体均衡、贫困地区与全国平均水平接近持平、群体之间的可及性显著提高④。基本公共服务均等化的程度主要取决于经济发展能力和公共服务供给水平这两个变量,而各地区在两个方面较为显著的差异直接导致公共服务供给的不均等。因此,地方政府将中央政府顶层设计制定的基本公共服务通用标准体系结合地方财政状况、公共资源的数量和质量、居民实际需求等因素进行细化,达到"以标准化推动基本公

---

① 王卫星:《积极稳妥推进农村公共服务标准化》,《中国财政》2014年第3期。

② 蓝相洁、文旗:《城乡基本公共服务均等化:理论阐释与实证检验》,《中南财经政法大学学报》2015年第6期。

③ 施京京:《以标准化促进基本公共服务均等化——〈关于建立健全基本公共服务标准体系的指导意见〉解读》,《中国质量技术监督》2019年第1期。

④ 张启春、山雪艳:《基本公共服务标准化、均等化的内在逻辑及其实现——以基本公共文化服务为例》,《求索》2018年第1期。

服务均等化"的目的。

基本公共服务均等化是我国当前推行的重要政策，其程度主要取决于经济发展水平和公共服务供给水平两大变量。因此，各级政府除了加快经济建设、提高经济发展水平，还必须高度重视公共服务供给工作。从本质上讲，公共服务供给问题就是社会资源的配置问题。公共服务均等化的目标就是推动社会资源配置均等化，保障资源分配的公平公正。随着我国经济体量以及人民消费水平的攀升，以往的分配模式无法起到有效的调节作用，社会力量难以实现资源的高效配置，这就迫切需要政府力量的介入，保证社会资源配置的公正、高效。因为财政投入与财政控制是我国政府保障资源配比公正平等的基本经验和两大法宝。

那么，政府履职过程中如何公平、公正、高效地配置社会资源呢？这种公平、公正、高效配置社会资源的方式又如何得到有效保障和监督呢？我们认为，加强公共服务标准化建设不失为一条有效的路径选择。服务型政府的主要职能是提供公共服务，特别是社会性的公共服务。但是由于公共服务的外溢性、各级政府信息不对称、多层分权的投入—产出低效率等多种因素，导致我国公共服务供给呈现碎片化困境[①]。为此，中央政府、地方政府开展了公共服务标准化、均等化的政策实践，以期为破解公共服务供给的碎片化难题提供新思路，实现公共服务的整体性供给。具体表现为中央政府以顶层设计和制度规范为主的公共服务供给标准化制定；省、市级等地方政府以资源整合和区域协调为主的公共服务供给均等化实践。

公共服务标准化是指政府为满足公民公共需求、取得最佳秩序与社会效益，在公共服务实践中对于重复性的行为、技术和产品通过制定、颁布、实施标准，达到统一的活动过程。公共服务标准化的核心目标是"统一"和"协调"，既要对国家标准的制定进行统一，还要对地方标准的实施进行协调。"统一"是制定一定时期内较为稳定、一致、普遍适用的标准和规范，以此作为公共服务供给的顶层保障。

---

① 刘银喜、赵子昕、赵淼：《标准化、均等化、精细化：公共服务整体性模式及运行机理》，《中国行政管理》2019年第8期。

具体指通过对全国公共服务重点领域如公共医疗、公共卫生、公共安全等领域的标准体系进行宏观层面的制定和实施，运用标杆管理、全面质量管理等标准化方法明确各领域公共服务供给的质量标准和评价体系，划分各部门对相关公共服务供给的管理责任和支出责任，实现公共服务供给在顶层设计的统一标准。"协调"更加强调对地方标准的制定和实施，地方标准相对趋于稳定的国家标准而言更突出公共服务供给的动态性，因此宏观层面应当结合各地区的地域特点、城镇化程度、公共服务资源、居民群体特点等实际情况制定相对差别化的标准，明确各地区、各部门公共服务供给的具体程序，保证地方政府可以按照中央政府所制定的国家标准和地方标准相结合进行实施。除此之外，基于地方标准的动态性，政府要明确不同时期公共服务供给的规划和目标，并基于此建立相应的支持体系，在公共服务标准化的过程中应当建立相应的动态调整机制，在国家标准的统一指导下逐步调整并完善地方标准，保障各区域公共服务供给的持续性。

当前，国家发展改革委会同教育部、卫生健康委等20个部门，共同研究起草了《国家基本公共服务标准（2021年版）》，明确了现阶段国家提供基本公共服务项目的基础标准，成为各级政府履行基本公共服务职责和人民享有相应权利的依据[①]。

因此，各级政府尤其是地方政府必须切实履职，积极发挥自身职能建设，在合理分工的基础上保证基本公共服务体系标准化建设的有效落实，始终坚持明确两大重心：一是稳步求进，实现均等化要以资源均等化为准则，依据不同情况给予物质、产品、服务以及资金上的补助，并逐步向财力保障过渡以达到消除差距、统一标准的终极目标；二是坚持政府导向，尊重政府主导地位，并充分挖掘政府潜力，促进公共服务体系迈向均等化。[②]

[①] 《以标准化推动基本公共服务均等化——国家发展改革委有关负责同志就〈国家基本公共服务标准（2021年版）〉答记者问》，《宏观经济管理》2021年第5期。

[②] 刘银喜、赵子昕、赵淼：《标准化、均等化、精细化：公共服务整体性模式及运行机理》，《中国行政管理》2019年第8期。

三 公共服务标准化与均等化的内在逻辑

公共服务体系标准化是实现基本服务体系均等化的重中之重。我国各地民情不一、管理不同、资源不均,只有建立统一的标准体系才能实现统筹兼顾,才能保障全体公民在最大限度上享受平等公正的公共服务资源。在完善公共服务体系的过程中,要明确"标准化"与"均等化"并非并列关系,而是手段和目标、过程和结果的关系。"均等化"是"标准化"建设的目标和核心原则,是"标准化"建设的核心伦理价值所在;而"标准化"是贯彻"均等化"的理念和原则、实现各阶段具体均等化目标的直接有效手段和可行现实路径。两者的关系是一个动态的过程,"标准化"的实行要以"均等化"做价值指导;"标准化"则是实现"均等化"的必要手段。促进公共服务体系建设的重要途径就是以标准化手段优化资源配置并规范服务流程,进而提高服务质量,使得全体公民获得大致均等的资源配置。以"标准化"助推"均等化",必须坚持三点:一是基本公共服务具有公共性、公益性的基本特征,涉及公平、正义的社会价值,标准化作为前提性的技术价值,必须围绕着社会价值来得以实现;二是基本公共服务所面临的对象是公共群体,其需求具有共同性、普遍性和广泛性,服务、产品的供给流程具有重复应用性,满足标准化的本质要求,使得均等化理念与标准化基本要求相契合;三是基本公共服务体系建设的最佳秩序要求以标准化的形式实现均等化目标,通过制定、实施相对统一的标准体系可以从量纲上确保公共服务提供的全面性与可及性。要促进内容创新,以相对统一的标准体系为基础,保证公共服务的全面性。同时,基本公共服务的标准化建设与多样化二者并非相互对立。标准化建设是在充分考虑群众多元需求的基础上做到供给的均衡,保障每个人都能平等自由地享受各类产品和服务资源。① 明确了标准化与均等化

---

① 金慧、余启军:《湖北省公共文化服务标准化均等化问题研究》,《湖北社会科学》2017年第2期;李斯:《以标准化促进均等化的制度创新——基本公共文化服务标准制度的确立、贡献与经验》,《图书馆论坛》2021年第7期。

的内在逻辑，才能汲取先进思想理论成果以及以往域内外治理经验，对中国未来公共服务体系建设做出战略性的指导。在现阶段，我国经济总量日益增长，群众需求也呈现出多元化特征，不同阶层、地域间差距进一步拉大，所以在未来的资源配置中，要长期坚持以"均等化"为原则导向，确保每位公民都能享受到资源。①

四 以标准化促进均等化的作用机制

（一）制度标准化促进均等化

基本公共服务制度的非标准化是导致基本公共服务非均等化的原因之一，制度标准化有助于形成正当性的规则和合法性的程序，防止行政权力的滥用，使公共政策得以稳定和持续，进而促进基本公共服务均等化。其中，基本公共服务制度涵盖体制、机制与法制三个维度。首先，基本公共服务体制是推进基本公共服务均等化的前提因素。中国改革发展研究院认为，实现基本公共服务均等化，关键在于强化政府责任，加快制度创新，逐步建立起适合我国国情的公共服务体制。科学合理的基本公共服务体制可以促进地区间、城乡间、群体间的共同发展，从而实现基本公共服务均等化。其次，基本公共服务机制是推进基本公共服务均等化的重要保障。只有具备行之有效的基本公共服务机制才能够保质保量地执行决策部门制定的基本公共服务体制，第一，有效的服务决策机制能够进行多重方案的择优，使得决策过程更加民主化、科学化与法制化，从而保障公民或社会组织公平地参与公共服务决策；第二，科学的服务供给机制能够保障服务的水平和质量，使得城乡居民能够享受到同样的基本公共服务待遇；第三，完备的服务评估机制能够兼顾到民众对基本公共服务的需求意愿和满意度，进而提供更加优质的服务；第四，科学的服务监管机制能够实现权力的制约平衡，使权责归属更加明晰。以上四方面得到完善，就能够很

---

① 本刊记者：《以标准化推动基本公共服务均等化——国家发展改革委有关负责同志就〈国家基本公共服务标准（2021年版）〉答记者问》，《宏观经济管理》2021年第5期。

大程度上促进均等化的发展。最后，健全的基本公共服务法制是实现均等化的法律支撑，会直接影响到均等化的实现[1]。只有通过法律制定和规范不同基本公共服务类别的具体标准，才有可能实现"全国一盘棋"，防止各地区之间自行出台千差万别的地方标准。这样方能有的放矢，便于全国各地贯彻执行下去，进而推进均等化。

其中，推行基本公共服务均等化离不开国家财政资金的坚实后盾，健全和完善公共财政制度是实现均等化的基础。公共财政资金是促使政府推进基本公共服务均等化的基本手段，需要将公共财政制度作为依托，健全以均等化为导向的公共财政制度。若公共财政制度不标准，就会造成各级地方政府、特别是县乡政府根本没有充足的财力用于保障基本公共服务支出，导致基本公共服务均等化过程软弱无力，从而无法有效实现均等化目标[2]。制度标准化为省级地方公共服务提供了一个可参考的公共服务标准体系，也赋予了省级政府区域性再分配公共服务的职责，使区域内的资源得以有效整合，进而促进均等化建设。

（二）资源标准化促进均等化

基本公共服务资源是推动均等化发展的重要资本，同时它也为城乡间的要素流动和资源共享提供了一个重要的平台。资源标准化有利于在区域间对资源进行合理的空间配置，构建新型的城乡空间布局，通过充分发挥并合理利用地方资源的优势，从而提高公共服务资源配置的效率，推动城乡统筹发展，使资源在城乡之间实现均等化[3]。资源标准化将区域均等化发展和服务人民群众放置于首位，把政府保障作为基本底线，借助标准化手段对资源配置进行优化，最终使公民获得均等化的服务[4]。

---

[1] 曾保根：《公平正义取向下推进基本公共服务均等化的制度创新研究——以体制、机制和法制为视角》，博士学位论文，华中师范大学，2012年。
[2] 王忠敏：《标准化基础知识实用教程》，中国标准出版社2010年版，第2—3页。
[3] 吴文婕、韩鹤、赵艳梅、桑川、王梦珂：《新疆公共服务资源空间配置与城乡互动耦合协调发展评价》，《干旱区地理》2020年第4期。
[4] 陈思嘉、何英蕾、罗熙鸣：《以标准化为推手，促进基本公共文化服务均等化》，《标准科学》2016年第4期。

基本公共服务资源主要包含教育、医疗卫生资源和基础设施资源等方面。教育资源方面，用统筹城乡事业发展的一元标准，努力实现城乡无差别教育，科学布局城乡中小学点，统一调配教师资源，平衡基础教育经费的投入并建立相关保障制度，促进学校标准化建设，从而有效促进教育资源在城乡的均等化分配；医疗卫生方面，统一城乡居民基本医疗保险制度，促进医疗保险覆盖全体城乡居民，同时整合医疗保险管理资源，提高医疗保障制度的公平性，实现医疗卫生资源在城乡居民中均等化分布；基础设施方面，加大农村基础设施建设的资金投入，改善并促进农村公共基础设施建设，缩小城乡基础设施的差距，实现城乡公共基础设施资源分配均等化[①]。标准化的公共服务资源日益成为推动城乡发展和城乡一体化的重要因素，是实现均等化的必要环节，也是构建科学的基本公共服务体系必不可少的物质支撑。

（三）管理标准化促进均等化

促进管理标准化建设是确保基本公共服务实现均等化的必要一环，若要实现基本公共服务均等化，必须建立健全配套的科学高效管理制度，同时要有高效务实的政府，只有这样才能有效贯彻落实，真正实现均等化。

首先，科学高效的管理机制是实现均等化的制度保障。在管理标准化过程中，依靠管理机制的有效协调，搭建以效能为导向的管理体制，能够进一步完善基础设施及产品服务的标准化建设，进而促进均等化建设。比如，在以往的发展中，"城乡二元"户籍管理制度就极大阻碍了城乡基本公共服务非均等化，在这种制度下，城乡居民只能无奈选择完全不同的社会福利与基本公共服务，因此就拉开了城乡的差距。若要推进基本公共服务均等化，必须逐步建立城乡一元化的户籍登记制度、逐步降低城市户口的"准入"门槛改革现有户籍管理制度，真正建立城乡一元化的户籍管理制度。其次，提高政府基本公共服务的质量与政府绩效水平是实现均等化发展的坚实保障。政府作为农村基本公共服务的主要管理者，是建立在有限理性的基础上开展各项管

---

① 赵强社：《城乡基本公共服务均等化制度创新研究》，博士学位论文，西北农林科技大学，2012年。

理活动的,如果政府缺乏来自内外部的有效监督和制约的话,极易导致政府在基本公共服务管理过程中的执行不力,甚至出现侵害公民利益的行为,从而影响均等化建设。所以,为了实现均等化,政府要发挥好主体作用,推动标准贯彻落实,同时监督标准执行效果,进一步提高服务质量与提高经济效益,优化政府管理服务。因此,科学高效的管理制度和高效务实的政府是管理标准化的两大要素,二者相互配合协调才能够有效实现均等化(见图3-15)。

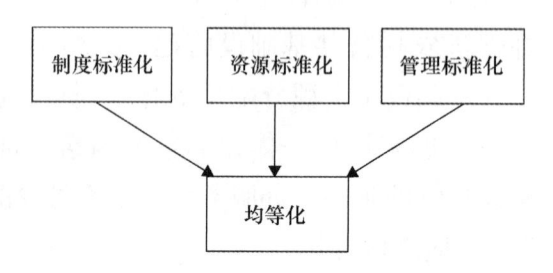

图3-15 标准化促进均等化的作用机制图

分　　论

第四章　城乡基础教育发展均衡化研究
第五章　城乡基本公共卫生服务均等化研究
第六章　城乡基本社会保障均等化研究
第七章　城乡基本公共就业服务均等化研究
第八章　城乡基本公共体育服务均等化研究
第九章　城乡公共文化服务均等化研究

第四章　城乡基础教育发展均衡化研究

本章主题是公共教育服务均衡化问题，教育与医疗、交通、国防等一样，也是一种重要的公共服务之一。在教育研究中，一般不用"教育均等化"的提法，因为教育是一种不仅自身不断发展而且也要促进人的不断发展的持续动态过程，而是采用"教育均衡化"的提法，既包含了静态意义上的均等，也蕴含着动态意义上的平衡。在本章关于教育均衡化的研究过程中，"均衡化"等同于其他部分的"均等化"。

教育是一种重要的基本公共服务，却不是一种纯粹的公共服务，而是"一种准公共性服务产品"[①]。因为"公共产品是指每个人对这种产品的消费都不会导致其他人对该产品消费的减少"，而"如果一种物品能够加以分割，因而每一部分分别按照竞争价格卖给不同的人，而且对其他人没有产生外部效果"的产品，则被称为私人产品。继而认为大多数的公共产品不是纯公共产品，诸如公共防卫、教育、法律等，都存在某些"收益上的可变因素，使得某个市民以其他成员的损失为代价而收益"[②]。对于教育来说，受教育者对于教育产品的消费是否会导致其他人对该产品消费的减少呢？基于经验判断，答案是肯定的。作为教育产品的学位数量是有限的，这就意味着只能有部分受教育者可以消费教育产品，而那些尚未获得学位的潜在受教育者则无法消费教育产品。究其原因在于教育产品的稀缺性，如果教育产品足够丰富、

---

① [美]詹姆斯·M. 布坎南：《公共财政》，赵锡军、张成福等译，中国财政经济出版社1991年版，第54—96页。

② Samuelson, Paul, "The Pure Theory of Public Expenditure", *Review of Economics and Statistics*, Vol. 36, No. 4, 1954.

可以提供足够多的学位给受教育者,那么部分人对教育产品的消费就不会导致其他人对该产品消费的减少,教育也就可以是一种纯粹的公共性服务产品。但现实与理想间的差距,总是那么明显。

因此,教育的"准公共性产品"定位在根本上是由教育发展的不均衡、教育资源的不充分、教育过程的有限性和教育结果的不公平等因素共同导致的。为破解这个问题,保障教育"纯粹公共性产品"的应然定位,就需要促进教育均衡发展、配置充分的教育资源、提供足够的教育机会、实现公平的教育结果。

本章聚焦教育发展均衡化问题,主要探究教育均衡发展的理性内涵、理论基础、发展历程、现实教育不均衡发展的问题及原因、促进教育均衡发展的实践建议与现实路径等,以城乡教育均衡发展的视角,涉及基础教育均衡发展和高等教育均衡发展两大领域。

第一节 城乡教育发展及其均衡化内涵

城乡二元发展,长期以来是我国社会发展的基本形态。这种二元制发展方式促进了城市的快速发展,提升了社会整体发展水平,但也导致了乡村发展缓慢、城乡差距越来越大的不良后果。缩小城乡差距,实现城乡均衡发展是实现社会发展方式转型、全面提升人民生活质量的重要途径,城乡教育均衡发展将是实现城乡均衡发展的重要内容。

一 教育发展均衡化的相关概念界定

教育发展均衡化的相关概念主要有:教育发展均衡化、基础教育发展均衡化、城乡教育发展一体化和高等教育发展均衡化。

(一) 教育发展均衡化

何谓"均衡"?根据词源学的解释,"均"原指陶工使用的齿轮,在汉代曾作为量酒的单位,后被逐渐引申为反映数量特征的"均匀""均等"之意。"衡"原指古代绑在牛角或牛辕上预防伤人的横木,后来指天文仪器观测用的横管或秤杆,并逐渐引申为事物的机理或者法则之意。在现代,均衡一词内涵进一步扩展和复杂化,并被各个学科所广泛使用。在物理学中,均衡指一物体同时受到几个方向不同的外力作用而所处的静止或匀速运动的状态;在经济学中,均衡指经济活动中各种对立的、变动着的力量在一定条件下相互作用时所达到的相对静止的状态;在哲学中,均衡被用来描述系统内不同事物之间相互联系与相互制约的一种协调统一、比例适度、稳定有序的关系和状态,等等。[①] 由此可见,"均衡"一词的本质在于,由多种因素在复杂的相互作用中而达成的一种稳定、统一、有序的状态。这种结果意义上的静止状态,是由过程意义上的多种因素之间复杂交互的动态作用的集中表现。因此,均衡本质上是一种动态平衡的状态,均衡发展就是事物由不均衡状态逐步向均衡状态发展的过程,均衡化就是不断向均衡状态转化、发展的过程。

教育发展均衡化就是指教育向着均衡状态不断转化、发展的过程,亦可称"教育均衡发展"。在这个过程中,要"通过法律法规确保给公民或未来公民以同等的受教育的权利和义务,通过政策制定与调整及资源调配而提供相对均等的教育机会和条件,以客观公正的态度和科学有效的方法实现教育效果和成功机会的相对均衡"[②]。这种教育均衡发展实质上就是保证受教育者平等地接受教育的过程,正如联合国教科文组织国际发展委员会编著的《学会生存——教育世界的今天和明天》中所说:"可能平等地受教育,这只是求得公平的必要条件,而不是它的充分条件。人们有可能同样受到教育,但并不是说,他们都有同等的机会。平等的机会必须包括同样成功的机会。"此外,教育均衡发展还是一个"人权问题"。[③] 1948 年联合国《世界人权宣言》指出,"人人都有受教育的权利,教育应当免费,至少在初级和基本阶段应如

[①] 姚永强:《新时期下我国义务教育均衡发展方式的转变》,中国社会科学出版社 2016 年版,第 18—19 页。

[②] 于建福:《教育均衡发展:一种有待普遍确立的教育理念》,《教育研究》2002 年第 2 期。

[③] 顾明远:《教育均衡发展是教育平等的问题,是人权问题》,《人民教育》2002 年第 4 期。

此。"《中华人民共和国教育法》也明确规定:"公民不分民族、种族、性别、职业、财产状况、宗教信仰等,依法享有平等的受教育机会。"①

因此,教育发展均衡化的实质在于教育平等,主要表现为四个方面:一是权利平等,保证所有人享有平等的受教育权利;二是机会平等,保证所有人享有平等的受教育可能;三是过程平等,保证所有受教育者享有平等的资源配置;四是结果平等,保证所有受教育者获得平等的教育结果。

(二)基础教育发展均衡化

基础教育发展均衡化是指基础教育不断向均衡状态转化、发展的过程。在这个过程中,基于教育公平、教育平等原则和相关政策法规,实现地区间、城乡间、学校间的基础教育均衡发展。基础教育是"面向全体国民的基础素质教育"②,因此,基础教育均衡发展"主要是政府的责任","政府不仅须在现有的教育资源配置上要做调整,同时,要在一系列制度上,保证教育的均衡发展"③。这种均衡发展是一种"底线均衡",就是根据"水平、程度、价值等的最低合格标准"达成的"平等、公平、平衡样态",具体包括四个方面:"兜底"均衡的资源配置保障、合格均衡的评价取向、体验均衡的教育关怀、特色均衡的差异思想。④ 基础教育发展均衡化的目标是促进所有地区、学校和师生的共同发展,保障所有人享有基本的教育权利、获得基本的教育资源、体验基本的教育服务、实现公平的教育结果。

(三)城乡教育发展一体化

城乡教育发展一体化就是破除城乡教育二元结构,统筹城乡教育资源,实现城乡教育均衡、协调和共同发展的教育发展模式。这种发

---

① 姚永强:《新时期下我国义务教育均衡发展方式的转变》,中国社会科学出版社2016年版,第70页。
② 杨启亮:《底线均衡:义务教育优质均衡发展的解释》,《教育理论与实践》2010年第1期。
③ 谈松华:《非义务教育的公立教育也应该均衡发展》,《人民教育》2002年第4期。
④ 杨启亮:《底线均衡:义务教育优质均衡发展的解释》,《教育理论与实践》2010年第1期。

展模式，首先需要"打破城乡二元僵局"，破除"旧有的城乡教育体制机制"①；其次需要树立"从城乡各自的小循环、小系统走向城乡统一的大循环、大系统，树立城乡一盘棋的总体思想"②；最后需要"构建动态均衡、双向沟通、良性互动的教育体系和机制"③，促进城乡教育资源共享、优势互补、责任共担、困难互助等，最终实现城乡教育的一体化发展。

二 教育发展均衡化的理论基础

教育发展均衡化的理论基础主要有四个：一是教育公平理论；二是共同体理论；三是协同创新理论；四是内生发展理论。

（一）教育公平理论

公平，在《辞海》中，被解释为依据一定的社会标准，对政治、法律、道德等领域中的是非、善恶做出的肯定判断。在英语中为"Fairness"，与公正、正义、平等意思相近。④"公平的最本质内容在于它是调节人们之间的社会关系和财富分配关系的一种规范，它有客观的内容。"⑤"平等作为人类追求的一个最基本价值，是衡量公平与否的标准。"⑥"平等表达了相同性的概念……两个或更多的人或个体，只要在某些或所有方面处于同样的、相同的或相似的状态，那么可以说他们是平等的。"⑦

---

① 李玲、宋乃庆、龚春燕等：《城乡教育一体化：理论、指标与测算》，《教育研究》2012年第2期。

② 李广舜：《国内外城乡经济协调发展研究成果综述》，《地方财政研究》2006年第2期。

③ 褚宏启：《城乡教育一体化：体系重构与制度创新——中国教育二元结构及其破解》，《教育研究》2009年第11期。

④ 姚永强：《新时期下我国义务教育均衡发展方式的转变》，中国社会科学出版社2016年版，第67页。

⑤ 李凤圣：《论公平》，《哲学研究》1995年第11期。

⑥ 陈燕：《公平与效率》，中国社会科学出版社2007年版，第27页。

⑦ ［美］乔·萨托利：《民主新论》，冯克利等译，东方出版社1993年版，第340页。

教育公平不同于教育平等，前者主要是一种质的规定性，强调公正、正义；后者主要是一种量的规定性，强调平均、等量。① 二者虽有差别，却并非互不相容。在一些情境下，教育公平指无视个体差异的人人平等，并以量的均等划分来实现公平；在另一些情境下，教育公平与平等未必具有同一指向，一味追求量的均等反而会打破公平，基于个体差异的量的区别划分可能会更好地促进公平。②

前文已述，教育发展均衡化的实质就是在教育公平理论的指导下实现四个方面的教育平等，而要实现这四个方面的教育平等，就需要明确现实中的教育发展究竟存在哪些不平等。对此，《国际教育百科全书》指出了教育不平等的 11 个来源：遗传、家庭教育、社会地位、政治权力、教育资源投入、教师能力、各阶段教育资源配置、地区差异、校际差异、不同教育阶段的选拔、代际的教育资源分配等。③ 从根本上说，教育不平等源于地区间经济发展水平的差距，经济间的不平等是教育不平等的根本原因。因此，在地区间经济发展水平存在较大差距的前提下，实现区域教育发展的均衡化，必然面临很大困难。

（二）共同体理论

共同体是指人们基于一定的目的和需要，通过一定的形式结合在一起共同活动和交往，并由此结成具有一定的共通性和稳定性关系的人的共在共处的组织化形式，是人类历史存在的基本方式。④

长期以来，我国的城市教育和乡村教育一直处于相对独立的发展状态，城市教育拥有丰富的资源和素质较高的师资，而乡村教育则只

---

① 褚宏启、杨海燕：《教育公平的原则及其政策含义》，《教育研究》2008年第1期；安晓敏、邬志辉：《教育公平研究：多学科的观点》，《上海教育科研》2007年第10期；约翰·罗尔斯：《正义论》，中国社会科学出版社1988年版，第1—22页。

② David Miller, *Principles of Social Justice*, Cambridge, London: Harvard University Press, 1999, pp. 230–245.

③ 胡森：《国际教育百科全书》，贵州教育出版社1991年版，第436页。

④ 胡群英：《共同体：人类存在的基本方式及其现代意义》，《甘肃理论学刊》2010年第1期。

能勉强满足基本的教育需求,这才导致城乡教育间的差距越来越大。当二者间的差距拉大到一定程度的时候,就会产生城市教育对乡村教育的"虹吸效应"和"马太效应"。以师资为例,乡村学校的优秀师资不断地流向城市学校,进而城市教育越来越好,乡村教育则日渐衰败。共同体理论有助于弥合城乡教育间的裂痕、缩小二者间的差距,根据这种理论,处于分隔状态的城市教育与农村教育应当融合统整为一个教育共同体,实现城乡教育一体化。在这个共同体中,城乡教育可以相互关联、互动,相互维系、帮扶,互相兼顾对方的利益,实现资源共享、互惠互利,发挥出团队的凝聚效益,从根本上打破城乡二元的僵局,实现了城市与农村教育的和谐融合与共生共荣。

(三) 协同创新理论

协同一词在英文中有 synergy、collaboration、cooperation、coordination 等多种表述,在《汉语大词典》是齐心协力、互相配合的意思。1971 年德国学者 Haken 在系统论中最早提出了协同的概念,指系统中各子系统的相互协调、合作或同步的联合作用及集体行为,结果是产生了"1 + 1 > 2"的协同效应。

协同创新的理念体现了系统的思想,与技术创新模式从封闭向开放的转变紧密相关,是对自主创新内涵的丰富深化,反映了当前科技改革发展的最新趋势。协同创新是合作各方以资源共享或优势互补为前提,以共同参与、共享成果、共担风险为准则,为共同完成一项技术创新所达成的分工协作的契约安排,以企业为技术需求方、以大学/科研机构为技术供给方的研发合作是主要形式。[1]

Carayannis 等[2]和 Koschatzky[3]指出,提高协同创新绩效关键在于综

---

[1] 鲁若愚:《企业大学合作创新的机理研究》,博士学位论文,清华大学,2002 年。

[2] Carayannis E., et al., "Leveraging Knowledge Learning and Innovation in Forming Strategic GUI R&D Partnerships in the US, Germany and France", *Technovation*, Vol. 20, No. 9, 2000, pp. 477 – 488.

[3] Koschatzky K., "Networking and Knowledge Transfer between Research and Industry in Transition Countries: Empirical Evidence from the Slovenian Innovation System", *Journal of Technology Transfer*, Vol. 27, No. 1, 2002, pp. 27 – 38.

合考虑合作中的知识特性、合作各方的知识结构、知识共享的意愿、知识转移渠道的选择等。协同创新的内涵本质是：协同创新是以知识增值为核心，企业、政府、知识生产机构（大学、研究机构）、中介机构和用户等为了实现重大科技创新而开展的大跨度整合的创新组织模式。协同涉及知识、资源、行为、绩效的全面整合，[①] 主要特点有两个：一是整体性，创新生态系统是各种要素的有机结合而不是简单相加，其存在的方式、目标、功能都表现出统一的整体性；二是动态性，创新生态系统是不断动态变化的。

这一理论主要用于指导高等教育区域均衡发展，引导各高校开展跨地区、跨专业、跨领域的协同创新研究。随着人类对自然界认识的不断深入，知识总量与日俱增，知识分化越来越明显。对于同一事物，可以有多个学科门类，基于不同的视角开展研究。这就意味着，要获得对某一事物的全面客观的认识，就需要借助不同学科的研究视角。这为围绕某个事物或主题开展协同攻关和创新研究提供了必要性和可能性。

（四）内生发展理论

1974 年，在联合国发布的《关于建立国际经济新秩序的宣言》文件中提出了这样一种理念，即"每一个国家都有权实行自己认为最适合自己发展的经济和社会制度，而不因此遭受任何歧视"。[②] 1975 年，瑞典 Dag Hammarskjo ld 财团向联合国提交的一份关于"世界的未来"的报告中提道："如果发展作为个人解放和人类的全面发展来理解，那么事实上这个发展只能从一个社会的内部来推动"[③]，这标志着"内生发展"这一概念被正式提出。后来，在联合国教科文组织编制的《1977—1982 年中期规划》中提出的规划的目标中有这样的表述："研究符合不同社会实际和需要的内源与多样化的发展过程，它的社会文

[①] Veronica Serrano, Thomas Fischer, "Collaborative Innovation in Ubiquitous Systems", *International manufacturing*, Vol. 18, 2007, pp. 599 – 615.

[②] 联合国教科文组织：《内源发展战略》，社会科学文献出版社 1988 年版，第 1—3 页。

[③] Nerfin, M., *Another Development: Approaches and Strategies*, Uppsala: Dag Hammarskjo ld Foundation, 1977.

化条件、价值系统、居民参与这种发展的动机和方式。"由此可见，所谓内生发展，是指"一个国家或地区合理开发与利用本地资源、提升内部力量和能力的发展"。①

将这一理论应用于教育领域，可以指导区域教育大力探索发展的内源性动力，指导各级各类学校在充分利用各项政策、法规、制度等外部条件的同时，善于培育学校发展的自组织能力，夯实学校各项管理的自洽性、科学性和有效性。

三 教育发展均衡化的价值意义

全面推进我国教育均衡发展是当前和今后相当长时期内我国教育事业发展的战略选择，是办好人民满意教育的现实需要。同时，这对于提升教育的公平性、强化教育的创新性、提高教育有效性也具有重要的价值与意义。

（一）教育发展均衡化是实现中国梦的教育途径

党的十八大报告提出了"努力办好人民满意的教育"，并要求"深化教育领域综合改革，着力提高教育质量"。党的十九大报告提出发展"公平而有质量的教育"②，精准定位了教育中国梦的时代内涵。党的二十大报告提出"坚持以人民为中心发展教育，加快建设高质量教育体系，发展素质教育，促进教育公平"③。可以认为，教育中国梦是我国中国梦伟大蓝图中极其重要的组成部分。要实现这种"人民满意的教育"和"公平而有质量的教育"，就需要有意识地促进教育发展的均衡化，尽可能促进教育公平、实现教育平等，保证所有人享有基本的受

---

① ［法］弗朗索瓦·佩鲁：《新发展观》，张宁、丰子义译，华夏出版社1987年版，第2—3页。

② 习近平：《决胜全面建成小康社会　夺取新时代中国特色社会主义伟大胜利——在中国共产党第十九次全国代表大会上的报告》，人民出版社2017年版，第46页。

③ 习近平：《高举中国特色社会主义伟大旗帜　为全面建设社会主义现代化国家而团结奋斗——在中国共产党第二十次全国代表大会上的报告》，人民出版社2022年版，第34页。

教育权利。

长期以来的城乡教育二元制，已经形成了城乡教育间难以弥补的发展鸿沟，集充裕资源、良好条件和优秀师资的城市教育，已将勉强满足基本教育需求的乡村教育远远地甩在了后面。越来越多的薄弱学校、弱势群体和落后地区的教育已经成为限制我国教育发展的瓶颈问题。只有采取有效措施扶持和带动薄弱学校发展、加快落后地区教育发展速度、加大对弱势群体受教育的政策支持力度，才能缩小城乡教育发展差距，才能实现教育整体的均衡发展，最终实现"公平而有质量"的教育结果。

（二）教育发展均衡化是实现教育基础性、公平性、普惠性的主要措施

教育发展均衡化有助于实现教育的基础性。教育能够为个体的发展奠定基础，不同的教育基础将决定个体发展的不同高度。"教育就是培养人，教育均衡发展就是要在培养人方面实现均衡，就是要从教育结果大体相等的角度，教育培养的人的发展的均衡性。教育优质均衡发展是过程中的发展、和谐的发展，差异是和谐的本质，如果我们把有差异定位于有特色，有可能创造特色均衡的教育和谐发展。"[①]

教育发展均衡化有助于实现教育的公平性。每个人都有权利享有公平的教育对待，这种权利的实现需要国家和社会予以保证。"如果一个国家和社会的教育发展不能不断地提高和促进这个国家和社会教育公平的水平，那么，无论这个国家和社会的教育取得了什么样的成绩，都不能说是一个高水平的教育。"[②] 当前，我国的经济总量已跃居世界第二位，社会生产力水平也处于世界较高地位，但我国的教育质量和水平却与这种经济地位极度不匹配，区域教育发展不均衡、弱势群体教育权利得不到保障、贫困地区教育基本条件严重不足等问题，制约着教育发展的进程。要破解这些问题，就需要大力倡导教育均衡发展，有意识地缩小城乡教育差距，加大对薄弱地区教育的支持力度，全面

---

① 杨启亮：《底线均衡：义务教育优质均衡发展的解释》，《教育理论与实践》2010年第1期。
② 谢维和：《中国的教育公平与教育发展（1990—2005）》，教育科学出版社2008年版，第1页。

保障所有人基本教育权利得以满足。

教育发展均衡化有助于实现教育的普惠性。教育作为一种准公共服务产品，是面向所有具有教育需求的人而提供的服务类型。20世纪90年代，在泰国宗滴恩举行的世界全民教育大会提出了旨在满足全民基本学习需求的"全民教育"理念。该理念倡导世界各国在现行基础教育的实践基础上，扩大基础教育服务范围，除了正规教育渠道之外，提倡有效利用各种非正规教育渠道，以保障每一个个体的权利。[①] 只有不断促进教育发展均衡化、缩小城乡教育差距、优化教育资源配置，才能更好地落实全民教育理念，满足全民的基本学习需求。

（三）教育发展均衡化是保障创新人才培育、教育质量提高的重要方式

教育发展均衡化的根本目的在于培育更多的创新人才、全面提高教育质量、保障人民享有基本的教育权利。《学会生存——教育世界的今天和明天》一书明确指出："给每一个个人平等的机会，并不是指名义上的平等，机会平等是要肯定每一个人都能受到适当的教育，而且这种教育的进度和方法是适合个人的特点的。"[②] 机会平等是培育创新人才的前提条件之一，此外，还需要差异化的对待。教育发展均衡化，并不是各区域、各个人实现同一步调的统一发展，而是基于区域差异和个性特点的差异化发展。从创新人才培育的角度上说，个体的差异发展是教育发展均衡化的本质核心，培育创新人才要把发现和促进个性差异的发展放在重要位置。此外，在教育实践中，教育发展均衡化还可以保证个体获得在教学内容、教育经费、教育设备、师资水平等方面相对均等的学习条件，在教育的过程中受到平等的对待，在微观层面促进教育质量的全面提升。

---

① 叶玉华：《教育均衡化的国际比较与政策研究》，《教育研究》2003年第11期。

② 联合国教科文组织、国际教育发展委员会：《学会生存——教育世界的今天和明天》，华东师范大学比较教育研究所译，教育科学出版社1996年版，第105页。

第二节　城乡基础教育发展均衡化

由于基础教育与高等教育，无论在目标定位、价值取向、基础条件，还是管理体制、资源配置、课程教学，都存在着较大的差异。因此，对于城乡教育发展均衡化的问题，本书分为基础教育和高等教育两个部分予以阐述。本节内容主要探索我国基础教育均衡发展的历程、发展不均衡的现实表现及成因、典型区域基础教育均衡发展的有效经验等几个方面的问题。

一　历史及其发展

我国是一个人口大国，拥有着世界上规模最大的教育体系；我国也是一个经济大国，目前已跻身世界第二大经济体之位；我国还是一个发展中国家，GDP总量固然大，但人均水平并不高，面对庞大的受教育人口，我国教育发展的任务异常艰巨。经过70多年艰苦卓绝的努力，我国基础教育已取得显著成绩，基本走出了一条基础教育均衡发展的中国特色之路。这条路，大致可分为五个阶段，分别是共同发展阶段、初步分化阶段、快速发展阶段、均衡调整阶段、均衡协调阶段。

（一）城乡基础教育的共同发展阶段（1949—1978年）

自中华人民共和国成立以来，至1978年改革开放这段时期，我国社会整体上处在缓慢发展阶段，基础教育发展的重心在于尽快扫除文盲，提高人们的识字率，尽快普及小学教育，尽可能保证适龄儿童有学上。在"文化大革命"期间，全国教育陷入停顿甚至倒退的状态，教学时间被大幅缩减，代之以"以工代学""工读结合"，正常的教育评价方式代之以"推荐信"或"介绍信"。种种教育乱象，严重影响了我国基础教育的正常发展进程。

1977年9月，教育部在北京召开全国高等学校招生工作会议，决定恢复已经停止了10年的全国高等院校招生考试，以统一考试、择优录取的方式选拔人才上大学。"恢复高考"的决定，标志着拨乱了十年的中国教育秩序得以反正，标志着中国教育发展迎来了新的春天。1978年12月十一届三中全会决定开始实行"对内改革、对外开放"的政策，也标志着我国社会发展也将步入新的发展阶段。后来的事实证明，社会领域的改革开放政策为我国基础教育发展提供了强大的物质支持和条件保证，人们的受教育水平随着生活水平的提高也在慢慢提高。

（二）城乡基础教育的初步分化阶段（1979—1992年）

实行改革开放以后，全社会步入了发展的快车道。1983年年初，农村家庭联产承包责任制在全国范围内推广，极大地调动了广大农民的生产积极性；在经济发展方面，实行"特殊政策、灵活措施"，陆续在深圳、珠海、厦门、汕头等试办经济特区，激发经济发展活力；在基础教育发展方面，当时全国人均受教育年限不足5年，对此，1986年颁布《义务教育法》，全面开展普及义务教育工作。

这一时期，全国基础教育发展的重心有两个：一是加强重点学校建设；二是尽快普及义务教育、提高入学率。无论是城市教育还是乡村教育，均得到快速发展，二者间在管理体制、资源配置和师资队伍等方面尽管存在一定差距，但差距不大，城乡学校教师间的待遇差异也不大。但是，由于社会发展越来越呈现出"偏重城市"的导向，特别是在加强重点学校建设的政策支持下，城乡教育间的差距随着城乡间经济水平差距逐渐加大而加大。不过，由于当时城市教育总量与农村教育相比，还是比较小的，所以这种城乡教育间日益扩大的差距并未引起社会足够的重视。

（三）城乡基础教育的快速发展阶段（1993—2000年）

1992年，邓小平"南方谈话"，随后社会主义市场经济体制得以确立，标志着我国经济社会发展又步入了新的阶段，民营经济活力得以释放，社会整体生产力水平明显提高。全国城市发展步入快车道，城乡教育间的发展差距明显加大。

1993年中共中央、国务院颁布《中国教育改革和发展纲要》，正式将基本普及九年义务教育和基本扫除青壮年文盲作为我国20世纪90年代的奋斗目标。到2000年，我国如期实现全民教育目标，解决了世界上人口最多国家的义务教育问题，全国通过"两基"地区人口覆盖率达到85%以上，青壮年文盲率下降至5%以下①，人均受教育年限达到7.11年，世界平均水平为6.66年，中国首次在人均受教育年限上超过世界平均水平。②

  这一时期，城乡教育间的发展差距问题，引起了国家的重视，启动了专项支持工程，发布了旨在促进基础教育均衡发展、加强对落后地区薄弱学校提供支持、缩小城乡教育差距的几个文件。20世纪90年代初，针对城乡学校在办学条件方面存在的较大差距问题，我国启动了由原国家教委、财政部联合组织实施的全国性教育工程——"国家贫困地区义务教育工程"，1995—2000年为第一期工程，主要目的在于消除贫困地区的农村小学、初中学校的危房，按照国家规定标准配备教学仪器设备和图书资料及课桌凳。到2000年"工程"完成时，项目县小学和初中原有危房全部消除，布局基本合理，项目学校的校舍、教学仪器设备和图书资料均达到国家规定标准。③ 1995年7月，原国家教委印发了《关于评估验收1000所左右示范性普通高级中学的通知》，决定在2000年以前分期分批建设并评估验收1000所左右示范性普通高级中学。文件将过去的"重点高中"改称为"示范高中"，并附加了"必须有对薄弱高中扶持、改进的积极措施，并取得一定成效"等条件。④ 1998年，教育部下发了《关于加强大中城市薄弱学校建设办好义务教育阶段每一所学校的若干意见》，要求"各级教育行政部门、学校必须充分认识加强薄弱学校建设、办好义务教育阶段每一所学校的重要性和必要性，增强加快薄弱学校建设步伐的紧迫感和责任感"。2000年，中共中央办公厅、国务院办公厅发布《关于推动东西部地区学校对口支援工作的通知》，指出在中央对西部地区教育事业继续加大扶持力度的同时，启动实施"东部地区学校对

---

  ① 吴晶：《辉煌60年：22年间中国义务教育完成"四级跳"》，http://www.gov.cn/jrzg/2009-09/06/content_1410356.htm。

  ② 翟博：《均衡发展：我国义务教育发展的战略选择》，《教育研究》2010年第1期。

  ③ 宋梓铭：《我所经历的"国家贫困地区义务教育工程"》，《中国财政》2008年第16期。

  ④ 姚永强：《新时期下我国义务教育均衡发展方式的转变》，中国社会科学出版社2016年版，第140页。

口支援西部贫困地区学校工程"和"西部大中城市学校对口支援本省（自治区、直辖市）贫困地区学校工程"，动员各方面力量，大力支援西部贫困地区的教育事业。

（四）城乡基础教育的均衡调整阶段（2001—2011年）

进入21世纪后，我国基础教育发展的重点主要有：第一，城乡教育发展差距进一步拉大，基础教育均衡发展成为促进我国教育均衡发展的重中之重；第二，随着城镇化战略的贯彻落实，乡村学校进行大面积撤并调整；第三，旨在促进基础教育均衡发展、加强薄弱地区学校建设的政策文件陆续颁布和执行。

2003年，国家实施西部"两基"攻坚计划，我国义务教育进入了由基本普及迈向全面普及的新的历史阶段，我国义务教育西部"两基"攻坚取得了重大进展，农村义务教育面貌发生了翻天覆地的变化。到2007年，全国"两基"人口覆盖率达到99%，青壮年文盲率下降到3.58%，全国15岁以上人口平均受教育年限超过8.5年，比世界平均水平高一年，新增劳动力平均受教育年限达到11年，总人口中大学以上文化程度的超过7000万人，位居世界第二，初中以上文化程度的劳动力在世界上遥遥领先。[①] 中央政府设立专项资金以继续实施"国家贫困地区义务教育工程"二期计划（2001—2005年）和三期计划（2006—2010年），进一步加大对贫困地区义务教育学校的校舍改造以及添置、更新教学及管理设备。[②]

据不完全统计，2000—2010年十年间，全国农村小学减少了22.94万所，教学点减少了11.1万个，农村初中减少了1.06万所，分别约占2000年撤并前的52.1%、60%和25%。[③] 农村学校大规模的撤并，在一定程度上的确实现了规范管理、均衡发展，也有利于整合教育资源、

---

① 改革开放30年中国教育改革与发展课题组：《教育大国的崛起》，教育科学出版社2008年版，第166页。转引自翟博《均衡发展：我国义务教育发展的战略选择》，《教育研究》2010年第1期。

② 宋梓铭：《我所经历的"国家贫困地区义务教育工程"》，《中国财政》2008年第16期。

③ 杨东平：《农村中小学布局调整十年评价报告》，http://zhongkao.xdf.cn/201211/9175675.html 2012。

扩大优质教育资源的覆盖面。但是，这种撤并也导致了许多新的问题：保留学校的建设质量不达标，无法满足教育需求；学生人数增加使得学校管理变得混乱；许多学生由于距离学校太远而被迫乘坐三轮车等不安全的交通工具，或者干脆住校，由此给学校带来了宿舍建设与管理问题和学生餐饮问题；还有，对于已撤并的学校校舍处理混乱，导致教育资源严重流失等。总体上看，这种大规模的撤并，并未有效促进基础教育的均衡发展，反而进一步拉大了城乡教育差距。

2002年，教育部下发了《关于加强基础教育办学管理若干问题的通知》，首次以官方文件的形式提出积极推进义务教育阶段学校均衡发展，要求各地要结合城区改造和学校布局调整，有计划地举办九年一贯制学校，以扶持、联合、兼并等多种形式加快薄弱学校改造，建立校长、教师定期流动机制，扩大义务教育阶段优质学校的规模和将公办优质高中的招生指标按一定比例分配到每所初中的试验，促进学校均衡发展，满足人民群众对高质量教育的需求。

2003年，国务院出台了《关于进一步加强农村教育工作的决定》，强调了农村教育在全面建成小康社会中的重要地位，要求各级人民政府要制订工作规划，设立专项经费，加强中小学校舍建设，尤其是农村初中和边远山区、少数民族地区寄宿制学校建设。①

2004年，中央和省级人民政府共同组织实施了"农村寄宿制学校建设工程"，对2002年年底西部地区尚未实现"两基"的372个县和新疆生产建设兵团的38个团场，以及纳入国家西部大开发范围的部分中部省份的少数民族自治州和中部地区尚未实现"两基"的县，兼顾中西部已经实现"两基"、但基础仍然薄弱的部分地区新建、改扩建一批以农村初中为主的寄宿制学校。②

2010年，教育部颁布政策文件《教育部关于贯彻落实科学发展观进一步推进义务教育均衡发展的意见》（教基一〔2010〕1号），明确指出：建设社会主义和谐社会、促进教育公平，把义务教育作为教育

---

① 姚永强：《新时期下我国义务教育均衡发展方式的转变》，中国社会科学出版社2016年版，第83页。
② 李鹤、王舒怀：《寄宿制学校应加强投入因地制宜》，http://www.jyb.cn/opinion/jcjy/200904/t20090414_263753.html。

改革和发展的重中之重,把均衡发展作为义务教育的重中之重,按照促进义务教育均衡发展的法律要求,以适龄儿童少年接受更加公平更高质量的义务教育为目标,合理配置教育资源,不断提高保障水平,大力推进素质教育。

(五) 城乡基础教育的均衡协调阶段 (2012年至今)

2012年以来,我国基础教育发展进入了均衡协调阶段,发展重心在于:第一,加强教师队伍建设,提升教师专业发展水平;第二,进一步加大对落后地区、薄弱学校的支持力度,提升基础教育均衡发展质量;第三,着力推进城乡教育一体化建设,促进基础教育优质均衡发展。

教师是影响教育质量的关键因素,教师的专业水平在很大程度上决定了教育教学的质量。进入21世纪以后,我国不断加大教师培训力度,制定教师专业发展标准,提升我国教师队伍的整体素质。2012年,国务院颁布《关于加强教师队伍建设的意见》的文件指出,要大力提高教师专业化水平,2018年又颁布了《中共中央国务院关于全面深化新时代教师队伍建设改革的意见》,提出了"兴国必先强师"的重要理念,规划了全面提升教师专业水平的新战略,为我国基础教育的快速发展提供了师资数量和质量的双重保证。

进一步加大对落后地区、薄弱学校的支持力度,提升基础教育均衡发展质量。2010年《国家中长期教育改革和发展规划纲要(2010—2020年)》文件指出,把义务教育均衡发展作为教育公平的政策重点,采取资源向西部地区、农村地区、贫困地区和薄弱学校倾斜政策,通过教师流动、建立教育协作学区政策,通过义务教育均衡发展验收制度,全国半数以上县实现了义务教育均衡发展。[①]

着力推进城乡教育一体化建设,切实解决随迁子女和留守儿童教育问题,促进基础教育优质均衡发展。2016年,国务院颁布的《关于统筹推进县域内城乡义务教育一体化改革发展的若干意见》指出,通过推进城乡教育一体化建设,促进基础教育均衡发展;将随迁子女义务教育纳入"城镇发展规划"和"财政保障范围"。由"两为主"升级为"两纳

---

① 袁振国、刘世清:《改革开放40年中国基础教育发展的历史经验》,《中国教育学刊》2018年第12期。

入",为外来务工人员随迁子女在流入地平等接受义务教育提供了重要保障。《国家中长期教育改革和发展规划纲要（2010—2020年）》提出,"建立健全政府主导、社会参与的农村留守儿童关爱服务体系和动态监测机制",要求学校要优先满足留守儿童的教育及住宿需求,减少适龄儿童失学、辍学现象,充分保障留守儿童的受教育权益。

党的十九大报告明确提出:"全面贯彻党的教育方针,落实立德树人根本任务,发展素质教育。"① 党的二十大报告提出:"育人的根本在于立德。全面贯彻党的教育方针,落实立德树人根本任务,培养德智体美劳全面发展的社会主义建设者和接班人。"② 基础教育均衡发展是贯彻党的教育发展、落实立德树人根本任务、发展素质教育的重要途径,加强城乡教育统筹发展、缩小城乡教育差距是实现基础教育均衡发展的重要任务。依法保证教育机会公平,促进基础教育均衡发展,以适龄儿童少年接受更加均衡、更高质量的基础教育为目标,以提高教育质量、促进内涵发展为重点,合理配置教育资源,全面提高教育质量,全面实施素质教育,是当前我国基础教育改革和发展的重要战略任务。

二 基础教育的城乡不均衡分析

我国城乡教育发展的不均衡状态,主要表现为五个方面的不均衡,分别是管理体制、经费投入、资源配置、师资队伍水平、教育质量。

（一）管理体制不均衡

教育管理体制是一国在一定的政治、经济和文化制度基础上建立起来的对教育事业进行组织管理的各项制度的总和,它是整个教育体制得以构成和运行的保障,既规定了各级政府在发展教育中的权力和义务,又对各相关利益主体的相互关系起着规范与协调作用,对学校教育管理

---

① 习近平:《决胜全面建成小康社会 夺取新时代中国特色社会主义伟大胜利——在中国共产党第十九次全国代表大会上的报告》,人民出版社2017年版,第45页。

② 习近平:《高举中国特色社会主义伟大旗帜 为全面建设社会主义现代化国家而团结奋斗——在中国共产党第二十次全国代表大会上的报告》,人民出版社2022年版,第34页。

体制改革及发展的方向、速度、规模、资源利用效率也有着直接影响。①

我国城乡教育发展不均衡状态,在制度层面的主要表现就是管理体制的不均衡,具体地说,一是城乡二元制度;二是重点学校制度;三是分级管理制度。

1. 城乡二元制度是导致城乡教育发展不均衡的根本制度因素

中华人民共和国成立以后,为加快城市建设,全面提高人们生活质量,我国在户籍制度上对城市居民和农村居民进行区分,随后许多社会保障、制度设计、公共服务等都对城乡居民有所区别,慢慢地就形成了以户籍制度为基础的城乡二元结构。城乡教育也是这种二元制度导致的结果之一。"城乡教育二元制度的思想根源和价值基础在于对农村和城市在国家发展中的地位存在认识偏差,对于城市化和现代化道路存在认识偏差,重城轻乡的城市中心发展观和价值论在学术认知和公共政策中占主导地位。"② "城乡二元结构的构成要素中最主要的一点就是城乡之间资源再分配实行了截然不同的制度。比如,城市中的教育和基础设施,几乎完全是由国家公共财政投入的;而农村中的教育和基础设施,国家的投入则相当有限,有相当一部分要由农民自己负担。这样使得城乡之间经济差距、教育均衡等问题愈演愈烈。"③ 因此,我们可以认定,城乡二元制度是城乡教育发展不均衡的根本制度因素。

2. 重点学校制度加大了城乡教育的分化

如果说城乡二元制度只是给城乡教育发展提供了不同的制度安排和对待,那么教育领域内部的重点学校制度,则是"赤裸裸"地加剧了城乡教育的分化和不均衡。从历史上看,重点学校制度的提出是在改革开放初期,初衷是集中力量、加快教育培养人才的速度,以尽快弥补"十年动乱"所造成的人才断层。当时,邓小平同志明确指示:"为了加速造就人才和带动整个教育水平的提高,必须考虑集中力量加强重点大学和

---

① 姚永强:《新时期下我国义务教育均衡发展方式的转变》,中国社会科学出版社2016年版,第146页。

② 褚宏启:《城乡教育一体化:体系重构与制度创新》,《教育研究》2009年第11期。

③ 宋永忠、张乐天、顾建军:《城乡统筹背景下义务教育均衡发展研究》,南京师范大学出版社2016年版,第57页。

重点中小学的建设,尽快提高他们的教学水平和教学质量。"① 1980年10月和1983年8月,教育部相继印发了《关于分期分批办好重点中学的决定》和《关于进一步提高普通中学教育质量的几点意见》,系统阐述了举办重点中学的意义,重申了办好重点中学的必要性,进一步推动了我国重点中小学制度的实施。由此可见,重点学校制度的提出的确具有积极的时代价值,事实上也确实发挥了培养一大批人才的作用。当前社会各行业的骨干人才多是改革开放初期、恢复高考后几年的大学生。

后来,在重点学校制度的执行过程中,人们越来越发现这一制度造成了教育发展的不公平现象。于是,1995年7月,原国家教委印发了《关于评估验收1000所左右示范性普通高级中学的通知》,决定在2000年以前分期分批建设并评估验收1000所左右示范性普通高级中学。文件将过去的"重点高中"改称为"示范高中",并附加了"必须有对薄弱高中扶持、改进的积极措施,并取得一定成效"等条件。"示范学校"并非"重点学校",原本应当发挥示范、引领、辐射、带动的作用,特别是要带领薄弱学校的发展,但实际上,这些"示范学校"只不过是顶着"示范学校"名称的"重点学校",本质上依然是重点学校制度的产物。

2001年5月,国务院出台了《关于基础教育改革与发展的决定》,指出"各地要建立教育教学改革试验区和实验学校,探索、实验并推广新课程教材和先进的教学方法。各地要建设一批实施素质教育的示范性普通高中"。2006年6月,新修订的《义务教育法》明确规定:"县级以上人民政府及其教育行政部门应当促进学校均衡发展,缩小学校之间办学条件的差距,不得将学校分为重点学校和非重点学校。学校不得分设重点班和非重点班。"至此,从政策和法规层面而言,我国实施多年的"重点学校制度"在义务教育阶段已完全废除。但是,据了解,不少地方仍然实行着"没有重点学校的重点学校制度",在中小学发展规划中将学校划分为三六九等,举办所谓的"示范校""实验校""特长班""实验班",等等。重点校、重点班实际上"名亡实存"。②

---

① 《邓小平文选》(繁体文本),人民出版社1983年版,第105页。
② 姚永强:《新时期下我国义务教育均衡发展方式的转变》,中国社会科学出版社2016年版,第141页。

由此可见，重点学校制度的初衷确实是为了尽快培养出人才，在当时（改革开放初期）背景下，确实有应时之需的价值，对重点学校的人员配置、教育经费投入、办学条件、教育教学管理等方面进行特殊照顾，也是可以理解的。但是，后来却加剧了重点学校与非重点学校之间的差距，影响了教育机会的公平性和教育发展的均衡性。目前，尽管在制度层面撤销了"重点学校"的名称，但事实上的"重点学校"却又以各种名称延续着，严重制约了城乡教育的均衡发展。

3. 分级管理制度强化了城乡教育的差距

2001年5月，国务院出台了《关于基础教育改革与发展的决定》，提出"实行在国务院领导下，由地方政府负责、分级管理、以县为主"的基础教育管理体制，这是我国基础教育管理体制的一次重大转变。这一制度强化了各级政府对基础教育发展的责任，也有利于当地政府根据实际条件制定本地区的基础教育发展策略。但是，从执行效果上看，这种分级管理制度却慢慢地强化了城乡教育的差距，具体来说，除了我国东部比较发达的地区外，中西部地区的很多地区，经济发展水平有限，对于基础教育发展的支持力度有限，这就决定了在有限的县财政总量基础上，可以用于支持教育发展的经费就更有限了。进而，对于当地教育部门来说，面对更有限的教育经费，是选择重点投入城市学校，打造教育品牌呢，还是选择"阳光普照"式的分摊到城乡所有学校呢？事实上，绝大多数教育主管部门会选择前者，具体原因似乎不言自明。

因此，这种分级管理制度，名义上强化了地方政府对基础教育发展的责任，实际上却推卸了国家层面对教育权利保障、教育公平实现和教育均衡发展的宏观统筹责任，客观上造成了城乡教育差距的不断拉大。

(二) 经费投入不均衡

城乡教育经费投入极不均衡，是导致城乡教育发展不均衡状态的重要决定因素。长期以来，我国在教育经费投入方面存在着两个显著特点，一是区域不均衡，东部地区明显高于西部地区；二是城乡不均衡，城市教育经费投入总是多于乡镇。

1. 教育经费投入的区域不均衡：东部高于西部

有研究者指出，"1998年，西部省区平均教育经费总额为50.76亿元，东部省市平均教育经费总额为157.40亿元，是西部的3.1倍。西部省区教育经费基本靠财政投入,由于经济实力不高,多渠道筹措经费的情况显然不如东部省市。当时,全国小学生均教育事业费支出为370.79元,东部是西部的1.8倍。全国初中生均教育事业费610.65元,东部是西部的1.38倍。高中生均教育事业费支出为1248.25元,东部是西部的1.43倍"[1]。导致这种经费投入差距的原因,一方面是由于东西部地区间经济发展的差距,东部地区的经济条件总体上远优于西部地区;另一方面是由于基础教育分级管理制度所致,国家层面并未充分发挥在基础教育经费投入方面的宏观统筹作用。这样一来,东部地区的教育质量必将远高于西部地区,而处在西部地区的有条件的家庭自然会"孔雀东南飞",这又使西部地区原本就堪忧的教育质量"雪上加霜"。

2. 教育经费投入的城乡不均衡:城市高于乡镇

教育经费投入的城乡不均衡,几乎是全国各地共同的现象,即使是发达的东部地区,如上海市,依然存在着城市教育经费高于乡镇教育的问题。不过,有研究者指出,城乡教育经费投入间的差距在逐渐缩小。如图4-1和图4-2所示,2010—2013年全国城乡小学生均预算内公用教育经费支出呈逐年增加之势,但城市小学始终高于农村小学;2010—2013年全国城乡小学生均预算内事业性教育经费支出差距在逐年减小,从2010年的504.80元缩小到2013年的153.64元。

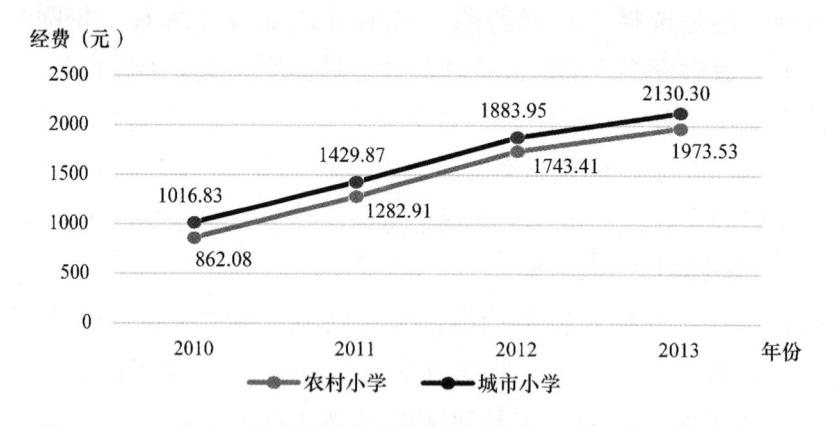

图4-1 2010—2013年全国城乡小学生均预算内公用教育经费支出情况[2]

---

[1] 于建福:《教育均衡发展:一种有待普遍确立的教育理念》,《教育研究》2002年第2期。

[2] 朱德全:《中国义务教育均衡发展论》,人民出版社2018年版,第161页。

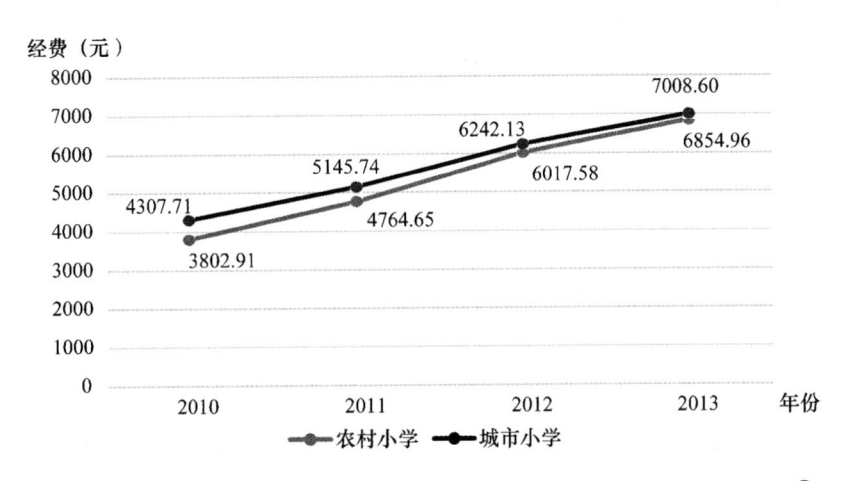

图 4-2　2010—2013 年城乡小学生均预算内事业性教育经费支出发展状况①

不过，这种总量上城乡教育经费差距的缩小，无法掩盖西部地区乡村学校教育经费的窘境。有研究者在重庆市南川区、黔江区、沙坪坝区调研过程中发现，城镇学校与农村学校生均教育经费公用支出部分拨付差距明显。根据重庆市财政局、重庆市教委《关于调整完善我市义务教育经费保障机制改革有关政策的通知》精神，南川区属 18 个扶贫开发工作重点区县，义务教育阶段学校生均公用经费所需资金由中央财政承担 80%，地方财政承担 20%；主城七区义务教育阶段学校生均分用经费所需资金则由中央财政承担 20%，地方财政承担 80%。目前，南川区义务教育生均公用经费标准与主城七区仍存在较大差距，主城区小学生生均公用经费平均为 2233 元/年，而南川区小学生生均公用经费为 955 元/年，主城区初中生生均公用经费平均为 4798 元/年，而南川区初中生生均公用经费仅为 1493 元/年。沙坪坝区也同样存在经费拨付差距问题。在访谈中校长们谈道："学校经费主要有两个来源：一是预算内的生均办学经费和学生交的杂费；二是预算外收入，即择校费借读费、学前班费、房屋租金等。区教委下拨给全区各中小学的生均办学经费标准是相同的，而杂费分不同地区却有不同标准。"② 可见，即使在同一个区域，生均公用经费

---

① 朱德全：《中国义务教育均衡发展论》，人民出版社 2018 年版，第 153 页。
② 宋永忠、张乐天、顾建军：《城乡统筹背景下义务教育均衡发展研究》，南京师范大学出版社 2016 年版，第 79 页。

的城乡差距竟然达到1—2倍。因此，从全国范围来看，城乡教育经费投入上的差距，特别是对乡镇教育的投入不足，是城乡教育发展不均衡的决定性因素。

（三）资源配置不均衡

我国城乡教育发展不均衡在资源配置方面的表现主要有两点：一是全国范围的"撤点并校"加大了城乡教育差距；二是城乡教育基础条件差异较大。

1. 全国范围的"撤点并校"加大了城乡教育差距

2001年，《国务院关于基础教育改革与发展的决定》对中小学布局调整提出了明确的要求，指出："因地制宜调整农村义务教育学校布局。按照小学就近入学、初中相对集中、优化教育资源配置的原则，合理规划和调整学校布局。农村小学和教学点要在方便学生就近入学的前提下适当合并，在交通不便的地区仍需保留必要的教学点，防止因布局调整造成学生辍学。"这就开启了全国范围的以"撤点并校"为中心的农村中小学布局调整工程。从初衷来看，这种农村中小学布局调整，是希望从各地区的自然条件和经济社会发展需要出发，将比较分散的农村中小学校和教学点适当集中起来，重新进行区域内中小学网点布局和规划，保证学生就学方便，以提高农村中小学办学质量和规模效益的一项工作。

但是，从实际上看，"追求效益是各级政府尤其是县级政府进行农村中小学布局调整的初始动力"①。于是，就将那些偏远的、师生比较少的学校进行撤销，合并到乡镇或县城的学校，以实现集中管理，节约资源，提高经济效益。据不完全统计，2000—2010年十年间，全国农村小学减少了22.94万所，教学点减少了11.1万个，农村初中减少了1.06万所，分别约占2000年撤并前的52%、60%和25%。

这种大面积的"撤点并校"的确在一定程度上规范了管理、提高了办学规模和效益，但是，"对于其他组织活动而言，可以是最小化的成本追求最大化的利益。而学校作为培养人的机构，最小化其成本以

---

① 范先佐：《农村中小学布局调整的原因、动力及方式选择》，《教育与经济》2006年第1期。

第四章 城乡基础教育发展均衡化研究

追求利益最大化绝不是最终目的"①。这些效益却是以牺牲学生就近入学、降低学生入学率、增加家庭教育负担、浪费大量农村教育资源、引发大量择校现象为代价的。被撤并学校的原有校舍被挪作他用,让原本就不足的农村教育资源更加紧张。

> 调查显示,从 2002 年到 2012 年,十年之间灌南县全县小学从 305 所调整成 88 所(含教学点),带着寻访被撤并的 217 所学校现状的想法,课题组成员用十一天时间进行了现场察看。其中,163 所校舍已被村支两委卖给群众,转为民居或小工厂;29 所校舍已成为村支两委的办公用房;14 所校舍被乡镇政府卖给个人举办民办中小学或幼儿园;仅有 11 所校舍在小学校撤并后成为公办幼儿园园舍。②
>
> 大量乡村学校被撤并后,许多农村的孩子要到县城或城里上学,导致城镇学校人满为患。进城读书或择校也加重了农民的教育负担,助长了教育不正之风和腐败。由于教育局规定不能收择校费,为了让子女能在城区接受更好的教育,许多家长只好东托西求找关系,实际上花费的钱并不比交择校费少,而且这些钱都流入了个人腰包(原来由学校收择校费,多少还有些用在教育上)。好不容易进入城区学校,孩子离家远,又没有人管,要么全托给任课老师,要么寄养在亲戚家,每个月还要花费 800—1500 元不等的托管费或寄养费。有的家长则直接背井离乡,到县城临时租个斗室陪读。教育局和城区学校校长也叫苦连天,尽管近三年每年都在城区新建 1 所小学,扩建 2 所中学,但仍供不应求。各种关系的都来求情,要求择校,而学校容量有限,接又不是,不接又得罪人。③

总体来看,这种以"撤点并校"为特点的农村中小学布局调整在很大

---

① 万明钢、白亮:《"规模效益"抑或"公平正义"》,《教育研究》2010 年第 4 期。
② 宋永忠、张乐天、顾建军:《城乡统筹背景下义务教育均衡发展研究》,南京师范大学出版社 2016 年版,第 104 页。
③ 宋永忠、张乐天、顾建军:《城乡统筹背景下义务教育均衡发展研究》,南京师范大学出版社 2016 年版,第 115 页。

程度上拉大了城乡教育发展的差距，进一步加剧了城乡教育的不均衡发展。

2. 城乡学校基础条件差异较大

城乡学校之间的基础条件差异也很大，有研究显示，2011—2014年城乡小学生均校舍建筑面积差距呈逐年加大的趋势（见图4-3），2011—2013年城乡小学每百名学生拥有教学用计算机台数（见图4-4）发展趋势基本一致，但城市学校始终高于乡村。

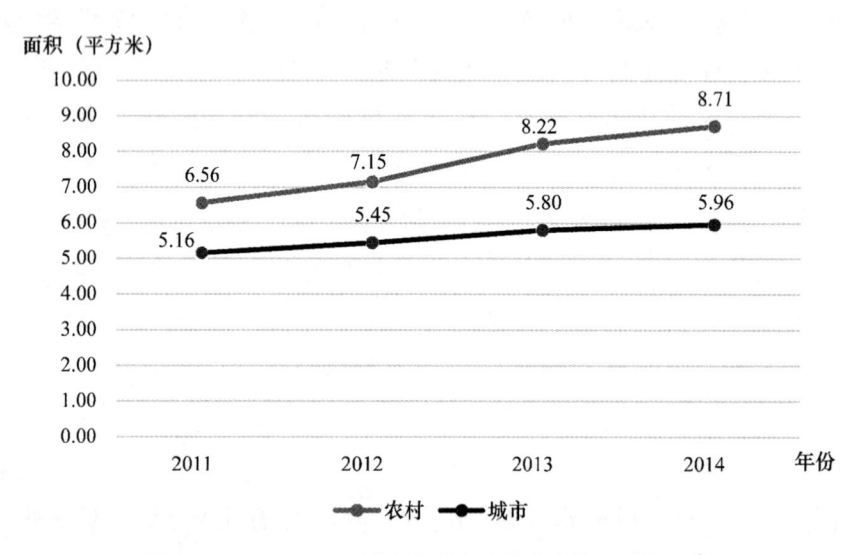

图4-3 2011—2014城乡小学生均校舍建筑面积变化①

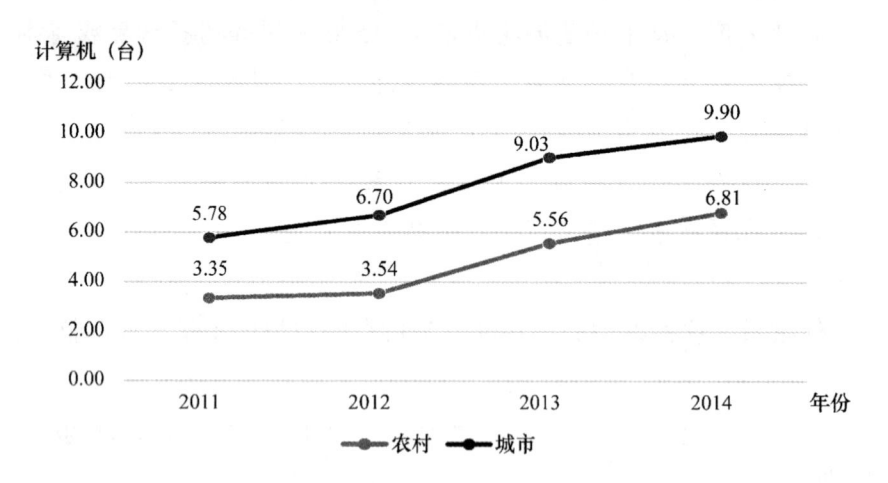

图4-4 2011—2013年小学每百名学生拥有教学用计算机台数发展趋势图②

---

① 朱德全：《中国义务教育均衡发展论》，人民出版社2018年版，第164页。
② 朱德全：《中国义务教育均衡发展论》，人民出版社2018年版，第187页。

早在 20 世纪 60 年代，美国社会学家詹姆斯·科尔曼（Jamens S. Coleman）在其《教育机会均等的观念》的报告中明确指出，学校的硬件设施对教学质量的改善只起微不足道的作用。① 尽管如此，对于大量农村学校来说，缺少基本的教育条件，如校舍、设备、器材等，也难以开展正常的教学活动。因此，对于我国城乡教育发展来说，特别是乡镇教育，首先应当配足配齐基础层面的设施设备，满足教学所需的基本的硬件需求，在此基础上才能谋求更高的教育质量。

（四）师资队伍水平不均衡

城乡教育中的师资队伍水平不均衡是城乡教育发展不均衡的重要原因，主要表现在两个方面：一是城乡学校教师专业素质差距较大；二是农村教师数量少、流动大。

1. 城乡学校教师专业素质差距较大

有研究者发现，2010—2013 年，全国城乡教师学历达标率均超过99%，差距不大（见图 4-5），但是在高一级学历教师比例上却存在明显差距。这就从学历方面说明了乡村学校的教师专业素质明显低于城市学校（见图 4-6）。

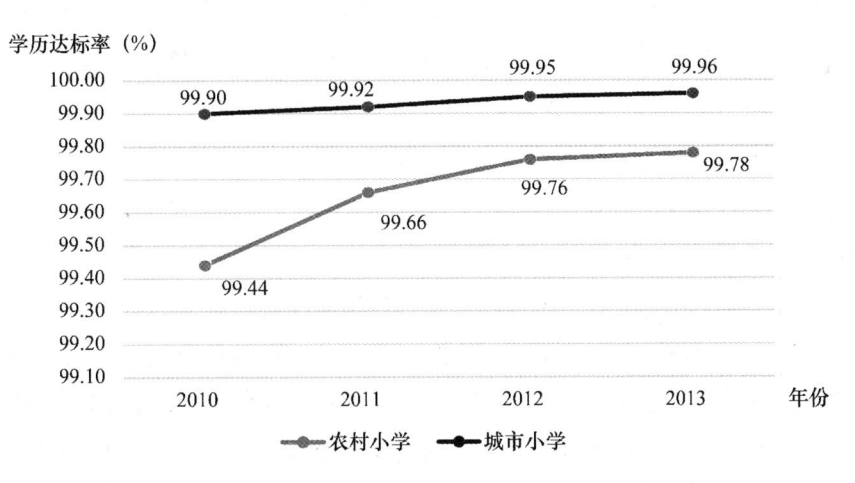

图 4-5 2010—2013 年全国城乡教师学历达标率情况②

---

① 张人杰：《国外教育社会学基本文选》，华东师范大学出版社 2009 年版，第 146—158 页。

② 朱德全：《中国义务教育均衡发展论》，人民出版社 2018 年版，第 206 页。

教师比例 (%)

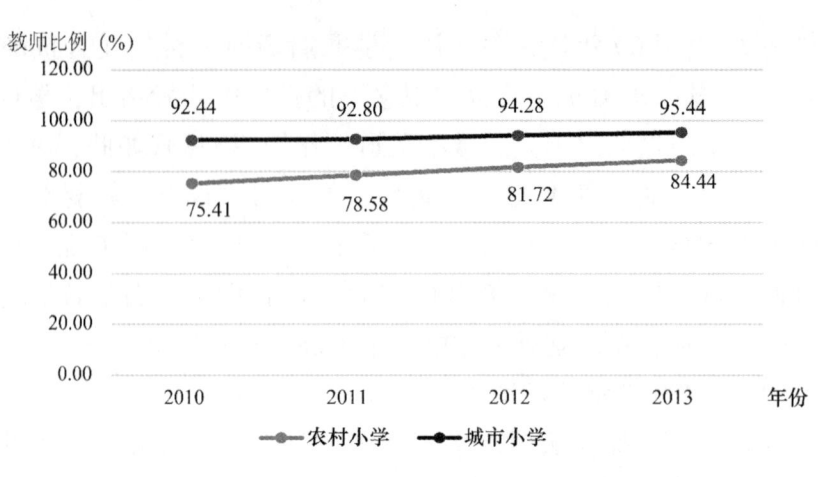

年份	农村小学	城市小学
2010	75.41	92.44
2011	78.58	92.80
2012	81.72	94.28
2013	84.44	95.44

图 4-6　2011—2013 年城乡小学高一级学历教师比例①

另外，具体的案例也可以反映乡村教师队伍素质偏低的现状。有研究者在北京市昌平区进行调查发现，农村中学共有中学高级教师 9 人，占全区中学高级教师总数的 0.32%，占农村中学专任教师总数 786 人的 1.15%，比例极低。农村小学专任教师中没有中学高级职称，具有小学高级职称的有 533 人，占全区小学高级教师总数 1363 人的 3.89%，占农村小学专任教师总数 1424 人的 3.72%，比例比中学稍高。② 作为首都的北京市的乡村小学，教师队伍的素质尚且如此，那么全国其他地方，特别是中西部偏远地区的农村教师队伍素质可想而知。

2. 乡村学校教师数量少、流动大

农村学校的教师队伍不仅在素质上远低于城市教师，而且在数量上也远少于城市学校，甚至在数量严重不足、优秀教师奇缺的情况下，依然有很多教师"逃离"村校，"挤进"城校。

在教师招聘环节，城市学校普遍拥有优先选择权，即先把新进教师中比较优秀的安排进城市学校，剩下的教师则安排到农村学校；在教师支教或正常流动环节，农村的优秀教师又会被城市学校高薪挖走，或者以支教的形式长期留在城市学校。有研究者在调查报告中提到，

---

① 朱德全:《中国义务教育均衡发展论》，人民出版社 2018 年版，第 209 页。
② 毛亚庆等:《促进义务教育均衡发展的校长教师流动机制研究》，北京师范大学出版社 2016 年版，第 86 页。

某地南关小学魏校长描述乡村小学办学困难时说:"我们有的村小只有10个学生,教育局只能派1名老师,这一位老师要带4个年级,什么课都要上,一些课比如英语课、信息技术课等根本没办法开。"①

同样是这个地方,面对农村教师数量日益减少的状况,不但不采取措施予以补救,反而变本加厉,长期执行了农村优秀教师考试进城和农村教师进城支教的政策,进一步加剧城乡教育的差距。据了解,90%以上都是农村学校优秀教师到县城支教。这些支教教师往往都是走进城考试道路没走通的关系户。支教时间一般为2—3年,享受被支教学校待遇(一般都比原来学校要好)。而县城学校教师每年仅2—3人到农村地区支教。②对该地区2008—2012年农村学校教师进城考试录用人数和2012年支教教师人数进行分析发现,所涉及的299名教师中,有235人调入县城,64人到县城支教,仅有3人是从县城到农村支教。去向主要是县城的5所公办小学、2所公办初中和3所民办初中。县城全部的5所小学中,JS小学、逸夫小学和BX镇小学是三所老牌优质小学。③由表4-1可知,农村教师的师资流失状况,可见一斑。

表4-1　通过2008—2012年进城考试政策和2012年支教政策进城的教师人数及流向④

学校	2008—2012年进城教师总数(人)	2012年该校教师总数(人)	进城教师占2012年该校教师总数的比例(%)
二中	13	64	20.3
BX镇中学	31	119	26.1
WY学校(民办)	21	70	30.0

---

①　宋永忠、张乐天、顾建军:《城乡统筹背景下义务教育均衡发展研究》,南京师范大学出版社2016年版,第148页。

②　宋永忠、张乐天、顾建军:《城乡统筹背景下义务教育均衡发展研究》,南京师范大学出版社2016年版,第124页。

③　宋永忠、张乐天、顾建军:《城乡统筹背景下义务教育均衡发展研究》,南京师范大学出版社2016年版,第124页。

④　宋永忠、张乐天、顾建军:《城乡统筹背景下义务教育均衡发展研究》,南京师范大学出版社2016年版,第124—125页。

续表

学校	2008—2012年进城教师总数（人）	2012年该校教师总数（人）	进城教师占2012年该校教师总数的比例（%）
QL中学（民办）	5	56	8.9
YC中学（民办）	1	16	6.3
县教师进修学校	1	19	5.3
JS中学	65	185	35.1
BX镇小学	47	121	38.8
逸夫小学	49	104	47.1
城东小学	17	12	141.7
明德小学	15	26	57.7
端明小学	31	28	110.7
从县城到农村支教	3	—	—
合计	299	—	—

（五）教育质量不均衡

教育发展不均衡在现实中带来学校办学条件上的巨大差异，这种差异必将带来城乡学校的教育质量不均衡，进而导致学生未来发展的不公平和不平等。

1. 城市学校规模扩大，大班额现象突出，影响原有教育质量水平

随着我国城市化进程的加速，城乡学校间的差距越来越大，于是许多家长就会努力将孩子送到条件比较好的城市或县城学校读书，客观上导致了日益严重的择校现象和城市学校的大班额现象。大量涌入的农村学生，给城市学校的教学带来了较大压力，师资补充不及时，校舍扩建跟不上，学生住宿问题解决不了，种种问题影响城市学校的教育教学质量。

2. 乡村学校严重萎缩，小班化教学明显，教育质量提升后劲不足

对于乡村学校来说，生源流失、教师流失导致许多村小"空心化"，难以开足开齐规定的学科，教学质量每况愈下。校舍的维修、教学设备的补充、学科教师的保留等都严重制约了乡村学校的发展。

从全国范围来看，城镇化进程中，大批农民进城务工，导致了在许多大城市出现了很多随迁子女（也称"民工子弟"），这些学生背井离乡，既无法进入当地比较好的公办学校就读，又不能回老家就读，

因为要跟父母一起，只能进入条件更差、质量更低的民办学校上学。同时，在广大农村也有许多没有跟随父母打工而是跟爷爷奶奶在家的大批留守儿童，他们便成为许多农村学校的主要生源。由于缺少关爱和照顾，他们的学业成绩多数很不理想。无论是城里的随迁子女，还是农村的留守儿童，在根本上都是由于城乡教育发展不均衡所带来的必然结果，只有全面实现基础教育均衡发展，才有可能从根本上保障每个人的受教育权利，实现教育公平基础上的教育质量提升。

三 城乡基础教育均衡化探索——苏州样本

苏州自有文字记载以来已有4000多年的历史，苏州城始建于公元前514年，目前仍坐落在春秋时代的位置上，位于江苏省南部，东临上海，南接浙江，西抱太湖，北依长江，基本保持着"水陆并行、河街相邻"的双棋盘格局，以"小桥流水、粉墙黛瓦、史迹名园"为独特风貌，是全国首批24个历史文化名城之一，是长江三角洲重要的中心城市之一。全市面积8488.42平方千米，下辖张家港市、常熟市、太仓市、昆山市，吴江区、吴中区、相城区、姑苏区，以及苏州工业园区和苏州高新区（虎丘区）。2018年年末，全市常住人口1072.17万，其中户籍总人口703.55万人；全市实现地区生产总值1.85万亿，人均地区生产总值（按常住人口计算）超过18000美元，达到世界中等发达国家收入水平。苏州历来崇文重教、人文荟萃。历史上先后产生了46名文状元和5名武状元，以及1500余名进士。当代苏州籍的两院院士达110名，位列全国地级市首位。

改革开放以来，特别是1992年率先完成"普九"任务以来，苏州落实"教育要面向现代化、面向世界，面向未来"的指导方针，高举教育现代化和素质教育两面大旗，全面深化教育综合领域改革，以城乡教育一体化发展促进基础教育优质均衡，因地制宜，以点带面，由乡镇到县域，由农村到城市，在全省乃至全国基础教育均衡发展过程中，扮演着引领风气之先的角色。

（一）苏州城乡教育均衡发展的历程

苏州城乡教育均衡发展的历程主要分为如下几个阶段。

1. 苏州城乡基础教育起步发展期（1979—1992年）

改革开放以后，全国很多地方的乡镇企业，异军突起，创造了不小的经济产值，也带动了广大农村地区的快速发展，为农村教育条件的改善做出了突出的贡献。苏州当时的乡镇企业发展也很快，规模也不小。到1985年，苏州的乡镇工业产值已占全市工业总产值的"半壁江山"，1990年更是形成了"三分天下有其二"的局面。以集体所有制为主的乡镇工业的发展，为小城镇建设提供了有力的资金支持，而国家允许农民自带口粮进城经商务工以及降低建制镇、县级市设立标准的政策，也促进了小城镇的发展。

这一时期，苏州的经济快速发展，乡镇数量也不断增加，城市化率也随之上升，城乡教育随着经济和城镇的发展得到了许多支持和保障。1990年，苏州市就已有71个镇、95个乡，城市化率上升到24.9%，而1978年只有16.6%。这一阶段，苏南地区城市化的特点是农村工业化、就地城镇化，俗称"离土不离乡、进厂不进城"。苏州籍著名学者费孝通曾通过对苏州的研究，写出了《小城镇 大问题》等系列著作，引起国内外的强烈反响。在乡镇经济支撑下，苏州于20世纪90年代初在全国率先完成了"普九"任务，城乡教育均得到良好发展。

2. 苏州城乡基础教育快速发展期（1993—2000年）

这一阶段主要以开展国家城市教育综合改革实验为契机，以创建一批教育现代化示范乡镇和建立开发区教育实验区为抓手，着力改善城乡学校的硬件建设，筹备充足的教育资源，满足城乡教育需求。1993年，为贯彻落实邓小平同志提出的"江苏要比全国发展快一些"的精神，苏州市委、市政府提出"不失时机推进教育现代化，赶超亚洲四小龙"的战略构想。1994年，市教委颁发《关于加强现代化示范学校和教育示范乡镇建设的意见》，239所各级各类学校纳入创建计划，14个乡镇列为首批试点单位。1996年，市委、市政府制定《苏州市教育基本现代化实施纲要》，明确到20世纪末，教育总体水平达到中等发达国家20世纪90年代初的水平。1998年，苏州率先普及高中段教育，新增劳动力平均受教育年限达12年，高等教育毛入学率达30%，江苏省乡镇实施教育现代化工程观摩交流会在苏州召开，苏州经验得到肯定。2000年，全市129个乡镇中有122个达到省、市教育现代化基本标准，占94.6%；一大批省实验小学、省示范性初中、省重点中学、国家示范性高中、省重点职业中学等优质教育资源迅速成为苏州教育的主体。城乡基础教育发展均得到稳步推进，城乡教育一体化初现端倪。

3. 苏州城乡基础教育稳定均衡期（2001—2007年）

这一阶段主要以贯彻落实中共中央国务院《关于深化教育改革全面推进素质教育的决定》为契机，以创建江苏省教育现代化先进县（市、区）为抓手，创造性地实施各级各类现代化学校评估标准，统筹城乡教育协调发展，推进城乡基础教育均衡发展，率先基本实现教育现代化。2002—2003年，苏州市下辖所有县（市、区）先后接受省级评估，达到《江苏省县（市、区）教育基本实现现代化建设标准》。2004年，苏州市在全国率先普及高等教育，下辖5个县级市实现"市市有高校"。2005年，苏州提出在全省率先实施义务教育，率先基本实现教育现代化的目标。2006年，先后出台农村村小现代化建设评估标准、教育现代化小学评估标准、教育现代化初中评估标准以及外来民工子弟学校合格标准，督促各县（市、区）以评估促建设，拉长教育发展短板。2007年，下辖所有县（市、区）全部通过了省县（市、区）教育现代化建设水平评估，多个县（市、区）被评为省幼儿教育、义务教育均衡发展、全面实施素质教育先进县（市、区）。苏州城乡教育发展已呈现明显的一体化特点。

4. 苏州城乡基础教育优质均衡期（2008年至今）

这一阶段主要以贯彻落实党的十七大、十八大精神为契机，根据国家、省、市中长期教育规划纲要的部署，以"办好每一所学校、教好每一个学生、发展好每一位教师"为主题，遵循教育内在规律和人才成长规律，加快推进从外延式发展向内涵式发展、从学有所教向学有优教的新跨越，整体提升基础教育均衡发展质量，努力办好人民满意的教育。2009年，出台《区域幼儿教育现代化评估标准》，大力完善推进以公办为主、政府投入为主、教育主管为主的学前教育管理体制。2010年，召开全市教育工作会议，出台《苏州市中长期教育改革和发展规划纲要（2010—2020年）》，提出了到2015年率先实现教育现代化，到2020年率先实现高水平教育现代化的奋斗目标。

党的十八大以来，国家提出了"新型城镇化"发展战略，这是中央基于对中国原有粗放型城镇化的反思提出的经济社会发展战略，它强调要坚持以人为本的理念，以新型工业化为动力，以统筹兼顾为原则，推动城市现代化、城市集群化、城市生态化、农村城镇化，全面提升城镇化质量和水平，走科学发展、集约高效、功能完善、环境友好、社会和谐、个性鲜明、城乡一体、大中小城市和小城镇协调发展的城镇化建设路子。在这样的背景下，苏州市研究出台了《关于加快实现苏州市城乡教育发展一体化现代化的意见》，提出以城乡教育一体化的"六个统一"来促进基础教育优质均衡发展。这"六个统一"分别是：统一管理体制、统一规划布局、统一办学标准、统一办学经费、统一教师配置、统一办学水平。2011年，先后启动国家学前教育改革发展示范区、国家苏锡常义务教育优质均衡改革发展示范区、省职业教育创新发展实验区、省地方政府促进高等职业教育国家综合改革、省苏州中学拔尖创新人才培养等体制改革试点项目。2012年，强化教育就是服务的理念，通过成立教师发展中心、教育惠民服务中心、学生资助管理中心等举措，积极构建服务型教育体系。2013年，紧扣学有优教这个中心，明确提出"让人人享有公平、优质、适切的教育"的苏州教育梦。

党的十八大报告提出了"努力办好人民满意的教育"的口号，并要求"深化教育领域综合改革，着力提高教育质量"；[1]党的十九大报告提出发展"公平而有质量的教育"[2]；党的二十大报告又提出"坚持以人民为中心发展教育，加快建设高质量教育体系，发展素质教育，促进教育公平"[3]。为了实现这种教育愿景，苏州市先后开展了义务教育均衡发

---

[1] 胡锦涛：《坚定不移沿着中国特色社会主义道路前进　为全面建成小康社会而奋斗——在中国共产党第十八次全国代表大会上的报告》，人民出版社2012年版，第35页。

[2] 习近平：《决胜全面建成小康社会　夺取新时代中国特色社会主义伟大胜利——在中国共产党第十九次全国代表大会上的报告》，人民出版社2017年版，第46页。

[3] 习近平：《高举中国特色社会主义伟大旗帜　为全面建设社会主义现代化国家而团结奋斗——在中国共产党第二十次全国代表大会上的报告》，人民出版社2022年版，第34页。

展研究、苏州教育现代化 2020 规划和 2030 远景目标研究、"一师一优课、一课一名师"优质教育资源建设工程、在线教育中心建设过程等一系列研究项目和建设工程，为全面促进苏州基础教育优质均衡发展、实现教育公平、保障所有人的受教育权利继续做出积极的努力。

（二）苏州城乡基础教育均衡发展的有效经验

从改革开放以来的基础教育发展历程来看，苏州城乡基础教育发展整体上遵循的是城乡教育相互补充、同步发展的融合路径，具体表现为：教育先行、城乡一体、经济支持、优质均衡；关键因素为：政府主导下的统筹规划，教育与经济的互相支持，体制机制的区域搞活，重教传统的文化蕴含。

1. 城乡一体的经济社会结构是苏州城乡基础教育一体化的重要基础

苏州基础教育的发展，为苏州经济社会发展发挥着重要的人才培养和智力支撑的作用；同时经济社会的发展又为教育现代化提供了坚实充分的保障条件；教育与经济的互动关系，促成了一系列开发区的建设和发展。

顶层设计中确立了教育优先发展的战略地位。改革开放初期，"科教兴市"被确立为苏州经济社会发展的主体战略之一，并把教育现代化作为一项极其重要的奠基工程，始终坚持优先并适度超前发展。

规章制度中强化教育现代化的规划与落实。苏州的基础教育发展在根本上是政府强力推进的结果，从规划到实施，从投入到评价，从区域到学校，都是在"大政府"统筹规划、协调推进下发展。代表性的制度主要有：苏州的教育发展目标责任制，即每年年初召开全市教育工作会议，由市长和各市（县）、区政府一把手签订教育发展年度目标责任书。每年年终邀请市四套班子分管领导组成联合检查组，对各市（县）、区教育发展年度目标进行验收、评估、考核，并公布和通报评估结果。

独特的经济转型方式奠定了苏州基础教育均衡发展的社会基础。改革开放后，为促进区域经济整体协调发展，尽快缩小城乡差距，苏州市出台了一系列城乡一体发展策略：三大合作（社区股份合作制改革、土地股份合作制改革、农民专业合作经济组织建设）、三个置换（集体资产所有权、土地承包经营权、宅基地及住房置换成股份合作社股权、社会保障和城镇住房)、三个集中(农户向社区集中、承包耕地向规模经营集中、工业企业向园区集中)、三大并轨(城乡低保、养老保险和医疗保险全市同一标准)。实施这些策略的直接结果一是城乡差距明显缩小;二是县域特别是乡镇的经济得到快速发展;三是城乡教育发展的差距也得到了明显缩小。

2. 苏州城乡基础教育优质均衡发展是由苏州经济、社会、文化等多种因素共同作用的结果

城乡教育一体化是苏州教育的突出特征,是苏州城乡统筹发展、一体推进的自然结果,也是经济、社会、文化等多种因素共同作用的结果。乡镇经济的异军突起带来了苏州县域经济的快速发展和整体均衡。借助毗邻上海、地处长三角腹地的区位优势,苏州的张家港、常熟、昆山、太仓、吴江等县级市经济总量迅速提升。这一方面大大提升了苏州的经济基础;另一方面也种下了县域经济大于市域经济的种子,为后来的城乡协调、一体化发展奠定了重要的经济和社会基础。

崇文重教的文化传统滋养苏州教育现代化快速发展。"崇文"和"治生"是吴文化品格的关键特征,前者意味着知书达理、温文尔雅,后者代表着泰然处世、和睦久长。教育的观念深植吴文化核心,所以教育现代化的战略发展拥有内在的文化支持和广泛的社会基础,得以快速发展自在情理之中。

活跃的经济和包容的文化使众多外来务工人员涌入、定居并成为新市民。当本地劳动力无法满足经济发展需要时,劳动力输入是自然趋势。以赚钱谋生为初衷的外来务工人员,当发现适宜的气候条件、包容的苏南文化、良好的城市建设、卓越的教育条件、乐观的经济前景时,自然会定居下来,成为新市民,成为苏州经济社会发展的潜在人力资本。

教育政策及发展规划的城乡统筹兼顾、一体化推进,是苏州城乡教育一体化发展的主要动因。苏州市先后出台了《苏州市教育基本现代化实施纲要》《关于加快建设教育强市,率先实现教育现代化的决定》《关于加快实现城乡教育一体化现代化的意见》等,把科学规划学校布局、合理配置教育资源,作为促进教育均衡发展的重要内容常抓不懈,基本形成了覆盖城乡、布局合理、发展均衡的教育体系。

3. 苏州城乡基础教育均衡发展是始终以人的全面发展和人的现代化为核心，实现基本公共教育服务均等化的过程

教育现代化的核心就是人的现代化。英格尔斯在《人的现代化》一书中指出：先进的科学制度要获得成功，取得预期的效果，就必须依赖运用它们的人的现代人格、现代品质。一个人现代化的水准和现代品质的形成，很大程度上取决于接受现代化教育的程度。因此，苏州基础教育的目标和任务始终锁定在全面贯彻党的教育方针，全面推进素质教育，全面提高市民素质。全面提高市民素质的重要抓手就是不断完善人民群众日益增长的多样化教育需求的现代国民教育体系和终身教育体系，实现由精英教育向大众化教育转变。

苏州基础教育发展的一个显著特点就是：较早地形成了以幼儿教育普惠化、义务教育均衡化、高中教育特色化、职业教育市场化为特点的现代国民基础教育体系。苏州基础教育，提倡学历本位和能力本位并重，不仅注重体系完整、结构合理、机会均等、区域均衡，而且注重各级各类教育相互衔接、正规教育与非正规教育相互沟通、学校教育与社区教育相互结合，较好地满足了区域经济社会发展对大量应用型、技能型人才的需求，较快地提高了新增劳动力受教育的年限和劳动者的整体素质，实现了区域基础教育优质均衡发展。

但是，苏州在推进基础教育均衡发展的过程中，也面临着一些现实问题亟待解决：（1）教育化内涵发展需要突破一些传统思想和固有模式的阻碍，素质教育任重道远，教育的目的、内容、方法还不能很好地适应培养面向未来的人的发展需要；（2）基础教育发展的系统思维和顶层设计还不够完善，学习化社会建设的统筹力度不够，教育主动服务经济社会发展认识和能力需要进一步提高；（3）对制度层面和精神层面的教育规划重视不够，教育人才队伍成长的内生动力不强，具有区域特色、标识意义的教育品牌不多，教育评价体系和评价制度相对滞后，区域教育发展水平的监控力度有待提升；（4）教育体制机制创新活力有待加强，办学模式、办学体制多元化还存在理论和实践的"两张皮"现象，学校自主发展的内在动力还不足，教育政策、教育服务的社会化程度有待提高。

总体上看，政府主导、统筹推进、大力投入、均衡发展是苏州基

础教育均衡发展的核心要素和内在逻辑。"大政府"主导的教育发展格局是苏州教育一体化发展取得如此成就的根本原因,同时也带来了学校自主权有限、管理体制机制的应变性有待加强等问题。当"外延式"教育发展模式走到尽头后,关注人的现代化的"内涵式"教育发展模式将走向苏州基础教育均衡发展的核心舞台。

第三节 中国城乡基础教育发展均衡化的政策思考与机制创新

前文已对我国城乡基础教育和高等教育均衡发展的现状、问题及原因等进行了初步的分析和探索,对于影响城乡基础教育和高等教育均衡发展的因素也有相关论述,基于已有研究,本节探究我国城乡教育发展均衡化的现实路径、创新机制和可能的政策建议等。

一 中国城乡教育发展均衡化的政策思考

(一) 城乡教育发展均衡化的理论内涵
1. 相关概念探析
(1) 均衡

均衡是一种"均匀"的"平衡"状态。均衡的本义是"均匀""平衡"。在静态意义上,就是能够保持不动的状态;在动态意义上,就是能够保持左右、上下或前后同样幅度持续运动的状态。比如,天秤的均衡状态,一是保持静止,且指针处于中间位置;二是保持运动,且指针左右摆动幅度一致。

因此,在本质上,均衡状态是一种理论的、理想的、应然的存在状态,而非一种实践的、现实的、实然的存在状态。因为对于复杂事物或者受到多种因素复杂交互作用的简单事物来说,几乎不可能达到均衡状态。由此,我们可以说,现实意义上的均衡状态几乎是不可能出现和实现的,那么,既然现实均衡无法企及,我们是否就不必再倡导了呢?对于一个根本无法实现的目标，是否就不值得去努力追求了呢？显然不是，在一定意义上说，向着目标而努力追求，与目标本身是否能够实现之间是完全不同的两回事。目标的价值不仅在于其实现时所带来的预期收益，还在于其激励个体或事物不断努力的指引作用。对于一个几乎无法实现的目标来说，其价值就体现在激励个体或事物向着目标方向持续努力的指引作用上。均衡状态就是这样一种几乎不可能实现的目标，其价值也主要体现在激励和指引事物向着均衡状态付出持续的追求和努力。

这种追求和努力，也代表着事物发展的内在张力，是事物保持统一性、整体性和系统性的基本要求。若没有这种向着均衡状态的追求和努力，那么事物发展将失去内在张力，也必将走向分化、分离和分割，最终导致事物的消亡或被替代。所以，向着均衡状态的发展也是事物维系其自身存在完整性的内在要求。

（2）教育均衡

教育是一种复杂的社会事物，受到多种因素的复杂交互作用，所以教育均衡状态也是一种理论的、理想的、应然的存在状态，在实践中也是几乎不可能实现的状态，其存在的价值主要在于激发教育自身的张力，保持教育自身的完整性。

教育均衡，本质上是向着一种理想状态而努力追求的过程，其根本价值在于追求的过程本身，而非所追求目标的实现结果。这种追求的过程有利于维系教育内部各要素间的牵引力，保证教育存在的整体性和系统性，避免由于部分要素过分发展而导致教育的分化和解体。所以，教育均衡问题必然涉及教育内部诸要素发展的不均衡状态，涉及对发展差距的考量，对发展不良、发展不足要素的关注和补偿，等等。比如，城乡教育均衡，就是基于城市教育和乡镇教育发展差距的现实，探索如何发挥城市教育对乡镇教育的引领和带动作用，如何提升乡镇教育的发展质量和水平，如何实现城乡教育的整体、系统和一体化的发展等问题。区域教育均衡，也是类似。

因此，教育均衡发展的根本内涵在于保持教育发展的整体性、激励内部各要素间的张力和牵引力、避免出现要素之间因发展差距过大而分离的现象，根本价值不在于实现之，而在于始终保持教育发展的活力、维系教育发展的动力，让教育始终以一种系统的整体状态处于持续发展的过程之中。

(3) 教育均衡发展

既然教育均衡根本价值在于促进教育始终处于一种持续发展的过程之中,那么教育均衡发展的价值也就蕴含于发展本身,即"发展"的目的就在于"发展",简言之"为发展而发展",教育均衡发展的目的就在于促进教育不断地发展。因此,均衡不是目的,而是一种手段,指向教育均衡发展的努力和追求,并不是为了实现教育均衡,而是为了保持教育处于不断改革、不断发展的过程之中。

因此,教育均衡发展的重心在"发展",而非"均衡"。向着"均衡"的发展,必然要重点关注教育内部各要素发展的不均衡状态,必然要采取措施解决这种不均,即缩小差距、补偿后进。但这种缩小和补偿的力度也是有限的,不能以简单粗暴的、过分的"削峰填谷"式、"杀富济贫"式措施来实现,尽管本质上就是这个意思,而应适度,适度的标准在于保持教育发展的不均衡状态处于一定的范围内,即教育内部各要素间的差距不要太大。比如,某个区域的"先进"教育发展水平已经达到了"小康"水平,那么该区域的"后进"教育发展至少要达到"温饱"水平,这时我们可以说这个区域的教育处于一种均衡发展状态;如果该区域的"后进"教育发展依然"挣扎在贫困线上",那么我们可以说这个区域的教育就是一种明显的不均衡发展状态。

教育发展的现实状态始终是不均衡的,这种不均衡状态是必需的,因为它能够提供教育发展所必需的内在张力,若失去了这种张力,那么教育就没有了动力,而处于一种基本静止的状态;这种不均衡状态也是适度的,超过一定范围的不均衡不但提供不了内在张力,还会造成教育内部的相互排斥力,导致严重的分化和隔离现象。因此,理性的教育均衡发展是能够始终保持教育在适度不均衡的范围内获得持续发展的过程状态。

2. 强化教育发展的内力驱动

(1) 内因是事物发展的根本动力

一般地说,事物发展受到内因和外因的共同作用,内因提供动力,外因提供必要的条件,仅有内因或仅有外因都无法催动事物的发展。内因代表着事物发展的主动性和可能性,外因代表着事物发展的条件性和现实性。

尽管内因和外因都对事物的发展发挥着必不可少的重要作用，但二者的作用却不是对等的，也不一定是同时出现的。本质上说，内因才是事物发展的根本动因。如果把事物比作有机体，那么内因就是有机体的自身发展规律或潜在的"DNA"信息，外因则是其自身发展的外部条件。一个具备了发展自主性的有机体，必然会有意识地创造其存在和发展的必要外部条件。在这个意义上来说，内因是有机体发展的首要动因，外因是次要动因，可从属于内因，因为外因可以由内因的发展来获得。如果事物并非有机体，不具备发展的自主性，那么其内因就代表着其自身发展的规律，这种规律无法创造其存在和发展的外部条件，这需要从外部提供相应的条件，当所提供的条件切合了自身的规律，则足以促进事物发展，反之则无法促进事物的发展。因此，对于非有机体事物来说，是否能够根据其自身规律（内因）提供适当的外部条件（外因）是能否催动事物发展的关键。

（2）尊重教育规律是促进教育均衡发展的根本要义

教育，就是一种非有机体的事物，良好的教育发展需要我们有意识地根据教育发展的内在规律，提供适当的外部条件。如果说均衡发展是教育发展的理想状态，那么实现这种均衡发展，就一定要尊重教育规律。反而言之，教育之所以发展不均衡，在根本上就是由于不尊重教育规律导致的。本质上说，均衡发展并非教育发展的理想状态，原因上文已述，但从现实意义上讲，我们应当认定均衡发展就是教育发展的理想状态，因为这种认定可以引导人们尊重教育规律、发现教育规律，并有意识地按教育规律办事。尽管所发现的教育规律可能并非是真的教育规律，但是，遵循"并非是真"的教育规律办事的过程可能就是沿着"确实是真"的教育规律所指引的方向在发展。遵循教育规律的根本目的在于对教育发展进行纠偏，让教育发展不至于过分偏离教育应然的导向，或者说是为了让教育发展的偏向、偏离、不均衡状态始终保持在适当的、合理的范围内。

作为教育均衡发展根本要义的尊重教育规律的根本要义在于，纠正教育发展中那些不符合教育发展规律的现象，厘清教育发展不均衡背后存在的违背教育规律的问题。

（3）基于差异的适切对待是教育均衡的根本内涵

要促进教育均衡发展，就需要遵循教育规律，那么究竟该遵循哪些教育规律呢？教育作为一个复杂的系统，包含很多要素，其发展规律也有很多，这里无法一一赘述。从本质上说，教育发展的规律在于基于差异的适切对待。教育均衡发展的根本目的就是要实现这种基于差异的适切对待的状态。

教育均衡的另一种表达就是适度的、合理的教育不均衡，何谓适度、何谓合理？这就是要满足需求，满足教育系统发展、教育内部各要素发展的各自的需求。因此，基于差异的适切对待才是教育均衡发展的根本内涵。就好比鞋子，评价一个鞋厂均衡发展的标准，不在于其生产鞋子的数量，而在于其生产的鞋子是否畅销，是否适合人们的脚的尺寸。脚有大小差异，决定了鞋子也要有大小尺码，只有穿着合脚的鞋子才是好鞋子。同样，只有能够生产出适合尽可能多样的脚的鞋厂才是好鞋厂，这就要求鞋厂要根据脚的差异范围，设计并生产不同尺码、不同类型的鞋子，以满足不同脚的需求。

教育也是一样的道理，人们对于教育的需求不同，只有能够满足不同人的需求的教育才是好的教育，这就要求教育要提供不同类型、不同形式的服务内容。教育均衡发展的过程就是追求这种满足人们不同需求的过程，也就是说，基于差异的适切对待就是教育均衡发展的根本内涵。

3. 继续加大对薄弱地区教育发展的宏观统筹和支持力度

从我国发展的现状来看，教育均衡发展的当前要务是继续加大对薄弱地区教育发展的宏观统筹和支持力度。我国教育发展不均衡状态的主要原因在于区域经济发展的不均衡，各地区由于资源、历史、机遇等因素不同，经济发展的质量和水平也存在明显差距，这就导致了教育经费投入的明显差距，进而表现为教育发展的区域不均衡状态。要从根本上解决这种发展不均衡的状态，就需要在经济发展区域差距的基础上，加大国家宏观层面的统筹力度，实现经济发达地区通过国家统筹向欠发达地区进行支援的均衡发展状态。

对于基础教育发展来说，强化政府对于基础教育发展的底线均衡保障责任，切实改善中西部贫困地区的基本办学条件，保障适龄儿童享有基本的教育权利，以补齐短板、提升教育发展不均衡底线的形式，缩小教育发展的区域不均衡差距,促进教育均衡发展。

对于高等教育发展来说,继续深化高等教育领域综合改革,强化高等教育,特别是高校的自主发展权,弱化高等教育管理的行政取向,以学术导向、科研导向作为教育经费投入、优质教育资源配给的根本标准,激发高校和广大科研人员的发展活力和创新能力。

(二) 我国城乡基础教育发展均衡化的政策思考

对于解决我国城乡基础教育发展不均衡问题的建议,有研究者针对区域间、学校间和人群间的差异,提出了三种均衡路径,即以针对性措施提升差序之底线的"成长性均衡";形成强势弱势之间良性互动与共建的"分享式均衡";视差异为资源、以变革促均衡的"有益性均衡"[①]。还有研究者提出,在基础教育均衡发展的思路上要实现"四个转向":一是由注重硬件建设转向注重软件建设;二是由注重外延扩展转向注重内涵提升;三是由重点倾斜转向城乡一体;四是由"学有所教"转向"学有优教"[②]。其实,我国城乡基础教育发展不均衡是一个非常复杂的问题,背后的原因亦很复杂,涉及的要素也不少,这就决定了这个复杂问题的解决策略必然也是复杂的。

本书认为,要从根本上解决城乡教育不均衡发展的问题,应从管理、资源和教师三个方面入手:在管理方面,强化政府责任,保障基础教育发展的底线均衡;在资源方面,完善资源配置,优化基础教育资源的适度充分;在教师方面,重视教师发展,增强基础教育教师的专业素质。

1. 强化政府责任,保障基础教育发展的底线均衡

(1) 政府是基础教育均衡发展的责任主体

基础教育均衡发展,"首先是政府的责任"[③]。在我国社会主义体制下,政府有责任保障每个人享有基本的教育权利,也有义务为每个人接受适当的教育而提供相应的条件。基础教育是为人的终身发展提供

---

① 杨小微:《义务教育内涵式发展路径分析》,《教育发展研究》2009 年第 5 期。

② 朱建康:《关于区域义务教育优质均衡发展的实践与思考》,《教书育人》2011 年第 7 期。

③ 翟博:《教育均衡发展:现代教育发展的新境界》,《教育研究》2002 年第 2 期。

保障的、"普及平民化的面向全体国民的基础素质教育"①。一个国家基础教育的水平和质量往往决定着这个国家全体国民的基本素质,同时也决定着国家未来发展的潜在动力。

我国幅员辽阔,区域经济社会发展不均衡,各地基础教育的条件亦不均衡,特别是城乡教育差距明显。在这种情况下,对于为国民提供公共服务的政府来说,首要责任是保障基础教育的基础条件,工作重心在于保障全民教育权利的基本实现和基础教育需求的基本满足,让基础教育为每个人终身发展的奠定必要的基础,缩小由于其他社会条件不足而可能导致阶层差距的可能性。

另外,为了满足不同区域人们对基础教育的需求,在以政府办学为主的同时,可以制定基础教育办学标准,"建立健全教育质量保障制度和教育行政问责制度"②,引导社会资本进入基础教育领域,充分发挥民办教育机动灵活、形式多样、个性鲜明的办学特色,为缩小城乡基础教育差距、促进城乡基础教育均衡发展发挥重要的补充和辅助作用。比如,在义务教育阶段,"在有限的范围内,通过有限的规模、有限的形式对优质性义务教育引进市场机制并适度收费,将有助于遏制优质性义务教育的过度社会需求,也有利于引导政府和社会力量把经费投向标准化的义务教育办学层面,进而有助于克服义务教育不均衡,提升义务教育的整体效率"③。

(2) 底线均衡是基础教育均衡发展的基本要求

基础教育均衡发展的主要责任在政府,重心在保障基础教育的底线均衡,这种底线均衡,"应当着眼于人的发展价值和保障这种价值的教育基本需要进行资源配置"④,这就需要正视城乡基础教育发展

---

① 杨启亮:《底线均衡:义务教育优质均衡发展的解释》,《教育理论与实践》2010年第1期。

② 褚宏启:《城乡教育一体化:体系重构与制度创新——中国教育二元结构及其破解》,《教育研究》2009年第11期。

③ 黄家骅:《义务教育均衡发展的公平、效率和质量——兼析择校行为的引导与规范》,《教育发展研究》2010年第18期。

④ 杨启亮:《底线均衡:义务教育优质均衡发展的解释》,《教育理论与实践》2010年第1期。

不均衡的现实,着力缩小城乡基础教育差距,提升薄弱地区的基础教育发展水平和质量。"我们不可能通过削弱现在好的学校去同薄弱学校'均衡',而要重点加强薄弱学校建设。"① 比如,"制定优惠政策,建立相应机制,加快普及和发展教育,加大对西部地区和弱势群体的教育支持"②;"加大中央及省级政府财政对贫困地区义务教育的专项投资,逐渐缩小地区之间义务教育发展的不平衡性,实现基础教育的真正全面普及"③;等等。只有这样,才能逐步实现城乡基础教育的均衡发展、缩小城乡基础教育发展的差距、促进我国基础教育整体均衡发展。

2. 完善资源配置,优化基础教育资源的适度充分

(1) 继续加大基础教育经费投入,改善中西部地区基础教育办学条件

为解决我国城乡基础教育发展不均衡问题,还需要继续加大基础教育经费投入,切实改善中西部薄弱地区基础教育的办学条件。需要注意的是,经费投入的导向是保障底线均衡,是促进基础条件的改善,具体地说,"政府的投资不要再去给那些条件已经很好的学校'锦上添花',政府的投资重点,应该转向为那些条件比较差的学校'雪中送炭',这样才能逐步缩小公立学校之间的差距,才能使目前不均衡的状态得到缓解"④。这是由我国区域经济社会发展不均衡的现实所决定的。

(2) 合理优化基础教育资源配置,多种形式缩小城乡基础教育发展差距

为缓解城乡基础教育发展差距,除了加大对教育经费投入外,还要"合理配置公共教育资源,全面提高教育质量和保障水平,全面实

---

① 谈松华:《非义务教育的公立教育也应该均衡发展》,《人民教育》2002年第4期。

② 于建福:《教育均衡发展:一种有待普遍确立的教育理念》,《教育研究》2002年第2期。

③ 叶玉华:《教育均衡化的国际比较与政策研究》,《教育研究》2003年第11期。

④ 谈松华:《非义务教育的公立教育也应该均衡发展》,《人民教育》2002年第4期。

施素质教育"①，切实缩小城乡基础教育发展差距。

多年来，对于中西部地区的扶持政策和支持措施，多是以物质支持为主，比如建设校舍、提供设备、补充资料等，实际上，"早在20世纪60年代，美国社会学家詹姆斯·科尔曼（Jamens S. Coleman）在其著名的《教育机会均等的观念》报告中就通过大量的实证研究明确指出，学校的硬件设施对教学质量的改善只起微不足道的作用"②。教育质量的改善才是教育均衡发展的重中之重。因此，要让优质资源切实发挥作用，不能仅仅注重外在的硬件设施的改善，还应加强内在的软件素质的提升。比如，加强农村地区学校的教师培训，提升薄弱学校教师的教学能力等。

此外，还可以适当引入市场机制，配合政府的基础教育均衡建设，采用政府主导、市场参与的互动支持均衡发展方式，"一方面，政府应制定优惠政策加大对中西部地区的支持力度，并鼓励东部发达地区对口支持中西部贫困地区发展教育；另一方面，通过市场机制，吸引国外、东部地区、社会和民间资金参与中西部地区办学"③。只有充分全面调动社会各方力量共同参与，才能够尽快缩小基础教育城乡差距，促进我国城乡基础教育均衡发展。

3. 重视教师发展，增强基础教育教师的专业素质

（1）促进教师专业发展是基础教育内涵性均衡发展的核心要求

缩小城乡基础教育发展差距的根本措施在于促进教师的专业发展，特别是提升薄弱地区、薄弱学校的师资素质，同时，这也是促进基础教育内涵性均衡发展的根本要求。"内涵性均衡发展的关键在于通过师资队伍的优化、教学效率的提高与学生素质的增强"④ 来提升薄弱学校

---

① 翟博：《均衡发展：我国义务教育发展的战略选择》，《教育研究》2010年第1期。
② 张人杰：《国外教育社会学基本文选》，华东师范大学出版社2009年版，第146—158页。
③ 翟博：《教育均衡发展：现代教育发展的新境界》，《教育研究》2002年第2期。
④ 熊川武、江玲：《论义务教育内涵性均衡发展的三大战略》，《教育研究》2010年第8期。

的教育质量,其中师资队伍的优化具有决定性的作用。

近几十年来,随着我国经济社会发展水平的提高,对于中西部基础教育发展的政策支持力度和资源保障水平都有了很大幅度的提高,这使得中西部许多薄弱学校的教学条件得到了很大的改善,尽管如此,这些学校的教学质量并未有明显提升,究其原因在于,教师队伍的素质没有得到相应的提升,在"现代化"的校园里依然延续着"前现代化"的教学方式。这与一直以来侧重于对以硬件条件改善为特征的外延性支持策略,忽视以软件素质提升为特征的内涵性发展策略有很大的关系。

因此,接下来的城乡基础教育均衡发展应加大对于内涵性发展策略的重视,着力提升薄弱地区学校师资素质,促进教师专业发展,采取尽可能多的措施改善薄弱地区教师的教学方式,以此全面促进城乡基础教育均衡发展。

(2)完善教师发展制度建设,提升中西部教师队伍整体素质

重视教师专业发展,提升薄弱学校师资素质,应完善教师发展相关的制度建设,特别是要制定旨在加强于薄弱地区教师发展的支持性制度。比如,"在城乡教育人力资源的规划上,建立起农村教育和农村教师发展动态监测系统;修改教师编制方法,使其标准多元化、弹性化;建立有利于城乡教师定期交流的考评机制,打破教师的区县归属、单位归属制度;创造条件扩大农村教师培训机会,建立费用全免、内容实践、体系下移、形式多元的农村教师培训机制;实行教师双向流动机制,农村教师流失补偿机制;薪酬分配和职称评定'补偿性'地倾向农村教师等"①。

二 中国城乡基础教育发展均衡化的机制创新

城乡教育的差别,根源在于城乡二元社会结构,"是二元社会结构在教育上的必然反映,城乡二元结构形成了国家宏观政策的

---

① 雷万鹏:《中国农村教育焦点问题实证研究》,华中科技大学出版社2007年版,第44—47页。

偏差"①。"在城乡二元结构、高度集中的计划体制下,形成了一种忽视地区和城乡差异的'城市中心'价值取向,国家的公共政策优先满足甚至只是反映和体现城市人的利益。"② 促进城乡教育均衡发展,实现城乡公共服务均等化,其根本性的机制创新就是打破城乡教育二元结构的制度瓶颈,实现城乡教育一体化发展。③

这种创新机制,包括如下五个方面:第一,改革城乡教育财政制度,加大对农村薄弱地区的教育经费投入;第二,优化城乡教育服务供给,充分发挥城乡教育的优势与特色;第三,理顺城乡民意表达制度,办好城乡人民满意的教育;第四,完善城乡教育监督评价制度,促进城乡教育协调均衡发展;第五,健全城乡教育法律制度,切实发挥政府在公共服务均等化进程中的主导作用。

(一)改革城乡教育财政制度,加大对农村薄弱地区的教育经费投入

财政制度是影响城乡教育发展的根本决定因素,城乡不同,甚至"重城轻乡"的财政制度是形成并强化城乡二元教育结构的主要原因。因此,促进城乡教育均衡发展、实现城乡公共服务均等化,首先要改革城乡教育财政制度,特别是要打破城乡二元结构,消除"重城轻乡"的财政投入价值导向,适度加大对农村薄弱地区的教育经费投入,缩小城乡差距,实现城乡均衡发展。

1. 明确政府在公共服务供给方面的主体责任,厘清城乡教育中政府的财权与事权

长期以来,我国政府承担着公共服务供给的主体责任,但是,由于城乡二元治理结构的体制原因,政府对于公共服务的供给主要侧重于城市,这就造成了农村的公共产品存在供给短缺、供给成本分摊不均、收益分享不公等问题,影响了农村经济社会的发展。

---

① 陈潭:《公共政策案例分析》,社会科学文献出版社 2008 年版,第 82 页。
② 王瑞珍:《从教育公平原则看义务教育城乡差距》,《中共福建省委党校学报》2008 年第 5 期。
③ 褚宏启:《教育制度改革与城乡教育一体化——打破城乡教育二元结构的制度瓶颈》,《教育研究》2010 年第 11 期。

地方政府的财政能力已经成为影响基本公共服务设施供给均等化程度的最为重要的直接影响因素。[①] 为促进城乡公共服务,特别是城乡教育的均衡发展,就需要政府在明确公共服务供给主体责任的同时,厘清政府的财权和事权,强化基层政府的教育服务供给能力,[②] 适当调整各级政府的事权与财权,并开展分权化改革,以财权和事权的均等化推动城乡教育的均衡发展。

2. 调整教育财政支出结构,平衡城乡教育投入的比重

为实现城乡教育均衡发展,在根本上需要在教育投入方面,缩小城乡教育差距,这意味着可以采用两种途径:一是通过提高底线标准的形式,即适当加大对农村薄弱地区的教育投入;二是通过调整投入比重的形式,即在投入总量不变的情况下,降低对城市地区的教育投入。鉴于我国城乡教育之间的固有差距,如果采用提高底线标准的形式,势必要求增加教育投入总量,这将增加教育财政压力。

因此,适度调整教育财政投入支出结构,在教育财政经费总量不变的情况下,适当降低对城市教育的投入比重,将公共支出的重点从城市转移到农村,增加农村教育投入比重,让农村教育获得更多的财政支持,将是实现城乡教育均衡发展的现实路径。

3. 完善城乡教育财政转移支付制度,以财政均衡投入助推城乡教育均衡发展

教育财政转移支付制度是调整收入分配、保障区域发展协调均衡的重要财政方式。"在社会主义市场经济体制下,政府间财政关系和转移支付主要应该解决公共服务的均等化问题,即解决公共服务的均等问题。"[③] 为促进城乡教育均衡发展,也需要尽快完善城乡教育财政转移支付制度,加大对农村薄弱地区的教育转移支付力度,"通过一般性转移支付实现地方财政能力均等化,通过专项转移支付确保全国性基

[①] 罗震东、韦江绿、张京祥:《城乡基本公共服务设施均等化发展特征分析——基于常州市的调查》,《城市发展研究》2011年第6期。

[②] 胡均民、艾洪山:《匹配"事权"与"财权":基本公共服务均等化的核心路径》,《中国行政管理》2009年第11期。

[③] 王金南、庄国泰:《生态补偿机制与政策设计》,中国环境科学出版社2006年版。

本公共服务均等化"①，建立和完善一般转移支付与专项转移支付相结合、区域间横向转移支付与层级间纵向转移支付相结合的财政转移支付制度，中央政府应当加强对农村薄弱地区的教育发展进行无条件转移支付，提高薄弱地区教育财政能力，缩短城乡教育差距，促进城乡教育均衡协调发展。

(二) 优化城乡教育服务供给，充分发挥城乡教育的优势与特色

1. 推进城乡教育管理一体化改革

长期以来，我国的城乡教育发展在教育管理制度上，一直实行的是"在国务院领导下，由地方政府负责，分级管理，以县为主的管理体制"。这种体制会导致明显的城乡教育二元结构，其"主要结果和外在表现是城乡存在的巨大教育差距，城市成为优质教育资源的集聚地，城乡学校在办学条件、师资水平、教育质量等方面差距显著"②，城乡教育发展的重心集中在县域层面，但是，县级政府可调动的资源有限，进而出现"富县办富教育，穷县办穷教育"③的问题，拉大城乡教育差距。

为促进城乡教育均衡发展，就需要在教育管理上，强化城乡教育一体化发展，提高教育管理的层级，由以县为主，提升到以市级甚至省级统筹为主，在市级或省级层面统筹安排教育均衡发展的人力、物力和财力，强调城乡教育互补发展，形成以城带乡、以乡促城、协调发展的城乡关系，逐步消除城乡教育二元格局，实现城乡教育的均衡发展。

2. 促进城乡教育资源均衡化配置

城乡教育一体化发展，就需要从城乡一体化的角度统筹安排城乡教育资源，促进城乡协调发展，在市域层面为促进城乡教育均衡发展，就需要统一调配财政资源，将优势财政资源用于弥补发展薄弱的乡村

---

① 国家发展改革委宏观经济研究院课题组：《促进我国的基本公共服务均等化》，《宏观经济研究》2008年第5期。

② 褚宏启：《城乡教育一体化：体系重构与制度创新——中国教育二元结构及其破解》，《教育研究》2009年第11期。

③ 包金玲：《"以县为主"教育管理体制与教育均衡发展——对全国地县教育局长的专题调查分析》，《河北师范大学学报》（教育科学版）2007年第3期。

教育。同时，适当调整资源配置方式，强化基层政府，特别是县级、镇级政府对教育资源的配置能力。

在教育人力资源方面，强化城乡优质师资资源的交流与均衡，鼓励城市优秀教师到乡村学校支教，也鼓励乡村学校教师到城市学校进修学习，以教师流动的形式实现教育人力资源的均衡配置。在学校整体发展方面，鼓励名校集团化发展，以城市优势学校为主，带动薄弱学校，组成集团，让薄弱学校分享优势学校的发展经验和效益，以此缩小城乡教育差距，均衡配置城乡教育资源，实现城乡教育协调均衡发展。

3. 加快城乡教育发展特色化进程

城乡教育均衡发展的根本追求不仅在于缩小城乡教育差距，更重要的是在承认城乡教育差异的基础上，发挥各自的优势，实现特色发展、协调互补发展。城市教育受益于配套完善的城市基础建设，拥有得天独厚的办学资源和师资队伍，整体教育质量显著优于农村教育。但是处于城市中的学校难以摆脱拥挤、嘈杂、忙乱的城市病，城里人整天在水泥建筑里，难得近距离感受大自然的美景和泥土鲜花的芬芳。相对来说，农村教育多了一分平静和安宁，多了一分真切的教育温度，也多了一分教育的从容与自由。

城乡教育均衡发展，应着眼于真正的教育追求，发挥城乡教育的优势和特色，让城乡教育各得其所、各安其命，共同提供丰富多样和门类齐全的教育服务，满足人们对教育的差异化需求。

（三）理顺城乡民意表达制度，办好城乡人民满意的教育

1. 倡导城乡教育均衡发展理念

早在 2005 年，党的十六届五中全会上，就提出了"公共服务均等化"的概念，2007 年党的十七大又再次指出，公共服务体制改革的根本目标是提高公共服务水平，实现公共服务能够公平有效地向社会提供。[①] 这说明，提高公共服务水平、促进城乡协调发展是我国当前社会发展的宏观问题之一。

---

① 王谦：《城乡公共服务均等化的理论思考》，《中央财经大学学报》2008年第 8 期。

教育服务是公共服务的重要内容，城乡教育服务水平的高低在很大程度上决定着公共服务的质量。促进城乡教育均衡发展是提高教育公共服务水平的重要途径，也是提高人们对教育满意度的主要方式。倡导城乡教育均衡发展理念，促进城乡教育协调发展，是政府保障人们基本教育权利得以实现的有效策略。

在城乡教育均衡发展方面，政府应当发挥主导作用，承担主要责任。但是，考虑到城乡教育的固有差距和体制机制问题，政府在保障城乡教育均衡发展方面，应注重底线性的、基本的教育服务水平，即努力实现"底线公共服务的城乡均等化供给"[①]，努力缩小城乡教育差距，扶持农村薄弱地区教育发展，而不能片面强调有优势的城市教育。事实上，城乡教育均衡发展，也并非追求城乡教育一样发展、同步发展，而是追求一种合理范围内的差距。将作为一种公共服务的城乡教育的差距"控制在可以接受的范围之内并逐步缩小差距，而不是一步走到绝对意义上的'平均化'"。[②]

2. 切实保障弱势群体的教育权益

城乡发展的不协调，特别是受城乡二元结构的长期影响，城乡教育间的差距越来越明显，这就导致城乡间受教育主体出现明显的流动，即从农村薄弱地区，流向城市发达地区，在这个过程中，产生了两类不容忽视的弱势群体：一是随父母进城务工的随迁子女；二是因父母进城务工而被迫留守老家的留守儿童。

保障所有受教育者享有公平的教育，是全社会共同的责任。促进城乡均衡发展，就需要切实保障这些弱势群体的教育权益，让他们也能享受城乡社会发展带来的优质成果。对此，政府需要适当修订"两为主"的教育管理体制，一方面肯定以"流入地政府为主"的教育服务供给责任，强调无差别地全员接纳，为在本地务工的父母解决孩子教育问题的后顾之忧；另一方面也不能忽视"流出地政府"的教育服务责任，为外地的随迁子女提供必要的政策解读和教育支持，同

---

① 王翠芳：《试探新农村建设中城乡基本公共服务均等化问题》，《经济问题》2007 年第 5 期。

② 贾康：《公共服务的均等化应积极推进，但不能急于求成》，《审计与理财》2007 年第 8 期。

时为本地的留守儿童提供尽可能充分的教育服务,切实保障本地教育质量。城乡教育均衡发展要保障所有受教育者享有基本均等的教育机会和权利,尤其要保护和照顾弱势群体,且不可以忽视少数弱势群体教育需求为代价,换取短期的、表面的"均衡"效果。

3. 畅通教育需求的表达—受理—解决的制度渠道

教育,作为一种公共服务,应以满足人民群众的教育需求为价值导向,这就要求各级各类学校、教育主管部门要充分关注人们的教育需求,建立教育需求的表达—受理—解决的制度渠道,让人们的教育需求得到充分的关注和满足。城乡教育均衡发展亦需要充分尊重人们的教育需求,通过建立专门的机构,如教育惠民服务中心,专门受理人们对教育的意见和建议,记录不同人群的差异化教育需求,然后通过教育行政部门的协调予以适当满足,全面保障人们公平均等地享有教育服务。

(四) 完善城乡教育监督评价制度,促进城乡教育协调均衡发展

1. 完善城乡教育质量绩效评价制度

政府是公共服务提供的主体,也是教育均衡发展的主导者。为实现城乡教育均衡发展,政府应当承担更多、更大的责任,这就需要建立并完善城乡教育质量绩效评价制度,一方面强调政府的责任,另一方面强化教育质量的制度保障。

具体来说,首先建立教育行政问责制度,拟定城乡教育发展的规划和目标,落实到政府的绩效考核体系中,"强化政府的绩效考核体系中针对基本公共服务项目的考评,且评价方法上应从投入导向指标转向以服务结果为导向的指标体系,避免忽视持续供给结果和质量的问题发生;并且应加强基本公共服务均等化的统计系统建设,以便进行基本公共服务均等化的监测与评估,以保证问责制度的落实"[①]。其次建立教育质量保障制度,完善城乡教育的课程管理制度、教学管理制度和教研改革制度,强化制度的落实与监督。最后建立城乡教育一体化发展的统筹制度,由政府统筹安排城乡教育发展规划,均衡配置教育资源,全面保障城乡

---

① 联合国开发计划署:《中国人类发展报告 2007—2008:惠及 13 亿人的基本公共服务》,中国对外翻译出版公司 2008 年版。

教育均衡协调发展，切实维护每一位受教育者的合法权益。

2. 强化城乡教育评价和督导标准的公平性

为促进城乡教育均衡发展，还要强化城乡教育评价和督导标准的公平性，"应建立城乡一体的学校办学条件标准、人员编制标准、课程标准、学生学业成绩标准、校长资格标准、学校办学质量评估标准，强化教育督导中的'督政'环节，实行严格的问责制度，把推进城乡教育一体化纳入到政府绩效考核、官员施政约束的评价体系"①。"督导是转变政府的教育管理方式，推进决策权、执行权和监督权分离的重要手段，是教育治理体系的关键环节。"②

对于教育主管部门来说，要统一城乡教育评价标准，科学建立教育质量的督导体系，在具体的督导评价过程中，既有底线式教育质量的评价指标，也有特色化教育发展的评价指标，力求发挥教育评价和督导的正向引导作用，以科学公平的教育评价和督导标准，促进城乡教育均衡协调发展。

3. 建立城乡教育第三方监督评价机构

为了保障教育评价和督导的公平性与客观性，可以建立第三方监督评价机构，对城乡教育质量和发展状况开展检查、评价和督导。这种方式既可以有效避免教育主管部门"既当运动员又当裁判员"的双重角色困境，又可以科学、准确和客观地评价城乡教育的发展状况。第三方监督评价机构，可以由本地区或本领域比较权威的高校、科研院所来承担，以项目制的形式开展合作，由高校或科研院所派出专业的研究团队对某地区城乡教育进行深度调查，形成完整的评估研究报告，并针对突出问题提出相应的解决办法和政策建议。

（五）健全城乡教育法律制度，切实发挥政府在公共服务均等化进程中的主导作用

1. 改革城乡教育管理体制，强化城乡教育统筹发展

长期以来，我国的城乡经济的二元结构是导致城乡社会发展的差

---

① 褚宏启：《城乡教育一体化：体系重构与制度创新——中国教育二元结构及其破解》，《教育研究》2009年第11期。

② 任春荣：《义务教育公平问题研究：从资源均衡配置到社会阶层关照》，知识产权出版社2016年版。

距越来越大的根本原因,"城乡二元经济结构一般是指以社会化生产为主要特点的城市经济和以小生产为主要特征的农村经济并存的经济结构"①。城乡教育发展的差距也是由这种二元经济结构所决定的。因此,为促进城乡教育均衡发展,就需要在根本上破解城乡经济二元结构,改善城乡教育管理体制,建立城乡教育统筹发展、一体化发展的理念。比如,在义务教育阶段,"要推动城乡义务教育均衡发展,促进城乡教育公平,必须找寻并破除城乡义务教育均衡发展制度与政策的阻碍,通过制度重建推动城乡义务教育协调、共生发展"②。

具体来说,首先要完善城乡教育经费投入制度,明确各级政府在城乡教育发展中的责任以及在城乡教育发展经费投入中所占的比例,切实保障城乡教育均衡发展;其次建立并完善教育资源分配制度,以"均衡发展"为导向,强调城乡统筹发展、互补发展;最后完善教育督导和评价制度,尝试建立由政府和第三方机构共同组成的督导组,科学全面检查和评价城乡教育发展进程。

2. 优化教师管理制度,促进城乡教师待遇均等化

受城乡二元结构的影响,城乡教师管理也存在着明显的"重城轻乡"问题,具体表现为,城市教师待遇高、编制多、晋升空间大、专业成长快,而农村教师则面临着待遇低、编制少、晋升空间有限、专业发展慢等问题。为实现城乡教育均衡发展,就需要对教师管理制度进行优化,倡导城乡教师待遇均等化。首先,建立城乡一体化的教师管理制度,"取消城乡教师编制的层级化,所有教师均平等享有一个同样的编制,即城乡编制"③。其次,完善城乡教师流动制度,让优质教师资源在城乡间合理流动,实现优质人力资源的均衡配置。"从理论上讲,教师流动意味着任何教师可以流动到城乡之间各个学校,实现城

---

① 肖军虎、范先佐:《县域城乡义务教育发展失衡的原因分析》,《河北师范大学学报》(教育科学版) 2012 年第 7 期。
② 彭泽平、姚琳:《"分割"与"统筹":城乡义务教育失衡的制度与政策根源及其重构》,《西南大学学报》(社会科学版) 2014 年第 3 期。
③ 齐鹏:《浅谈城乡教育一体化》,《滁州职业技术学院学报》2009 年第 2 期。

乡校际的无障碍流动。"① 最后，建立城乡一体化的师资管理制度，切实提高农村教师工资待遇，畅通职称晋升通道，激励农村教师专业发展，在招聘、培训、晋升、考核等方面统一城乡标准，激励城乡教师提升自身专业发展水平。

3. 完善户籍学籍管理制度，切实保障城乡学生享有平等的受教育权利

随着城市化进程的加快，越来越多的农村人口涌入城市谋生、定居，在教育领域，就相应地产生了"随迁子女"和"留守儿童"这两类受教育弱势群体，为充分保障他们相应平等的教育权益，国家于2003年出台了《关于进一步做好进城务工就业农民子女义务教育工作的意见》的文件，文件提出了"两个为主"的政策，即对于这些随迁子女的教育问题主要以流入地政府为主进行解决，以全日制公办中小学为主进行接收。

"两个为主"从政策层面解决了随迁子女的教育问题，但执行效果并不理想。主要原因在于"流入地政府"的教育经费有限，无法向随迁子女提供与本地学生同等质量的教育服务；对于随迁子女来说，受到学籍户籍制度的限制，对于中考、高考等关键考试，依然要回到原籍进行。这就使得随迁子女即使在城市读书和学习，却依然要回到户籍所在地参加关键考试，导致随迁子女产生对城市的疏离感和割裂感，这又进一步强化了城乡教育的差距，不利于城乡教育均衡发展。

因此，为实现城乡教育均衡发展、加快城乡教育一体化进程，需要在户籍和学籍制度上进行改革，从省级乃至国家层面统筹管理受教育者的学籍，尝试在教育经费投入、资源配置、教育服务质量、学位分配等方面与拥有正规学籍、接受本地教育服务的受教育者的数量进行统筹管理，实现跨地区学籍互认，实行允许异地中考、高考等制度，切实保障受教育者的合法权益，缩短城乡教育差距，促进城乡教育均衡、协调、一体化发展。

---

① 郭彩琴、顾志平：《城乡教育一体化的困境与应对措施》，《人民教育》2010年第20期。

第五章　城乡基本公共卫生服务均等化研究

近年来，基本公共服务均等化工作已经成为党和国家保障人民发展权益，促进人民分享发展红利，提升人民获得感、幸福感的重要工作抓手。《"十三五"推进基本公共服务均等化规划》《"十三五"国家基本公共服务清单》《关于建立健全基本公共服务标准体系的指导意见》等文件的陆续出台，对于推动基本公共服务均等化的破局发展、推进解码产生了积极作用。而基本公共卫生服务均等化又是基本公共服务均等化内涵中的一个重要子集，也同样得到了政府和社会的高度关注，"没有全民健康，就没有全面小康"，补上地区医疗服务"短板"，持续推进落实"大卫生""大健康"政策，建设健康中国也已上升为国家战略。然而，基本公共卫生服务均等化工作目前存在着地区经济发展水平和卫生投入不均、专项财政转移支付不科学、基本卫生服务体系不完善等一系列压力，极大地掣肘着群众满意度的提高。同时，政府也在基本公共卫生服务均等化供给过程中暴露出来了诸如相关制度缺位、能力缺位、手段缺位、意识缺位等一系列问题，严重制约了相关民生改革目标的实现，乃至国家社会治理能力和治理体系现代化的进程。

宏观层面审视基本公共卫生服务均等化这一课题，我们可以感受到几个层次的逻辑事实与现象：一是民生倒逼卫生。中国已全面进入新时代、新阶段。整体社会的主要矛盾也发生了新变化，党的十九大报告指出，新时代人民群众的需要已经由"物质文化需要"转变到"美好生活需要"，由"落后的社会生产"转变到"不平衡不充分的发展"。我国现正决战全面建成小康社会，民生需求急剧凸显，而卫生发展的滞后于民生诉求,也一定程度上会制约人民对美好生活的向往。二是深水促浅水。当下公共管理领域的改革不断进入到深水区、矛盾的聚集区、问题的频发区,而政府基本公共卫生服务供给的能力、意识、手段等还远远落后于改革的进程,一系列的制度、政策、理念等尚停留在"浅水区"。三是发展倒逼改革。基本公共卫生服务均等化从开始以来虽已经取得了长足发展与进步,但发展的同时也带来了一系列新的问题,迫切需要新的改革来克服解决,社会亟须建立一套能适应各种新常态的基本公共卫生服务均等化框架体系。四是顶层促进基层,一方面要加强中央层面的宏观统一规划,另一方面要强调中央与地方的高度协同配合,精细化上下联动,提高站位升级方法,才能让基本公共卫生服务均等化真正落地生花。

第一节 相关概念的界定

一 公共卫生

公共卫生一直处于不断发展变化中。18世纪,欧洲通过科学革命、工业革命、政治革命这三大革命有效提高了生产力,带动了经济繁荣与社会进步,但与此同时人类赖以生存的健康环境也遭受了前所未有的威胁和挑战。为了适应环境带来的改变,人们酝酿推动发展形成现代公共卫生。现代公共卫生起源于最早实现代工业化的英国。第二次世界大战以来,细菌学、免疫学、药物学应用到公共卫生领域,人类首次自主控制了鼠疫、霍乱等传染病。随着疫苗、青霉素的问世以及营养改善,使得欧美传染病的患病率和病死率显著下降,人们平均期望寿命大幅延长。此外,合理营养打破了由营养不良导致传染病流行的恶性循环,成为应对因营养问题导致的众多疾病的重要公共卫生干预手段。美国温斯洛对公共卫生的定义是:通过有组织的社区来预防疾病,延长寿命和促进健康和效益的科学和艺术①。

中国现代公共卫生始于1910年伍连德指导的抗击东北鼠疫行动,此次抗疫行动锻炼并培养出了一批早期较为专业的公共卫生技术人员,并为摸索建立早期我国城乡社区公共卫生工作体系积累了一定经验。在20世纪50年代,我国建立了基本的公共卫生体系,花费十多年有效控制鼠疫、霍乱、结核病等严重危害人民生命健康的传染病。2003年突如其来的SARS疫情,快速从单一区域性突发公共卫生事件发展为复合型危机,对民众生命健康构成严重冲击与威胁。社会对公共卫生的理解加速深化,公共卫生似乎空前地与经济发展、社会稳定乃至国家安全紧密挂钩。2003年在全国卫生工作会议上,中国副总理兼卫生部部长吴仪在讲话中,对公共卫生进行了定义:组织社会共同努力,改善环境卫生条件,预防控制传染病和其他疾病流行,培养良好卫生习惯和文明生活方式,提供医疗服务,达到预防疾病,促进人民身体健康的目的②。

二 基本公共卫生服务

在国外,基本公共卫生服务的概念最早溯源到1952年温斯洛提出的改善健康的五大公共卫生干预措施。1978年9月,为促进世界所有人民健康的《阿拉木图宣言》订立,由此初级卫生保健的概念在全世界范围内形成共识,这也被视为基本公共卫生服务发展的一个重要转折点。1993年在《1993年世界发展报告》中提出了基本公共卫生的六项服务:(1)计划免疫;(2)以学校为基础的医疗卫生服务;(3)计划生育和营养的信息及相关服务;(4)减少烟草和酒精消耗的计划;(5)为改善居民环境而采取的行为调控和信息服务;(6)防治艾滋病③。

---

① Winslow CEA, *Man and Epidemics*, New Jersey: Princeton University Press, 1952, pp. 45–46.

② 吴仪:《加强公共卫生建设开创我国卫生工作新局面》,http://xiaoduweb.com,2003年8月21日。

③ World Bank, *World Development Report: Investing in Health*, Oxford: Oxford University Press, 1993, pp. 156–157.

在国内，基本公共卫生服务的实践探索可追溯到20世纪60年代，1993年全国卫生工作会议中，提出了"三保三放"的改革思路，但只能作为一种政策方面的提出，很难界定具体服务内容[①]。周永强认为，基本的医疗服务应该针对生活水平不高的公费医疗职工和部分自费患者，采取低收费高补贴的办法[②]。陈琴芳等认为基本医疗要能够满足城镇大多数职工的需求，并且随着经济发展水平的提高不断丰富服务内容[③]。李玲等认为基本卫生服务的界定要以我国社会主义初级阶段理论为依据，配套医疗保障、疾病预防等改革[④]。兰迎春认为基本公共卫生服务包括一般公共卫生服务和基本公共卫生职能，两者皆具有公共产品的特征[⑤]。郭海健等认为基本公共卫生服务是国家为提高居民健康水平，提供的基本公共服务之一，属于广义上的公共产品[⑥]。

综上所述，基本公共卫生服务作为公共产品，由国家保障提供，政府结合社会经济发展情况以及居民的基本健康问题综合考虑确定，并由专业的公共卫生机构提供的基本卫生医疗服务。

三 基本医疗卫生服务均等化

关于均等化的思想最早是源于西方，但是西方学者并没有对基本公共卫生服务均等化进行直接系统的研究，关于在公共服务均等化的研究集中于财政均等化，并建立在公共产品理论和财政分权理论基础

---

① 胡善联：《基本医疗卫生服务的界定和研究》，《卫生经济研究》1996年第2期。

② 周永强：《关于基本医疗服务和特殊医疗服务的几点思考》，《卫生经济研究》1994年第2期。

③ 陈琴芳、缪宝迎：《浅谈基本医疗服务的界定》，《中国卫生事业管理》1997年第4期。

④ 李玲、程晓明、巫小佳等：《社区卫生服务及基本生服务主要内容探讨》，《卫生经济研究》2004年第11期。

⑤ 兰迎春：《基本卫生服务均等化的伦理思考》，《中国医学伦理学》2009年第1期。

⑥ 郭海健、徐金水、沈雅等：《不同视角下我国基本公共卫生服务现状与发展》，《中国健康教育》2018年第4期。

上。托宾提出的"特定的平均主义"理论认为,稀缺性的公共服务,比如教育、医疗等应当与其支付能力一起实现平均分配①。

国内学者也从不同的角度对基本公共卫生服务均等化做出了解释。常修泽认为所有居民都有自由选择基本公共卫生的权利,同时拥有均等的机会享受基本公共卫生服务②。赵红等认为基本公共卫生服务的供给与需求,要基于政府财政承受能力、经济水平的发展、居民的健康需要综合考量③。王虎峰认为医疗服务的公平性,可以从医疗资源的纵向整合、医师培训和诊疗标准的统一、基层医院和大医院联盟三个角度来实现④。刘晶等从公平正义的视角阐述了基本公共卫生服务均等化的必要性,但不强求绝对公平,做到相对均等,要保证起点、过程、结果公平⑤。《深化医药卫生体制改革问答》一书中,将基本公共卫生服务均等化定义为:"全体城乡居民,无论其性别、年龄、种族、居住地、职业、收入,都能平等获得基本公共卫生服务。"⑥

综上所述,可见政界和学界对基本公共卫生均等化的理解有三个层面的含义,一是服务内容具有动态性,要根据政府财政承受能力、社会的经济水平以及居民的健康需要,来均衡确定供给和需求。二是服务对象覆盖所有城乡居民;三是基本公共卫生服务的均等化不是绝对的平均化,而是享受服务的机会均等。

---

① James Tobin, "On Limiting the Domain of Inequality", *Journal of Law and Economies*, Vol. 13, 1970, pp. 263–277.

② 常修泽:《中国现阶段基本公共服务均等化研究》,《中共天津市委党校学报》2007年第2期。

③ 赵红、王小合、高建民、李瑞:《基本公共卫生服务均等化研究综述》,《中国卫生事业管理》2010年第11期。

④ 王虎峰:《整合资源促进医疗服务的公平性》,《中国卫生》2010年第1期。

⑤ 刘晶、王昊君、李京辉、闫凤茹:《以公平正义的视角审视我国基本公共卫生服务均等化》,《卫生软科学》2016年第12期。

⑥ 国务院深化医药卫生体制改革领导小组办公室:《深化医疗卫生体制改革问答》,人民出版社2009年版,第56—57页。

第二节 中国城乡基本公共卫生服务的发展及现状

一 中国基本公共卫生服务的发展

随着中华人民共和国的成立,学界普遍认为我国基本公共卫生服务的发展大致经历了三个历史阶段:第一阶段是1949—1978年,受当时经济和社会发展水平的制约,我国医疗卫生发展较为落后,鉴于此,我国政府将医疗卫生纳入了国民经济发展计划,在城市实行市、区医院和街道门诊的三级卫生防疫体系,在农村建立县医院、乡(镇)卫生院、村卫生室的三级卫生保健网络,这一医疗卫生服务体系已基本满足了人们的基本公共卫生服务需求,但由于医疗资源的匮乏,还是处于相对较低的保障水平。第二阶段是1978—2005年,随着改革开放的推进,社会各个领域开始进行变革和转型,公共卫生服务出现了财政投入效率低下、医疗资源分布不均、医疗服务公平性下降等问题,2003年的"非典",也暴露出我国在公共卫生领域建设的不足。第三阶段是2005年至今,新医改方案出台后国家加强了基本公共卫生服务体系建设,推出了一系列政策和措施,正在加速推进基本公共卫生服务的均等化发展。

二 基本公共卫生服务的内容

2009年卫生部、财政部、人口计生委联合印发《关于促进基本公共卫生服务逐步均等化的意见》中对国家基本公共卫生服务项目概括为建立居民健康档案、健康教育、预防接种、儿童保健(0—36个月儿童健康管理)等内容[①]。2011年发布的第二版《国家基本公共卫生服务规范》

---

① 卫生部、财政部、人口计生委:《关于促进基本公共卫生服务逐步均等化的意见》,2009年7月9日。

在 2009 年版本的基础上增加了突发公共卫生事件报告和处理、卫生监督协管等内容。2017 年第三版《国家基本公共卫生服务规范》在肺结核患者和中医药的健康管理项目中，完善了相关服务规范。见表 5-1。

表 5-1　　　　　　　　　国家基本公共卫生服务规范项目

序号	第一版（2009 年）	第二版（2011 年）	第三版（2017 年）
1	建立居民健康档案	城乡居民健康档案管理	居民健康档案管理
2	健康教育	健康教育	健康教育
3	预防接种	预防接种	预防接种
4	儿童保健（0—36 个月儿童健康管理）	0—6 岁儿童健康管理	0—6 岁儿童健康管理
5	孕产妇保健	孕产妇健康管理	孕产妇健康管理
6	老年人保健	老年人健康管理	老年人健康管理
7	慢性病管理	高血压患者健康管理	高血压患者健康管理
8	重性精神疾病管理	2 型糖尿病患者健康管理	2 型糖尿病患者健康管理
9	传染病防治	重性精神疾病患者管理	严重精神障碍患者管理
10		传染病及突发公共卫生事件报告和处理	肺结核患者健康管理
11		卫生监督协管	中医药健康管理
12			传染病和突发公共卫生事件报告和处理
13			卫生计生监督协管

2019 年《关于做好 2019 年基本公共卫生服务项目工作的通知》中，除了原 12 大类基本公共卫生服务项目，又新增加了 19 类项目，其中包括贫困地区儿童营养改善项目、农村妇女"两癌"检查、贫困地区新生儿疾病筛查等项目[①]。可以看出，新增加的项目中，加强了农村贫困地区的妇幼保健项目的政策倾斜，一定程度上也推进了基本公共卫生服务的均等化。2020 年 6 月 1 日《中华人民共和国基本医疗卫生与健康促进法》正式实施，其中规定了与基本公共卫生服务相关的制度和体系[②]，

---

① 国家卫生健康委、财政部、国家中医药局：《关于做好 2019 年基本公共卫生服务项目工作的通知》，2019 年 8 月 30 日。
② 中华人民共和国第十三届全国人民代表大会常务委员会第十五次会议通过：《中华人民共和国基本医疗卫生与健康促进法》，2019 年 12 月 28 日。

意在完善基本公共卫生系统的制度建设。随着基本公共卫生服务内容的不断丰富、覆盖面的不断拓展、内涵的不断深化,基本公共卫生服务的公益性和公平性也越来越得以凸显。

三 中国基本公共卫生服务的现状分析

关于我国基本公共卫生服务现状,本书摘取了以下指标进行分析和考量。

(一) 卫生经费

1. 卫生总费用

卫生总费用指国家在医疗卫生服务支出的资金总额,在一定程度上体现了该国对医疗卫生服务的重视程度、供给能力和水平,反映了一个国家卫生资金运作的全过程。"十二五"期间深化医药卫生体制改革以来,我国医疗卫生总费用从2012年的28119亿元增长到2016年的46344.9亿元。

从2012—2016年医疗卫生费用数据(见表5-2)可见,2016年城市医疗卫生总费用为35458.0亿元,而农村医疗卫生总费用仅为10886.9亿元,2016年医疗卫生总费用是农村医疗卫生总费用的3.26倍;从人均卫生费用来看,2016年城市人均卫生费用4471.5元,农村人均卫生费用1846.1元,城市人均卫生费用是农村人均卫生费用的2.42倍。从2012年到2016年医疗卫生费用支出的城乡占比上看,城市医疗卫生费用的占比总体呈上升趋势,而农村医疗卫生费用占比总体呈现下降趋势,两者间的差距逐年增加(见图5-1和图5-2)。

表5-2   2012—2016年城乡医疗卫生费用

年份	卫生总费用(亿元)	城市医疗卫生总费用(亿元)	农村医疗卫生总费用(亿元)	城市人均卫生费用(元)	农村人均卫生费用(元)	城市医疗卫生费用所占比例(%)	农村医疗卫生费用所占比例(%)
2012	28119.0	21280.4	6838.5	2999.3	1064.8	75.68	24.32
2013	31669.0	23645.0	8024.0	3234.1	1274.4	74.66	25.34
2014	35312.4	26575.6	8736.8	3558.3	1412.2	75.26	24.74

续表

年份	卫生总费用（亿元）	城市医疗卫生总费用（亿元）	农村医疗卫生总费用（亿元）	城市人均卫生费用（元）	农村人均卫生费用（元）	城市医疗卫生费用所占比例（%）	农村医疗卫生费用所占比例（%）
2015	40974.6	31297.9	9676.8	4058.5	1603.6	76.38	23.62
2016	46344.9	35458.0	10886.9	4471.5	1846.1	76.51	23.49

资料来源：《中国卫生健康统计年鉴2019》。

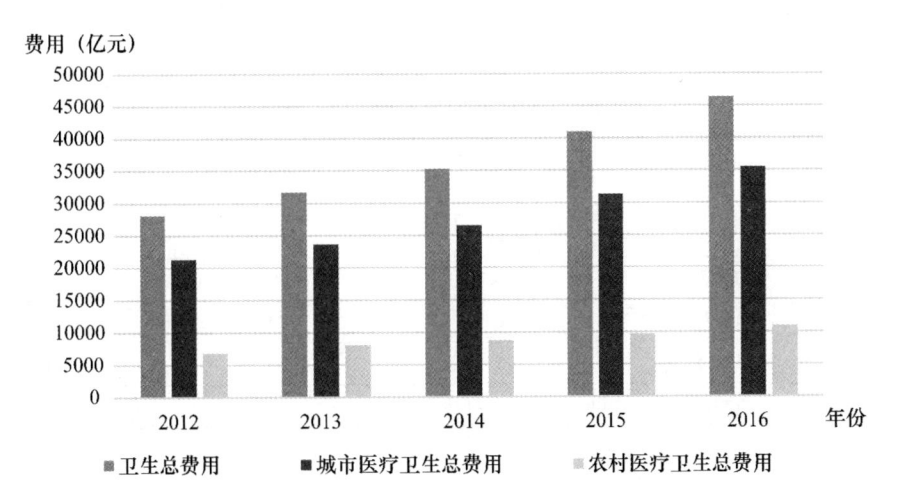

图 5-1 2012—2016 年城乡卫生总费用分布情况

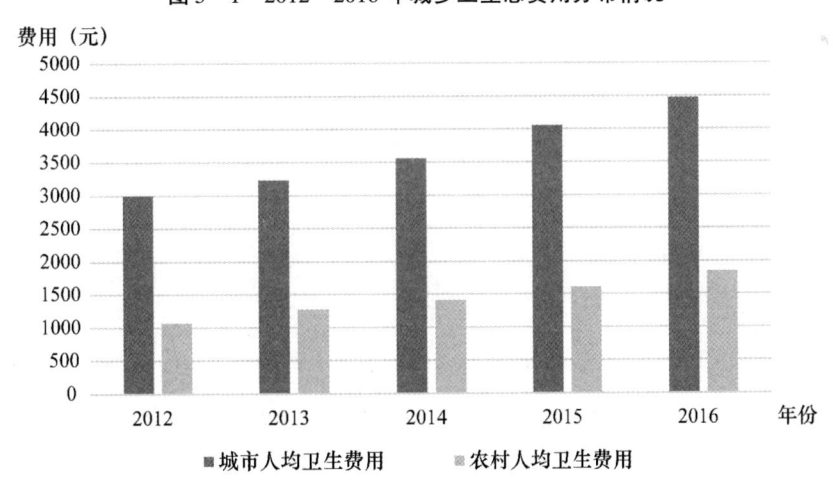

图 5-2 2012—2016 年城乡人均卫生费用

2. 政府卫生支出

根据表 5-3 和图 5-3，我国 2012—2016 年政府卫生支出占比的数据,中国政府在医疗卫生上的支出逐年增加,平稳上升。2016年,政府卫生支出占财政支出的7.41%,且在"十二五"深化医药卫生改革期间,不断获得财政支持,占比呈逐年增加的趋势。近年来,一方面政府卫生投入增加,另一方面国家鼓励社会办医,社会资本的增加,促使政府卫生支出占卫生总费用比重保持基本平稳。政府卫生支出占GDP比重在逐年上升,这一数据也直接反映出国家对医疗卫生事业的不断重视和支持。

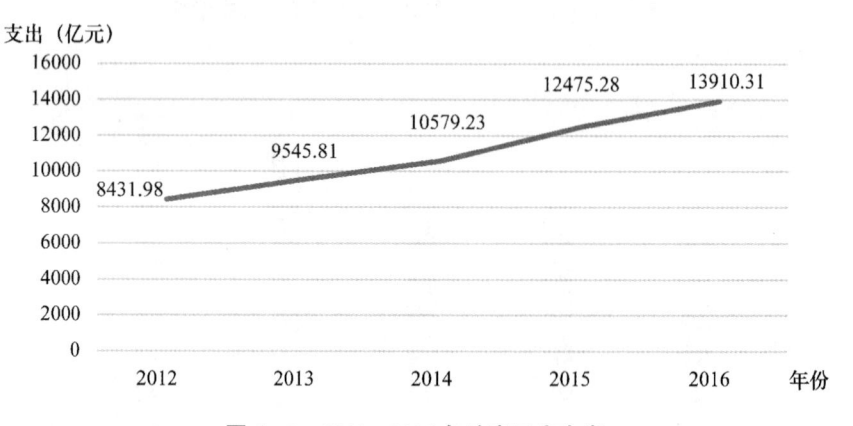

表5-3　　　　　　　　2012—2016年政府卫生支出占比

年份	政府卫生支出（亿元）	占财政支出比重（%）	占卫生总费用比重（%）	占国内生产总值比重（%）
2012	8431.98	6.59	29.99	1.56
2013	9545.81	6.83	30.14	1.60
2014	10579.23	6.97	29.96	1.64
2015	12475.28	7.09	30.45	1.81
2016	13910.31	7.41	30.01	1.87

资料来源:《中国卫生健康统计年鉴2019》。

图5-3　2012—2016年政府卫生支出

3. 城乡居民医疗保健支出

随着"十三五"规划的实施和推进,国家对医疗卫生行业的扶持力度不断增加,2019年全国居民消费价格同比上涨2.4%,其中城市上涨2.5%,农村上涨2.1%,同时,全国居民医疗保健支出占消费性支出比重稳步增长,这表明居民的卫生保健意识不断提高,逐步提高对基本医疗保健的消费支出,见表5-4和图5-4。

表5-4　　　　2019年全国居民消费价格比上年涨跌幅度　　　　单位:%

指标	全国	城市	农村
居民消费价格	2.9	2.8	3.2
食品烟酒	7.0	6.7	7.9
衣着	1.6	1.7	1.2
居住	1.4	1.3	1.5
生活用品及服务	0.9	0.9	0.8
交通和通信	-1.7	-1.8	-1.4
教育文化和娱乐	2.2	2.3	1.9
医疗保健	2.4	2.5	2.1
其他用品和服务	3.4	3.5	3.1

资料来源:《中国卫生健康统计年鉴2019》。

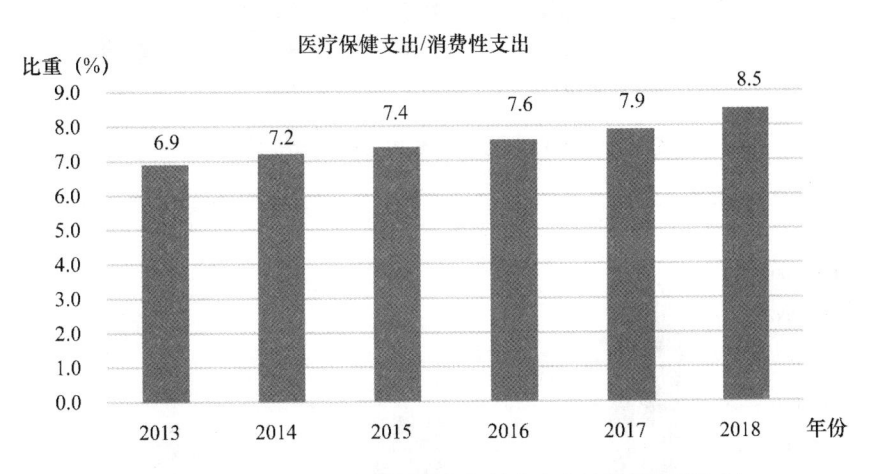

图5-4　2013—2018年居民医疗保健支出占消费性支出比重

（二）卫生资源

1. 卫生技术人员

随着医学院校不断扩招,医学专业快速发展,卫生技术人员人数逐渐增长,基本医疗服务需求得到一定程度的满足。从2015年到2019

年年末，我国卫生技术人员总数从801万人增长至1010万人。2018年度各地基层医疗卫生机构卫生技术人员总数达3964744人，东部地区为1674672人，中部1164085人，西部1125987人，东部显著高于中部和西部。从2018年每千人卫生技术人员的数据来看，我国东部地区每千人口卫生技术人员数为7.2人，而中西部地区分别为6.2人和6.9人，东部与中西部地区每千人口卫生技术人员数相差近1人，说明我国医疗卫生技术人员高度集中在东部发达地区，区域间卫生技术人员数量分布不均等也间接造成了公共卫生服务的不均等化，见图5-5—图5-7。

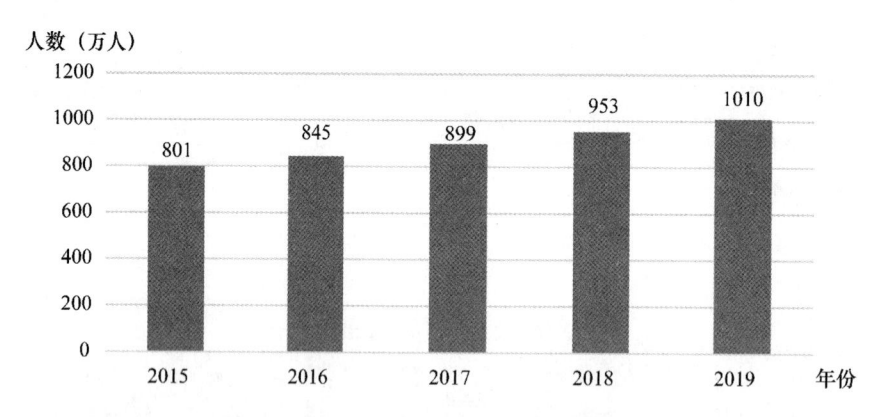

图5-5 2015—2019年年末卫生技术人员人数

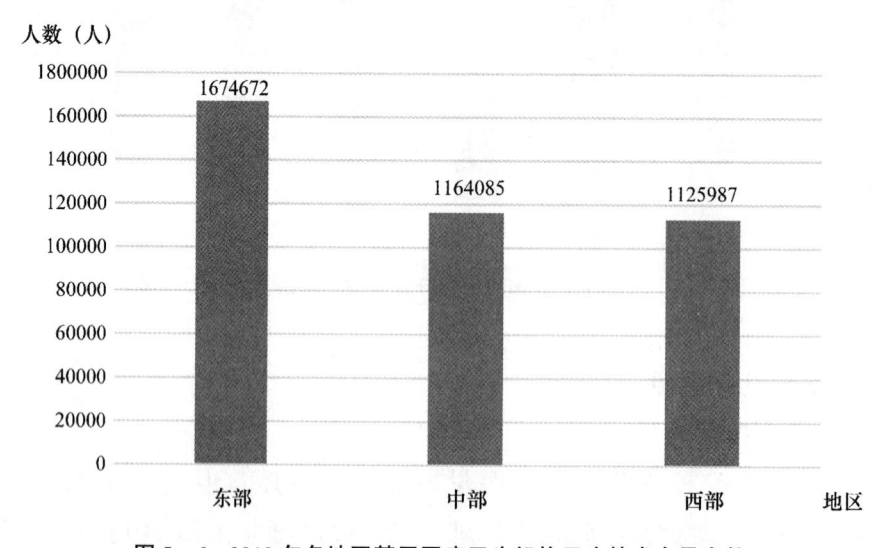

图5-6 2018年各地区基层医疗卫生机构卫生技术人员人数

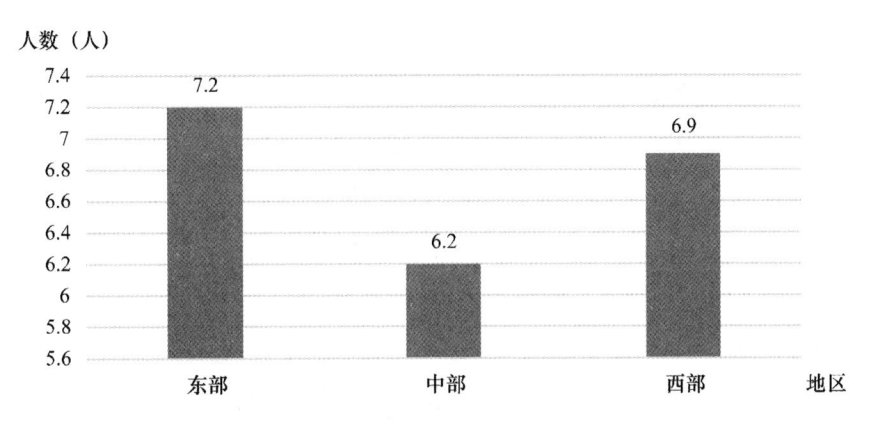

图 5-7 2018年每千人卫生技术人员区域分布

2. 卫生设施

根据《中华人民共和国2019年国民经济和社会发展统计公报》，2019年年末全国共有医疗卫生机构101.4万个，其中医院3.4万个，包括公立医院1.2万个、民营医院2.2万个[①]。

由于我国各地区经济社会发展水平差异较大，医疗卫生资源分布不均等原因，东部与中西部地区的卫生设施差异明显，主要体现在医疗卫生机构数、医疗机构床位张数、每千人医疗机构床位数、卫生总资产以及家庭卫生服务人数等公共卫生服务项目上。例如，东部地区医疗卫生机构共373998个，中部和西部分别为310665个、312770个；东部医疗机构床位数是中部的1.2倍，是西部的1.3倍；但由于东部地区人口密度较大，其每千人口医疗机构床位数低于中西部地区（见表5-5）。

表5-5 2018年区域卫生设施比较

	医疗卫生机构数（个）	医疗机构床位数（张）	每千人口医疗机构床位数（张）	总资产（万元）
东部	373998	3253527	5.60	226116483
中部	310665	2687513	6.17	133166141
西部	312770	2463048	6.49	121545933

资料来源：《中国卫生健康统计年鉴2019》。

---

① 国家统计局：《中华人民共和国2019年国民经济和社会发展统计公报》，2020年2月28日。

3. 基层医疗卫生机构

历年《国民经济和社会发展统计公报》显示，从 2016 年到 2019 年，我国的基层医疗卫生机构逐年上升，2019 年年末全国共有基层医疗卫生机构 96.0 万个，包括乡镇卫生院 3.6 万个、社区卫生服务中心（站）3.5 万个、门诊部（所）26.7 万个、村卫生室 62.1 万个；专业公共卫生机构 1.7 万个，包括疾病预防控制中心 3456 个、卫生监督所（中心）3106 个[①]。基层医疗卫生机构作为基本公共卫生服务的主力军，其总量的不断增加，进一步提升了为居民提供基本公共卫生服务的能力（见表 5-6）。

表 5-6   2016—2019 年基层医疗卫生机构情况

年份	基层医疗卫生机构（万个）	乡镇卫生院（万个）	社区卫生服务中心（站）（万个）	门诊部（所）（万个）	村卫生室（万个）	专业公共卫生机构（万个）	疾病预防控制中心（个）	卫生监督所（中心）（个）
2016	93.1	3.7	3.5	21.7	64.2	2.9	3484	3138
2017	94.0	3.7	3.5	23.0	63.8	2.2	3482	3133
2018	95.0	3.6	3.5	24.8	63.0	1.9	3469	3141
2019	96.0	3.6	3.5	26.7	62.1	1.7	3456	3106

资料来源：《中华人民共和国 2016 年国民经济和社会发展统计公报》《中华人民共和国 2017 年国民经济和社会发展统计公报》《中华人民共和国 2018 年国民经济和社会发展统计公报》《中华人民共和国 2019 年国民经济和社会发展统计公报》。

（三）医疗服务

1. 门诊服务

2018 年，全国诊疗人次共约 35.8 亿人次，其中东部地区约 19.1 亿人次，中部地区约 8.3 亿人次，西部地区约 8.4 亿人次。健康检查人数全国共计约 1.9 亿人次，其中东部地区约 1 亿人次，中部地区约 0.4 亿人次，西部地区约 0.5 亿人次。两者数据都是东部地区人次大于中西部地区人次总和，这一方面说明东部地区的医疗资源较为丰富，居民的健康意识较高，另一方面也与区域间的人口密度有关，见表 5-7。

---

① 国家统计局：《中华人民共和国 2019 年国民经济和社会发展统计公报》，2020 年 2 月 28 日。

表5-7　　　　　　　　　　2018年各地区医院门诊服务情况　　　　　　　　单位：人次

地区	诊疗人次			健康检查人数		
	合计	公立	民营	合计	公立	民营
东部	1905737294	1632536194	273201100	100095670	80215289	19880381
中部	827946505	699196439	128750066	43066978	35867824	7199154
西部	843691409	719504543	124186866	49922764	42897696	7025068
合计	3577375208	3051237176	526138032	193085412	158980809	34104603

资料来源：《中国卫生健康统计年鉴2019》。

2. 医疗保障

虽然当前全国各地均在发展基本公共卫生服务，强调统筹城乡协调发展，颁布了整合城乡居民基本医疗保险制度、城乡居民基本医疗保险跨省就医等利民政策，从实际实施效果来看，确实解决了大部分居民的就医难问题，但此类制度并没有从根本上解决城乡医疗保障不均等的现象。从数据来看，城镇职工医保参保人数约是城乡医保和新农合参保人数的1/3，但是，城镇职工医保收入和支出却是城乡医保和新农合医保的将近两倍，进一步说明了城乡医疗保障水平不均等（见表5-8）。

表5-8　　　　　　　　　　2018年全国基本医保收支情况

	参保人数（亿人）	收入（亿元）	支出（亿元）	基金累计结存（亿元）
职工医保	3.17	13538	10707	18750
城乡医保	8.97	6971	6277	4372
新农合	1.3	875	839	318
合计	13.44	21384	17823	23440

资料来源：根据《2018年全国基本医疗保障事业发展统计公报》整理。

（四）基本公共卫生服务

1. 人均基本公共卫生服务经费补助标准

国家卫健委发布的《关于做好2019年基本公共卫生服务项目工作的通知》中，将2019年人均基本公共卫生服务经费补助标准定为69

元。其中，2019年江苏省基本公共卫生服务项目补助标准提高到人均不低于75元，全省实际人均达80.96元，年度基本公共卫生服务项目绩效位列全国第三[①]。随着社会经济不断发展，基本公共卫生服务不断受到重视，人均基本公共卫生服务经费补助稳步增加，2019年已是2012年的2.76倍（见表5-9和图5-8）。

表5-9　　　2012—2019年全国人均基本公共卫生服务经费补助标准　　　单位：元/人

年份	2012	2013	2014	2015	2016	2017	2018	2019
补助标准	25	30	35	40	45	50	55	69

资料来源：各年度《基本公共卫生服务项目工作的通知》。

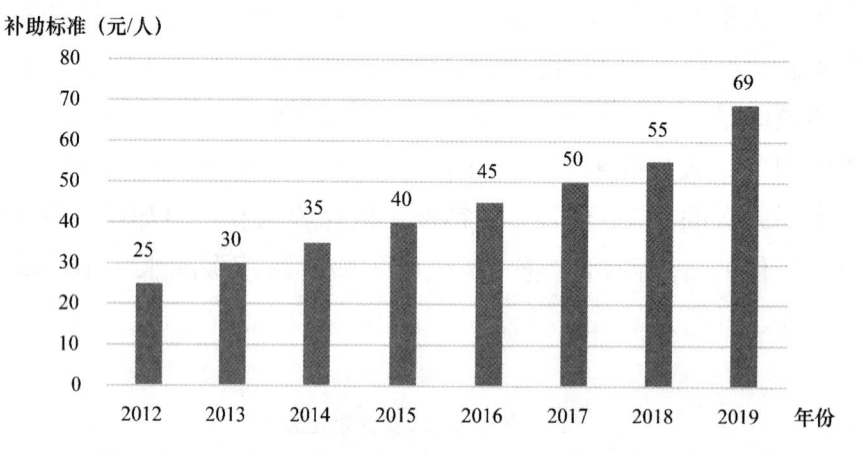

图5-8　2012—2019年全国人均基本公共卫生服务经费补助标准

2. 家庭卫生服务

我国各地区家庭卫生服务人次数不断增加。其中，2018年家庭卫生服务人次数达约4714万人次，东部地区服务人次明显高于中西部地区，分别是其1.67倍、1.4倍。说明东部地区家庭卫生服务工作的普及度高于中西部地区（见表5-10）。

---

① 国家卫生健康委：《关于做好2019年基本公共卫生服务项目工作的通知》，2019年8月30日。

表5-10　　　　　　2018年各地区家庭卫生服务人次数　　　　　　单位：人/次

地区	合计	医院	社区卫生服务中心（站）	街道卫生院	其他医疗卫生机构
东部	20376348	2067120	11940856	191737	6171235
中部	12581220	1548809	5267803	63890	5700718
西部	14177449	1104951	3808239	17909	9246350
合计	47135017	4720880	21016898	278936	21118303

资料来源：《中国卫生健康统计年鉴2019》。

3. 中医药服务

中医药健康管理于2017年被纳入20项基本公共卫生服务项目，其内容是向社区居民提供中医药咨询、体质辨识及健康干预服务，服务项目意在发挥中医药在儿童、孕产妇、老年人、高血压和糖尿病患者等重点人群健康管理中的优势和作用。

中国2014—2018年中医类医疗机构诊疗人次总量逐年增长，中医类医院的接诊量明显高于中医类门诊部和中医类诊所，提供中医服务的社区卫生服务中心由2014年的4709个逐年增加至2018年的6540个，所占比重也从83.2%提升至98.5%。提供中医服务的乡镇卫生院也从2014年的23148个增加至2018年34304个，所占比重提升至97%。可见，中医药健康管理项目工作普及度高，群众接受度好（见表5-11和表5-12）。

表5-11　　　　　　2014—2018年中医类医疗机构诊疗人次　　　　　　单位：万人次

年份	中医类总诊疗量	中医类医院	中医类门诊部	中医类诊所	其他机构中中医类临床科室
2014	87430.9	53058.1	1525.5	11342	21505.3
2015	90912.4	54870.9	1761.9	11781.4	22498.3
2016	96225.1	57670.4	1978.3	12517.9	24058.5
2017	101885.4	60379.8	2322.6	13660.9	25522.2
2018	107147.1	63052.7	2821.0	14973.2	26300.3

表 5-12　　2014—2018 年提供中医服务的基层医疗卫生机构数

机构名称	2014 年	2015 年	2016 年	2017 年	2018 年
社区卫生服务中心（个）	5659	5899	6082	6387	6640
其中：提供中医服务的机构	4709	5718	5930	6274	6540
所占比重（%）	83.2	96.9	97.5	98.2	98.5
社区卫生服务站（个）	9365	9552	9806	10289	10880
其中：提供中医服务的机构	4964	7734	8164	8792	9490
所占比重（%）	53	81	83.3	85.5	87.2
乡镇卫生院（个）	35667	33070	35456	35509	35350
其中：提供中医服务的机构	23148	33052	33444	34095	34304
所占比重（%）	64.9	93	94.3	96	97
村卫生室（个）	590854	587472	587640	584851	577553
其中：提供中医服务的机构	202980	354113	369263	388518	398471
所占比重（%）	34.4	60.3	62.8	66.4	69

资料来源：《中国卫生健康统计年鉴 2019》。

（五）人们的健康水平

妇女儿童健康是全民健康的基石，是人类可持续发展的前提，也是实现深化医疗卫生改革的重要方面。经过不懈努力，我国妇女儿童健康水平不断提升，推动了我国妇幼健康事业进入新时代。

1. 儿童健康状况

随着社会不断发展，国家对妇幼保健的投入不断提高，新生儿、婴儿、5 岁以下儿童的死亡率均逐年降低，且城市明显低于农村，表明城市的儿童保健水平远高于农村。低体重儿比重逐年增加，围产儿死亡率、5 岁以下儿童低体重患病率稳步降低。数据表明，我国儿童健康管理工作初见成效，同时，还需加强对农村地区的儿保工作的投入，进一步体现基本公共卫生服务均等化的价值取向。见表 5-13、图 5-9 和表 5-14、图 5-10。

表 5-13　　　　2012—2018 年监测地区 5 岁以下儿童死亡率　　　　单位：‰

年份	新生儿死亡率			婴儿死亡率			5 岁以下儿童死亡率		
	合计	城市	农村	合计	城市	农村	合计	城市	农村
2012	6.9	3.9	8.1	10.3	5.2	12.4	13.2	5.9	16.2
2013	6.3	3.7	7.3	9.5	5.2	11.3	12	6	14.5
2014	5.9	3.5	6.9	8.9	4.8	10.7	11.7	5.9	14.2
2015	5.4	3.3	6.4	8.1	4.7	9.6	10.7	5.8	12.9
2016	4.9	2.9	5.7	7.5	4.2	9	10.2	5.2	12.4
2017	4.5	2.6	5.3	6.8	4.1	7.9	9.1	4.8	10.9
2018	3.9	2.2	4.7	6.1	3.6	7.3	8.4	4.4	10.2

资料来源：《中国卫生健康统计年鉴 2019》。

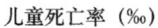

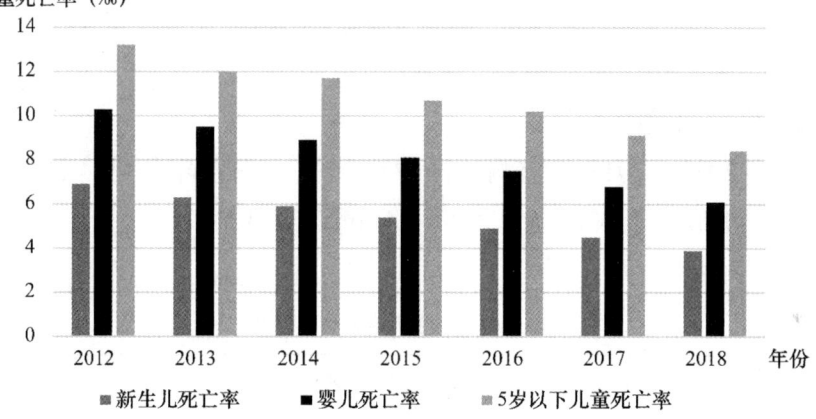

图 5-9　2012—2018 年监测地区 5 岁以下儿童死亡率

表 5-14　　　　　　　　2013—2018 年儿童保健情况　　　　　　　　单位：%

年份	出生体重 < 2500 克婴儿比重	围产儿死亡率	5 岁以下儿童低体重患病率	新生儿访视率	3 岁以下儿童系统管理率	7 岁以下儿童保健管理率
2013	2.44	5.53	1.37	93.2	89.0	90.7
2014	2.61	5.37	1.48	93.6	89.8	91.3
2015	2.64	4.99	1.49	94.3	90.7	92.1
2016	2.73	5.05	1.44	94.6	91.1	92.4
2017	2.88	4.58	1.40	93.9	91.1	92.6
2018	3.13	4.26	1.43	93.7	91.2	92.7

资料来源：《中国卫生健康统计年鉴 2019》。

比率（%）

图例：
- 出生体重<2500克婴儿
- 围产儿死亡率
- 5岁以下儿童低体重患病率
- 新生儿访视率
- 3岁以下儿童系统管理率
- 7岁以下儿童保健管理率

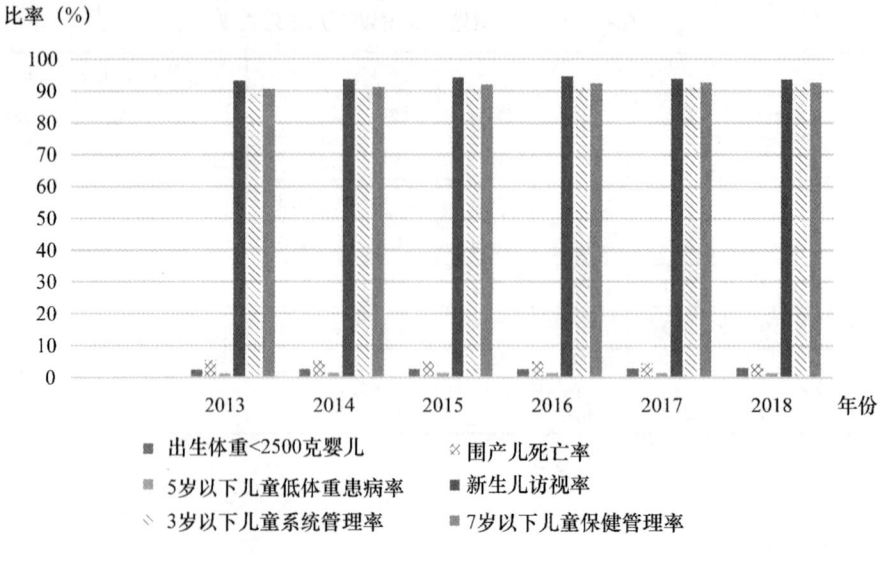

图 5-10　2013—2018 年儿童保健情况

2. 孕产妇健康状况

中国 2012—2018 年监测地区孕产妇死亡率逐年降低，且城市孕产妇死亡率明显低于农村（见表 5-15 和图 5-11）。

表 5-15　　　　2012—2018 年监测地区孕产妇死亡率　　　　单位：1/10 万

年份	孕产妇死亡率		
	合计	城市	农村
2012	24.5	22.2	25.6
2013	23.2	22.4	23.6
2014	21.7	20.5	22.2
2015	20.1	19.8	20.2
2016	19.9	19.5	20.0
2017	19.6	16.6	21.1
2018	18.3	15.5	19.9

资料来源：《中国卫生健康统计年鉴 2019》。

孕产妇死亡率（1/10万）

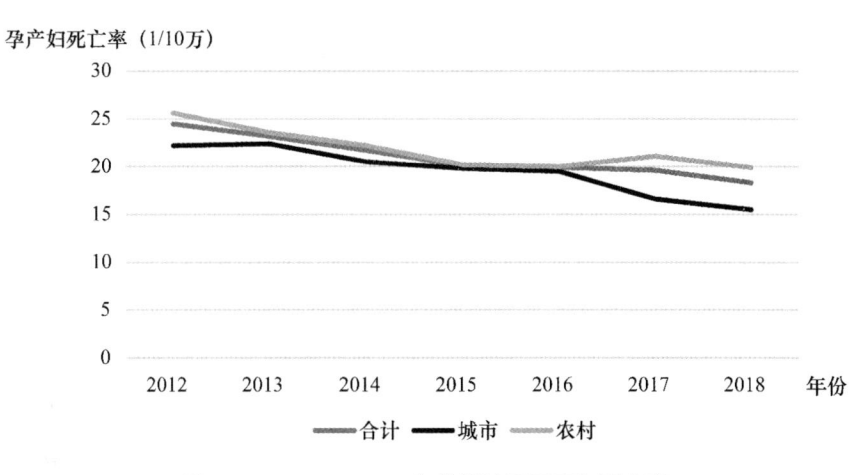

图 5-11　2012—2018 年监测地区孕产妇死亡率

《中国卫生健康统计年鉴 2019》显示，孕产妇死因主要有出血、妊娠期高血压、心脏病、羊水栓塞、产褥感染、肝病等，主要疾病死亡率稳步降低（见表 5-16），且城市明显低于农村，表明农村的孕产妇健康管理存在巨大的上升空间。此外，孕产妇的活产数、建卡率、系统管理率、产前检查率、住院分娩率等均稳步上升，孕产妇的保健水平逐步提高，但农村孕产妇各类主要疾病的死亡率高于城市孕产妇，因此，还需加强农村地区的孕产妇管理工作（见表 5-17 和图 5-12）。

表 5-16　2012—2018 年监测地区孕产妇主要疾病死亡率及死因构成

	主要疾病死亡率（1/10 万）						占死亡总数（%）					
	产科出血	妊娠期高血压	心脏病	羊水栓塞	产褥感染	肝病	产科出血	妊娠期高血压	心脏病	羊水栓塞	产褥感染	肝病
合计												
2012	6.6	2.0	2.7	3.2	0.4	0.8	27.0	8.0	10.9	12.9	1.4	3.2
2013	6.6	2.6	1.8	3.1	0.2	0.6	28.2	11.4	7.8	13.3	0.6	2.6
2014	5.7	2.0	2.5	3.2	0.2	1.0	26.3	9.1	11.4	14.9	1.1	4.6
2015	4.2	2.3	3.3	1.9	0.1	1.0	21.1	11.6	16.4	9.5	0.7	4.7
2016	4.7	1.6	2.0	2.2	0.2	0.7	23.5	7.8	10.2	10.9	1.0	3.8
2017	5.7	2.0	1.5	2.7	0.1	0.4	29.0	10.4	7.9	13.9	0.6	2.2
2018	4.2	1.7	1.8	2.3	0.2	0.7	23.2	9.5	10.0	12.3	0.9	3.8
城市												
2012	5.7	1.5	1.5	3.9	0.3	0.8	25.6	7.0	7.0	17.4	1.2	3.5

续表

	主要疾病死亡率（1/10万）						占死亡总数%					
	产科出血	妊娠期高血压	心脏病	羊水栓塞	产褥感染	肝病	产科出血	妊娠期高血压	心脏病	羊水栓塞	产褥感染	肝病
2013	5.6	2.1	2.1	2.7	0	0.9	25.0	9.2	9.2	11.8	0	3.9
2014	4.3	1.4	2.3	2.7	0.2	0.8	21.2	7.1	11.1	13.1	1.0	4.0
2015	3.5	0.9	5.2	0.7	0.2	0.7	17.9	4.8	26.2	3.6	1.2	3.6
2016	4.0	0.5	2.4	1.6	0.3	0.3	20.3	2.7	12.2	8.1	1.4	1.4
2017	5.1	1.1	1.3	2.1	0.2	0	30.7	6.8	8.0	12.5	1.1	0
2018	3.8	1.4	2.1	1.9	0.5	0.2	24.2	9.1	13.6	12.1	3.0	1.5
农村												
2012	7.0	2.1	3.1	2.9	0.4	0.8	27.5	8.4	12.2	11.5	1.5	3.1
2013	6.9	2.8	1.7	3.3	0.2	0.5	29.3	12.1	7.3	13.8	0.9	2.2
2014	6.3	2.2	2.6	3.4	0.3	1.1	28.3	10.0	11.6	15.5	1.2	4.8
2015	4.5	3.0	2.4	2.4	0.1	1.1	22.5	14.7	12.0	12.0	0.5	5.2
2016	4.9	1.9	1.9	2.4	0.2	0.9	24.7	9.6	9.6	11.9	0.9	4.6
2017	6.0	2.5	1.7	3.0	0.1	0.6	28.4	11.8	7.9	14.4	0.4	3.1
2018	4.5	1.9	1.6	2.5	0	1.0	22.8	9.7	8.3	12.4	0	4.8

资料来源：《中国卫生健康统计年鉴2019》。

表5-17　2012—2018年孕产妇保健情况

年份	活产数（人）	建卡率（%）	系统管理率（%）	产前检查率（%）	产后访视率（%）	住院分娩率（%）		
						合计	市	县
2012	15442995	94.8	87.6	95.0	92.6	99.2	99.7	98.8
2013	15108153	95.7	89.5	95.6	93.5	99.5	99.9	99.2
2014	15178881	95.8	90.0	96.2	93.9	99.6	99.9	99.4
2015	14544524	96.4	91.5	96.5	94.5	99.7	99.9	99.5
2016	18466561	96.6	91.6	96.6	94.6	99.8	100.0	99.6
2017	17578815	96.6	89.6	96.5	94.0	99.9	100.0	99.8
2018	15207729	92.5	89.9	96.6	93.8	99.9	99.9	99.8

资料来源：《中国卫生健康统计年鉴2019》。

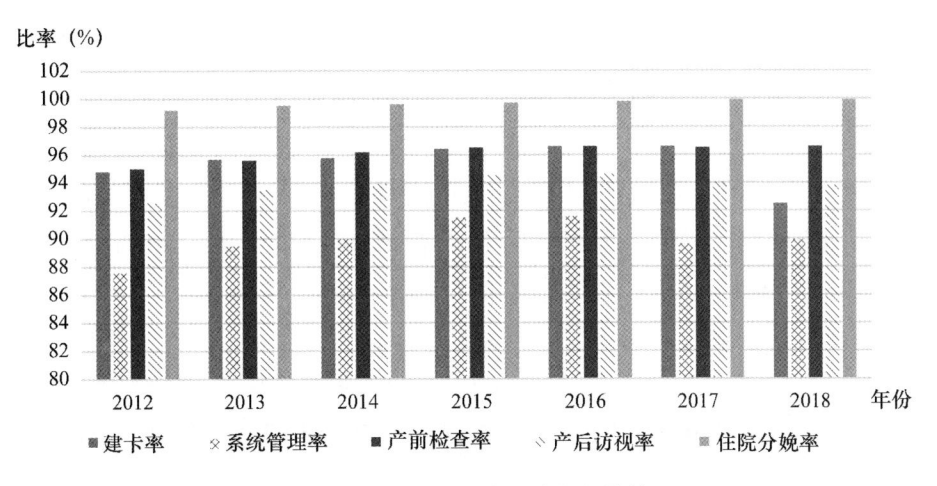

图 5-12　2012—2018 年孕产妇保健情况

3. 期望寿命

近年来，人均期望寿命正呈增长态势，反映了我国人民健康水平不断提升，其中，女性期望寿命普遍高于男性，见图 5-13。

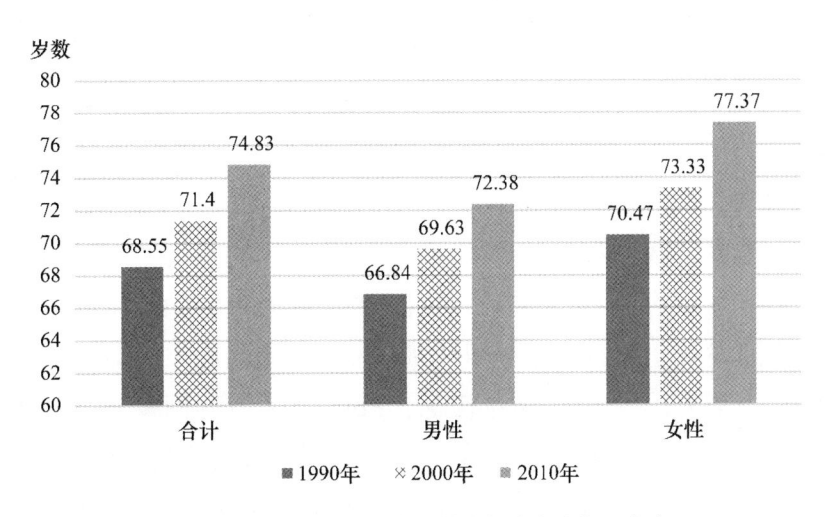

图 5-13　我国近三次人口普查年度人均期望寿命

此外，慢性病患者健康管理、规范城乡居民健康档案管理、推动家庭医生签约、整合城乡居民基本医疗保险制度、加强乡村医生队伍建设、完善肺结核患者健康管理服务规范等方面的成绩也令人瞩目。

通过对以上相关数据的比较分析，可以得出随着医疗卫生事业的发展，国家对于基本公共卫生服务的投入不断增加，服务内容不断完善，人民的健康水平也在不断提升。但从城乡和地区间的数据比较来看，基本公共卫生服务资源配置、服务结果、居民的健康状况都存在着一些明显差距。政府的财政支出和优质医疗资源的配置大多集中在东部发达地区和城市，西部地区和农村基本公共卫生服务的使用效能低。因此，我国要实现基本公共卫生均等化还任重道远。

第三节 中国城乡基本公共卫生服务不均等的原因分析

通过以上分析，我国基本公共卫生服务不均等的现象依旧存在，这里既有历史原因、经济因素，也有现实状况的影响，本部分就导致我国基本公共卫生服务不均等现象的原因进行梳理和分析。

一 城乡、区域间经济差异长期存在

（一）城乡二元经济结构

经济因素是制约社会发展的最根本因素，基本公共卫生的发展也与地区经济发展有直接的联系。我国现已成为世界第二大经济体，但经济的高速发展也带来了各方面发展不平衡的问题。一是城乡发展的不平衡，中华人民共和国成立初期，我国为了迅速恢复国内工业生产体系，选择了"以农养工，以乡养城"的方式，从而使国家的发展战略向城市倾斜，城市和农村的二元经济结构得以形成并固化。20世纪80年代后期，随着社会主义市场经济体制的建立和发展，城乡要素流动增加，但是由于户籍制度的限制，城乡的利益格局并未打破。现阶段，国家对城乡关系的协调发展给予了高度重视，先后提出"城乡一体化"和"乡村振兴"等重大发展战略，但在短时间内还不能完全转变城乡之间的经济发展差距。从数据来看，城镇居民2013年人均可支配收入是农村居民人均可支配收入的2.8倍，虽然2019年减少到2.6

倍，但从总量上看，仍存在差距①。

（二）区域间的不平衡发展

我国改革开放初期，国家为了加快经济的快速发展，将中国划分为东部、中部和西部三个区域，并制定了"加快东部沿海地带的发展，把能源、原材料建设的重点放在中部，并积极做好进一步开发西部的准备"的区域发展战略。这一战略也迅速拉开了东部与西部地区的经济发展差距，虽然中国实行了西部大开发、东北振兴、京津冀协同发展等区域发展战略，减少了地区间经济发展的差距，但地区间的经济差距问题仍然存在（见表5-18和表5-19）。

表5-18　1978年、1999年、2017年东部地区GDP排名前三的省份　　单位：亿元

年份	东部地区GDP排名第一	东部地区GDP排名第二	东部地区GDP排名第三
1978	上海 272.81	江苏 249.24	山东 225.45
1999	广东 9250.68	江苏 7697.82	山东 7493.68
2017	广东 89879	江苏 85900	山东 72678

资料来源：国家统计局。

表5-19　1978年、1999年、2017年西部地区GDP排名前三的省份　　单位：亿元

年份	西部地区GDP排名第一	西部地区GDP排名第二	西部地区GDP排名第三
1978	四川 184.81	甘肃 64.73	内蒙古 58.04
1999	四川 5312.32	内蒙古 1379.31	新疆 1163.17
2017	四川 56480	内蒙古 16103	贵州 13540

资料来源：国家统计局。

从以上数据可见，1978年四川、甘肃、内蒙古的GDP相当于上海的67.7%、23.7%、21.3%，1999年，四川、内蒙古、新疆的GDP相

---

① 姚毓春、梁梦宇：《新中国成立以来的城乡关系：历程、逻辑与展望》，《吉林大学社会科学学报》2020年第1期。

当于广东的 57.43%、14.91%、12.57%，2017 年，四川、内蒙古、贵州的 GDP 相当于广东的 62.84%、17.92%、15.06%，可见从 1978 年到 1999 年，东西部地区的经济差距逐渐拉大，随着区域发展战略的调整，东西部地区的经济差距有所减小，但是差距仍旧存在。而地区经济水平发展越高，政府所能提供的基本公共卫生的投入就越宽裕，越稳定，反之，则会出现政府基本公共卫生投入不稳定的现象，进而影响各地区间的基本公共卫生服务均等化水平。

二 公共财政体制的不完善

（一）政府财政投入不足

实现基本公共卫生服务均等化，离不开政府的财政投入，随着中国经济和社会的发展，政府卫生支出呈逐年增加的趋势，同时，卫生总费用占 GDP 的比重从 1990 年的 3.95% 提高到 2018 年的 6.57%，已经达到并超过世界卫生组织要求的不低于 5% 的标准。但与西方发达国家比较来看，美国的 2014 年已达 17.1%，瑞典达 11.9%，德国达 11.3%，若考虑人均，差距则更大，这也说明了我国卫生财政投入规模上和总量上还存在不足。

（二）中央和地方政府财权事权不匹配

中国各级政府之间长期存在的财权、事权不匹配的问题，自 1994 年我国实行分税制以来，财权不断向中央转移，事权不断向地方下沉。从相关数据来看，2000 年到 2019 年，地方财政支出占比从 65.3% 提高到 85.3%，地方财政收入同比增长了 15%，而地方财政支出同比增长了 20%。在这样的财政体制下，基本公共卫生的事权层层下移，地方政府在"GDP"导向下，省、市一级的财政支出会倾向于经济建设，从而使得县、乡一级的基本公共卫生支出受限，尤其是不发达的农村，基层财力匮乏，基本公共卫生服务的供给更为有限，进一步限制了均等化的发展。2018 年 8 月，国务院办公厅印发了《医疗卫生领域中央和地方财政事权和支出责任划分改革方案》，方案将基本公共卫生服务中央和地方的支出责任分为五档，明确了中央和地方的财权事权，在方案推进的过程中，我们以期对加快基本公共卫生服务均等化有所裨益。

(三) 转移支付政策设计不合理

我国的转移支付政策多样,如税收返还、结算补助、一般性转移支付、装修专项转移支付等,其目的是平衡各地方政府的财政能力。就一般性转移性支付而言,此类资金的使用不明确规定用途,各级政府可根据地区发展需要自行安排,农村等经济薄弱地区政府在GDP作为绩效考核硬标准的影响下,必然将资金使用至推动GDP增长显著的项目和产业,减少基本公共卫生服务的资金投入,从而进一步拉大城乡间的基本公共卫生服务差距。就专项转移支付而言,主要是为了促进地方政府增加国家规定的重点公共服务的供给,在公共卫生领域,计划免疫、结核病、艾滋病的防治经费都是由中央通过专项转移支付的方式保证地方经费[①]。但基于我国地区间不均衡发展的现状,财政转移支付的项目繁多,因为缺乏科学合理的分配标准,使得财政转移支付缺乏重点,同时转移支付的数额偏小,对于医疗卫生的转移支付力度不大。在分配方式上,涉及的覆盖面不多,同时中央对转移支付的监督考核机制不完善,存在地方政府挤占、挪用转移资金的现象,影响了基本公共卫生服务的实施效果[②]。

三 法治体系不完善

法治体系的建构是实现基本公共服务均等化的有力保障,我国卫生法学始于20世纪80年代中期。1993年9月4日,中国卫生法学会在北京成立,标志着卫生法制体系在我国正逐渐建立。中华人民共和国成立以来,我国就开始进行公共卫生方面的立法工作。中华人民共和国成立初期颁布的《传染病管理办法》等对当时传染病防控起到了至关重要的作用。改革开放之后,公共卫生相关法律法规体系不断建立,2003年"非典"以后,国家再次高度重视公共卫生和传染病防治等法律法规制定。目前,我国公共卫生领域相关法律包括《突发事件应对

---

① 管仲军、黄恒学:《公共卫生服务均等化:问题与原因分析》,《中国行政管理》2010年第6期。
② 余亮:《促进我国基本公共卫生服务均等化的财政转移支付制度研究》,硕士学位论文,北京工商大学,2014年。

法》《传染病防治法》《食品卫生法》《职业病防治法》《药品管理法》《疫苗管理法》《动物防疫法》《国境卫生检疫法》等,现行的法规有《突发公共卫生事件应急条例》《国内交通卫生检疫条例》《公共场所卫生管理条例》等。此外,还有《传染病防治法实施办法》等部门规章和地方性法规规章。这些现行的公共卫生相关法律法规对公共卫生领域的各项事务进行了法律行为规范,但仍旧过于碎片化。同时,针对基本公共卫生服务的文件很多尚停留在相关国家部委的规定、规划、制度层面上,整体性和系统性不足,应该来说对于基本公共卫生服务均等化的立法工作亟待加强。另外,有关学者表示我国法治实践长期以来践行形式正义,对实质的正义较少考虑,但随着人们法制观念的不断增强,开始对实质上的公平正义进行追求,通过完善基本公共卫生服务的法治体系,才是保障居民的权利和利益落地的必由之路①。

四 基本公共卫生服务体系不健全

(一) 基本公共卫生服务的供给主体单一

目前,我国基本公共卫生服务大多由基层医疗卫生机构(社区卫生服务中心社区卫生服务站、乡镇卫生院、村卫生院),专业公共卫生机构(疾病预防控制中心、卫生监督所)等公立性质的医疗卫生机构承担,民办的卫生医疗机构参与的比率较低。这一方面是由于政府的行政惯性,更倾向于公立的医疗卫生服务机构;另一方面是由于基本公共卫生的公益性和专业性的特点决定了能够具有相关资质并承接此类服务的社会组织,特别是民营医疗卫生机构数量不多②。根据福利多元理论,认为社会福利可由公共部门、营利组织、非营利组织、家庭和社会共同提供,任意单一主体承担则会存在不足和缺陷。事实上,单纯由公立医疗机构提供基本公共卫生服务,由于地区间的政府投入

---

① 孙旭宁:《基本公共服务均等化法治体系建构与民生底线保障》,《中国行政管理》2014年第8期。
② 欧阳航、赵月、杨舒慧:《供给侧改革视角下政府购买公共服务的现实困境与解决路径———基于广东省三地市的实证研究》,《中国市场》2017年第9期。

差异，会带来公共卫生的不均衡发展。若单纯通过市场机制来调节，则会造成民办医疗卫生机构的逐利，同样造成公共卫生的不均衡发展。因此，推动并实现基本公共卫生服务供给主体的多元化发展，有利于推动基本公共卫生均等化发展[1]。

（二）基本公共卫生专业人才队伍不稳定

一是专业人才数量不多。随着基本公共卫生服务的不断推进，对基层公共卫生专业人才的数量也提出更高要求。根据2019年国家卫生统计年鉴：从专业公共卫生机构的卫生技术人员数量来看，例如2018年浙江省达26288人、江西省25013人、西藏自治区1474人，根据各地2018年年末常住人口数据，可得每万人专业公共卫生机构的卫生技术人员：浙江省5.6人、江西省5.3人、西藏自治区4.2人。纵向对比每万人拥有的卫生技术人员：浙江省85人、江西省53人、新疆维吾尔自治区55人，每万人专业公共卫生机构的卫生技术人员所占比例不足10%，据资料显示，2009年至2017年，全国疾控机构的卫生和技术人员分别下降了3%和4.1%。可见，我国基本公共卫生人员的总数不足，且由于较低的薪资水平、社会地位不高等问题，导致专业人才流失严重。二是专业性不足。因不同地区的服务对象情况复杂，基层的公共卫生服务任务重，部分公共卫生项目（中医药健康管理、重度精神障碍患者健康管理、传染病和突发公共卫生事件报告）专业强，对公共卫生技术人员的专业素养和服务能力提出更高要求。从实际情况看，拥有公共卫生的执业医师资格的在岗人员不多，大多是经过简单培训的医生、护士以及管理人员在协助进行相关公卫工作，这在一定程度上也对基本公共卫生服务均等化的实现产生了制约。三是年龄结构不合理。根据2018年全国公共卫生执业（助理）医师年龄数据，在35周岁以下公共卫生执业（助理）医师的占比低于临床执业医师的占比，从实际情况看，特别是农村等偏远地区其公共卫生人员的年龄普遍呈现老龄化的趋势，因待遇、职业发展等问题，高学历的优秀青年公共卫生人才更倾向于综合性医院或医疗企业工作。

---

[1] 夏敬：《我国城乡基本医疗卫生服务均等化研究》，博士学位论文，东北财经大学，2019年。

（三）基本公共卫生服务信息化亟须升级

随着大数据时代的到来，各行业各部门的信息化工作不断提档升级，在基本公共卫生服务领域，大数据的共享和分析，对中央和地方政府掌握公共卫生服务资源配置、工作效果、资金监管具有重要的作用。现阶段，各地政府也在信息化网络平台建设上进行了相应探索和实践，但在使用的过程中仍存在不少问题。一是系统自动化水平不高，操作烦琐。由于现阶段公共卫生服务项目种类多，部分项目涉及的信息项和数据繁多，大部分系统无法实现自动识别登记，需要工作人员纯手工处理，耗费了大量人力和时间。同时由于国家相关服务项目不断调整，系统的开发、升级和更新所需时间较长。二是数据的共享功能差。不少地区的公共卫生管理网络存在不同区域、不同部门的独立系统，造成地区和部门之间数据共享的障碍，不利于基本公共卫生的统一协调管理。三是数据的安全性无法保证。居民的健康数据涉及个人隐私，信息系统的安全性是保证数据安全的基础，因此，信息系统的保密管理也是管理层亟待解决的问题[①]。

（四）监督评价制度的不完善

建立监督评价制度的制定是以基本公共卫生服务的持续改进为目标，避免基本公共卫生资源的浪费，但是当前我国基本公共卫生服务监督评价的制定建设还处于逐渐完善的过程。第一，部分省份根据地区现状进行了有益探索，但是，从整体而言，我国基本公共卫生服务的监督评价覆盖面有限，且缺乏统一的监督评价标准。同时，在监督评价内容设计上倾向于投入的各类数量性指标，对成效、满意度、均衡性等结果性指标设计偏少，这种监督评价的内容设计容易造成服务供给的高成本和低效率，也不利于基本公共卫生服务均等化的实现。第二，部分地区积极探索社会第三方参与基本公共卫生服务的供给模式，这极可能产生权力寻租、供给垄断等问题，而第三方的监督评价制度的设计，是保障基本公共服务有效供给的重要措施，但目前与此风险对应的监督评价尚无明确的规定。第三，政府作为主要的监督评

[①] 肖娜萍：《基本公共卫生服务信息化存在的问题与对策探索》，《产业与科技论坛》2017年第22期。

价主体，存在权力集中、主体单一的问题，且相关部门之间监督责任不清，难以形成监督合力。外部监督主体对于基本公共卫生服务的监督缺乏强制性，难以有效落实监督责任，同时，第三方监督评价机构发展还有待完善①。

五 公共政策制定中民意表达存在问题

(一) 不同阶层的民意表达存在差异性

随着我国经济社会的快速发展，催生出多元的利益主体，不同的利益主体在思想观念、政治素养、价值取向、社会资源占有等方面存在显著差距。一般而言，处于社会顶层的少部分精英阶层拥有一定的社会地位和丰富的社会资源，他们拥有大量话语权，在一定程度上影响着政府政策的制定；中产阶级普遍具有一定的政治素养和文化水平，善于运用网络、媒体等渠道表达自身诉求，通过社会舆论引导政府的决策；作为底层群体，他们在政治、经济、教育等方面都处于劣势，导致他们个体话语权的缺失，同时，由于缺乏一定的文化水平，他们对政治参与的热情不高，此现象在经济欠发达地区的表现更为明显②。

(二) 民意表达的渠道不畅

随着社会主义民主政治建设的推进，我国各类民意表达的制度化渠道也在不断完善，如人大、政协、听证、信访、民意调查等，但是从现实角度而言，以上表达渠道较普通民众而言，有一定的距离，花费成本较大且表达收效不高。同时，在我国行政管理模式和制度的制约下，导致各类民意表达渠道不畅。如信访局只是本级政府负责信访工作的行政机构，且实行属地管理、分级负责的管理原则，在信访中，常涉及上级或同级部门问题，信访部门仅能执行交办、转送的职能，在督办、化解以上矛盾问题中常处于尴尬地位，久而久之，越级上访就成为民众诉求表达的必然之举；部分地方政府通过开通市长热线、

---

① 李天舒：《完善基本公共服务监督问责机制》，《党政干部学刊》2015年第10期。
② 邵燕：《当前民意表达形式的局限与拓展》，《中共乐山市委党校学报（新论）》2017年第3期。

邮箱、接待日等形式收集民意，但往往因为运行机制的不健全，导致各部门间推诿扯皮，问题不了了之。

以上各种因素致使民众表达突出性的个体或社会性问题时，常呈现为上访、闹访、制造网络舆情等非理智的利益表达方式，对社会公共秩序和社会稳定造成负面影响。

（三）供需主体认识不够

从供给方而言，一方面政府作为基本公共卫生服务的责任主体，除了财政投入外，欠缺对基层卫生机构的资金监管、基本公共卫生重要性的宣传以及公共卫生工作者的主体意识培养。另一方面基于基本公共卫生的公益性，相较于临床医疗服务而言，不带有营利性质，特别是经济发展较为落后的地区，在经济指标为上的绩效考核下，致使基本公共卫生服务的供给主体在财政支出倾向性有所偏倚，进而造成基本公共卫生服务供给不均衡的情况。从需求方而言，普通居民对于基本公共卫生的认识不够，对于不同的服务项目，接受的程度也不同。现阶段，预防接种、儿童和孕产妇等健康管理项目，群众接受度普遍较高，而慢病筛查、严重精神障碍患者管理、居民健康档案等项目的居民参与的意愿还不尽如人意。从城乡角度而言，农村、欠发达地区的人群在基本公共卫生服务收益方面存在差异，他们表达服务需求的意愿不强，被动的态度和意愿将导致他们的主体需求较难被发现。同时，城市流动人口因流动性大的特点，其对居住地的基本公共卫生政策的获取能力弱，导致其享受基本公共服务的机会减少。

第四节 实现城乡基本公共卫生服务均等化的机制探讨

基本公共卫生服务均等化是一项长期、复杂的系统性工程，涉及多主体、多层次的改革，只有通过一系列配套制度的创新和完善，才能消除基本公共卫生服务均等化的制度障碍，逐步推动城乡的融合发展，进而实现基本公共卫生服务均等化的战略目标。

一 协调城乡发展是实现基本公共卫生均等化的现实需求

城乡二元化社会经济结构的长期存在，严重阻碍了农村地区的发展，这是加剧城乡基本公共卫生服务不均等现象的根本问题。因此，我国基本公共卫生服务均等化的实现，关键在于破除城乡二元化社会经济结构，缩小城乡区域间发展差距，促进城乡一体化发展。

（一）落实乡村振兴战略，助推农村经济发展

当前，我国农村地区经济基础薄弱，生产发展落后的现状并未从根本上改变。党的十九大已经提出了乡村振兴战略，并把解决好"三农"问题作为全党工作的重中之重，2018年1月《中共中央国务院关于实施乡村振兴战略的意见》发布并实施，文件从十个方面对"三农"工作做出了具体部署。可见，从国家发展战略上重视乡村发展，通过提高乡村的经济发展水平，为推动城乡基本公共卫生服务奠定物质基础。加快乡村振兴的步伐是缩小城乡发展差距、促进社会公平正义的必然选择，在一定程度上也必将对基本公共卫生服务均等化的发展产生助推作用。

（二）贯彻新发展理念，引领基本公共卫生服务均等化

坚持协调发展理念，各地区对于基本公共卫生服务的制度可实行城乡一体化设计，根据城乡经济差距，协调配置政府财政资源，坚持共享发展理念，补齐农村基本公共卫生服务短板，积极引导城市公共卫生资源向农村延伸。现阶段，我国的基本公共卫生服务供需主体之间信息不对称，出现供给过度和供给不足的矛盾现象。因此，需要加快互联网数据共享平台建设，利用大数据，实现基本公共卫生服务资源的掌握和合理配置，有效解决供需错位的现实情况①。

（三）科学规划区域发展，量化区域发展目标

中国改革开放以来，根据国家不同发展阶段的要求，实施了不同的区域发展战略，充分激发了优势区域的增长潜力，形成了多元化的

---

① 孙岳兵：《坚持以新发展理念引领基本公共服务均等化》，《湖南日报》2019年第9期。

区域竞争格局，但也造成了区域间的发展不平衡。当前，在落实区域发展战略时，要科学规划，建立统一的空间规划体系。也要充分重视东中西部地区间的居民收入和消费水平、基本公共服务的差距，合理量化发展目标和时间节点，让战略计划具有可行性和操作性①。

二 改革财政制度是实现基本公共卫生均等化的根本保证

（一）明细政府公共卫生支出责任

建立事权和支出责任相适应的制度是深化财税体制改革的重要内容，是政府分配公共卫生支出职责的基本保障。明确中央与地方政府在公共卫生领域财政支出和权利划分，既充分强调全局性和中央权威，完成全面建设社会主义现代化目标的各项"规定动作"，又要充分尊重各地的自主性和创造性，优化放管服改革，支持地方政府结合地区实际在均等化服务中开展各类"自选动作"，有序推进基本公共卫生服务均等化整体工作。一般而言，应该根据基本公共卫生服务效用边界，对地方和中央的职责进行划分，外部性越明显的公共卫生产品，由地方政府负责必然会出现供给的有限，因此，此类公共卫生服务如重大突发公共卫生事件、计划免疫、妇幼保健等，应该由中央财政进行保障。各级地方政府应主动落实公共卫生政策，对本地区的疾病预防、传染病防治、慢病管理、保教教育等实施管理，在财政专项资金的基础上进行地区财政配套，以保证基本公共卫生服务的有效供给。同时，各级政府需加强财政预算管理，进一步界定预算管理级次、划分预算收支范围，在既定的收支范围划分基础上进行收支的纵向和横向调节，即省、市级政府财政统一分配中央财政拨款，并增加对经济薄弱地区的财政支持力度，同时，经济基础较好的地区向经济发展薄弱的地区进行横向支付，最大限度提升各级政府公共卫生支出的配置效率②。

---

① 蔡之兵：《改革开放以来中国区域发展战略演变的十个特征》，《区域经济评论》2018 年第 4 期。
② 郭雨萌：《我国公共卫生服务供给区域均衡研究》，硕士学位论文，中南财经政法大学，2018 年。

（二）优化转移支付的制度设计

在我国财政分权制度模式下，通过政府转移支付是弥补地方财政缺口、实现基本公共卫生服务均等化的重要途径，有研究表示政府转移支付与城乡基本公共卫生服务均等化呈非线性关系，在地方政府财政自给能力较强时，增加转移支付有利于缩小城乡基本公共卫生服务差距，反之，则不利于甚至扩大城乡基本公共卫生服务差距[①]。但不可否认，现阶段政府转移支付仍然是地方政府的重要财政来源，因此，不断改革和完善政府转移支付制度对于实现城乡基本公共卫生服务均等化具有现实意义。一是在城乡提供公共卫生服务成本大致相同的情况下，或控制地区间公共卫生服务成本相对差异的前提下，政府转移支付应该向地方财力薄弱的农村地区倾斜，增加一般性转移支付的比重；二是增加基本公共卫生专项转移支付项目，分地区、分项目编制，特别是基本公共卫生服务薄弱的农村地区，如地方性流行病、传染病等卫生项目，中央政府也可通过专项转移支付补助来缩小地区间、城乡间的政府卫生支出差距。同时，制定公共卫生专项资金管理办法，提高公共卫生资金的使用效率，以减少地方政府因政绩观带来的财政支出偏差，快速补齐农村基本公共卫生短板，推动城乡基本公共卫生服务均等化。

（三）提升地方政府财政的自给能力

在维持中央财政收入稳定占比的前提下，结合税制改革和政府间支出责任，适当调整中央与地方的收入比例，提高地方财政的收入份额，适当降低农村等经济落后地区的税收返还比例。同时，对于城乡间差距较大的省份可降低省市级财政集中度，将财政分配权下放至县乡级财政，最大限度地简化专项资金申请和拨付的程序，减少资金周转的时间，提高资金运转效率，保证基层政府在实现基本公共卫生服务均等化过程中的有相匹配的财力支持[②]。

---

① 裴育、贾邵猛、李秋梓：《财政纵向转移支付与城乡医疗卫生服务差距——基于财政自给能力的门槛效应分析》，《财政监督》2021年第12期。

② 陈颂东：《中国的分税制、转移支付与城乡公共服务均等》，《理论与改革》2008年第2期。

三 健全公共卫生法律制度是实现基本公共卫生均等化的有力保障

卫生法的渊源包括宪法、卫生法律、卫生行政法规、自治条例与单行条例、卫生行政规章、地方性卫生法规、地方卫生行政规章、法律解释、卫生标准、卫生国际条约等，法治体系的建设需要建立在其渊源基础上，统筹推进立法、执法、司法和守法，逐步构建起体系大厦。从法律地位上，提升卫生法治体系的地位，将疾控中心等事业单位转型行政部门；从管理机制上，可向国外经验学习，将疾控中心等事业单位垂直管理，不归属于地方管理；从法定权限上，赋予其执法权，加强公共卫生专业机构的权限等。

国外发达国家医疗卫生事业的发展有赖于一系列法律制度的建立和完善，美国20世纪初就已经实施了一系列法律法规，以此确保基本公共服务均等化的运行，如《食品药品法案》《社会保障法》等。英国1908年以来陆续颁布了《老年赡养法》《国民保险法》等，1997年议会通过了《公共服务法》，进一步完善公共服务绩效责任。澳大利亚联邦议会早在19世纪陆续通过了三部《公共服务法》，确立了其公共服务体系和内容。完善的法治体系为这些国家基本公共服务的均等化提供了制度保障[①]。

在当下，依法治国是公平正义价值理念得以实现的重要保证，完善的医疗卫生法律制度可以保证各类医疗卫生行为的规范性，让医疗卫生事业健康有序发展。我国于2019年颁布了《中华人民共和国基本医疗卫生与健康促进法》，这是我国医疗卫生领域的第一部基础性、综合性、系统性的法律。该法对突发事件卫生应急管理、传染病防控、职业健康保护、妇幼健康服务等基本公共卫生领域的项目，从法律的层面做出了顶层设计，这对于基本公共卫生服务均等化的推进，具有重大意义[②]。今

---

① 廖文剑：《西方发达国家基本公共服务均等化路径选择的经验与启示》，《中国行政管理》2011年第3期。

② 中华人民共和国第十三届全国人民代表大会常务委员会第十五次会议通过：《中华人民共和国基本医疗卫生与健康促进法》，2019年12月28日。

后，应加快完善相关法律制度的建设，在基本公共卫生服务均等化政策的指导下，以《中华人民共和国基本医疗卫生与健康促进法》为基础，构建以传染病防治法、突发公共卫生事件、慢病健康、妇幼保健法等为核心的基本公共卫生法律制度。同时，结合当前城乡基本公共卫生差异性的现状，配套相关法律以保障农村等欠发达地区专项补助资金的合法使用、多元供给主体公平竞争的市场环境、基层公卫医生的待遇和职称晋升等方面。促进基本公共卫生服务体系有法可依，良性运行[①]。

在推进基本公共卫生服务均等化的进程中除了重视基本公共卫生服务立法外，还需要提高执法的效能和效率。当前，基层公共卫生服务行为主要由疾病预防控制、妇幼保健、卫生监督等行政部门负责监督管理，他们在执法的过程中，需要以各类医疗卫生法律法规作为依法执政的依据，若没有健全的法律法规体系，监督执法工作将失去方向和目的，若没有高效的法律监督组织体系，法律条文在执行过程中也容易出现偏差和执行力不高的问题，两者相辅相成，共同推进基本公共卫生事业的发展。从卫生监督执法的实践来看，完善的卫生执法组织体系能够较好地保证相关医疗卫生法律、政策的良性运行，但是，专业的组织体系需要消耗大量的行政资源，对于部分经济发展薄弱的基层地区而言，这种资源的消耗和支出无法得到很好的满足，从而使得部分基层公共卫生政策的推进陷入一定程度的僵局。因此，想在基层贯彻落实相关法律制度，就要着力完善卫生执法组织体系，一方面依托专业的卫生监督行政机构，另一方面可积极探索半行政化性质的机构和人员的参与。充分发挥村卫生室、社区卫生服务站等基层医疗卫生机构的中医疗卫生人员作用，设立基层卫生监督协管员，协助卫生监督部门做好相关卫生法律政策执行监督工作，基层的医疗卫生人员长期在基层工作，对辖区内相关法律政策的执行情况最为了解，能够迅速掌握违法违规行为，提高了执法的效率，降低了执法工作的成本[②]。

---

① 韩冬：《农村贫困地区基本公共卫生服务均等化的困境与法律保障研究》，《农业经济》2021年第3期。
② 陈柏峰、刘杨：《基层基本公共卫生服务和卫生监督执法的实践及解释——以滇中S镇为例》，《湖北社会科学》2016年第8期。

四 完善公共卫生服务供给制度是实现基本公共卫生均等化的有效途径

(一) 完善基本公共卫生服务的供给侧改革

针对基本公共卫生服务存在地区性差异的现状，明确政府在基本公共卫生服务供给中负主要责任的前提下，学习借鉴国内外的购买公共卫生服务模式，探讨和构建政府、医疗机构和社会多元合作的联动供给机制，促进公共服务供给主体多元化，推进城乡基本公共卫生服务产品供给侧改革，提高服务的质量和效率。

1. 学习借鉴国内外先进经验

挪威政府将医疗整体分为基础医疗和专业医疗，在基础医疗部分，每个公民选择自己指定的全科医生，提供一对一的基础医疗服务；柬埔寨政府在各类疾病防控、基础医疗、妇幼保健等方面，都是通过社会组织购买的形式实现，同时对各类医疗服务的标准、覆盖居民的比例、费用的承担比例都有清晰的界定。纵观国内购买基本公共卫生服务的模式，主要有三类：一是单独合同购买模式，宁波市政府将健康评估和健康指导服务委托给单一的民营卫生机构提供；二是服务券及"服务券＋项目合同"方式，如重庆市政府将公共卫生服务券（卡）向预防接种、慢性病管理等个性化服务对象提供[①]，项目合同针对健康教育、公共卫生事件管理等群体性公共卫生服务对象提供；三是多种购买方式并存，如合肥市政府采取了责任状的方式与服务提供机构建立契约关系。

2. 明确政府基本公共卫生服务供给的主导地位

在影响基本公共卫生服务均等化的因素中，无不映射出政府的执政理念、政策倾向、行政行为对城乡卫生格局的影响，政府公共责任的缺失将直接导致基本公共卫生服务效能处于较低水平，并且基本公共卫生服务具有公共产品和准公共产品的特性，加之资本的逐利性，

[①] 胡凌霞、朱佩媛、杨淋雯等：《新时期政府购买公共卫生服务模式研究》，《智库时代》2019 年第 47 期。

也决定了单独依靠市场化，是无法实现均等化的目标的。因此，在实现基本公共卫生服务均等化的进程中，要明确及充分发挥政府的主导地位。政府要站在统筹城乡发展的战略视角，将基本公共卫生资源的规划配置与城乡发展规划、产业布局、土地规划以及基层建设规划等有机地结合，除了加强基本公共卫生基础设施建设、实现增量外，还要有效地利用存量，加强县区级基层医疗卫生机构集中统一管理。在人社、财政、卫健委等部门的指导下，对社区卫生服务中心、乡镇卫生院的资金、干部、编制等进行统一管理，利用医共体推进公共卫生人才、技术等资源向农村辐射向基层下沉，加强基层医疗卫生机构的业务指导和专业化培训，提升其供给效率①（见图5-14）。

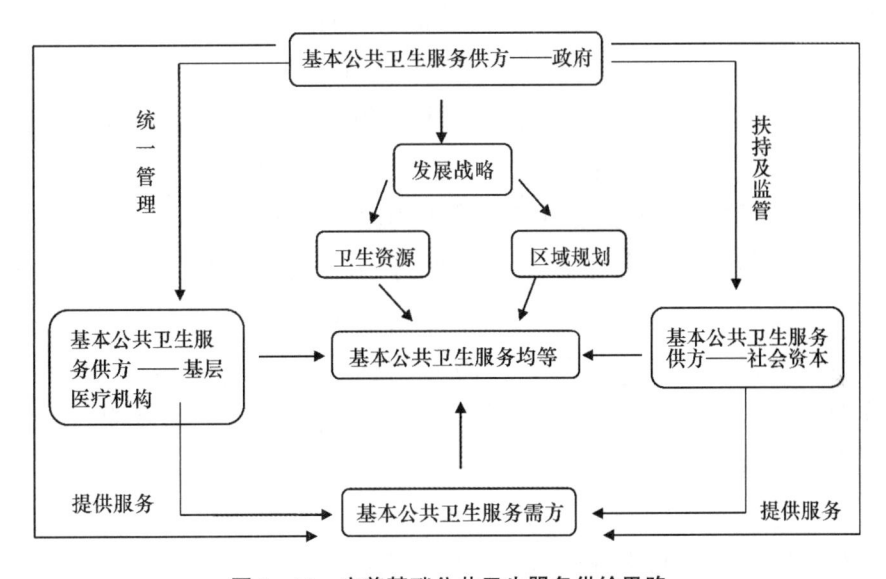

图5-14 完善基础公共卫生服务供给思路

3. 引导支持社会资本参与基本公共卫生服务供给

当前，在明确政府主导作用的前提下，我国基本公共卫生领域供给主体的市场化程度不够，基本公共卫生服务大多还是政府财政承担，虽然个别地区对于公共卫生服务供给主体的市场化，进行了相关探索和实践，但普及度不高，特别是在农村等经济发展落后的地区，

---

① 夏敬：《我国城乡基本医疗卫生服务均等化研究》，博士学位论文，东北财经大学，2019年。

难以保证市场化的购买行为。2020年3月1日，财政部印发《政府购买服务管理办法》（以下简称《办法》），其中明确了购买主体、承接主体、购买内容和购买活动实施等内容，进一步指明了政府购买服务的改革方向，对创新公共服务提供的方式、改善公共服务供给提供了制度保障①。在基本公共卫生服务方面，首先，地方政府应积极贯彻落实此《办法》，配套相关产业政策，营造宽松的制度环境，在土地、用房、税收等方面对给予优惠政策，在登记注册、资金、设备等方面提供便利，减轻社会资本运营压力②。其次，制定并公布政府权力转移目录清单、购买服务项目目录清单，明确参与提供基本公共卫生服务的准入条件和资格，制定行业规范和定价标准，避免私人资本供给的低效率和偏离公共利益的目标③。最后，增加省级财政扶持力度，鼓励社会资本投向重点领域和农村等经济发展薄弱地区，针对妇女、儿童、老人等重点人群，引导社会资本在疾病预防、老年保健、康复理疗等方面提供精准化、特殊化服务，通过项目划分，实现规模化发展。

（二）增强基层公共卫生人才队伍建设

基本公共卫生服务主要由基层医疗卫生机构提供，基层公共卫生服务人员的配置数量和素质高低将直接影响服务的长效性和稳定性。就现实情况来看，经济发达城市地区的社区卫生服务中心，其人员配备较为充足，能够较好地满足居民基本公共卫生服务的需要，而农村等经济薄弱地区还存在基本公共卫生人员队伍不稳定、业务能力不足等问题，这也直接阻碍城乡基本公共卫生服务均等化目标的实现。针对以上问题，一是要构建公共卫生与临床医学复合型人才培养机制，培养既有公共卫生知识又有临床技能的复合型人才，真正体现"医防融合、预防为主"的卫生工作方针，加强公共卫生理论教育与实践相结合的课程安排，并辅以管理学、信息技术、社会学等公共课程，发

---

① 句容：《推进事业单位政府购买服务改革改善公共服务供给》，《中国财经报》2020年第2期。

② 任然、蒲川：《重庆市政府购买公共卫生服务现状与发展》，《卫生经济研究》2018年第5期。

③ 陈浩然：《我国农村基本公共卫生服务供给均等化的优化研究》，硕士学位论文，电子科技大学，2018年。

挥多专业联合的优势①，提升其公共卫生工作的实践能力。同时，完善定向培养政策，建立对口支援的培养机构，重点侧重乡村全科医生的培养管理，落实基层医疗卫生人员的优惠人才待遇，积极引导相关专业毕业生到基层卫生医疗机构就业。二是加强公共卫生技术人员的继续教育培训管理。根据各地公共卫生服务项目的开展情况，制定统一的培训标准和规范，通过岗前培训、专业培训、学院进修、结对帮带等方式，不断提高公共卫生技术人员的专业知识和职业技能。三是增强队伍稳定性。基层公共卫生人员流动性大的主要原因是工资待遇不高、职业前景不好、个人价值无法体现等。因此，应建立合理的公共卫生绩效考核体系，根据多劳多得的计酬方式，逐步激励公共卫生技术人员的工作积极性，并参照医院临床医疗人员的薪资水平，给予财政保障，制定合理的晋升标准，改革职称评聘制度，增强他们职业自豪感②。

（三）加强基本公共卫生信息化建设

信息技术为公共卫生工作带来了便利，高效的信息化系统可提升公共卫生管理的数据分析和执行效率。对于信息化存在的问题，可以从以下几个方面着手改进：一是增加系统的自动化功能，如自动扫描功能，能够对纸质或者照片材料可直接读取数据和信息；优化语音录入功能，通过语音交流模式，系统可自动进行数据的输入和读取。二是充分利用现代化的网络通信技术，建立覆盖全区的共享信息网络平台，加速搭建预防接种、慢病管理、健康档案等相关领域的数据库，对相关数据的录入、汇总、统计、分析等制定规范，统一标准。三是实行信息的多重保密管理，如身份认证，系统需通过数字证书进行系统登录；安装应用安全管理系统，对系统运行实施监控③。四是积极推动互联网与基本公共卫生服务融合，充分利用互联网的优势，鼓励基

---

① 池方方、蔡滨欣：《我国公共卫生人才队伍现状及发展研究》，《中国公共卫生管理》2021年第3期。

② 李小宁：《基层卫生人员基本公共卫生服务能力》，《南京医科大学学报》（社会科学版）2018年第6期。

③ 肖娜萍：《基本公共卫生服务信息化存在的问题与对策探索》，《产业与科技论坛》2017年第22期。

层医疗卫生机构通过在线义诊的方式提供诸如健康教育、慢病管理等公共卫生服务。

五 建立健全监督评价制度是实现基本公共卫生服务均等化的关键环节

基本公共卫生服务均等化的实现机制，最终离不开监督评价制度的设计，国外政府已逐渐完善其基本公共服务均等化绩效评估体制和机制。英国政府将信息化引入公共服务系统，将信息管理系统运用到日常公共服务过程中，不仅能对公共服务结果进行高效、快捷的考核，更能在公共服务过程中随时监督，便于高效的管理考核其公共服务效率与质量[1]。美国专门设立国家公共卫生绩效标准项目，分别对州、地方公共卫生体系以及地方政府公共卫生管理三种绩效评价工具[2]，有效地监督评价制度将保证基本公共卫生服务政策的有效落实。

(一) 科学合理确定监督评价内容

基本公共卫生服务均等化监督评价制度的建立，需充分考虑到投入、产出、效果和满意度评价的全过程，全面客观对城乡基本公共服务的供给水平、供给质量、供给效益等进行评价和监督。同时，也需要各个地区将监督评价体系纳入政府绩效考核管理，坚持正确的政绩导向，以实现社会公平发展目标、提升公共卫生服务供给水平、缩小城乡基本公共卫生服务水平作为评估的重要内容，加入提升城乡基本公共卫生服务均等化的重要指标，如农村合作医疗覆盖率、医疗保障覆盖率、基层医疗卫生设施建设情况、新生儿死亡率、居民卫生服务满意度等，以保证人群均等地享受基本公共卫生服务[3]。

---

[1] Warren, N., Australia's Intergovernmental Fiscal Arrange-ments, http://www.treasury.nsw.gov.au/pubs/fin-bench-rep.pdf.2006.

[2] NPHPSP, Local Public Health Governance Performance Assessment Instrument, NPHPSP, 2010 (8).

[3] 江雪薇：《城乡基本公共服务均等化的制度障碍及优化路径》，硕士学位论文，黑龙江省社会科学院，2019年。

（二）建立多元监督主体

根据多中心治理理论，组建由政府、第三方监督机构、社会公众、大众媒体、专家学者等多元监督体系。在政府内部，联合财政、审计、行风、纪委等部门进行监督，明确各行政主体监督责任，通过加强专项资金使用的合理性、合法性审查，各类供给主体的行为审查，杜绝违法违规行为。强化舆论宣传引导，做好相关政策解读，充分调动社会参加，利用网络平台、广播、电视等大众媒介，加强社会舆论监督，发挥民众、专家团队、行业协会的监督作用。探索建立开放型的第三方评估机制，保证专业评估机构的相对独立性，使其在对购买的基本公共服务评估中做到立场独立，从而确保评估结果的客观、准确。

（三）实现动态化的监督评价

随着时代的发展，我们面对的健康危险因素在不断发生变化，监督评价的方式和内容要随着现实不断进行更新，实现动态化调整。现阶段，可充分利用大数据技术，根据定期居民健康需求调查，通过数据分析，适时做好健康危险因素评估，并将结果及时反馈至政策制定者，以便调整基本公共卫生服务项目和支出比例，减少资源配置的重复和浪费，不断适应和满足不同地区居民的基本公共卫生需求，促进基本公共卫生服务均等化的实现①。

六 建立民意表达制度是实现基本公共卫生均等化的内在要求

民众的获得感和满意度是衡量基本公共卫生服务效果的直接评价标准，建立健全民意表达机制，增加民众在基本公共卫生服务中话语权，特别是农村等经济薄弱地区民众的话语权，将直接影响基本公共卫生服务供给的有效性。

（一）加强和培养民众表达话语权的自主性意识和能力

经济发达地区民众的受教育程度普遍较高，对自身权益保护的意

---

① 徐赵平：《新时代我国基本公共卫生服务均等化研究》，硕士学位论文，安徽医科大学，2019年。

识较强，民众常通过网络、电话、书信等合理途径反映诉求。而经济发展落后的农村等地区民众受教育程度普遍偏低，对自身应该享有的权利缺乏了解，利益表达参与意识低，使得他们的话语权在现实生活中往往得不到有效行使。对此，除了提升教育水平，增加文化素质外，还要加强乡村文化建设，提升广大农民的生活热情和参与公共生活的意识和自主性。实施村务公开等办事制度，通过广播、电视、健康宣教、村民会议、集体活动等，开展政策宣传，利用手机短信、电话进行精准化信息推送，合理引导民众去参与去享受公共服务权利，在潜移默化中提高广大农民的知情权及认知水平。

（二）有效依托社会组织表达民意诉求

随着城镇化进程的推进，越来越多的农民融入城市，在适应城市生活的过程中，也激发了他们对城市基本公共服务的向往。但个体利益的表达往往不具有代表性，不能形成合力，难以起到影响决策的效果。特别是农民作为社会弱势群体，本身话语权较弱，虽然我国利益表达渠道形式多样，如人大、政协、信访、大众媒体等，但很少被其有效利用。而社会组织是不同职业、不同阶层人群的集合体，拥有广泛的信息来源，在一定程度上可以聚集个体的民意表达，避免民意诉求分散的情况。为此要加快社会组织的发展，加大扶持社会组织的力度，特别是农村社会组织的建立，能够有效扩大社会各阶层民众利益表达的渠道[1]。

（三）完善政府回应民意诉求方式

民意表达的有效性与政府回应民意诉求息息相关，也是落实民意的关键举措。政策的制定往往是自上而下的行为，民意反馈是自下而上的行为，在传统科层制度的影响下，政府和民众缺乏互动互联，从而导致政策制定可能会偏离目标。由此可见，完善政府回应民意诉求方式，是拉近政府和民众之间的距离的重要方式。民意调查是一种获取社情民意的重要途径，除问卷调查、电话访谈等传统方式外，要灵活运用网络调查方式，扩大信息收集的覆盖面和效率，建立政务信息

---

[1] 杜雨薇：《我国公共政策制定过程中的民意表达研究》，硕士学位论文，黑龙江省社会科学院，2021年。

平台、干群互动平台等，利用大数据和人工智能技术对网络民意进行搜索和整合，并通过技术手段实现意见挖掘和话题识别。为有效改变农村地区民意诉求渠道闭塞的现状，要确保农村信息化建设先行，提升农村的网络覆盖，培养农民的信息化意识，在信息化社会中，逐渐掌握运用网络表达民意的能力。

第六章　城乡基本社会保障均等化研究

对"基本社会保障"的认识，可以从人的基本需求出发，包括基本的营养健康需求、基本卫生保健需求、基本的住所安全需求、基本医疗服务需求、基本的老年服务需求等。对于满足上述基本需求有困难的社会成员，由国家出面对其提供相应的保障。因此，基本社会保障的责任主体是政府，是一种普遍的、底线的保障。

国际上针对基本社会保障的研究一直在进行。2015年的联合国大会重申了"社会保护底线建议"（第202号建议书）的全球协议。国际劳工组织在《世界社会保障报告（2017—2019）》中提出：尽管世界上许多地区社会保障的发展取得了显著性的进步，但全球仍只有29%的人口享有全面的社会保障体系，剩下的71%、约52亿的人口没有或仅有部分保障，更有多达40亿的人口没有任何社会保障。一个国家应当提供最基本的社会保障，并将社保底线作为其社会保障体系的一部分。一些已经实现了全面保障的国家，还需要在扩大覆盖率和确保足够的福利水平方面做得更多[1]。报告对基本社会保障的项目考察集中在全民医疗保险、养老金保障和特殊人群的社会保障（如儿童和家庭福利、生育保障、残疾福利、失业保障）方面。

我国的社会保障项目体系，党的十七大报告中明确界定的是社会救助制度、各项社会保险制度、社会福利制度及相关补充保障措施。其中又以最低生活保障、基本养老保险、基本医疗保险、保障性住房

---

[1] 唐霁松、马洁：《社会保障可持续发展目标——国际劳工组织世界社会保障报告（2017—2019）摘要》，《中国社会保障》2018年第2期。

为最基本的保障制度。最低生活保障是对难以维持最低生活水平的社会成员给予现金、实物等资助,以保障其基本生活所需的一项社会救助制度。基本医疗保险是为补偿社会成员因疾病风险造成的经济损失而建立的一项社会保险制度。基本养老保险是对老年人口给予养老金,以保障老年基本生活需求的一项社会保险制度。保障性住房制度是为了解决住房困难的社会成员的基本住房需求,给予居住货币补贴或提供基本住房的一项制度。

基本社会保障涉及社会成员的生存权和发展权,不仅是社会保障体系中最基础、最核心的部分,同时也是基本公共服务的有机组成部分。基本社会保障均等化是基本公共服务均等化的应有之义,两者具有共通之处。溯观均等化的研究和实践,往往都是从机会均等和结果均等两个方面来探讨。如英国学者特纳在其1986年的《均等》著作中,将均等分为机会均等、个人基本的平等、条件的均等、产出的均等四个方面。加拿大宪法中对均等化的界定包含:居民福祉机会平等;通过经济发展减少机会差别;所有加拿大居民享有质量适度的基本公共服务①。

同样地,基本社会保障均等化的内涵也可以从上述两个维度来思考。"机会均等"内化到基本社会保障中,是要求所有社会成员能够享受基本社会保障权利,进一步地具体化为建立一个广泛覆盖全体国民的基本社会保障制度体系。"结果均等"内化到基本社会保障中,是要求所有社会成员能够享受到适度水平的基本社会保障,进一步地具体化为:为全体国民提供一个在数量上和质量上大体相等的基本社会保障标准。因此,本章所研究的基本社会保障均等化是指社会成员人人享有最低生活保障、基本养老保险、基本医疗保险、基本住房的保障权利,并且在这一权利下,享受大体相等、合理适度的保障水平。

关于社会保障均等化的研究,我国学者关注较多,这与我国的社会保障体系具有特殊的城乡二元性及其非均衡性相关。西方发达国家历史上的城乡发展差距不是很大,社会保障等公共服务体系的城乡差距并不明显,所以国外的学者并没有特别地关注到这个领域,专门的研究比较少,观点成果散见在政府财政均等化、区域公共服务差别等研究中。

---

① 丁元竹:《理解均等化》,《读书》2009年第11期。

1950年，布坎南提出财政均等思想，他认为财政均等是指具有相似状况的个人从公共服务中获得的回报与其所承担的税负之差相等。同时也指出，全体人民在基本公共服务领域应该享有同样的权利。在丹麦学者安德森《福利资本主义的三个世界》中，以瑞典、挪威为代表的北欧社会民主主义保障体系堪称是社会保障均等化的典型，它们的制度体系去商品化程度最高，贯彻了社会福利普遍化的原则。我国学者关注社会保障均等化，主要是从社会保障均等化的概念、社会保障均等化的指标评价体系、社会保障非均等化的现状和非均等化的原因，以及实现社会保障均等化的机制构建和保障措施方面进行的，并特别从城乡均等化角度切入研究。总体上，在当前我国公共服务均等化研究方兴未艾的背景下，基本社会保障均等化是基于我国国情的一个值得持续研究的课题。

第一节 城乡基本社会保障均等化之一——最低生活保障

一 历史及其发展

我国最低生活保障制度在诞生之初即因循着城乡分治的思路，城市为先，农村落后，发展明显地呈现城乡差距，是基本社会保障均等化调整的重要方面之一。

20世纪90年代初期，中国经济社会急剧转型，特别是城市单位制瓦解带来的下岗失业人员，使得政府压力重重，不得不出台相应的政策来缓解由此引发的大规模城市贫困状况。站在改革最前列的上海市于1993年6月最早宣布建立"城市居民最低生活保障制度"，接着，一些地方陆续跟进，并逐步受到民政部的关注和认可。1997年，《国务院关于在各地建立城市居民最低生活保障制度的通知》出台，奠定了制度在全国推广的基础。随后，1999年出台了《城市居民最低生活保障条例》，标志着最低生活保障制度成为城市社会救助领域实施的一项

第六章 城乡基本社会保障均等化研究

长期稳定的法律制度。

在同时期的农村,虽然从1994年起,零星地出现了农村最低生活保障制度的探索,但制度发展整体缓慢。特别是1999年城市低保的全覆盖要求,使得各级政府把全部精力投入了城市,忽视了农村低保制度的建立。直到2006年年底,中央农村工作会议中提出"自2007年始在全国范围建立农村低保制度",农村低保建设才真正地提上政府议事日程。2007年7月11日,国务院下发了《关于在全国建立农村最低生活保障制度的通知》,至此,农村最低生活保障逐渐建立起来。

城市低保自1993年试点以来,经历了全面推进、扩大保障面(1997—2002年)阶段,现已进入成熟稳定阶段(2003年至今)。农村低保自2007年全面建立以来,也获得了稳定发展。表6-1和表6-2是城市最低生活保障和农村最低生活保障的全国基本数据汇总表。

表6-1　　　　　　城市最低生活保障制度的基本情况

年份	保障人数（万人）	财政总支出（亿元）	中央财政支出比例（%）	地方财政支出比例（%）	城市低保平均标准（元/人·月）
2006	2240.1	224.2	—	—	169.6
2007	2272.1	277.4	—	—	182.4
2008	2334.8	393.4	—	—	205.3
2009	2345.6	482.1	74.5	25.5	227.8
2010	2310.5	524.7	69.7	30.3	251.2
2011	2276.8	659.9	76.1	23.9	287.6
2012	2143.5	674.3	65.1	34.9	330.1
2013	2064.2	756.7	72.1	27.9	373.0
2014	1877.0	518.8	71.9	28.1	411.0
2015	1701.1	719.3	—	—	451.1
2016	1480.2	687.9	—	—	494.6
2017	1261.0	640.5	—	—	540.6
2018	1007.0	575.2	—	—	579.7
2019	860.9	519.5	—	—	624.0
2020	805.1	537.3	—	—	677.6
2021	737.8	484.1	—	—	711.4
2022	682.4	483.3	—	—	752.3

资料来源:民政部各年度民政事业发展统计公报。

表6-2　　　　　　　　农村最低生活保障制度的基本情况

	保障人数（万人）	财政总支出（亿元）	中央财政支出比例（%）	地方财政支出比例（%）	农村低保平均标准（元/人·月）
2006	1593.1	43.5	—	—	—
2007	3566.3	109.1	—	—	70.0
2008	4305.5	228.7	—	—	82.3
2009	4760.0	363.0	70.4	29.6	100.8
2010	5214.0	445.0	60.4	39.6	117.0
2011	5305.7	667.7	75.3	24.7	143.2
2012	5344.5	718.0	60.1	39.9	172.3
2013	5388.0	866.9	70.6	29.4	202.8
2014	5207.2	870.3	66.9	33.1	231.4
2015	4903.6	931.5	—	—	264.8
2016	4586.5	1014.5	—	—	312.0
2017	4045.2	1051.8	—	—	358.4
2018	3519.1	1056.9	—	—	402.8
2019	3455.4	1127.2	—	—	444.6
2020	3620.8	1426.3	—	—	496.9
2021	3474.5	1349.0	—	—	530.2
2022	3349.6	1463.6	—	—	582.1

资料来源：民政部各年度民政事业发展统计公报。

二　最低生活保障的城乡不均等分析

尽管城乡最低生活保障制度在政府的高度重视下已全面稳定建立，基本实现了在城市和农村"应保尽保"的基本目标。但比较后仍然能够发现这项制度存在的城乡差异，离基本社会保障城乡均等化尚有距离。

（一）财政资金投入不均等

财政投入在最低生活保障制度的实施过程中发挥着关键的作用。财政投入的水平直接关系着制度的运行和可持续发展。我国现行的城乡低保制度的财政责任主要由中央财政和地方财政共同负担。

截至2017年12月底，全国共有城市低保对象1261万人，全国城市低保平均标准为540.6元/人·月，全年各级财政共支出城市低保资金640.5亿元。全国共有农村低保对象4045.2万人，全国农村低保平均标准为4300.7元/人·年，全年各级财政共支出农村低保资金1051.8亿元。由以上数据看到，我国城乡之间贫富差距较大，农村低保对象绝对数远远高于城市，尽管资金投入的绝对数农村高于城市，然而，从财政人均投入来算，城市的人均投入是农村人均投入的近2倍。因此，无论是中央还是地方财政，在城乡低保投入上存在着不均等。更多年份见图6-1。

图6-1 历年财政对城乡低保投入资金对比

资料来源：根据历年《民政事业发展统计报告》绘制。

（二）供给对象的不均等

城乡最低生活保障制度在对象的确定上存在一定的差异性。《城市居民最低生活保障条例》规定"城市低保对象是共同生活的家庭成员人均收入低于当地城市居民最低生活保障标准的持有非农业户口的城市居民"。《国务院关于在全国建立农村最低生活保障制度的通知》中，虽然把农村低保对象定位为"农村最低生活保障对象是家庭年人均纯收入低于当地最低生活保障标准的农村居民"，但主要是"因病残、年老体弱、丧失劳动能力以及生存条件恶劣等原因造成生活常年困难的农村居民"。因此，在认定供给对象上，农村低保对象的要求更为严格。另外，由于城乡低保分治，是以户籍所在地而定，使得有一部分群体无法享受，比如数量巨大的农民工群体，他们在城市与城市、城市与农村间流动，因为没有当地的户口，无法享受低保。现实中的弱势地位使得他们抗风险能力差，极易陷入困境，而制度的设置往往将他们置于孤立无援的境地。

（三）制度的法律支持不均等

从城市和农村低保的制度层面看，城市低保是"条例"，农村低保是"通知"，两者的法律支持力度存在明显差异。条例属于广义法律中"行政法规"的范畴，具有较强的法律效力；而通知属于行政指导范畴，强制性较差。从制度内容来看，城市低保"条例"对低保制度的保障原则及对象、管理、资金、保障标准及处罚等都做出了明确的规定；而农村低保"通知"仅对农村低保的建立提出原则性、指导性的意见①。因此，与城市低保相比，农村低保在实施和运行中，法律依据欠缺规范性，强制性弱，随意性大。学者洪大用曾通过调查，概括出各地低保标准制定的类型：抽样调查型、部门协商型、参照制定型、主观判断型和混合型②。由于标准制定环节没有相关的指导规章或文件，主观随意性影响较大，从而低保标准普遍较低且差距较大。同时，标准的动态调整也没有具体规定。

（四）管理体制的城乡不均等

管理体制与制度的运作效率息息相关，我国的低保制度在管理体制方面也呈现出明显的非均等化特征。城市低保建立时间较早，其从1999年建立之初起就构建起了从中央到地方的管理框架，为制度的规范化运行提供了组织基础，并积累了丰富的管理经验。农村低保制度于2007年才得以在全国范围内正式确立，在管理方面规范性的政策指导相对比较薄弱。城市和农村管理的差别主要反映在基层组织的建设上。城市有比较发达的社区建设体系，在资金和人力上有充足的力量来承担低保制度的各项基层功能，如家计调查、资格审查、待遇发放等。而在大多数农村地区，从事低保的基层人员多是以前从事传统救济工作的人员，他们学历水平不高，工作方式陈旧，造成了工作方法

---

① 王争亚、吕学静：《我国最低生活保障制度城乡一体化研究——以基本公共服务均等化为研究视角》，《中国劳动》2014年第8期。

② 洪大用：《转型时期中国社会救助》，辽宁教育出版社2004年版，第99页。

和制度执行上的粗放和随意性①。

最低生活保障的城乡不均等状况是我国城乡经济社会二元结构特征的体现，在当前大力推进城乡公共服务均等化的背景下，实现最低生活保障的城乡均等化是我国社会发展的必然需要，也是基本社会保障均等化的重要内容和目标。近年来，全国各地的最低生活保障在运行过程中，有不少城乡一体化的实践探索，各地从实际出发，因地制宜，富有成效。苏州作为东部发达地区，其城乡最低生活保障也走出了一条独具特色的均等化之路。

三 最低生活保障均等化探索——苏州样本

苏州市经济社会发展水平总体较高，财政实力雄厚，区域发展能力强劲，民生事业不断提升。政策的支持、经济发展的支撑和制度运行的实践基础，使苏州市具备了实行最低生活保障制度均等化的条件。

（一）苏州城乡低保制度构建初期：城市在先，农村紧随其后

1997年国务院下发《国务院关于在全国建立城市居民最低生活保障制度的通知》，苏州市相应执行，开始探索本地区的城市居民最低生活保障制度。并于2001年制定了《苏州市城镇居民最低生活保障制度实施办法》。之后不久，2002年，苏州市政府随即发布了《关于印发苏州市农村居民最低生活保障制度实施办法的通知》，2003年在农村全面实施。苏州市在农村地区建立最低生活保障制度比国务院2007年正式发文要提前了整整5年。城市探索在先，农村紧随其后，苏州市最低生活保障制度在制度构建之始，其城乡制度的建立时间差距就相对较小，为日后的城乡均等化奠定了一定的基础。

（二）苏州城乡低保发展期：制度一体化

苏州城乡低保制度层面的一体化有赖于2008年9月，苏州被江苏省委、省政府确定为全省唯一的城乡一体化发展综合配套改革试点地区，并被列为国家城乡一体化综合改革配套改革联系点、农村改革试

---

① 王争亚、吕学静：《我国最低生活保障制度城乡一体化研究——以基本公共服务均等化为研究视角》，《中国劳动》2014年第8期。

验区。苏州市委、市政府系统安排，积极探索破除城乡二元结构的现实路径，推进基础设施、公共服务等领域的一体化。城乡最低生活保障制度的制度一体化因此也被提出并实践。2009年，《城乡一体化发展综合配套改革就业和社会保障实施意见》出台，其中指出"要不断完善城乡最低生活保障政策"；在《苏州城乡一体化发展综合配套改革三年实施计划》中提出"要完善城乡统一的最低生活保障制度和城乡一体的社会救助体系"。尔后，除标准有差距外，苏州城乡低保在申办程序、申请条件、分类救助比例和享受社会帮扶等制度层面实现了城乡低保制度的一体化。

（三）苏州城乡低保定型期：标准均等化

随着城乡低保制度一体化的推进，缩小城乡低保标准直至达到均等化，这一目标成为重中之重。自2009年开始，苏州城镇低保标准按不低于上年度城镇人均可支配收入20%幅度调整，农村低保标准调整幅度加大，分别达到上年度农村人均纯收入的26.6%、31.5%、41.1%，城乡低保标准差距逐年缩小，分别为120元、80元、50元、0元。到2009年年底，苏州市工业园区、昆山市、相城区、吴江市、高新区和吴中区先后实现了城乡低保标准的并轨。全市12个县级市（区）中，9个地区实现了城乡低保标准的均等化。2011年7月，苏州市民政局发布了《关于调整2011年社会保障对象生活救助（补助）标准的通知》，其中明确了"城乡最低生活保障标准，由原来的450元/月、400元/月统一提高至500元/月，城乡低保标准全面并轨"。至此，苏州市最低生活保障制度定型、标准统一，真正实现了全方位的城乡均等化。

（四）最低生活保障制度城乡均等化的苏州经验

最低生活保障均等化是苏州公共服务城乡均等化的"基准线"，有效地保障和改善了民生。这项制度是费钱费力的民心工程，第一，离不开地方经济的高速发展和地方财政的强力支持。据有关数据显示，2011年苏州市为实现城乡低保标准的并轨，财政增加专项投入3亿元。透过全国城市历年GDP排名表可以看到，自2000年至2017年中，苏州市有1次排名第五，8次排名第六，4次排名第七和5次排名第八。因此，苏州市的经济实力给予了最低生活保障制度均等化的底气和条件。第二，切实抓住了"苏州城乡一体化发展综合配套改革试点城市"的政策红利。最低生活保障制度借助"2008—2011年"三年实施计划，加快加紧地完成了城乡最低生活保障政策的并轨和标准的统一。第三，最低生活保障均等化制度推进过程的循序渐进。均等化是有过程有步骤的，不考虑客观因素、不循序渐进式的改革肯定是行不通的。苏州市在最低生活保障制度构建的初期，从"两个制度，两个标准"，到"一个制度，两个标准"，最后实现"一个制度一个标准"，符合事物发展的客观规律，遵循了由易到难，循序渐进的推进路径。

第二节　城乡基本社会保障均等化之二——基本医疗保险[①]

现阶段，我国基本医疗保险包括城镇职工基本医疗保险、新型农村合作医疗、城镇居民基本医疗保险三种制度，是根据参保人的身份、区域以及筹资考量而设立的，该体系覆盖了包含城镇从业居民、城镇非从业居民及农村居民的全体人员，在制度上实现了"全民医保"。

一　历史及其发展

城镇的医疗保险制度始于中华人民共和国成立初期，我国在城镇地区建立起了公费医疗制度和劳保医疗制度。其中，公费医疗制度主要面向机关事业单位工作人员、大专院校学生，属于政府保障型，经费由国家财政统一提供。劳保医疗制度是劳动保险制度的一个支出项目，主要覆盖国有企业的在职和退休职工，部分集体企业参照执行，

[①] 基本医疗保险可以说是基本公共卫生服务的内容，也可以归入基本社会保障的范畴，在本书第四章"基本公共卫生服务的均等化"中，本课题组未将基本医疗保险纳入，而是将此部分放置在本章"基本社会保障的均等化"中进行讨论和分析，正是基于这样的考虑。

经费完全来自企业纯收入。20世纪80年代开始，随着国企改革的推进，劳保制度出现了诸多的问题，国家从90年代开始对其进行改革，其中于1994年在江苏省镇江市和江西省九江市开展新型职工医疗保障制度试点，俗称"两江试点"。随后，在总结试点经验的基础上，1998年，国务院颁布了《关于建立城镇职工基本医疗保险制度的决定》，正式建立起了社会统筹和个人账户相结合的城镇职工基本医疗保险制度。

在农村地区，基本医疗保险的探索始于20世纪50年代，一些地区尝试建立了农村合作医疗制度。1968年12月，毛泽东同志对湖北省长阳县乐园公社办好合作医疗的经验做了重要批示，农村地区掀起大办合作医疗的热潮，到70年代中期，全国90%的生产大队都办起了合作医疗，达到了制度建设的高峰。农村合作医疗制度经费主要源于社、队集体公益金的补助，社员看病只需缴纳少量的费用，实质上是一项集体福利事业，还不是一项真正的社会保险制度。十一届三中全会后，农村经济体制改革，农村集体保障能力下降，建立在集体经济基础之上的农村合作医疗在大部分地区遭到解体或停办的厄运，到80年代中期覆盖率已经下降到5%，尽管90年代卫生部门再次推动合作医疗制度，但是仍然没有改观，到2001年覆盖率也只有7%左右①。2002年，我国政府将农村医疗卫生体系建设提上议事日程，决定推动新型农村合作医疗制度建设，并提出"到2010年，全国新型农村合作医疗基本覆盖农村居民"的目标。这一目标提前了2年完成，2008年新型农村合作医疗制度实现了在全国农村地区的全覆盖。

从2007年起，我国开始进行城镇居民基本医疗保险试点，这项制度主要是针对城镇非从业居民建立的，该制度由政府组织、引导，筹资以城镇居民个人缴费为主、政府财政补助为辅，城镇居民自愿参保。该项制度推进很快，到2009年实现了在全国城镇的全覆盖。我国基本医疗保险制度的发展阶段及重要文件汇总见表6-3。

---

① 黄耀冬：《城乡一体化背景下的社会保障制度整合与优化研究》，博士学位论文，中国社会科学院大学，2017年，第27页。

表6-3　　　　　　　我国基本医疗保险制度的发展阶段及重要文件汇总

发展阶段	时间	政策法规	发布机构
初创	1951	《关于全国各级人民政府、党派、团体及所属事业单位的国家工作人员实行公费医疗预防的指示》	政务院
	1953	《中华人民共和国劳动保险条例》	政务院
停滞	1966	《关于改进企业职工劳保医疗制度几个问题的通知》	劳动部等
	1974	《关于检发"享受公费医疗人员自费药品范围（试行）"的联合通知》	卫生部、财政部
传统制度的转型探索	1977	《享受公费医疗、劳保医疗人员自费药品范围的规定》	卫生部、财政部
	1979	《关于发布〈农村合作医疗章程（试行草案）〉的通知》	卫生部、财政部等
	1989	《公费医疗管理办法》	卫生部、财政部
	1991	《关于改革和加强农村医疗卫生工作的请示》	国务院
	1992	《关于加强公费医疗制度的改革试点工作的通知》 《关于进一步做好职工医疗制度改革工作的通知》 《关于试行职工大病医疗费用社会统筹的意见的通知》	卫生部 国务院 劳动部
新制度的框架构建	1993	《关于职工医疗保险制度改革试点的意见》	劳动部
	1994	《医疗机构管理条例》	国务院
	1998	《关于建立城镇职工基本医疗保险制度的决定》	国务院
	1999	《城镇职工基本医疗保险定点零售药店管理暂行办法》 《城镇职工基本医疗保险定点医疗机构管理暂行办法》 《城镇职工基本医疗保险用药范围管理暂行办法》 《关于加强城镇职工基本医疗保险费用结算管理的意见》 《关于城镇职工基本医疗保险诊疗项目管理的意见》 《关于确定城镇基本医疗保险医疗服务设施范围和支付标准的意见》	劳动和社会保障部、国家发展计划委员会、国家经济贸易委员会、财政部、卫生部等
	2003	《关于建立新型农村合作医疗保险制度的意见》	国务院
	2007	《关于开展城镇居民基本医疗保险试点的指导意见》	国务院
	2009	《中共中央、国务院关于深化医药卫生体制改革的意见》 《关于进一步加强基本医疗保险基金管理的指导意见》 《关于印发流动就业人员基本医疗保障关系转移接续暂行办法的通知》	中共中央、国务院 人社部等 卫生部
全民医疗制度的发展和完善	2010	《社会保险法》	十一届全国人大
	2012	《关于开展城乡居民大病保险工作的试点意见》	卫生部等
	2013	《关于将在内地（大陆）就读的港澳台大学生纳入城镇居民基本医疗保险范围的通知》	教育部等
	2015	《关于全面推开县级公立医院综合改革的实施意见》 《关于城市公立医院综合改革试点的指导意见》	国务院办公厅
	2016	《关于整合城乡居民基本医疗保险制度的意见》 《关于开展长期护理保险制度试点的指导意见》	国务院 人社部
	2017	《关于印发"十三五"深化医药卫生体制改革规划的通知》 《关于印发生育保险和职工基本医疗保险合并实施试点方案的通知》	国务院

二 基本医疗保险的城乡不均等分析

从制度上分析，基本医疗保险的制度格局是与城乡经济社会二元化相伴而生的，仍然是以户籍制度为特征的二元医疗保险体系。在城镇，有企业职工基本医疗保险和城镇居民基本医疗保险，在农村，则是新型合作医疗保险制度。同时，基本医疗保险的制度模式、财政投入、管理体制等方面都存在着城乡不均等。

（一）制度模式的城乡差异

企业职工基本医疗保险的保障人群主要是城镇就业人员，包括企业、机关、事业单位、社会团体、民办非企业单位及其职工，也包括这些单位的灵活就业人员和农民工。参保方式是由用人单位和职工共同筹资，强制参加。城镇居民基本医疗保险采取以城镇未成年人和非从业居民为主要参保对象，个人缴费与政府适当补助结合的筹资机制，自愿参加。新型农村合作医疗保险以户籍在当地的农村居民为参保对象，采取家庭缴费、集体扶持与政府资助三者结合的筹资制度，自愿参加。从制度模式上来看，城镇居民基本医疗保险和新农合制度存在较大的相似性，因此，一些地区将两者整合实施，建立了城乡居民基本医疗保险。职工医保和居民医保之间差异较大。由于职工医保中的参保人群多数是城镇居民，而居民医保中的参保人群多数是农民，因此，城乡差异就明显地表现为职工医保和居民医保之间的差异。职工医保的筹资水平比较高，用人单位一般以职工工资总额的6%—8%的比例按月缴费，职工个人以2%的比例按月缴费，筹集到的医疗保险基金进入统筹账户和个人账户，能够享受较高的住院和门诊待遇。而居民医保的筹资水平比较低，一般是一次性按年缴纳，针对不同的居民人群制定缴费标准，如南京市2018年居民医保的筹资标准老年居民为400元/年，学生少儿为200元/年，其他居民为480元/年，财政给予相应补助。不设立个人账户，只能享受基本的、有限额的住院和门诊待遇。尽管医疗保险保障水平是由缴费水平高低决定的，充分体现了权利与义务相统一的原则。但是由于城市和农村的发展差距，承受的缴费能力不同，筹资和待遇水平出现了明显的二元化差异（见表6-4）。

表6-4　南京市三种基本医疗保险制度支付报销标准比较（2018年）

	城镇职工基本医疗保险	城镇居民基本医疗保险	新型农村合作医疗
起付线	门诊统筹：在职人员起付标准为1200元 住院为：三级医疗机构1000元，二级医疗机构750元，一级医疗机构500元，一个自然年度内多次住院的，起付标准逐次降低30%，但最低不得低于300元	门诊统筹起付标准为200元 住院费用起付标准为三级医疗机构1000元；二级医疗机构500元；一级及以下医疗机构为300元	社区一级医疗机构100元；二级定点医院200元；省市联网三级定点医院起付标准为1000元
封顶线	住院最高报销18万/年 大病保险不设封顶线	与个人缴费年限挂钩。住院、门诊大病和门诊医疗费用基金累计最高支付限额30万元/年	20万元/年
报销比例	门诊统筹在职职工补助比例为70%或60%，最高支付限额2000元 门诊慢性病在职职工报销比例在70%或60%，补助限额一、二、三类为2000元、4000元和10000元 大病医疗救助基金支付比例95%	门诊统筹基金支付比例分别为50%和30% 住院待遇起付标准以上部分，基金支付比例为三级医疗机构65%；二级85%；一级及以下90%	门诊费用一般享受30%的报销 住院在乡村两级医院机构可享受55%，在县一级医院可享受45%。在市一级最低可以享受40%

资料来源：《南京市城镇职工基本医疗保险手册》《南京市城乡居民基本医疗保险办法实施细则》。

（二）财政投入的城乡不均等

我国的城乡医疗卫生资源配置合理性不足，很大一部分的医疗卫生资源都分布在城市，城市的大医院里有高水平的医生与先进的医疗设备。农村的医疗水平和医疗条件在诸多方面不及城镇，医疗卫生资源利用率较低，农村的医疗卫生水平低，资源配置上得不到应有的权利，有较为明显的城乡二元不均等性。各级政府在财力匮乏的情况下，只能把医疗保障的重点放在城镇，在农村更多的是救助补缺式的医疗保障投入。尽管目前的城乡居民基本医疗保险中明确规定，在筹资上财政有一定的补助资金，但相对于城市的投入，仍然显得较为薄弱。财政对社会保障投入重城市轻农村的格局尚未根本扭转（见表6-5）。

表6-5　全国财政对农村社会保障项目补助情况

年份	2008	2009	2010	2011	2012	2013	2014	2015
新型农村合作医疗（亿元）	643	722	1051	1613	1862	2127	2166	2484
农村医疗救助（亿元）	27	76	94	114	118	130	138	157

续表

年份	2008	2009	2010	2011	2012	2013	2014	2015
农村社会保障补助支出/财政社会保障支出的比重（%）	16.7	16.7	20.8	24.4	25.5	23.4	25	25.3

资料来源：根据卫生部、财政部相关数据整理。

（三）管理体制不健全

我国城乡基本医疗保险的管理呈现多元化。尽管都是属于同一医疗保险领域，但在管理上却是相互分割，把城镇企业职工基本医疗保险、城镇居民基本医疗保险和新型农村合作医疗保险分别划归到人力资源和社会保障部以及卫生部门管理，容易造成制度衔接困难，管理混乱、各行其是、重复参保等现象，不利于统筹城乡发展。一方面，从公共经济角度看增加了管理成本；另一方面，由于管理机构的不同，在进行全国的统一结算、支付等部门之间得不到整合。部门之间缺乏有效的衔接和协调，城乡基本保险一体化难以进行，给实际操作造成不必要的问题；同时，也不利于政策之间的衔接和促成城乡之间人员流动以及经济的协调发展。

三 基本医疗保险的均等化探索——苏州样本

当前的苏州基本医疗保险参保覆盖面广，医疗保障水平较高，医疗保障内容全面，基本实现了城乡一体化的社会基本医疗保障制度。这份成绩是自20世纪90年代末期，基本医疗保险制度实施改革后，苏州市政府循序渐进，逐步出台基本医疗保险的转换、整合政策建立起来的。

（一）苏州基本医疗保险的初创阶段

苏州城镇的基本医疗保险制度始于1951年的《劳动保险条例》，规定企业劳动者参加，且医疗保险分为全劳保和半劳保。全劳保是一切医疗费用由厂方负担，半劳保则是报销一部分费用，剩余费用由职工自理。1952年，苏州实施了国家工作人员公费医疗制度。1955年实行了城市儿童统筹医疗制度。1965年，实行划区分级医疗，实施了城镇居民合作医疗制度。至 1985 年，市区绝大多数居民享受了公费、劳保和合作医疗制度。

苏州农村地区的医疗保险最早是 1958 年在常熟县实施的合作医疗，随后苏州各地都先后办起了合作医疗。合作医疗基金由社员、小队和大队三方筹资。医疗报销标准全乡统一。苏州旧的农村合作医疗制度对保障农民的身体健康，减少农民因病致贫起到了一定的作用。随着改革开放后，农村经济体制改革，合作医疗制度由于失去了经济基础也逐渐解体，很长一段时间里，农村的基本医疗保障处于缺位状态，基本以家庭自我保障为主。

（二）苏州基本医疗保险城乡改革阶段

1997 年苏州成为全国城镇职工基本医疗保险制度改革试点城市之一，拉开了城镇基本医疗保险制度改革的大幕。2000 年，苏州市颁布实施《苏州市城镇职工基本医疗保险暂行办法》，标志着苏州市医疗保险制度改革正式全面启动。2001 年，苏州进一步地将城镇自谋职业者纳入医疗保险范围，颁布了《苏州市市区自谋职业人员基本医疗保险管理暂行办法》，覆盖了工作不稳定、收入较低的非正规就业者。2002 年，苏州市又出台了《苏州市区企业补充医疗保险暂行办法》，完善了企业职工的医疗保险。2003 年，《苏州市市区国家公务员医疗补助暂行办法》出台。2004 年和 2005 年又出台政策分别对职工医保和灵活就业人员医保进行了补充完善。2005 年，苏州市对城镇少年儿童实施了大病医疗保险办法，2006 年又针对具有苏州市区户籍但无用人单位，尚未享受社会基本医疗保险待遇，符合相应年龄的居民实施了《苏州市市区居民医疗保险试行办法》。至此，苏州市城镇的基本医疗保险制度在上述一系列政策的改革出台下，以按人群分治的思路基本实现了城镇就业人口和居民的全覆盖。

在农村地区，1995 年苏州市出台了《苏州市农村合作医疗管理办法》，但仍然是沿袭旧农合的思路，在保障标准上比较低。2002 年，中共中央国务院加强农村卫生工作发布了决定，提出各级政府要积极引导农民建立以大病统筹为主的新型农村合作医疗保险制度。在这一政策号召下，苏州于 2003 年通过了《苏州市农村合作医疗保险管理办法》，这一办法比旧的办法多了"保险"两个字，却蕴含着新的制度理念和制度模式。这也是国内第一部由省辖市颁布的以政府令形式下发的惠及百万农民的合作医疗保险制度。2004年,《苏州市征地保养人员基本医疗保险实施办法》出台,进一步地把农村中的被征地农民纳入基本医疗保险体系中来。

(三) 苏州基本医疗保险城乡一体化阶段

2007年开始,苏州市开始在城乡各类基本医疗保险制度的基础上探索城乡一体化的基本医疗保险制度。同年10月,苏州市出台了《苏州市社会基本医疗保险管理办法》。该办法的出台标志着苏州成为全国率先完全实现社会医疗保险制度覆盖城乡居民、人人从制度上享有医疗保障的地区。办法以保障城乡全体社会成员的基本医疗需求,统筹城乡医疗保障,建立与全面小康社会适应的可持续发展的社会医疗保险制度,促进经济和谐发展为出发点,整合了城镇职工、学生儿童、城乡其他居民等医疗保险政策。并且提出要积极推动新型农村合作医疗保险制度向城镇居民基本医疗保险制度并轨。2009年,借助苏州城乡一体化发展综合配套改革的机遇,苏州市进一步提高新农合的筹资水平和统筹层次,缩小城乡医保水平差距。同时,逐步打通了各类不同人群基本医疗保险的转换,也制定了新农合向城镇居民医保的转换政策,城乡一体化的趋势愈发明显。昆山市、吴中区率先将原来由卫生部门管理的新农合整体划转入社会保障部门管理,将城乡所有非就业人员纳入统一的居民基本医疗保险制度。2010年,苏州市政府制定实施了《市政府关于整合完善苏州市区居民医疗保险政策的意见》,进一步完善了财政补贴措施。2011年年末,印发了《关于加快城乡养老保险与居民医疗保险并轨的通知》,明确提出了城乡居民医疗保险并轨目标。在各级政府的推动下,2011年年末,苏州全市取得突破性进展,制度上顺利完成并轨目标,同时,在管理体制上,除常熟外其他全部划转为人力资源和社会保障部门经办管理。

苏州从2008年起,整合分散的医疗救助资源,在全国率先建立了由社保部门统一管理的社会医疗救助制度。对参加职工医保、城乡居民医保的所有参保人员,经有关部门认定的困难人群,均按同一标准认定救助对象,同一救助程序,同一标准享受医疗救助待遇,在医疗救助上实现了城乡均等化。

(四) 基本医疗保险城乡均等化的苏州经验

苏州市在统筹城乡医疗资源,实现基本医疗保险城乡均等化的过程中积累了不少有益的经验。第一,整合了基本医疗保险制度。2007年苏州市出台了社会基本医疗保险的管理办法,从制度层面上统筹解决了医疗保险覆盖城乡所有人员的问题。第二,统一了保障的标准。在提高城乡居民医疗保障统筹水平的基础上,对保障范围、内容、项目、水平、起付线、封顶线、结报比例、结报方式、医疗救助、监管形式等各项内容进行了规范统一。第三,调整了管理体制。苏州医保先后有过企业管理、工业公司管理、民政局管理、卫生局管理、社保局管理等多种经办模式,最后统一为人社部门管理,大大有利于制度的运行实施和管理。第四,苏州市地方政府对推动基本医疗保险的城乡均等化十分重视,相应的主管业务单位对基本医疗保险改革勤于思考,对苏州市城乡医保状况了解透彻,对发展路径认识清晰,政策执行有力明确。

第三节 城乡基本社会保障均等化之三——基本养老保险

基本养老保险均等化的内涵包括两个方面:第一,全民覆盖。基本养老保险的均等化首先应该覆盖全体社会成员,不论其是城镇还是农村,也不论其是职工还是居民,平等地享受基本养老保险的权利与待遇。第二,架构统一。尽管城乡之间、地区之间由于社会经济发展的不平衡,不可能建立保障标准的绝对值完全一致的基本养老保险制度,但是制度的总体框架和各项目标管理制度应该是明确而统一的,制度的相对保障水平是一致的。

一 历史及其发展

我国基本养老保险经历了一个从无到有、从发展到逐步完善的渐进过程。从制度覆盖范围来看,计划经济时期,只有公共部门的职工可以享受到养老保险,但经过多年的努力,基本养老保险覆盖范围明显扩大,从国有部门扩展到多种所有制组织,从体制内正式职工扩展到灵活就业人员，从城镇居民扩展到农村居民。2009年，我国开展新型农村社会养老保险试点，逐步在农村建立了新农保制度，2011年，开展了城镇居民社会养老保险的试点，2014年，统一了新农保和城居保，形成城乡居民基本养老保险制度，2015年，又对机关事业单位的养老制度进行了改革。至此，基本形成了覆盖全体国民、以城镇企业职工基本养老保险、机关事业单位工作人员养老保险制度、城乡居民基本养老保险组成的基本养老保险制度体系。从保障待遇来看，水平也不断提高。从1998年国务院提出"两个确保"，确保离退休人员的养老金按时足额发放，从2005年开始至2018年14次的调增企业职工基本养老保险待遇水平，年均增长率曾连续十年达10%，后期有所放缓。农村地区的基本养老保险待遇水平也有所上调，但总体水平仍然较低（见表6-6）。

表6-6　　　　我国基本养老保险制度的发展阶段及重要文件汇总

发展阶段	时间	文件	发文单位
建立期	1953	《中华人民共和国劳动保险条例》 《关于中华人民共和国劳动保险条例若干修改意见的决定》	政务院
	1957	《关于工人、职工退休处理的暂行办法》	国务院
	1958	《关于工人、职工退职处理的暂行规定》	国务院
停滞期	1969	《关于国营企业财务工作中的几项制度的改革意见》	财政部
恢复期	1978	《国务院关于安置老弱病残干部的暂行办法》 《国务院关于工人退休、退职暂行办法》	国务院
	1980	《关于老干部离职休养暂行规定》	国务院
发展期	1986	《关于探索建立农村基层社会保障制度的报告》	民政部
	1991	《关于企业职工养老保险制度改革的决定》	国务院
	1992	《县级农村社会养老保险基本方案（试行）》	民政部
	1995	《关于深化企业职工养老保险制度改革的通知》	国务院
改革期	1997	《关于建立统一的企业职工基本养老保险制度的决定》 《关于实行企业职工基本养老保险省级统筹和行业统筹移交地方管理有关问题的通知》	国务院
	2005	《关于完善企业职工基本养老保险制度的决定》	国务院
	2007	《关于做好农村社会养老保险和被征地农民社会保障工作有关问题的通知》	劳社部 民政部
	2008	《事业单位工作人员养老保险制度改革试点方案》	国务院
	2009	《国务院关于开展新型农村社会养老保险试点的指导意见》	国务院
	2009	《城镇企业职工基本养老保险关系转移接续暂行办法》	人社部

续表

发展阶段	时间	文件	发文单位
定型期	2010	《社会保险法》	全国人大常委会
	2011	《关于开展城镇居民社会养老保险试点的指导意见》	国务院
	2014	《关于建立统一的城乡居民基本养老保险制度的意见》	国务院
	2015	《关于机关事业单位工作人员养老保险制度改革的决定》	国务院

二 基本养老保险的城乡不均等分析

近年来，尽管我国在制度上实现了基本养老保险的各类群体覆盖，但从基本养老保险的均等化状况来看，仍存在较大差距。主要表现为城乡差距，进一步具体化为城乡制度模式的差距，城乡财政转移支付的不均等，城乡待遇水平及其调整机制的不均等。

（一）制度模式的城乡差距

城镇主要包括企业职工、机关事业单位工作人员和非就业居民等三类人群，比较特殊的灵活就业人员既可以选择参加企业职工基本养老保险，也可以参加城乡居民基本养老保险。改革后，机关事业单位工作人员养老保险与企业职工的并轨，城乡居民基本养老保险制度也已经统一。因此，当前主要是两大类制度，一是职工基本养老保险制度；二是居民基本养老保险制度。同时，参加职工基本养老保险制度的人员绝大多数是城镇居民，而参加居民基本养老保险制度的人员绝大多数是农村居民。故而，基本养老保险城乡制度差异主要体现在职工和居民这两种制度的差异上。职工基本养老保险实行的是"社会统筹＋个人账户"的制度模式。社会统筹部分体现的是社会互济和公平，个人账户部分体现的是效率。目前，社会统筹基金全部来自单位缴费，个人账户基金全部来自个人缴费。由于居民/农民没有雇主，因此实行的是"基础养老金＋个人账户"的制度模式。其中，基础养老金部分全部由财政负担，个人账户部分由个人缴费、集体补助和地方政府补贴组成。

两种制度的缴费标准不同。职工基本养老保险中，单位缴费比例是单位工资总额的20%；个人缴费比例为本人缴费工资的8%。居民基本养老保险的缴费标准由各个地方根据实际情况设置缴费档次，大致可以分为从每年100元至每年1500元等不同的档次。以2018年为例，假定某职工以 2017 年城镇在岗职工月平均工资为缴费基数，根据国家统计局发布的资料得到 2017 年城镇单位就业人员年平均工资为 60039 元，则其每年缴纳的养老保险费为 60039 元的 8%，即 4803 元。此标准大大高于新农保的缴费标准，是新农保最低缴费标准的 48 倍，最高缴费标准的 3.2 倍。可见，职工基本养老保险与居民基本养老保险的缴费标准相差较大。

两种制度的待遇计发办法不同。职工基本养老保险的养老金计发办法为："新人"新办法、"中人"过渡办法、"老人"老办法。其中，"新人"的计发办法为：基本养老金 = 基础养老金 + 个人账户养老金；基础养老金 = （退休时当地上年度在岗职工月平均缴费工资 + 本人指数化月平均缴费工资）$/2 \times x\%$（x 为缴费年限，$x \geq 15$）；个人账户养老金 = 个人账户养老金储存额/计发月数。居民养老金的待遇计发办法为：基本养老金 = 基础养老金 + 个人账户养老金。2017 年中央调整确定的基础养老金标准为 75 元/人·月；个人账户养老金 = 个人账户养老金储存额/139。

由于职工基本养老保险和居民基本养老保险的制度模式、缴费标准和待遇计发办法等有较大的差异，尽管政策的出发点是因人群对象本身的差异而设计，但迥异的制度体系为实现城乡基本养老保险的均等化带来了较大的实施难题。

（二）财政转移支付的城乡不均等

无论是职工基本养老保险还是居民基本养老保险，在现实运行中，都得到了政府财政的转移支付。在职工基本养老保险的制度文件中，国发〔1997〕32 号文和国发〔2005〕38 号文中，没有国家对职工基本养老保险进行补贴的规定，而在居民基本养老保险制度文件中，国发〔2014〕8 号文中明确指出"政府对符合领取城乡居民养老保险待遇条件的参保人全额支付基础养老金，其中，中央财政对中西部地区按中央确定的基础养老金标准给予全额补助，对东部地区给予 50% 的补助。地方人民政府应当对参保人缴费给予补贴，对选择最低档次标准缴费的，补贴标准不低于每人每年 30 元；对选择较高档次标准缴费的，适当增加补贴金额；对选择 500 元及以上档次标准缴费的，补贴标准不低于每人每年 60 元，具体标准和办法由省（区、市）人民政府确定。

对重度残疾人等缴费困难群体，地方人民政府为其代缴部分或全部最低标准的养老保险费"。国家对居民基本养老保险的补贴是"明补"，对职工基本养老保险的补贴是"暗补"。国家对职工基本养老保险的财政转移支付主要用于做实个人账户、偿还隐性债务、弥补当期基金收支缺口和养老金调待等方面。2009 年到 2017 年，各级财政对职工基本养老保险的财政补贴如图 5-2 所示。由于统计数据来源不畅通，关于居民基本养老保险的财政补助只找到断续的若干年份。根据 2012 年 10 月《温家宝在全国新型农村和城镇居民社会养老保险工作总结表彰大会上的讲话》，试点三年来（2009—2011 年），各级财政共拨付新型农村和城镇居民社会养老保险补助资金超过 1700 亿元。另外，国家财政部网站数据显示，2016—2018 年中央财政对居民基本养老保险的财政补助资金分别为 95.2 亿元、4.2 亿元和 274 亿元。从以上数据可以明显看出，政府财政对职工基本养老保险的转移支付数额大大超过了对居民基本养老保险的补贴数额。再从人均财政补贴数额看，2009 年至 2017 年职工基本养老保险的人均财政补贴逐年增长，2017 年更是达到 1986 元；而居民基本养老保险对处于缴费阶段的参保人员补贴 30—60 元/年，2017 年对处于领取阶段的参保人员补贴 900 元/年，远远低于补贴职工基本养老保险的数额。

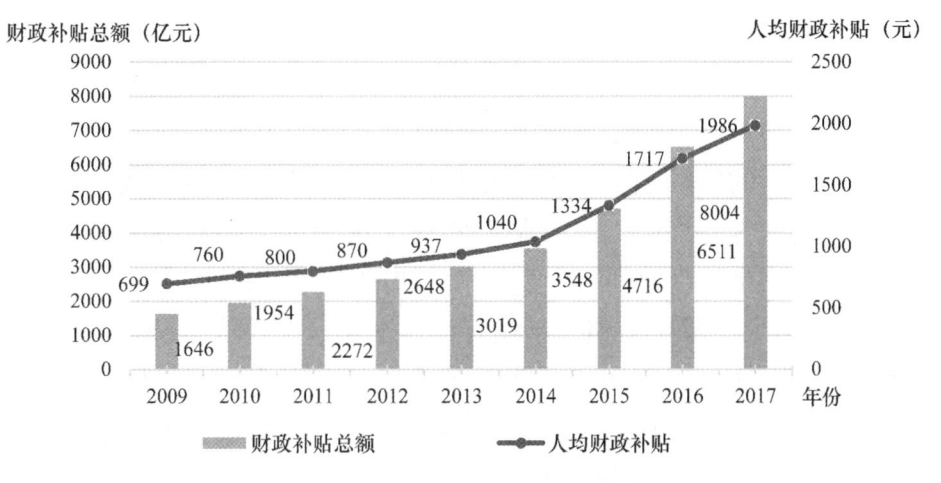

图 6-2　2009—2017 年各级财政对职工基本养老保险的财政补贴

资料来源：根据历年《人力资源和社会保障事业发展统计公报》绘制。

（三）待遇给付水平及其调整机制的城乡不均等

职工基本养老保险的待遇水平与居民基本养老保险的待遇水平差距巨大。企业职工基本养老保险历年待遇水平如图6-3所示。2009年，企业退休人员养老金是城乡居民基础养老金（55元）的22倍，2018年（88元）更是上升至30倍。

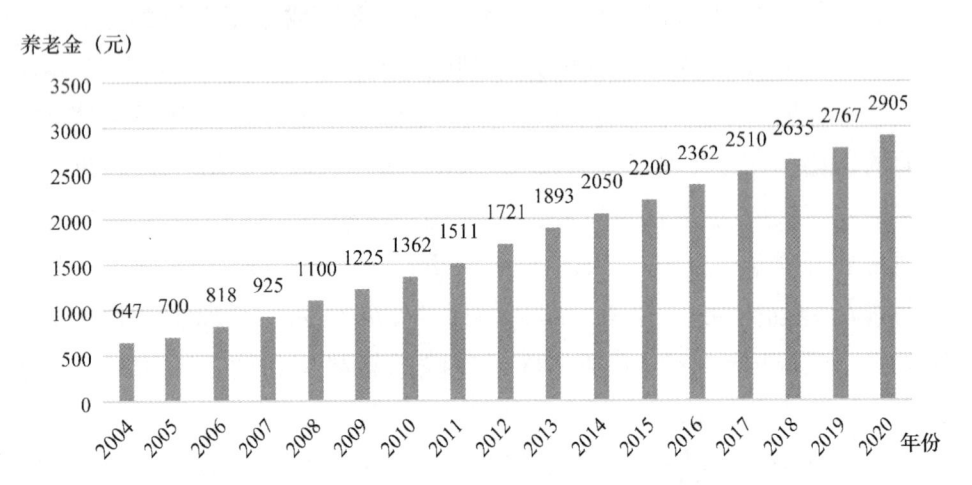

图6-3 2004—2020年全国企业退休人员月平均基本养老金水平

资料来源：根据人力资源和社会保障部历年统计数据绘制。

再看调整机制，企业职工养老金水平稳步提高，自2005年起，国家已经连续10年以超过每年10%的增速提高，2015年到2018年，基本稳定在每年6%的增速，大大高于同期的通货膨胀率，且与城镇单位就业人员平均工资增长幅度基本保持同步，个别年份企业退休人员平均基本养老金的增幅超过了城镇单位就业人员平均工资增幅。而反观城乡居民基本养老保险，也就是以农村居民为绝大多数参保对象的调整幅度，却只是从2009年制度实施之初的55元基础养老金，提高到2018年的88元，其中整整8年没有任何上调。在经济发展、物价上涨的大背景下，这相当于变相地降低了农民的养老金水平，同时也拉大了城乡养老保险的待遇差距，也直接导致了巨大的城乡养老金的消费保障水平差距，以江苏省为例，如表6-7所示。

表 6-7　　　　　　2009—2015 年江苏省城乡养老金消费保障水平①

年份	城镇			农村			城乡消费保障水平差异
	年均消费支出（元）	年均养老金收入（元）	消费保障水平	年均消费支出（元）	年均养老金收入（元）	消费保障水平	
2009	11453	16022.05	1.4	6547	—	—	—
2010	13584	17653.35	1.3	8536	1023.44	0.12	1.18
2011	14357	19635.8	1.37	9164	1237.23	0.14	1.23
2012	16782	21097.85	1.26	11047	1246.73	0.11	1.15
2013	18825	23543.37	1.25	12397	1582.81	0.13	1.12
2014	23476	23519.09	1	11820	1744.91	0.15	0.85
2015	24966	25506.80	1	12883	1811.34	0.14	0.86

三　基本养老保险的均等化探索——苏州样本

苏州的基本养老保险发展总体上一直走在全国前列。回顾发展历史，可以将苏州基本养老保险的发展分成三个阶段，分别是城乡二元独立发展阶段，城乡统筹阶段和城乡均等化阶段。

（一）城乡二元独立发展阶段

苏州市基本养老保险制度构建从城镇开始。1985 年，苏州市人民政府颁布 102 号文，规定从当年 7 月起，全民和区属以上大集体企业实行固定职工离退休费社会统筹。1986 年 10 月，机关事业单位和全民企业中的劳动合同制职工退休养老实行社会保险制度。随后，从城镇临时工、三资企业中的中方固定职工、到街道集体企业、私营个体企业职工等，均逐步纳入参保范围。1998 年 5 月将自谋职业人员纳入参保范围，至此，养老保险基本上已覆盖所有城镇职工。

苏州农村基本养老保险的探索最早于 1988 年在张家港开始。1992 年，民政部出台《县级农村社会养老保险基本方案》，苏州据此在全区农村实施建立农村社会养老保险制度，一般称为"老农保"。2001 年，苏州的常熟市率先进行了农村社会养老保险改革的试点，创新了农村养老保险模式。同时，各地广泛开展调查研究，进行老农保的经验总

---

① 谢建雄：《城乡统筹背景下江苏省社会养老保险均等化研究》，《经济论坛》2018 年第 3 期。

结和在此基础上的改革创新。2003年4月苏州市政府出台了《苏州市农村基本养老保险管理暂行办法》，对全市农村养老保险进行了统一，并且将农村养老保险管理职能划归劳动保障部门，实现了农村社会保险的统一管理。

（二）城乡统筹阶段

自2003年始，苏州的城乡基本养老保险开始进行一系列政策的调整，出现了朝着城乡统筹方向发展的积极因素。第一，将在农村企业的从业人员纳入城镇企业职工基本养老保险体系。在2003年的《苏州市农村基本养老保险管理暂行办法》中，规定了农村企业及其从业人员纳入城镇企业职工社会保险范畴。这标志着农村中的部分劳动者开始与城镇劳动者的社会保险发生了相关联系。第二，由于苏州市城乡劳动力流动现象普遍，为了推动城乡经济社会统筹发展，苏州市于2004年制定了《苏州市农村和城镇基本养老保险关系转移接续办法》。解决了参加农保后的农民流动到企业工作，农保关系向城保转移的问题；同时也妥善处理了农保制度改革后，老农保与城保之间的关系接续。第三，被征地农民适龄劳动者纳入城镇职工基本养老保险体系。苏州市按照"土地换保障"的思路，将被征地的农民纳入城镇社保体系，在2004年出台了《苏州市征地补偿和被征地农民基本生活保障试行办法》。办法规定，16周岁以下人员，就业后按照新增劳动力进行管理，按规定参加城镇企业职工养老保险；女性16周岁以上至35周岁，男性16周岁以上至45周岁人员，纳入城镇社保体系；其他人员按月领取征地保养金。同时，规定被征地农民参加城镇企业职工基本养老保险的缴费年限和个人账户可与征地补偿安置换算的缴费年限和个人账户合并计算；原参加农村基本养老保险的缴费年限和个人账户可换算为城镇企业职工基本养老保险的缴费年限和个人账户。

2008年，苏州市被江苏省委、省政府确定为全省唯一的城乡一体化发展综合配套改革试点地区，并被列为国家城乡一体化综合改革配套改革联系点、农村改革试验区。在《关于城乡一体化发展综合配套改革的若干意见》中，提出将在非农产业就业的农村劳动力全部纳入城镇社会保险体系。2009年，《城乡一体化发展综合配套改革就业和社会保障实施意见》出台，提出了要加快非农产业就业的农村劳动力纳入城镇养老保险；同年，《苏州城乡一体化发展综合配套改革三年实施计划》提出三年内，要完善农村居民和劳动适龄被征地农民纳入城镇社会养老保险体系，加快农保向城保转换衔接，建立健全农村养老保障待遇的正常调整机制，逐步提高农村社会养老保障的水平，推动基本养老保险的城乡统筹。政策出台后，取得了显著的成果，至2010年年末累计"农保"转城保达到64万人[①]。

(三) 城乡均等化阶段

结合苏州实际，苏州市政府于2011年年末制定了《苏州市居民社会养老保险管理办法》及实施细则，于2012年1月1日起实施，对城乡居民实行统一的居民保险制度。该制度涵盖对象更加广泛，把农村的新农保制度、城镇的老年居民补贴制度等统一纳入城乡居民社会养老保险制度框架之中。同时也建立了居民养老保险制度与其他养老保障制度的衔接办法。制度建立后，适时调整缴费和待遇享受标准。发展到2018年，其居民基本养老保险个人缴费标准调整为每人每年1200元、1680元、2160元、2520元四个档次，同时政府对参保人员个人缴纳城乡居民基本养老保险费实行补贴。在基础养老金标准上，参保人员本市市区户籍满20年，或城乡居民基本养老保险缴费年限满15年的，每人每月490元；本市市区户籍不满20年且城乡居民基本养老保险缴费年限不足15年的，每人每月350元。在居民基础养老金普遍调整基础上，对70周岁以上老年居民进行倾斜。年满70周岁不足75周岁、年满75周岁不满80周岁以及年满80周岁以上的市区城乡居民基本养老保险参保人员，每人每月分别增发10元、20元、30元。苏州市的居民社会养老保险标准尽管与其职工养老保险的标准仍然有一定距离，但和国家线相比，是国家标准的近7倍，同时也是江苏省内标准最高的。随着制度的推进，城乡居民缴费年限的积累，个人账户养老金加上不断提高标准的基础养老金，城乡居民享受到的待遇会越来越接近职工养老金待遇，从而实现标准的均等化。

---

① 2010年参加农村社会养老保险的人数为25.93万人，参保覆盖率99.6%，数据来源于《2010年苏州市人力资源和社会保障事业发展统计公报》。

(四) 基本养老保险城乡均等化的苏州经验

从苏州的城乡基本养老保险均等化历程来看，客观的地理资源和经济状况，地方政府的自我改革意识和对公共服务城乡均等化的重视程度，以及国家层面的政策支持机遇，都影响了苏州城乡基本养老保险均等化的实现方式和实现程度。第一，基本养老保险城乡均等化的时机选择很大程度上要根据地方经济总量、人均 GDP 和整个地方财政收入情况来决策，政府是否有足够的财力来实施均等化，大量涉农养老保险基金的补贴是否充足。从苏州地方经济来看，基本满足了实施城乡均等化的财力条件。图 6-4 是近 8 年来，苏州市财政收入与财政支出情况，每年都在大幅度递增，为开展均等化奠定了较好的物质基础。第二，苏州市地方政府对养老保险的改革动力强劲。在政策上多次提高农村养老保险水平，出台农村和城镇基本养老保险的转移接续办法，早在 2004 年就创新改革了农村与城市养老保险的界限，将两者打通起来。政策制定的理念也一直是朝着城乡一体化的方向迈进。在重要的转折"农保"转"城保"过程中，苏州又创新了农村居民土地、宅基地置换城镇社会保险的办法，来提高农村社会保障向城镇社会保障转换的水平和层次。第三，苏州市政府主动抓住了国家城乡一体化发展改革的先机，在 2006 年就主动上报与申请了国家劳动和社会保障部的"统筹城乡就业试点"城市，后经国家劳动和社会保障部以及江苏省劳动和社会保障厅批复，苏州市开始大胆创新与调整苏州的基本养老保险制度，实施了将农村纯农户与被征地农民全部纳入城镇养老保险制度中。2009 年颁布了《苏州城乡一体化发展综合配套改革三年实施计划》，提出以实现全面社会保障为目标，加快推进城乡社会保障一体化建设。要在三年内完善农村居民和劳动适龄被征地农民纳入城镇社会养老保障的政策体系，加快农保向城保转换衔接，推进城乡劳动者社会养老保障制度的一元化。同时，苏州市政府不断健全待遇享受合理增长机制，稳步提高城乡养老保障水平，见图 6-4。

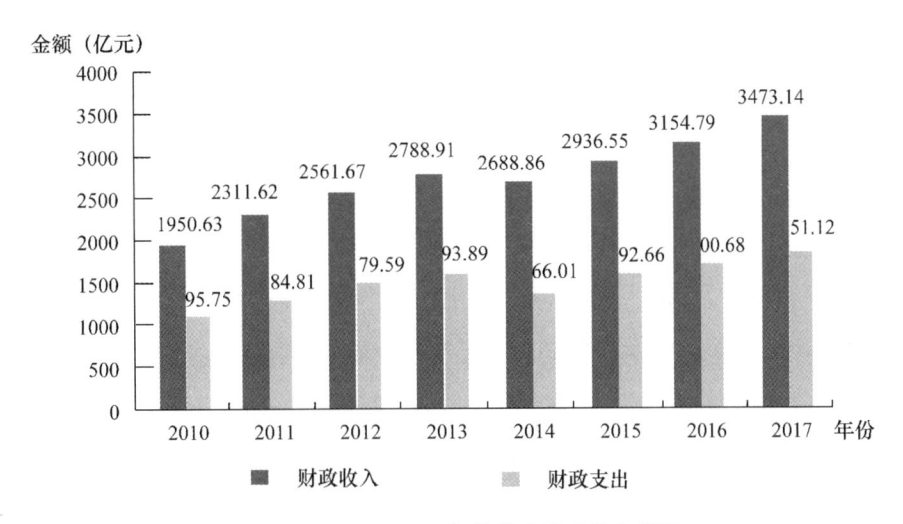

图 6-4　2010—2017 年苏州市财政收支状况

资料来源：苏州市历年统计年鉴。

第四节　城乡基本社会保障均等化之四——基本住房保障

基本住房保障制度是政府对不具备基本住房支付能力的社会成员进行住所保障的一项政策安排，是社会保障体系的重要组成部分，也是基本公共服务体系的一个组成部分。我国的住房保障制度呈现城乡双重性特征，城市住房保障和农村住房保障在保障政策、保障形式、保障水平等方面存在一定差异。

一　历史及其发展

（一）城镇住房保障政策演变

住房保障制度与住房制度密切相关，我国城镇住房制度经历了多个不同的发展阶段，相应的，基本住房保障制度也随之发生了变迁。综合现行对城镇住房制度的改革历史研究，可以将城镇住房制度划分为三个阶段，第一个阶段是 1978 年之前，实行住房分配制度，或称

"福利分房";第二个阶段是 1979 年至 1990 年,探索建立住房商品化制度;第三个阶段是 1991 年至今,完善住房市场化改革。历经上述阶段我国城镇基本形成了以商品住房供应为主的住房制度体系。

我国城镇住房保障制度随着住房制度的变迁也同时推进,保障范围和保障形式不断调整创新。基本住房保障政策主要包括经济适用房、廉租住房、公共租赁住房、棚户区改造工程和限价房、共有产权房等一系列方式,对于保障城镇中低收入家庭、最低收入家庭的基本住房权益发挥了重要作用。

1. 经济适用房保障政策的演变

在城镇住房制度改革的过程中,由于完全福利分房的格局被打破,城镇中低收入家庭存在购买商品住房困难化的现实,因此政府开启了以安居工程为主要形式的经济适用住房的建设,拉开了我国市场经济下的住房保障制度的序幕。经济适用房是政府提供政策优惠,限定建设标准、供应对象和销售价格,具有保障性质的政策性商品住房。1994 年,国务院颁布了《关于深化城镇住房制度改革的决定》,提出把"建立以中低收入家庭为对象、具有社会保障性质的经济适用住房供应体系和高收入家庭为对象的商品房供应体系"作为城镇住房制度改革的重要内容之一。1998 年 7 月,国务院发布《关于进一步深化城镇住房制度改革加快住房建设的通知》,提出"对不同收入家庭实行不同的住房供应政策。最低收入家庭租赁由政府或单位提供的廉租住房;中低收入家庭购买经济适用住房;高收入家庭购买、租赁市场价商品住房"。2004 年,住建部出台了《经济适用住房管理办法》,对经济适用房的套型面积进行了严格控制,并规定供应对象为无房或现住房面积低于一定标准且家庭收入低于一定标准的住房困难家庭。2007 年,国务院《关于解决城市低收入家庭住房困难的若干意见》中将经济适用房的供应对象调整为低收入住房困难家庭,并与廉租住房保障对象相衔接。2010 年,住建部出台《关于加强经济适用住房管理有关问题的通知》,针对经济适用房的供应范围、产权、上市交易价格等问题作了规定。2011 年之后,国家政策文件中逐步将各类保障性住房(包括经济适用房)统称为"保障性安居工程"。经济适用房制度对稳定房价、保障中低收入家庭住房方面起到了积极的作用。

2. 廉租住房政策演变

针对最低收入家庭实施的住房保障制度主要是城镇廉租住房政策。廉租住房是指政府或单位向城镇最低收入家庭和其他需保障的特殊家庭提供的租金补贴或者以低廉租金配租的具有社会保障性质的普通住宅。1999年，建设部出台的《城镇廉租住房管理办法》标志着该项制度正式开始。2004年《城镇最低收入家庭廉租住房管理办法》进一步明确了保障对象为住房困难的城镇最低收入家庭，保障标准为原则上不超过当地人均住房面积的60%，同时也规定了廉租住房来源、补贴资金、保障管理等方面的具体办法。随后，国务院和住建部门又多次发文对廉租住房保障进一步地规范和推进。

3. 公共租赁住房政策发展

针对城镇化进程中日益凸显的以外来务工人员、新就业大中专毕业生等城市中低收入人群的住房困难问题，国家实施公共租赁住房政策。2010年住建部等发布了《关于加快发展公共租赁住房的指导意见》，明确了"公共租赁住房供应对象主要是城市中等偏下收入住房困难家庭。有条件的地区，可以将新就业职工和有稳定职业并在城市居住一定年限的外来务工人员纳入供应范围"。此后，各地开始探索和实践公共租赁住房政策。2012年，住建部出台了《公共租赁住房管理办法》，对公共租赁住房的分配、使用、管理等做出了明确规定。2013年《关于公共租赁住房和廉租住房并轨运行的通知》提出从2014年开始，公共租赁住房和廉租住房并轨运行，统称为公共租赁住房。

4. 城镇棚户区改造政策

为解决棚户区住房简陋、环境差、安全隐患多等问题，2007年《国务院关于解决城市低收入家庭住房困难的若干意见》中提出"加快集中成片棚户区的改造，对集中成片的棚户区，城市人民政府要制订改造计划，因地制宜进行改造"。棚户区改造是政府为改造城镇危旧住房、改善困难家庭住房条件而推出的民生工程，目的是改善群众的居住条件，兼顾完善城市功能、改善城市环境。2008年，国务院又发文指出，争取3年时间基本解决城市低收入住房困难家庭的住房和棚户区改造问题。2013—2015年，国家每年出台一个关于棚改的专门文件，同时制定中短期改造目标，不断推动改善城镇住房环境。

5. 限价房和共有产权住房政策

限价房是在 2006 年国务院《关于调整住房供应结构稳定住房价格意见的通知》中提到的概念。主要是针对我国住房市场价格持续高位增长的问题，政府干预而形成的住房保障政策，通过低于商品住房价格，高于经济适用房价格的方式，解决一部分既不符合经济适用房住房资格又买不起商品住房的夹心群体的住房问题。共有产权住房政策也是住房保障制度的一种探索创新，起源于 2007 年。主要做法是地方政府让渡部分土地出让收益，有的给予适当财政补助和税费减免，以低于市场价格配售给符合条件的家庭。配售时，按照个人与政府的出资比例，共同拥有房屋产权。其目的也主要是解决中低收入群体特别是夹心层的住房困难。

（二）农村住房保障政策演变

我国农村住房保障制度总体上较为单薄，自中华人民共和国成立以来基本未变。广大农村地区的住房制度以传统的宅基地制度为主要形式。宅基地是指农村集体组织按照农村土地政策，将集体所有的土地按人头分配给户籍在当地的村民，村民对分配到的宅基地具有使用权，宅基地主要用于建造村民居住的家庭用房，农民需依靠自有资金和自行组织劳动力进行住房的建设和维护。我国农村在 20 世纪经历了三次建房热潮，80 年代以瓦房取代土房和草房，90 年代以楼房取代平房，2000 年以后以相对高档的楼房取代普通楼房。一般情况下，农村居民在经济可行的条件下，能够自行满足住房需求。但是，也有一些经济欠发达地区，贫困地区的农民，由于收入较低，支付能力有限，使用的建筑材料价格低廉，也缺乏必要的专业建房技术指导，房屋整体建造质量较差，同时其家庭住所年久失修，周围居住环境差，因此，存在较大的安全隐患。

政府为了解决农村地区农民的住房困难，主要提出的政策是对农村危旧房进行改造，由政府出资帮助居住有困难的农村家庭修葺房屋，帮助有特殊困难的农村居民建造房屋等。但政策覆盖面有限，财政资金投入不足，因此，农村的住房保障相对城镇来讲是十分有限的保障，缺乏必要的制度改革，政府只提供低层次的土地保障，对于农民住房的其他方面几乎处于空白状态，使得城乡住房保障的差距日益扩大。

二 基本住房保障制度的城乡不均等分析

城乡之间的基本住房保障制度历史演变呈现出城乡之间在保障制度、保障内容、保障水平等方面的明显差异，城镇住房保障制度相对完善，农村则较为落后。

(一) 住房保障制度的改革力度不均等

根据制度变迁动力的相关理论，制度变迁动力主要受社会经济条件的变化、民意与公共舆论的变化、执政者的影响、其他政策子系统的影响等。在我国固化的城乡二元体制下，城镇住房制度备受各界重视，从福利分房到住房市场化改革过程中所带来的城镇中低收入家庭的住房困难问题也刺激着城镇住房保障政策的不断出台，因此有了经济适用房、公共租赁住房等诸多保障政策（见表6-8）。反观农村，农民土地保障是社会各方根深蒂固的一种保障理念，普遍认为农民有土地使用权，土地能供给经济来源和建造住房，因此，政府在农村住房保障政策供给上是十分匮乏的。而沿用至今经年未变的宅基地制度拓展空间小，制度的实质是为了保护农村土地依然归国家所有，并没有对农民的住房权起到保障作用。

表6-8 我国城镇与农村住房保障主要文件比较

	时间	文件
城镇	1994	《国务院关于深化城镇住房制度改革的决定》
	1998	《国务院关于进一步深化城镇住房制度改革加快住房建设的通知》
	2003	《国务院关于促进房地产市场持续健康发展的通知》
	2007	《关于解决城市低收入家庭住房困难的若干意见》《廉租住房管理办法》《经济适用住房管理办法》
	2011	《国务院办公厅关于保障性安居工程建设和管理的指导意见》
	2012	《公共租赁住房管理办法》
	2013	《国务院关于加快棚户区改造工作的意见》
	2016	《关于做好城镇住房保障家庭租赁补贴工作的指导意见》
	2017	《住房城乡建设部关于支持北京市、上海市开展共有产权住房试点》

续表

	时间	文件
农村	2004	《关于加强农村宅基地管理的意见》
	2007	《关于改善农民工居住条件的指导意见》
	2010	《关于开展推动建材下乡试点的通知》
	2014	《住房城乡建设部关于全面开展农村危房现状调查的通知》
	2015	《关于进一步做好城镇棚户区和城乡危房改造及配套基础设施建设有关工作的意见》

资料来源：本课题组整理。

（二）住房保障内容的不均等

城镇住房保障内容涵盖出售型保障房和出租型保障房，城镇出售型保障房包括经济适用住房，限价商品住房和共有产权住房；出租型保障房包括廉租住房和公共租赁住房等。同时，政府针对住房质量差、缺少必要配套设施、环境卫生条件恶劣、中低收入居民相对集中的城市棚户区进行专项改造。因此，在城镇住房保障制度不断改革推进的过程中，已经构建起了较为完善的城镇住房保障体系，城镇居民住房条件得到显著改善（见表6-9）。在农村住房保障方面，仅有的保障内容是近年来针对困难家庭的旧危房改造。农村困难家庭住房保障资助对象主要包括农村低保户中的无房户、极度危房户，或住房处于自然灾害严重地段、不适合居住的分散供养五保户。农村低保户和分散供养的五保户住房破损，影响正常居住的，可申请房屋维修补助。2018年住建部和财政部联合发布《农村危房改造脱贫攻坚三年行动方案》，其中提出的目标任务是"把建档立卡贫困户放在突出位置，全力推进建档立卡贫困户、低保户、农村分散供养特困人员和贫困残疾人家庭等4类重点对象危房改造，确保2020年前完成现有200万户建档立卡贫困户存量危房改造任务，基本解决贫困户住房不安全问题。探索支持农村贫困群体危房改造长效机制，逐步建立农村贫困群体住房保障制度"。对于收入较低的困难农户自筹建房方面并无相应政策支持，也无可租赁的农村房源提供给困难农户租住。同时，随着我国工业化、城市化进程加快，进城务工的农民工囿于户籍限制，其居住权尚未得到保障。

表6-9　　　　　　　部分地区城镇户籍居民住房保障体系

	廉租住房	公共租赁住房	经济适用房	棚户区改造
北京	人均年可支配收入小于一定标准的	2018年家庭年收入不超过10万元；家庭成员人均住房面积不超过15平方米	年满30周岁，家庭符合本市住房限购条件且家庭成员在本市均无房	列入棚户区改造的区域有房产的居民
武汉	家庭月可支配收入低于一定标准的；人均住房建筑面积12平方米（含）以下	家庭上年度人均月收入低于一定标准的；无房户或人均住房面积低于16平方米	家庭人均年收入低于上一年年末统计公布的本市城区居民人均可支配收入；人均住房面积低于本市城区居民人均住房面积	列入棚户区改造的区域有房产的居民
深圳	市民政部门核定的享受最低生活保障待遇的家庭或市政府认定的优抚对象的家庭	连续两年均不超过本市规定的购买保障性住房的收入线标准；无住宅建设用地或自有住房	在本市未拥有任何形式的自有住房、未在本市享受过购房优惠政策的	列入棚户区改造的区域有房产的居民
杭州	家庭人均收入为杭州市区城镇居民低保标准的2.5倍（含）以下，人均现有住房建筑面积在15平方米（含）以下，或3人以上家庭现有住房面积在45平方米（含）以下	申请家庭人均可支配收入低于规定标准的；无房的	暂停	列入棚户区改造的区域有房产的居民

资料来源：根据各市的官方网站相关文件整理。

（三）住房保障财政投入水平的不均等

城镇和农村的住房保障水平差异较大，城乡发展不平衡。住房保障改革主要在城镇，城镇低收入困难群体基本得到住房保障，而农村的住房困难群体享有的保障水平较低。从住房保障开工量来看，1994年至2007年，全国共建设廉租住房、经济适用住房等保障性住房1000多万套。自2008年大规模实施保障性安居工程以来，到2018年年底，全国城镇保障性安居工程合计开工约7000万套[1]。农村住房保障主要是危房改造，根据住建部和财政部发布的《中央财政农村危房改造补助资金管理办法》，近三年来（2017年、2018年、2019年）中央补助资金分别为266.45亿元、266亿元、298.5亿元；农村危房改造户数分

---

[1] 《努力实现让全体人民住有所居——我国住房保障成就综述》，中华人民共和国住房和城乡建设部网站，http://www.mohurd.gov.cn/xwfb/201908/t20190814_241405.html。

别为190.45万户、189.48万户、134.99万户。其中以2018年为例进行具体比较，中央财政一般公共预算安排用于保障性安居工程的补助资金达2442亿元。其中，补助城镇保障性安居工程2176亿元，占89.1%，补助农村危房改造266亿元，占10.9%[①]。城镇与农村之间的差距显而易见。

三 基本住房保障的均等化探索——苏州样本

苏州市住房保障的实施主要依据国家和省的法规政策，以"应保尽保"和"住有所居"的住房保障目标，加强住房保障体系建设。在城乡均等化方面以城市住房保障体系为主，农村住房保障依托较为发达的经济环境和乡村振兴战略、特色田园乡村建设项目展开，城乡差距较小，城乡居民的住房皆得到了一定的保障。

（一）苏州住房保障情况

苏州市通过七种主要住房保障形式解决城市居民住房困难问题，这七种主要的形式有[②]：（1）廉租住房。向符合条件的最低收入住房困难家庭配租。收取廉租租金，房屋套型建筑面积一般在50平方米以内。（2）公共租赁住房。向符合条件的中等偏低收入住房困难家庭配租；公共租赁住房单套建筑面积在60平方米以下；低收入家庭租金标准为市场平均租金的50%左右，中等偏低收入家庭租金标准为市场平均租金的70%左右。（3）中低收入家庭住房。按照产权类型分为共有产权型住房和完全出售型住房两类，向符合条件的中等偏低收入住房困难家庭供应；单套建筑面积在60平方米以内；供应价格为低于市场价的政府指导价。（4）租赁补贴。向符合条件的最低收入住房困难家庭和低收入住房困难家庭发放。（5）租金减免。向承租直管公房的最低收入住房困难家庭和低收入住房困难家庭实行公房租金减免，直管公房租金减免标准：最低收入家庭70%、低收入家庭50%。（6）购房

---

① 《2018年全国财政支持保障性安居工程建设情况》，中华人民共和国住房和城乡建设部网站，http:// zhs.mof.gov.cn/zhengwuxinxi/zonghexinxi/201906/t20190605_3272057.html。

② 《苏州市住房保障发展规划（2016—2020年）》，苏州市住建局资料。

补贴。向对符合条件的中等偏低收入以下住房困难家庭发放，用于购买自住普通商品房或存量住房（二手房）。保障性住房按多层、小高层、高层分别确定优惠。住房保障形式如表6-10所示。

表6-10　苏州市七种主要的住房保障形式

	配置廉租住房	领取租赁补贴	实行租金减免	配置居民型公租房	购买共有产权型住房	购买完全出售型住房	领取购房补贴
最低收入住房困难家庭	与公租房并轨	☆	☆	☆	暂不受理	暂不受理	☆
低收入住房困难家庭	/	☆	☆	☆	暂不受理	暂不受理	☆
中等偏低收入住房困难家庭	/	☆	☆	☆	/	暂不受理	☆

注：购买共有产权和购买完全出售型住房自2014年起暂不受理。

苏州市保障房建设在"十二五"期间取得了一定成效，实际开工数量都远高于计划开工数。具体见表6-11。

表6-11　苏州市（不含昆山市）"十二五"期间保障房建设完成情况表　　单位：套

分类	年份	2011	2012	2013	2014	2015	合计
全部	计划开工	28824	22900	16650	18250	13490	100114
	实际开工	39059	32856	19965	43864	26428	162172
公共租赁住房	计划开工	17989	10500	11400	5400	2540	47829
	实际开工	24050	17897	14132	7327	2979	66385
经济适用住房	计划开工	2220	2200	1300	950	100	6770
	实际开工	2381	2500	1400	1000	100	7381
限价商品住房	计划开工	8500	7300	3500	1300	0	20600
	实际开工	12393	9275	3880	5765	0	31313
棚户区改造	计划开工	115	2900	450	10600	10500	24565
	实际开工	235	3184	553	29772	22101	55845

资料来源：苏州市"十三五"保障房规划纲要，苏州市住建局资料。

苏州农村地区的住房保障以对符合条件的农村困难户进行危房改造或重建予以补贴为主。2018年按照《国务院关于实施乡村振兴战略加快推进城乡融合发展的意见》和《乡村振兴三年行动计划》的要求，苏州市委、市政府印发了《苏州市特色田园乡村建设实施方案》，市住建局发布了《关于进一步加强苏州市农村住房建设管理的指导意见》，通过乡村振兴、特色田园乡村建设、农村住房管理等项目，推动苏州市农村地区住房、环境、公共服务的总体提升。

（二）住房保障的苏州经验

苏州市以"应保尽保"和"住有所居"的住房保障目标，在加强房地产调控、保持房地产市场健康稳定发展的同时，加大了各类保障房建设、城市棚户区、旧住宅区改造力度，农村危房改造重建工程，实现了城乡住房质量和配套设施的逐步改善，使全市中等偏低收入及以下家庭住房条件得到明显改善，扩大住房保障覆盖面，使农民工等其他城市住房困难群体的居住条件得到逐步改善；并在建立健全住房保障体系和多渠道解决城市中等偏低收入及以下住房困难家庭的政策体系方面取得了一定成效。

1. 以政策法规体系的健全为规范化保障

苏州市各级党委、政府高度重视和关注民生问题，认真贯彻落实国发〔2007〕24号、建保〔2010〕62号、苏政办发〔2010〕93号、国办发〔2011〕45号、苏政发〔2011〕126号、国发〔2013〕25号、苏政发〔2013〕108号、国办发〔2014〕36号、苏建房保〔2014〕279号和国发〔2015〕37号文件精神，出台了《苏州市中心城区住房保障租赁补贴标准测算暂行规定》（苏住建规〔2010〕7号）、《市政府关于印发苏州市公共租赁住房保障办法的通知》（苏府规字〔2010〕18号）、《苏州市区保障性住房上市交易实施细则》（苏住建规〔2010〕12号）、《苏州市区城市居民公共租赁住房实施细则》（苏住建规〔2010〕13号）、《苏州市市区保障性住房供应摇号工作规则》（苏住建规〔2011〕6号）、《关于调整城区保障性住房修缮和基本生活设施配置标准的通知》（苏住建保〔2012〕5号）、《苏州市区住房保障购房补贴发放规定》（苏住建规〔2013〕10号）、《苏州市城市棚户区（危旧房）改造规划（2013—2017)》、《苏州市区廉租住房与公共租赁住房并轨供应管理实施细则》（苏住建规〔2014〕8号）等一系列的文件政策，同时对保障房建设相关的土地供应政策、财政税收政策、金融支持政策、住房公积金政策、保障性住房配建政策、技术规范政策、区域支持政策、人才住房政策等进行了配套。通过以上一系列政策的支撑，进一步建立健全了苏州市住房保障制度体系，改进和规范了住房保障对象、合理化了住房保障相关标准、规范了住房保障的后续管理，为住房保障工作的可持续开展提供了有力的政策支持。

2. 以符合苏州特色的保障体系为健全目标

苏州保障房建设遵循"政府主导、市场运作和社会参与"的原则，住房保障注重分配公平。在正确原则的指导下，已经建立了一个"市场建房、居民租/购房、政府补贴、社会管理"的良性循环保障模式。另外，苏州属于千年古城，在实施城乡棚户区和农村危房改造重建的过程中，科学推进古城改造和古城保护，加强方案认证评估，建立方案认证评估规则、标准和流程，根据现状条件、地理位置、规划用途以及市场潜力，结合古城改造和古城保护，结合城市规划和建设计划，把相关方案分为"新城开发""项目带动""土地储备""整体改造""综合整治"五个类型，分门别类全力推进保障改造工作，实现古城保护与现代城市建设和谐统一。

3. 以多渠道拓宽资金来源为财务可持续保障

由于保障性住房特别是公共租赁住房，租金收入难以偿付融资利息成本、无法实现正常投资收益，而完全依靠政府财政投入不具有可持续性，因此苏州市政府花大力气多渠道拓宽保障房建设资金来源，包括申请中央补助保障性安居工程专项资金；尝试利用公积金贷款、公积金增值收益援建保障房；引导投资基金和保险资金进入保障房建设；充分利用开发银行的政策性贷款；探索短期融资券、私募债权融资、保障房信托、保障房信托基金 REITs 等，打破保障房建设资金瓶颈。

4. 以完善各项机制为管理保障

为了保证保障性住房工作的顺利开展，苏州市住建部门建立起了较为完善的各项机制。第一，建立了保障性住房建设安全质量管理机制，履行法定的项目建设程序，规范招投标行为，落实项目法人责任制、合同管理制、工程监理制。第二，健全保障性住房资格审核管理机制，严格资格审核管理"三审两公示"流程，强化资格审核全过程督查，杜绝不符合住房保障政策人员取得住房保障资格。第三，完善住房保障退出机制，做到应调则调，应退则退。第四，建立住房保障政策实施督察机制，形成内外部约束机制，提高政策的实施效率和效果。

5. 以破解新就业人员和外来务工者住房保障问题为公平性担当

苏州是江苏省第一大移民城市，也是全国第二大移民城市。苏州市每年的外来人口数量以每年7%的速度快速增加，总量相当可观。苏州市公安局2018年统计数据显示，在1000多万的常住人口中，共有外来人口830余万，其中户籍外来人口680余万，流动外来人口150余万，外来人口和外来人口指数均列江苏第一。这部分群体中的一部分面临着住房困难问题，而在以户籍为基础条件的住房保障体系中，如何破解是苏州市政府一直努力探索的方面。苏州市2005年发布了《关于加快推进全市外来人员集宿化管理的意见》，2010年出台的《公共租赁住房保障办法》中，将城市外来务工人员、新就业员工纳入了公租房的保障范围。通过建立解决城镇新就业人员和外来务工人员住房困难的支持机制，引导和支持企事业、社会组织等利用自有土地、自筹资金建设公共租赁住房，或改造现有闲置房作为公共租赁住房，逐步将符合保障资格的城镇新就业人员和外来务工人员纳入住房保障覆盖范围。在这一过程中，涌现了一批"人才公寓"和"集宿楼"，如工业园区的"菁英公寓"、昆山的"永馨家园"等。

6. 以乡村振兴、特色田园乡村建设为农村住房保障依托

苏州作为江南水乡、鱼米之乡，"三农"工作和城乡发展一体化工作，一直走在全省、全国的前列。在中央提出乡村振兴战略之际，以2020年高水平全面建成小康社会时间点，结合苏州"三农"发展实际，苏州市制定了《乡村振兴三年行动计划》，补齐农业农村发展短板，加快推进农业农村现代化，不断提升农民群众的获得感、满意度。在行动计划中，生态宜居被列为重要实施目标，通过美丽乡村建设，苏州很多村庄生态环境焕然一新，农村住房整体修缮，困难群众住房得到重点翻新重建。因此，农村居民依托乡村振兴大背景，自身的住房困难问题得到妥善解决。

第五节　城乡基本社会保障均等化的机制创新

一　构建城乡统一的基本社会保障是公共服务供给均等化的目标机制

城乡关系，是我国现代化进程中要处理好的一个重大战略问题。改革开放以来，我国城乡关系总体上是向着科学发展的方向演进的。但由于历史等诸多原因，城乡关系不协调仍然是目前面临的最大的经济和社会结构性矛盾。城乡发展不平衡也是多数国家发展中遇到过的基本问题，是各国工业化初期在强劲的工业化态势下，很容易出现很有代表性的城乡发展关系，具有阶段性特征。当城市作为先进生产力和先进文化的创造与承载主体，城市化率达到50%左右，改善城乡发展关系或再造城乡和谐就成为必然的选择和趋势。2010年，我国的城镇化率为49.90%，据2018年最新统计，我国的城镇化率已经达59.58%。因此，最近的十年城乡社会转型关键时期呈现了诸多改革。

在城乡之间构建起完善的基础设施和均等化的公共服务供给体系是改革内容之一。公共服务供给是政府对公共资源的配置过程，是以政府为主导的国民收入再分配。市场分配重效率，政府分配重公平。实行城乡均等的供给制度，就是变二元供给为一元供给，将城乡置于一体的政策框架之下。当然，公共服务供给的均等化改革不是简单理解为供给一模一样的公共服务，而主要强调在城乡之间，统筹规划、统一政策、统一标准，从根本上改变城乡有别的供给体制。

改革中的基本社会保障城乡均等化已然成为公共服务供给均等化的目标追求之一。基本社会保障包括基本救助、基本医疗和基本养老，都是涉及城乡民生的基本公共服务，相比较而言，均等化改革之前，政府对农村的基本保障强制推行力度和财政支持程度都远远低于城市。随着经济社会发展，农民对保障的需求意识不断提升，对建立城乡协同的社会保障体系的愿望愈发明显，对制度的并轨和整合越发期待。因此，在城乡均等化理念和实际需求的双重促进下，我国的基本社会保障体系率先从制度安排上开启了城乡均等化的步伐。

二 法律法规制度是实现基本社会保障均等化的基本载体

罗尔斯提出："让我们假设一个最初的安排，在这一安排中，所有的社会基本善都被平等地分配，每个人都有同样的权利和义务，收入和财富被平等地分享。"[①] 在罗尔斯看来，制度安排与公平或者说均等化是密不可分的关系，公平是社会制度的首要价值，用来确定人们的基本权利和义务。社会制度的设计，不能为了一部分人的利益而降低另一部分人的利益，应尽量使形式上的公平和实质上的公平相统一。只有体现公平正义的制度，才能得到大多数人的认同和遵循，才能有效地规范和调整社会中人与人之间、不同群体之间的相互关系，保证社会稳定和良性运行。形成我国城乡二元结构的力量是外生的制度力量，欲中断一个外生力量，必须通过另一个外生力量，这有赖于制度路径的改革和创新。通过制度创新逐渐打破城乡隔阂，促进资源共享和城乡制度一元化的形成。

随着城乡居民社会养老保险、城乡居民社会医疗保险和城乡居民最低生活保障制度的构建，我国城乡有别的社会保障制度格局终于被打破，城乡一体化的基本社会保障制度初具雏形。挣脱城乡参保身份的禁锢，以将城乡居民置于一体化的制度框架下为前提，综合考虑城乡参保者的参保需求、参保能力，科学安排制度的筹资方式、筹资标准和待遇水平，是我国社会保障制度安排的根本转变，这一顶层设计的重要转折是我国基本社会保障实现均等化的根本保证。

城乡居民社会养老保险制度在参保对象的规定上体现了公平性理念，最大限度地扩大了制度的覆盖面。在筹资上实行社会统筹和个人账户相结合的模式，社会统筹部分主要由基础养老金支付，基

---

① ［美］罗尔斯：《正义论》，何怀宏译，中国社会科学出版社1988年版，第62页。

础养老金体现了政府对公民养老保障权益的承担,完全由国家财政全部保证支付,参保对象在年龄达到60周岁以后,即使不缴费,也可享受到国家普惠式的养老金。同时考虑到实际情况和保证制度的可持续,各地在落实具体细则时,可以结合当地的经济发展水平和财政状况,以及城乡居民的收入等多种因素,对缴费、财政补贴、待遇调整机制等实行差别化确定。2016年1月《国务院关于整合城乡居民基本医疗保险制度的意见》中对城乡居民的基本医疗保险进行了制度安排,并针对医疗保险基金的筹集、就医管理、起付标准、支付比例等进行了统一的规定。自2007年在农村建立了最低生活保障制度之后,生活在贫困线以下的城乡居民皆得到了维持基本生活所需要的保障。

三 财政持续投入机制是推动基本社会保障均等化的有效动力

城乡经济社会发展是否协调,并不单纯是自然禀赋、技术等使然,往往具有深刻的政治经济学原因。研究证明,政府的介入既可能缩小城乡差异,也可能导致城乡经济社会发展的更加不平衡。结果到底如何,则进一步取决于政府实施城乡协调发展政策的意愿和是否具有足够的财政能力。党的十六届三中全会首次提出"统筹城乡发展"[①],标志着我国开始步入调整城乡二元结构的新时期。党的十七届三中全会提出"到2020年……城乡基本公共服务均等化明显推进"[②]。党的十八大提出"到2020年基本公共服务均等化总体实现"。党的二十大报告提出要"健全基本公共服务体系,提高公共服务水平,增强均衡性和

---

① 《中国共产党第十六届中央委员会第三次全体会议公报》,中国共产党历次代表大会数据库,http://cpc.people.com.cn/GB/64162/64168/64569/65411/4429167.html。

② 《中国共产党第十七届中央委员会第三次全体会议公报》,《中国共产党第十七届中央委员会第三次全体会议文件汇编》,人民出版社2008年版,第45页。

可及性"①。由此可见，政府推动城乡公共服务均等化的意愿明确。另一方面，基本公共服务均等化中的财政作用就表现为财政能力的均等化，财政能力均等化是财政促进基本公共服务均等化的基本手段，进一步地，财政能力的均等化又取决于政府间财政体制和财政转移制度。在公共服务体制较为完善、公共服务供给效率相同条件下，财政可以通过地区间财力的均等化来实现公共服务的均等化②。同时，财政支出结构的调整及其不断向基本公共服务领域的倾斜，决定了财政收入中用于基本公共服务的比重及基本公共服务供给水平的高低。在以公共服务均等化原则为基本导向后，政府不断优化财政支出结构，从中央到地方都加大了用于基本公共服务的财政支持力度，重点倾斜义务教育、公共卫生、基本社会保障等民生领域的支出。财政对基本社会保障的补助支出逐年增加，2018—2021年，全国财政社会保障资金累计支出14.88万亿元，年均增长7.4%，比同期全国财政支出整体增幅高3.8个百分点，占全国财政支出的比重从2018年的14.9%提高到2021年的16.6%。③

按照我国现行的财政管理体制，中央财政和地方财政之间实行分权管理。对于各地区城乡均等化发展中的政府投入，有些需要由中央财政承担，有些则需要由地方政府承担。因此，每个地区财政能力的大小，就在很大程度上决定着这个地区城乡均等化速度的快慢和水平的高低。中西部地区，财政实力有限，来自政府的投入也有限，所以它们的城乡均等化速度就比较慢，水平就比较低。而东部地区，政府财政实力较强，可以在城乡均等化发展中发挥更大的作用。

苏州样本中，苏州市政府凭借雄厚的经济与财政实力，能够保证

---

① 习近平：《高举中国特色社会主义伟大旗帜　为全面建设社会主义现代化国家而团结奋斗——在中国共产党第二十次全国代表大会上的报告》，人民出版社2022年版，第46页。

② 刘尚希等：《基本公共服务均等化与公共财政制度》，《经济研究参考》2008年第40期。

③ 刘昆：《国务院关于财政社会保障资金分配和使用情况的报告——2022年12月28日在第十三届全国人民代表大会常务委员会第三十八次会议上》，《中华人民共和国全国人民代表大会常务委员会公报》，2023年第1号，第98页。

城乡均等化发展中巨大的资金需求。在跨越式发展道路上行进的苏州，经济和财政实力迅速增强，且主动抓住国家城乡一体化发展改革的先机，使苏州市成为最有条件率先实现城乡均等化发展的地区。在开始大规模推进城乡均等化发展的 2009 年，全市地区生产总值达 7400 亿元，地方一般预算收入 745 亿元，按户籍人口计算城镇化率 46%，城镇居民人均可支配收入 26320 元，农民人均纯收入 12969 元，远远高于全国及全省平均水平。所辖昆山、常熟、张家港、吴江、太仓 5 市均连年进入全国百强县前 10 名。财政收入超过 10 亿元的镇比比皆是。到 2018 年，实现地区生产总值 1.85 万亿元，一般公共预算收入 2120 亿元，一般公共预算支出 1952.8 亿元，比上年增长 10.2%。其中城乡公共服务支出 1483 亿元，占一般公共预算支出的比重达 75.9%。正是由于拥有如此雄厚的经济与财政实力，在城乡均等化发展中，苏州市各级财政投入了大量资金。在基本社会保障方面，率先实现了苏州城市和农村低保金的标准统一；合并农村基本养老保险和城镇居民社会养老保险；并轨新型农村合作医疗保险形成城乡居民基本医疗保险制度，并在基本养老待遇和医疗待遇上逐步缩小城乡差距，实现城乡均等化。由于大量资金的投入，才化解了均等化过程中的诸多矛盾，在均等化道路上取得快速进展。也正因为如此，"苏州样本" 对于那些经济较为落后、财政实力较弱的地区，尚不具有可复制性。因此，从根本上看，基本公共服务均等化目标是在经济发展过程中实现的，只有经济发展，经济 "蛋糕" 做大，政府财力增强才能更好地实现公共服务均等化，这也是基本公共服务均等化的物质条件和财力基础。

四 民意表达机制是实现城乡基本社会保障均等化的有效支撑

民意，或称公共舆论，在卢梭的著作《社会契约论》里，最先出现了 "公众意见" 一词，他认为，政府并不是建立在法律的强制性上，而是民意的基础上。在当今社会，只要提到民主治理，都无法避开民意的重要作用。民意表达，就是一方通过一定的媒介方式，让自己对某件事物的意愿让对方知晓，这里研究的对方，主要指的是公共管理部门。民意表达的路径大致可以分为四类,一是官方路径,比如人民代表大会制度,信访制度。二是民间路径,比如基层群众自治组织和社团组织。三是媒体路径,比如通过传统媒体和网络媒体。四是专业路径,比如民意调查、听证会座谈会等。建立健全民意表达机制,让享受基本社会保障服务的民众合理有效表达意见,有利于减少社会冲突,有利于实现城乡基本社会保障的均等化。

苏州市人社、民政、住建等部门在开展城乡基本社会保障制度建设中,坚持走群众路线,注重汇聚民智民力,畅通社情民意表达渠道,谋划发展思路,向群众问计;出台发展措施,向群众请教;落实发展任务,靠群众支持;衡量发展成效,由群众评判。在苏州市人力资源和社会保障官网上,首页有专栏"民意调查",公开征求涉及广大民众的政策方案的意见,并对征求意见进行结果反馈。在苏州市民政局官网上,互动交流中也设有"民情调查"栏目,发布政策办法等的调查问卷,评估问卷,并及时公布反馈报告。各部门领导同时也定期走进"政风行风热线"节目,解读政策,回应社会热点问题,真正做到听民声、解民忧、暖民心。畅通民意表达机制,能够有效支撑城乡基本社会保障政策的落实和优化。

五 监督评价机制是城乡基本社会保障均等化的优化手段

建立和完善监督评价机制是整个公共服务体系中的重要组成部分,是保障政府履行基本公共服务职责和公民享有基本公共服务权利的重要机制之一。监督评价机制包括监督评价主体、监督评价对象、监督评价内容和监督评价方式等。通过监督评价机制的运作,能够明晰基本公共服务领域存在的问题,对优化基本公共服务的供给产生良好的效果。

苏州市城乡基本社会保障运行过程中,各部门有效建立了服务的监督评价机制。人社、民政、住建部门健全了公共服务的信息披露与信息反馈制度,决策风险预警机制,考核评价与责任追究机制等。在监督主体方面,进一步扩大民众、社会组织和舆论媒体的监督;在监督客体方面,对基本社会保障领域的重大决策、财政投入和指出、政府购买服务等领域都实施了监督；在监督方式方面，落实事前事中事后全过程的监督，全方位复合性地展开全环节监督。在评估机制方面，各部门也通过问卷调查、个体访谈等形式开展基本社会保障满意度调查，通过组建专家、项目受益全体等利益相关者参与评价，引入第三方评估考核等，同时，定期向社会发布基本服务评估报告，推动基本社会保障制度的优化。

　　党的十八届三中全会强调要促进共同富裕、推进基本公共服务均等化、让发展成果更多更公平惠及全体人民。因此，实现基本公共服务均等化是我国未来社会发展的重要政策目标，基本社会保障均等化是实现基本公共服务均等化的重要内容之一。本章研究了基本社会保障均等化的内涵，透过最低生活保障、基本养老保险、基本医疗保险、基本住房保障四项最基本的社会保障制度，分析了制度的变迁，尤其对当前城乡不均等的状况进行了阐释，并以城乡基本社会保障均等化的典范——苏州市为样本，介绍了城乡基本社会保障均等化的苏州经验。同时，进一步指出以公共服务均等化原则为重要指导的制度安排是实现基本社会保障均等化的基本载体，也是根本保证；在政府强烈的推动意愿下，财政能力是推动基本社会保障均等化的物质基础，民意表达机制是实现城乡基本社会保障均等化的有效支撑，监督评价机制是城乡基本社会保障均等化的优化手段。继续推进基本社会保障均等化，从而实现公共服务均等化仍将是未来不断探索的方向。

第七章　城乡基本公共就业服务均等化研究

就业是民生之本，党中央长期坚持就业优先战略。为城乡居民提供均等化的公共就业服务是各地政府深入贯彻"就业优先战略"的重要体现，也是"积极开展各项就业工作"的重中之重。目前，我国基本公共就业服务工作的不均等现象依然突出，主要表现为"区域不均等"和"城乡不均等"。相比"区域不均等"，基本公共就业服务上的"城乡不均等"现象更为普遍，也更能说明非经济因素（如机制设置不合理）所带来的问题。要促进政府更充分地落实"为所有公民提供均等化基本公共就业服务"的职责，有必要盘点一下我国城乡基本公共就业服务均等化发展的现状，剖析一下我国基本公共就业服务系统的要素与结构，搞清楚目前该系统中"导致城乡不均等化现象产生"的短板和瓶颈是什么的问题，并在此基础上拟定出一些富有针对性的对策以促进该系统的机制创新与可持续发展。

第一节　基本公共就业服务与均等化内涵

按主体和性质，就业服务可以分为公共就业服务和私营就业服务两大类①。公共就业服务又是公共服务的一种。对公共服务的界定基本

---

① 王孝竹：《杭州市城乡劳动力就业质量比较研究——基于公共就业服务均等化的研究视角》，硕士学位论文，浙江大学，2015年。

可以分为两类①：一是基于物品性质界定的公共服务；二是基于行为方式界定的公共服务。前一种界定是基于经济学中非排他、非竞争的公共产品概念引申而来，其核心是物化的产品或服务；后一种界定是从公共行政和公共管理的角度来定义公共服务的。在公共行政和管理领域中，把所有涉及为公众利益服务的事务称为公共服务。这些公共服务是由各级政府以各种方式进行管理。在本书中，我们对公共服务的界定是基于后者。而公共服务又可分为基本公共服务和一般公共服务。

一 基本公共就业服务的内涵

（一）基本公共服务

那么，何为基本公共服务呢？陈海威认为，所谓基本公共服务，是指一定经济社会条件下，为了保障全体公民最基本的人权，全体公民都应公平、平等、普遍享有的公共服务，是诸多公共服务中具有保障性质和平等色彩的服务类型②。相比公共服务，基本公共服务强调的更多的是全体公民都应公平、平等与普遍享有的，具有保障性质，是公民最基本的人权。在一些语境下，公共服务通常指的是基本公共服务。

对于基本公共服务这一概念，在国务院于2017年3月1日印发的《"十三五"推进基本公共服务均等化规划》中，也给出了具体的描述。在该规划中，所谓基本公共服务指的是"由政府主导、保障全体公民生存和发展基本需要、与经济社会发展水平相适应的公共服务"。相对于陈海威的定义，《"十三五"推进基本公共服务均等化规划》中给出的定义，重点强调了公共就业服务的目的是"保障全体公民生存和发展基本需要"，以及主导方是"政府"。而陈海威定义则更多强调了其"保障性质"，具有保障"公民最基本人权"的意义。

需要说明的是，在《"十三五"推进基本公共服务均等化规划》中，基本公共服务被分为"基本公共教育""基本劳动就业创业""基本社会保险""基本医疗卫生""基本社会服务""基本住房保障""基

---

① 韩小威、尹栾玉：《基本公共服务概念辨析》，《江汉论坛》2010年第9期。
② 陈海威：《中国基本公共服务体系研究》，《科学社会主义》2007年第3期。

本公共文化体育""残疾人基本公共服务"八大领域。此外,国家还为上述每个领域制定了基本公共服务清单。以劳动就业创业领域为例,所包含的基本公共服务有10项:基本公共就业服务、创业服务、就业援助、就业见习服务、大中城市联合招聘服务、职业技能培训和技能鉴定、"12333"人力资源和社会保障服务热线电话咨询、劳动关系协调、劳动人事争议调解仲裁、劳动保障监察。

(二)基本公共就业服务

1. 范围

在劳动就业创业领域,提供基本公共就业服务被视为重点任务之一。该项服务面向所有"有就业需求的劳动年龄人口",主要包括:提供就业政策法规咨询、职业供求信息、市场工资指导价位信息和职业培训信息、职业指导和职业介绍、就业登记和失业登记、流动人员人事档案管理等服务。在人力资源社会保障部、国家发展改革委、财政部于2018年12月5日联合发布的《关于推进全方位公共就业服务的指导意见》(人社部发〔2018〕77号)中,明确列出了"基本公共就业服务事项清单"。在该事项清单中,主要包括:

(1)就业创业和劳动用工政策法规咨询、相关扶持政策受理;

(2)人力资源供求、市场工资指导价位、职业培训、见习岗位等信息发布;

(3)职业介绍、职业指导和创业开业指导;

(4)公共就业服务专项活动;

(5)对就业困难人员实施就业援助;

(6)办理就业登记(劳动用工备案)、失业登记等事务;

(7)办理高等学校、中等职业学校、技工学校毕业生接收手续;

(8)流动人员人事档案管理服务;

(9)劳动关系协调和劳动权益保护;

(10)县级以上人民政府确定的其他服务。

在上述指导意见中明确提出,公共就业服务机构免费提供以上服务。

2. 定义

那么,回过头来需要思考的一个基本问题是,究竟何为公共就业服务（Public Employment Service，PES）？如何界定公共就业服务？对此，不同的学者有不同的定义。从字面意思上来讲，公共就业服务是在就业领域中向公众提供基本公共服务，与义务教育、公共卫生、公共文化等一样，属于政府提供公共服务的重要组成部分。对于公共就业服务这一概念，学者们给出的定义大致有如下几种。

定义一：是以促进就业为目的，由政府出资向劳动者提供的公益性就业服务[①]。

定义二：是指由政府出资，向劳动者提供的公益性就业服务，执行政府服务公众的职能[②]。

定义三：是以促进就业为目的，由政府向劳动者提供的公益性的、能用来满足劳动者就业需要的产品和服务[③]。

定义四：是政府为促进社会充分就业，以帮扶就业困难群体为重点，面向全体劳动者提供的公益性就业服务[④]。

定义五：是指由政府出资，向劳动者免费提供的公益性就业服务[⑤]。

定义六：是为了促进社会达到充分就业，由政府出资，且公共就业服务是人力资源社会保障公共服务的重要组成部分，在推动就业政策落实和促进人力资源合理有序流动中发挥着重要作用[⑥]。

定义七：是以政府为主导，社会各方参与，通过就业服务机构，帮助劳动者获得就业岗位和提升就业能力，帮助用人单位寻找合格劳动力的一系列服务性工作的总称[⑦]。

[①] 何小娟：《公共就业服务的规范专业高效》，《四川劳动保障》2008年第11期。

[②] 王玉珍：《公共就业服务与农村劳动力转移就业》，《时代金融》2011年第24期。

[③] 何英、王东升：《财政投入支持公共就业服务的对策建议》，《山东劳动保障》2009年第11期。

[④] 张冬：《促进我国公共就业服务体系建设》，《人才开发》2010年第12期。

[⑤] 小志：《公共就业服务》，《中国就业》2011年第9期。

[⑥] 陈溢：《整合公共就业服务促进人力资源流动》，《四川劳动保障》2013年第9期。

[⑦] 王阳：《比较视野下改善我国公共就业服务的思考》，《中国经贸导刊》2013年第33期。

定义八：是通过公益性服务措施，以满足劳动者就业或用人单位招用人员需求的行为（国标《公共就业服务术语》）。

透过上述定义，可以概括出"公共就业服务"主要有如下四个方面的属性。

第一，从性质上讲，公共就业服务具有公益性（定义一、二、三、四、五、八），具有公共产品的性质[1]。为此，我们认为，公益性是公共就业服务最显著的特征之一。

第二，从目的上讲，大多数的定义都强调公共就业服务是"以促进（社会）就业为目的"的（定义一、三、四、六），或帮助劳动者获得就业岗位（定义七）、满足其就业需求的（定义八），尤其是"以帮扶就业困难群体为重点"（定义四）。可见，公共就业服务"是政府促进就业的重要手段"[2]。但除了促进劳动者充分就业、获得就业岗位之外，"满足用人单位招工需求""帮助用人单位寻找合格劳动力"（定义七、八）也是其目的之一。正如贾荣言和刘力军（2014）所言，公共就业服务最终目的是帮助劳动者获得相应的就业岗位，提升劳动者的就业能力，帮助雇用单位聘任到合格劳动力，解决劳动力供给与劳动力需求双方的均衡协调，达到全社会的充分就业[3]。

第三，从服务的提供主体而言，提供就业服务是政府的职能（定义二）。当然，政府未必要自己提供，可以通过公共就业服务机构来提供。此外，一些社会机构也可能会参与。

第四，从资金的支出方而言，政府是出资方（定义一、二、五、六）。在《"十三五"推进基本公共服务均等化规划》中，已经明确指出：国务院有关部门所属人才中介服务机构开展流动人员人事档案管理所需经费由中央财政予以补助，其余由地方人民政府负责。可见，政府是基本公共就业服务所需经费的支出方。只是，某些公共服务的

---

[1] 贾荣言、刘力军：《借鉴国内外公共就业服务研究完善河北省公共就业服务体系》，《河北企业》2014年第4期。

[2] 张海枝：《我国公共就业服务均等化现状研究》，《兰州学刊》2013年第6期。

[3] 贾荣言、刘力军：《借鉴国内外公共就业服务研究完善河北省公共就业服务体系》，《河北企业》2014年第4期。

经费来源于中央财政，某些公共服务的经费来源于地方财政。

(三) 基本公共就业服务的角色与功能

在学者的认识中，公共就业服务扮演着重要的角色，有着不可替代的功能。

学者们认为，公共就业服务是政府基本公共服务的重要内容[1]，是政府直接服务于劳动者的重要手段[2]，是提高就业质量的基础[3]，是政府推动就业更高质量和更充分发展的综合载体，[4] 也是国家实施（积极）就业政策和劳动力市场调节的重要载体[5]。事实上，对于公共就业服务的角色，国家也有清晰的描述。在2017年人力资源社会保障部办公厅发布的《关于推进公共就业服务专业化的意见》中，直接描述："公共就业服务是促进市场供需匹配、实施就业援助的重要载体，是政府促进就业的重要手段。"

对于基本公共就业服务而言，促进就业是其根本目的。为此，公共就业服务便具有了如下一些直接或拓展的功能。

一是基本公共就业服务有助于就业问题的解决。赵晓彬认为，公共就业服务是缓解就业问题（如大学生就业问题）的有力举措[6]。王莉娜认为，通过公共就业服务来解决……日益严重的就业问题，（是）一个非常重要的途径[7]。

---

[1] 张冬：《促进我国公共就业服务体系建设》，《人才开发》2010年第12期。

[2] 王德平：《延伸公共就业服务之路》，《中国人力资源社会保障》2013年第1期。

[3] 郭荣丽、郭秀红：《新就业形态视阈下对公共就业服务问题的思考》，《商业经济》2017年第12期。

[4] 王延群：《新形势下全方位公共就业服务体系建设探究》，《现代商贸工业》2019年第20期。

[5] 李天舒：《公共就业服务体系的基本特征和建设思路》，《经济研究导刊》2014年第10期。

[6] 赵晓彬：《我国公共就业服务均等化问题与对策》，《现代国企研究》2019年第4期。

[7] 王莉娜：《陕西省公共就业服务体系的创新》，《劳动保障世界》（理论版）2013年第11期。

二是基本公共就业服务可促进劳动力市场的合理流动和供需匹配，促进经济发展和社会稳定。荀梅等人认为，公共就业服务是政府的重要职能，在劳动力资源合理流动方面发挥着举足轻重的作用，为经济发展和社会稳定做出了重要贡献①。

鉴于上述功能，曾栋梁认为，公共就业服务是政府基本公共服务的重要组成部分，也是政府为民办实事、办好事的"民心工程"和"德政工程"，是提高人民群众生活幸福程度的"加速器"②。

二 基本公共就业服务均等化的内涵

（一）概念的提出

2006年3月14日，第十届全国人民代表大会第四次会议批准《中华人民共和国国民经济和社会发展第十一个五年规划纲要》，在该纲要中，从共同财政体系建设的角度提出了"逐步推进基本公共服务均等化"的任务。这也是我国首次在国家战略中提出了"基本公共服务均等化"这一概念。

在2006年10月，在党的十六届六中全会通过的《中共中央关于构建社会主义和谐社会若干重大问题的决定》中，明确将逐步实现基本公共服务均等化作为完善公共财政制度的目标："完善公共财政制度，逐步实现基本公共服务均等化。健全公共财政体制，调整财政收支结构，把更多财政资金投向公共服务领域，加大财政在教育、卫生、文化、就业再就业服务、社会保障、生态环境、公共基础设施、社会治安等方面的投入。"

到了2007年10月，党的十七大报告，从缩小发展差距和完善公共财政体系的角度进一步强调了基本公共服务均等化的重要作用："缩小区域发展差距，必须注重实现基本公共服务均等化，引导生产要素跨区域合理流动"；"围绕推进基本公共服务均等化和主体功能区建设，

---

① 荀梅、王淑贤、关志强、甘露：《公共就业服务满意度测评研究——基于求职者视角的分析》，《西部经济管理论坛》2016年第4期。

② 曾栋梁：《反贫困视野下的广西贫困村公共就业服务均等化对策优化研究——基于广西上思县调研》，《皖西学院学报》2014年第4期。

完善公共财政体系。"

经过上述《决定》中的阐述,以及党的十七大报告的两次强调,"基本公共服务均等化"已经成为当前理论和实践的热点。

2011年3月,在党中央发布的《中华人民共和国国民经济和社会发展第十二个五年规划纲要》中,又提出了一个非常重要的理念,就是要把基本公共服务制度作为公共产品向全民提供。这标志着基本公共服务均等化真正意义上从发展理念上升为国家实践。而到了"十三五"规划时期,推进基本公共服务均等化更是从国家战略到全面实践的题中要义。

国家发改委综合司巡视员刘宇南在接受媒体采访时指出,"我国基本公共服务发展迅速,一个重要原因就是把公共服务纳入国家发展战略,使得基本公共服务建设成为国家意志"[①]。

(二) 基本内涵

那么,何为基本公共服务均等化?在2012年由国务院制定的《国家基本公共服务体系"十二五"规划》中,明确将"基本公共服务均等化"定义为全体公民都能公平可及地获得大致均等的基本公共服务。在该定义中,"基本公共服务均等化"的核心是机会均等,而不是简单的平均化和无差异化。但是,除了"机会均等"之外,也有学者认为,"结果均等"也很重要。陈海威(2007)认为,在政府提供的众多公共服务中,纳入基本公共服务体系的公共服务的供给水平应该均等化,政府要保障所有地区和所有个人都能够享受到这一水平以上的公共服务[②]。

刘磊和许志行通过对基本公共服务均等化概念的梳理,最后将"基本公共服务均等化"定义为"每个公民具有平等的机会享受到数量

[①] 王建帆:《国家发改委:过去十年我国基本公共服务制度建设全面进入快车道》,http://finance.cnr.cn/txcj/20181213/t20181213_524448434.shtml,2018-12-13。

[②] 陈海威:《中国基本公共服务体系研究》,《科学社会主义》2007年第3期。

和质量一致的基本公共服务"①。两位学者认为,"基本公共服务均等化包含两层意思:一是机会均等,即公共服务面前,人人平等;二是结果均等,即不同的公民获得的实际数量和质量一致","虽然《国家基本公共服务体系'十二五'规划》强调机会均等是基本公共服务均等化的核心,但如果结果不均等,则机会均等也将失去意义,或者说机会均等本质上就是追求结果均等的机会均等"②。

对于公共就业服务均等化,很多学者都有自己的理解和认识。陈诗达和陆海深认为,公共就业服务均等化是指政府向每一个公民提供的公共就业产品和公共服务是公平的,即机会均等③。张海枝的观点则响应了刘磊和许志行两位学者的主张。张海枝认为,公共就业服务均等化即公共就业服务主体应向全体社会成员提供大致相同质量和数量的就业服务,(这)是公共就业服务发展的目标④。可见,张海枝给出的定义也强调,在机会均等的同时,也要努力做到结果均等。不过,无论机会公平,还是结果公平,作为政府提供的公共就业服务,"公共就业服务均等化"都要"能够基本适应经济社会发展水平,体现公平正义原则,所有社会成员能得到大致均等的服务"⑤。

(三)基本公共就业服务均等化的意义与必要性

公共服务均等化被视为"现代政府不可推卸的道德责任"。允春喜和陈兴旺认为,"国家并不能单纯追求经济发展,更重要的是要维护社会公正""政府为公民创造条件,主要就是提供公共服务"。⑥ 作为公共服

---

① 刘磊、许志行:《基本公共服务"均等化"概念辨析》,《上海行政学院学报》2016年第4期。
② 刘磊、许志行:《基本公共服务"均等化"概念辨析》,《上海行政学院学报》2016年第4期。
③ 陈诗达、陆海深:《公共就业服务均等化的财政支持研究——以浙江为例》,《当代社科视野》2009年第2期。
④ 张海枝:《我国公共就业服务均等化现状研究》,《兰州学刊》2013年第6期。
⑤ 李兆鹏:《推进城乡就业体系建设促进公共就业服务均等化》,《山东人力资源和社会保障》2017年第10期。
⑥ 允春喜、陈兴旺:《公共服务均等化:现代政府不可推卸的道德责任》,《东北大学学报》(社会科学版)2010年第4期。

务，最大的特点就在于其非排他性和非竞争性，一旦在社会上提供以后，花钱的人与不花钱的人都能够同享其利，花钱的人并不能够通过有效途径把不花钱的人排除在外①。也正因如此，公共服务均等化具有重要的现实意义，它"能够促进经济发展，保障成果共享，协调各方利益，从而推动社会和谐"②。换言之，实现公共服务均等化是"促进经济发展的重要手段"和"实现社会和谐的稳定剂"。

公共就业服务是公共服务中的一种，实现公共就业服务均等化同样具有重要的现实意义。公共再就业服务"事关国计民生……是政府基本公共服务的重要内容"③，"是促进市场供需匹配、实施就业援助的重要载体，是政府促进就业的重要手段"④，其目的就是"通过平等的供给公共就业服务解决就业不平等问题，确保社会繁荣"⑤。鉴于此，陆海深认为，"在劳动仍为谋生手段的今天，（就业）是保障全体社会成员基本生存权和发展权的前提，实现公共就业服务均等化更彰显社会公平与正义"⑥。

此外，作为基本公共服务，政府也"有义务为城乡居民提供与公共财政职能和国家财力相适应的平等的基本公共就业服务，同时城乡居民有平等权利享受政府提供的基本公共就业服务"⑦。因此，作为供给主体的政府，在提供公共就业服务过程中，"应遵循均等化原则，具体包括公

---

① 允春喜：《城乡公共服务均等化：意义、问题与对策》，《科学与管理》2010年第3期。
② 允春喜、陈兴旺：《公共服务均等化：现代政府不可推卸的道德责任》，《东北大学学报》（社会科学版）2010年第4期。
③ 张冬：《促进我国公共就业服务体系建设》，《人才开发》2010年第12期。
④ 人力资源社会保障部办公厅：《关于推进公共就业服务专业化的意见（人社厅发〔2017〕86号）》，《中国工运》2017年第10期。
⑤ 陆黎：《崇左市边境地区公共就业服务供给均等化研究》，硕士学位论文，广西师范大学，2019年。
⑥ 陆海深：《有待深化的课题：公共就业服务均等化》，《中国劳动》2010年第2期。
⑦ 李学明：《基本公共就业服务均等化管理机制的构建》，《人才资源开发》2017年第15期。

共资源投入均等原则、就业机会平等原则和公民同等受益原则"①。

由于"我国公共财政投入制度不科学、公共就业服务制度和服务机制不健全,导致公共就业服务财政投入不足、公共就业服务发展不平衡,严重影响了我国公共就业服务均等化建设及公共就业服务体系的高效运行"②。尽管在实践层面上,由于主体的需要、城乡差别、地域差别等因素的影响,每个公民享有的基本公共就业服务又不可能完全相同,只能是大体相同。但是,努力实现均等化应当是各地政府在提供基本公共就业服务应当遵循的原则,也是一个服务型政府建设努力的方向。

第二节 基本公共就业服务的历史及发展

我国的就业服务自 20 世纪 70 年代末改革开放之初起步。伴随着市场经济体制改革深化和劳动力市场的培育、发展而不断完善。对于中国就业服务 2008 年之前的历史及发展,张小建③等人提出了"三个阶段"的观点表述。

一 历史与发展的三个阶段

(一)就业服务初创阶段

这一阶段始于 20 世纪 70 年代初,止于 20 世纪 80 年代末。在该阶段,就业政策的重点是"解决返城知青的就业问题及严格控制农民工

---

① 麻宝斌、董晓倩:《中国公共就业服务均等化问题研究》,《东北师大学报》(哲学社会科学版)2009 年第 6 期。
② 王飞鹏:《我国实现公共就业服务均等化面临的问题及对策研究》,《当代经济管理》2012 年第 2 期。
③ 张小建:《中国就业的改革发展》,中国劳动社会保障出版社 2008 年版,第 198 页。

进城数量及抬高就业门槛"①。

为了解决大批上山下乡知识青年返城之后的就业问题，中国政府提出了"三结合"的就业方针，即在国家统筹规范和指导下，实行劳动部门介绍就业、自愿组织起来就业和自谋职业结合的方针。在这种背景下，劳动部门的职能发生转变，出现了以劳动服务公司为主要形式的就业服务机构，而这也是目前公共就业服务机构的雏形。到20世纪80年代末，劳动服务公司已遍布全国。

(二) 就业服务体系逐步成型阶段

这一阶段始于20世纪80年代初，止于20世纪90年代末。

1990年4月，国务院发布《关于做好劳动就业工作的通知》(国发〔1990〕28号)。职业介绍、就业训练、失业保险、劳动就业服务机构及生产自救等就业服务项目及如何培育和发展劳动力市场等内容正式出现于文件中②。

1992年10月，党的十四大确定了建立社会主义市场经济体制的改革目标，并第一次明确提出了劳动力市场的概念，标志着劳动力市场的发展进入了一个新阶段。随着劳动力市场的发展，各类职业介绍机构应运而生。

20世纪90年代，我国经济体制改革加快了步伐，一大批人员下岗失业。为了解决下岗失业人员的再就业问题，上海在1994年开始实施再就业工程，并于1996年开始探索建立职工再就业服务中心，以对国有企业下岗职工实施托管③。之后，上海的经验在全国推广。而劳动部门举办的就业服务机构逐步发展成职业介绍、就业训练、失业保险、生产自救4项主要服务工作相互配合的就业服务体系。同时，各级政府鼓励社会团体和公民个人依法举办职业介绍机构，各类职业介绍机构发展迅速，成为就业服务体系的重要补充。受国情和国

---

① 石妮妮：《农民工市民化背景下柳州市推进公共就业服务均等化政策研究》，硕士学位论文，广西大学，2015年。
② 石妮妮：《农民工市民化背景下柳州市推进公共就业服务均等化政策研究》，硕士学位论文，广西大学，2015年。
③ 张蓉：《公共就业服务中的政府、市场与社会》，硕士学位论文，南京大学，2015年。

力的限制，各级财政困难，当时主要实行有偿服务，以服务收入补贴少量公益性服务活动。在这种模式下，形成了有一定规模的劳动就业服务体系①。总体而言，到了20世纪90年后期，以市场为导向的就业机制、社会团体和民间职业介绍所逐渐发展成熟，进一步完善了公共就业服务体系内容②。

（三）公共就业服务制度建立健全阶段

这一阶段始于20世纪90年代末。当时，面对上千万国有企业下岗失业人员，以往的服务模式已不能适应需要，免费的公共服务成为政府的责任。1998年，中共中央10号文件首次提出公共职业介绍机构要对国有企业下岗职工实行免费服务。

2000年，原劳动和社会保障部出台了《劳动力市场管理规定》，在该管理规定中专设了公共就业服务一章，要求各地劳动和保障部门建立对"特殊服务对象"的免费服务制度。但由于没有经费保障，各地能够享受免费服务的仅限于部分下岗职工。

2002年，中共中央12号文件的发布标志着中国公共就业服务制度的真正建立，并成为积极就业政策的一项重要内容。12号文件要求各级政府建立公共就业服务制度，对下岗职工和所有登记失业人员实行免费就业服务，并明确了财政支付的职业介绍补贴和职业培训补贴作为免费服务和培训的资金来源。

2005年，国务院要求公共就业服务机构向所有求职者免费开放，职业培训补贴范围也覆盖到了进城务工的农村劳动者③。

2007年8月出台的《中华人民共和国就业促进法》第35条明确规定：县以上人民政府应建立健全公共就业服务体系，设立公共就业服务机构。该部法律的出台与实施，"对完善社会就业服务，特别是加强公共

---

① 张小建：《中国就业的改革发展》经典专栏连载之八：《公共就业服务的产生和发展》，《中国就业》2010年第1期。
② 石妮妮：《农民工市民化背景下柳州市推进公共就业服务均等化政策研究》，硕士学位论文，广西师范大学，2015年。
③ 张小建：《中国就业的改革发展经典专栏连载之八：公共就业服务的产生和发展》，《中国就业》2010年第1期。

就业服务作了明确规定"①。这是"第一次在法律层面上对政府发展公共就业服务做出规定,标志着我国公共就业服务制度框架基本确定"②。

2007年10月30日,人力资源和社会保障部对外发布了《就业服务与就业管理规定》。该规定进一步"构建了我国公共就业服务体系框架,规定了公共就业服务的组织、对象、内容、管理职能以及同相关组织机构的关系"③。在该规定中,明确提出公共就业服务机构应当免费为劳动者提供以下服务:(一)就业政策法规咨询;(二)职业供求信息、市场工资指导价位信息和职业培训信息发布;(三)职业指导和职业介绍;(四)对就业困难人员实施就业援助;(五)办理就业登记、失业登记等事务;(六)其他公共就业服务。

需要特别提及的是,在这一阶段,我国开始了分阶段有计划地开展公共就业服务建设工作④:1999年至2000年,开展了劳动力市场三化(科学化、规范化、现代化)建设;2004年至2007年,开展了就业服务新三化(制度化、专业化、社会化)建设;2006年开始了统筹城乡就业试点工作和创建充分就业社区试点工作;2007年开始了完善公共就业服务功能工作。这些工作的开展,取得了巨大的成效。到2003年年底,我国基本建立了省(区、市)、市、区(县)、街道(乡镇)、社区的五级公共服务体系;到2009年,全国城市和大部分区县都建立了以公共职业介绍机构为窗口的综合性服务场所,99%以上的街道和70%以上的乡镇建立了劳动保障工作机构,95%以上社区聘请了专门工作人员,基本形成了市、区(县)、街道(乡镇)、社区的四级公共就业服务网络。

历经30多年的发展,我国公共就业服务体系建设取得了巨大的成

---

① 莫荣:《中国就业30年改革发展回顾》,《中国劳动保障》2009年第1期。
② 张小建:《中国就业的改革发展》,中国劳动社会保障出版社2008年版,第198页。
③ 王浩林:《推进公共就业服务体系的建设——以基本公共服务均等化为视角》,《中国管理信息化》2012年第7期。
④ 张蓉:《公共就业服务中的政府、市场与社会》,硕士学位论文,南京大学,2015年。

就,许多学者都给予了高度的评价。其中最主要的成就有三个方面[①]:一是初步构建起公共就业服务均等化的制度框架。如在中央层面,2006年1月,国务院颁布《关于解决农民工若干问题的意见》,明确提出要建立城乡统一的劳动力市场和公平竞争的就业制度。二是基本形成覆盖城乡的公共就业服务网络体系。我国已经基本形成包括省、市、区县和街道(乡镇)、社区(村)的五级公共就业服务网络。三是公共就业服务惠及的劳动者数量不断增加。

二 均等化快速发展阶段

进入2010年之后的十年,也就是过去的十年,我国则进入了"基本公共就业服务均等化快速发展阶段"。

2012年7月,国务院首先对外发布了《国家基本公共服务体系"十二五"规划》。该规划是我国首个围绕"基本公共服务体系建设"开展的国家级专项规划;勾勒了我国未来五年乃至更长时间内有关基本公共服务体系建设的蓝图,是我国建立基本公共服务体系的综合性、基础性和指导性文件,是各级政府履行公共服务职责的重要依据。此外,该规划还首次提出了基本公共服务的范围,并就每项服务按照服务对象、保障标准、支出责任、覆盖水平四个方面设定了国家基本标准。其中,就包括"基本公共就业服务"的国家基本标准。同时,该规划还提出了要"逐步建立城乡一体化的基本公共服务制度"和"健全促进区域基本公共服务均等化的体制机制"的发展目标。

在2012年11月8日召开的党的十八大上,胡锦涛总书记更是进一步强调,"到2020年,基本公共服务均等化总体实现"。这意味着,国家将投入大量资源,努力促进实现基本公共服务均等化这一目标。

到了2013年11月,党的十八届三中全会上,又审议通过了《中共中央关于全面深化改革若干重大问题的决定》。该决定在推进社会事业改革创新部分,更是突出强调要"健全促进就业创业的体制机制""完善城乡

---

① 王丽平:《我国公共就业服务均等化问题探析》,《新视野》2013年第5期。

均等的公共就业创业服务体系"。由此可见，在就业领域，致力于实现基本公共服务均等化，已成为重大的社会事业改革创新的一部分内容。

到了2014年，中央一号文件更是强调要健全城乡发展一体化体制机制，实现城乡统筹联动，并指出其中重点工作就是推进城乡基本公共服务均等化。由此可见，推进城乡基本公共服务均等化已列入国家重点工作议程。

2017年1月23日，国务院对向发布了《"十三五"推进基本公共服务均等化规划》。该规划进一步明确了国家基本公共服务制度框架，明确指出"享有基本公共服务是公民的基本权利，保障人人享有基本公共服务是政府的重要职责"，并首次提出"国家基本公共服务清单制"。在该规划中，提供基本公共就业服务，成为"国家基本公共服务清单制"中的重要内容。

党的二十大报告指出，"实施就业优先战略"，"强化就业优先政策"，"健全就业公共服务体系"，"加强困难群体就业兜底帮扶"，"消除影响平等就业的不合理限制和就业歧视，使人人都有通过勤奋劳动实现自身发展的机会"。[①] 就业是民生之本，政策制定就是要坚持经济发展就业导向。实施就业优先战略和积极就业政策，就需要千方百计稳定和扩大就业，实现更高质量和更充分就业。具体而言，第一，强化就业优先政策，健全就业促进机制，促进高质量充分就业；第二，健全就业公共服务体系，完善重点群体就业支持体系，加强困难群体就业兜底帮扶；第三，统筹城乡就业政策体系，破除妨碍劳动力、人才流动的体制和政策弊端，消除影响平等就业的不合理限制和就业歧视，使人人都有通过勤奋劳动实现自身发展的机会；第四，健全终身职业技能培训制度，推动解决结构性就业矛盾；第五，完善促进创业带动就业的保障制度，支持和规范发展新就业形态；第六，健全劳动法律法规，完善劳动关系协商机制，完善劳动者权益保障制度，加强灵活就业和新就业形态劳动者权益保障。

---

① 习近平：《高举中国特色社会主义伟大旗帜　为全面建设社会主义现代化国家而团结奋斗——在中国共产党第二十次全国代表大会上的报告》，人民出版社2022年版，第47页。

基于以上政策文本的分析，可以看出，进入新时代以来，我国越来越清晰"基本公共服务均等化"这一目标实现的意义，并对"基本公共就业服务"的内容与路径有了更为清晰的认识，这也使得我国基本公共就业服务均等化步入了发展的快车道。

第三节 基本公共就业服务城乡不均等分析

城乡公共就业服务均等化，是城乡统筹就业的基础目标和基本要求①。政府向每一个公民提供的公共就业服务的机会必须是均等的，通过均等化的公共就业服务实现平等的就业权，是公民平等享有一切权利的基础②。

一 基本公共就业服务不均等的表现类型

在实践层面上，由于主体的需要、城乡差别、地域差别等因素的影响，每个公民享有的基本公共就业服务又不可能完全相同，只能是大体相同③。在过去的 20 年里，虽然国家提出了实现基本公共服务均等化的目标，这其中也包含基本公共就业服务均等化的目标。但受制于多种因素的影响，基本公共服务，尤其是基本公共就业服务不均等现象，依然广泛存在。

《"十三五"推进基本公共服务均等化规划》明确指出，我国基本公共服务还存在规模不足、质量不高、发展不平衡等短板，突出表现

---

① 张立伟：《"十百千万"强基工程给力公共就业服务均等化》，《中国人力资源社会保障》2013 年第 2 期。

② 何英、王东升：《财政投入支持公共就业服务的对策建议》，《山东人力资源和社会保障》2009 年第 11 期。

③ 李学明：《基本公共就业服务均等化管理机制的构建》，《人才资源开发》2017 年第 15 期。

在：城乡区域间资源配置不均衡，硬件软件不协调，服务水平差异较大；基层设施不足和利用不够并存，人才短缺严重；一些服务项目存在覆盖盲区，尚未有效惠及全部流动人口和困难群体；体制机制创新滞后，社会力量参与不足。

总体上而言，目前公共就业服务不均等现象主要表现为两大类：一是城乡之间的不均等，主要表现为城市和乡村在"公共就业服务资源的配置"以及"提供公共就业服务的能力、类型和水平"上的差异；二是区域间的不均等，主要表现为不同地区之间在"公共就业服务资源的配置"以及"提供公共就业服务的能力、类型和水平"上的差异。

事实上，很多研究者都指出了我国基本公共就业服务领域中存在的这两类不均等。何英和王东升指出，"区域之间的公共就业服务发展不均衡""城乡公共就业服务差距较大"均是我国公共就业服务领域中存在的主要问题之一[①]；温俊萍的研究也显示，在推动公共就业服务均等化的过程中，我国主要面临财政投入不均等、各地就业服务供给不均衡尤其是城乡就业服务水平差距悬殊等诸多困境[②]；张文礼和卢少波对甘肃省 14 个地州市城乡居民对基本公共服务均等化满意度进行了调研，结果显示：甘肃省城乡在义务教育、公共卫生和基本医疗、基本社会保障、公共就业服务、公共基础设施等方面存在较大差距[③]——可见，在甘肃省，基本公共服务城乡不均等现象普遍存在，其中就包含公共就业服务这一领域。刘嘉慧在研究中也指出，目前我国公共就业服务主要存在城乡差异、地区差异等非均等化的现状[④]。

针对我国公共就业服务领域之所以存在非均等化的现象，孙德超和贺晶晶在进行现实考察的基础上给予了说明。他们认为：我国不同

---

① 何英、王东升：《财政投入支持公共就业服务的对策建议》，《山东人力资源和社会保障》2009 年第 11 期。
② 温俊萍：《公共就业服务均等化及其实现路径探析》，《上海商学院学报》2010 年第 6 期。
③ 张文礼、卢少波：《甘肃省城乡基本公共服务均等化状况调查分析》，《西北师大学报》（社会科学版）2011 年第 4 期。
④ 刘嘉慧：《公共就业服务均等化的财政责任分析》，《劳动保障世界》2015 年第 S2 期。

地区、城乡的经济发展水平不同,这在一定程度上决定了不同地区、城乡对公共就业服务的投入力度不同,对公共就业服务人才的吸引强度不同,从而形成地区、城乡公共就业服务的差距①。换言之,地区、城乡的经济发展水平上的差异,是导致目前我国公共就业服务不均等化现象存在的主要原因。

二 基本公共就业服务不均等的具体表现

如上所述,"城乡不均等"是我国基本公共就业服务领域不均等现象的主要类型之一。那么,我国基本公共就业服务城乡不均等主要表现在哪些方面呢?在过去十年中,许多研究者结合不同地方的基本公共就业服务情况进行了调查和分析,揭示了各地公共就业服务不均等化的表现,以下是其中6位研究者的调研分析结果。

孙向南对广东省基本公共就业服务状况进行了调研分析。该研究指出②:"资源分布不均""质量和水平不均""体制二元化及权益不均"是该省基本公共就业服务提供过程中最主要的不足。资源分布不均,主要体现在城乡之间及不同地区之间公共就业服务基础平台建设、人员配置和财政投入等方面,大量的优质服务资源集中在发达地区的城镇尤其是大中城市,以及少数发达的农村地区,而欠发达地区及广大的农村地区,基本公共就业服务资源相对匮乏。"质量和水平不均"主要体现在长期以来,政府提供的公共就业服务的重点放在城镇,城乡间基本公共就业服务水平差距较大,农村居民和外来人口、流动人口享受到的公共就业服务较少。不同地区公共就业服务现有的技术、设施条件及服务队伍状况的不同,造成地区及城乡间基本公共就业服务能力的差异,导致人们实际享有服务的水平和质量存在差别。"体制二元化及权益不均",主要体现在我国长期实行城乡分离二元结构,在就业安排体制上长期实行城乡二元化,受财政投入重城轻乡、重工轻农等政策和制度影响,城

---

① 孙德超、贺晶晶:《公共就业服务不均等的现实考察及均等化途径研究》,《河南师范大学学报》(哲学社会科学版) 2011 年第 5 期。

② 孙向南:《基本公共就业服务均等化促进充分就业的对策研究——以广东省为例》,《北方经济》2010 年第 6 期。

乡居民各种就业权益及公共就业服务享有的权益，长期失衡。

晏玉珍以河南为例，分析了该省公共就业服务中存在的问题，指出了"发展不均衡"是该省公共就业服务中存在的主要问题之一。在发展不均衡方面，主要表现在三个方面[①]：一是某些县市起步早、进展快，不管是硬件设施还是机制建设都较为完善，而有些县市则进展迟缓，服务体系整体建设比较落后。二是农村地区公共就业服务体系发展滞后。城乡之间在机构设置、费用支出等方面存在很大差距。乡村服务机构普遍存在经费不足、人员编制缺乏、服务方式相对落后，难以满足公共就业服务信息化的发展。三是政府为城镇居民提供了较为全面的就业指导服务，而对于农民工就业则未提供足够的指导，就业难的城镇居民可以享受到技能培训服务，而相对能力较弱的农民工却得不到培训机会。尽管近年来也有一些针对农民工的上岗前培训服务，但培训时间短，效果不明显。显而易见，第一个方面的表现主要指的是区域间的不均等；而第二、第三个方面的表现则指的都是城乡之间的不均等。

曾栋梁针对广西公共就业服务均等化差异的表现进行了分析，并概括出三个方面的差异[②]：一是制度供给不均。从地区内部治理的视角来看，公共就业服务均等化的基本目标就是缩小城乡之间的差异，使农民和城镇居民能够享受没有差异的公共就业服务。但目前我国存在的城乡二元就业服务制度，使得城乡之间的职业介绍、职业培训等公共就业服务在实质上存在着差别。农村和城镇居民接受就业服务比例为1:4。二是财政供给不均。目前广西公共就业服务主要还是由各级政府提供财政支持，但由于各县之间以及各市之间经济发展水平及自然条件和资源禀赋的差异，影响公共就业服务财政投入与支出的不平衡，进而在不同公共就业服务机构的人员、设备和设施配备方面存在差异而导致公共就业服务供给的数量和质量差异，也由此而导致公共就业服务发展的地区差异，并最终引发不同群体之间公共就业服务的

---

① 晏玉珍：《河南公共就业服务体系存在的问题及优化建议》，《中共郑州市委党校学报》2014年第1期。

② 曾栋梁：《反贫困视野下的广西贫困村公共就业服务均等化对策优化研究——基于广西上思县调研》，《皖西学院学报》2014年第4期。

享受差异。三是公共就业服务接受的差异。在学历方面,城镇人口总体素质要明显远远高于农村,这种素质之间的差异必然导致城乡之间在接受职业介绍机构、职业培训机构及就业信息服务方面的明显差异。

石妮妮基于对广西柳州的公共就业服务均等化情况进行了分析,结果显示:农民工在享受公共服务上与市民存在很大差异。具体表现为①:(1)就业歧视仍存在,农民工就业难。公共就业服务非均等化最主要的体现是源于制度政策歧视和社会传统偏见歧视所造成的就业歧视,具体包括就业机会不平等以及包括薪资、工作环境、发展空间、培训机会等在内的待遇不平等。(2)劳动力市场不健全,缺乏提供服务的长效机制。柳州市目前没有相对比较健全规范的农村劳动力市场,人力资源部门主要通过打造"四个服务平台"方式将就业信息发至农民手中。这种方式大多具有运动式、短时期等特点,不利于农民工实时掌握和了解就业动态。同时,这样的服务方式常因行政成本过高而搁置,难以形成长效机制。(3)城乡公共就业服务悬殊。柳州目前对农民工弱势群体的关注度还是不够,一是公共就业服务依然主要集中在城市,城乡公共就业服务悬殊。柳州市城乡公共就业平台存在很大差距,乡镇公共就业平台由于经费难以保障、机构设置不合理、人员配备不足、服务功能不完善等原因导致建设非常缓慢,基础配套设施差,覆盖范围狭窄,服务内容单一及服务水平落后等,未能满足农民工就业服务需求。而城市公共就业平台由于政策的局限性和资源紧张,更多仅针对城市居民开放,农民工也难以在城市享受到与市民同等的公共就业服务。二是农民工获取就业信息的渠道不规范,难以像市民一样快速知晓公共就业信息。市区拥有相对比较成熟的信息发布体系,能实时发布就业信息新动态,搭建求职者与用人单位之间的沟通桥梁,并有计划提供免费的就业服务。而由于乡镇就业服务功能比较薄弱,信息平台建设滞后且发布的就业信息难以满足农民工的需求,加上劳动输出地和输入地就业信息闭塞,在一定程度上造成了就业信息不畅通,城乡就业信息不对称及就业机会的不均等。

卜小童以山东为例,分析了该省公共就业服务均等化中存在的问

---

① 石妮妮:《农民工市民化背景下柳州市推进公共就业服务均等化政策研究》,硕士学位论文,广西师范大学,2015年。

题，具体表现为如下四个方面①：一是就业资源分配不均衡。这是影响就业服务均等化发展的根本要素。总体上看，公共就业服务均等化发展薄弱环节在农村，根本支撑是"人力"要素和"资金"要素。一方面是人员分布的不均衡。以平台建设为例，全省乡镇、街道人力资源社会保障公共服务平台工作人员平均每 8343 名服务对象配备 1 名工作人员，而国家要求的每 6000 名服务对象配备 1 名工作人员。另一方面是资金分配的不合理。以就业专项资金为例，部分市、县的就业资金支出过度依赖省级的财政支付。很多中西部地区的县级财政没有按照要求配套相关的补贴资金，不利于就业服务工作的开展。东西部差距较大，也对均等化服务提出了挑战。如菏泽市 2012 年市级财政仅支付了 20 万元的就业专项资金，约为省级财政转移资金的 0.4%，直接影响了公共就业服务均等化的开展。二是就业政策落实不到位，是影响就业服务均等化发展的重要问题。就业政策落实的不到位集中体现保障稳定和促进就业的政策落实反差较大。三是就业信息分享不兼容，是影响就业服务均等化发展的直接原因。基层平台实体化建设完成后，设施设备更新维护、网络连接及就业服务业务工作开展所需正常经费在财力较弱的乡镇还缺乏有效保障。四是社会力量的作用发挥不够，是影响均等化服务发展的环境要素。

李兆鹏以山东淄博为例，分析了目前城乡公共就业服务均等化上存在的问题，具体表现在四个方面②：（1）就业理念上还存在"重城镇、轻农村"的现象。当前虽然从政策上已实现城乡一体化，但在就业理念上还存在重城镇、轻农村的问题。(2) 对农村劳动力就业的管理服务还未完全到位。资源调查等基础性工作开展得不够扎实深入，对农村劳动力转移就业情况还未能充分准确把握，不能准确地反映全社会的就业状况；劳动力资源信息库还需要进一步完善，信息库与其他数据库的互通共享也需要进一步研究解决。现有的就业组织管理体系、公共就业服务体系、社区管理服务体系、劳动执法监察体系，都是按照管理城镇就业

---

① 卜小童：《党的群众路线视角下公共就业服务均等化研究》，硕士学位论文，曲阜师范大学，2015 年。
② 李兆鹏：《推进城乡就业体系建设促进公共就业服务均等化》，《山东人力资源和社会保障》2017 年第 10 期。

的模式建立的，对农村劳动者的服务还有不到位的地方。(3) 基层平台建设有待进一步加强。目前，乡镇（街道办）人力资源和社会保障服务机构建设和工作开展还不平衡，与城镇社区比较发达相比，有些村居的基层平台基础设施、人员配备、服务功能等都还比较薄弱，最基层的农村劳动保障协理员队伍还没有全面建立起来，就业服务还没有真正扎根到基层。(4) 就业资金投入不到位。就业资金预算未能与经济发展水平通过制度性安排挂起钩来，在某种程度上具有一定的随机性，且投入不能满足现实工作需要。由于资金投入不足，部分就业扶持政策落实还不到位，尤其是培训促进就业的功能没有得到充分发挥，农民工培训补贴偏低，培训时间短、培训层次低。

三 基本公共就业服务城乡不均等分析

基于上述 6 位学者对各地基本公共就业服务不均等现象的描述，我们围绕各地存在的城乡不均等现象进行了深入的分析，并概括出公共就业服务不均等现象主要存在如下几大方面。

一是观念制度上的不均等。观念制度上的不均等主要表现为如下两个方面：(1) 存在根深蒂固的"重城轻乡""重工轻农"的思想观念。孙向南指出[①]，广东省公共就业服务存在"体制二元化及权益不均"的问题，主要体现在"我国长期实行城乡分离二元结构，在就业安排体制上长期实行城乡二元化，受财政投入重城轻乡、重工轻农等政策和制度影响，城乡居民各种就业权益及公共就业服务享有的权益，长期失衡"。显然，这一方面的不均等，本质是各地政府针对城乡实施了不同公共就业服务政策，反映了我国社会中普遍存在的"重城轻乡""重工轻农"这一根深蒂固的思想观念。李兆鹏在以山东淄博为例的研究[②]中，同样也发现了这一问题的存在——"虽然从政策上已实现城乡一体化，但在就业理念上还存在重城镇、轻农村的问题"。(2) 对农民

---

① 孙向南：《基本公共就业服务均等化促进充分就业的对策研究——以广东省为例》，《北方经济》2010 年第 6 期。
② 李兆鹏：《推进城乡就业体系建设促进公共就业服务均等化》，《山东人力资源和社会保障》2017 年第 10 期。

工存在就业歧视。石妮妮的研究①显示,广西柳州的农民工就业难,针对该群体的就业歧视仍存在。公共就业服务非均等化最主要的体现是源于制度政策歧视和社会传统偏见歧视所造成的就业歧视,具体包括就业机会不平等以及包括薪资、工作环境、发展空间、培训机会等在内的待遇不平等。

二是资源投入上的不均等。孙向南的研究②指出,广东省地公共就业服务存在"资源分布不均"的问题。城乡之间的资源分布不均,主要体现在公共就业服务基础平台建设、人员配置和财政投入等方面。相比城市,无论是发达地区还是欠发达地区,农村获得的基本公共就业服务资源相对匮乏。晏玉珍的研究③指出,河南农村地区的公共就业服务,普遍存在"经费不足、人员编制缺乏"的现象。显然,这也是资源投入上不足所致。卜小童的研究④发现,山东省的就业资源在人员分布上存在明显的城乡不均衡。该省乡镇、街道人力资源社会保障公共服务平台工作人员平均每 8343 名服务对象配备 1 名工作人员。这与国家要求的"每 6000 名服务对象配备 1 名工作人员"的标准存在明显的差异。

三是平台建设上的不均等。具体表现为:(1)农村地区的劳动力市场不健全。石妮妮的研究⑤显示,柳州市没有相对比较健全规范的农村劳动力市场,这不利于农民工实时掌握和了解就业动态,且难以形成长效机制。(2)平台建设缓慢。石妮妮的研究⑥显示,柳州市城乡公

---

① 石妮妮:《农民工市民化背景下柳州市推进公共就业服务均等化政策研究》,硕士学位论文,广西师范大学,2015年。
② 孙向南:《基本公共就业服务均等化促进充分就业的对策研究——以广东省为例》,《北方经济》2010年第6期。
③ 晏玉珍:《河南公共就业服务体系存在的问题及优化建议》,《中共郑州市委党校学报》2014年第1期。
④ 卜小童:《党的群众路线视角下公共就业服务均等化研究》,曲阜师范大学,2015年。
⑤ 石妮妮:《农民工市民化背景下柳州市推进公共就业服务均等化政策研究》,硕士学位论文,广西师范大学,2015年。
⑥ 石妮妮:《农民工市民化背景下柳州市推进公共就业服务均等化政策研究》,硕士学位论文,广西师范大学,2015年。

共就业平台存在很大差距，乡镇公共就业平台由于经费难以保障、机构设置不合理、人员配备不足、服务功能不完善等原因导致建设非常缓慢。而城市公共就业平台由于政策的局限性和资源紧张，更多仅针对城市居民开放，农民工也难以在城市享受到与市民同等的公共就业服务。（3）基层平台建设有待进一步加强。李兆鹏以山东淄博为例的研究①显示：目前，镇（街道办）人力资源和社会保障服务机构建设和工作开展还不平衡，与城镇社区比较发达相比，有些村居的基层平台基础设施、人员配备、服务功能等都还比较薄弱，最基层的农村劳动保障协理员队伍还没有全面建立起来，就业服务还没有真正扎根到基层。

四是所获服务上的不均等。具体表现为：（1）能获取的公共就业服务在质量和数量上都不均等②。在广东省，相比城市而言，农村居民享受到的公共就业服务较少，且水平较低③；在河南省，相比就业难的城镇居民，农民工得不到足够多的就业指导，也得不到足够多的培训机会——即使能够获得上岗前培训服务，也存在培训时间短、效果不明显的问题④；在广西壮族自治区，城乡之间的职业介绍、职业培训等公共就业服务在实质上存在着差别，农村和城镇居民接受就业服务比例为1:4⑤。（2）服务方式落后。晏玉珍的研究⑥指出，相比城市的服务机构，河南地区的乡村服务机构，普遍存在服务方式相对落后，难以满足公共就业服务信息化的发展。（3）在接受服务方面的不均等

---

① 李兆鹏：《推进城乡就业体系建设促进公共就业服务均等化》，《山东人力资源和社会保障》2017年第10期。

② 孙向南：《基本公共就业服务均等化促进充分就业的对策研究——以广东省为例》，《北方经济》2010年第6期。

③ 孙向南：《基本公共就业服务均等化促进充分就业的对策研究——以广东省为例》，《北方经济》2010年第6期。

④ 晏玉珍：《河南公共就业服务体系存在的问题及优化建议》，《中共郑州市委党校学报》2014年第1期。

⑤ 晏玉珍：《河南公共就业服务体系存在的问题及优化建议》，《中共郑州市委党校学报》2014年第1期。

⑥ 晏玉珍：《河南公共就业服务体系存在的问题及优化建议》，《中共郑州市委党校学报》2014年第1期。

(差异)。曾栋梁对广西壮族自治区公共就业服务现状的研究[①]显示,由于城镇人口总体素质要明显远远高于农村,这种素质之间的差异导致了城乡之间在接受职业介绍机构、职业培训机构及就业信息服务方面存在明显差异。(4) 农民工在城市也难以享受到与市民同等的公共就业服务。石妮妮的研究[②]显示,广西柳州市城乡公共就业平台由于政策的局限性和资源紧张,更多仅针对城市居民开放,这使得农民工在城市也难以享受到与市民同等的公共就业服务。

五是服务效果上的不均等。石妮妮的研究[③]显示,广西柳州农村地区公共就业服务的基础配套设施差,覆盖范围狭窄,服务内容单一及服务水平落后等,未能满足农民工就业服务需求。

六是服务体系上的不均等。晏玉珍的研究[④]指出,相比城市地区,河南农村地区的公共就业服务体系的发展相对滞后。李兆鹏的研究[⑤]显示,在山东淄博,现有的就业组织管理体系、公共就业服务体系、社区管理服务体系、劳动执法监察体系,都是按照管理城镇就业的模式建立的,对农村劳动者的服务还有不到位的地方。

七是信息管理上的不均等。石妮妮的研究[⑥]显示,农民工获取就业信息的渠道不规范,难以像市民一样快速知晓公共就业信息。市区拥有相对比较成熟的信息发布体系,能有实时发布就业信息新动态,搭建求职者与用人单位之间的沟通桥梁,并有计划提供免费的就业服务。而由于乡镇就业服务功能比较薄弱,信息平台建设滞后且发布的就业信息难

---

① 曾栋梁:《反贫困视野下的广西贫困村公共就业服务均等化对策优化研究——基于广西上思县调研》,《皖西学院学报》2014年第4期。
② 石妮妮:《农民工市民化背景下柳州市推进公共就业服务均等化政策研究》,硕士学位论文,广西师范大学,2015年。
③ 石妮妮:《农民工市民化背景下柳州市推进公共就业服务均等化政策研究》,硕士学位论文,广西师范大学,2015年。
④ 晏玉珍:《河南公共就业服务体系存在的问题及优化建议》,《中共郑州市委党校学报》2014年第1期。
⑤ 李兆鹏:《推进城乡就业体系建设促进公共就业服务均等化》,《山东人力资源和社会保障》2017年第10期。
⑥ 石妮妮:《农民工市民化背景下柳州市推进公共就业服务均等化政策研究》,硕士学位论文,广西师范大学,2015年。

以满足农民工的需求，加上劳动输出地和输入地就业信息闭塞，在一定程度上造成了就业信息不畅通，城乡就业信息不对称及就业机会的不均等。卜小童的研究[①]显示，由于缺乏所需要的经费，这使得山东地区的乡镇，由于财力较弱，而无法在基层平台实体化建设完成后，开展必要的"设施设备更新维护、网络连接及就业服务业务"等工作。换言之，这是山东省很多乡镇无法做好"就业信息分享"工作的主要原因之一。李兆鹏的研究[②]显示，在山东淄博，在资源调查等基础性工作上开展得不够扎实深入，对农村劳动力转移就业情况还未能充分准确把握，不能准确地反映全社会的就业状况；劳动力资源信息库还需要进一步完善，信息库与其他数据库的互通共享也需要进一步研究解决。

第四节 城乡基本公共就业服务均等化探索：以苏州为样本

在中国地级市百强名单中，苏州位列第一。受益于自身的经济实力，苏州公共就业服务体系建设一直走在江苏省乃至全国的前列。我们期望，通过对"苏州公共就业服务均等化"的努力进行案例剖析，以期获得更多有利于促进"公共就业服务城乡均等化"的启示。

一 苏州公共就业服务体系的基本情况

（一）苏州公共就业服务体系的层级设置

截至 2019 年 12 月，苏州市辖 5 个区、1 个县级单位，5 个区分别为姑苏区、虎丘区、吴中区、相城区、吴江区，1 个县级单位为苏州工业

---

① 卜小童：《党的群众路线视角下公共就业服务均等化研究》，硕士学位论文，曲阜师范大学，2015 年。

② 李兆鹏：《推进城乡就业体系建设促进公共就业服务均等化》，《山东人力资源和社会保障》2017 年第 10 期。

园区；代管4个县级市，分别为常熟市、张家港市、昆山市、太仓市。全市共设36个街道和53个镇，其中苏州市区设29个街道和21个镇。

根据张倩的研究[①]可知，苏州全市街道（乡镇）、社区（行政村）共有劳动保障服务机构1957个，其中街道47个，乡镇75个，社区653个，行政村1182个；其中全额拨款事业单位646个，差额拨款事业单位745个，自收自支事业单位566个；其中独立办公单位481个，合署办公单位1476个。

总体而言，当前苏州已形成"市、区（县级市）、街道（乡镇）、社区"四级公共就业服务网络。市一级配置有苏州市劳动就业管理服务中心；区（县）一级配置有劳动就业管理服务中心或劳动就业管理服务处（如高新区劳动就业管理服务中心）；各乡镇（街道）建有劳动保障事务所（如浒墅关镇劳动和社会保障事务所、金庭镇劳动和社会保障服务中心）；各社区、行政村建有劳动保障工作服务站（如吴江市盛泽镇里安社区劳动保障服务站）。四级公共就业服务网络层级分明、管理规范，兼具服务功能与管理职能。通常情况下，社区劳动保障服务站是提供公共就业服务最基层的组织，是公共就业服务体系的末端。

（二）苏州公共就业服务体系的管理要素

劳动保障服务站是公共就业服务体系的末端，更是直接面对社区居民（农民）并提供服务的。以吴中区木渎镇为例，该镇明确要求各行政村（社区）、居委会要建立劳动保障服务站。劳动保障服务站的设置，可充分发挥村（社区）、居委会劳动保障工作平台在促进就业和再就业以及退休人员社会化管理服务方面的基础作用。为了确保劳动保障服务站履行好职能，该镇出台了政策，并致力于做到"机构、人员、经费、场地、制度、工作"六个到位。

一般而言，劳动保障服务站往往向辖区居民（村民）提供如下服务：(1) 掌握本社区失业人员和离退休人员状况，建立失业人员跟踪服务制度和离退休人员状况调查制度，建立健全失业人员、离退休人员台账和月报制度；(2) 及时发布用工信息，并为辖区内参保人员和离退休

---

① 张倩：《城乡一体均等化公共服务的苏州模式》，http://www.prcfe.com/web/meyw/2011-12/19/content_ 987576.htm，2011-12-19。

人员提供个人账户、养老金及劳动和社会保障政策查询服务;(3)做好失业人员的职业指导、就业培训登记、参保政策咨询等有关服务工作;(4)为社区特困就业群体提供就业援助;(5)协助镇、街道劳动保障管理站,做好非正规组织就业的有关协调工作;(6)对特困和孤寡退休人员做好慰问工作,开展帮困解难活动;(7)在镇、街道劳动保障管理站的指导下,组织本社区离退休人员开展学习、文化娱乐和社会公益性活动;(8)提供劳动保障法律、法规、政策等咨询服务。

就整个苏州市而言,市一级层面的公共就业服务体系主要提供如下六大板块的服务内容:(1)实施公共就业管理,主要包括用工管理、就业困难人员认定、失业登记、失业保险金管理等;(2)落实各类就业援助政策,主要包括公益性岗位认定、各类社保补贴、一次性开业扶持补贴、职业技能培训补贴、动态物价补贴等政策;(3)提供各类就业岗位援助,主要分为两个层面,一个是开发公益性岗位,为就业困难人员就业实行"托底安置",一个是各级公共就业服务机构的人力资源市场,为求职者提供免费的求职服务,并定期组织召开面向就业困难群体的专题招聘会;(4)提供各类职业培训,主要是为城乡劳动者提供职业培训、创业培训和技能培训等;(5)提供各类就业创业服务,主要包括职业指导、失业人员信息采集、开展就业创业品牌专项活动;(6)劳动保障事务代理,主要包括代管灵活就业人员和失业人员的职工个人档案、代办档案托管人员。

由此可见,相比市一级层面的公共就业服务体系的服务内容,作为末端的劳动保障服务站,一般不提供培训服务(如职业培训);不组织大型专项活动(如招聘会);不提供劳动保障事务代理服务;等等。但劳动保障服务站可以为更上一级的公共就业服务机构,提供一些必要的协助和支持,比如活动(培训)的报名登记,等等。

(三)苏州公共就业服务体系的平台与载体

苏州公共就业服务体系,要更好地提供服务,往往需要依托一些平台和载体[①]。

---

① 罗欣瑜:《苏州市公共就业服务体系建设探索》,《中国劳动》2015年第1期。

第一,服务平台。苏州公共就业管理服务的供给主要依托基层公共就业服务平台,苏州市下辖区(市)、街道(乡镇)、社区(村)全部建立了基层公共就业服务平台。健全基层公共就业服务平台建设的主要抓手是创建充分就业示范社区、村活动。此外,金保工程一体化网络平台贯通市、区、街道、社区(村)四级,基本实现了"数据向上集中、服务向下延伸"的构建初衷,保障了公共就业服务体系的规范化、信息化、高效化管理。

第二,服务载体。公共就业服务载体是提供各类公共就业服务的主要场所。目前最为成熟的公共就业服务载体是市、区两级的公共人力资源市场。目前,一部分用工需求较大的乡镇也都有了公共人力资源市场。相比公共人力资源市场这一就业服务载体,创业服务载体主要是各类创业孵化基地、高校就业创业指导站等。

(四) 苏州公共就业服务体系的队伍建设

基于张倩提供的数据[①],苏州乡镇(街道)、行政村(社区)劳动保障机构共有编制人数858名,实有编制人数3717名,其中专职2329名,兼职744名;大专以上学历人数2627名,获得职业资格人数1795名;街道劳动保障机构实有工作人员286名,专职工作人员占93.9%;乡镇劳动就业社会保障机构实有工作人员1109名,专职工作人员占100%;社区劳动就业社会保障机构实有工作人员938名,专职工作人员占99.18%;行政村劳动就业社会保障机构实有工作人员1384名,专职工作人员占88.58%。全市基本实现了社区、行政村级人力资源和社会保障工作人员专职化管理。此外,全市劳动保障协理员人数共有829名。值得关注的是,苏州市不断扩大劳动保障协理员的队伍。根据罗欣瑜的调查数据,到2015年,苏州市劳动保障协理员的人数已增至2324人。

对苏州公共就业服务体系而言,劳动保障协理员队伍建设是一大亮点,所有劳动保障协理员均持证上岗。苏州市在加强劳动保障协理员队伍建设方面进行了一系列创新探索:建立劳动保障协理员协会。依托这一组织,苏州市举办了劳动保障协理员拓展活动、文艺会演、

---

① 张倩:《城乡一体均等化公共服务的苏州模式》,http://www.prcfe.com/web/meyw/2011-12/19/content_987576.htm,2011年12月19日。

知识竞赛、演讲比赛、"十佳"评选等,增强了协理员的团队归属感;创新协理员培训模式,开展针对性较强的分类培训,开展各个层级的分级培训,开展特色的专题培训。

二 城乡基本公共就业服务均等化的苏州经验

受益于自身的经济实力,苏州公共就业服务体系建设一直走在全省乃至全国的前列。但受城乡二元制经济和社会发展模式的影响,苏州市公共就业服务也存在城乡不均等现象。相比城市地区,农村地区可获取的公共就业服务在数量和质量上都要明显少一些。在过去十多年中,苏州市围绕城乡公共就业服务均等化问题的解决,也是一直在进行实务方面的探索,同时也逐步形成了属于自己的独特经验。

(一) 较早探索公共就业服务城乡一体化

2008年,苏州被列为全省唯一的城乡一体化发展综合配套改革试点区①。2009年,苏州市政府对外发布了《苏州市城乡一体化发展综合配套改革就业和社会保障实施意见》。实施意见中,政府制定了详细的就业和社会保障改革目标,明确指出,要通过实施城乡一体化发展综合配套改革,来实现"城乡劳动者就业政策统一、就业服务共享、就业机会公平和就业条件平等"这些公共就业服务均等化的目标。可见,政府已经充分认识到,要实现"城乡居民共享均等公共就业服务"的目标,就必须有一体化的就业和劳动保障公共服务体系作为支撑。为此,实施意见提出了一些具体的改革路径:整合公共服务资源,重点建立完善城乡一体的就业创业、社会保障、职业培训、权益维护和网络信息等公共服务体系,实现村级劳动保障服务队伍专职化,使就业和社会保障公共服务惠及城乡所有劳动者。为此,实施意见提出,要推出十项创新制度,其中包括建立健全城乡统一的社会就业失业登记制度、完善就业困难人员就业援助制度、建立完善安置和鼓励农民多渠道多形式就业机制,等等。

以"建立健全城乡统一的社会就业失业登记制度"为例,实施意见

---

① 邵群:《苏州:统筹城乡社保的典范》,《姑苏晚报》2013年5月27日。

颁布不久，苏州市人社部门便在2009年1月推出了《就业和失业登记管理暂行办法》（苏劳社就〔2009〕11号）。依据办法，只要在法定劳动年龄内，有劳动能力和就业要求，处于无业状态的本地户籍人员，无论是那些"年满16周岁，从各类学校毕业、肄业的""承包土地被征用，符合规定条件的"本地村民，还是那些"有劳动能力有就业愿望的本地农村富余劳动力"，都可到户籍所在地的就业管理服务机构进行失业登记。进行失业登记的村民或农村劳动力，都可获得免费的公共就业服务。由此可见，苏州市完全打破了以往"社会登记失业率"不包含农村居民的做法。当前，苏州市已在江苏省率先建立了社会登记失业率统计调查制度，并在全市范围内建立了城乡一体的劳动力资源信息库[①]。

截至目前，苏州市在建立城乡统一或一体化的公共就业管理体系、公共就业服务体系、公共就业援助体系以及职业培训体系等方面，都取得了较大的进步[②]。其中，以城乡一体化的就业服务体系为例，苏州市以金保工程为依托，建立健全了覆盖城乡的公共就业服务体系和城乡一体的公共就业信息化网络，覆盖市、区（县级市）、街道（镇）、社区（村）四级，公共就业服务进村入户，为城乡劳动者就业、创业提供有效的、平等的就业管理和服务[③]。

（二）将农民工纳入公共就业服务体系

在很多地方，农民工尤其是外地户籍的农民工，都没有纳入本地的公共就业服务体系中来，以致部分就业公共服务无法享受。对于苏州而言，格外重视农民工公平享受公共就业服务的权益。在2016年1月，苏州市政府专门发布了《关于进一步推动为农民工服务工作的实施意见》。

在该实施意见中，高度肯定了农民工的重要性，并结合苏州市实际，制定了五年的工作目标——即到2020年，能够完成如下任务：（1）全市农村劳动力转移就业比例保持在90%以上；（2）有培训愿望

---

① 王阳：《推进公共就业创业服务均等化的政策建议——对江苏省苏州市的调查和启示》，《中国经贸导刊》2019年第10期。

② 王阳：《推进公共就业创业服务均等化的政策建议——对江苏省苏州市的调查和启示》，《中国经贸导刊》2019年第10期。

③ 王阳：《推进公共就业创业服务均等化的政策建议——对江苏省苏州市的调查和启示》，《中国经贸导刊》2019年第10期。

的农民工免费接受基本技能职业培训覆盖率达100%；(3) 农民工综合素质不断提高；(4) 劳动条件明显改善，工资收入稳步增长；(5) 社会保险全面覆盖；(6) 实现城乡基本公共服务均等化全覆盖的常住人口城镇化率达到80%；(7) 农民工群体逐步融入城镇。显而易见，该意见的发布，对推进城乡基本公共服务均等化而言，是一项重要举措。

(三) 重视公共就业服务从业人员素质提升与培训

在国内很多城市，城乡公共就业服务均等化的瓶颈之一便是从业人员的数量和素质。苏州在保证乡镇农村有足够公共就业服务人员的前提下，还大力开展队伍建设。基于苏州市劳动就业管理服务中心发布的《关于举办苏州市区基层公共就业服务业务知识师资培训的通知》(苏就〔2015〕14号)，我们可以看到，苏州市每年都组织公共就业服务机构的工作人员参加相关培训。培训内容包括业务知识培训和能力拓展培训①。

以2018年为例，苏州市就管中心与浙江大学联合办班，在11月3日至7日，组织了一场针对全市公共就业服务机构工作人员的培训。全市有69人参加了培训，他们中有县市、区就管机构工作人员，也有各个街道、乡镇劳动所的工作人员，还有来自社区、村一线劳动保障协理员。此次开班培训的目的，便在于提升公共就业服务人员的综合素质和服务水平。可见，来自乡镇劳动所的工作人员以及村一线的劳动保障协理员，有着与城市就业管理与服务机构的同事均等的培训机会。

(四) 主动试点基本公共就业服务标准化

苏州一直很重视服务标准化的建设。早在2014年，就率先制定、推出了《公共就业培训机构服务规范》(DB32/T 2675—2014) 这一地方标准。2017年9月，苏州市政府又审议通过了《苏州市"十三五"时期基层基本公共服务功能配置标准 (试行)》。该标准主要包括六个部分，分别对乡镇、街道、建制村、城市社区、自然村、居住小区六个功能单元，逐一明确公共服务类别、服务项目、配置标准和配置主体。该标准中的

---

① 苏州市劳动就业管理服务中心：《关于举办苏州市区基层公共就业服务业务知识师资培训的通知 (苏就〔2015〕14号)》，http://www.zfxxgk.suzhou.gov.cn/sjjg/szsrlzyhshbzj/szsldjyglfwzx/201509/t20150924_624474.html, 2015 - 09 - 24。

很多条款，原则上都不低于省级标准[①]。显然，遵从这一标准，可使得苏州城乡居民都能享受到比省级标准更优质的基层基本公共服务[②]。

基于苏州市劳动就业管理服务中心发布的《关于成立苏州市公共就业服务标准化试点工作领导小组的通知》（苏就〔2015〕29号），我们可以看到，除了制定地方服务标准外，苏州还积极参与国家层面的"公共就业服务标准化试点"工作[③]。2014年，经国家标准化委员会批准（标委办服务〔2014〕84号），苏州市作为全国人社系统第一批社会管理和公共服务综合标准化试点单位，承担公共就业服务标准化试点。试点期间，全市21个社区（村）为公共就业服务标准化项目试点单位[④]。试点工作的参与，令苏州公共就业服务均等化的意识更进一步提高，同时促进了对自身不足的认识，为进一步自我提升奠定了基础。

（五）将基本公共就业服务均等化纳入政府行动计划

2017年9月26日，苏州市政府审议通过了《苏州市推进基本公共服务均等化行动计划（2017—2020年）》。这是苏州首次以"推进基本公共服务均等化"为目的制订的政府行动计划。而推进基本公共就业服务均等化，是该行动计划的重要组成部分。该行动计划为苏州市如何更进一步实现基本公共就业服务均等化指明了方向，勾画了重点。

在"就业创业体系建设"方面拟定的三年行动计划包括：（1）完善就业创业政策法规咨询、信息发布、项目开发、风险评估、职业指导、就业失业登记等全程免费服务，加强12333咨询平台建设，依托人

[①] 苏州市人民政府：《市政府第18次常务会议纪要（〔2017〕20号）》，http://www.zfxxgk.suzhou.gov.cn/sxqzf/szsrmzf/201709/t20170908_905581.html，2017-09-08。

[②] 林琳：《补齐民生短板苏州加快推进公共服务均等化》，http://js.people.com.cn/n2/2018/0830/c360302-31997104.html，2018-08-30.

[③] 苏州市劳动就业管理服务中心：《关于成立苏州市公共就业服务标准化试点工作领导小组的通知（苏就〔2015〕29号）》，http://www.zfxxgk.suzhou.gov.cn/sjjg/szsrlzyhshbzj/szsldjyglfwzx/201509/t20150924_624540.html，2015-09-24。

[④] 苏州市劳动就业管理服务中心：《关于确定人社部标准化项目试点社区（村）的通知（苏就〔2015〕28号）》，http://www.zfxxgk.suzhou.gov.cn/sjjg/szsrlzyhshbzj/szsldjyglfwzx/201509/t20150924_624547.html，2015-09-24。

力资源市场，建立功能完备、服务专业、信息共享、有序开放的公共就业服务体系；（2）全面实施创业富民工程，形成政府激励创业、社会支持创业、劳动者勇于创业新机制；（3）完善失业监测体系，初步建成失业预警机制；（4）健全就业援助制度，规范就业困难人员认定程序，加强实名制动态管理和分类帮扶；（5）完善就业困难人员认定办法，精简优化各类补贴发放模式，拓宽公益性岗位开发渠道；（6）提升就业援助水平，提高就业困难人员通过就业援助实现单位就业的比重；（7）加强就业指导、就业见习和创业服务，落实和完善促进军转干部及随军家属就业政策。

为了配合上述行动计划的开展，苏州市在就业创业公共服务领域拟开展"四大工程"建设项目，并实施"一项计划"。

这"四大工程"分别是：（1）公共就业创业服务平台建设工程。具体内容指的是：依托"互联网+"、大数据、云平台等信息技术手段，建设覆盖城乡的公共就业创业服务平台；建立全市集中的就业创业信息资源库，完善就业创业管理与服务工作信息化建设；推进人社基层平台规范化建设；推进12345（12333）电话咨询服务中心建设，提升12345（12333）电话咨询服务水平，构建电话、网络、微信、短信、移动App等服务渠道相融合的一体化咨询服务体系。（2）人力资源市场能力提升工程。具体内容指的是：整合完善市（县、区）人力资源综合服务设施，重点建设一批在国内外具有较强竞争力、较大影响力的人力资源服务产业园区，提升综合就业和人力资源服务综合能力。（3）公共实训基地建设工程。具体内容指的是：充分利用现有设施设备，新建、扩建一批综合型公共实训基地和县级地方产业特色型公共实训基地，形成覆盖全市的公共实训基地网络；为城乡各类劳动者提供就业技能培训、岗位技能提升实训和职业技能鉴定等服务。（4）全民创业工程。具体内容指的是：完善政策扶持体系，创新企业用工服务方式方法，实施大学生优秀创业项目计划，扶持农村电子商务创业就业，支持留学回国人员科技成果转化；至2020年，新建省级创业孵化基地25个，遴选200个大学生优秀创业项目；扶持8000名农民、2万名失业人员创业。

"一项计划"，即重点人群就业能力提升计划。具体内容指的是：加大贫困家庭子女、未升学初高中毕业生、农民工、失业人员和转岗职工、退役军人和残疾人等劳动者职业技能和创业培训力度,按规定提供培训补贴;实施高校毕业生就业见习计划,每年开发高校毕业生就业见习岗位不少于 1500 个,鼓励高校毕业生参加就业见习,提升高校毕业生就业能力,促进稳定就业、高质量就业。

为了确保目标实现,该行动计划中还从"强化组织领导""明确责任分工""深化体制改革""健全财政保障机制""完善评估监管机制"五个方面拟定了保障措施。

此外,在该行动计划中,还提出了"苏州市基本公共服务清单"(2017—2020 年)。事实上,该"行动计划"的制订,其目的不仅是"实现均等化公共就业服务"这一目标,其背后更深层次的含义是"去建构更完善公共服务的体系、模式,令城乡居民能够获得更高质量、更高水平的基本公共服务",当然,其中包含就业领域中的基本公共服务。

城乡基本公共就业服务均等化本身不是目的只是手段。我们认为,城乡基本公共就业服务均等化的目的,首先应是让农村居民(劳动力)通过基本公共就业服务获得充分优质的就业机会,以更好地融入城市,乃至成为市民;其次才是让城乡居民都能获得同等优质的公共就业服务。为了更好地实现这一目的,苏州市人力资源和社会保障局在 2019 年对外发布了《苏州市人力资源和社会保障工作意见》(苏人保〔2019〕4 号)。在该意见中,明确指出将在 2019 年积极推进"全方位公共就业服务"。

为此,苏州市在 2019 年将重点开展如下人力资源和社会保障工作[①]:(1) 将密切关注外部经贸变化对就业形势的传导影响,强化就业形势分析研判,健全用工信息监测制度,探索建设用工信息监测数据分析系统,完善应急处突预案。(2) 探索研究高质量就业指标体系,为推动更高质量更充分就业提供基础支撑。(3) 进一步推进农民工市民化进程,力争省级示范农民工服务中心实现常设"新市民大讲堂"全覆盖。(4) 修订出台家服业新一轮扶持政策,支持市家协诚信平台上线运行,探索设立行业人民调解组织。(5) 开展全市第五届家服业职业技能大赛。

---

① 苏州市人力资源和社会保障局:《2019 年苏州市人力资源和社会保障工作意见(苏人保〔2019〕4 号)》,http://www.zfxxgk.suzhou.gov.cn/sjjg/szsrlzyhshbzj/201908/t20190813_1190229.html,2019-08-13。

第五节 城乡基本公共就业服务系统及瓶颈分析

一 问题提出

根据系统论的观点,系统无所不在,万事万物都处在一个系统之中。作为系统,有三个基本特征①:(1)系统是由若干元素组成的;(2)这些元素相互作用和相互依赖;(3)由于元素间的相互作用,使系统作为一个整体具有特定的功能。

毋庸置疑,基本公共就业服务也隶属于某个特定系统。对于这个系统而言,其特定的功能便在于"产出基本公共就业服务"。鉴于此,我们将该系统称为"基本公共就业服务系统"。当前,"城乡基本公共就业服务不均等现象"依然存在,这意味着该系统在产出"城乡均等化的基本公共就业服务"方面,还存在"功能不足"问题。

毛祖桓认为,"任何一个客观系统都存在着构成系统的诸元素之间的联系,以及系统与其构成元素的联系,我们把系统的这种内部联系称之为结构;也存在着系统与其所在环境的联系,我们把系统的这种外部联系称为功能"②。一般系统论认为,系统结构通过改变或增加系统内部的组织性和有序性决定系统的整体功能,也就是说,系统功能的根据在于结构③,系统的结构决定了系统的功能。因此,如果要期待目前的"基本公共就业服务系统"能够实现"产出城乡均等化基本公共就业服务"的功能,那么对于目前系统的结构就需要加以调整与优化。而对一个系统的结构进行调整和优化,其本质就是机制创新。

---

① 谭跃进、高世楫、周曼殊:《系统学原理》,国防科技大学出版社 1996 年版,第 9 页。
② 毛祖桓:《教育学的系统观与教育系统工程》,四川教育出版社 1988 年版,第 118 页。
③ 陈建新:《试论系统的目的性行为》,《福建论坛》(人文社会科学版) 1985 年第 5 期。

根据《现代汉语词典》有关"机制"解释[①],"机制"一词最初的含义是指"机器的构造和运作原理",后来被逐步泛化为一个工作系统的组织或部分之间相互作用的过程和方式,如市场机制、竞争机制。吴亚东和李钊采用了《现代汉语词典》对"机制"的解释,将机制定义为"一个系统中,各元素之间的相互作用的过程和功能"[②]。这种相互作用的过程,反映的是系统元素之间的联系。根据毛祖桓上述对结构和功能的定义[③],各元素之间相互作用的过程和方式,可理解为系统的结构;而元素的功能,无疑指的是元素与其所在环境(系统)之间的联系,这种联系可被视作为元素相对于系统的功能。鉴于此,机制就是系统的结构(元素之间的联系)与元素的功能(元素与系统之间的联系)。

当前,推进城乡基本公共服务均等化工作的开展,本质就是优化当前"基本公共就业服务系统"的功能,而所依赖的途径只能是通过系统自身的机制创新。只有一个系统具有适当机制之时,才能促进系统的产出符合预期的目标,即实现预期的功能。换言之,一个系统的机制决定了其功能的优劣大小。要优化系统的功能,就必须要改变或更新原有的系统机制,甚至是创造出新的系统机制,这一系统机制改变、更新与创造的过程,就是所谓的机制创新。

而要创新当前这个"基本公共就业服务系统"以产出"城乡均等化的公共就业服务",就必须要厘清目前这个系统的要素及要素之间的结构关系和运行方式。基于此,我们需要回答如下几个问题:(1)当下为城乡居民提供基本公共就业服务的系统究竟是什么情况?(2)它的要素有哪些?(3)要素之间的存在着怎样的关系?(4)在哪些要素上存在着短板,又在哪些要素之间存在着瓶颈?(5)我们该如何通过机制创新的方式来优化系统,并实现城乡均等化基本公共就业服务的

---

① 中国社会科学院语言研究所词典室:《现代汉语词典》第7版,商务印书馆2016年版,第600页。

② 吴亚东、李钊:《对体系、制度、机制、体制相关概念的辨析与理解》,《现代商贸工业》2010年第4期。

③ 毛祖桓:《教育学的系统观与教育系统工程》,四川教育出版社1988年版,第118页。

产出。要回答好这一系列的问题,需要首先剖析当前这个"基本公共就业服务系统",分析该系统的构成要素,要素中的短板,要素与要素之间的关系及瓶颈所在。

二 研究方法

为了探究上述问题,我们拟开展一项基于扎根理论的质性研究。扎根理论是一种对定性资料进行分析以建构理论的研究方法,其首要任务就是建立"实质"理论①。这是一种自下而上建立理论的方法,即在系统收集资料的基础上,寻找反映社会现象的核心概念,然后通过在这些概念之间建立起联系而形成理论②。扎根理论"在质化研究中吸收了量化研究的优点",具有"严谨的、系统的研究程序"③,被认为是定性研究方法中最科学的一种方法④。

(一)分析内容

开展扎根理论研究的第一步是获取与研究主题相关的经验事实。为此,本书拟以现有的研究文献为分析内容。当下,围绕"公共就业服务均等化"这一主题的研究已经积累了不少。以"公共就业服务"和"均等化"为关键词,在CNKI数据库中搜索标题中同时存在这两个关键词的文献(设置为"模糊查找"模式),可以获得39篇文献(搜索时间:2020年1月20日)。在对这些文献进行分析的过程中,可以发现,有34篇文献中,研究或描述了当下公共就业服务系统中存在的问题,见表7-1。

公共就业服务系统中存在的问题,必然是系统内部的某些要素存在短板、未能充分发挥作用,或要素之间的联系存在瓶颈。因此,对这些问题进行深入剖析,可以帮助我们窥探系统的要素与结构,以及确定出

---

① 陈向明:《质的研究方法与社会科学研究》,教育科学出版社2000年版,第328页。
② 陈向明:《质的研究方法与社会科学研究》,教育科学出版社2000年版,第327页。
③ 何雨、石德生:《社会调查中的"扎根理论"研究方法探讨》,《调研世界》2009年第5期。
④ 吴亚伟:《扎根理论研究方法文献综述》,《市场周刊》2015年第9期。

第七章 城乡基本公共就业服务均等化研究

系统的短板要素或瓶颈所在,以帮助我们精确定位出系统需要进行机制革新的地方。基于此,本书拟以这34篇研究文献为分析内容。

(二) 研究文献的基本特征分析

表 7-1　　　　　　　　　　拟分析的文献

序号	作者	题名	文献来源	年份	文献类型
1	赵晓彬	我国公共就业服务均等化问题与对策	现代国企研究	2019	期刊论文
2	王阳	推进公共就业创业服务均等化的政策建议——对江苏省苏州市的调查和启示	中国经贸导刊	2019	期刊论文
3	李兆鹏	推进城乡就业体系 建设促进公共就业服务均等化	山东人力资源和社会保障	2017	期刊论文
4	卢莉宏	推进公共就业服务均等化,实现更高质量就业	中外企业家	2016	期刊论文
5	刘嘉慧	公共就业服务均等化的财政责任分析	劳动保障世界	2015	期刊论文
6	张宏军	公共就业服务均等化及其实现路径	商业经济研究	2015	期刊论文
7	曾栋梁	反贫困视野下的广西贫困村公共就业服务均等化对策优化研究——基于广西上思县调研	皖西学院学报	2014	期刊论文
8	张海枝	我国公共就业服务均等化水平的统计评价	统计与决策	2013	期刊论文
9	王丽平	我国公共就业服务均等化问题探析	新视野	2013	期刊论文
10	张海枝	我国公共就业服务均等化现状研究	兰州学刊	2013	期刊论文
11	黄少坚等	非政府组织参与基本公共就业服务均等化促进就业服务质量的对策研究	现代妇女(下旬)	2013	期刊论文
12	佳迪等	公共就业服务如何实现均等化	中国人力资源社会保障	2013	期刊论文
13	付姝兰	公共就业培训服务均等化视角下高校就业服务探析	职业	2013	期刊论文
14	周爱军	河北省公共就业服务均等化路径探析	河北学刊	2012	期刊论文
15	张在海	我国公共就业服务均等化问题研究	辽宁行政学院学报	2012	期刊论文
16	王飞鹏	我国实现公共就业服务均等化面临的问题及对策研究	当代经济管理	2012	期刊论文
17	王飞鹏	我国公共就业服务均等化问题的实证分析——基于2003—2008年全国统计数据面板	西北人口	2011	期刊论文
18	孙德超等	公共就业服务不均等的现实考察及均等化途径研究	河南师范大学学报(哲学社会科学版)	2011	期刊论文
19	温俊萍	公共就业服务均等化及其实现路径探析	上海商学院学报	2010	期刊论文
20	孙向南	基本公共就业服务均等化促进充分就业的对策研究——以广东省为例	北方经济	2010	期刊论文
21	陆海深	有待深化的课题:公共就业服务均等化	中国劳动	2010	期刊论文

续表

序号	作者	题名	文献来源	年份	文献类型
22	麻宝斌等	中国公共就业服务均等化问题研究	东北师大学报（哲学社会科学版）	2009	期刊论文
23	陈诗达等	公共就业服务均等化的财政支持研究——以浙江为例	当代社科视野	2009	期刊论文
24	王飞鹏	我国公共就业服务均等化问题研究	首都经济贸易大学	2012	博士论文
25	陆黎	崇左市边境地区公共就业服务供给均等化研究	广西师范大学	2019	硕士论文
26	洪淑媛	公共就业服务均等化视角下劳动力就业现状及对策研究	浙江工商大学	2018	硕士论文
27	石妮妮	农民工市民化背景下柳州市推进公共就业服务均等化政策研究	广西大学	2015	硕士论文
28	卜小童	党的群众路线视角下公共就业服务均等化研究	曲阜师范大学	2015	硕士论文
29	张宁	槐荫区流动人口公共就业服务均等化问题研究	山东大学	2014	硕士论文
30	张在海	我国公共就业服务均等化问题研究	福建师范大学	2012	硕士论文
31	郑勇	广州市公共就业服务均等化问题研究	华南理工大学	2012	硕士论文
32	樊婷	基本公共服务均等化视角下的杭州市公共就业服务问题研究	浙江大学	2011	硕士论文
33	李学明	着力构建基本公共就业服务均等化的管理机制	中国劳动保障报	2017	报纸文章
34	张海伦	加快推进公共就业服务均等化	青岛日报	2013	报纸文章

表7-1列举了拟作为质性分析材料的34篇文献。其中，期刊论文23篇；硕博学位论文9篇（其中博士学位论文1篇）；报纸文章2篇。在这34篇文献中，公开发表时间最早的是2009年，有2篇文献；最晚的是2019年，有3篇文献；2013年发表的文献最多，有7篇。

（三）研究资料的编码与分析

根据施特劳斯（Strauss）和柯宾（Corbin）的观点，扎根理论利用三个阶段的编码方式用以裂解原始资料、概念化，并重新产生新的形式，此三个阶段编码包括开放编码（Open Coding）、主轴编码（Axial Coding）与选择编码（Selective Coding）[①]。对这三个阶段的编码，陈向

---

① 郭玉霞：《质性研究资料分析：NVivo 8 活用宝典》，台北高等教育文化事业有限公司2009年版，第42页。

明也称之为三级编码①。为了对搜集来的质性资料进行更高效率的编码分析，本书应用了质性分析软件 NVivo11.0。

三 结果与分析

（一）资料的三级编码

1. 开放编码（见表 7-2）

表 7-2　　　　基于开放编码形成的自由节点及典型参考点

序号	开放编码	资料来源（N）	参考点数（N）	百分比（%）	累计百分比（%）	典型参考点
1	均等化目标达成度	32	191	25.92	25.92	我国公共就业服务发展不平衡；公共就业服务不均等；基本公共就业服务质量和水平不均；人们实际享有服务的水平和质量存在差别；不同公共就业服务机构在人员、设备和设施配备方面存在差异；地区间公共就业服务发展不平衡；各地公共就业服务体制存在较大差异；公共就业培训服务区域发展不均衡；各地区之间公共就业服务水平的差距日渐拉大；发达地区和欠发达地区的经济发展程度存在较大差异；城乡公共就业服务差距较大；城乡公共就业服务差距悬殊；城乡公共就业服务差距依然存在；城乡公共就业服务的差距；城乡公共就业服务在机构、经费、手段等方面有较大差距；城乡之间公共就业服务水平的差距日渐扩大；不同群体享受的公共就业服务差异较大；不同群体之间的公共就业服务不均等；等等
2	政策法律环境	26	126	17.10	43.01	城乡二元分割；城乡二元经济体制；二元分割的就业管理和服务制度；城乡二元户籍管理制度；各级政策法规不健全；公共就业服务机制不健全；公共就业服务均等化缺乏完善的法律保障；管理僵化，政出多门，职能交叉，难以有效协调；我国就业服务立法还很单薄，立法层次偏低；现有法律的约束性不强；公共就业服务体系有待完善；失业救助体系不完善；失业救助对象单一；失业救助覆盖面小；失业救助期限模糊；失业救助缺乏针对性；失业救助种类少；等等

---

① 陈向明：《质的研究方法与社会科学研究》，教育科学出版社 2000 年版，第 332 页。

续表

序号	开放编码	资料来源(N)	参考点数(N)	百分比(%)	累计百分比(%)	典型参考点
3	就业服务机构	21	58	7.87	50.88	公共就业服务机构的数量不均等；公共就业服务机构发展不均衡；公共就业服务机构集中在城镇；公共就业服务机构建设还有待加强；现在公共就业服务机构情况远不能满足需求；在农村地区，公共就业服务机构尚未广泛推行；我国城乡公共就业服务在机构方面有较大差距；公共就业服务机构规格存在差异；非公领域公共就业服务机构薄弱；其他性质的就业服务机构无法参与；等等
4	就业服务特征	19	51	6.92	57.80	公共就业服务最少；公共就业服务质量不高；公共就业服务的质量不均等；服务项目单一；服务缺乏针对性；就业指导与岗位之间得不到好的匹配；服务连续性差；服务的专业性不强；就业服务还没有真正扎根到基层；乡村公共就业服务可得性差；公共就业服务效率不高；公共就业服务效率偏低；服务水平低下；等等
5	经费投入均等性	16	28	3.80	61.60	财政供给不均；财政投入不均等；财政投入地区差异大；财政投入重城轻乡；公共就业服务资源配置不均衡；基本公共就业服务资源的分布不平衡；地方政府财政支出不均；资源投入不均等，区域差异凸显；公共资源并没有得到平等的分配；等等
6	经费投入充分性	18	28	3.80	65.40	财政投入不足；公共就业服务的财政总投入不足；经费投入有限；中央财政转移支付力度不够；我国在公共就业服务方面的支出与西方发达国家相比还有很大差距；经费难以保障；经费欠缺；所设立的服务机构经费不足；已设立的一些就业服务机构面临着经费匮乏；等等
7	就业需求满足度	15	27	3.66	69.06	我国的公共就业服务供给与需求严重脱节；不能满足当前农村公共就业服务的基本需要；不能满足劳动者对就业的需求；无论是职业介绍和职业指导、再就业培训、还是劳动保障监察、劳动仲裁、机构队伍建设，远远不能满足工作的需要；政府提供的招聘渠道无法真正满足企业需求；无法满足日益增加的、多样化的就业服务需求劳动者的诉求和愿望无法得到反馈；公共就业创业服务的可及性不足；等等
8	社会公平观及就业理念	13	24	3.26	72.32	公共就业服务一直存在先城市、后农村的政策导向；重工轻农等政策；长期以来，政府提供的公共就业服务的重点放在城镇；就业理念上还存在"重城镇、轻农村"的现象；社会传统偏见以及歧视普遍存在；就业歧视相当普遍且严重；公共服务歧视问题日益凸显；加上长期二元制度所导致的城市居民"自我感觉良好"、"高农民一等"的不良心态，致使农民工在城市务工还要遭受来自市民传统偏见的歧视，更加难以融入城市，也严重影响了农民工市民化进程；等等

续表

序号	开放编码	资料来源（N）	参考点数（N）	百分比（%）	累计百分比（%）	典型参考点
9	服务人员就业状态	11	19	2.58	74.90	工作流动性大；人员流动性大；不能定下心来为农村劳动者提供有效的公共就业服务；"招录难、留住难"，队伍不稳定；工作人员承担的工作任务繁重，不少基层单位处于超负荷运转；工作人员工作任务繁重；公共职业介绍机构的工作人员工作任务繁重；干多干少一个样；对公共就业服务人才的吸引强度不同；等等
10	信息资源数字化	10	16	2.17	77.07	不能满足现代化、信息化发展的需要；达不到信息化的要求；很多地方还基本依靠手工操作；信息化程度低；信息化手段落后；政府的线上服务亟待完善；与国家提出的设区城市要达到"数据集中、服务下延、全市联网、信息共享"和"一点登录，全市查询"的要求仍有一定差距；等等
11	服务人员配置情况	12	15	2.04	79.10	人员配备不足；专职人员配备不足；公共就业服务人员配备不足；多数服务机构人员配备不齐；基层工作人员数量严重不足；从劳动力市场建设来看，乡村劳动保障站工作人员配备不足，功能发挥不到位；劳动保障事务站工作人员的比率不足城镇总数的一半；没有专职的工作人员；人力资源的专门人才匮乏；人员分布的不均衡；有的乡镇劳动保障管理站没有专职工作人员；最基层的农村劳动保障协理员队伍还没有全面建立起来；等等
12	就业服务手段	12	14	1.90	81.00	公共就业服务手段相对落后；服务手段落后；乡镇劳动保障管理机构的服务手段落后；服务手段参差不齐；服务手段单一；服务手段缺乏灵活性和创新性；服务手段有待强化；服务手段有待提高；等等
13	信息传播网络化	7	13	1.76	82.77	就业信息渠道不统一；就业信息"孤岛"林立；就业信息分享不兼容；无法信息共享，造成资源上的浪费；就业信息网络体系建构不统一；不能与城市公共就业服务网兼容连接；公共就业服务信息网络在地区和职能上呈分散状；形成一个个信息"孤岛"，无法实现信息共享；等等
14	服务对象覆盖范围	8	13	1.76	84.53	覆盖范围狭窄；公共就业服务覆盖面小；许多地方仍将农民工排除在公共就业服务对象范围之外；外来务工的农村劳动力基本没有机会在输入地获得公共就业服务；等等
15	服务设施设备	12	12	1.63	86.16	设备简陋；基础配套设施差；农村基础建设不完善；等等

续表

序号	开放编码	资料来源（N）	参考点数（N）	百分比（%）	累计百分比（%）	典型参考点
16	市场发展情况	7	12	1.63	87.79	劳动力市场发展不完善；劳动力市场不健全；劳动力市场的分割；劳动力资源市场存在城乡分割；中介市场不发达；等等
17	监督考核机制	3	10	1.36	89.15	公共财政对公共就业服务的投入缺乏相应的评估和监督机制；公共就业服务均等化程度缺乏有效的评估；公共就业服务评估机制不完善；政府有关公共就业培训服务的评估体系不健全；公共就业培训服务考核指标体系有待完善；评估结果有失偏颇不科学；缺乏有效的评估；等等
18	就业目标达成度	7	9	1.22	90.37	对于文化水平不高，缺乏市场需求技能的劳动力来说，初级的社会就业服务无法解决求职者的就业问题；就业结构性矛盾依然突出；等等
19	信息对称充分性	6	8	1.09	91.45	就业信息获取不对称；城乡公共就业服务信息不对称；对农村劳动力转移就业情况还未能充分准确把握；局限于以传递用工信息为主；难以为居民提供有效信息；等等
20	服务人员编制数量	8	8	1.09	92.54	乡镇劳动保障管理机构没有专门编制；很多农村劳动保障事务站没有专门编制；人员没有专门编制；工作人员没有专门的编制；地方信息采集与录用人员多没有专门编制；正式编制人员很少、合同制用工和临时用工人员比例很高；国家要求的每6000名服务对象配备1名工作人员，因此我们离要求还有一定差距；等等
21	绩效评估机制	5	7	0.95	93.49	对公共就业服务财政投入缺乏绩效评估机制；对公共就业服务财政投入缺乏效果评估机制；对公共就业服务机构提供的公共就业服务缺乏绩效评估机制；缺乏有效的绩效评估机制；政府公共就业服务绩效缺乏有效评估；等等
22	就业服务满意度	4	7	0.95	94.44	公共就业服务满意度不高；公共就业服务满意度低；公共就业服务总体满意度不高；等等
23	总体服务有效性	4	6	0.81	95.25	难以为农村劳动力提供有效的就业服务；提供服务实际成效比较弱；服务职能发挥不充分；公共就业服务功能发挥不足；严重影响了公共就业服务作用的发挥；等等
24	服务平台建设	5	6	0.81	96.07	乡镇公共就业平台建设缓慢；城乡公共就业平台建设不均衡；基层平台建设有待进一步加强；公共就业服务缺少"落脚点"；在我国农村地区，县以下乡（镇）和社区（行政村）尚未设立基层公共就业服务平台；等等

续表

序号	开放编码	资料来源(N)	参考点数(N)	百分比(%)	累计百分比(%)	典型参考点
25	就业服务职能	5	5	0.68	96.74	服务功能不完善；服务功能单一；公共就业服务的职能初级且不完善；县级以下的基层公共服务机构，普遍存在着服务功能不完备；等等
26	服务人员素质水平	4	4	0.54	97.29	工作人员的素质不高；人员素质不高；就业服务人员的能力难以胜任存在大规模流动性就业人口情况下的就业服务工作；等等
27	经费投入合理性	4	4	0.54	97.83	财政投入制度不科学；资金分配的不合理；资源配置不合理，马太效应严重；等等
28	经费投入到位率	4	4	0.54	98.37	经费等不到位；就业资金投入不到位；等等
29	服务对象素质水平	4	4	0.54	98.91	劳动者就业能力亟待提升；城镇人口总体素质要明显（远远）高于农村；大多数农民工在就业前没有参加过任何职业技能培训；等等
30	信息快速精准性	2	3	0.41	99.32	上报数据不及时、不系统；信息不畅通、用工信息不及时；等等
31	服务场地场所	3	3	0.41	99.73	服务场所严重不足；相关机构往往与乡镇企管办合署办公，或与工业办联合办公；等等
32	就业服务性质	1	2	0.27	100.00	服务性质缺乏清晰界定；等等
合计		34	191	100.00		

在 NVivo 软件中，编码的第一步就是确定自由节点。将原始资料编码成自由节点的步骤属于开放编码（一级编码）阶段，"目的在形成初步的资料范畴"[①]。首先对"开放式问题"搜集来的质性资料进行开放编码，可得到 737 个参考点，并归纳出 32 个自由节点（如表 7-2 所示）。在 NVivo 软件中，参考点即质性资料中被编码的内容，自由节点主要是对参考点内容进行范畴化、概念化。以"均等化目标达成"这一自由节点为例，该节点上的典型参考点有（如表 7-2 所示）"我国公共就业服务发展不平衡""公共就业服务不均等""基本公共就业服务质量和水平不均""人们实际享有服务的水平和质量存在差别""不同公共就业服务机构在人员、设备和设施配备方面存在差异""地区间公共就业服务发展不平衡""各地公共就业服务体制存在较大差异"

---

① 吕小勇、赵天宇：《基于扎根理论的空港都市区空间优化策略研究——以广州白云机场为例》，《世界建筑》2014 年第 2 期。

"公共就业培训服务区域发展不均衡""各地区之间公共就业服务水平的差距日渐拉大""发达地区和欠发达地区的经济发展程度存在较大差异""城乡公共就业服务差距较大""城乡公共就业服务差距悬殊""城乡公共就业服务差距依然存在""城乡公共就业服务的差距""城乡公共就业服务在机构、经费、手段等方面有较大差距""城乡之间公共就业服务水平的差距日渐扩大""不同群体享受的公共就业服务差异较大""不同群体之间的公共就业服务不均等",等等。由于这些参考点都是在强调"公共就业服务"在不同区域间、不同城乡间或不同群体间存在的不均衡或差异。显然,这些不均衡或差异的存在,反映的是公共就业服务均等化目标的达成情况。为此,本书将这些参考点概念化为"均等化目标达成度"。

依据每个自由节点所包含的参考点数,可对32个自由节点进行由大到小的排序。按照排序结果(如表7-2所示),还可计算出每个自由节点对应的累计百分比。根据帕累托图分析法①,可确定出"均等化目标达成""政策法律环境""就业服务机构""就业服务特征""经费投入均等性""经费投入充分性""就业需求满足度""社会公平观及就业理念""服务人员就业质量""信息资源数字化""服务人员配置"这11个自由节点是主要节点,这些自由节点合计583个参考点,累计百分比为79.10%。

2. 主轴编码(见表7-3)

表7-3　　　　　　　　　三级编码的结果

选择编码 (核心范畴)	主轴编码 (概念范畴)	材料来源 (N)	参考点数 (N)	百分比 (%)	开放编码 (自由节点)
动力要素	服务环境	27	162	21.98	社会公平观及就业理念(24);政策法律体系(126);就业服务市场(12)
	经费投入	25	64	8.68	经费投入充分性(28);经费投入均等性(28);经费投入合理性(4);经费投入到位率(4)
	小计	29	226	30.66	

---

① 卢纹岱:《SPSS for Windows 统计分析》,电子工业出版社2000年版,第502页。

续表

选择编码（核心范畴）	主轴编码（概念范畴）	材料来源（N）	参考点数（N）	百分比（%）	开放编码（自由节点）
需求要素	服务对象	10	17	2.31	服务对象覆盖范围（13）；服务对象素质水平（4）
	小计	10	17	2.31	
供给要素	服务平台	22	79	10.72	服务工作平台（6）；就业服务机构（58）；服务场地场所（3）；服务设施设备（12）
	服务人员	20	46	6.24	服务人员编制数量（8）；服务人员配置情况（15）；服务人员素质水平（4）；服务人员就业状态（19）
	小计	25	125	16.96	
产出要素	就业服务	23	72	9.77	就业服务特征（51）；就业服务职能（5）；就业服务性质（2）；就业服务手段（14）
	服务效果	33	240	32.56	总体服务有效性（6）；就业需求满足度（27）；就业服务满意度（7）；就业目标达成度（9）；均等化目标达成度（191）
	小计	34	312	42.33	
信息要素	监督评估	7	17	2.31	监督考核机制（10）；绩效评估机制（7）
	信息管理	16	40	5.43	信息资源数字化（16）；信息对称充分性（8）；信息快速精准性（3）；信息传播网络化（13）
	小计	18	57	7.74	
合计		34	737	100.00	

自由节点形成之后，然后就是运用NVivo软件中的树状节点功能对"自由节点"进行归类。这一过程即主轴编码阶段（二级编码），"目的在于将开放（性）编码中被分割的资料进行类聚，划分出更高层级的主要范畴（即形成概念范畴），并建立范畴之间的关联，形成对现象更为精确的解释"[①]。经分析，32个自由节点可进一步归纳出9个概念范畴（如表7-3所示），具体的名称及内涵如下。

①服务环境，包含"社会公平观及就业理念""政策法律体系""就业服务市场"这3个自由节点，指的是影响公共就业服务供给的环境因素，主要包含：社会（包含公众及政府）对公共就业均等化服务

---

① 吕小勇、赵天宇：《基于扎根理论的空港都市区空间优化策略研究——以广州白云机场为例》，《世界建筑》2014年第2期。

的认识与看法,与公共就业服务相配套的法律、规范及制度,以及当前公共就业服务市场的发展情况,等等。这种影响,既可能会起到可"动力驱动"作用,也可能会起到"延迟阻碍"作用。

②经费投入,包含"经费投入充分性""经费投入均等性""经费投入合理性""经费投入到位率"这4个自由节点,指的是维系公共就业服务市场所需要的经费投入情况,包括经费投入是否充足、是否均等、是否合理,以及"到位率"是否足够大等方面的情况。

③服务对象,包含"服务对象覆盖范围""服务对象素质水平"这两个自由节点,指的是公共就业服务对象的覆盖范围及相关特征,比如,覆盖范围是否广泛,服务对象的就业素质水平的高低等。

④服务平台,包含"服务平台建设""就业服务机构""服务场地场所""服务设施设备"这4个自由节点,指的政府向公众提供公共就业服务所需要的平台或外部条件,在这里着重于对平台及外部条件的评价,比如是否有依托机构、有无独立办公场所、场地面积是否充足、是否具备相应的办公设施与设备,同时也包括对服务工作平台及建设情况的总体评价。

⑤服务人员,包含"服务人员编制数量""服务人员配置情况""服务人员素质水平""服务人员就业状态"这4个自由节点,指的是公共就业服务的从业人员,这里着重于对从业人员的数量、素质、工作条件(是否有足够编制)及就业状态等方面的评价。

⑥就业服务,包含"就业服务特征""就业服务职能""就业服务性质""就业服务手段"这4个自由节点,指的是公共就业服务自身的某些属性,这里着重于对目前各级政府提供的公共就业服务的职能、性质、手段及质量的描述与评价,比如目前的公共就业服务能够发挥哪些作用、不能发挥哪些作用,是否具备了公益、惠及大众的性质,服务手段是否丰富、有效率,就业服务的质量、数量、可得性如何,是否具有专业性、针对性,等等。

⑦服务效果,包含"总体服务有效性""就业需求满足度""就业服务满意度""就业目标达成度""就业服务均等化水平"这5个自由节点,指的是目前各地政府提供的公共就业服务的成效。评价公共就业服务成效的指标主要有:各方面对公共就业服务及衍生出来的需求是

否得到满足；各方面对当前的公共就业服务是否满意；个体及社会的就业目标是否有效达成；社会实现公共就业服务均等化的目标是否实现，等等。

⑧监督评估，包含"监督考核机制""效果评估机制"这两个自由节点，指的是围绕公共就业服务工作进行的监督、考核与评估机制。

⑨信息管理，包含"信息资源数字化""信息传播网络化""信息对称充分性""信息快速精准性"这4个自由节点，指的是公共就业服务系统在运行过程中各要素产生的信息及相互传递的手段、方式及效果等，这些信息主要通过各种监督、考核与评估获得。信息是系统各要素充分实现其各自功能的前提。

基于表7-3中的数据计算可知：在9个概念范畴中，"服务效果""服务环境""服务平台""服务本体"这4个概念范畴上分布的参考点数最多，合计参考点数553个，占总体的百分比为75.03%。根据帕累托图分析法，可确定这4个是最主要的概念范畴。

3. 选择编码

在主轴编码之后，还需要进行反复的质询和编码，以发展出更为成熟的核心范畴，即形成更高级别的"树状节点"。这一发展核心范畴的过程，属于选择编码阶段，即三级编码。在本书中，对9个树状节点进一步归纳，又可形成5个更上一级的节点，即核心范畴（如表7-3所示），具体的名称及内涵如下。

①"动力要素"，主要包含"服务环境""经费投入"这2个概念范畴。之所以将这两个概念范畴概括为"动力要素"，是因为这两个要素对整个再就业培训服务系统的有效运作，起到的是动力输入的作用。"服务环境"，其中最主要的是相关的法律、政策与制度。这些法律、政策与制度对公共就业服务的相关规定，为"政府及公共就业服务机构努力提供基本的公共就业服务"提供了内在的驱动力；"经费投入"毫无疑问起到的是关键性动力的作用。没有足够经费的驱动，就不可能有相应公共就业服务平台的产生。即使有了平台，没有经费的投入，平台也无法运作以最终产出各种"公共就业服务"。

②"需要要素"，主要指的是"服务对象"这一个概念范畴。之所以将该概念范畴进一步命名为"需求要素"，是因为公共就业服务存在

的前提，是因为这项服务有人需要。显然，需要这些服务的人，就是公共就业服务的对象。

③"供给要素"，主要包括"服务平台""服务人员"这两个概念范畴。之所以将其概括为"供给要素"，是因为公共就业服务是"服务人员"利用"服务平台"提供出来的，这好比是工人通过工厂来生产商品。

④"产出要素"，包括"就业服务""服务效果"这两个概念范畴。之所以将其概括为"产出要素"，是因为公共就业服务是"公共就业服务系统"运行的"产品"。"就业服务"本身的优劣好坏，以及就业服务所带来的影响，都可以用来衡量"产出要素"功能发挥的大小。

⑤"信息要素"，包含"监督评估""信息管理"这两个概念范畴。之所以将其概括为"信息要素"，是因为公共就业服务系统要有效运作，必须通过信息的有效传递来促进系统各要素相互之间联系起来。而系统有效运作所需要的"信息"，往往是通过"监督评估"获得的，而所得"信息"最终能否发挥其连接的作用，往往又依赖于系统的"信息管理"水平。

基于表7-3中的数据计算可知：在5个核心范畴中，"动力要素"和"产出要素"这2个核心范畴上分布的参考点数最多，合计参考点数538个，占总体的百分比为72.99%，是最主要的核心范畴。

（二）关系节点分析与模型建构

经过三级编码之后，在NVivo软件中便形成了一个由32个"自由节点"、9个"概念范畴"和5个"核心范畴"构成的树状节点系统。在进行树状节点分析之后，还要处理这些节点之间的关系。郭玉霞（2009）认为，"如果我们将自由节点、树状节点视为第一层次的编码，那么关系节点就是第二层次的编码"[①]。树状节点"可以表现质性研究概念间的相互关系"[②]，但"只能用来表示项目上下的阶层关系，很难

[①] 郭玉霞：《质性研究资料分析：NVivo 8活用宝典》，台北高等教育文化事业有限公司2009年版，第292页。

[②] 刘世闵、李志伟：《质化研究必备工具：NVivo10之图解与应用》，经济日报出版社2017年版，第86页。

完整描述研究概念间的关联性"①。在 NVivo 软件中,可利用关系和模型来分析概念间的关联性,其中"关系是一种特殊的节点,它可借由线条符号及关系形态来说明两项之间的关联性"②,而"模型通常由形状与连接线所构成"③,有助于更加形象地描述项(概念或变量)与项之间的关系。

基于关系节点分析,本书建构了如图 7-1 所示的"公共就业服务系统结构"这一理论模型。在该模型中,合计包含 16 个关系假设:(1) 服务环境→经费投入;(2) 服务环境→服务平台;(3) 服务环境→服务人员;(4) 经费投入→服务人员;(5) 经费投入→服务平台;(6) 服务人员→服务平台;(7) 服务对象→服务平台;(8) 服务平台→就业服务;(9) 服务对象→就业服务;(10) 就业服务→服务对象;(11) 就业服务→服务效果;(12) 监督考核→就业服务;(13) 监督考核→服务对象;(14);监督考核→就业服务;(15) 监督考核→服务效果;(16) 服务效果→经费投入。其中"→"代表前者会直接作用于后者,或前者对后者具有直接的影响力。

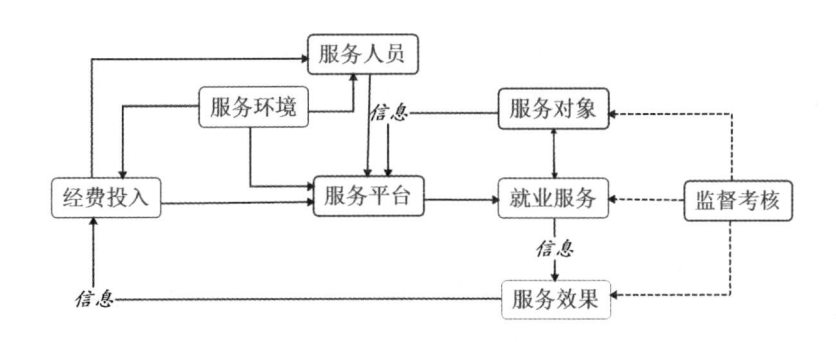

图 7-1 公共就业服务系统结构模型

---

① 郭玉霞:《质性研究资料分析:NVivo 8 活用宝典》,台北高等教育文化事业有限公司 2009 年版,第 85 页。

② 郭玉霞:《质性研究资料分析:NVivo 8 活用宝典》,台北高等教育文化事业有限公司 2009 年版,第 85 页。

③ 刘世闵、李志伟:《质化研究必备工具:NVivo10 之图解与应用》,经济日报出版社 2017 年版,第 248 页。

在上述关系假设中：关系假设（1）—（3）反映的是"服务环境"对"经费投入""服务平台""服务人员"的影响。构成"服务环境"的，主要是有关"公共就业服务"的法律、法规、制度及标准等，显然法律、法规、制度及标准是否明确、科学、合理，直接决定了政府"投入多少经费""建设哪些平台""设置多少编制"来向公众提供"公共就业服务"［关系假设（1）、关系假设（2）、关系建设（3）］。因此，可以认为，最终公众"能否获得""获得哪些及多少"公共就业服务，是由法律、法规、制度及标准构成的"服务环境"所决定的［关系假设（2）］。在某种意义上说，各级政府及服务机构之所以"花力气"来向公众提供"公共就业服务"，"服务环境"起到了内在的驱动作用。当然，各级政府及服务机构"究竟能花多大力气"来做这件事，也会直接受到"服务环境"的约束。

关系假设（4）—（5）反映了"经费投入"的影响。首先，"经费投入"的多少，关系到能有多少编制、能否及时聘请到充足的高素质"服务人员"，同时，也会影响到"服务人员"的激励及就业质量［关系假设（4）］。其次，"经费投入"的多少也会影响到"服务平台"的建设及运行情况［关系假设（5）］。没有充足的"经费投入"，没有充足高素质的公共就业服务人员，也不可能建设出功能强大的服务平台。

关系假设（2）（5）（6）（7）反映的是与"服务平台"有直接影响或联系的要素。除了"服务环境""经费投入"对"服务平台"有影响之外［关系假设（2）、关系假设（5）］，"经费""服务人员"需要基于"服务平台"产生"就业服务"［关系假设（6）］；"服务对象"的需求，又影响着"服务平台"去提供"哪些服务""多少服务"［关系假设（7）］。

关系假设（8）（9）反映的是影响就业服务的因素，影响"就业服务"产出的主要因素是"服务平台"和"服务人员"。"服务平台"的功能，无疑决定了最终产出的"就业服务"的质量与数量；而"服务对象"是服务的需求者，代表的是市场需求。市场需求的类型和数量，无疑会影响到供给方提供的"就业服务"。

关系假设（10）反映的是"就业服务"对"服务对象"的影响。

毫无疑问，如果"就业服务"优质且能满足"服务对象"，将会有更多的"服务对象"来寻求"就业服务"；反之，"就业服务"低质，与"服务对象"的需求和期待不匹配，那么有效"服务对象"的数量必将减少。

关系假设（11）反映的是"就业服务"与"服务效果"之间的关系。毋庸置疑，"就业服务"的质量和数量，决定了"服务效果"，即是说，公共就业服务的质量和数量，决定了其服务的影响有多少、有多大。

关系假设（12）（13）（14）（15）反映的是"监督考核"的重点对象。系统要良好运行，需要基于有效充分信息。"监督考核"是获取信息的必要手段。通过对"服务对象"的"监督考核"，可以识别"服务对象"及其需求的信息；通过对"就业服务"的"监督考核"，可以获得公共就业服务平台的"运行状态"和"就业服务"本身的质量与数量信息；通过对"服务效果"的"监督考核"可以获得"服务效果"好坏大小的信息。

关系假设（16）反映的"服务效果"对下一轮"经费投入"的影响。毫无疑问，如果取得了较好的"服务效果"，无疑会强化政府进一步加大"经费投入"的动机，并由此开启系统的"良性循环"模式；反之，则可能会抑制政府的"经费投入"，并由此开启系统的恶性循环模式。

四 公共就业服务系统分析

（一）公共就业培训系统的目的与要素

1. 系统目的分析

作为一个社会系统，其存在必然有着自己的目的；其运行也是围绕自己的目的来的。那么政府提供的基本公共就业服务，其目的无疑就是帮助更多的服务对象及早地找到一份令人满意的工作。若是有更多的服务对象，能够更高比例地找到就业岗位。那么也就意味着公共就业服务系统的运行是富有成效的。如果城乡居民，都能有着同等比例的人接受就业服务，且有均等比例的人在接受公共就业服务之后，那么也就实现了公共就业服务均等化。

本书认为，如果系统存在一些问题，那么有些问题可能会表现在效果指标之上。在三级编码中，我们发现许多研究者在描述和评价当前公共就业服务系统中存在的问题时，都会聚焦在一些"效果指标"上，这些效果指标可归纳为"总体服务有效性""就业需求满足度""就业服务满意度""就业目标达成度""均等化目标达成度"这5个方面。

显然，"总体服务有效性"是笼统的评价，是总体的印象；"就业需求满足度"反映的是公共就业服务系统能否满足城乡居民的就业需求，是一种认知上的判断；"就业服务满意度"则反映的是城乡居民对系统供给的"公共就业服务"所形成的一种情绪体验；"就业目标达成程度"更是直接地表达了城乡居民对系统目的达成情况的直接评价。事实上，"就业需求满足度"和"就业服务满意度"仅是用来反映系统目标达成与否的两个间接性的指标；"总体服务有效性"则是城乡居民对目前就业目标达成与否的一个定性的、结论性的判断；"均等化目标达成度"，则着重于两类群体获取"实现就业目的"在概率上的比较。

为此，可以分析出，公共就业服务系统最直接的目的就是促进服务对象充分实现"就业目标"，即帮助更多服务对象改变当前的"无业"或"失业"状态，及早地找到一份令人满意的工作。因此，"就业目标达成程度"是评价系统目的达成最直接、最核心的效果评价指标，其余效果指标都是一种拓展或衍生。此外，我们还认为，城乡基本公共就业服务均等化，应当是建立在系统目的充分实现的基础之上的。否则，系统在"就业需求满足度"和"就业服务满意度"这些指标上，必然是会得分很低。

2. 系统要素分析

毋庸置疑，公共就业服务是一个复杂系统的产物。这个系统中，包括多个要素。而系统和要素的区别是相对的，又是相互依存的。任何一个系统都是较高一级的要素；任何一个系统要素的本身，通常又是较低一级的系统[①]。换言之，每个要素相对上一级系统而言又是子系统。经

---

① 周吉、陈文：《管理哲学——系统学》，上海交通大学出版社1985年版，第18页。

NVivo 的选择编码分析，可获得 5 大核心范畴，而 9 个概念范畴又分别是构成这 5 大子系统的核心要素（以下简称子系统要素）。

这 5 大核心范畴，就是公共就业服务系统的基本要素，同时又是 5 大子系统，即动力要素（子系统）、需求要素（子系统）、供给要素（子系统）、产出要素（子系统）和信息要素（子系统）。作为系统要素（子系统），每一个都扮演着不同的角色，发挥着不同的功效。其中，一是动力要素（子系统），提供了整个系统的运行动力，其功能一是促进"公共就业服务"的生产活动和消费活动能够可持续地发生；二是需求要素（子系统），是"公共就业服务"的需求者，其功能就是消费"公共就业服务"；三是供给要素（子系统），是"公共就业服务"的供给者，其功能就是生产"公共就业服务"；四是产出要素（子系统），是"公共就业服务"的结果，其功能是衡量"公共就业服务"系统的目标是否达成、价值是否实现；五是信息要素（子系统），其功能在于生产并传递系统动态运作所需要的信息。

作为一个系统，要长期存在并有效运行，每个要素都不可或缺。对于公共就业服务系统而言，没有动力要素，就好比汽车没有发动机或燃油；没有需求要素，就好比汽车没有乘客；没有供给要素，就好比汽车已不能奔跑；没有产出要素，就好比汽车在预定时间内到达不了目的地；而没有信息要素，就好比汽车没有传感系统或信号接收系统。概言之，这 5 大要素，对于公共就业服务系统而言，也是缺一不可。

而作为子系统，又是由更低一级的要素构成的。根据树状节点的分析显示，这 5 大核心范畴是从 9 个概念范畴中归纳出来的。换言之，这 9 个概念范畴可视作 5 大子系统的核心要素（以下简称子系统要素）。当然，子系统中的要素远远不止这 9 个。

（1）动力子系统的要素分析

任何一个系统，要维护自身的稳定运行，都需要从外部环境中获取充足的资源，以谋求到足够的动力。某些特定的"服务环境"，可能会赋予我们这种动力，比如特定的"社会公平观及就业理念"，支持性的"政策法律体系"、发达的"（就业服务）市场发展情况"。此外，充足的"经费投入"也很重要。对于这些可以转换为动力的外部资源，我们称为"动力要素"或"动力子系统"。而根据主轴编码获得的概念范畴，可确定出动力子系统涉及2个子系统要素。

一是"服务环境"，其主要功能在于提供一种外在的驱动力，以维持系统各要素有效运行。比如，政府或决策者对基本公共就业服务的看法；一些必要的、具有支持作用的法律法规；成熟发达的公共就业服务市场。如果具备这样的环境因素，无疑会获得系统得以顺利运行的驱动力；反之，也有可能会起到阻力，比如传统的二元制观念、严重的就业歧视行为以及不够规范发达的就业服务市场，等等。对于政府而言，应努力构建积极有为的"服务环境"，以产生系统运行所需要的动力。对于公共就业服务系统而言，要实现城乡均等化，可能需要一套制定科学、齐全完善、可动态调整的政策法律体系，等等。事实上，如果没有必要的法律法规政策，地方政府就很难投入足够多的经费来驱动这个系统所包含的各种要素，比如，聘请充足的公共就业服务人员。

二是"经费投入"要素。正如上所述，其功能在于，可帮助我们聘请更多公共就业服务人员，开展更多的能力建设活动，购买更多的公共就业服务所需设备器材等。毫无疑问，"经费投入"起到的是支撑系统要素充分运作起来的作用。而"经费投入"要素要发挥最大的效用，也要努力做到"恰到好处"，比如，经费投入要充分、结构要合理、到位要及时、分配要公平，等等。否则，其实际效果可能将会大大背离预期效果。

（2）需求子系统的要素分析

作为一个社会经济系统，之所以能持续存在，就在于系统存在着被需要的价值。对于公共就业服务系统而言，所提供的主要产品是公共就业服务，而作为一项服务，必须要有足够多的需求者或消费者。为此，我们认为公共就业服务系统要有效运作起来，首先要将那些对公共就业服务有需要的人聚集起来。这些人就是有意愿接受公共就业服务并能够做出报名登记的决策以准备获取公共就业服务的待业或失业人员，无论是城市居民，还是农村居民，都是公共就业服务的需求者。

在需求子系统下，主要包含的就是"服务对象"要素。该要素主要包含两个关键属性，一是"服务对象覆盖范围"；二是"服务对象素质水平"。目前，有关"公共就业服务"向谁提供尤其是向谁免费提供的问题上,不同地区的做法存在着很大的差异,尤其是在2010年之前,某些"公共就业服务"的对象仅限于城市失业人员或下岗职工,而农村居民,尤其是农民工往往不在服务范围之内。显而易见,这是一种城乡不均等化的表现。当下,"基本公共服务均等化"这一理念的实施,在某种意义上,就是将服务对象的范围扩大至全民,无论是城市居民还是农村居民,只要有基本公共就业服务的需求,都可免费获取。此外,影响公共就业服务均等化工作开展的另外一个因素,就是"服务对象素质水平"。相比而言,部分研究人员指出相对城市居民,农村居民的就业素质相对较低。这意味着,提供给城市居民的公共就业服务可能未必适合农村居民。因此,"基本公共服务均等化"不能仅仅是形式上的均等,"基本公共就业服务均等化"的提供,也需做到因人而异,做到有针对性。另外,农民居民主动寻求公共就业服务的意识水平,也可能给城乡基本公共就业服务均等化带来很多挑战。因此,针对潜在的农村公共就业服务对象,应开展更多的宣讲和游说工作。只有"有公共就业服务需求"的服务对象都能够积极主动来寻求服务,才能实现基本公共就业服务均等化的目的,最大化公共就业服务系统的影响力和社会效果。

(3)供给子系统的要素分析

"基本公共就业服务均等化"的实现,需要依赖公共就业服务系统功能的最大化实现。其中一个关键的条件是,"要有可提供足够多优质公共就业服务的供给者"。要具备这样的条件,意味着:①本地区要有足够多的公共就业服务平台(以下简称"服务平台");②本地区要有足够多的公共就业从业人员(以下简称"服务人员")。我们认为,"服务平台"和"服务人员"共同构成了公共就业服务系统的"供给要素"或"供给子系统"。因此,供给子系统涉及2个子系统要素。

一是"服务平台"要素,其功能在于提供高质量的公共就业服务以满足服务对象谋求一份工作岗位的需求。基于对NVivo编码的分析,可发现该要素涉及的内容主要有"服务平台建设""就业服务机构""服务场地场所""服务设施设备"等。"服务平台建设"更多的是对目前服务平台建设情况的总体描述与评价;而"就业服务机构""服务场地场所""服务设施设备"是服务平台的重要组成部分,一个地区在这些方面的表现，决定了服务平台提供高质量"公共就业服务"数量和种类的能力。一般而言，区域内公共就业服务机构的数量多、实力强，服务场所固定独立、空间宽裕、交通便利，服务设备齐全、现代化，能够提供的"公共就业服务"的数量就越可能充足富余、种类也越可能丰富多样。

二是"服务人员"要素。显而易见，公共就业服务离不开服务人员。没有充分数量、高素质的服务人员，再先进的服务平台，也产生不了优质的公共就业服务，更不用谈公共就业服务城乡均等化目标的实现。根据NVivo编码的结果显示，目前"服务人员"这一要素中存在的问题主要集中在"服务人员编制数量""服务人员配置情况""服务人员素质水平""服务人员就业状态"这四个方面。"服务人员编制数量"的多少，显然会影响到"服务人员配置"，"服务人员配置情况"决定了服务人员的数量。而"服务人员素质水平"和"服务人员就业状态"，则反映了服务人员的质量。"服务人员素质水平"主要指的是从事公共就业服务人员所具有的专业知识和能力水平；"服务人员就业状态"主要指的是公共就业服务人员的职业心理状态与职业行为，比如是否存在职业倦怠、是否有离职意向，是否存在大面积的人员流动情况等。服务人员数量和质量，最终都会影响到公共就业服务的有效供给；而城乡在服务人员数量和质量上的差异，也最终会影响到城乡公共就业服务均等化的水平。

（4）产出子系统的要素分析

判断一个系统是否有效运行，关键是看其功能是否充分发挥。而要衡量功能是否充分发挥，关键还是要看其效果。对于那些与公共就业服务效果直接或间接相关的指标（变量）或影响因素，我们称为"产出要素"或"产出子系统"。产出子系统涉及两个子系统要素。

一是"就业服务"要素，即公共就业服务系统的产出。根据NVivo编码的结果显示，目前公共就业服务系统产出的"就业服务"，所存在的问题主要表现在"就业服务职能""就业服务性质""就业服务手段"和"就业服务特征"这四个方面。"就业服务职能"的定位，"就业服务性质"的确定和"就业服务手段"的选择，最终都会影响到"就业服务"本身的质与量、好与坏。而"就业服务"本身的质与量、好与坏，最终体现为"就业服务特征"。在"就业服务职能"上，目前存在的问题主要是"服务功能不完善""服务功能单一"，尤其是"县级以下的基层公共服务机构，普遍存在着服务功能不完备"这一问题。在"就业服务性质"上，目前存在的问题主要是"服务性质缺乏清晰界定"，比如，"是不是基本公共就业服务""该不该收费"等。在"就业服务手段"上，目前存在的问题主要表现为服务手段单一、缺乏灵活性和创新性、相对落后，尤其是乡镇劳动保障管理机构。而"就业服务特征"，主要是公共就业服务系统产出的就业服务本体的描述。对于"就业服务"，普遍存在的问题特征主要体现为："数量少""质量不高""不均等""缺乏针对性""连续性差""效率偏低"和"水平低下"，等等。

二是"服务效果"要素，即公共就业服务系统的产出的就业服务带来的影响，其功能是用来衡量公共就业服务工作的效果。基于对NVivo编码的分析，目前在"服务效果"上存在的问题，主要表现在如下五类指标上：(1) "总体服务有效性"指标。这是总体层面效果的评价指标。在该类指标上，普遍存在"难以为农村劳动力提供有效的就业服务""实际成效比较弱""服务职能/作用发挥不充分"等问题。(2) "就业需求满足度"指标。该类指标主要反映的是公共就业服务在满足各类主体需求的情况。容易表现出来的问题是"供给与需求严重脱节""不能满足劳动者、城乡农民日益增加的、多样化的（就业）需要"，等等。(3) "就业服务满意度"指标。该类指标反映的主要是服务对象对各类公共就业服务满意程度的评价。在这类指标上存在的问题，主要体现为服务对象对现有的公共就业服务满意度评价低或不高。(4) "就业目标达成度"指标。该类指标在某种意义上，反映了公共就业服务系统直接目的的达成情况。对于系统而言，直接目的无疑是促进服务对象解决好就业问题，维护好服务对象的就业权益，避免各种失业问题对个体及社会的冲击。如果在该类指标上存在问题，常见的表现形式有"无法解决求职者的就业问题""劳动就业权益得不到有效的维护和保障""就业结构性矛盾依然突出"，等等。(5) "均等化目标达成度"指标。公共就业服务均等化的实现越来越成为我们评价当前公共就业服务系统优劣的重要指标之一。目前，在公共就业服务上出现的不均等化主要表现为:"基本公共就业服务质量和水平不均""地区间公共就业服务发展不平衡""城乡公共就业服务差距悬殊""不同群体之间的公共就业服务不均等";等等。

毋庸置疑,这5个方面的表现越好、问题越少,公共就业服务的效果也就越好。其中,城乡公共就业服务均等化的状况,与系统在"均等化目标达成度"这类指标上的表现情况密切相关。

(5)信息子系统的要素分析

一个系统要周而复始的、长久地运作下去,就需要维持一种动态的平衡。而要实现这种动态的平衡,则需要基于一个有效的信息反馈调节机制。在这个机制中,及时获取系统各个要素、各个环节运作的状态信息非常的重要。为此,我们将这种为了用来进行有效系统反馈而获取系统运作信息的活动或机制称为"信息要素"。根据主轴编码的结果,可确定出信息子系统涉及2个子系统要素。

一是"监督评估"要素,指的是围绕公共就业服务工作进行的监督、考核与评估机制,其功能是获取系统关键要素的信息,比如有关"经费投入"的信息、"服务效果"的信息,等等。基于对NVivo编码的分析,该要素功能发挥情况,主要表现在两个方面:①监督考核机制,这一机制主要用于监督系统各要素的运行情况。通过该机制获取的信息有助于我们了解系统各要素运行的状态,便于我们及时调节系统要素的水平及相互之间的联系。在该机制上存在问题,主要表现为"公共财政对公共就业服务的投入缺乏相应的评估和监督机制""公共就业服务评估机制不完善""公共就业培训服务考核指标体系有待完善",等等。②绩效评价机制,这一机制主要用来评估公共就业服务工作的绩效、影响。通过该机制获取的信息有助于我们了解服务效果的大小、好坏,有助于我们及时了解系统各要素(工作)的运行状态与效果。在该机制上存在问题,主要表现为"对公共就业服务财政投入缺乏绩效(效果)评估机制""对公共就业服务机构提供的公共就业服务缺乏绩效评估机制""对公共就业服务绩效缺乏有效评估",等等。

二是"信息管理"要素,其功能在于通过信息数字化、网络化手段,促进信息更精确快速、对称充分、有效传递,从而促进各项公共就业服务工作更高效有序开展。基于对 NVivo 编码的分析，评价"信息管理"的好坏，主要有四个方面的指标：①信息资源数字化，在该指标上表现不佳，典型的问题表现有"不能满足现代化、信息化发展的需要""达不到信息化的要求""很多地方还基本依靠手工操作""信息化程度低""信息化手段落后""政府的线上服务亟待完善"等等；②信息传播网络化，在该指标上表现不佳，典型的问题表现有"就业信息渠道不统一""就业信息孤岛林立""就业信息网络体系建构不统一""公共就业服务信息网络在地区和职能上呈分散状"，等等。③信息快速精准性，在该指标上表现不佳，典型的问题表现有"上报数据不及时、不系统""信息不畅通、用工信息不及时"，等等；④信息对称充分性，在该指标上表现不佳，典型的问题表现有"就业信息获取不对称""城乡公共就业服务信息不对称""未能充分准确把握……信息""局限于以传递用工信息为主""难以为居民提供有效信息"，等等。

（二）系统的基本结构分析

如上分析，公共就业服务系统的直接目的就是促进服务对象充分实现"就业目标"，即帮助更多的服务对象及早地找到一份令其满意的工作。我们认为，系统要最大化发挥功能，实现上述目的，需要具备如下五个条件。

一是系统的"动力"要素功能要充分发挥。整个系统（包括服务平台、服务人员、监督评估、信息管理等）的有效运行，需要有源源不断的外部资源输入，尤其是各种动力资源（如相关的法律法规、政策制度、充足的财政经费，等等）。

二是系统的"需求"要素功能要充分发挥。系统要有能力准确及时地获取服务对象及其对就业服务需求的信息，吸引到更多的潜在服务对象来寻求公共就业服务的支持。

三是系统的"供给"要素功能要充分发挥。系统要有能力通过公共就业服务人员和公共就业服务平台机构提供出足够多可供选择的且具有一定质量的公共就业服务。

四是系统的"产出"要素功能要充分发挥。系统产生的公共就业服务，要具有相当的数量和品质。所获得的公共就业服务是系统直接的产出,经过服务对象的消费之后,还会产生一些影响或改变(如改变了服务对象的就业状态、实现了个人及社会的就业目标、解决了区域内的失业问题,等等),系统要确保这些改变朝向预期的方向发展并能尽可能地实现最大化,同时还能以恰当的形式呈现出来并被人感知到。

五是系统的"信息"要素功能要充分发挥。系统各大要素及子系统要素,除了要充分发挥出自己的功效之外,相互之间还要能良性互动起来,而这些互动通常是建立在一些必要信息的收集与传递的基础之上的。信息的收集是通过监督评估获得的;而信息的传递,则依赖于系统高效的信息管理机制。

基于图7-1描述的公共就业服务系统结构模型,我们认为,要满足上述五个条件,公共就业服务系统的5大子系统(要素)的功效都要充分发挥出来:①第一个条件的满足,意味着动力子系统要充分发挥出功效,即"服务环境"要足够完善,"经费投入"要足够多且配置合理,这离不开好的"服务效果"信息能够通过"监督评估"和"信息管理"机制准确及时地传递或反馈给决策部门。服务效果好,才能说服决策者优化服务环境、不断投入更多的财政资源以维持系统持续不断的动力输入。②第二个条件的满足,意味着需求子系统要充分发挥出功效。这一方面需要系统有效地通过自己的"监督评估"机制识别出潜在的"服务对象"及其需求信息,另一方面要努力通过"服务平台"使潜在的"服务对象"来消费系统提供的"就业服务"。③第三个条件的满足,意味着供给子系统要充分发挥出功效。而这需要系统能拥有足够多高素质的"服务人员"和足够多高水平的"服务平台"。但这样的服务人员和平台离不完善的"服务环境"和足够多且配置合理的"经费投入"。④第四个条件的满足,意味着产出子系统要充分发挥出功效,这离不开完善的"服务环境"和足够多且配置合理的"经费投入",以及完善高效的"监督评估"机制。⑤第五个条件的满足,意味着信息子系统要充分发挥出功效。该子系统的功能就是提供要素之间相互作用所需要的信息,而这些信息主要建立在"监督评估"和"信息管理"这两个子系统要素之上。

五 当前公共就业服务系统的瓶颈分析

基于表7-3中的数据计算可知：在9个概念范畴中，"服务效果""服务环境""服务平台""就业服务"这4个概念范畴上分布的参考点数最多，合计参考点数553个，占总体的百分比为75.03%。鉴于这些概念范畴源自对公共就业服务系统中存在的问题，每个编码都反映了系统的一个短板或瓶颈。因此，参考点分布比较多的概念范畴，往往是问题比较集中的子系统要素，可被视为系统的短板或瓶颈。基于此，可认为，目前系统的瓶颈在"服务效果""服务环境""服务平台""就业服务"这四个方面。

首先是服务效果。服务效果方面，参考点最集中的是"均等化目标达成度"这一自由节点，分布有191个参考点。由此可见，公共就业服务不均等化是当前就业服务系统最突出的瓶颈之一。具体问题体现为："基本公共就业服务质量和水平不均""地区间公共就业服务发展不平衡"（如东部地区和西部地区，发达和欠发达地区），"主要表现在体制、服务水平等方面""城乡公共就业服务差距较大，具体表现在机构、经费、手段等方面有较大差距""不同群体之间的公共就业服务不均等"；等等。

其次是服务环境。在服务环境上，参考点最集中的是"政策法律体系"这一自由节点，分布有126个参考点，也就是说，"政策法律体系"方面的问题，也是当前就业服务系统最突出的瓶颈之一。具体问题体现为："城乡二元经济体制""二元分割的就业管理和服务制度""各级政策法规不健全""公共就业服务均等化缺乏完善的法律保障""我国就业服务立法还很单薄，立法层次偏低""现有法律的约束性不强""公共就业服务体系有待完善""失业救助体系不完善"等。

再次是服务平台。在服务平台上，参考点最集中的是"就业服务机构"这一自由节点，分布有58个参考点。也就是说，"就业服务机构"方面的问题，也是当前就业服务系统最突出的瓶颈之一。具体问题体现为公共就业服务机构的"数量不均等""发展不均衡""集中在城镇""不能满足需求""城乡之间差距大""非公服务机构薄弱""其他性质的就业服务机构无法参与公共就业服务工作",等等。

最后是就业服务。在就业服务上,参考点最集中的是"就业服务特征"这一自由节点,分布有51个参考点。也就是说,"就业服务"本身方面的问题,也是当前就业服务系统最突出的瓶颈之一。具体问题体现为:就业服务"数量少""质量不高""不均等""缺乏针对性""连续性差""效率偏低"和"水平低下",等等。

第六节 城乡基本公共就业服务均等化的机制创新

基于前文构建的"公共就业服务系统"这一实质理论的模型,我们分析了当前公共就业服务系统的发展瓶颈。目前公共就业服务系统的发展瓶颈主要表现在"服务效果""服务环境""服务平台""就业服务"这四个方面。基于上述模型,"服务效果"隶属于"产出要素";"服务环境"隶属于"动力要素";"服务平台""就业服务"隶属于"供给要素"。目前在服务效果方面,城乡基本公共就业服务不均等是最突出的问题,主要表现为"基本公共就业服务质量和水平不均""地区间公共就业服务发展不平衡""城乡公共就业服务差距较大""不同群体之间的公共就业服务不均等",概言之就是"区域不均等""城乡不均等",并由此导致"人群不均等"。当前的公共就业服务系统,若要实现"均等化"的公共就业服务效果,那么必须有系统化的思考和机制上的不断创新。本节以城乡基本公共就业服务均等化为目的,就开展机制创新的基本原则展开讨论,并围绕"服务环境""服务平台""就业服务"三个短板要素,从建立健全相关制度的角度提出一些具体的机制创新建议。

一 城乡基本公共就业服务均等化建设的机制创新原则

基于基本公共就业服务均等化的内涵,根据系统论的观点,我们围绕"城乡基本公共就业服务均等化建设"提出了五个方面的原则。

第一，要明确"均等化"不是最终目的。实现基本公共就业服务均等化固然重要，但仍需认识到，"均等化"更多是手段，城乡公共就业服务均等化的最终目的仍是产出更充分、更优质的就业服务。对于公共就业服务系统而言，其最直接的目的就是促进服务对象充分实现"就业目标"以改变无业或失业的状态，即帮助更多的服务对象及早地找到一份令其满意的工作。因此，对于公共就业服务系统而言，让更广泛的人群获得公共就业服务改变无业或失业的状态，是系统最直接的目的。

但在实务操作过程中，服务机会的获取、所获取服务的数量和质量，可能会存在城乡之间的差异，于是便出现了城乡公共就业服务不均等的现象。需要我们意识到的是，城乡公共就业服务均等化可以是低水平资源投入模式下的均等化，也可以是高水平资源投入模式下的均等化，显然，相比前者，我们期待的更多是后者。

但任何一个地区，公共就业服务的均等化，都是从低水平资源投入模式下的均等化，逐步发展到高水平资源投入模式下的均等化。在这个发展的过程中，可能会出现某些群体，比如城市居民，可能会更早地获得公共就业服务资源，从而出现不均等的现象。我们需要认识到不同的群体，由于处在不同的社会经济环境中，在获取公共就业服务上，绝对的均等化是不可能存在的。但是，均等化可以给我们提供一把自我检视的尺子，让我们能够不断认识到短板所在。通过对城乡公共就业服务均等化的追求，不断去发现短板、补齐短板，可以让我们提供公共就业服务，逐步朝向高水平资源投入模式下的均等化目标前进。

第二，要有系统化的思考。实现城乡基本公共就业服务均等化，必须有系统化的思考。基于公共就业服务系统的要素和结构分析可以看到，影响一个系统最终产出的公共就业服务数量与质量是有很多的因素（要素）。因此，在发现系统短板要素时，补齐短板固然重要，但同时也要注意到其他要素的协同发展。换句话说，在朝向城乡公共就业服务均等化目标实现的过程中，我们在实务过程中采取的各种措施，都要基于系统化的审视，审慎思考每项措施的限制性的因素或其局限性。很多时候，最优的问题解决办法，都是基于系统化思考之后获得的组合拳。

第三，增强基本公共就业服务的吸引力应是"机制创新"的根本。实现城乡基本公共就业服务均等化的关键还是要努力提高公共就业服务的吸引力。目前，公共就业服务系统的主要瓶颈之一是系统提供的公共就业服务明显地存在"数量少""质量不高""不均等""缺乏针对性""连续性差""效率偏低"和"水平低下"等特征。这可能会导致系统提供的公共就业服务出现"吸引力不足"的情况。如果系统提供的公共就业服务，对于服务对象而言，更像是鸡肋般地缺乏吸引力。那么整个系统就可能进入恶性循环模式。如果不加干预或改变的话，那么公共就业服务系统最终将名存实亡，失去其存在的价值。因此，我们认为实现城乡公共就业服务均等化的关键还是要努力提高公共就业服务的吸引力，无论是提供给城市居民的公共就业服务，还是提供给农村居民的公共就业服务。目前，为了提高公共就业服务的质量，诸如苏州等地，各地积极开展服务标准化建设或试点［如苏州出台的《苏州市"十三五"时期基层基本公共服务功能配置标准（试行）》］，我们认为是非常重要和值得借鉴的做法。通过标准化工作的开展来提高城乡公共就业服务的数量和质量，将有助于形成可持续性的、均等化的公共就业服务运行机制。

第四，加强公共就业服务机构的建设是"机制创新"的重要抓手。目前，公共就业服务系统的另外一个主要瓶颈是公共就业服务机构的发展存在不足，诸如"数量不均等""发展不均衡""集中在城镇""不能满足需求""城乡之间差距大""非公服务机构薄弱""其他性质的就业服务机构无法参与公共就业服务工作"，等等。毫无疑问，公共就业服务机构的发展，决定了公共就业服务系统服务平台的发展水平。服务平台的发展水平，又直接影响到"就业服务"产出的数量与质量。如上文所述，如果系统产出的"就业服务"缺乏足够的吸引力，那么系统最终将会成为鸡肋而被抛弃。基于此，我们需要加强公共就业服务机构的建设。因此，在这种背景下，建立健全诸如《苏州市"十三五"时期基层基本公共服务功能配置标准（试行）》这样的标准十分重要。基于这样的标准，去加强城乡公共就业服务机构建设，将有利于促进城乡公共就业服务均等化目标的实现。

第五，建立健全法律法规体系是"机制创新"的固本之策。要努力完善现有的法律法规体系，不断优化就业服务环境，这是实现城乡基本公共就业服务均等化的根本保障。回溯我国公共就业服务的历史，我们可以看到，导致今天城乡公共就业服务不均等现象的主要原因是二元制的经济、社会发展模式。这一模式，如今还广泛地、深深地烙印在很多政策法律制度，甚至我们的集体观念之中。因此，我们必须要全面梳理目前仍存在"二元制"思想烙印的政策法律制度，及早进行矫正，补齐系统在这方面的短板。

另外，我们也要积极创新目前有关公共就业服务的法律法规体系。良好的政策法律制度，将有助于为公共就业服务系统提供一个良好的外部环境，从而促进系统各要素良好互动，以最终促进系统目的及城乡公共就业服务均等化的目标实现。

二 城乡基本公共就业服务均等化建设的机制创新建议

基于上述五个原则，我们围绕"城乡基本公共就业服务均等化"的目标，从制度建设的角度，拟定一些具体的机制创新建议。具体包括如下五个方面。

(一) 财政制度创新建议

公共就业服务系统，要可持续且高效运作，"动力要素"的功能必须要强劲发挥且要做到源源不断地供给。其中，有充足且稳定的公共就业服务运行经费的供给，则是确保公共就业服务系统有效运行最重要的"动力要素"。鉴于此，必须要有能够保障经费充足且稳定供给的财政制度。

目前，有关"公共就业服务"的财政制度，在《中华人民共和国就业促进法》第三十五条有明确规定，"县级以上人民政府建立健全公共就业服务体系，设立公共就业服务机构""公共就业服务经费，将纳入同级财政预算"。然而，由于不同地方的政府财政能力不均等、财政管理制度不完善，这使得各地在公共就业服务方面，能够获得的经费，高低不等、城乡不均。为此，积极创新目前的财政政策，确保各级公共就业服务机构有足够多的经费可用,才能提供出高质量、高水平、均等化的公共就业服务给所用的人群。

目前关于创新财政制度以确保公共就业服务均等化的观点主要有4类[①]:一是实现地方政府财政能力的均等化;二是改革中央对地方政府的转移支付制度;三是完善财政管理体制;四是完善政府公共管理职能和公共服务职能。

(二) 服务供给制度创新建议

"供给要素"的功能得以充分发挥,才能最终实现公共就业服务系统的目的。目前,"供给要素"在"服务平台""就业服务"两个方面,都存在明显的短板。鉴于此,需要围绕"服务供给制度"进行重点创新。公共服务机构要不断创新服务的内容及形式。

首先,公共服务机构应将"服务对象的需求"作为最高目标,积极创新公共服务供给模式。郁建兴、吴玉霞[②]主张,而针对公共服务的混合性和复杂性,有必要设计公共服务供给的复合模型。所谓复合供给模型,是指在公共服务的供给参与方之间进行两次分工。初次分工是将服务规划者(提供者)和生产者相分离,并可产生多种典型的公共服务供给制度。二次分工是生产者将自己不能直接生产的服务,通过整合其他服务资源来组织生产,通过将分散的、异质性的服务需求与非规模化的服务供给进行对接来间接满足服务需求。复合供给机制有利于发挥行政机制、市场机制和社会机制的各自优势,并实现三者的有机结合,从而有利于整合各种社会资源,满足公民的异质性公共服务需求。在基本公共就业服务供给方面,不妨探索使用符合供给模式,以提供最优质的公共就业服务产品。徐凯赟[③]则基于乡村振兴的视角,认为公共服务供给方式创新与发展要从农民最关心最直接最现实的利益问题入手,按照人人参与、人人共享、坚守底线、突出重点、

[①] 赵强社:《城乡基本公共服务均等化制度创新研究》,博士学位论文,西北农林科技大学,2012年。

[②] 郁建兴、吴玉霞:《公共服务供给机制创新:一个新的分析框架》,《学术月刊》2009年第12期。

[③] 徐凯赟:《乡村振兴战略的公共服务供给方式创新机制》,《青年与社会》2018年第36期。

完善制度、引导预期的要求，建立"需求导向型"公共服务供给机制、多元主体的协同机制和共建共享的整合机制，提高公共服务供给能力和共享水平，形成公共服务供给方式的良性发展机制。

其次，高度重视各项公共就业服务的标准化建设，通过标准的广泛应用，持续提供基本公共就业服务。以苏州为例，早在2014年，就率先制定、推出了《公共就业培训机构服务规范》（DB32/T 2675—2014）这一地方标准。2017年9月，苏州市政府又审议通过了《苏州市"十三五"时期基层基本公共服务功能配置标准（试行）》。该标准主要包括六个部分，分别对乡镇、街道、建制村、城市社区、自然村、居住小区六个功能单元，逐一明确公共服务类别、服务项目、配置标准和配置主体。该标准中的很多条款，原则上都不低于省级标准。显然，遵从这一标准，可使得苏州城乡居民都能享受到比省级标准更优质的基层基本公共服务。除了积极制定自己的标准外，苏州市还积极参与国家标准的试点工作。2014年，经国家标准化委员会批准（标委办服务〔2014〕84号），苏州市作为全国人社系统第一批社会管理和公共服务综合标准化试点单位，承担公共就业服务标准化试点。试点期间，全市21个社区（村）为公共就业服务标准化项目试点单位。试点工作的参与，令苏州公共就业服务均等化的意识更进一步提高，同时促进了对自身不足的认识，为进一步自我提升奠定了基础。

（三）民意表达制度创新建议

服务供给的好坏，既取决于本身公共就业服务本身，但了解"需求要素"即公共就业服务对象的需求也非常重要。只有我们提供的公共就业服务与公共就业服务对象的需求匹配起来，才能"富有吸引力"，获得最大的"产出"。民意表达制度建设非常重要，科学合理的民意表达制度设计，可促进系统的供给要素提供出那些能满足服务对象需求的"富有吸引力"的公共就业服务产品。事实上，民意表达制度也是系统"信息要素"功能能否充分发挥的重要内容。可见，对民意表达制度进行持续创新，将有助于系统更有效的运行。目前，我国公共政策制定过程中普遍存在"民意表达参与度低""民意表达诉求分散""民意表达效用低下"的问题，究其原因，主要有"公众参与民意表达意识淡薄""公众政治文化素质不高""民意表达渠道不畅""政策主题与公众间的信息不对称""民意表达制度不规范"等①。对于公共就业服务部门及相关机构而言,应积极创新民意表达渠道,采用上门走访、问卷调查、社区服务微信/QQ群等方式,主动征求民意,精准搜集民众对公共就业服务的需求,使得所提供的基本公共就业服务更符合民众需求。

(四)监督评价制度创新建议

除了民意表达制度创新外,监督评价制度创新也很重要。监督评价制度也是系统"信息要素"的重要内容。公共就业服务系统各要素的功能表现、各环节的运行状况,都需要及时了解,获取必要的信息,并在系统内部进行顺畅的传递。所有要素的功能发挥,都离不开必要的信息。只有信息充足且传递及时,才能维持要素之间的联系,发挥协同的作用。除了民意表达这一信息获取及传递渠道外,监督评价也是信息获取及传递的重要渠道。鉴于此,有必要不断地进行监督评价制度创新。

以苏州为例,在2020年印发的《苏州市城乡劳动者就业技能培训实施细则》中,明确提出:定点培训机构需做好培训教学效果监测以及基础性台账资料的收集、整理、存档工作;各级培训管理部门不定期对实施培训的机构进行抽查。具体内容如下:

> 培训管理部门应通过现场抽查、电话回访、第三方督查等多种方式对培训机构的培训过程进行监督和管理。同时,加强对培训定点机构诚信运作的教育管理,要求培训定点机构保证上报材料的真实性和完整性,做到培训人员、培训课时、培训内容三落实,严格做到不虚报培训人数,不冒领培训补贴。加强对培训补贴资金的监督管理,规范审核拨付流程,严格补贴资金审核拨付,确保资金安全。
>
> 对于定点培训机构实行协议管理方式,对弄虚作假、骗取培训补贴的机构根据培训协议可采取暂停培训、退赔资金、取消定

---

① 杜雨薇:《我国公共政策制定过程中的民意表达研究》,硕士学位论文,黑龙江省社会科学院,2021年。

点资格等手段进行处理,情节严重的追究其相应的法律责任。

除了进行监督管理外,还应创新评价机制。对于公共就业服务机构,应当定期进行评价,了解服务中的问题及效果,及时将信息反馈于系统中的相关要素,以供可持续改进。

(五) 法律制度创新建议

法律是由国家制定或认可并以国家强制力保证实施的,反映由特定物质生活条件所决定的统治阶级意志的规范体系。基本公共就业服务均等化,由于具有公益性,且对维护社会公正有着重要的意义。为此,国家需要通过立法的形式通过国家强制力的保障,规范公共就业服务的主体和对象的认定及各自的权利义务,以及明确公共就业服务的经费来源、内容、监督评价等方面的运作方式。

目前在公共就业服务领域中,主要依托的法律是《中华人民共和国就业促进法》。该法于2007年8月30日在第十届全国人民代表大会常务委员会第二十九次会议通过,自2008年1月1日起施行。该部法律的制定,其目的在于促进就业,促进经济发展与扩大就业相协调,促进社会和谐稳定。在该法中,设置了"第四章就业服务和管理",专门就公共就业服务进行了规定。以第35条为例,明确规定:县以上人民政府应建立健全公共就业服务体系,设立公共就业服务机构。同时还明确,该类机构为劳动者免费提供下列服务:

(一) 就业政策法规咨询;
(二) 职业供求信息、市场工资指导价位信息和职业培训信息发布;
(三) 职业指导和职业介绍;
(四) 对就业困难人员实施就业援助;
(五) 办理就业登记、失业登记等事务;
(六) 其他公共就业服务。

该法还明确规定,该类机构提供的公共就业服务经费,将纳入同级财政预算。该部法律的出台与实施,是我国"第一次在法律层面上对政府发展公共就业服务做出规定，标志着我国公共就业服务制度框架基本确定"。

但是，这部法律对"公共就业服务"很多重要议题都没有涉及，比如如何保障"基本公共就业服务均等化"目标的实现等。此外，该部法律虽然对公共就业服务有了一些具体的规定，但"很多内容仍然较为原则、抽象、操作性不强"①。为此，全国人大应积极围绕该法积极开展调研，为该法下一次修订创新积累一手素材。此外，在公共服务领域，目前国家已于2020年出台了《中华人民共和国公共文化服务保障法》，我们也建议，全国人大能尽快出台《中华人民共和国公共就业服务保障法》，为城乡公共就业服务均等化目标的实现保驾护航。

---

① 宁博：《浅析〈就业促进法〉中促进就业措施及其存在的问题》，《法制与社会》2008年第21期。

第八章　城乡基本公共体育服务均等化研究

公共体育服务是公共服务体系中的重要内容之一，也是公民健康的基础。"它以满足社会公众的体育需求为逻辑出发点，旨在促进人的全面发展，包括人的基本体育需求的满足，人的身体素质和健康水平的提高，以及人的潜能的充分发挥。"[①]《"健康中国2030"规划纲要》中指出，"推进健康中国建设，是全面建成小康社会、基本实现社会主义现代化的重要基础，是全面提升中华民族健康素质、实现人民健康与经济社会协调发展的国家战略，是积极参与全球健康治理、履行2030年可持续发展议程国际承诺的重大举措"。因此，对城乡基本公共体育服务的均等化研究至关重要。

第一节　基本公共体育服务均等化的内涵

一　公共体育服务

体育作为一种公共服务是公共服务在体育领域的延伸，在表述上体

---

① 曹可强、俞琳：《公共体育服务：体系构建、机制创新与制度安排》，北京体育大学出版社2013年版，第10页。

现为"体育"和"公共服务"两个术语的结合。因结合方式不同，出现了"体育公共服务"和"公共体育服务"两个语词。一些学者认为作为公共服务的体育是公共服务的一种类型，两者之间是种属关系，因而，它应当被称为"体育公共服务"。① 另有学者认为，在语言使用规范层面上，作为公共服务的体育应当被称为"公共体育服务"，而"体育公共服务"概念属于术语使用失范。② 由于这种争论基于分别逻辑学和语言学两种不同理论，共识自然也难以达成。但是语词的使用，毫无疑问需要遵循语言规范和其历史使用习惯。③ 在此意义上，"公共体育服务"相较于"体育公共服务"更为恰当。此外，"体育公共服务"看似符合逻辑学的上下位概念之间的关系，但实质上容易使人们将其误解为体育领域里所涉及的公共服务。无疑，作为一种公共服务类型的体育，全然不同于体育领域里所涉及的公共服务。后者具有更丰富的内涵。譬如，运动员就业问题可以看作体育领域的公共服务，但与作为一种公共服务类型的体育所讨论的内容没有太紧密的联系。

公共体育服务的上位概念是公共服务，而不是公共体育。我们习惯使用"公共体育设施""公共体育资源""公共体育产品"等概念，而很少使用"公共体育"这一概念。基于概念的日常使用，公共体育服务包含了公共体育设施、公共体育资源以及公共体育产品的内容。如果将公共体育看作公共体育服务的上位概念，那么与公共体育服务并列关系的概念有哪些？从公共体育角度看，其本质上就蕴含满足公众需求或"服务"的性质。因此，公共体育即公共体育服务。换言之，公共体育服务反映了作为一种公共服务类型的体育的本质内涵。同时，厘清公共体育服务的具体内涵，需要建立在理解其上位概念即公共服

---

① 范冬云：《我国体育公共服务研究中几个问题的探讨》，《成都体育学院学报》2010年第2期；刘亮：《我国体育公共服务的概念溯源与再认识》，《体育学刊》2011年第3期。

② 郇昌店、张琮：《我国公共体育服务概念的辨析——兼与范冬云先生商榷》，《西安体育学院学报》2011年第3期。

③ 陈斌、韩会君：《公共体育服务概念的科学认识——基于术语学的视阈》，《广州体育学院学报》2015年第2期。

务的基础之上。

对公共服务的一种理解是从供给内容上出发,认为公共服务的内在规定性取决于如何理解公共产品。其一,公共服务即具有"非排他性"和"非竞争性"的公共产品。它作为一种集体消费品是公益性的、无偿性的。其二,公共服务可能是一种准公共产品。公共产品可以划分为纯公共产品和非纯公共产品(或准公共产品)。后者则不一定具有"非排他性"和"非竞争性",它是介于纯私人产品和纯公共产品之间的第三种类型。① 由此,基于公共体育产品的"非排他性"和"非竞争性"水平,公共体育服务可分为纯公共体育服务和准公共体育服务。②

对公共服务的另一种理解则从供给主体出发,强调公共服务体现在产品供给或服务主体的公共性上,而不是物品的规定性上。只有产品/服务的供给主体有公共的或私人的之分,而就产品/服务内容而言无所谓公共的或私人的之别。③ 其中,公共供给的主体是政府,而私人供给的主体是市场。传统观念认为政府是公共服务的最佳供给者。但随着研究的深入,人们逐渐发现政府供给往往忽略公民对公共产品的偏好。公共服务的市场化和社会化弥补了政府供给的缺陷,推动公共服务供给主体向多元化发展。公共体育服务的供给主体是多元的,但政府在多元供给主体中应当占有绝对主导地位,它是公共体育服务的立法者和监管者、基本公共体育服务的供给者、公共体育服务多元供给主体的主导者、公共体育服务人力资源的开发者以及公共体育服务改革的推动者。④ 另外在多元供给主体中,"真正具备向广大社会成员供给公共体育服务产品能力,并且始终能够承担公共体育服务供给责任的只能是公共组织。……但是公共组织并不一定需要亲自去完成公共体育产品的生产任务,在公

---

① 阿特金森、斯蒂格里茨:《公共经济学》,蔡江南等译,上海三联书店1992年版,第621—623页。

② 刘艳丽、姚从容:《从经济学视角试论我国体育公共服务产业生产主体的多元化》,《西安体育学院学报》2004年第5期。

③ Marmolo, E., "A Constitutional Theory of Public Goods", *Journal of Economic Behavior & Organization*, Vol. 38, No. 1, 1999, pp. 27–42.

④ 周爱光:《从体育公共服务的概念审视政府的地位和作用》,《体育科学》2012年第5期。

共体育产品的生产阶段企业和个人完全可以参与其中"①。

两条路径之间的论争在于公共服务之"公共性"的依据。虽两者侧重点有所不同,但它们之间又是紧密相关的。公共产品的公益性与无偿性意味着它不可能是商品,其供给主体不可能是市场,而只可能是政府或公共组织。②公共服务是一项有目的的社会活动。因此,无论是供给内容还是供给主体都是围绕着供给目标展开,也无法脱离服务对象去讨论。供给目标既要考虑实际的社会因素,也要考虑到服务对象的需要。不同的服务对象会产生不同的需要。公共选择影响供给目标的同时,也会影响到供给主体和供给内容。所以,公共体育服务的公共性也反映在其供给目标与服务对象两个方面。

公共体育服务的根本目标在于满足社会的公共体育需要。而所谓公共体育需要指的是社会生活中关系到公共利益与诉求的体育需要,它具有外溢性,关系到国家与社会的直接或间接利益。③它将公共诉求融合在私人需要之中。譬如,公民的健身需求看似是私人需要,但是个人在健身中获得的身心收益亦具有重要的公共利益。同时,这也意味着公共体育服务并不在于满足服务对象的所有体育需要,而只为了满足那些与公共利益有着直接或间接关系的需要。一些个性化的、私人性的需要并不属于公共体育服务的内容。换言之,公共体育服务的服务对象是具有公共性的社会群体而非个人。而个人作为社会群体的构成部分,将个人选择转化为公共选择,从而获得利益。

概言之,公共体育服务的本质属性在于其"公共性",具体体现在供给主体、供给目标、服务对象以及供给内容四个方面。因此,公共体育服务可以理解为政府及其主导下的公共组织、企业和个人等为了满足公民的公共体育需要、实现公共体育利益,而向特定社会群体提供公共体育产品的活动。

---

① 汤际澜:《我国基本公共体育服务均等化研究》,博士学位论文,苏州大学,2011年。

② 张强:《基本公共服务均等化:制度保障与绩效评价》,《西北师大学学报》(社会科学版) 2009年第2期。

③ 肖林鹏、李宗浩、杨晓晨:《公共体育服务概念及其理论分析》,《天津体育学院学报》2007年第2期。

二 基本公共体育服务

依据不同的供给目标,公共体育服务可以被划分为不同的层次。有学者将其划分为基本公共体育服务和一般公共体育服务;① 有学者将其划分为基本型公共体育服务和选择型公共体育服务。② 不同层次的公共体育服务满足不同水平的公共体育需求,可实现不同的公共利益。其中,基本公共体育服务旨在满足社会公民的基本公共体育需要,属于较低层次的公共体育服务类型。"基本"既意味着层次较低的,也意味着根本性的、首要的。因此,它是一种尤为重要的公共体育服务类型。

那如何理解公民的基本公共体育需要?从供给目标上看,基本公共体育服务应当实现何种目标?从基本公共服务的角度看,将基本公共体育服务看作基本公共服务的下位概念,是基本公共服务的重要内容。基本公共服务的目标在保障公民最基本的权利和权益,满足他们的底线生存和发展需求。它主要包括三个层面的含义:对人类基本生存权的保障、对公民基本尊严和基本能力需要的满足以及对公民基本健康需要的满足。③ 基本公共体育服务的目标在于解决基本公共服务范围内与公共体育息息相关的需求。从基本公共服务的三层内涵看,这些需求主要关涉公民的健康方面。因此,公共体育服务的基础性的、首要的目标在于通过向公民提供公共体育产品或服务,提升公民对公共体育的需求,保障公民的健康。

基本公共体育服务的供给目标对应着最少或最小范围的公共体育服务的供给内容。由于供给目标的确立一方面取决于国家对国民素质的规范性要求,另一方面取决于公民对公共体育的需求。在不同的历史背景和社会条件下,这两个因素都会有所不同。因而,基本公共体育服务的

---

① 周爱光:《从体育公共服务的概念审视政府的地位和作用》,《体育科学》2012年第5期。
② 蓝国彬、樊炳有:《我国体育公共服务供给主体及供给方式探析》,《首都体育学院学报》2010年第2期。
③ 秦小平:《城乡体育基本公共服务均等化研究》,博士学位论文,华中师范大学,2011年。

供给目标具有历史性。相应地，最小范围内的具体供给内容会随着社会、经济以及体育发展等支持性条件的变化，以及人们对体育的理解和需要的转变而发生变化。基本公共体育服务的内容根据性质可分为有形产品（如场地设施）和无形产品（如公共政策、法规制度等）。[①] 就我国当前而言，它具体应该包含公共体育设施建设、公共体育信息服务、公共体育指导服务、公共体育组织管理服务、国民体质监测服务、公共体育政策服务以及公共体育保险服务等内容。[②] 国家体育总局在体育事业发展"十二五"规划中明确提出全民健身设施、体育组织、体育活动、健身指导和体质监测是基本公共体育服务的主要内容。从基本公共体育服务的自身逻辑看，体育活动是核心内容；缺少体育活动，其他内容便失去了发挥作用的载体。而从公众需要的角度看，场地设施是最重要的、关键的公共体育产品。[③] 这两者之间的矛盾，实质上意味着产品供给者与广大民众对体育的认识不同。民众参与体育活动之前考虑的是物质基础，而对体育的理解可能较为欠缺。因此，基本公共体育服务的供给内容不仅包含民众的公共体育需求，也包含那些塑造民众的需求的部分，譬如体育知识信息。如此，才能够有效推动基本公共体育服务的合理化发展。

基本公共体育服务的供给主体是多元的，但不同的社会背景下有着不同的供给模式。政府主导型模式强调行政权力在公共体育服务运作过程中的重要作用，目的在于保障产品供给的普惠性和均等化。政府主导型模式能够有效保障一些耗资大、可盈利空间小的项目，它在公共体育服务市场化或社会化机制和条件不成熟的社会中具有重要价值。但同时它存在使得财政负担过重、供给效率不高以及应对公共体育服务需求不及时等问题。在市场经济相对成熟和社会组织相对完善的国家的公共体育服务一般是市场主导型模式。在这一模式中，市场和社会组织充分发挥自身灵活性、独立性特点，相较于政府主导模式

---

① 肖林鹏、李宗浩、杨晓晨：《公共体育服务概念及其理论分析》，《天津体育学院学报》2007 年第 2 期。
② 任春香、李红卫：《新时期我国公共体育服务体系的基本内容探析》，《体育与科学》2011 年第 2 期。
③ 张宏、陈琦：《我国公共体育服务体系服务项目标准研究》，《成都体育学院学报》2012 年第 9 期。

具有效率较高、成本较低、供给内容多样的优势。但由于市场与社会组织往往追求投入与回报比而造成供给不均等，这可能使得基本供给得不到保障。因此，政府在公共体育服务供给中的作用不可替代。政府、市场与社会组织三者相互合作，形成优势互补，才是基本公共体育服务应有的模式。在混合型的供给模式中，一种是在政府主导和制度安排下，市场和社会组织有限地参与公共体育服务供给，以缓解政府的压力，提高供给效率；另一种是突出市场和社会组织的主导作用，政府部门的主要作用在于弥补市场与社会力量的不足，维持公共体育服务的普惠性。由于第二种模式只有在市场与社会组织的运行较为成熟的社会中才可能实现，就我国目前情况而言，第一种混合模式更具有借鉴意义。实质上，"在任何类型的供给模式中，政府始终担负着实现公共体育服务公平普惠的最终责任，无论市场和社会组织如何成长，政府作用不可能消失，差异只是政府在发挥何种作用和如何发挥作用"[①]。这也意味着在不同社会条件下，政府需要不断调整自身的职能，才能合理规划、有效落实基本公共体育服务。

不同的人群会产生不同的公共体育需求。基本公共体育服务为了满足民众的多样化需求，供给主体需要针对性地提供公共产品或服务。因此，基本公共体育的服务对象可以依此细分。按照服务对象划分，公共体育服务可分为三种类型：学校体育教育、群众体育服务和竞技体育服务。学校体育教育的主要对象是青少年学生，它为学生提供合适的公共体育产品，旨在促使学生通过参与到体育活动，增强体质和领悟体育精神。群众体育服务则面向所有的公民，它旨在满足广大人民群众的公共体育需要，为群众提供基本的设施、指导以及体质监测等。竞技体育服务的主要对象是运动员，同时也为广大群众提供高水平体育比赛节目，丰富群众体育服务的内容。在当前我国公共体育服务发展的背景下，基本公共体育服务仅包括学校体育教育和群众体育服务，而竞技体育服务并不属于此领域所关心的内容。"从国际竞技体育组织管理的一般模式来看，商业化、市场化是竞技体育发展的主流，

---

① 曹可强、俞琳：《国外公共体育服务供给模式及启示》，《西安体育学院学报》2015年第1期。

仅有少数国家动用社会公共资源直接投入竞技体育领域用于追求竞技体育成绩。另外，竞技体育对于人的需要的满足和精神方面的促进明显已经高于人的基本需要，将其作为基本公共体育服务需要并不适宜。"① 美国竞技体育管理体制与运行机制是竞技体育的市场化较为典型的代表。从其发展的历史过程看，业余体育的勃兴和职业体育的出现在其发展中扮演着十分重要的角色，并且以学校体育为主的业余体育和职业体育是美国竞技体育的重要组成部分。② 因此，在以此逻辑运作竞技体育的国家，它常被看作基本公共体育服务的内容。

三 基本公共体育服务类型

青少年体育的重要性不言而喻。《青少年体育"十三五"规划》开篇便提及。青少年的体育需求，也是对健康生长发育的需求，是一种不可回避的、基本的需要。青少年的健康不仅仅关乎自身的生活、学习，也体现着一个民族的生命气象，影响着民族未来发展。青少年公共体育服务的本质上属于教育范畴，蕴含着国家因着眼于社会持续的向好发展而对青少年提出的规范性要求，甚至具有一定的强制性。因此，青少年的公共体育服务是国家与社会的一项基本任务，其特质要求政府主管部门在青少年公共体育服务供给过程中，应当统筹全局，制定相关政策，合理配置资源，以保障青少年拥有平等机会享受到合适的公共体育服务。

学校教育是青少年的主要生活方式，而学校体育是学校教育的重要组成部分。传统学校体育主要以肢体性运动技能教育为主。随着人们对学校体育认识的不断深入和体育观念的更新，学校体育承载着更多的教育任务，譬如，锤炼学生的意志品质、提升学生的精神气质、培养学生的体育精神等。作为一种体育教育的青少年公共体育服务，实质上只是满足了青少年的基本公共体育需求——健康成长。因此，学校体育则是青少年基本公共体育服务的主要存在方式。学校是青少年享用公共体育

---

① 汤际澜：《我国基本公共体育服务均等化研究》，博士学位论文，苏州大学，2011年。
② 张晓琳：《中美竞技体育管理体制与运行机制的比较研究》，博士学位论文，北京体育大学，2011年。

服务的主要场所。在学校生活中，青少年学生主要通过学校体育课、体育社团活动以及运动会等形式参加体育锻炼，因而，如何保障这些活动的正常开展是青少年基本公共体育服务所需要考虑的重要内容。

在广义上，群众体育是面向所有社会成员的公共体育，包括针对青少年、妇女、老人以及残疾人等特殊群体的公共体育。因此，青少年体育只是群众体育的一个部分。在狭义上，群众体育主要面向除青少年学生和运动员之外的广大社会劳动者，又称为"社会体育"。虽然它和青少年体育在目的上是一致的，均是朝向人的生命健康发展，但不像青少年体育那样具有一定的强制性，其参与度完全取决于社会成员的个人意愿。它也不像竞技体育那样以竞赛为核心。

我国计划经济时期，单位体育是群众体育的重要形式。[1] 群众体育在体委领导下，以单位管理为主。在我国，单位不只是人们从事单纯职业生活的场所，也是集政治、经济、生活功能于一身的社会基本单元。[2] 随着"单位"的企业化，单位的功能也逐渐简化，但是如今一些有条件的企业仍然为员工提供一些基本的体育服务。譬如体育俱乐部活动的组织、基础设施建设以及运动健身指导等。一般来说，单位/企业体育服务内容较为丰富，更加注重员工的个人体育兴趣和需求，开展时间也较为灵活。因此，它往往较为个性化。但是，对于一些条件较差的单位员工而言，他们的基本体育需求往往难以得到满足。并且，单位/企业体育服务内容往往受领导和管理人员的兴趣、受单位的经营状况以及上下班时间的影响较大。因此，单位/企业体育难以为广大劳动者提供基本的公共体育服务。学校体育作为青少年基本公共体育服务的主要形式，它开展在学校这一特定的组织机构中。在某种意义上，它也可被认为是一种"单位体育"。学校体育之所以能够为青少年提供基本公共体育服务，一方面取决于学校即服务供给单位的性质，另一方面在于青少年基本公共体育的教育性质。

群众体育根本上在于满足广大社会成员的具有公益性的基本公共

---

[1] 周建军、仇军、樊恒学：《我国"单位体育"的过去和未来》，《体育学刊》2004年第5期。

[2] 孔令栋：《权威与依附——传统社会主义模式下的国家和社会关系》，《文史哲》2001年第6期。

体育需要。随着"单位中国"向"社会中国"转变，政府在整合社会资源促进基本公共体育发展的过程中，需要考虑到所有人所占有的公共体育资源。因此，社区体育应当成为群众体育的主要形式。社区是人们聚集生活的基本场所，一般可以分为城市社区和农村社区。社区体育包括城市社区体育和农村社区体育。"我国城市社区体育在现阶段主要是指在街道办事处和居住小区的辖区内，在农村是指乡镇和自然村，以自然居住生活环境和体育设施为物资基础，以全体社区成员为主要对象，以满足社区成员的体育需求，增进社区成员身心健康，就地就近开展的区域性的社会体育。"①

四 基本公共体育服务均等化

《体育发展"十三五"规划》中指出健康中国和全民健身作为国家战略，需要进一步发展公共体育服务体系，推进基本公共体育服务均等化，"使全体人民在体育参与中增强体育意识，享受体育乐趣，提升幸福感，做到体育发展为了人民，体育发展依靠人民，体育发展成果由人民共享"。那么，何为均等化？何为基本公共体育均等化内涵？其意义何在？

均等化概念既蕴含着追求均等的意向，反映出不断迈向均等的过程，也用于表达一种趋近均等的状态。均等和平等在中文语境中为同义词，在英文中都是用 equality 表达。平等作为政治学的一种范畴，学界有着较为深刻的探讨。不同学者对其内涵也有着不同理解。一般来说，可分为机会平等和结果平等两种观点。机会论者强调所有人都享有获得某种权利/事务的机会是相等的，而结果论者更为看重最终的分配结果是否均等或公平。先不论如何理解平等概念，如果我们进一步追问为何谈平等的时候，便不难发现它常与公平、正义以及公正等概念的有着密切的关系。公平和平等应当是一个好的社会的追求，它们不仅影响着社会成员之间关系的紧密程度，也影响着社会成员对政府的信任程度。追求公平和平等，是维持社会问题的重要路径。"作为道德规范，它们不仅调节着人与人之间的关系，而且调节着人与社会的关系。作为分配原则，它们

---

① 樊炳有：《社区体育论》，北京体育大学出版社2003年版，第27页。

的实质是使各种利益分配合理、公正。"① 作为利益分配原则,两者都具有相对性。但是,相对性的实质内涵有所不同。公平的相对性实质上指的是分配原则的合理性程度。也就是说,如果我们认定某种制度是相对合理的,那么按照该制度进行分配就是公正的。(分配)平等因建立在作为维护人的社会地位和尊严的政治功能基础之上,所以其关注的是分配过程中所有人的利益是否被同等对待。因此,平等的相对性在于分配原则所体现出的"人人平等"的程度。平等的另一个重要依据是正义。对于一个好的社会来说,仅仅经济繁荣、物质富裕是不够的,它还需要在价值层面上有所追求。从柏拉图、罗尔斯到阿马蒂亚·森,他们无不将正义作为一个社会追求的最高价值来看待。尽管他们对正义的理解各异,但均可体现在社会生活的两个方面。一方面体现在社会对待社会成员及其行为的恰当性方面,赏罚有度;另一方面体现在社会分配社会资源合理性方面,不偏不倚。平等与正义有着密不可分的联系。依据罗尔斯的观点,正义寓于平等之中,同时又需要通过平等来实现自身。或者说,平等作为一种原则或一种信条源于人们对正义的情感。② 社会资源均等化的目的在于实现社会正义。

基本公共体育服务的不均等有多种类型,譬如,区域间的、城乡之间的以及不同群体间的等。全民健身是实现体育强国、健康中国战略的重要途径。因此,推进城乡公共体育均等化是"健康中国2030"规划落实所依循的基本原则,是消除基本公共体育服务的其他类型不均等的基本着力点。城乡公共体育服务均等化即通过调整基本公共体育供给,优化城乡体育资源配置,逐渐缩小城乡之间差距,使得城乡居民在获得基本公共体育产品或服务方面具有同等机会,占有相同资源,满足他们的基本公共体育需要,保障他们平等享有基本公共体育服务的权利,以实现社会的公平正义。

从平等/均等的内涵看,城乡基本公共体育服务不可能实现绝对的均等。只可能在平等分配原则的支配下,优化资源配置。如前所说,平等本质上是追求正义。因此,社会正义是基本公共体育服务均等化

---

① 洋龙:《平等与公平、正义、公正之比较》,《文史哲》2004年第4期。
② [法]皮埃尔·勒鲁:《论平等》,商务印书馆1988年版,第24页。

所依循的核心观念。社会正义存在于社会成员之间，体现在他们之间的利益分配、责任要求的合理性方面，但最终会落实到社会成员的个人需求上。因此，城乡基本公共体育服务均等化一方面意味着公共体育供给主体应当为城乡居民提供大致相同的基本公共体育服务；另一方面意味着城乡居民作为公共体育的需求者，他们的基本公共体育需求得到满足的程度大致相同。也就是说，城乡基本公共服务均等化不只追求资源配置量上的同等性，也追求质上的等效性。换言之，基本公共体育服务均等化绝不是追求一种资源分配的"平均主义"，而是在于无偏见、无歧视地对待城乡居民的公共体育需求。在公共供给可能的情况下，尽可能地考虑城乡、不同地区或群体的公共体育需要，尊重他们的自由选择，以此提高他们的参与度。如此，供给主体所提供的体育服务于他们才是有用的，才是公共体育活动的机会。在此意义上，城乡居民在公共体育参与机会上的平等才是可能的。也只有群众积极参与到体育活动中，加强身体锻炼，他们才可能从中获益，才可能享受到实质的平等。概而言之，基本公共体育均等化主要从供给（即投入的实际转化）与需求两个方面进行考量。

在理解基本公共体育服务均等化的内涵时，常常会有一种失误，即过于强调供给的"均等"性而忽视"基本"标准。一种情况是无公共体育供给。实质上，无"服务"也就无所谓服务均等化。另一种情况是公共体育供给不达标准。不达基本标准的"服务"自然不能够被称为基本公共体育服务。此种情况下，基本公共体育服务的均等化实则为公共体育供给的均等化。"基本公共体育服务均等化就应当是在一定基准服务水平之上而进行的均等化，基准服务应当是符合基本公共体育需要、部分地区已经提供、部分地区能够提供、部分地区应努力实现提供的基本公共体育服务，同时随着经济社会发展水平和基本公共体育服务供给水平的提高而提高。"①

基本公共体育供给内容应当尽可能具有多样性，以供广大社会成员进行自由选择。但是一些社会条件的限制下，供给主体提供的公共体育

---

① 汤际澜：《我国基本公共体育服务均等化研究》，博士学位论文，苏州大学，2011年。

产品难以满足群众的自由选择。这种供给与需要的错位所造成的机会不均等，可以通过塑造、转变群众的需求，而最终达到实质上的平等。譬如，通过特色体育活动的形式，推动群众的基本体育活动参与。因此，基本公共体育服务均等化水平并不是孤立地从供给或需求某一个方面进行单独评价，而是从以实质平等为核心进行的综合评判。

从前面所分析的几种供给模式的运作逻辑可以看出，基本公共体育均等化离不开公权力的干预。政府体育行政部门应当是推动基本公共体育均等化的主体。譬如，政府通过政策制定、过程监督以及效果评价等方式保障公共体育资源的合理分配。

基本公共体育服务分为学校体育教育和群众体育/社会体育服务。由于两者在服务对象、供给内容以及供给方式等方面有着很大差异，它们所面临的主要矛盾也有所不同。因此，有必要将学校体育教育均等化和群众体育服务均等化分别进行讨论。此外，学校体育可分为中小学体育和大学体育。由于我国大学主要分布在城区，城乡大学体育均等化问题并非典型。因此，城乡学校体育教育均等化主要关注的是城乡中小学体育服务。

第二节　城乡基本公共体育服务均等化之一——学校体育教育

一　历史及其发展

学校体育的历史可以从学校体育政策演变中窥见。一方面政策的内容反映出相应历史时期学校体育的目标朝向，指引着未来学校体育的实践；另一方面政策也能够映射出相应历史时期学校体育存在的问题。"在一定意义上讲，学校体育改革行为即政策性行为。"[①]

---

① 潘凌云、王健：《改革开放40年我国学校体育改革与发展的政策审思》，《体育科学》2019年第5期。

学校体育产生于现代学校。洋务学堂在一定意义上可以说是中国最早的新式学校。洋务派秉持"中学为体，西学为用"的理念，不仅引进了近代科学知识和技术课程，也开设了体育课程即体操课。张君劢在《我的学生时代》一文中回忆到那时候学生们可以在下午上体操这件事。① 随着社会形式的转变，进步人士认为教育变革是救治中国的必要方式。因此，科举考试的内容成为人们批评的重点对象。与之相伴随的是改造旧书院，建立新的课程体系。体育课程也被纳入新式学堂的课程体系之中。譬如，上海南洋公馆、上海时务学堂、湖南时务学堂等均开设了体操课程。体育学科作为分科课程的地位得以确立，其内容主要是德国和日本的兵式体操及一些运动游戏为主。② 一般而言，《奏定学堂章程》的颁布开启了中国近代学校体育的历史，它不仅确立了体操科作为一门独立课程，也规定了课程的教学时数、目标、内容（普通体操/兵式体操）以及场地设施（室内/室外）等。但有学者认为，中国近代学校体育萌芽于"书院体育"，后来才逐渐形成了近代学校教育中的体育制度。③

民国初年，学校体育受到多种思潮的影响，诸如，军国民教育思潮、民主与科学思潮以及国粹文化思潮等。其中，民主与科学思潮对中国学校体育的后来发展影响最大，它促进了人们体育观念、课程体系以及体育教学方式的转变。1919年至1921年，杜威在华讲授实用主义教育思想。随着实用主义教育学说在我国教育界广泛传播、影响扩大，1922年北京政府学习美国"六三三"提出了"学校系统改革案"（壬戌学制）。由此，中国教育由向日本取经转而向美国学习。学校体育由模仿日本变成借鉴美国。比如，1923年政府制定的《课程标准纲要》中，"体操科"被更名为"体育科"；学校体育的目标、内容以及组织形式等得以明确；体育课以田径、球类以及游戏为主要内容，而

---

① 张君劢：《我的学生时代》，载《义理学十讲纲要》，中国人民大学出版社2006年版，第194—197页。

② 王华卓：《论我国近现代中小学体育课程的发展演变及其历史经验》，博士学位论文，北京体育大学，2003年。

③ 田国祥、李斌、康彪：《中国学校体育发展史》，甘肃人民出版社2011年版，第24页。

兵式体操被彻底废除，此外，中学课程还加入了生理、卫生方面的知识。由此，学校体育发展趋向体系化、科学化。但是在课程实施中，一方面由于教师缺乏培训而难以胜任新的教学任务，另一方面由于新课程所需器材需要大量经费投入而教育经费短缺，新的课程标准并没有被很好的落实，而仍然以兵式体操、普通体操和游戏为主。①

南京国民政府成立以后，设立教育部体育委员会和体育督学系统，管理学校体育和社会体育事务，相继颁布了《国民体育法》和《国民体育实施方案》，制定了《小学普遍课外运动试行办法》和《中等学校强迫课外运动试行办法》，明确各级各类学校的体育目标、体育课程标准以及设施标准等。1935 年 11 月，中国国民党第五次全国代表大会宣言指出道德与实学是教育的始基，而基于当下国情，"文事教育与武事教育应根源于同一之精神，而于国民基础训练则二者尤宜并重，以复吾国固之良规，应现代国家之需要……普遍推行国民训练，兴武教，重武德，以养成国民集团生活之习惯，健全国民身心之教育"。② 学校体育的德育功能在此被强调。但是由于办学条件的限制，体育教师的培养不论在数量还是质量上都无法满足各级各类学校的需求。③ 师资短缺直接影响着学校体育课程无法很好实施。导致这一结果的可能还有另外一个重要因素：人们对体育的误解。在当时社会思潮的影响下，西方文化对中国大中城市富有阶层的生活方式产生了很大影响。体育活动作为一种娱乐、消遣和社交方式出现在公众视野中，其增进健康的功能被忽视。这自然也影响着学校对待体育课程的态度。

抗战时期，教育部对学校体育也做出了特殊要求。1940 年公布的《各级学校体育实施方案》中除了包括身体发育、规范行为、健康态度、运动技能等目标，还从思想、技能以及规范等方面提出了战时特

---

① 《体育史料》（第四集）//苏竞存：《中国近代学校体育史》，人民教育出版社 1994 年版，第 103 页。

② 中国第二历史档案馆、海峡两岸出版交流中心编：《中国国民党历次全国代表大会暨中央全会文献汇编》（第 13 册），九州出版社 2012 年版，第 69、70 页。

③ 田国祥、李斌、康彪：《中国学校体育发展史》，甘肃人民出版社 2011 年版，第 168—170 页。

别目标。战后学校体育目标发生了变化,转向"普及国民身体素质"。但总体上,这些目标并没有很好落实,学生身体素质反而下降。[①]

中华人民共和国成立以后,学校体育在改造旧制度的基础上,探索新思路,开始转向学习苏联学校体育设置,调整中小学体育目标、课程结构以及教材教法,规范化建设自身的学校教育。并相继推出一系列的改革举措(譬如"劳卫制")和体教政策(譬如1952年教育部和中央体委联合颁布《学校体育工作暂行规定》;1956年颁发新中国第一套《小学体育教学大纲》草案和《中学体育教学大纲》草案)。但随着中苏关系恶化,学校体育被迫停止而陷入瘫痪状态。最终,学校体育还是通过调整得以恢复,重新制定了十年制《小学体育教材》和《中学体育教材》(教师用书)。这一时期,凯洛夫的"主智主义"教育思想对我国教育产生了深远的影响。"知识与技能的传授"成为学校体育的主要任务。

改革开放初期,学校体育的首要任务是"拨乱反正",建立健全体育组织机构,规范体育工作,恢复正常的教育教学秩序,把学校体育的目标转移到"增强学生体质"和"提高健康水平"上来。1978年,教育部、国家体委、卫生部联合印发《关于加强学校体育、卫生工作的通知》,相继由教育制定了《体育教学大纲》。1979年的扬州会议具有里程碑的意义,它就学校体育卫生工作中的若干重大问题进行了讨论,肯定了学校体育在教育体系中的不可或缺性。会议之后,教育部、国家体委颁布了《中、小学体育工作暂行规定(试行)》《高等学校体育工作暂行规定(试行)》。1985年颁布的《中共中央关于教育体制改革的决定》,对教育做出了全面改革。随后一系列关于规范学校体育发展的政策文件相继出台。总体而言,这一时期我国学校体育实践有诸多问题亟待解决:学生的体质、健康状况不佳;体育场地少、设施差、体育经费严重不足;体育师资队伍素质较低;片面追求升学率,忽视学生健康发展;学校体育法制不健全;学校体育发展出现不同区域、城乡之间的不平衡。[②]

---

① 教育部教育年鉴编纂委员会:《第二次中国教育年鉴》,上海商务印书馆1948年版,第1292—1330页。
② 田国祥、李斌、康彪:《中国学校体育发展史》,甘肃人民出版社2011年版,第319—322页。

改革开放后期，为了更加规范化管理学校体育工作，进一步完善了学校体育法规制度。国家教委、国家体委于1990年颁布的《学校体育工作条例》（2017年做了修订），在总结前期学校教育工作的基础上，对学校体育工作的具体问题做了明确规定。相继印发《九年义务教育全日制小学体育教学大纲》（试用）和《九年义务教育初级中学体育教学大纲》（试用），以规范体育教学活动。为了切实解决学校体育工作中暴露出来的问题，1993年颁布的《中国教育改革和发展纲要》中强调，"进一步加强和改进学校体育卫生工作，动员社会各方面和家长关注学生的体质和健康。各级政府要积极创造条件，切实解决师资、经费、体育场地、设施问题，逐步做到按教学计划上好体育与健康教育课"。随后相继出台《中华人民共和国教师法》《中华人民共和国教育法》《中华人民共和国体育法》等有关学校体育的法规和文件。

为了进一步推进学校体育工作的落实，国家教委根据多地多年的试点经验，肯定了体育考试在学校体育实施过程中重要作用，因此，于1997年颁布了《初中毕业生升学体育考试工作实施方案》（以下简称《考试方案》）。《考试方案》对体育考试的落实做出了较为具体的规定。在此之前，为了促进中小学生参加体育锻炼，优化课程内容、结构，国家教委于1996年下发了《"体育两类课程整体教学改革"的方案》（以下简称《课改方案》）。《课改方案》将原来的单一学科类课程改为学科类课程和活动类课程，分别着重强调体育理论、体育实践。

世纪之交，随着素质教育的推进，我国学校体育目标发生了变化，将"健康"视为重中之重。《中共中央国务院关于深化教育改革全面推进素质教育的决定》（1999年）明确指出："学校要树立健康第一指导思想，切实加强学校体育工作，使学生掌握基本的运动技能，养成锻炼身体的良好习惯。"这为新一轮的课程改革指明了方向。2001年，教育部印发了《全日制义务教育普通高级中学体育（1—6年级）体育与健康（7—12年级）课程标准（实验稿)》（2017年重新修订）。新《课标》不同于以往的教学大纲，它是指导性文件而非指令性文件，更能够调动教师和学生在教学内容选择上的自主性，很好应对长期以来内容与学生兴趣、教师教学思路相脱节的问题，有助于调动学生的运动兴趣、养成运动习惯以及改善教学效果等。同时，针对学生身体素质持续下降的问题，2007年党中央国务院首次以中央文件的形式颁布了《中共中央国务院关于加强青少年体育增强青少年体质的意见》。事实上，学校体育实践和相关文件要求之间还有很大的距离：增强体质、改善健康的目标并未达成；对学校体育的认识不到位、理解混乱；学生体育意识较淡薄，体育需求被文化知识学习压制或者体育需求与体育供给/课程安排有冲突；学校体育的不均等现象凸显等。

新时期，学校体育仍然坚持落实"健康第一"理念。2010年制定的《国家中长期教育改革和发展规划纲要（2010—2020年）》指出，学校体育要"牢固树立健康第一的思想，确保学生体育课程和课余活动时间，提高体育教学质量，加强心理健康教育，促进学生身心健康、体魄强健、意志坚强"。2016年中共中央、国务院印发的《"健康中国2030"规划纲要》指出学校体育的"健康教育"使命。为了推进学校体育科学发展，2012年国务院办公厅印发了《关于进一步加强学校体育工作的若干意见》（以下简称《意见》）。《意见》对场地设施、师资配备、学生体质监测以及评价机制都做了较为详细要求和规划。2014年教育部相继颁布《学生体质健康监测评价办法》《中小学校体育工作评估办法》《学校体育工作年度报告办法》三个重要文件，以推动落实《意见》的要求。"为进一步推动学校体育改革发展，促进学生身心健康、体魄强健"，2016年印发了《国务院办公厅关于强化学校体育促进学生身心健康全面发展的意见》。从该文件出台的背景，可以看出目前学校体育存在的问题仍然较多：人们对学校体育的重要性认识不足；体育教学和课外活动时间不足；师资短缺、场地设施缺乏；等等。

"任何学校体育政策都是为了推行某项学校体育改革，重组某些学校体育资源或解决学校体育中的某个特定问题。"[①] 从我国学校体育的发展历史看，虽然近些年发展较快，但总体还比较薄弱，不少基础性问题还有待进一步解决，比如，一些地区的基本的设施、师资配备还没有完全达标。正是在这样改革发展的过程中，由于城乡学校体育发展速度不同，它们之间的出现差距、不均等日益凸显出来。譬如，20

---

① 潘凌云、王健：《改革开放40年我国学校体育改革与发展的政策审思》，《体育科学》2019年第5期。

世纪末，国家教委召开农村学校体育卫生工作研讨会，讨论解决贫穷农村的学校体育卫生问题。① 教育均等有关社会公正。因此，城乡之间的不均等可能是接下来的学校体育改革所需要面对一个重要问题。1999年印发的《中共中央国务院关于深化教育改革全面推进素质教育的决定》明确指出要"有针对性地加强农村学校的体育和卫生工作"。2016年印发的《国务院关于统筹推进县域内城乡义务教育一体化改革发展的若干意见》和2017年印发的《县域义务教育优质均衡发展督导评估办法》均要求加快推进城乡学校体育均衡化发展。在党的二十大报告中，习近平总书记提出："广泛开展全民健身活动，加强青少年体育工作，促进群众体育和竞技体育全面发展，加快建设体育强国。"②这为新时代加快推进城乡学校体育均衡化发展提供了基本遵循。

二 学校体育教育的城乡不均等分析

学校体育教育均等化的评价一般有两种方式：一种是通过指标体系对各学校进行单项/整体打分，然后通过分值比较分析进行评价；③另一种是具体对比城乡不均等的重要方面，找出城乡学校体育教育的具体差距。④ 前者的优势在于能够通过量化指标给出总体评价，而后者的优势在于能够为深入分析城乡学校体育教育差距提供依据。

（一）场地、器材的对比

场地、器材等设施设备是开展学校体育教育活动的基础。2016年印发的《国务院办公厅关于强化学校体育促进学生身心健康全面发展

---

① 李晋裕、滕子敬、李永亮：《学校体育史》，海南出版社2000年版，第251、252页。

② 习近平：《高举中国特色社会主义伟大旗帜 为全面建设社会主义现代化国家而团结奋斗——在中国共产党第二十次全国代表大会上的报告》，人民出版社2022年版，第45页。

③ 屈宏强：《学校体育均衡发展评价指标体系的构建与实证研究——以河南省中学为例》，博士学位论文，福建师范大学，2012年。

④ 汤际澜：《我国基本公共体育服务均等化研究》，博士学位论文，苏州大学，2011年。

的意见》(国办发〔2016〕27号)(以下简称"27号"文)强调要"把学校体育设施列为义务教育学校标准化建设的重要内容,以保基本、兜底线为原则,建设好学校体育场地设施、配好体育器材,为体育教师配备必要的教学装备"。从学校体育发展的历史看,场地、器材短缺一直是我国中小学校体育教育所面临的问题。随着改革开放以来经济快速发展,设施设备短缺的问题总体上有所缓解,但是尚未完全解决。例如,2018教育统计数据显示,全国13737所普通高中里1131所运动场(馆)面积不达标,846所体育器械设备不达标;51982所初级中学里3859所运动场(馆)面积不达标,2124所体育器械设备不达标;161811所小学中18658所运动场(馆)面积不达标,9331所体育器械设备不达标。统计数据显示,各级学校均出现城乡之间发展的不均等现象。

1. 城乡小学体育场地、器材对比

根据表8-1数据,得出城乡小学运动场(馆)面积达标率(见图8-1)。从横向比较,2018年乡村小学和镇区小学的运动场(馆)面积达标率优于城市小学的达标率;从纵向看,农村小学和镇区小学的达标率得到明显提升,其中,农村小学的提升尤其明显,而城区小学的达标率呈现出先快速下降,后略有改善趋势。

表8-1 城乡小学数及场(馆)面积达标数统计表 单位:所

地区	学校数			运动场(馆)面积达标学校数		
	2018年	2017年	2016年	2018年	2017年	2016年
城区	27811	27159	26649	24039	23364	24429
镇区	43397	43798	44581	39016	37902	37971
乡村	90603	96052	106403	80098	80310	80022

资料来源:教育部网站所公布的2016—2018年教育统计数据。

根据"27号"文,可以知道小学的运动场(馆)面积标准根据班级数量制定。结合表8-1—表8-3,不难发现:1)乡村小学运动场(馆)达标率的提升,一方面来自学校、班级数量的减少,另一方面来自于场(馆)建设,但总体上达标学校的数量没有太大变化;2)镇区

第八章 城乡基本公共体育服务均等化研究

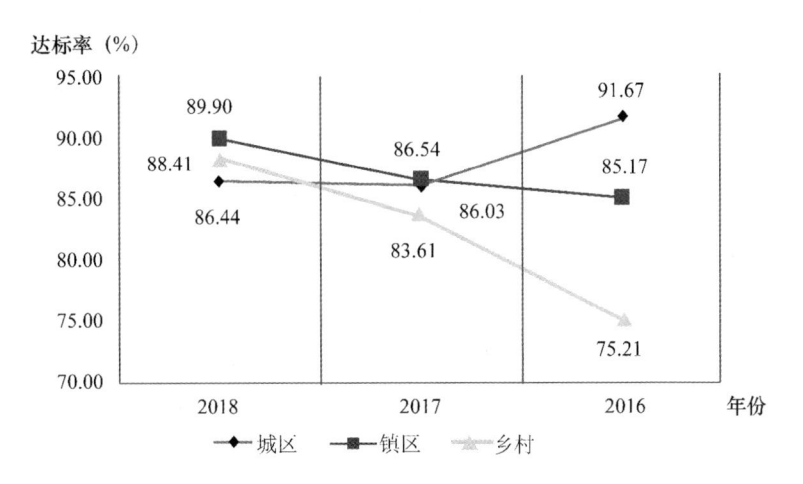

图 8-1 城乡小学运动场（馆）面积达标率对比

小学的场（馆）条件得到明显改善，主要源于场（馆）建设，在扩大班级规模的情况下，达标学校数量仍有明显增加；3）城区小学的场（馆）面积持续增长的情况下，达标率仍有较明显的下降，这可能和班级数增加、大量学生涌入以及土地面积限制等有关。

表 8-2　　　　　　　　　　城乡小学班级数和学生数统计表

地区	班级数（个）			学生数（人）		
	2018 年	2017 年	2016 年	2018 年	2017 年	2016 年
城区	828970	765191	713878	37221569	34622854	32671812
镇区	940927	904980	867133	39506834	38560500	37540969
乡村	984007	1013535	1047716	26664138	27753626	28917345

资料来源：教育部网站所公布的 2016—2018 年教育统计数据。

表 8-3　　　　　　　　　　城乡小学场（馆）总面积统计表　　　　　　　　单位：平方米

地区	体育馆面积			运动场地面积		
	2018 年	2017 年	2016 年	2018 年	2017 年	2016 年
城区	7898378	6762353	5878697	173186794	160549585	148869367
镇区	3093408	2690282	2378791	252778307	243062038	227581928
乡村	963296	863128	763464	323114540	326530222	324215638

资料来源：教育部网站所公布的 2016—2018 年教育统计数据。

从 2018 年数据看，虽然城乡小学在达标率上相近，但就场馆资源本身而言，在需要高投入、能够满足室内运动的体育馆资源上，城区小学较乡镇、乡村小学，具有明显的优势。比如，城区小学单位学校所占有的面积是乡镇的 4 倍左右，是乡村 29 倍左右；城区单位班级所占有面积是乡镇的 3 倍左右，是乡村的 10 倍左右；城区生均所占有面积是乡镇的 3 倍左右，是乡村的 6 倍左右（见表 8-4）。在运动场地上，城区小学单位学校所占有的面积高于镇区，是乡村的 1.5 倍左右，而以单位班级所占面积进行比较，则反之；乡村生均所占有的面积是镇区的近 2 倍，是城市的近 2.5 倍。此外，城乡之间差异还体现在场地质量上。譬如，很多乡镇小学的乒乓球台在室外由水泥砌成，而城区一般设在体育场馆内。

表 8-4　　　　　城乡小学生均使用运动场地（馆）情况表　　　　　单位：平方米

地区	生均体育馆面积			生均运动场地面积		
	2018 年	2017 年	2016 年	2018 年	2017 年	2016 年
城区	0.21	0.20	0.18	4.65	4.64	4.56
镇区	0.08	0.07	0.06	6.40	6.30	6.06
乡村	0.04	0.03	0.03	12.12	11.77	11.21

根据表 8-5 数据，得出城乡小学体育器械配备达标率（见图 8-2）。从横向比较，2018 年乡村、镇区以及城区小学的体育器械配备达标率基本持平；从纵向看，乡村小学和镇区小学的达标率得到明显提升，其中，乡村小学的提升尤其明显。

表 8-5　　　　　城乡小学数及体育器械配备达标数统计表　　　　　单位：所

地区	学校数			体育器械配备达标校数		
	2018 年	2017 年	2016 年	2018 年	2017 年	2016 年
城区	27811	27159	26649	26425	25575	24413
镇区	43397	43798	44581	41471	40431	37723
乡村	90603	96052	106403	84584	84281	79091

资料来源：教育部网站所公布的 2016—2018 年教育统计数据。

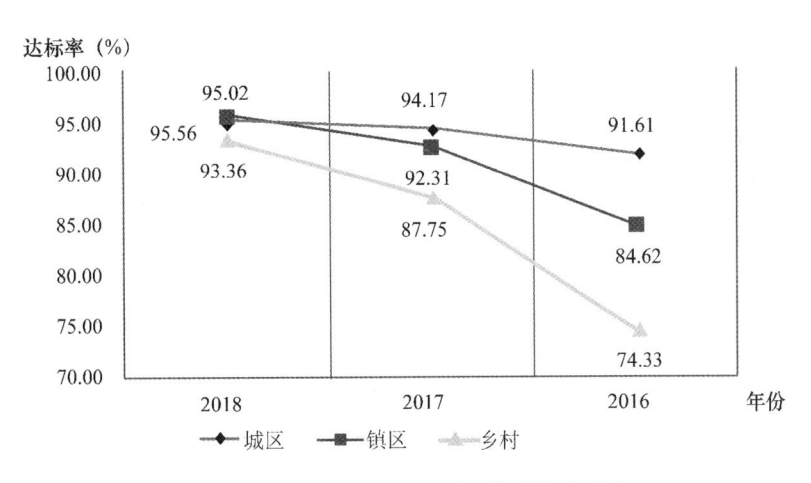

图 8-2 城乡小学体育器械配备达标率对比

2. 城乡初中体育场地、器材对比

根据表 8-6 数据，得出城乡初中（含九年一贯制和职业初中）场（馆）面积达标率（见图 8-3）。从横向比较，2018 年乡村初中和镇区初中的运动场（馆）面积达标率优于城区的达标率；从纵向看，乡村、镇区初中的达标率得到明显提升，而城区的达标率略有提升。

表 8-6　　　　城乡初中数及场（馆）面积达标数统计表　　　　单位：所

地区	学校数			运动场（馆）面积达标校数		
	2018 年	2017 年	2016 年	2018 年	2017 年	2016 年
城区	12821	12355	11924	11490	11037	10421
镇区	24369	24251	24023	22917	22205	20783
乡村	14792	15288	16171	13716	13645	13286

资料来源：教育部网站所公布的 2016—2018 年教育统计数据。

城乡初中达标率变化的缘由，根据表 8-6—表 8-8 的数据可知。2016—2018 年，城区初中建设投入大，但可以看出这些建设大多都用在新建的学校上，且相比于原有学校数，新增学校数量较小（约 7.5%）；镇区初中新增学校数较少，但是总体建设力度大，运动场馆的总面积得到很大提升；乡村初中在缩减学校数量的同时扩大体育馆建设。

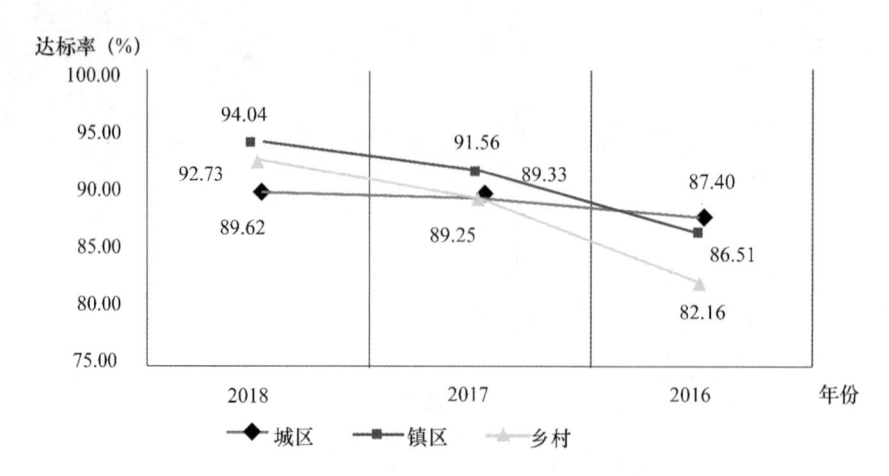

城乡公共服务均等化机制创新研究

达标率（%）

图 8-3 城乡初中运动场（馆）面积达标率对比

数据点：
- 2018年：城区 89.62，镇区 94.04，乡村 92.73
- 2017年：城区 89.25，镇区 91.56，乡村 89.33
- 2016年：城区 87.40，镇区 86.51，乡村 82.16

表 8-7　　　　　　　　城乡初中班级数和学生数统计表

地区	班级数（个）			学生数（人）		
	2018年	2017年	2016年	2018年	2017年	2016年
城区	364349	336717	318531	16918809	15671422	14894194
镇区	487630	464182	445926	23122983	22315114	21729103
乡村	148991	147301	150835	6484062	6434094	6670387

资料来源：教育部网站所公布的 2016—2018 年教育统计数据。

表 8-8　　　　　　　　城乡初中场（馆）总面积统计表　　　　　　　　单位：平方米

地区	体育馆面积			运动场地面积		
	2018年	2017年	2016年	2018年	2017年	2016年
城区	7980100	6984035	6184563	138197699	127254965	117998262
镇区	3812495	3315215	2939779	238714886	230282094	219082229
乡村	804716	715000	671124	94977655	95239640	97085632

资料来源：教育部网站所公布的 2016—2018 年教育统计数据。

从 2018 年数据看，在运动场馆的达标率上，镇区、乡村初中明显高于城区学校。但从场馆资源本身而言，在需要高投入、能够满足室内运动的体育馆资源上，城区初中较乡镇、乡村初中，具有明显的优势。由表 8-6—表 8-9 可知，城区初中单位学校所占有的面积是乡镇的 4 倍左右，是乡村的 12 倍左右；城区单位班级所占有面积是乡镇的

3倍左右，是乡村的6倍左右；城区生均所占有面积是乡镇的3倍左右，是乡村的4倍左右。

在运动场地上，城区初中单位学校所占有的面积高于镇区，是乡村的1.5倍左右；而以单位班级所占面积进行比较，城区初中明显低于镇区的，是乡村的3/5左右；以生均所占面积进行比较，乡村初中是镇区的近1.4倍，是城市的近2倍。总体上，城市初中较为拥挤。

表8-9　　　　　城乡初中生均使用运动场地（馆）情况表　　　　　单位：平方米

地区	生均体育馆面积			生均运动场地面积		
	2018年	2017年	2016年	2018年	2017年	2016年
城区	0.47	0.45	0.42	8.17	8.12	7.92
镇区	0.16	0.15	0.14	10.32	10.32	10.08
乡村	0.12	0.11	0.10	14.65	14.80	14.55

根据表8-10数据，得出城乡初中体育器械配备达标率（见图8-4）。从横向比较，2018年镇区初中的体育器械配备达标率最高，其次是乡村的，而城区的最低；从纵向看，乡村初中和镇区初中的达标率得到明显提升，其中，乡村的提升尤其明显。相对而言，城区学校的达标率一直较高。

表8-10　　　　城乡初中数及体育器械配备达标数统计表　　　　单位：所

地区	学校数			体育器械配备达标校数		
	2018年	2017年	2016年	2018年	2017年	2016年
城区	12821	12355	11924	12112	11619	11014
镇区	24369	24251	24023	23619	23017	21733
乡村	14792	15288	16171	14127	14129	13951

资料来源：教育部网站所公布的2016—2018年教育统计数据。

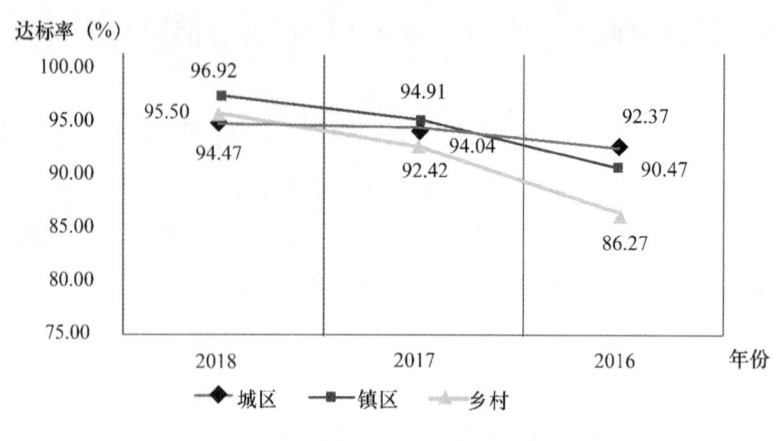

图 8-4 城乡初中器械配备达标率对比

3. 城乡普通高中体育场地、器材对比

根据表 8-11 数据，得出城乡普通高中（含完全中学、高级中学和十二年一贯制学校）场（馆）面积达标率（见图 8-5）。从横向比较，2018 年城区、镇区和乡村的运动场（馆）面积达标率基本一致；从纵向看，农村、镇区普高的达标率得到明显提升，尤其是镇区普高，而相比之下，城区的达标率一直处于较高水平。

表 8-11　　　　城乡高中数及场（馆）面积达标数统计表　　　　单位：所

地区	学校数			运动场（馆）面积达标校数		
	2018 年	2017 年	2016 年	2018 年	2017 年	2016 年
城区	6985	6810	6628	6407	6230	5981
镇区	6042	6070	6103	5548	5512	5385
乡村	710	675	652	651	612	582

资料来源：教育部网站所公布的 2016—2018 年教育统计数据。

根据表 8-11—表 8-13 的数据，可大致理解达标率的变化。2016—2018 年，城区普高建设投入大，但新增达标学校数量仅略高于新增学校数量（占原有学校数量的 5% 左右）；镇区普高学校数减少，且运动场馆的总面积也在扩大，其中场地建设力度较大；乡村普高的数量有所增加（占原有学校数量的 9% 左右），相比之下，总体面积增加比例较大（其中，体育馆面积增加了约 50%，场地增加了约 11%）。

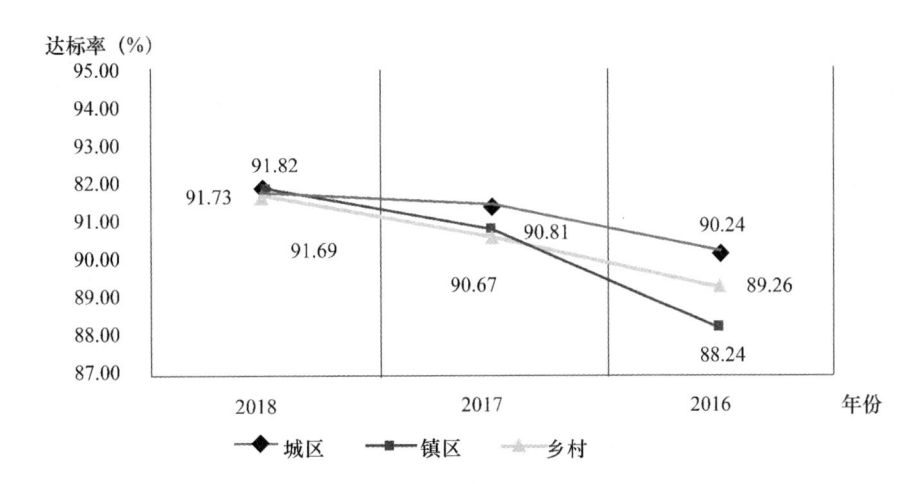

图 8-5 城乡初中运动场（馆）面积达标率对比

表 8-12　　　　　　　　城乡高中班级数和学生数统计表

地区	班级数（个）			学生数（人）		
	2018 年	2017 年	2016 年	2018 年	2017 年	2016 年
城区	232937	227141	220890	11438899	11314380	11125875
镇区	215461	214223	214784	11494020	11651820	11783882
乡村	16525	15396	11213	820790	779284	756708

资料来源：教育部网站所公布的 2016—2018 年教育统计数据。

表 8-13　　　　　　　　城乡高中场（馆）总面积统计表　　　　　　　　单位：平方米

地区	体育馆面积			运动场地面积		
	2018 年	2017 年	2016 年	2018 年	2017 年	2016 年
城区	12869086	11687618	10817875	124292580	118280350	113005753
镇区	5297540	5168478	4802542	116672971	113453856	110614383
乡村	831543	702769	570055	11991395	11443480	10673595

资料来源：教育部网站所公布的 2016—2018 年教育统计数据。

从 2018 年数据看，在运动场馆的达标率上，镇区、乡村和城区普通高中基本相近。但从场馆资源本身而言，在需要高投入、能够满足室内运动的体育馆资源上，城区和乡村的普高基本一致，但较于镇区普高，具有明显的优势。由表 8-11—表 8-14 可知，城区初中单位学校所占有的面积是乡镇的 2 倍左右，是乡村 1.5 倍左右；城区单位班级所占有面积是乡镇的 2.2 倍左右，是乡村的 1.1 倍左右；城区生均所占有面积是乡镇的 2.5 倍左右，是乡村的 1.1 倍左右。

在运动场地上，城区普高单位学校所占有的面积略低于镇区，和乡村持平；而以单位班级所占面积进行比较，城区初中和镇区持平，是乡村的 7/10 左右；以生均所占面积进行比较，乡村初中是镇区的近 1.4 倍，是城市的近 1.3 倍。

表 8-14　　　　　城乡高中生均使用运动场地（馆）情况表　　　　单位：平方米

地区	生均体育馆面积			生均运动场地面积		
	2018 年	2017 年	2016 年	2018 年	2017 年	2016 年
城区	1.13	1.03	0.97	10.87	10.45	10.16
镇区	0.46	0.44	0.41	10.15	9.74	9.39
乡村	1.01	0.90	0.75	14.61	14.68	14.11

根据表 8-15 数据，得出城乡高中体育器械配备达标率（见图 8-6）。从横向比较，2018 年城区普高的体育器械配备达标率最高，其次是镇区的，再次是乡村；从纵向看，镇区普高的达标率得到明显提升。相对而言，城区学校的达标率一直较高水平。

表 8-15　　　　　城乡高中数及体育器械配备达标数统计表　　　　单位：所

地区	学校数			体育器械配备达标校数		
	2018 年	2017 年	2016 年	2018 年	2017 年	2016 年
城区	6985	6810	6628	6610	6403	6168
镇区	6042	6070	6103	5628	5586	5448
乡村	710	675	652	653	613	585

从各级学校的对比来看，总体上城区、镇区在场馆面积和器械配备上要优于乡村的学校，但城区的人均使用场地面积较之于乡村学校较少。这除了受到办学经费、土地面积影响以外，人口密度也是重要的影响因素。

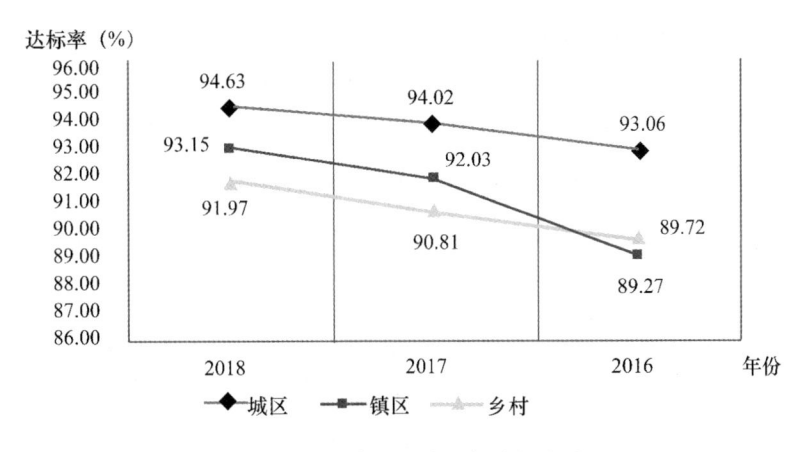

图 8-6　城乡高中器械配备达标率对比

(二) 师资力量的比较

根据教育部网站所公布的 2018 年教育统计数据，得出 2018 年各级学校体育教师配备情况（见表 8-16）。2017 年教育部印发的《县域义务教育优质均衡发展督导评估办法》要求，每百名小学、初中学生拥有专任教师数要达到 0.9 人以上。据此而言，我国中小学体育教师严重短缺。但相对而言，城区学校的生师比要优于乡村学校，其中镇区学校的师资短缺现象最为严重。由于城区、镇区以及乡村的班级人数不同，从班师比上，乡村小学教师需要承担更多班级的教学任务。此外，乡村小学师资队伍在年龄上要明显高于城市教师，且有低学历化问题严重、兼职教师比例高以及业务培训机会少等问题。[①]

表 8-16　　　　　　　2018 年各级学校体育教师配备情况表

地区	小学			初中			高中		
	教师（人）	生师比	班师比	教师（人）	生师比	班师比	教师（人）	生师比	班师比
城区	142531	261	5.8	79001	214	4.6	45051	254	5.2
镇区	128118	308	7.3	96017	241	5.1	38764	297	5.6
乡村	90700	294	10.8	29892	217	5.0	2981	275	5.5

---

① 熊扬名、王永安：《我国城乡小学体育师资配置差异研究》，《教学与管理》2018 年第 3 期。

(三)体育教学的对比

总体上城乡小学的开课情况较差,"挤占"或"挪用"体育课情况严重,有50%以上学校没能按照标准开足课时。相比较而言,城市小学各年级每周体育课时达标情况(43.1%)明显高于乡村小学(33.6%)。① 我国初中体育课开课情况更为糟糕,相比之下高中的情况较为乐观。根据一项2015年研究数据显示,达到国家要求的初中学校数仅13.5%,而部分农村地区初中基本没有真正开展过体育课;有近78%的高中能够按照国家规定每周开设2节体育课。② 总体上,城区中小学校体育课程开设达标率要明显高于乡镇中小学校。③

(四)课余体育活动的对比

一般而言,早操会在寄宿学校开展。城区交通便捷,寄宿制学校相对较少,因此,城区中小开展早操的比例要低于乡镇学校。基本所有的学校都会开展课间操,但整体上城区中小学要好于乡镇中学,形式相对丰富。整体上,课外活动类型还不够丰富,但是城市学校要好于乡镇学校,比如,一些城市学校通过俱乐部的形式开展课外活动。④

通过以上对比,可以说明:城乡学校体育之间的不均等在数量层面逐渐减少,但依然存在;在教育质量方面,城乡学校体育效果都不太理想,但总的来说,城市要优于乡村。究其缘由,大概有以下几点:(1)财政政策上,乡村学校得到的经费支持不足,导致城乡之间不均等。(2)教师资源更多流向城市,而乡村学校体育教师接受培训的机会较少,导致城乡之间师资资源配置失衡。(3)现行的教育体制或制度,

---

① 熊扬名、王永安:《我国城乡小学体育师资配置差异研究》,《教学与管理》2018年第3期。
② 温朋飞:《我国中小学学校体育工作的实效性研究》,博士学位论文,河北师范大学,2015年。
③ 汤际澜:《我国基本公共体育服务均等化研究》,博士学位论文,苏州大学,2011年;焦卫宾:《我国新农村体育服务体系中的农村学校体育发展》,博士学位论文,福建师范大学,2008年。
④ 汤际澜:《我国基本公共体育服务均等化研究》,博士学位论文,苏州大学,2011年;焦卫宾:《我国新农村体育服务体系中的农村学校体育发展》,博士学位论文,福建师范大学,2008年。

对体育课或体育活动并不重视。这导致城乡学校体育教育质量均不太理想。(4) 评价制度执行程度上，乡村学校较低。

三 城乡学校体育教育的均等化探索——苏州样本

(一) 苏州城乡学校体育教育均等化的初探：建设中心校

学校体育教育属于公共教育服务的重要部分，其发展深受教育变革的影响。改革开放以后，学校教育工作开始全面恢复正常。1980年新财政体制实行后，地方财力逐步增加，为教育分级管理制度奠定了物质基础。1985年颁布的《中共中央关于教育体制改革的决定》明确了地方的教育管理责任。1986年人大会议通过的《义务教育法》正式结束了国家"统包统管"的义务教育管理体制。同年，苏州开始落实"县乡村三级办学、县乡两级管理"的体制，开展九年义务教育。由于乡村财力和生源的限制，办学规模不大、设施简陋，导致办学效果不佳。随着经济发展加速、城镇化建设推进，政府针对"村村办学"的情况进行了调整，开始撤点并校，通过"乡管乡办"改善农村学校的办学条件，提升办学质量。[①] 苏州统计年鉴数据显示，1990年到2002年，小学数量从2757所减少到678所，普通中学从424所减少到268所。

1988年，苏州把普及义务教育的重心放在教育发展相对落后的农村。市教育局制定了《关于乡（镇）实施〈中华人民共和国义务教育法〉的验收标准和办法（讨论稿）》，形成地方义务教育标准。[②] 其中，对中心校的体育场地、设备提出了基本要求。小学中心校必须有带跑道的合格操场或室内操场，配备体育专用设备和器材；初中中心校必须有带200米以上环形跑道的运动场，或在土地无法扩大的设有体育馆，配备体育专用设备和器材。学校体育一方面是开设每周两节体育课、抓好每天一小时的体育锻炼，另一方面组织召开中小学生运动会

[①] 张曾明：《苏州农村实施义务教育的基本途径》，苏州大学出版社2005年版，第80—81页。

[②] 张曾明：《苏州农村实施义务教育的基本途径》，苏州大学出版社2005年版，第13—16页。

和儿童足球比赛。① 农村中心校拥有相对较好的体育设施、场地,在农村学校体育教育发展中起到带头、率先发展的作用。1984—1989年,被授予江苏省和苏州市的体育传统项目学校主要集中在中心校。

(二)苏州城乡学校体育教育均等化的推进:以点带面

1992年,九年制义务教育普及工作基本完成。1993年,启动教育现代化改革,开始将基础教育由"应试教育"向"素质教育"转轨。苏州学校体育工作在坚持素质教育的理念下,基于原有基础进行改革推进,发挥中心校的带头作用,整体规划学校体育教育。一方面,推进学校体育教学的改革,加强教师队伍建设。1992年国家体委正式颁布的九年制义务教育教学大纲中明确提出体育教学不只是关于体育运动方面的内容,也包含卫生和保健的内容。苏州学校体育教学紧跟教学大纲的要求,改革体育教学,并把健康教育作为学校教育工作的长期目标来抓。譬如,虎丘中小学校在虎丘卫生部门的帮助支持下,制定了全乡小学生健康教育"应知应会三十条",通俗、具体地宣传健康教育内容。② 在体育教学改革过程中,培养了一批优秀的体育教师。譬如,1999年张龙观和张群被评为全国学校体育卫生工作先进工作者;顾梓民、周坚、潘一中等6人获得施行《国家体育锻炼标准》全国先进工作者称号;乡镇中心校的10多位教师获得施行《国家体育锻炼标准》江苏省先进工作者称号。③ 另一方面,有层次地推进学校业余体育训练工作。1990年颁布的《学校体育工作条例》第四章要求开展学校业余体育训练。1993年颁布的《全国培养体育后备人才试点中学评估体系及办法(实行)》进一步强调学校体育的人才储备功能。苏州市结合素质教育的改革思路,在原有体育传统项目学校建设基础上建设特色体育项目学校。体育传统项目学校主要是以推广奥运会项目为主,而后者包含了一些非奥运项目的内容。但同时也继续开展体育传统项目学校的评选与创建活动,以推动更多学校开展学校业余体育训练。

总之,这一时期的城乡学校体育教育不均等仍然比较明显。由于

---

① 罗时铭编著:《苏州体育史》,文汇出版社2017年版,第267—272页。
② 苏州年鉴编纂委员会:《苏州年鉴(1994)》,古吴轩出版社1995年版,第269页。
③ 罗时铭编著:《苏州体育史》,文汇出版社2017年版,第284页。

教育资源限制，主要采取的方式是，先集中力量深化改革乡镇中心校的体育教育，后通过乡级统筹，整体推进乡村中小学的体育教育的发展。总体上，通过抓特色、推先进以及以点带面的形式，促进体育教育现代化建设。

（三）苏州城乡学校体育教育均等化的转折：一体化、标准化

2001年发布的《关于基础教育改革与发展的决定》要求进一步完善农村义务教育管理体制，"实行在国务院领导下，由地方政府负责、分级管理、以县为主的体制"。2002年发布的《国务院办公厅关于完善农村义务教育管理体制的通知》明确强调，"县级人民政府对农村义务教育负有主要责任"。同年，苏州对农村义务教育管理体制进行了调整，各县对区域内城乡学校"统一管理体制、统一规划布局、统一办学标准、统一办学经费、统一教师配置、统一办学水平，实现城乡学校校园环境一样美、教学设施一样全、公用经费一样多、教师素质一样好、管理水平一样高、学生个性一样得到弘扬，率先实现教育现代化"[①]。苏州市通过"以县为主，城乡一体"的管理体制，统一办学标准，优化资源分配，从而有效推进城乡中小学校体育教育均衡发展，实现城乡学校教育均等化。

为了推进城乡学校体育教育条件（场馆、设备以及学生体质状况等）的均等化，苏州市相继出台了两类文件。一类是针对"村小现代化"提出的实施意见和评估办法。譬如，《关于加快推进全市农村村小现代化建设的实施意见》（2006年）要求所有村小能够符合《苏州市农村村小现代化建设评估标准》的要求，通过评估验收。此外，还推出相应的倾斜政策、保障机制和奖励措施。另一类是对苏州市所有独立建制中小学提出的评估方案和标准。譬如，《苏州市教育现代化小学评估方案（试行）》《苏州市教育现代化初中评估方案（试行）》以及2011年在前两者基础上制定的《苏州市高水平教育现代化小学评估标准（试行）》《苏州市教育现代化初中评估标准（试行）》。

办学标准化也体现在学校体育教学实施方面。2001年开始，新

---

① 王建：《城乡一体化义务教育发展战略和机制——基于苏州和成都的实践模式研究》，《教育研究》2016年第6期。

《课标》陆续出台。苏州2005年开始，在中小学各起始年级，普遍实行了新《课标》。新《课标》不同于以往的教学大纲，加大了课程内容的可选择性，提倡各地区学校根据自身的条件，积极开发和利用合适的体育课程资源，以保证课程目标的实现，使学生掌握体育与健康知识和技能，提高自身的健康水平。苏州市通过组织各县（区）教研员、体育骨干教师参加省级培训，组织一线教师参加市、区级培训，确保各县区、城乡学校体育教师都能够有充分的学习机会，领悟新《课标》所要传达的思想内容。各县区充分利用统一管理优势，组织了大量研讨、交流活动，在实践中提升教学、教研水平。此外，2016年颁布的《市政府办公室关于印发苏州市乡村教师支持计划（2016—2020年）》从十个方面对乡村教师队伍建设做出了安排。

此外，苏州市依循"健康第一"的理念，推行中小学阳光体育工程，将学生兴趣与课外体育活动相结合，塑造学生的体育观念，养成锻炼的习惯，探索城乡学校课外活动均等化的合理路径。另外，通过开设"体教结合创新实验区"，探索更好推动阳光体育的路径、策略，为全面提升城乡学校体育教育水平做尝试。

（四）城乡学校体育教育的均等化的苏州经验

苏州城乡学校体育教育均等化发展过程中及时调整学校布局，合理分配体育资源。"撤点并校"遵循整合教育资源、提高办学效率的原则，尊重农村学校的办学特点，谨防不合理撤并农村学校而使得城镇学校负担过重现象出现。苏州推进城乡学校体育教育均等化的思路不是搞平均主义，搞去高就低，而是在一定标准且不断提高标准的基础上实现均等化。即在全面推进学校体育发展的同时，根据实际情况重点支持一些学校的发展。譬如，在整体水平、资源相对缺乏的时期集中力量发展城区学校和农村中心校，在这个过程中，城区学校、农村中心校起到带头、探路的作用，为乡村学校的发展积累宝贵的经验；在义务教育达标、开始教育现代化建设时期，加大力度支持发展缓慢的乡村学校，推动校际帮扶。

城乡学校体育教育均等化发展是城乡教育一体化重要体现，依赖于办学标准化的推行。办学标准具有规范性，学校体育发展具有导向和评价作用。苏州市在推进义务教育现代化过程中，在国家、江苏省的标准基础上，依据自身的现状和发展目标为中小学体育教育制定标准，坚持城乡学校统一规划、统一标准、一套验收制度。通过以评促改、以评促建的方式，推动城乡学校体育教育均等化。

改革教师管理制度，促进城乡体育教师资源配置均衡。苏州市采取区域内教师流动制度。比如，新教师到农村学校任教服务期制；名师支教制度；领导和骨干教师支教制度；校际交流学习制度；等等。提升教师队伍建设，以提高体育教育质量、促进学生健康成长，最终实现城乡学校体育发展的高质量均等化。通过多种形式组织教师开展交流、研讨活动；鼓励教师学历进修提升；积极培养名师；等等。

此外，"以县为主，城乡一体"的教育管理体制为县域内城乡学校体育教育的均衡发展提供制度保障。向薄弱学校倾斜的财政制度遵循了公平的"补偿原则"，为实力薄弱学校提供了物质支撑。区域学校联动机制（组建教育集团、"校际发展共同"以及联合办学等）进一步优化了体育教育资源配置，实现校际、区域资源共享。

第三节 城乡基本公共体育服务均等化之二——社会体育服务

一 历史及其发展

中国古代社会的各种各样导引养生术和民间体育游戏活动，为当代社会体育的发展提供了丰富的内容。但作为一种公共服务的我国社会体育，产生于19世纪初。南京国民政府成立以后，开始以体育场（包括活动场所和活动的组织管理者）为主要抓手推动群众/社会体育的建设，把社会体育放到学校体育同等高度。1927年，大学院召集社会名流举行会议，成立了全国体育指导委员会，并拟定《各省体育组织条例》和《省会及通商大埠城市公共体育场办法》。继1929年国民政府颁布了《国民体育法》后，1932年教育部颁布的《国民体育实施方案》对体育场所建设和社会体育指导都做了要求。但方案并没有被很好落实。① 总体上，社会动荡时期，社会体育受社会条件制约，难以得到实质性发展。

中华人民共和国成立以后，社会体育重新得到重视。1949年通过的《中国人民政治协商会议共同纲领》中明确提到"提倡国民体育"。1952年毛泽东在中华全国体育总会第二届代表大会上题词："发展体育运动，增强人民体质。"② 1954年中共中央在《关于加强人民体育运动工作的指示》中指出："改善人民的健康状况，增强人民体质，是党的一项重要政治任务。"这一阶段社会体育的主要目标是提高人民群众的身体素质，改善人民群众的健康状况，为国家经济、国防建设服务。由于处于建设初期，其发展方式主要是加大场地、设施投入，提高锻炼人数和达标人数。1956—1976年，社会体育的发展受到社会运动的影响，脱离发展规律运行，基本处于停滞状态。在"文化大革命"期间，一些民俗体育（如龙舟竞渡、舞龙舞狮被作为"四旧"废止）遭到破坏。

改革开放初期，社会体育的主要任务是恢复、调整。首先，恢复了"单位体育"。1978年国家体委转发的《关于加强城市体育工作的意见》要求厂矿、企业以及机关等单位开展以广播操为主的形式多样的体育活动，力争做到每天半小时体育锻炼。其次，拨乱反正的同时，改革旧有的政府包办的社会体育管理体制，以促进社会体育的社会化，使社会体育发展方式与社会经济制度相适应。1980年的全国体育工作会议上，明确了党领导下的、以社会为主的社会体育发展思路。这一时期的社会体育理念上强调质和量的统一，但由于需要应对奥运会比赛，"相比与竞技体育，群众体育的地位有所下滑"。③ 而竞技体育的发展又带动了社会体育的发展。1984年洛杉矶奥运会上中国代表团取得

---

① 田国祥、李斌、康彪：《中国学校体育发展史》，甘肃人民出版社2011年版，第124页。

② 夏书宇主编：《中国体育通史简编》，河南人民出版社2007年版，第270页。

③ 王学彬、郑家鲲：《新中国成立70周年我国群众体育发展：成就、经验、问题与展望》，《体育科学》2019年第9期。

的成就引起了人们对体育的关注,进而使国家意识到搞好体育的重要意义。这使得群众体育社会化改造过程中暴露出一些深层次的问题得到足够重视。1986年出台的《关于体育体制改革的决定(草案)》提出,"实现由国家包办体育到国家办与社会办相结合的转变"。这意味着社会体育的供给主体要由政府转向政府与社会相结合的模式。为了保障群众体育社会化发展,政府相继出台一系列相关的具体法规与规范性文件。在政策的推动下,这一时期的各种体育社会组织出现了井喷式的增长,呈现出类型多元、管理分散的特征。①

改革开放后期至21世纪前15年,社会体育社会化改革逐渐深入,同时体育社会组织管理也逐渐规范化。1993年颁发的《关于深入体育改革的意见》附件《关于群众体育改革》中便提出制订全民健身计划。1995年,国务院正式颁布了《全民健身计划纲要》。其明确对供给主体多元化、完善群众体育竞赛制度以及实施体制测定制度等提出要求。相继《中华人民共和国体育法》颁布实施,明确规定"国家推行全民健身计划"。针对体育社会组织数量庞大、参差不齐的情况,政府颁布了多条规范管理体育社会组织的文件。譬如,《社会团体登记管理条例》(1998年)、《全国性体育社团管理暂行办法》(2001年)。此外,2000年发布的《2001—2010年体育改革与发展纲要》提出,"农村地区以乡镇为重点""城市体育以社区为重点"的建设思路。这一时期,社会体育的目标明确转向了满足人民群众的健康需求,也逐步推进社会体育活动、体育社会组织的规范化开展或运行。

"十三五"规划以来,社会体育的发展上升到了国家战略层面。2016年颁布的《"健康中国2030"规划纲要》指出,"推进健康中国建设,是全面建成小康社会、基本实现社会主义现代化的重要基础,是全面提升中华民族健康素质、实现人民健康与经济社会协调发展的国家战略。"其中,"全民健康是建设健康中国的根本目的"。同年颁布的《体育发展"十三五"规划》《全民健身计划(2016—2020年)》(以下称《计划》)均是在结合"健康中国"国家战略的前提下,对群众

---

① 韩慧、郑家鲲:《新中国成立70周年我国体育社会组织发展:历程回顾、现实审思与未来走向》,《体育科学》2019年第5期。

体育做出了一系列的规定和要求。《计划》将推动基本公共体育服务的均等化当作主要任务,"推动基本公共体育服务向农村延伸,以乡镇、农村社区为重点促进基本公共体育服务均等化"。这一时期,政府重点围绕着人民群众的体育需要建设社会体育,不断完善基本公共体育服务体系。

自2000年以后,我国社会体育得到了快速发展,不论从硬件设施建设,还是软件配套都有明显体现。但实质上,相关法规的执行效率并不高。[①] 虽然21世纪以来通过实施各种全民健身工程、农民体育健身工程去改善城市、农村以及落后地区的体育硬件设施,但也正如《计划》所提出的要求,城乡公共体育发展不均等的现象依然较为明显。社会体育统筹兼顾发展、融合发展、服务绩效管理机制以及多元功能发挥等方面仍需要不断完善、提升。[②]

二 社会体育服务的城乡不均等分析

根据均等化的内涵可知,均等的社会体育服务一方面意味着供给主体能够根据被服务对象的基本需求提供服务,另一方面也意味着供给主体能够很好地塑造服务对象的基本体育需求。由于乡村居民受生活方式的影响,对体育的需求较低。所以,体育供给和体育需求两个方面都应该被考察,来分析社会体育服务的城乡不均等问题。

(一) 场地、设施上的比较

根据2014年公布第六次全国体育场地普查数据公报(见表8-17),可知城镇体育场地个数和面积均大于乡村的配置。按照比例,城镇体育场地个数占58.61%,乡村占41.39%;城镇体育场地面积占68.61%,乡村占31.39%。其中,城镇室内场馆数量和面积要远远高于乡村。根据2014年中国统计年鉴数据显示,城镇人口占53.73%,乡村人口占46.27%。由此,可以看出城乡社会体育在场地、

---

① 魏荣:《建国以来我国群众体育法规建设的回顾与展望》,《西安体育学院学报》2016年第3期。
② 王学彬、郑家鲲:《新中国成立70周年我国群众体育发展:成就、经验、问题与展望》,《体育科学》2019年第9期。

设施配备上存在不均等现象。不仅在数量上，在质量上城乡社会体育资源分配也不均等。大量的优质资源集中在大中城市，而乡村设备一般较为简单且缺乏专人维护。这和资金投入有很大关系，乡村社会体育服务经费主要来源是村公共服务专项经费和村集体经济投入，而对于集体经济较为紧张的乡村来说，主要靠前者。①

表 8-17　　　　　　全国室内外体育场地城乡分布情况

室内外体育场地	城镇体育场地		乡村体育场地	
	数量（万个）	场地面积（亿平方米）	数量（万个）	场地面积（亿平方米）
合计	96.27	13.37	67.97	6.12
室内体育场地	12.87	0.54	2.73	0.05
室外体育场地	83.40	12.83	65.24	6.07

资料来源：第六次全国体育场地普查数据公报。

（二）社会体育活动参与对比

体育社会组织在人民群众的健身活动参与中，具有重要意义。乡村体育组织类型主要以老年体育协会和妇联为主，类型较为单一。相比之下，城镇的自发性体育活动组织较为丰富，多的可达到百种。因此，城市居民参与体育活动的机会远大于乡村居民。由于组织单一、制度保障不足，乡村群众性体育活动也较少开展。有将近一半的村落一年没有举办过任何体育活动，此外，乡村体育活动的组织、开展都缺乏专业的指导；体育健康教育讲座和体育健身宣传工作做得也不足。② 相比之下，城市社区往往做得较好。城市居民能够得到更多的健身指导。概言之，城市居民不仅在参与机会，还是在参与质量上都具有较为明显的优势。而对于在城市务工的农村居民来说，他们既失去了享受乡村社会体育服务的机会，也无法享受到和城市居民同等的社区体育服务。

---

① 卢文云、卢文洲、陈珍怀：《统筹城乡发展中的村落体育公共服务现状研究》，《北京体育大学学报》2016年第7期。
② 卢文云、卢文洲、陈珍怀：《统筹城乡发展中的村落体育公共服务现状研究》，《北京体育大学学报》2016年第7期。

(三) 公众的体育需求对比

城乡社会体育服务供给制度的差异化，不仅导致了城乡社会体育资源的不均等，也加剧了城乡社会体育需求的进一步扩大，从而使得乡村社会体育供给失灵。乡村居民的生活方式影响着他们的行动逻辑。对于大多从事体力劳动的乡村居民来说，每天的劳作就是在锻炼身体。在他们看来，体育的功能只不过是休闲、娱乐。长久以来，乡村集体生存状态影响着社会体育在乡村扎根，形成一种文化氛围。而随着乡村人口流动的加剧，年轻人的离开，乡村固有的生活习惯、习俗传统就很难被打破。此外，我国村落类型多样、文化习俗各异，因此对乡村社会体育服务的多样性、差异化供给提出要求。而在现有的供给体制下，他们对体育活动的基本需要难以被塑造出来。而城镇居民的生活方式恰恰相反，他们一方面缺乏运动，另一方面受到体育文化的熏陶，对体育有着相对更深层次的认识。这使得他们更乐意参与到社会体育活动中，有着更大的体育需求。在政府主导、社会和市场参与的供给制度下，体育需要又进一步扩大了社会体育供给。正是城乡居民的体育需要不一致，加剧了城乡社会体育服务的不均等。

通过以上对比可以发现，城乡之间的不均等不仅仅体现在物质方面，也体现在体育文化的营造上；不仅体现在数量上不对等，也体现在质量上的不均等。究其原因，大概有以下几点：（1）宏观上，由来已久的城乡二元管理体制，导致了城乡之间获得资源的机会/渠道不均等。在市场开放的经济制度下，农村经济发展的迟缓加剧了城乡之间的不均等。（2）农村人口流动加剧，导致城乡人口结构失调，从而拉大了城乡之间体育需求的距离。（3）政策制度上，城市体育得到了优先发展的机会，而对农村体育发展的补偿性措施不足。（4）评价制度上，多以城市体育活动类型为基准，这导致农村体育不断"城市化"，只能追随城市体育。

三 社会体育服务的均等化探索——苏州样本

(一) 苏州城乡社会体育服务均等化的初探

改革开放以后，国家为了社会体育的发展，出台了一系列法规、文件。1978 年发布的《关于加强城市体育工作的意见》提出发展好城市社会体育工作要求。同年，国家体委制定了《关于做好县的体育工作的意见》，要求各地"积极有步骤地开展农民体育"。

苏州市主要以组织开展运动会形式，提高人民群众的体育活动参与度。同时营造体育锻炼的氛围，提升大众对体育活动的认知水平，从而提高他们参与体育活动的积极性。相对而言，城区体育设施、器材较好，社会体育运动发展得较早。苏州市第三届城市工人运动会有 900 多人参加。围绕举重、乒乓球、篮球、足球、田径以及游泳 6 个项目，开展了 322 场比赛。此外，苏州城市体育发展还体现在承办江苏省和全国的体育比赛、举行武术文化交流以及推动老年人体育和伤残人体育的发展。这段时期，苏州不少农村基层单位积极筹资建场地、配备器械，组织农民参加体育活动，这为接下来农民运动会的召开奠定了基础。1986 年，首届农民运动会有 406 名运动员参加了比赛。[①]

苏州社会体育发展的另一条重要路径是"以评促建"。通过优秀评选活动，推动城市、农村体育设施建设。1985 年后，全国开展了体育先进县的评选。苏州专门成立了"争创全国体育先进县领导小组"，通过参加先进县的评选，促使各县加快体育设施建设，达到"四个一"标准（标准田径场、游泳池、训练房、灯光球场）。与此同时，苏州在农村还推进了省、市级"体育先进乡镇"活动，调动乡镇组织发展社会体育的积极性。1985 年至 1998 年间，共有 75 个乡镇获得省级"先进体育乡镇"称号，93 个乡镇获得市级"先进体育乡镇"称号。[②]

另外，在此期间，苏州市体委积极推动体育社团建设，组织指导社会体育活动。譬如，成立了苏州市体育总会、农民体育协会以及诸多单项运动协会。

（二）苏州城乡社会体育服务均等化的推进

1995 年《全民健身计划纲要》颁布实施后，苏州市在前期积累的基础上，更加深入落实社会体育发展目标。一方面加大全民健身的宣传力度、兴建全民健身工程点、培养社会体育指导员、组织苏州市成年人参

---

① 罗时铭编著：《苏州体育史》，文汇出版社 2017 年版，第 272—274 页。
② 罗时铭编著：《苏州体育史》，文汇出版社 2017 年版，第 274 页。

加体质监测。另一方面丰富评优项目,并将"以评促建"深入街道、社区。

苏州市通过每年举办宣传周活动,给人民群众普及体育健身的知识,转变他们对体育的固有成见,吸引他们参与到全民健身活动中来。这种宣传活动取得了良好的效果,调动了人民群众参与体育活动的热情。因此,苏州市体委、电视台多次获得国家级、省级的相关嘉奖。随着全民健身活动的深入发展,人民群众对体育专业指导的需要越发强烈。社会体育指导队伍的建设为科学健身提供了保障。而转变经费投入方式——利用体育彩票公益金投资建设全民健身工程点——是推动社会体育发展的重要举措。①

苏州市积极参与江苏省先进街道和全国城市先进社区评选活动。这调动了各街道、社区发展区域体育的积极性,使得苏州城市社会体育发展水平整体上得到提升。在某种意义上也推动了各街道、社区体育的均衡发展。相比之下,农村体育发展相对滞后。评优活动仍然以乡镇为单位,没有能够"由点到面"展开,譬如"亿万农民健身活动"。但由于评优项目的重点内容由硬件指标转向民众参与,促使各乡镇必须将落实到村一级单位,调动各村推动全面健身工作的积极性。在此意义上,它较之前的评优项目,更加深入地推动全面健身工作。

这一时期,城市社会体育和农村社会体育得到较为深入发展,提升了苏州社会体育的整体水平。但城乡二元管理制度往往使得城乡之间发展不均衡问题难以被有效解决。苏州市通过建设"特色体育"乡镇方式,很好地缓解了这一问题。"特色体育"乡镇建设,意味着农村体育发展模式的转向,由以往农村体育"城市化"的跟随发展模式转向适合各乡镇自身的自主探索模式。这不仅有助于营造良好的体育锻炼氛围,也拓展了农村体育的功能,促进乡镇体育产业经济的发展。

(三)苏州城乡社会体育服务均等化的转折

苏州通过构建城乡一体化公共体育服务体系,促进城乡之间的均等化。城乡社会体育服务的二元体制,导致城乡之间的不均等问题难以得到很好的解决。针对该问题,苏州市着力推进社会体育城乡一体

---

① 罗时铭编著:《苏州体育史》,文汇出版社2017年版,第286页。

化。苏州市在社会体育城乡一体化建设过程中，不断完善农村全民健身服务体系建设。一方面在经费投入上向农村倾斜，推动乡村体育设施建设，促进城乡体育设施的均等化；另一方面推动老年人体协、农民体协以及其他单项运动协会向农村延伸。至2013年，"全市55个建制镇全部建成镇级文体活动中心，1068个行政村全部建成农民体育健身工程，928个社区居委会全部建成全民健身工程（点）"[①]。2016年，苏州市提出要打造公共体育服务体系2.0版。同年出台的《市政府办公室关于印发苏州市全民健身"十三五"规划的通知》指出："按照城乡一体化要求，推进城乡健身设施、健身组织、健身活动、健身指导等公共资源及服务要素的协调配置。"

在促进城乡发展均等化的同时，苏州市开启了体育现代化的建设，以将"均等化"建立在更高标准上。一方面，经过一段时期的努力，全民健身运动得到较为广泛的开展。但随着人民群众的体育需求的不断增加，矛盾逐渐凸显出来。为了保证群众体育的规范、健康发展，2003年苏州市人大会议通过了《苏州市市民体育健身条例》。这标志着苏州市社会体育进入法制化阶段。另一方面，2009年，苏州市政府正式颁布了《市政府关于印发苏州市体育基本现代化工作实施意见的通知》，促进群众体育的现代化，目的在于使体育普惠于民。比如，文件中对"群众体育现代化"做了具体要求，"亲民、便民、利民的全民健身服务体系更为完善，普惠平台更加健全，经常参加体育锻炼人数超过50%，每人掌握1—2项体育锻炼技能……市民体质测试合格率大于92%……加快各级社会体育指导员培训，万人拥有数量超过20人。"

（四）城乡社会体育服务均等化的苏州经验

将"谋百姓健康"看作社会体育服务的根本。从社会体育现代化工作的筹划、实施，无不体现"健身惠及百姓，体育也是民生"的发展理念。正是这种理念，调动了人民群众参与社会体育活动的积极性。也正是这种理念，苏州市在城乡均衡发展问题上做了很多

---

① 宋伟、鲍东东主编：《苏州公共体育服务体系示范区建设》，中国科学技术大学出版社2016年版，第159页。

工作，在政策、投入上向农村地区倾斜。但是这并不意味着它是唯一目的。社会体育还促进经济、文化发展的功能，这些目的并不必然冲突。相反，它们之间相互促进。比如，"特色体育"乡镇的发展，既为百姓谋健康，也为百姓谋文化、经济福利。百姓的积极参与和社会体育产业的发展就有一种互生关系。因此，在社会体育实施过程中，需拓展其社会功能，促进体育文化传播，推动社会体育产业经济的发展。

通过财政转移支付、供给主体的多元化，拓宽经费来源渠道，加大经费投入。社会体育的发展依赖于基础设施的建设，而这需要大量的经费。针对一些财力相对薄弱、难以给予大量资金投入的地区，一方面可以通过财政转移支付的方式弥补财政缺口，均衡城乡财力，实现城乡社会体育服务的均等化；另一方面可以通过供给主体多元化，拓宽经费来源渠道，缓解财政投入的压力。比如，苏州利用彩票公益金投资建设全民健身工程点。

根据人民群众的实际生活习惯、方式，进行体育资源供给。这有助于形成个人体育需求与体育资源之间的良性互动。城乡人民不同的生活方式，导致他们在体育需求上的差异。城乡社会体育均等化发展过程中，容易犯一种平均主义错误，即以城市体育资源为标准，拉近城乡之间的距离。这种农村体育"城市化"的均等化模式，在一定程度上忽略了农村人民的真实需求，也难以真正调动农民参与体育活动的积极性。苏州则是以"特色体育"乡镇建设为抓手，推动农村自身体育文化的生长，提高人民参与体育活动的积极性。

注重社会体育指导员的培养、建设体育信息咨询服务平台。这有助于促进社会体育实现质量上的均等化。社会体育活动群众的参与度不断提高，但是人民群众对科学健身的知识和技能的掌握依然不足，尤其是农村人民。因此，加强社会体育指导员的培养、建设体育信息咨询服务平台，普及科学健身知识，加强科学健身指导，才能够提高他们的参与锻炼质量。此外，体育信息咨询服务平台的建设，也有助于提高民众的健身意识。

第四节 城乡基本公共体育服务均等化的机制创新

基本公共体育服务主要包括在场地设施、组织服务、健身指导、体质监测以及信息咨询等内容。目前，城乡基本公共体育服务的不均等主要体现在这些方面。而根据以往的研究和实践，实现城乡之间的均等化主要有两种模式：一种是以公共财政分配为目标的均等化模式；另一种是以基本公共服务供给为目标的均等化模式。前者关注财政投入的均等化，通过同等的经费投入消弭城乡之间的不均等。固然经费投入对于城乡基本公共体育服务均等化具有基础性作用，但由前文可知，将经费投入均等同于服务均等化显然简化了基本公共体育服务均等化的内涵。后者则超出了财政投入层面，关注基本公共体育服务供给的具体内容。城乡相同的经费投入并不意味着它们能够提供同样水平的公共体育服务，而居民直接享用的公共体育服务，所以，相较于经费投入的均等化，公共服务供给层面的均等化更接近实质均等。实质均等不同于外在条件（比如经费、设备以及场地等）的均等，它意味着城乡居民都能自由享受基本公共体育服务。因此，公共服务供给需要建构居民的基本公共体育服务的需要。而当前以基本公共服务供给为目标的均等化模式主要分为标准化模式和最低公平模式。[1] 最低公平模式对于发展落后地区和社会弱势群体享有基本公共体育服务意义重大，但是对于发达地区的地方政府而言是不够的，满足当地居民更高的体育需要也是城乡基本公共体育均等化的内容。[2] 因此，城乡基本公共体育服务均等化发展需要机制创新。

我国不同地区的基本公共体育服务水平及城乡之间的差异化程度

---

[1] 王振宇、寇明风：《解析"基本公共服务均等化"》，《辽宁日报》2008年1月28日。

[2] 汤际澜：《我国基本公共体育服务均等化研究》，博士学位论文，苏州大学，2011年。

不同，各自需要根据自身实际情况调整不同主体经费投入的比例和投入方式，找到适合自身的均等化发展模式，通过机制创新和制度安排，实现从"最低水平"均等向优质均衡转变。虽然均等化发展的目标、模式具有多样性，但总体上需要围绕财政制度、服务供给、法律制度、需求表达以及监督评价五个方面做好保障工作。经费投入为基本公共体育服务提供物质保障，从统计数据来看，经费投入数量和方式是造成城乡之间不均等的基本原因。服务供给的内容和方式不仅受限于服务供给主体的供给能力，也要满足人民的公共体育需要。因此，民众的需求表达途径应当得到保障。公共服务的多样化是推动城乡之间均等化的关键。监督和评价是对公共体育服务均等化发展的有效控制手段。法律制度则明确了公共体育参与主体的义务和权利，给基本公共体育服务提出了具有强制力的规范性要求。这五个方面构成了基本公共体育服务的基本逻辑：需求与供给的匹配度反映出基本公共体育服务的水平，也是促进城乡之间均等化的着眼点；财政制度是经费投入的保障，是推动城乡基本公共体育服务均等化的基础条件；法律制度、监督评价制度保障基本公共体育服务规范、有序地落实（见图8-7）。

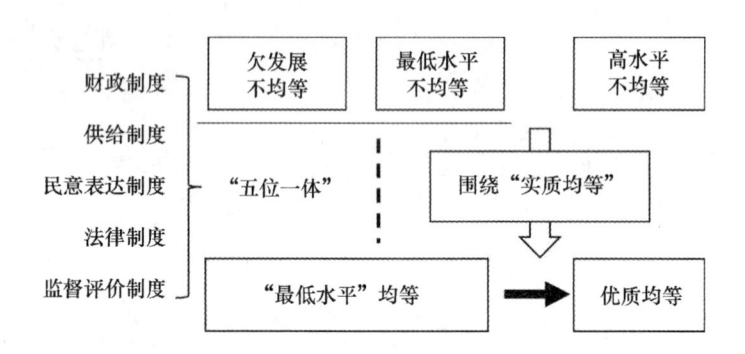

图8-7 城乡公共体育服务均等化机制创新

一 改革基本公共体育服务财政制度

改革基本公共体育服务的财政制度，就是要通过优化经费分配、提高乡村经费投入以及拓宽经费来源渠道等方式，保障公共体育经费的持续、健康投入，在满足人们"底线"需求的基础上，促进城乡公共体育服务的均等化发展。财政制度涉及经费"来去"的整个过程，根本上说，就是要解决"谁来投入""投入多少"以及"如何投入"这三个主要问题。

我国基本公共体育服务总体上经费投入不足，不仅在乡村投入较少，在一些地区的城镇，支持也略显不足。[①] 一方面整体上需要优化体育投入结构，加大基本公共体育服务的财政投入；另一方面需要克服城乡二元发展模式所带来的城乡之间的发展不均衡，实现最低公平模式的均等化。结合国际经验和我国实际情况，着重从调整各级政府的财政支出比例、增加地方财政收入以及引入商业资本等方面完善制度。

在调整各级政府之间的财政支出占比时，制度安排应当遵循财权与事权对称的原则。一方面可以通过提高乡村的财政收入，使其在公共体育服务上具备现实的调节能力。提高乡村的财政收入，首先需要建立乡村的财政收入增长机制，其次可以通过发展地方经济提高税收收入，最后可以适当提高乡村财政占总收入的比重。[②] 另一方面可以通过转移支付的方式为乡村缓解经费压力。财政转移支付包括一般性转移支付和专项支付转移，前者能够弥补财政实力相对薄弱的乡村的财力缺口，有益于精准帮扶，而后者主要围绕公共服务领域，也更具有针对性。在推进基本公共服务均等化过程中，财政转移支付具有高效性，应该成为缩小城乡之间经费投入差距的重要手段。目前，"省对市、县专项转移支付不规范、种类过多、项目规模较小、随意性较强的问题"[③]。为了提高财政转移工作效率和规范化程度，需要调动地方政府的积极性，将转移支付工作与奖励和补助挂钩。此外，增加乡村基本公共服务经费投入应当具有可持续性。转移支付，尤其是专项转移支付，具有精准扶持的特性，能够在相对较短的时间提升缩小城乡之间经费投入的差距，但同时可持续性较差，换言之，难以从根本上解决乡村资金困难问题。因此，亟待需要调整收入分配、财政支出结构

---

① 曹可强、俞琳：《公共体育服务：体系构建、机制创新与制度安排》，北京体育大学出版社2013年版，第131页。
② 蓝国彬：《实现城乡公共体育服务均等化的路径思考》，《体育与科学》2010年第2期。
③ 蓝国彬：《实现城乡公共体育服务均等化的路径思考》，《体育与科学》2010年第2期。

制度，使其向乡村倾斜，形成乡村公共体育事业具有相对稳定的、可持续性的经费来源。

尽管政府是基本公共体育服务投入的主要责任主体，但是投入主体不仅是政府部门，也包括基金会、私营机构以及社会力量资助等。由于我国财政体制、经济制度以及体育文化等因素的影响，市场、社会力量并没有在推动城乡基本公共体育服务均等化的过程中起到太多作用。事实上，政府作为主要责任主体应当在基础设施建设、体育文化推广以及体育赛事组织等方面进行投入，促进城乡之间的均等化，同时，可以通过优惠政策、发展体育产业的方式，引导社会力量参与进来，弥补自身经费投入能力的有限性。换言之，企业或其他营利机构可以通过多种方式投资乡村体育事业，同时为乡村提供基本公共体育服务。基本公共体育服务因涉及大量场地、设施的建设，所以需要大量的经费投入。但由于各级财政条件、筹措经费能力不同，导致基础建设水平参差不齐，导致城乡之间发展的不均等。苏州市通过划拨农村公共体育发展专项资金、经费向农村倾斜等举措，改善农村的公共体育经费不足的情况，推动基础设施的建设，达到城乡场地、设备的基本标准。为了率先实现公共体育的现代化，实现公共体育服务的优质均等化，苏州全民健身"十三五"规划中提到："继续推进城乡一体化'10分钟体育健身圈'和农村社区体育健身工程的提档升级。"为了加强经费保障，需要拓宽投入渠道。"十三五"规划中提道："全民健身经费足额保障，并保持与国民经济增长相适应的力度。发挥政府转向资金的杠杆效应，采取企业冠名、社会投资、金融机构信贷等方式，拓宽全民健身多元投入渠道。落实财税优惠政策，鼓励社会对全民健身事业进行资助和捐赠。"

此外，苏州在保障基本公共体育服务的前提下，推进体育消费、加快体育产业建设，拉动社会体育产业经济发展，从而反向推动社会体育的发展。譬如，"特色体育"乡镇的建设，一方面增加了农民个人收入，提高了他们的体育消费水平，享受更高质量的体育服务；另一方面促进了乡镇经济发展，增加了财政收入，从而提高了经费投入能力。

二 改进基本公共体育服务供给制度

基本公共体育服务供给主要涉及供给内容、供给主体以及供给方式等内容，改进基本公共体育服务供给制度就是要对这些方面提出规范性要求，对资源配置方式做出规定。首先，对供给内容的规定影响城乡基本公共体育服务的实质均等。城乡居民对公共体育服务有着不同的需求，只有供给内容在一定程度上符合他们的基本需要，才能够说他们在实质上享受到了基本公共体育服务，否则，增加乡村供给并不能够促进城乡之间的均等化。换言之，向城乡提供相同的公共体育服务并不必然意味着城乡基本公共体育服务实现了均等。但这种供给内容标准化模式在基本公共服务领域被广泛应用，尤其在学校体育领域。这主要源于基本公共体育服务供给的标准被降低到物质资源的配置。譬如，场馆、场地以及设施等。其次，供给主体往往受到供给内容的限制，一般而言，基本公共体育服务的投入较多而收益较低，因而供给主体往往是政府部门。市场营利组织缺乏动力，而非营利性机构的经费相对有限。但随着人民基本体育需求的增加，供给内容逐渐丰富。但相较于乡村，城市的基本公共体育服务供给内容较多样，其供给主体也较多元。最后，供给方式往往取决于供给主体的行事逻辑。譬如，政府供给方式相较于市场供给方式缺乏灵活性，服务意识不足。

我国城乡基本公共体育服务供给制度有着很大的差异。"城市实行的是'政府主导型'的公共体育服务供给制度，农村实行的是'农村自保型'的公共体育服务供给制度。"[①] "改革开放以后，国家强化了地方承担基本公共服务供给的责任。在城市基本上沿用了以前的基本公共服务供给制度。在农村，实行的是物质成本分摊的公共服务供给制度，农民通过乡统筹、村提留等方式承担着绝大部分的公共服务供给责任。"[②] 在不同供给制度的推动下，城乡基本公共体育服务的差距

---

① 蓝国彬：《实现城乡公共体育服务均等化的路径思考》，《体育与科学》2010年第2期。

② 秦小平：《城乡体育基本公共服务均等化研究》，博士学位论文，华中师范大学，2011年。

被逐渐拉大。这也造成乡村基本公共体育服务供给内容相对单调、供给主体单一以及供给方式缺乏灵活性。

乡村自身的力量和社会吸引力相对有限，无法从根本上实现城乡之间的均等化目标。因此，根本上需要建立城乡统筹的基本公共体育服务的供给制度，不仅从物质条件上给予乡村更多的支持，更要从体育文化上给予农村更多的帮助。从制度安排上：首先，政府应当承担更多的供给责任，从基础设施建设走向更为丰富的公共体育服务，从而为乡村提供持续不间断的基本公共体育服务，以保障乡村居民的合法权益；其次，政府应当通过提升乡村吸引力，引入社会组织，开发乡村基本公共体育服务的供给主体，拓展乡村基本公共体育服务的供给方式，培育乡村的自身供给公共体育服务的能力；最后，城乡基本公共体育服务均等化的关键在于发展城乡各自的体育文化，鼓励乡村因地制宜，开展符合地方特色的体育活动，通过差异化的体育参与实现城乡基本公共体育服务的实质均等。

在社会体育服务上，苏州实行以政府为主导，鼓励市场和社会组织参与的供给模式。不同供给主体之间需要分工协作，利用好自身的优势，提高供给效率、质量的基础上实现公平。其中，政府统筹全局、主导宏观上的供给内容，以推进全民健身计划，完善全民健身服务体系。政府并不需要直接参与公共体育服务的生产，需要的是通过结合群众的公共体育需求和城乡公共体育服务现代化的要求，判断、决定公共体育服务的种类、数量以及分配方式，寻找合适的生产者，监督公共体育服务的实施，充分发挥好自身在公共体育服务供给中的监督作用。苏州利用社会组织普及体育知识、组织开展群众体育活动以及举办体育赛事。相比于政府，体育社会组织在供给内容、方式上具有较大的灵活性与针对性，更能够引起人民群众广泛参与。苏州市全民健身"十三五"规划中提出，要"推动社区体育与职工体育、学校体育协同发展"。2016年发布的《关于印发〈2016年苏州市群众体育工作要点〉的通知》中提到："鼓励体育社会组织更多地参与办赛和参赛。继续打造'全民健身日''假日体育''千村万人幸福乡村篮球、乒乓球赛''端午龙舟赛''元旦长跑'等品牌活动。"

学校体育教育和社会体育服务不同。乡村和城市学校的条件会有所差别，各自应充分利用优势，因地制宜开展体育活动，在标准化供给的基础上，优化资源配置。各个学校自身就具有一定的体育产品的生产能力。学校体育教育开展的方式是，区级统筹建设城乡校级的体育基础设施，组织教学研讨、教师培训，提升体育教师的教育教学水平；在充分领会新《课标》精神的基础上，各学校结合特色项目，自主开展体育教育教学活动。另外，推动体教合作，开设"体教结合创新试验区"，组织专业运动到农村学校指导学生体育锻炼的活动。

三 健全基本公共体育服务法律制度

乡村基本公共体育服务不健全，除了客观物质条件不足，基层政府的决策也是重要因素。基层政府大多时候只是完成上级下达的任务，更为关注绩效考核指标，而那些难以被评量的内容往往不会被关注。乡村基本公共体育服务的可见性并不明显，进而很少被基层政府重视。在群众体育中，乡村居民也很少会像城市居民那样表达自身的体育需求，和自身的其他需求相比也显得不太急切。基层政府的态度、乡村居民的体育文化素养、生活方式以及体育权利意识等人为因素也严重影响着乡村基本公共体育服务工作的开展。在学校体育中，乡村学校体育活动开展的随意性也较大。行政人员对乡村基本公共体育服务工作的影响较大，相比之下，城市的体育决策制定会有更多客观依据，但"人治"现象依然比较普遍。而"人治"的不确定性，有碍于城乡体育基本公共均等化的实现。因此，想要保障城乡居民享有同等的体育权利，需要实现从"人治"到"法制"的转变，依法开展基本公共体育工作。

健全基本公共体育服务的法律制度，重点在于弥补我国法律法规在协调城乡基本公共体育服务不均衡方面的不足。目前我国有不少关于促进城乡基本公共体育服务均等化的法律法规和规范性文件，但是系统性不足。如《全民健身条例》中对公共体育设施建设做了规定，但缺乏相应追责条款，且各地方政府也没有配套的法律法规。系统性缺失的法律法规很难被有效落实，进而难以推动城乡基本公共体育服务均等化的协同治理。因此，健全基本公共体育服务的法律制度，需要系统化地设计、制定和完善关于财政、供给、需要表达、监督和评价等一系列的法律法规或规范性文件，以规范基本公共体育服务投入或供给主体的行为。

为了保证群众体育的规范、健康发展，保障人民群众的健身权益，2003年苏州市人大会议通过了《苏州市市民体育健身条例》。苏州通过立法的形式，保障《全民健身计划纲要》的落实，推进苏州体育现代化发展。该条例分别在2004年、2011年、2012年、2016年进行了修订。苏州市政府2009年正式颁布的《市政府关于印发苏州市体育基本现代化工作实施意见的通知》建立在长时间、深入的理论研究基础之上。早在1999年苏州就开始关注，并承担了国家社科基金项目课题（《关于在苏州实施体育现代化示范工程的研究》），于2003年出版了研究著作（《苏州市体育现代化研究》）。[①]

城乡一体化背景下，苏州统一了城乡公共体育的评价指标。通过评标标准的一致，推动城乡体育均等化发展。学校体育方面，苏州相继出台了《苏州市教育现代化小学评估方案（试行）》《苏州市教育现代化初中评估方案（试行）》《苏州市高水平教育现代化小学评估标准（试行）》《苏州市教育现代化初中评估标准（试行）》。其中，对体育场地、设备以及学生体质测评达标率都做了规定。

四 建立基本公共体育服务民意表达制度

基本公共体育服务民意表达是公众参与公共体育服务的重要形式。民众可以通过基本公共体育需求表达引导基本公共体育服务供给，通过意见表达监督和评价基本公共体育服务，从而促进城乡基本公共体育服务均等化发展。居民基本公共体育需要表达的缺乏阻碍了基本公共体育服务供给内容的差异化发展，使其沿着标准化、同质化的路径低效推进。居民对基本公共体育服务意见表达的缺失，使基本公共体育服务供给主体失去了监督，在监督评价制度尚不健全的条件下其决策风险增加。民众关于基本公共体育需要和意见的有效表达，需要稳

---

① 罗时铭编著：《苏州体育史》，文汇出版社2017年版，第291页。

定、可靠的表达途径，而这依赖于民意表达制度的建立。

在监督评价制度完善的情况下，基本公共体育服务民意表达机制的作用在于保障、引导城乡居民的基本体育需求的表达。了解城乡居民基本体育需求是实现城乡基本公共体育服务均等化的前提条件之一。因为城乡基本公共体育的实质均等是否实现不在于城乡居民是否享有同样的基本公共体育服务，而在于他们是否意识到自身的体育需求，并且这些需求是否得到满足。从城乡基本公共体育服务均等化发展现实可能性角度出发，城乡居民基本体育需求也不应被忽视。城乡基本公共体育服务均等化实现的关键在于加快乡村基本公共体育发展的速度，而如果不考虑需求而仅仅从经费投入数量、供给内容丰富程度理解基本公共体育服务，乡村的发展速度很难超过城市，这也就意味着城乡差距会被逐渐拉大，城乡基本公共体育服务均等化是不可实现的目标。而乡村基本公共体育服务快速发展的可能之路不是放弃自身的独特条件而追随城市的脚步，相反，需要因地制宜，围绕体育活动形成乡村基本公共服务的独特形态。

乡村和城市的生活方式有着很大不同，而目前基本公共体育服务（包括体育项目、设施以及组织形式等）更适合城市居民的生活习惯。事实上，乡村居民基本体育需求被忽视了。目前而言，建立乡村居民基本公共体育服务需求偏好表达制度尤为重要。乡村基本公共体育服务需求表达制度建立可以围绕两个方面展开：一是给与乡村居民参与基本公共体育服务供给决策充分的权利，让他们的基本体育需要在基本公共体育服务供给中得到真正的体现；二是通过培育、发展非政府体育组织，组建和发展民俗、民族体育团体，塑造居民基本体育需要的同时帮助他们合理表达意愿，增强他们的话语权力。[①] 在城乡一体化建设过程中，苏州尚未建立系统制度，保障城乡居民基本体育需求表达权利，但是开通了需求表达通道，譬如通过建设"苏州体育"网站，为民众提供信息咨询服务。其中包括健身知识内容、体育场馆设施查询服务、全民健身大讲堂通告、体质监测预约和监测报告查询以及体

---

① 蓝国彬：《实现城乡公共体育服务均等化的路径思考》，《体育与科学》2010年第2期。

育文化内容等。城乡居民可以无差别地享受体育咨询服务。另外，网站开通意见征集栏目，民众对一些体育活动征求意见表达自己的意愿或看法。

五　完善基本公共体育服务监督评价制度

基本公共体育服务监督是对基本公共体育服务的控制方式，对供给主体行为的约束和激励作用，包括对经费使用、供给内容、供给方式、需求征集等的监管。因此，基本公共体育服务监督制度包括财政监督制度、供给监督制度以及民意监督制度等内容。建立基本公共体育服务监督制度，根本上是为了保障基本公共体育服务被有效供给，以满足城乡居民基本体育需求，从而实现城乡基本公共体育服务均等化。因而，一方面需要保障基本公共体育服务的各种政策、制度的有效落实；另一方面需要及时发现政策、制度落实中遇到的问题，为调整供给模式、完善制度提供依据。

完善基本公共体育服务监督制度，不仅需要补充一些环节的制度缺失，尤其是关于城乡基本公共体育服务均等化制度的内容，也需要调整一些不合理的制度安排。目前，我国基本公共体育服务监督制度安排尚有一些不合理的地方，譬如，"管办不分、政事不分"、监管多主体、问责机制不健全以及监管规则不完善等问题。[①] 总体上，"在公共体育服务供给主体多元化、供给方式灵活化的改革过程中，国内监管改革的重心应是建立包括行政监管、行业自律组织和社会公众参与、传媒监督在内的完善的现代监管体系"[②]。而在城乡基本公共体育服务均等化的背景下，行政部门除了需要加强乡村基本公共体育供给的监管，也要引导乡村根据自身基本公共体育发展水平，发挥各体育团体或组织的作用，建立适合自身的监督制度。

监督不可避免地需要对监督对象进行评价，是评价的目的之一。

[①] 曹可强、俞琳：《公共体育服务：体系构建、机制创新与制度安排》，北京体育大学出版社2013年版，第147、148页。

[②] 曹可强、俞琳：《公共体育服务：体系构建、机制创新与制度安排》，北京体育大学出版社2013年版，第150页。

基本公共体育服务评价除了是监督的基本工具，也服务于绩效考核，更重要的是为提升基本公共体育服务质量、促进城乡基本公共体育服务均等化提供依据。因此，基本公共体育服务评价制度除了需要建立干部政绩考核制度，将城乡基本公共体育服务均等化指标纳入考核指标（包括投入、产出和效果等3个一级指标、11个二级指标和31个三级指标①），更重要的是要将改进内容作为评价对象，此外，也需要明确评价主体，构建合理的多元主体参与的评价体系。

《关于印发〈2016年苏州市群众体育工作要点〉的通知》中指出："认真贯彻省体育局、省体育总会《进一步加强体育社会组织建设的指导意见》的要求，不断完善体育社会组织考核评估体系，以社团等级评估为抓手，以各类赛事活动开展为核心，全面组织实施《江苏省体育健身俱乐部促进计划》。"对社会组织的监督体现在，实行社会组织评估制度，将评估与组织分级、参与社会体育服务资格相关联，统一监督与日常管理。体育局根据社会组织一个年度所举办的体育活动、参与社会体育服务的数量和质量，评价其工作，并依据评价结果，为组织分级，评估其参与社会体育服务的资格。建立信息公开制度，公布其组织机构、服务内容和收费标准等信息，同时接受教育局和民众的监督。

---

① 谢正阳、汤际澜：《城乡基本公共体育服务均等化研究》，苏州大学出版社2020年版，第166页。

第九章 城乡公共文化服务均等化研究

基本公共文化服务和公共文化标准化、均等化概念于21世纪以来相继提出，并以学术研究、公共文化服务政策和社会实践三线并进加以推进。学术界的研究情况，本节将以中国知网（CNKI）全文数据库为依据，运用CiteSpace可视化分析软件作为工具，在知识谱系勾勒的基础上，结合代表性文献分析，概括出研究的主要观点。公共文化服务政策包含国家级和省市政府两大类，数量庞大。以国家文化和旅游公共文化研究上海图书馆基地发布的"公共文化服务政策基础数据库"（http://bz.reasonlib.com）为主要数据源，以"公共文化服务体系"为关键词检索，限定检索数据库为"政策法规"，得到104条相关政策文本，本章研究重点在于国家层面的政策法规。公共文化服务体系和均等化的社会实践主要在省市两级展开，北京、上海、深圳、杭州、成都等一线和省会城市的探讨得到较多关注，本章将选择地级城市——苏州市为个案，梳理该市基本公共文化服务和公共文化均等化的实践现状。苏州市的城乡经济、社会结构和文化特殊性在地级市中可谓领风骚者，公共文化服务体系持续创新，并于2013年以全国总分第一的成绩获得首批"国家公共文化服务体系示范区"称号，因而具有一定的代表性和可研究性。总体观之，国务院、文化和旅游部等通过政策法规强势推行基本公共文化服务标准化、均等化和公共文化服务体系；地方政府积极投入公共文化服务设施建设、公益文化产品提供，在实施基本公共文化服务十多年后很大程度上改善了基层公共文化服务匮乏和失衡的情况，在经济和文化发达地区，公共文化服务已进入现代化和高质量发展阶段；与国家层面政策指导和落地实施的力度相比，公共文化服务研究更多停留在政策解读和社会实践经验总结，具有中国特色的理论建构和探索比较薄弱，也落后于社会实践。

第一节 城乡公共文化服务均等化的政策法规、学术研究和社会实践现状

在国内特殊的政治经济和社会语境下，公共文化服务的"公共性"被理所当然地框定在基本性、公益性、均等性、便利性的特质下，以政府制定公共文化政策，免费提供基本公共文化服务设施、场所、产品和服务为方式方法，保障民众获取基本公共文化权益和需求为目标。公共文化服务的研究热点显示，政府政策法规和指导意见起着"指挥棒"作用，围绕此，或进行理论背书，或对政策加以解读，或给予社会实践叙述性总结，而没有充分体现出对社会实践的指导价值。本节所选择的个案——苏州市公共文化服务，其在文化服务探索上颇具成效，许多经验和教训也可视为"标本"，为社会实践提供经验样本，为理论研究提供研判案例。

一 公共文化服务及其均等化的提出及发展

（一）国家政策法规持续推进公共文化服务体系建设

随着我国对公共文化服务均等化的高度重视，中共中央不断出台相关方针政策，以构建系统完备的公共文化服务体系并提升均等化水平。《中共中央关于制定国民经济和社会发展第十一个五年规划的建议》（2005）首次在国家级文件中正式提出"公共文化服务体系"，"加大政府对文化事业的投入逐步形成覆盖全社会的比较完备的公共文化服务体系"[①]。但在当时并未引起理论界的重视，社会实践也处于酝酿期。随着

[①] 中华人民共和国科学技术部：《中共中央关于制定"十一五"规划的建议》，http://www.most.gov.cn/yw/200510/t20051019_25502.htm。

《国家"十二五"时期文化发展规划纲要》(2012)提出基本建立覆盖全社会的公共文化服务体系的要求,理论界开始对基本公共文化服务概念、体系框架、建设主体、供给模式、财政投入方式、管理体制与运作机制等普遍性问题展开讨论,在此过程中,基本公共文化服务均等化、城乡一体化的议题得到初步分析。《中共中央关于全面深化改革若干重大问题的决定》(2013)进一步提出"建立健全现代公共文化服务体系""统筹城乡基础设施建设和社区建设,推进城乡基本公共服务均等化""促进基本公共文化服务标准化、均等化"。① 中共中央办公厅、国务院办公厅印发《关于加快建构现代公共文化服务体系的意见》(2015),出现"现代公共文化服务体系"的新提法,强调"构建体现时代发展趋势、适应社会主义初级阶段基本国情和市场经济要求、符合文化发展规律、具有中国特色的现代公共文化服务体系,促进基本公共文化服务标准化、均等化,推动社会主义文化大发展大繁荣"②。《国家基本公共文化服务指导标准(2015—2020年)》也同时印发,对基本公共文化服务的硬件设施、人员配备等做出了明确规定。2016年正式出台《中华人民共和国公共文化服务保障法》,以立法保障公共文化服务体系建设。至此,公共文化服务概念的基本内涵得以确定:"是指由政府主导、社会力量参与,以满足公民基本文化需求为主要目的而提供的公共文化设施、文化产品、文化活动以及其他相关服务。"③ 接着,《国家"十三五"时期文化发展规划纲要》(2017)再次强调现代公共文化服务体系建设,尤其是"加快构建普惠性、保基本、均等化、可持续的现代公共文化服务体系"④。纲要特别关注到边缘人群基本公共文化服务的普惠性和均等化,要求

---

① 新华社:《中国中央关于全面深化改革若干重大问题的决定》,http://cpc.people.com.cn/n/2013/1115/c64094-23559163-11.html。

② 新华社:《中共中央办公厅、国务院办公厅印发〈关于加快构建现代公共文化服务体系的意见〉》,http://www.gov.cn/xinwen/2015-01/14/content_2804250.htm。

③ 中国人大网:《中华人民共和国公共文化服务保障法》,http://www.npc.gov.cn/zgrdw/npc/xinwen/2016-12/25/content_2004880.htm。

④ 新华社:《国家"十三五"时期文化发展改革规划纲要》,http://www.gov.cn/zhengce/2017-05/07/content_5191604.htm。

"开发和提供适合老年人、未成年人、残疾人、农民工、农村留守妇女儿童、生活困难群众等群体的基本公共文化产品和服务",以及"推动老少边贫地区公共文化跨越发展"。同年十月,十九大报告中再次提到基本公共文化服务均等化,要求逐步缩小城乡区域发展差距。公共文化服务均等化在国家政策话语中,并没有给出明确界定,主要是指为不同地区、城乡以及不同群体提供基本公共文化服务内容的均衡状态。

(二) 公共文化服务研究的基本情况

随着国家政策的强势推进,基本公共文化服务、公共文化服务、现代公共文化服务、公共文化服务均等化等概念相继浮出水面并进入理论研究和社会实践互动推进的阶段。

本书在中国知网全文数据库中以"主题 or 全文 = 公共文化服务、均等化、公共数字文化、图书馆、博物馆、美术馆、文化馆、广播电视传输"为检索公式、以"来源类别 = 核心期刊、CSSCI"为检索范围,检索年限不限,除去不相关的文章,最终得到9694篇文献,去重处理后共得9379篇文献作为本文的主要样本数据,导入可视化分析软件CiteSpace(见图9-1和图9-2),根据演进趋势图和突变词,基本可以将公共文化服务研究分成四个阶段:准备阶段(1992—2002年),公共文化、公共文化服务、均等化等概念虽然出现,但尚不是今天意义上特指的公共文化服务体系和公共文化服务均等化,更多是探讨通过财政政策保障公民收入的均等化。起始阶段(2003—2008年),依据国家有关公共服务体系建设的指示精神,学术界于2006—2007年开始集中讨论基本公共服务均等化、公共文化服务体系等核心问题。从一些高频被引文献所关注的议题可见"公共服务均等化"成为热点话题,如关注公共服务均等化的理论、问题与对策[1],政策目标与制度保障[2],指标体系构建[3]、农村

---

[1] 安体富、任强:《公共服务均等化:理论、问题与对策》,《财贸经济》2007年第8期;江明融:《公共服务均等化论略》,《中南财经政法大学学报》2006年第3期。

[2] 项继权:《基本公共服务均等化:政策目标与制度保障》,《华中师范大学学报》(人文社会科学版)2008年第1期。

[3] 安体富、任强:《中国公共服务均等化水平指标体系的构建——基于地区差别视角的量化分析》,《财贸经济》2008年第6期。

公共文化建设等①，公共文化服务均等化仅仅作为公共服务均等化的一个方面偶尔被提及，尚未展开充分讨论。实践阶段（2009—2015年），公共文化服务发展的社会实践此起彼伏，公共图书馆、博物馆、美术馆、文化馆等公共文化基础设施免费或优惠开放，学术界涌现大量政策解读类和实践个案类的文献，如高被引的论文所示，城乡基本公共文化设施布局均等化②、农村公共文化服务供给社会化的模式构建③等议题成为研究重点，但文献总量并不高。现代化和数字化转向阶段（2016年至今），现代公共文化服务建设与公共数字文化成为本阶段的热点研究，从高频被引文献来看，其中，公共图书馆的作用、机制、服务讨论最为充分④，

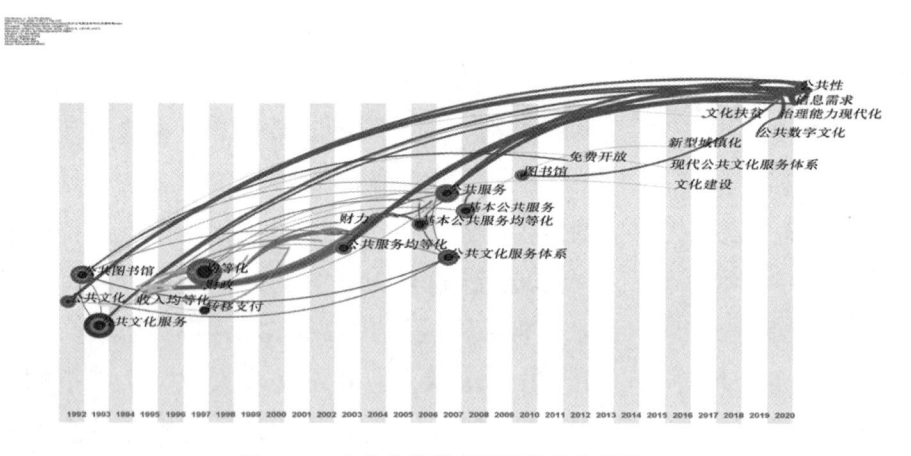

图9-1 公共文化服务研究演进趋势图

---

① 全国农村文化联合调研课题组、王家新、黄永林、吴国生、傅柴武、徐晓军、吴理财：《中国农村文化建设的现状分析与战略思考》，《华中师范大学学报》（人文社会科学版）2007年第4期。

② 张京祥、葛志兵、罗震东、孙姗姗：《城乡基本公共服务设施布局均等化研究——以常州市教育设施为例》，《城市规划》2012年第2期。

③ 李少惠、王苗：《农村公共文化服务供给社会化的模式构建》，《国家行政学院学报》2010年第2期。

④ 吴建中：《再议图书馆发展的十个热门话题》，《中国图书馆学报》2017年第4期；牛勇：《图书馆精准服务研究》，《图书馆学研究》2016年第5期；李国新：《〈中华人民共和国公共图书馆法〉的历史贡献》，《中国图书馆学报》2017年第6期。

同时，在公共文化进入现代化和数字化服务新征程时，强化政府在均等化方面的责任以及文化扶贫也得到诸多关注[①]。公共文化服务上述四个发展阶段比较清晰地反映出以下逻辑：政府公共政策和法规出台及实施—社会实践在政策落实和实施中不断创新—学术界一方面解读政策法规，另一方面总结社会实践的经验和教训，在三者的互动过程中，国内基本公共文化服务建设已初步完成，国家政策、社会实践和学术界均围绕着现代公共文化服务体系和高质量发展公共文化服务的目标前进。

Keywords	Year	Strength	Begin	End	1992 - 2020
收入均等化	1992	8.4699	1993	2002	
财政转移支付	1992	15.6459	1995	2008	
财政支出	1992	12.563	1995	2009	
中央政府	1992	8.179	1995	2006	
财政	1992	20.5913	1997	2009	
财政金融	1992	13.2043	1997	2008	
转移支付制度	1992	15.4209	1997	2006	
转移支付	1992	18.4939	1997	2010	
均等化转移支付	1992	9.9965	1998	2004	
财政管理体制	1992	4.6888	2004	2006	
公共服务均等化	1992	7.8989	2007	2012	
均等化	1992	4.8325	2010	2011	
基本公共服务均等化	1992	10.8889	2012	2013	
公共文化	1992	4.6308	2014	2015	
图书馆	1992	13.2698	2016	2017	
文化扶贫	1992	18.3916	2017	2018	
公共文化服务	1992	41.9155	2017	2020	
公共数字文化	1992	10.0917	2018	2020	

图 9 - 2　公共文化服务研究突变词

（三）公共文化服务均等化概念的讨论

尽管政府引导、社会力量共同参与公共文化服务已成为全社会共识，一些核心概念，如基本公共文化服务、均等化、公共数字文化等

[①] 段小虎、张惠君、万行明：《政府购买公共文化服务制度安排与项目制"文化扶贫"研究》，《图书馆论坛》2016 年第 4 期；李国新：《强化公共文化服务政府责任的思考》，《图书馆杂志》2016 年第 4 期。

虽然仍存有争议，但基本构成内容在政府部门、社会实践者及学术界已经达成共识。所谓"公共文化服务"，指由政府主导、社会力量参与，以满足公民基本文化需求为主要目的而提供的公共文化设施、文化产品、文化活动以及其他相关服务。基本公共文化服务的"基本"，既指满足社会民众最迫切和最低程度的文化需求，也指政府在财政能力范围内能提供的公共文化服务，包括公共文化基础设施和场所、公共文化产品、公共文化活动和其他公共文化服务。基本公共文化服务属于公益性、非竞争性的公共文化产品，原则上由政府无偿提供给社会民众共享。由于各地区经济发展不平衡、公共文化资源积淀厚薄不均、不同群体文化需求的差异性，各地区基本公共文化服务"底线"设定并不一致。公共文化服务均等化的要求，是在"基本"保障的基础上提出的新要求。有学者从"均等""平等"和"公平"角度做了语义辨析，认为平等表示资源分配均匀，而公平则更为强调公道和公正，公平与平等之间最大的差异在于是否承认存在差异。通常，无差异一定是平等的，但有差异未必是不公平的，差异过大或过小都有可能导致不平等。[①] 因此，全体民众能够享受水平大致相当的基本公共文化服务是"均等化"的核心要义，同时，也应该鼓励经济发达地区、文化资源丰沛之地能够为民众提供更丰富多元和更高品质的现代公共文化服务均等化。

二 公共文化服务均等化的要求和衡量指标

公共文化服务的均等化并不体现在绝对平均分配上，而是通过有效的供给制度缩小城乡差距以及东西部地区差距，使得全国各地的公共文化服务设施满足国家构建公共文化服务体系的基本要求，使得所有民众都有均等机会享受基本公共文化产品与公共文化资源。但是，怎样才算是达到了"均等化"？

（一）学术界关于公共文化服务均等化指标的讨论

建立一个统一的服务标准体系是保证基本公共文化服务均等化的

[①] 魏和清：《"十一五"以来中国基本公共文化服务均等化差异的追踪分析》，《经济统计学》2016年第1期。

途径之一。① 但是由于国家没有统一的标准，学术界关于此的讨论很多，但充满争议，尤其在定量评价指标体系构建上，不同学者的观点差距甚大。王晓洁提出以公共文化支出、公共文化资源、文化活动项目数、文化活动人次数、可及性为依据建构基本公共文化服务均等化指标体系。② 占绍文将公共文化服务评价指标体系设为三级指标，公共文化服务均等化为一级指标，下设文化事业费、文化事业人员配备、公共文化设施及活动三项二级指标，并配备有 7 个三级指标，分别为人均文化事业费、文化事业费占财政支出比重、文化事业人员总数、从业人员中级职称所占比重、人均藏书量、文化设施总建筑面积、广播电视覆盖率。③ 在这些评价指标体系中，将公共财政和文化事业费的支出视为均等化最重要的依据。当然，将政府直接投入作为衡量标准比较容易量化，但很容易忽略相同投入未必有相同的产出的情形，对文化生产和再生产的复杂性估量严重不足。陈旭佳将公共文化服务均等化按公共博物馆、公共图书馆、公益艺术表演团体、群众文化机构四类建构一等指标，各项指标下再设具体评估标准，包括机构数量、活动频次、展览数量、演出场次、参与人数等。④ 由此可见，公共文化服务均等化的指标体系可繁可简，可宏观可微观，而且不同学科根据偏好制定的痕迹比较重，而其中公共财政直接投入作为衡量标准虽然容易量化，但忽略了相同投入未必有相同的产出，对文化生产和再生产的复杂性估量严重不足。

（二）社会实践推行的公共文化服务均等化指标

与理论界裹足不前的讨论相反，公共文化服务的社会实践在国家政策的指引和推动下迅速推进。国务院印发了《关于加快构建现代公

---

① 彭程等：《基于 AHP 分析法的浙江省基本公共文化服务标准体系构建实证研究》，《标准科学》2016 年第 6 期。

② 王晓洁：《中国基本公共文化服务地区间均等化水平实证分析——基于 1999 年、2000 年数据比较的考察》，《财政研究》2012 年第 3 期。

③ 占绍文、居玲燕：《基于功能导向的公共文化服务评价体系构建探析》，《广西社会学》2017 年第 2 期。

④ 陈旭佳：《效果均等标准下基本公共文化服务均等化研究》，《当代经济管理》2016 年第 11 期。

共文化服务体系的意见》(2015)以及《国家基本公共文化服务指导标准(2015—2020年)》两个实操性非常强的文件;国家文化和旅游部(原文化部)在《"十三五"时期文化发展改革规划》(以下简称《规划》)中明确提出"十三五"期末"县级公共图书馆、文化馆和乡镇(街道)综合文化站设施建设基本达标,基本实现每个行政村(社区)都兼有综合性文化服务中心,贫困地区县县有流动文化车"的指标性要求。这里的"达标"指"全国人均公共图书馆(含分馆)藏量达 1 册,全国公共图书馆年流通人次达 8 亿,文化馆(站)年服务人次达到 8 亿,博物馆年服务人次达到 8 亿"。为达成此目标,《规划》还提出了六个方面的实施原则,包括以县为基本单位,全面推进基本公共文化服务标准化均等化;完善公共文化设施网络;加大贫困地区公共文化服务体系建设力度;提高公共文化服务效能;推动公共文化服务社会化发展;全面加强边境地区文化建设。各省市望风而动,结合自身实际情况,纷纷出台相应的实施意见、指导标准和"十三五"规划。以上海为例,《上海市贯彻〈关于加快构建现代公共文化服务体系的意见〉的实施意见》,提出统筹推进公共文化均衡化发展的目标任务,"市中心城区 10 分钟、郊区 15 分钟标准化公共文化服务圈……促进远郊区县基本公共文化服务水平较快提升"。重点强调了城市中心和郊区民众公共文化服务的均等化。《上海市基本公共文化服务实施标准(2015—2020年)》[①] 从基本服务项目、硬件设施、人员配备 3 个一级指标对服务项目和内容给出了量化指标。在"基本服务项目"一级指标下,设计了阅读服务、收听广播、观看电视、观赏电影、文化鉴赏和文化活动、艺术教育、数字文化服务、设施开放 8 个二级指标 29 个三级指标的服务内容。其中,就"阅读服务"一项指标,具体到全市人均藏书量达到 2 册、人均新增藏书量达到 0.13 册。街道乡镇图书馆平均藏书量不少于 3 万册(件),远高于全国标准。杭州市《公共文化服务体系发展"十三五"规划》提出的目标为县级公共图书馆人均藏

---

① 上海市残疾人联合会:《上海市人民政府关于印发〈上海市基本公共文化服务实施标准(2015—2020年)〉》,http://www.shdisabled.gov.cn/clwz/clwz/xxgk/ghjh/2017/09/06/4028fc765e3cca14015e57003f1671ab.html。

书达 1.2 册以上，全市每年人均新增图书藏量不少于 0.08 册，虽然不如上海，但也超出全国达标要求。

三 苏州市公共文化服务均等化发展的三次跃迁

为了更具体地探讨公共文化服务标准化均等化的发展轨迹，本书以苏州市作为考察个案，结合政务公开的资讯以及实地走访，了解到苏州市自 2011 年进入公共文化服务体系的创新探索，大概经历了 2011—2013 年争创国家公共文化服务体系示范区时期、2014—2015 年的后创建时期和 2016—2020 年的现代公共文化体系建设三个阶段，基本上与国家推进公共文化服务体系同步发展，但与许多省市相比，苏州市在公共文化服务均等化方面取得较好的成效，政策和措施更具有探索性和创新性。

（一）国家公共文化体系示范区创建时期（2011—2013 年）

2011 年，苏州成为首批 31 个国家公共文化服务体系示范区创建市，是江苏省唯一入选的城市。当年，市政府便制定出台了《创建国家公共文化服务体系示范区建设规划》《关于进一步加强苏州市公共文化服务体系建设的实施意见》，将"完善体系、提高效能、彰显特色、惠及全民"作为指导方针，以创建"公共文化服务体系建设工作总体处于国内领先位置"为目标，使公共文化服务体系建设进入整体推进、科学发展、全面提升阶段，特别强调结合苏州市已有的文化基础和未来发展，探索具有苏州特色的"一市一特"公共文化服务体系，以及"普遍均等，惠及全民"的公共文化服务均等化目标。

2013 年，苏州市以全国总分第一的优异成绩通过国家公共文化服务体系示范区验收，成为首批国家公共文化服务体系示范区。两年的建设周期中，苏州市极富探索性的创新举措主要有：其一，加大公共文化服务基础设施投入，从硬件上首先保障公共文化服务体系建设和均等化服务。在此期间，市级标志性文化设施和重点文化设施建设总投资达到 4.8 亿元，综合文化设施达标建设率 100%，文化设施 100% 免费开放，人均公共文化设施面积达 0.25 平方米，位居全国同类城市前列。其二，在全国首推图书馆"总分馆"运行模式。"总分馆制的基本体制是'一个总馆 + 多个分馆'，总馆处于核心地位，分馆处于从属地位；分馆在行政上隶属于总馆，或与总馆一起隶属于同一个主管部门，在业务上接受总馆的管理和领导。在'一个总馆+多个分馆'的基本结构下，分馆还可以下设服务点，深入文化服务，从而形成'一个总馆+多个分馆+若干服务点'的结构。"[①] 这一模式得到业内和学界的高度认可，后在全国推广。在"总分馆"模式下，建设周期内，全市图书馆分馆达到201个。仅2013年，苏州图书馆共接待到馆读者就有796.33万人次，外借册次达到362.47万册，举办公益讲座97期，开展品牌阅读活动1240场，扶老上网培训158次。其三，在公共文化活动方面，着力打造民众喜闻乐见的文化活动品牌，如实施"群星璀璨""四进工程"系列文化惠民活动，向全市民众提供各类展演展示6万场次，各类公益性讲座、论坛825场次，惠及农村及社区群众5000万人次。"三送工程"向基层送书超10万册，送戏超3500场次，送电影超2万场，另外，"昆曲回故乡""京杭大运河文化艺术节"等一系列特色文化活动满足了城乡民众多元化、多层次、多方位的精神文化需求。

(二) 国家公共文化示范区后创建时期 (2013—2015年)

在创建国家公共文化服务体系示范区的两年间，苏州市财政投入较多，公共文化设施得到加速建设，公共文化服务活动也丰富多样，但建立后如何再接再厉，高位促提升，更好地发展是"后创建"时期面临的难题。苏州市先后制定出台《苏州市公共文化服务促进办法》《苏州市国家公共文化服务体系示范区后续建设规划》《苏州市群众文化活动扶持办法》及相关配套文件，以保持公共文化服务体系建设的常态化。

"后创建"时期的探索，主要体现在：其一，继续加大公共文化服务设施的建设，如建成苏州中国昆曲剧院，启动苏州第二图书馆建设等，各县级市、区一批文化设施竣工或进入建设。人均公共文化设施面积由2013年的0.25平方米提升至0.32平方米，公共文化设施实现由乡镇至村级的全覆盖。其二，苏州图书馆全国首创"网上借阅、社区投递"服务，并建成和开放全国首个轨道交通图书馆和市区首个24小时自助图书馆，开始打造城区的"10分钟文化圈"，农村

[①] 彭泽明等：《公共文化服务创新案例》，北京师范大学出版社2019年版，第61页。

地区的"10里文化圈"。①"10分钟文化圈"是深圳于2012年较早提出的一个概念,后来相继在全国推广建设开来,苏州早在2008年便完成了"15分钟文化圈"的建设,相较于杭州2017年提出"城市15分钟,农村30分钟文化圈",起步较早,同时苏州还在继续精进,于2013年至2014年提出密度更大、更方便,也更为精细化服务的"10分钟文化圈"建设。其三,提高公共文化服务设施的利用率。硬件设施无法真正吸引使用者,公共文化服务的内容才是黏合剂。苏州公共图书馆的人均藏书量至1.8册,文化馆安排年均15场以上的大型演出,12场以上的大型展览,以优质文化内容提升公共文化服务的质量。

(三) 现代公共文化服务体系建设时期(2015—2020年)

根据中央和文化部要求,为了推进国家公共文化服务体系示范区的长效管理工作,苏州市出台新的文件《苏州市关于推进现代公共文化服务体系建设的实施意见》和《苏州市公共文化服务保障标准(2015—2020)》全面量化并超过国家标准,明确提出建设现代化公共文化服务体系的目标任务,"到2020年,建成覆盖城乡、普惠均等、实用高准备、群体满意、引领全国、接轨国际的现代公共文化服务体系"。要达成这样的高标准高质量公共文化服务体系,迫切需要创新理念和创新举措。苏州市在探索过程中,有一些可圈可点的地方。

一是不断完善公共文化服务制度保障,先后出台了20多部法规文件,对形成政府主导、社会参与、市场配置的公共文化供给模式,提供了良好的制度体系和社会氛围。公共文化服务具有"公益性"特性,不直接产生GDP,如果没有强有力的制度保障,难免"雷声大雨点小"。除了制度保障,苏州市还将保障标准的落实完成情况纳入各级政府绩效和领导干部政绩考核体系中,在各县级市、区对镇、街道考核比重中占5%—8%,有的区域甚至超过了10%,形成完备的监督措施,

---

① 苏州市人民政府:《苏州市国家公共文化服务体系示范区后续建设规划解读》,http://www.su zhou.gov.cn/szsrm zf/wzjd/202002/47dbf554d8064c3fb053f4e2b0c8fa2b.shtml。

有力保障了政策制度落实到位。

二是提出"城乡10分钟文化圈",不断优化公共文化设施保障。根据《苏州市区公共文化设施布局规划(2015—2030)》,公共文化设施布局突破行政区域界线,以服务半径和服务人群为依据,统筹区域、城乡之间文化设施建设,创造性地提出了打造城乡"10分钟文化圈"。从城市"10分钟文化圈"、农村地区"10里文化圈"到城乡统筹的"10分钟文化圈"规划,表明城乡不再有区别地进行规划,而是将城市的公共文化服务标准贯穿到所有县区和乡镇街道,做到真正意义上"城乡一体化""城乡均等化"的无差别对待。在此期间,苏州还重点建设了苏州非遗馆、园区奥体中心、苏州第二图书馆、苏州湾文化中心、狮山文化广场等具有带动周边公共文化服务提档升级的重大工程,同时,在所有行政村和社区建有综合性文化服务中心。截至2019年年底,全市人均公共文化设施面积达0.42平方米。在公共图书馆方面,除了常规的图书馆之外,还因地制宜建设24小时自助图书馆100个,"网上借阅社区投递"服务点100个,图书流通点400个,形成完善的轨道交通图书馆服务网格。目前,城区每3万人建设有一家公共图书馆分馆,年人均到馆次数2次以上。出台《苏州市村(社区)综合性文化服务中心评估定级实施办法》及考评标准,创新推出基层文化中心星级评定举措。在苏州市1990个村(社区)综合性文化服务中心标准化建设的基础上,评出了五星级中心50个,四星级中心100个,三星级中心228个,很好地起到了以点带面的示范引领效果。如此,以重点公共文化服务场馆带动,以基层乡村/社区的综合文性文化服务中心为基础,借助数字化手段和新兴技术推出点对点的精准服务,创新探索出网格化的公共文化服务体系,基本完成"城乡10分钟文化圈"的建设目标。

三是动员全社会力量不断为公共文化服务输送创新产品。苏州市对市属文艺院团进行改革,通过引进高端文艺人才和挖掘现有文化资源,不断创新发展模式,陆续组建苏州市交响乐团、苏州市民族管弦乐团和苏州芭蕾舞团。政府通过购买服务、项目补贴等方式,使专业院团以文化精品走向国内外高端市场的同时,参与公共文化服务,使普通民众同样能享受高品质的公共文化精品。与此同时,政府每年向社会公布政府购买公共文化服务的目录清单,鼓励社会力量参与,年购买经费超过1000万元。在惠民服务和均等化方面,苏州提出2020年完成"五个一百"文化工程,包括培育100个标准化建设的优秀文化广场,100场群体喜闻乐见的优秀广场活动,100年各具特色的优秀文化活动品牌,100个各展其长的优秀群文团队和100名各显其能的优秀群文骨干,从财政资金、场馆供给、文化服务指导和组织等全方位向社会团体、文化企业和个人等社会力量参与提供可能性和便利性。

四是创新公共文化供给模式。苏州图书馆首创的"总—分馆模式"不断优化,形成了富有地方特色的"苏州模式"。深受民众欢迎的"网上借阅,社区投递"政府采购模式被列入财政部政府购买服务示范案例。除此之外,网借平台"书香苏州"App,"你选书,我买单"读者荐书活动,与全市8个图书馆总馆、811个图书馆分馆、92个24小时图书馆一起共同构成了覆盖全市城乡街道社区和村子的总分馆体系,在公共文化服务均等化和满足个体多样化需求方面做出了有益探索。

四 公共文化服务均等化面临的主要挑战

全国公共文化服务体系建设全面推进还不满十年,基本公共文化服务实施标准如何落地生根,转化为普通民众可感可观、可共享、可及性良好的日常文化,各地的经验教训尚未得到全面总结。再加上中国幅员辽阔,经济发展极不平衡,文化基础厚薄不均,不同群体文化需求又千差万别,给公共文化服务的标准化和均等化都带来了极大挑战。主要的挑战表现在以下方面。

(一)公共文化服务供给低于国际平均水平

在公共文化服务体系中阅读、阅读推广、公共图书馆都是不可或缺的主要议题。联合国教科文组织(UNESCO)的《公共图书馆宣言(1994年)》声称公共图书馆作为当地获取知识的门径,应为个人及社会团体的终身学习、独立决策和文化的发展提供基本条件,并且"公共图书馆在人人平等的基础上提供服务,而无论人们在年龄、种族、性别、宗教、国籍、语言或社会地位上的差异,必做那些因任何缘故不能获得正常服务和资料的用户提供特别服务,例如向讲少数民族语言的用户、残疾人、住院病人或狱中囚犯提供特别的服务和资料"① 以体现图书馆的公共性。中国较早加入该组织发起的一系列活动,如国际图书年、全民阅读、世界读书日等,2012 年就出台了首部国家标准《公共图书馆服务规范》,将免费、均等、人本、便捷、率先和创新作为六大服务理念,对图书馆的服务资源、服务效能、服务效率、服务宣传、服务监督与反馈等做出了具体规划。2020 年重新修订的《公共图书馆服务规范》对公共图书馆做出了新的规定和要求,其中,公共图书馆电子终端设备指标、网络与宽带接入指标、无线网络接入指标都有具体要求,省级馆、市级馆、县级馆的入藏总量分别应达到 150 万册/件、24 万册/件、5 万册/件,年新增量分别应达到每百人 2 册/件、1 册/件、0.6 册/件。

公共图书馆的场馆面积(包括新建)、藏书量(包括新增)和种类、流通性、可获取服务、服务质量等成为衡量公共文化服务的重要指标。数据显示,截至 2011 年,全国公共图书馆数量从 2001 年的 2692 家增加到 2952 家②;截至 2019 年全国公共图书馆图书总藏量为 111781 万册,电子图书 86557 万册,人均图书藏量仅为 0.79 册③。根据国际图联颁布的《公共图书馆标准》(1973—1977),每 5 万人应该有一座公共图书馆。1997 年,英国文化、传媒和体育部图书馆情报委员会提交的《新的图书馆:人民的网络》研究报告认为,英国有 4759 所公共图书馆、平均每 12269 人就有一座公共图书馆。近十年的数据显示,变化并不大。美国图书馆协会编辑的《今日图书馆》(1995 年)全美有 15946 所公共图书馆,平均每 16000 人拥有一所图书馆。中国

---

① 联合国教科文组织:《公共图书馆宣言(1994 年)》,沈鸣译,《江苏图书馆学报》1995 年第 4 期。

② 张媛:《我国公共图书馆人均藏书量不足 0.5 册》,《法制日报》2013 年 3 月 15 日第 7 版。

③ 文化和旅游部网站:《中华人民共和国文化和旅游部 2019 年文化和旅游发展统计公报》,http://www.gov.cn/shuju/2020-06/22/content_5520984.htm。

2000年年底县级以上公共图书馆有2677座，大约44万人有一所图书馆。① 相比之下，差距非常明显。据该博文介绍，日本公共图书馆系统分为五个层次：总馆、分馆、图书站、流动图书馆和配书点。总馆的服务半径1—1.5千米；分馆的服务半径为0.8—1.2千米；图书站设置在人口集中的地方，如厂区、新村以及街角，服务区域半径500—700米，步行10分钟以内；流动图书馆服务半径为500米以内。以东京23个区为例，共有261所公共图书馆，总面积617.18平方千米计算，每馆服务面积为2.36平方千米，覆盖半径为868米，徒步约13分钟就能到达。与之相比，国内深圳、杭州、上海、苏州等经济和文化发达地区虽然都提出了10分钟左右的公共服务文化目标，离十分钟便能触达一家公共图书馆还有较大的差距。再如，国际图书馆协会和机构联合会规定人均图书藏量应该达到1.5—2.5册图书，即便是上海、苏州等经济发达和文化基础较好的直辖市和地级市，人均图书藏量达到1.8—2.0册之间，也只处于中位。

（二）公共文化服务供需错位

"错位"既指民众的文化需求得不到应有的满足，也指政府出于完成公共文化服务设施建设的指标要求，以及城市形象建设的动因，倾向于建造城市标志性公共文化服务建筑和设施，与民众的文化需求、文化生活方式、文化消费方式脱节，导致楼堂馆所闲置高阁，或使用率严重不足。比如一些农家书屋虽然被纳入了县域图书馆总分馆体系，但徒有其名，实际上停留在"挂牌"状态，管理和运行机制都没有本质性改变；一些综合性文化服务中心配置的器材不适用，基本处于闲置状态；一些投入成本巨大的音乐厅，音乐活动过于阳春白雪，上座率严重不足。供不应需和供非所需的结构性错位情况比较普遍。

（三）公共文化服务建设区域不均等

经过多年努力，我国城乡之间、区域之间公共文化服务的差距有所缩小，但严重的不平衡性依然表现在农村公共文化服务严重落后于城市，中西部经济和文化欠发达地区严重落后于东部地区。2019年，

---

① 建中读书的博客：《公共图书馆标准的问题》，http://blog.sina.com.cn/s/blog_53586b810101cb1l.html。

东部地区文化和旅游事业费支出478.15亿元，占44%，中部地区事业费支出265.31亿元，占24.9%，西部地区事业费支出277.97亿元，占26.1%，区域差异极其明显。均等化问题还表现在老弱病残、未成年、移动人口公共文化服务存在不同程度的短缺。

苏州市是首批国家公共文化服务体系示范区，也是国家首批历史文化名城，政府对公共文化服务的重视程度、财政投入和建设情况均处于全国领先地位。县域之间、城乡之间的差距并不明显，均等化程度比较高。但如何进一步切实满足公共文化服务的均等化，使所有民众都能机会均等地享受基本的公共文化产品和公共文化资源，还有许多问题需要解决，比如具有流动性的城市新建设者、城乡青年群体、高校大学生、外籍来苏人员等特殊群体的公共文化服务和文化消费问题；再比如公共数字文化建设问题以及公共数字文化服务的均等化问题；如何培育和打造符合民众需求的特色公共文化空间，鼓励民众等社会力量参与公共文化服务；提供供需对应的高质量公共文化服务问题；等等。

第二节 城乡公共文化服务均等化的理论基础和价值取向

公共文化（public culture）的英文概念首次出现在1988年诞生的学术杂志《公共文化》创刊号。杂志主办者对public culture做了解释，认为文化本身具有公共性，但是不同的国家、民族和历史时期，致使文化表现出多样性和优劣性，而公共文化的概念就要承载这些差异，表达社会所共有的文化。"这里要讲的公共文化不同于民族文化，不同于包含高低之分的精英文化与大众文化，却能够表示一个共同体的公共生活与文化共享。"[①] 公共文化的中文概念出现比较晚，2002年，文化体制改革，将传统的大文化事业分为公益性文化事业和经营性文化

---

① 高丙中：《公共文化的概念及服务体系建设的双元主体问题》，《广西民族大学学报》（哲学社会科学版）2016年第6期。

产业。公益性文化事业可视为"公共文化"的前概念。2005年中共十六届五中全会通过的《中共中央关于制定国民经济和社会发展第十一个五年规划建议》提出"加大政府对文化事业的投入,逐步形成覆盖全社会的比较完备的公共文化服务体系",这是"公共文化"概念首次出现在中央文件中。2012年6月,文化部"社会文化司"更名为"公共文化司",专事公共文化事业的建设,如此,公共文化服务建设建制化,公共文化服务体系和公共文化服务均等化进入快速发展期。

一 文化是平凡的日常生活

关于"何为文化"的讨论由来已久。"文化"是英语世界最为多变的词汇之一,也是中文世界外延最宽泛的词汇之一。文化的词根是拉丁文colere(耕作),最初指对土地的耕耘,后来才延伸指对知识感悟和审美感知的培育,是文化、文雅、精致和文明的过程,也是阿诺德所说的"世人所思、所表的最好之物"。如何理解"最好之物"?约翰·斯道雷将之解释为:第一,获知"最好之物"的能力,如阅读、沉思和观察。第二,"最好之物"本身,就是文化和知识体系,比如优秀的文化与艺术。第三,将"最好之物"运用于精神与灵魂,文化就是将最好的知识用于净化自己的精神、灵魂和内心世界。第四,对"最好之物"的追求,也即文化就是对文化本身的追求过程。① 雷蒙德·威廉斯在此基础上转向文化分析理论,提出对后世影响深远的文化定义:"在过去,文化指心灵的状态或习惯,或者说一些智性和道德活动,现在则包括了整个生活方式。"② 依据斯道雷的论述,威廉斯概括了文化的三种定义,其一是特指理想的文化,是人类某种尽善尽美的状态或过程,以某种绝对真理的状态存在,类似于阿诺德所谓的"最好之物";其二是强调文化的记录功能,文化是知识性与想象性的作品,是人类思想和经验得以保存的各种具体形式,诗歌、戏剧、文

---

① [英]约翰·斯道雷:《文化理论与大众文化导论》(第五版),常江译,北京大学出版社2010年版,第22页。
② [英]雷蒙德·威廉斯:《文化与社会(1780—1950)》,高晓玲译,吉林出版集团有限责任公司2011年版,第7页。

学、语言、音乐等文化艺术;其三是强调文化的社会性,"文化是某种特定的生活方式,是对某种特定生活方式的表达"①。正是文化定义的这第三层含义,威廉斯拓展了阿诺德和利维斯主义的"文化始终是少数人的专利"的局限,将大众文化纳入文化范畴,并将民众平凡的、普通的日常生活视为"活文化",极大地丰富了文化的内涵和外延。

对文化的重新理解开辟了诸多新的面向,文化不再指一系列固定不变的文本,如上述所说的诗歌、文学等经典文化艺术,以及通俗小说、电视节目、喜剧等大众流行文化,而是一个过程,一系列实践,是意义的生产、流通和消费的过程。更进一步,文化最重要之处在于意义的赋予和获取过程,据此理解,书籍本身并不是文化,书籍只有处于特定的意义网络之中才获得了意义。博物馆本身也不是文化,但是当博物馆处于保存文物、传播知识、化解无知的话语体系之中时,博物馆成为精英文化的乐园,而当博物馆处于文化展示、文化创意、文化产业和教育培训话语体系之中时,博物馆就成为普罗大众的文化。如此可见,文化其实是被建构出来的,只有共享同一个意义系统,才有可能对存在之物、社会关系和世界做出一种阐释,国王之所以是国王,是其他人作为臣民与他发生了关系,同理,臣民之所以认为自己是臣民,只因为他是国王。国王和臣民共享了一种君臣文化,这种文化赋予国王与臣民之间的关系以特定的意义。另外,既然文化是建构的,也就意味着文化是开放的、流动的,其意义在生产和消费过程中可以被重塑、被争夺、被创造。"文化之网中既包含着意义的共享,又存在着意义的争斗。因此,文化其实是我们与自己、与他人、与我们置身其中的社会世界展开意义共享和意义争斗的场所。"②

文化的日常化、文化的建构性,以及文化既是共享的又是充满争夺的场域,秉持这样的文化观,为我们理解公共文化、公共文化政策、公共文化实践提供了最基本的理论视角。简言之,文化不只有国家主导的文化和精英文化,还有普罗大众的文化和边缘群体的文化;文化

---

① [英]约翰·斯道雷:《文化理论与大众文化导论》(第五版),常江译,北京大学出版社2010年版,第55页。
② [英]约翰·斯道雷:《文化理论与大众文化导论》(第五版),常江译,北京大学出版社2010年版,第106页。

的意义生产不只存在于国家主导的意识形态,社会不同阶层和不同群体的价值观同样能够参与到社会意义的建构中;文化的意义系统不是固定不变的,国家主导文化及主流意识形态价值观需要得到民众认可才能获得合法性,不同群体和不同主体的主张和表达也需要得到他者的认可才有合法生存,如此,各种主体之间虽然有博弈、争夺,同时也需要合作和协商。

二 国内公共文化服务的理论依据和价值取向

国内公共文化起始于20世纪末,但真正引起学术界关注已经是21世纪以来,迄今尚未形成公共文化服务的独立理论,主要依附于公共文化政策,初步形成了"政府主导、社会力量参与"的公共文化服务制度设计,标准化、均等化成为公共文化服务的核心价值观,由此形构的公共文化政策和服务体系迥异于美英。

如上所述,美国的公共文化政策以市场驱动和民间资本为主,不存在国家和政府直接介入并干预的体制;英国的公共文化政策体现了"一臂之距"的特征,不存在一个国家统制化的文化行业。美英的公共文化体系中国家—社会—文化机构的权利和义务边界清晰。与此不同,国内存在文化行业体制这种结构化的力量。改革开放四十多年以来,文化行业体制——党政关系、政府职能部门与文化单位的关系、文化单位与员工的关系——历经变革,至今仍存在公共文化事业和文化产业两驾马车并驾齐驱的稳定结构,而我们所讨论的公共文化服务主要隶属于公共文化事业。就公共文化事业的制度变革所体现出文化价值,经历了公共文化服务福利观、公共文化服务权利观和公共文化服务治理观的几次嬗变,迄今仍强度不同地存在于公共文化服务的研究中。

(一) 作为文化福利的公共文化服务均等化

公共文化服务来源于公共服务。2005年中共十六届五中全会发布的"十一五"规划中首次提出"按照公共服务均等化原则,加大国家对欠发达地区的支持力度,加快革命老区、民族地区、边疆地区和贫困地区经济社会发展"。公共服务均等化首先是财政投入的均等化,对此国家相关文件特别强调要"完善公共财政制度,逐步实现基本公共服务均等化"。公共服务均等化的组成内容之一——公共文化服务均等化一直都没有得到特别强调,直至2011年,中共十七届六中全会才明确提出"努力实现基本公共文化服务均等化"。基本公共文化服务均等化,是指在政府主导下,加强文化基础设施建设,构建公共文化服务网络,使普通民众可以广泛享有免费或优惠的基本公共文化服务,也就是要在各级政府财政投入的前提下,建立适度普惠型的文化福利制度。所谓文化福利,"意在将文化权利作为一项福利提供给公民,使每个公民都有平等享受文化的机会。文化福利强调的是文化民生,是公益的、共享的、普惠的,是广大老百姓看得见摸得着的文化体验"[①]。说白了,公共文化服务均等化推行伊始,实施的是政府兜底的文化福利制度。

"文化福利"的提法最早来自媒体对深圳市公共文化服务创新的报道,后逐渐被政府官员、学者和媒体所广泛采用。学术界试图将"文化福利"作为一个理论概念用于阐释富有中国特色的公共文化服务体系,主要强调社会生活中,人们除了有政治和经济的需求外,还有文化方面的需求,民众文化需求获得的满足程度便构成了所谓的文化福利。

在"文化福利"的理念指导下,由政府主导的公共文化服务就如同其他行政事业一样,首先由中央政府顶级设计、提出指标要求、制定政策,然后自上而下地落实到各级政府部门,最终由基层政府直接提供给民众。2012年之后,中共中央高密度地颁布的《关于全国博物馆、纪念馆免费开放的通知》《关于深化文化体制改革推动社会主义文化大发展大繁荣若干重大问题的决定》《公共文化服务体系建设实施纲要》等文件均体现出这种政策依赖路径,即政府公共文化部门是绝对权威,推行垄断型的公共文化产品供给制度,扮演政策的制定者、资金的供应者和生产的安排者等角色。公共文化基础设施和场馆、公共文化活动和服务由政府制定相应的标准,并进行验收和把关,再免费或优惠提供给民众共享。政府部门的公共文化服务业绩由上一级政府

---

① 吕效华、朱力:《流动人口文化福利支持机制构建研究》,《理论探讨》2012年第1期。

考评,"对基层政府而言,它往往把公共文化服务当作一种上级政府交代的行政任务,而不是自身的一项公共服务职能",另外,"一个较为严重的问题就是缺乏民众公共文化需求的表达机制和民主参与的环节;更为糟糕的是,在某些政府官员看来,公共文化服务作为一种公共福利,是政府的'民本'作为,甚至是'恩赐',人民只能被动地接受它"[①]。此番评论可谓一针见血地指出了"文化福利"逻辑下,公共文化服务理论讨论和社会实践有可能走入的死胡同。

由于政府或者公共文化机构直接生产或提供相应的公共文化服务的数量一般相当有限,主要体现在提供纯粹公共文化服务的物品和服务方面,如公立图书馆、档案馆、博物馆等,这远远不能满足民众的普遍需求,更因为受经济发展不均衡性影响,无法切实做到不同地区、城乡之间和不同群体平等地享用作为公共福利的文化服务。退一步,即使政府财政能保障提供足够的公共文化服务,但由于制度设计中自上而下的单向度路径,极有可能造成公共文化服务的供给与民众需求之间的错位和脱节。这成了一个魔咒!投入少,公共福利就不能满足民众最基本的文化需求,投入多,也未必能保证"投入"有用和民众乐于接受这样的"福利"。

由于意识到公共文化福利化所存在的弊端,近年来,公共文化服务的社会实践在政府财政资金对公共文化事业投入不断增加的前提,逐渐开放,打破准入门槛,鼓励社会力量和个人参与公共文化服务,多渠道、多形式地筹集社会资金,多方位、多样性地调动具有文化物品、文化产品、文化服务等生产和提供者以委托生产、合同外包、政府采购等为民众提供公共文化服务,在一定程度上补充了政府供给的缺口,有效促进了公共文化服务均等化的实施。

(二)作为文化权利的公共文化服务均等化

"文化权利"的提出与"文化福利"不相前后,主要理据来自一些国际公约,如《联合国宪章》(1945)、《世界人权宣言》(1948)等,联合国教科文组织负责为联合国执行全球文化政策。《世界人权宣言》第二十七条规定:"人人有权自由参加社会的文化生活、享受艺术、并分享

[①] 吴理财:《把治理引入公共文化服务》,《探索与争鸣》2012 年第 6 期。

科学进步及其产生的福利。""人人对由于他所创作的任何科学、文学或美术作品而产生的精神的和物质的利益，有享受保护的权利。"国内一些学者还援引联合国大会通过的《经济、社会、文化权利国际公约》(1966)的有关规定为"文化权利"呼吁。该公约第十三条和第十五条论及了人人享有文化权利，其中，第十五条第一款就列出了以下这些权利：参加文化生活、享受科学进步及其应用所产生的利益、对其本人的任何科学、文学或艺术作品所产生的精神上和物质上的利益，享受被保护之权利。当然，有必要指出的是，这里所说有"文化权利"并非置于"公共文化服务"的语境下，所强调的是保护文化的多样性、维护知识产权以及促进不同国家和民族文化权利平等的问题。但不可否认，"文化权利"观较之"文化福利"观是一种进步，因为福利可有可无，可赐予也可随时剥夺，权利则不同，它是不可剥夺的。

国内学者对"文化权利"的进一步解读，通常将文化纳入公共产品的框架，认为公共文化具有"消费的非排他性、消费的非竞争性、产权的公共性、产权的难以交易性和持久的外部效应"[①]，也许，用此解释公共文化服务中的基础设施还具有可行性，但是文化本身是复杂的，文化在传播中充满流变性，文化需求更是多样性的，因而，将此用于解释消费的共享、产权的属性就缺乏说服力了。另外有学者认为："公共文化服务不应仅视为政府提供的一种文化福利，而应该是保障公民权利的一种必然要求。"[②] 这样的解释，虽然强调了权利的不可忽略和剥夺性，但权利的获得来自政府公共文化部门的给予，本质上并没有超越"文化福利"。

如果说"文化福利"强调的是自上而下的单向供给体系，各级政府和公共文化管理部门是其绝对的主体，民众并不在这套理论体系或社会实践框架之中的话，那么"文化权利"一定程度上将被忽视和被隐藏的服务对象——民众，以及他们的文化表达和文化需求从不可见转为可见，民众不再是被动的客体，他们的文化权利要求得到彰显。

---

① 孔进：《公共文化服务供给：政府的作用》，博士学位论文，山东大学，2010年。

② 耿达、傅才武：《公共文化服务体系建构：内涵与模式》，《天津行政学院学报》2015年第6期。

(三) 作为文化治理的公共文化服务均等化

"文化治理"是当下学术界的热点话题，但关于什么是"文化治理"？文化治理的路径和价值是什么？文化治理之于公共文化服务均等化的意义何在？种种问题均处于讨论之中，尚未达成共识。

已有文献通常将"文化治理"溯源自西方世界，尤其是葛兰西的"文化霸权"、福柯的"治理术"和本尼特的"文化的治理性"。中文语境中的"文化治理"概念由台湾学术界最早使用。一说来自廖世璋2002年发表的《国家治理下的文化政策：一个历史回顾》，该文将"文化治理"定义为："一个国家在特定的政治、经济、社会时空条件下，基于国家的某种发展需求而建立发展目标，并以该目标形成国家发展计划书而对当时的文化发展进行干预，以达成国家原先设定的发展目标……文化治理就是通过政策计划实现对文化的治理，也即治理文化。"[①] 另一说来自王志弘的学理化界定，即"通过文化来逐行政治、经济和社会场域之调节与争议，以各类组织、程序、知识、技术、论述和行动为运作机制而形成的体制/场域"[②]，其重点是跳出文化自身，将文化作为治理的手段和工具。治理文化和文化治理这两种观点在大陆各有附和者，前者将文化当作治理的领域、对象或者说客体，从文化政治的视角将国家层面通过制度、规划、政策等手段对文化进行控制和管理，使文化为意识形态服务，甚至是重塑文化领导权；后者更倾向于利用文化的工具理性，发挥文化的作用治理国家的问题以及文化的问题。治理文化和文化治理虽然有上述不同之处，但基于文化谈治理，或基于治理谈文化，两者着重的都是治理而不是管理。胡惠林将治理和管理的区别表述为："文化治理的特征是通过主动寻求一种创造性文化增生的范式实现文化的包容性发展。"[③] 正是基于此相同性，国内有学者将治理文化和文化治理合二为一，"文化治理是对象和方法

---

① 王前：《理解"文化治理"：理论渊源与概念流变》，《云南行政学院学报》2015年第6期。
② 王志弘：《文化如何治理？一个分析架构的概念性探补》，《世新大学人文社会学院》2010年第11期。
③ 胡惠林：《国家文化治理：发展文化产业的新维度》，《学术月刊》2012年第5期。

的统一。作为一个对象，是指文化治理已经成为治理的不可或缺的重要方面，作为一种方式方法，特指各种治理的文化向度"①。无论如何，文化治理的讨论涵盖广泛意义上的"文化"，包括文化事业、文化产业、文化政策、文化规划等方面。

吴理财较早将"文化治理"观念引入公共文化服务领域加以讨论，② 他对于"文化治理"的理解同样是一体两面，"文化治理具有比治理更丰富的内涵，它不仅要用治理的逻辑来发展文化事业，还要以文化为载体和内容来协助治理社会多方面事物，也就是利用和借助文化的功能以克服与解决国家发展中的政治、经济、社会等问题"。③ 由此可见，吴理财认为公共文化服务是文化治理的对象和形式，要以文化治理理念指导公共文化服务体系建设，以治理的逻辑推进公共文化服务发展，具体体现为坚守国家对文化事业的领导权，不放弃对文化事业的管理，同时整合资源、赋权社会，以民众更愿意接受和参与的方式更有效地进行文化生产和服务。也有学者做了更透彻的表述："文化领域中政府、社会、个人、各类传媒机构、商业公司、非政府组织等形成复杂的权力交织关系，政府的文化管理不能只依靠权威发布行政指令，而应建立起一个'国家—市场—社会'多元合作模式。政府用公共经费资助文化事业、社会企业用商业资源参与文化建设、公民个体用各种自娱自乐的方式参与文化活动，形成一个'资助型文化—商业型文化—自给型文化'系统，这个系统的运作逻辑是通过经济、政治与文化的共识建立权威，而非通过自上而下的行政控制。"④ 文化治理或治理文化的一系列讨论，总体上可以视为对当下国家公共文化

---

① 立言：《文化治理：制度体系与实践要求》，《中国井冈山干部学院学报》2020年第4期。

② 吴理财：《把治理引入公共文化服务》，《探索与争鸣》2012年第6期；《文化治理的三张面孔》，《华中师范大学学报》（人文社会科学版）2014年第1期；《用治理理念推动公共文化服务发展》，《社会治理》2015年第2期。

③ 吴理财、解胜利：《中国公共文化服务体系建设40周年：理念演进、逻辑变迁、实践成效与发展方向》，《上海行政学院学报》2019年第5期。

④ 季玉群：《文化治理的基础与形态》，《东南大学学报》（哲学社会科学版）2015年第3期。

服务政策的理论背书和对地方政府公共文化服务社会实践的理论提升。

总之，单纯自上而下的公共文化福利体系，和仅仅停留在理论上将公共文化视为民众权利的认知都不再适应当下加速前行的社会现实，更无法满足人民群众日益增长的对美好生活和多样性文化的需求。如果限于公共文化福利观念，那么，公共文化服务与民众的文化生活方式和文化消费方式关联度并不高，极有可能导致公共文化服务供需错位、效能不高、设施闲置、个性化需求得不到满足等问题。文化治理提供了新的理论视角，为公共文化服务体系的价值理性和工具理性并驾齐驱贡献了新的思考框架。根据联合国全球治理委员会的相关论述，"治理"被认为应该具备四个特征：治理不是一套规则，或一种活动，而是一个过程；治理过程的基础不是控制，而是协调；治理的范围既涉及公共部门，也包括私人部门；治理不是一种正式的制度，而是持续的互动。当下，在完成基本公共文化服务的基础上，国家和地方正在践行现代公共文化服务体系建设和发展高质量公共文化服务，这势必需要面临从传统公共文化事业向融合现代市场经济和国家战略型文化体制转型，从政府包揽向社会力量开放，并鼓励各种社会力量参与公共文化服务，从强调文化政治和文化意识形态训导功能向注重民众文化权利的实现转型，从而形成自上而下与自下而上通力合作的现代文化治理观念和社会实践。

第三节 城乡公共文化服务均等化创新路径之一：文化权利的满足

公共文化均等化的核心要义就是不分老幼、不分男女、不分阶层、不分贫富、不分健康或残障、不分常住还是流动人口，每个人都有平等享受公共文化的权利，享受公共文化所带来的利益。当然，这里所说的"平等"不是绝对平等，而是相对平等。在当前中国特定的政治、经济和社会环境下，文化权利的满足包含了公共文化的使用权、公共文化的参与权、公共文化的创造权和公共文化的保障权。公共文化使用权是指民众平等享用前人创造出来的文化成果的权利，平等享用由政府主导、社会力量参与提供的公共文化产品和服务；公共文化的参与权是指民众有权参与公共文化的权利，有享用多姿多彩公共文化服务的权利；公共文化的创造权则是指民众有权发挥自我创造精神，生产新的文化形式和内容，并参与到公共文化服务中；公共文化的保护权是指个人在享用公共文化服务的同时承担保护社会为民众所创造的物质和精神文化产品的责任。

文化权利的概念中包含了享受和责任两个方面。就公共文化服务均等化而言，其最基本的要件是社会民众是否都能拥有共享公共文化服务的机会和权利，如果还有一些群体被各种原因排斥在外，那就不是真正意义上的均等化。对于一个拥有14多亿人口的大国来讲，要在2020年完成全民公共文化服务的均等化，的确是不小的挑战。从现实情形来看，经济发达地区和欠发达地区、文化资源繁荣多样的城市与文化资源稀缺的农村，拥有常住户口的城市市民和流动的打工人群在公共文化服务享用上的不均等性已经为学术界和政府管理部门所高度关注，但少数裔族群，如汉人聚集区的少数民族、海外人士，以及社会边缘群体，如老年群体、残障人士等是否能均等地共享社会公共文化服务，尚没有更多研究和更具创新性的做法。本节以苏州市不同群体均等享用公共文化服务为例展开分析，既展现苏州市的创新做法，也透视其仍可继续改进的方面。

一 公共阅读服务模式不断创新，公共图书馆可及性普遍提高

苏州市为地级城市，下辖姑苏、园区、高新区、吴中、吴江、相城六区和常熟、昆山、太仓、张家港四市。常住人口1300多万，城镇化率高达85%。2019年中国城市GDP排行中，苏州市名列第六。2019年全国综合实力百强县市中，昆山市、张家港市、常熟市、太仓市分列第一、第三、第四和第七。由此可见，苏州市属各区和县级市的经济实力不相上下，普遍比较发达。与经济发展的稳定和均衡相似，苏州各地文化资源悠久深厚，公共文化场馆比较普及，群众文艺活动丰

富多彩，2013年通过国家首批公共文化服务示范区建设验收，基本完成了公共文化服务的均等化，在后建设期和现代公共文化服务建设期，在财政投入保障的前提下，努力将公共文化服务朝更优化更均等目标努力，做了许多有益的尝试，尤其是公共阅读服务方面，有许多可圈可点之处。

苏州首创了图书馆总分馆制度，有效帮助不同群体获得平等享用公共阅读资源。苏州图书馆始建于1914年，前身是清末正谊书院学古堂，曾为"江苏省立第二图书馆"，是我国创办较早的公共图书馆之一。1956年改为"苏州图书馆"，是苏州市图书馆最重要的总馆，隶属于苏州市文化局（现为文化和旅游局）。随着政府职能的转型，公共图书馆的服务效能迫切需要提升，但又受限于当时一级政府管理一个公共图书馆的体制限制，严重阻碍了公共图书馆服务社会公众的广度和深度。自2005年起，苏州市图书馆作为建设主体，与各区市和街道乡镇的图书馆通力合作，共同探索一条"为人找书，为书找人"的普惠服务新路径，图书馆总分馆制便应运而生。具体做法是：苏州图书馆作为总馆负责分馆建设，提供图书馆管理系统、委派管理人员、业务辅导等事务性和管理性指导，同时逐步统一采购、统一编目、统一配送和通借通还的业务性内容的统建统筹，分馆所在地政府负责提供场所和日常运营经费。这种模式在当时的业界被称为"苏州模式"①，是大胆的创新突破。

苏州图书馆的总分馆模式还进一步拓展到县级市和各区，以当地的图书馆为总馆。县级市图书馆依托苏州图书馆的契约型管理方式，由图书馆帮助输入书籍资源，也可以选择进行市场化模式管理，各馆下设图书馆分馆遍及乡镇街道，触角甚至还延伸到村（社区）基层综合信息服务中心，作为图书馆总分馆的基层服务点。总分馆体系中的各家图书馆、信息服务中心互联互通，不仅数字资源互助共享，而且依托文献资源平台，还可以做到实体图书的通借通还，即甲地借书可在乙地归还，纵使

---

① 政协常委朱永新：《借鉴总分馆体系"苏州模式"加快社区图书馆建设》，《中华读书报》2016年3月9日第1版，http://epaper.gmw.cn/zhdsb/html/2016-03/09/nw.D110000zhdsb_20160309_5-01.htm。

甲乙两地相距超过50千米。我们调研时，得知虽然这个平台的使用还在初期且仍有部分功能待开发，但在国内尚属首例，是苏州市图书馆的创新之举。截至2019年，苏州全市已开成8个图书馆总馆、811个图书馆分馆、92个24小时图书馆的公共图书馆网络体系。

尽管如此，要真正做到"10分钟文化圈"的公共文化服务目标，公共图书馆总分馆的网络体系仍然不能覆盖所有的群体，无法充分适应城乡民众的工作和日常生活方式。为此，苏州图书馆于2014年正式启用24小时自助图书馆服务模式、网上借阅社区投递等创新手段，有效解决了图书馆可及性方面存在的障碍，为公共阅读的均等化提供了充足的前提条件。

公共图书馆的"可及性"，主要指民众查阅信息、图书借还的便利性和易得性。对于不同群体而言，可及性遭遇到的问题不尽相同。对于早9晚5甚至996的上班族来说，一般图书馆早9晚5的开馆时间限定无疑就把他们挡在了门外。对于离公共图书馆居住较远或行动不便者来说，前往图书馆的公共交通是否方便、停车位是否充足、残障人士专用通道是否具备等，都有可能影响他们享用公共阅读服务。24小时图书馆，采用无人值守智能化管理，全天候开放。读者有两种方式可自由安排时间自助办理借书还书：一是借助图书自助借还机，可以完成自助办证、查询数据资源、无线上网、网上借阅、取书还书功能；二是可以上网完成图书借阅，指定24小时自助图书馆作为投递点，同样可以自由选择时间就近取书还书。随着家庭网络和移动网络的普及使用，网上借书非常便捷，但供取还书的24小时自助图书馆毕竟不像大街小巷的便利店那样普泛化，为了弥补借还书点的"可及性"，在总分馆模式基础上，苏州图书馆又创造性地推出了"网上借阅，社区投递"的图书服务新模式。

"网上借阅，社区投递"，是利用信息化和RFID技术，在全市范围内有选择地将政府办公大楼、市民活动中心、创业园、社区、地铁站、园林、博物馆、体检中心、大型商场等公共空间作为投递点，就近为读者提供服务，使图书离读者更近了一步。投递工作由图书馆指定的邮政公司承担，邮寄费用由财政投入，图书馆负责调配图书。如此，形成了全新的公共图书馆服务模式——家门口的图书馆：读者登录苏州图书馆App"书香苏州"、选书下单、图书馆书库接单、图书下架、进入图书物流系统分发、邮政物流配送、社区分馆或服务点中转、读者取书。读者还书的流程正好是"逆行"。这种模式最大限度满足了上班族、地处偏远、不方便到馆的所有读者的需求，极大提升了公共图书馆的可及性，也使图书馆的公共阅读最大可能地均等化。

为了更好支撑大流转率的图书服务，苏州图书馆历时数年研发了依托高密度的自动化立体仓库的仓储技术，并在2019年新建成的第二图书馆投入使用。借助这些新技术，可释放图书馆的馆藏资源，使尘封已久的书籍得以流转，并且以高效的方式完成图书的查找、投递和归还。苏州图书馆的阅读服务兼顾到了各个区域，尤其是图书投递，采用无人值守纯邮递模式，以投递点进行经费计算，由市政府专项财政支出，民众可以免费享用。这种模式免去了人力值守所耗费的资源与经费，并且可以精准投递到人，虽然完成每一次借阅仍需由政府财政支付一定费用，但相较上海、深圳这类一线城市，流转费用尚可接受。此外，这种模式的另一个好处是可使得图书流转更为精准高效，使每一次投递都能物有所值，与深圳的图书街机设备相比，总体成本要低许多，也更方便读者享用图书阅读，不失为一种高效低费的好方式。

二 公共文化服务精准到位，促进城乡一体化

在城市公共文化服务设施与网点设立的同时，苏州市城乡公共文化服务也在稳步推进。依托较强的经济发展水平与四通八达的高架桥路系统，苏州城市与乡村间的界线并不明显，居住在乡村的中青年往来于城乡间，或求学或工作，早出晚归已成为新常态。乡村中随处可见的小型文体活动设施也是城乡一体化进程到达一定阶段的佐证。具体而言，建立在图书馆资源的城乡一体化、总分馆体系与图书投递服务，使得图书资源能够较为顺畅地流转于城乡之间。在乡镇街道上，图书馆分馆系统多半借助"银行阅读角"这类场所提供公共阅读服务。依托密集分布且与民众生活密切相关的银行网点，既是基于图书馆分发系统的低成本设想，更是便于乡镇居民充分享受公共阅读服务的考虑。

与图书馆总分馆系统不同的是，对于博物馆这类非常倚重场馆、

对藏品展出环境有严苛要求的公共文化服务场馆，在城乡一体化中存在一定的短板。观赏藏品需要到访实地场馆，即便是交通四通八达，但对于远距离的、住在乡村且需要依靠公共交通的人群来说，仍不是最优选择。苏州是博物馆之城，博物馆众多，也比较分散，苏州博物馆、苏州碑刻博物馆积极创新举措，送展览进社区、进学校，把服务送上门。尽管如此，受之于展览展示的各种条件限制，并不是所有博物馆，以及所有的展示展览都有条件走出博物馆，被城乡民众均等化地接触到。目前，苏州博物馆等场所已启动文化数字化、人工智能、虚拟和增强现实等新兴技术将博物馆展览展品以更多样化的手段加以展陈，以弥补博物馆场所集中在城区，难以更广泛地覆盖到社区和乡村的不足。

"公共文化服务配送"是苏州市2019年惠民工程最具创新性的品牌。是年，超过500场的文化活动经过"点选系列"送往基层，另外还开展文艺精品惠民演出40多场次，文化艺术辅导400场次。2020年苏州市公共文化服务配送项目的启动仪式上宣布，将有800场文化惠民活动送到城乡各处，送给不同的群体。

"公共文化服务配送"的"文化菜单"主要来自另外一项文化均等化创新品牌——苏州市公共文化服务创新大赛。大赛由市文广旅局主办，以精准惠民为目的，以基层民众为服务对象，面向具有独立法人资格的各类社会主体，共设置有文化讲座类、艺术导赏类、展览展示类、阅读活动类、特色活动类、其他创新类六大比赛项目。2019年共选拔出文化讲座类27项、艺术导赏类10项、展览展示类13项、特色活动类46项、阅读活动类12项、其他创新活动项目20项。获选项目进入"公共文化服务配送"系统，同时通过数字平台"文化苏州云"发布。城乡基层单位可以按需从中选择，订制"文化菜单"，再通过"配送"进入社区、街道和乡村。文化服务项目"订单式"配送方式，汇聚优质产品和资源，推动公共文化服务从"政府端菜"向"民众点单"转变，从"大水漫灌"向"精准滴灌"转变，从而提供供需对接、精准惠民的公共文化均等化服务。

三 关怀流动人口文化权利，增加城市文化认同

苏州是全国第二大移民城市，1982年第三次人口普查时苏州常住人口500多万人，2010年第六次全国人口普查时常住人口已扩大到1000多万人。30年不到的时间，这座城市的流动人口远远超过了原住民，其中因为读书、工作、生活等原因定居苏州的，成为新苏州人；还有一些是流动人口，他们来自全球各地，到苏州创业、读书、打工。据2018年年初的统计数据显示，在1000多万常住人口中，户籍外来人口超过680万，流动外来人口150多万。[①] 然而，据了解，在各省市现有的公共文化服务统计数据中通常不列入流动人口，他们与户籍人口不能同等享受由财政补贴的各项公共文化服务。

苏州流动人口中超过60%为35岁的年轻人，文化需求普遍高于他们的父母辈，对提高自身素养，改变自身命运的意愿也更为强烈。他们在苏州主要从事建筑、物流、制造业等劳动密集型工作，通常周边的公共文化服务与文化生活配套不够齐全，业余求学读书的途径也较少。如何满足这些特殊群体的公共文化需求？苏州市图书馆在2015年尝试将第一个"工地书屋"开设在苏州广电大楼的建筑工地，首批投入500册图书，并定期对图书进行更新。"工地书屋"由集装箱改建而成，便于在各个工地之间流转。图书馆免费提供图书资源，工地合作方支付集装箱运输费用。除"工地书屋"外，苏州图书馆配备有两个移动书屋，主要服务于驻苏部队官兵和羁押在苏城监狱的人员。苏州公共文化中心为流动人口组织专场演出和流动展览，没有舞台，就现场搭建；没有展板，就现场架设，方便工友们在劳作之余出门就能观看演出，欣赏展览，满足他们最基本的精神文化需求。

公共文化除了提供教育、审美、娱乐外，对外来人口和移动人口具有培育文化认同和身份认同的功效。苏州地处长三角地区，有自身独特的吴语语系，难懂难学。昆曲、评弹、苏剧等都建立在吴语基础

---

① 苏州市广播电视总台：《苏州流动人口大数据发布》，https://www.sohu.com/a/289927145_351257。

上，本地人日常语言都是苏州话，语言的特殊性，再加上生活方式的不同，很容易造成"当地人"与"外地人"的文化隔阂。如何促进外来人口对当地文化的认知、理解和接受，以增加地方认同感，重塑新苏州人以及城市新建设者的身份，公共文化服务可谓至关重要。苏州广播电视节目中设有苏州话专栏，用苏州话播报新闻、讲故事；公交车设有苏州话语音播报、小学开设苏州话教学兴趣班，润物细无声地推广吴语文化。苏州博物馆常设馆和特展是传播苏州历史和文化的重要窗口，包括吴门书画、吴中风雅、吴塔国宝、吴地遗珍四大板块；苏州民俗博物馆，通过实物、图片、视频等多媒体方式展示苏州地方民间风物；苏州图书馆二馆特设苏州文学馆，将汉代以来苏州地方文人的作品，从手稿到正式出版物逐一加以展陈，有助于到访者了解苏州悠久的历史文脉；苏州公共文化中心则对于本土文化活动、苏州工艺美术品技艺的传播与传承更为侧重，在展示、典藏之余，还设有公共文化教育功能，开设系列免费课程，在增进外来人口对苏州文化了解以及加深城市文化认同方面发挥重要作用。

四 创新特殊群体文化服务内容，屡获好评和嘉奖

公共文化服务均等化，除了经济发展不均衡区域与经济发展发达地区之间的不均衡、城乡之间的不均衡外，不同群体之间的普惠化也是不可忽视的一个重点，尤其是对于特殊群体。2017年实施的《公共文化服务保障法》第九条"各级人民政府应当根据未成年人、老年人、残疾人和流动人口等群体的特点与需求，提供相应的公共文化服务"。早在此前的2011年，苏州市公共文化中心投入使用之初，就有"服务承诺书"告示全市民众"苏州市公共文化中主下辖各场馆向全体社会公众免费开放。关注特殊群体，重点将农民工、老年人、少年儿童、残疾人等纳入公共文化服务体系，开展有针对性的文化惠民活动"。其中，提到"设立无障碍通道、卫生设施，并有符合国家有关规定的明显标识，方便为老年人及残障人士服务"。苏州市公共文化中心还为残障人士量身定制，将公共文化服务送到社区、工地，有报道这样写道："苏州公共文化中心为残疾人活动中心提供的演出，最令记者难忘。盲

人朋友们侧耳细听,脸上露出会心的笑容;聋哑朋友们不停地用手语交流着对每一个节目的观赏心得;还有一些肢体患有残障的工友也赶到现场。"① 经过多年努力,苏州市特殊人群基本公共文化服务均等化水平已在全国遥遥领先。以苏州图书馆服务残障人士为例,图书馆除了开设有盲人阅览室,提供盲文图书、盲文阅读机终端、盲道这类严格参照国家标准设置的固定设施外,苏州图书馆还有一个"明星"品牌——"我是你的眼"——由图书馆志愿者为盲人朗读、讲述书籍内容。每周定期有5位志愿者到馆为盲人提供阅读服务,其中不乏电视台专业播音员。除了阅读服务外,"我是你的眼"活动的志愿者还会带盲人外出参观、讲解,用声音和爱心帮助盲人感受城市变化。同样,苏州博物馆也设有残障人士无障碍通道,配备拥有手语技能的讲解员与志愿者进行手语讲解服务;博物馆为特殊需求者提供额外服务,如组织盲童开展触摸文物,帮助他们从与常人不同的视角进行参观体验。

据《苏州日报》官方微信称,苏州全市 2018 年有持有残疾证的人口约 13.17 万,占到人口比例的 1.94%,也就是说,苏州每 50 人中就有一名残疾人。这是一个庞大的群体,公共文化设施、文化信息传播的无障碍,使残障人士能同健全人士平等参与公共文化服务还有漫长的路要走。

第四节　城乡公共文化服务均等化创新路径之二:文化需求的民意表达与采纳

公共文化服务供给与需求是辩证统一关系,供给决定需求,需求又反作用于供给,促进供求平衡发展是政府制定公共文化服务政策的

---

① 人民网:《公共文化服务设施不够吸引老百姓:如何提高效能》,http://culture.people.com.cn/n/2013/1219/c87423-23885428.html,2013 年 12 月 19 日。

一项重要目标。

加快建立均等普惠的现代公共文化服务体系，首先面临建立公共文化需求与供给的对接机制，了解公共文化服务对象的文化需求。公共文化需求具有阶层多样性、区域差异性、发展动态性的特点。阶层多样性主要表现为社会不同阶层、不同群体对公共文化服务存在多样性的需求，处于富裕阶层的社会群体，期望较高层次的公共文化服务，而处于较贫困阶层的社会群体，对文化服务的期望相对较低，追求实现文化权利的主动性也往往弱于较富裕阶层；区域差异性主要体现在不同地区对公共文化服务的需求存在差异，文化发展和经济发展水平越高的地区对公共文化服务的需求和要求越多元；发展多元化主要表现为人民群众对公共文化服务的需求并不是一成不变的，而是随着经济社会发展、个人偏好演进表现出动态变化的特点[①]。因此，政府在供给人民群众公共文化服务时，应为人民群众提供表达文化需求的渠道，充分考虑人民群众的文化需求，开展多元的、创新的、喜闻乐见的文化服务活动。从社会实践经验来看，民众的文化需求表达机制和公共参与机制已经引起重视，政府相关机构主动接触公众代表、建立由专家和民众组成的咨询委员会、建立网络信息平台、实施网格化管理等多种公众沟通渠道，使公众能参与到公共文化服务决策的制定过程中，逐渐形成表达需求和参与决策的自觉意识，使地方政府对公民的文化需求更加敏感，推动文化惠民项目与群众文化需求有效对接，提高公共文化服务供给的效率和公平程度。

苏州市将民众表达公共文化需求，采纳民众公共文化需求的意见作为施政考核指标的组成部分，鼓励各公共文化机构以多种方式，广开言路，提供多样的文化需求表达渠道，仔细倾听并采纳民众建议，力求提供"最贴心""最被需求"的公共文化服务。为深入了解苏州市公共文化服务领域如何创新民众文化需求的表达和采纳，我们走访了苏州图书馆、苏州博物馆、文化苏州云以及苏州公共文化中心四家具

---

① 马雪松：《回应需求与有效供给：基本公共文化服务体系建设的制度分析》，《湖北社会科学》2013年第10期。

有代表性的公共文化服务机构。

一 建立反馈机制，广开言路倾听民众文化需求

长期以来，公共文化服务机构缺乏有效的反馈机制，这是文化管理部门、学术界和广大民众的共识。无论是图书馆、博物馆，还是文化馆、美术馆，对民众的需求，读者或观众的人口学特征，大多还是十分模糊的，这导致所提供的公共文化服务产品和展品"适销不对路"，供需错位，不仅造成公共文化资源的浪费，而且也导致公共文化设施缺少吸引力，使用率不高。如何解决问题，提高服务效能，苏州市一直在创新的道路上摸索前行。

（一）公众文化需求调查

"没有调查就没有发言权"，没有调查制定的文化政策就是拍脑袋的结果，是以个人意志或部门意愿强加给民众的公共文化服务。为了避免公共文化服务中"好心办坏事"，防患于未然，苏州市政府出台了一系列规章制度，保障"政出有因"，并完善公共文化服务绩效评估和群众反馈机制，力求不断提升公共文化群众满意度。根据《苏州市公共文化服务保障标准（2015—2020）》和实施意见，公共文化政策制定和措施出台，均需建立在需求征询、评价、反馈制度基础之上，以了解民众真实的文化需求。2019年，苏州市文广旅局在推出"首届公共文化服务创新大赛"之前通过问卷方式对全市2594个基层公共文化工作人员和13484名基层群众进行了公共文化服务需求调查，形成《苏州市群众文化服务需求调研报告》。这份调研报告显示，苏州居民日常休闲主要以看电视、看电影，上网，与朋友聊天、旅游、阅读等自我休闲方式为主，群体性活动如广场健身、看文艺演出、棋牌等参与度较低。在社区组织开展的公共文化服务活动中，最受居民欢迎的活动内容为电影放送、艺术赏析、文化讲座、手工制作、展览展示、阅读活动和文艺辅导。调研报告还显示，在文化讲座方面，最希望获取的是讲解人文历史、民俗文化、生活美学以及国学经典等内容，手工制作活动需求最高的是烘焙、插花、茶道和咖啡。大规模的调查比较清晰地把握了民众的文化需

求和文化消费意愿,政府在随后制定"苏州市公共文化服务创新大赛"的品牌活动充分吸纳了民众意愿,将文化讲座、艺术导赏、展览展示、阅读活动等民众最需要、最喜爱的文化活动遴选出来,形成文化配送的"菜单",供基层公共文化服务机构"点单",以满足不同群体多样化的需求。

(二) 民众阅读习惯调查

为了获取更为真实的数据,苏州市还会不定期委托第三方展开一些主题调查,作为公共文化服务顶层设计的基层民众需求和意愿基础。2013年,中国新闻出版研究院国民阅读与促进中心作为第三方机构,受"苏州阅读节"组委会委托,对全市民众阅读状况进行了历时半年的入户调查。[①] 调查结果显示,苏州市居民的阅读认知程度、各媒介阅读率和阅读量、接触纸质媒介时长、数字化阅读接触率、新兴媒介接触时长、未成年人阅读率阅读量这些指标均高于全国平均水平。调研还发现,苏州居民个人阅读满意度偏低,对阅读活动的诉求较高,希望当地有关部门举办读书活动或读书节。城乡居民对公共图书必争之地和农家书屋的使用满意度超过50%,街道公共图书馆、社区阅览室、报刊栏等公共设施的知晓率和使用率均超过50%,其中公共图书馆的使用率达到72%,在所有公共文化服务设施中的使用满意度最高。这些一手情报深刻影响着苏州市公共文化服务的政策制定、设施规划和内容供给。

(三) 读者满意度调查

除此之外,一些重要的公共文化服务场馆,如苏州图书馆、苏州公共文化中心、苏州博物馆均实行年报制度,每年均实施若干民众调查,并将调查报告向社会公布。苏州图书馆近几年为了了解读者需求,建立以读者为导向的图书馆公共文化服务制度,每年均开展"苏州市民阅读调查""苏州图书馆阅读数据报告""苏州图书馆数字资源使用情况读者调查",图书馆总分馆体系下的各主要场所也都有各自的读者满意度调查,如苏州工业园区图书馆每年度均有季度读者阅读服务的

---

① 中国社会科学院网:《苏州市首次居民阅读调查初步成果分析报告》,http://www.cssn.cn/ts/ts_scfj/201402/t20140221_970031.shtml。

满意度调查，切实了解读者到访图书馆的目的，到访频率，阅读习惯和偏好以及图书期刊借阅和数字资源使用的满意度，同时还通过调查征询读者的图书资源和数字资源需求，来作为图书馆优化公共阅读服务的依据。

为了保障公共文化服务的民众满意度，苏州市对公共文化服务制定了全面量化并超过国家标准的评价体系，并将落实完成情况纳入各级政府和领导干部绩效考核体系，占各县级市、区对镇、街道考核比重的5%—8%，有的区域甚至超过了10%。强有力的监督机制和考核标准，以制度化的方式将倾听民意、了解民需、保障民众对公共文化服务的满意度落实到位。

二 创新线上互动渠道，鼓励民众参与公共文化建设

随着互联网、手机移动端等新兴科学技术的迅速发展和普及使用，公共文化服务机构与市民的沟通渠道也逐渐从以线下为主转为以线上为主，官方网站、官方微博、官方微信公众号几乎成为苏州市各公共文化服务机构的"标准配置"，为民众参与公共文化服务大开方便之门，也有效地提升了公共文化服务的质量。

（一）"寒山闻钟论坛"开门纳言

2012年苏州市纪律检查委员会督办，苏州市人民政府便民服务中心负责日常管理工作的副处级建制的政府机构"寒山闻钟论坛"上线。"由苏州市政府主办、主导、控制并全额支持，是一个典型的地方政府面向全体市民的官方互动论坛，其目的是拓宽群众诉求渠道，通过解民难、聚民智、汇民力，赢得群众的拥挤，形成发展的合力。"[①] "寒山闻钟论坛"是综合性论坛，其开创性地建构了"前台/线上"+"后台/线下"联动机制，保证民意民情得到及时回复和解决。前台/线上开设有"开门纳言""咨询投诉""信息发布""曝光台""人民网领导留言板"等栏目，其中，"人民网领导留言板"直接链接人民网的"领导

---

① 马中红：《第三种论坛：体制性网络空间的公共性透视》，《新闻与传播研究》2016年第8期。

留言板"。截至 2020 年 8 月 9 日下午 5:30，在"寒山闻钟论坛"输入"图书馆"可获得超过 1000 个帖子，"反对建苏州第二图书馆"一帖发布于 2016 年 2 月 19 日，有 156 个回复，查看量高达 57178 次。回复帖中既有支持主帖反建二馆的，也有支持建二馆的。输入"公共文化"也能收集到 22 个主贴，其中有一帖"公共文化设施布局规划咨询"是网民咨询苏州高新区公共文化设施的具体规划，包括科技城艺术中心、科技城艺术剧院的建设场所、何时开工等。帖子发出后，很快就有高新区便民服务员回帖，表示已经关注此事。两天后，高新区文化局更详细的回复如下："科技城艺术剧院即苏州民乐厅，该项目已于 2017 年 10 月立项，目前已进入土方工程施工阶段，项目地址位于太湖大道 999 号步青路，预计 2019 年上半年交付使用；科技城艺术中心暂选址于诺贝尔湖北畔，属高新区艺术类文化设施远期规划，目前尚未开工建设。"回复及时，解答详尽。

"寒山闻钟论坛"中有关图书馆、博物馆、公共文化中心、美术馆等公共文化服务的帖子涉及的话题非常丰富，有投诉、有建议、有咨询，有情况反映、有敦促政府机构办事等，在此不再赘述。尽管"寒山闻钟论坛"还存在一些问题，但现实社会中不同组织、阶层、性别、年龄、行业的任何一个个体都可以在论坛上表达自己对于公共文化服务的意见、需求和意愿，并能得到代表政府办事部门的"便民员"及时回复，以及相关政府部门和机构的及时处理，"为民众参与公共事务决策和城市管理提供了参与路径，并且在个体之间、个体与政府、功能性机构与政府之间形成多重协商和博弈，经由劝服与被劝服的过程，使各方利益最大化，促进公共政策的改善"①。

（二）线上线下多样化互动机制采集民意

公共文化服务的特定机构，如图书馆、博物馆、公共文化中心微信公众号也是接受民众意见反馈的主要渠道，登录这些平台的后台，可以看到民众的留言咨询以及参与活动的感受和评价，例如"是否有美术相关的活动？""疫情期间有哪些活动？""名人馆的活动很精彩"等，本着

---

① 马中红：《第三种论坛：体制性网络空间的公共性透视》，《新闻与传播研究》2016 年第 8 期。

有问必答的原则，民众留言基本上都能得到相关机构的及时回复。

公共文化中心的前身之一——文化馆有广泛的民众基础，历史悠久，有多年积攒的口碑和美术、摄影、舞蹈、乐团等社会教育资源。访谈中了解到，一些经常参加公共文化中心活动的“粉丝”会主动致电，咨询公共文化活动信息，或提出需要艺术节目辅导等要求。值得一提的是，公共文化中心和校园、街道也保持密切关系，根据对方的需求提供与文化教育相关的辅导。公共文化中心在苏州市平江实验小学、相城区元和街道长期提供课程辅导，指导和帮助基层开展公共文化活动。

苏州博物馆为加强馆民互动交流和意见反馈，充分利用网络社交媒体的即时性和便捷性，许多做法充满创造性。打开苏州博物馆官网，有两个显著的项目栏，一是留言簿（见图9－3），二是问卷调查（见图9－4）。翻看这些留言，既有到访者的表扬和称赞，有咨询和建议，也有批评和吐槽，但每一条留言均能得到及时回复，问题得到及时解决，使留言簿充分互动交流，而不只是有“留”无“复”的形式主义。最新一版的“问卷调查”设计了17个问题，其中15道选择题、2道开放题。调查结果也在官网公布，公开透明的方式极大地鼓励了到访者和苏州本地民众的参与积极性。接受访谈的茅副馆长说，调查问卷的数据和情况是博物馆策划展陈内容与形式、日常管理与服务工作重要的参考依据。

标题：6月26-27日是否接受预约

请问一下，我今天预约显示只能预约到25日，请问26-27日是否开放预约？（姓名：张可心 发布时间：2020-06-18）

管理员回复：您好，网上预约参观最多提前七天。谢谢。

标题：请问今年苏州博物馆还提供暑期实习岗位吗

不知道疫情是否影响今年的暑期实习招聘，所以想问一下，麻烦了（姓名：JoneChang 发布时间：2020-06-11）

管理员回复：您好。目前我馆没有招募实习生的计划，感谢您的关注。

标题：暑期实践

你好，我们想暑期实践去博物馆调研，请问可以帮我们盖章吗？可以的话，要去什么地方盖呢？谢谢（姓名：张晨 发布时间：2020-06-06）

管理员回复：您好，我馆暂无此服务内容，谢谢。

标题：文创供应商

您好，我司专业为各大企业提供文创衍生品/礼品综合服务，请问文创部门有无电子邮箱方便联络？（姓名：顾先生 发布时间：2020-06-05）

管理员回复：您好，请致电博物馆文创部67576007咨询。

图9－3　苏州博物馆官网留言簿截图

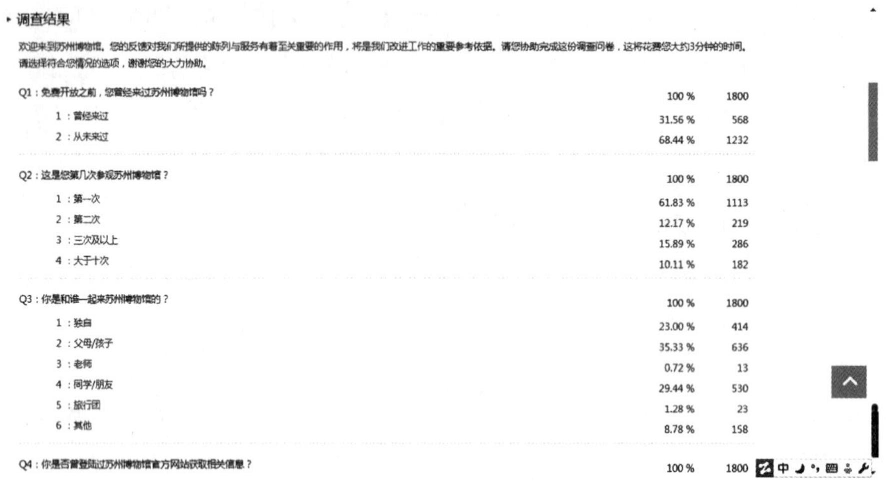

城乡公共服务均等化机制创新研究

```
▶ 调查结果
  欢迎来到苏州博物馆,您的反馈对我们开展的陈列与服务有着至关重要的作用,将为我们改进工作的重要参考依据。请您协助完成这份调查问卷,这将花费您大约3分钟的时间。
  请选择符合您情况的选项,谢谢您的大力协助。
  Q1:免费开放之前,您曾经来过苏州博物馆吗?              100%    1800
      1:曾经来过                                      31.56%   568
      2:从未来过                                      68.44%   1232
  Q2:这是您第几次参观苏州博物馆?                         100%    1800
      1:第一次                                       61.83%   1113
      2:第二次                                       12.17%   219
      3:三次及以上                                    15.89%   286
      4:大于十次                                      10.11%   182
  Q3:你是和谁一起来苏州博物馆的?                         100%    1800
      1:独自                                         23.00%   414
      2:父母/孩子                                    35.33%   636
      3:老师                                          0.72%   13
      4:同学/朋友                                    29.44%   530
      5:旅行团                                       1.28%    23
      6:其他                                         8.78%    158
  Q4:你是否曾登陆过苏州博物馆官方网站获取相关信息?         100%    1800
```

图 9-4　苏州博物馆问卷调查结果截图

　　与此同时，为弥补线上活跃度不足、老年群体网络使用不足等问题，苏州博物馆在线上投放电子问卷的同时，也不放弃线下纸质问卷的投放，每逢举行大型展览、特展时，还会推出专题调查，了解参观者的具体情况和观展偏好，包括参观者基本信息、到馆原因、同伴性质、展览信息获取渠道、对策展人提问、苏州印象、满意度反馈、服务建议等。到访者的意见和问题不分巨细均会反馈至相关部门，有则改之，无则加勉，并督促落实改进，这已经成为苏州博物馆的一项制度。

　　"文化苏州云"平台建设是苏州市2018年的实施项目之一，于2019年元月正式上线运营。苏州文化云线上平台有PC端网站、微信公众号，以及自主运营的App"文化苏州云"，集文化建设展示、文化惠民服务和文化数据分析于一体，为民众提供了一个全方位文化服务的窗口。民众不仅可以体验运河文化、剧团文化、桃花坞非物质文化遗产等多样的文化服务，还能够评论、反馈体验感受、提出建议等。根据用户分析显示，"文化苏州云"App用户的年龄集中于26—35岁，多为"亲子"模式，反映出家庭及儿童在公共文化领域的高参与度。在公共文化需求反馈渠道方面，苏州市文化云与苏州市公共文化中心相似，除了官网、微信公众号、App可以留言互动外，还开辟有独立的热线电话"962026"，全年在线，方便不常使用互联网和社交平台的民众，做到随时随地，及时沟通，听取民众需求，并解决问题。

（三）民众参与公共文化服务的权利路径

文化需求表达渠道的畅通是民众参与公共文化服务建设均等化的重要保障，相比之下，民众是否拥有公共文化参与权，既表征了公共文化政策的宽容程度，也是民众在公共文化服务体系中作为参与主体身份的体现。苏州市图书馆每年约引进11万种书籍。如何选书？按照什么样的标准挑出有质量有流量的"好书"？能否打破常规，将一部分选书的权力下放给普通读者？苏州图书馆在2014年100周年馆庆之际，富有创新性地推出了"你选书，我买单"活动（见图9-5），主旨是满足读者个性化需求。"你选书，我买单"最初只能在限定的时间和空间实施，手续也相对复杂。连续举办六七年后，这一活动已经常态化。普通读者有

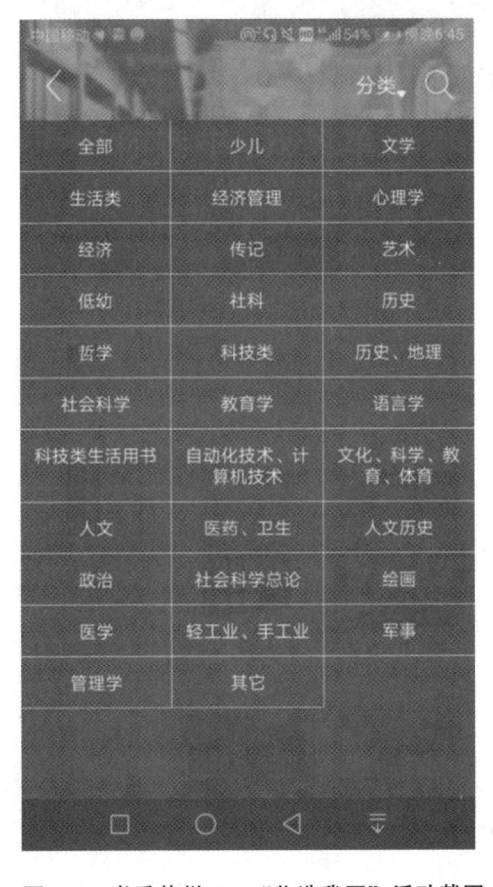

图9-5 书香苏州App"你选我买"活动截图

▶ 城乡公共服务均等化机制创新研究

两种方式参与选书,其一,读者在指定的新华书店、凤凰书城、初见书房和天香书屋看到自己心仪的图书,只需符合图书馆选购要求,便可在书店下单,并直接办理借阅手续,书款由图书馆支付。其二,读者通过"书香苏州App"在线选择书单和办理借阅手续,经图书馆确认后可直接配送服务点,读者凭卡取书即可。图书选择范围非常广泛,包括文艺小说、社会科学、自然科学、工程技术等31种类别(见图9-6),"你选书,我买单"活动充分满足了不同读者的不同阅读需求。

图9-6 书香苏州App"你选我买"书籍分类

"你选书，我买单"开辟了文化惠民的新路径，即将图书馆馆藏图书的选择系统向读者开放，鼓励读者参与选书，丰富馆藏类型，提高图书资源的利用率。"你选书，我买单"更为重要的意义在于把图书选择权部分交给读者，充分尊重他们的自主权，读者不是被动的接受者和消费者，他们可直接参与到公共文化服务的过程中。这是对公共阅读服务对象的尊重，也是回归公共文化服务的本意。

第五节 城乡公共文化服务均等化创新路径之三：社会力量参与

随着国家文化体制改革的不断深入，以及人民在丰衣足食后对精神文化和更美好生活的追求，加快公共文化服务供给体系的变革和制度建设势在必行。加之长期由政府以公共福利的方式免费提供给民众公共文化服务设施和产品逐渐暴露出许多弊端，如财政投入不足、分布不均、文化设施供不应求、文化服务和产品质量不高等。2013年国务院办公厅《关于政府向社会力量购买服务的指导意见》（国办发〔2013〕96号）指出公共服务存在质量效率不足、规模不足和发展不平衡等突出问题，迫切要求创新公共服务供给模式，有效动员社会力量，把政府直接向社会公众提供的一部分公共服务事项，交由具备条件的社会承担，从而开创了政府购买公共服务的滥觞。

一 社会力量参与公共文化服务的政策支持

公共文化服务是公共服务重要的组成内容。鼓励社会力量参与和政府购买公共文化服务成为政府政策制定和发展的方向之一。2015年年初，中共中央办公厅、国务院办公厅《关于加快构建现代公共服务体系》要求"坚持社会参与"，提出政府要简政放权，积极引入市场机制，激发各类社会主体参与公共文化服务，鼓励各参与主体为社会提供多样化的文化产品和文化服务，"政府主导，社会力量参与"的建设理念提上议事日程。同年 5 月为落实社会力量参与和政府购买的公共文化服务发展模式，文化部、财政部、新闻出版广电总局、体育总局联合出台《关于做好政府向社会力量购买公共文化服务工作的意见》，将政府购买、社会力量参与上升到依法行政、转变政府职能和建设服务型政府的高度加以强调，要求在政府主导下，培育市场主体，创新购买方式，注重服务实效，到 2020 年，在全国基本建立比较完善的政府向社会力量购买公共文化服务的体系。

2016 年年底，第十二届全国人民代表大会常务委员会第二十五次会议通过了《中华人民共和国公共文化服务保障法》，其中将公共文化服务释义为"指由政府主导、社会力量参与，以满足公民基本文化需求为主要目的而提供的公共文化设施、文化产品、文化活动以及其他相关服务"。那么，何为"社会力量"？社会力量以何种方法和途径参与到公共文化服务中去？社会力量参与公共文化服务的正当性已经不成问题，但程序性和保障性又如何呢？《保障法》以法律法规的强制性明确了公共文化服务提供的程序：政府制定本行政区域公共文化服务指导性意见和目录，及时向社会公布并组织实施——公益性文化单位、经营性文化单位、基层综合性文化服务中心、公民个人是主要的社会力量。由此可见，所谓参与公共文化服务的"社会力量"是指"政府机关及其公益性文化事业单位以外的组织和个人，主要包括企事业单位、非营利组织、公益性社会团体和公民个人等"[①] 具体参与的方法为：通过兴办实体、资助项目、赞助活动、提供设施、捐赠产品等，参与提供公共服务，公民、法人和其他组织还可以参与文化志愿服务。国家通过转移支付、补助、援助、购买、税收优惠等措施鼓励社会力量全方位参与公共文化服务。

各省级市级政府根据以上"指导意见""通知""保障法"都陆续制定了本地区如何实施政府向社会力量购买公共文化服务工作实施意见与办法，"相关文件数量多，内容同质性高"。[②] 2018 年另一

---

① 邓银花：《社会力量参与图书馆建设的缘由、模式和激励》，《图书馆杂志》2014 年第 2 期。

② 彭秋平：《基于政策文本分析的我国社会力量参与公共文化服务路径研究》，《图书馆学研究》2020 年第 6 期。

部法规《中华人民共和国图书馆法》的实施，对社会力量参与公共图书馆建设有了更加明确和具体的规定。2019年，十九届四中全会中共中央《关于坚持和完善中国特色社会主义制度、推进国家治理体系和治理能力现代化若干重大问题的决定》，再一次重申了"鼓励社会力量参与公共文化服务体系建设"的议题。由此可见，自上而下的法律法规已经为社会力量参与公共文化服务大开绿灯，但是在社会实践中，政策的引导性和落地性还不充分，也缺少实践经验积累，目前社会力量参与公共文化服务总体上还处在自发、分散、无序的初级阶段。

二 社会力量参与公共文化服务的途径

目前，有关社会力量参与公共文化服务的研究成果丰富，其中关于社会力量参与公共图书馆建设的研究较为突出，研究主要集中于必要性、参与模式、制度保障、可参考的途径与措施以及案例研究[①]。北京大学信息管理系教授王子舟在"社会力量参与公共文化（图书馆）服务"访谈中提到："社会力量参与公共文化服务能好地体现图书馆公共性、公益性、服务性。近三十年来，社会力量办社区图书馆、乡村图书馆、流动图书馆、盲人图书馆、穆斯林图书馆，尤其是到贫困乡村学校办图书馆或图书角，在城市社区办迷你图书馆（又称鸟巢图书馆）等，其成功案例中所体现出来的新思维、新经验，非常值得政府或公共图书馆借鉴，也给政府购买公共文化服务提供了优质合作资源的指向。"[②]

社会力量参与公共文化服务（尤指图书馆）的实践主要体现在志愿服务、社会捐赠、法人治理、政府与社会资本合作模式（Public Private Partnership，PPP）、政府购买公共服务等方面。

我国公共文化志愿服务分为两类，一类是传统业务志愿者，如

---

① 霍瑞娟：《新环境下社会力量参与公共图书馆管理运行创新研究》，《图书馆学研究》2017年第9期。

② 王子舟：《社会力量参与公共文化服务体系建设是文化发展的理性选择》，《图书馆杂志》2015年第11期。

引导引领，管理文献流通、文献采编，负责文物讲解等；一类是专家志愿者服务，如文化讲座、少儿阅读推广、特殊人群服务、宣传推广等工作。社会捐赠在《中华人民共和国公共文化服务保障法》的支持下广泛开展，捐赠的内容主要有资金、不动产、图书、文物、硬件设施等，捐赠的对象，可以是个人、企事业单位和慈善机构。法人治理的参与路径依据是2016年《公共文化服务保障法》第二十四条的规定"国家推动公共图书馆、博物馆、文化馆等公共文化设施管理单位根据其功能定位建立健全法人治理结构，吸收有关方面代表、专业人士和公众参与管理"。以公共图书馆为例，其法人治理是指与图书馆的利益相关者，如馆员、读者、政府部门代表、社会人士等共同治理的模式，有利于实现"政事分开、管办分离"。2014年，上海浦东图书馆建立了理事会制度，将理事会定位为图书馆的决策机构，先试先行，得到业内认可。政府与社会资本合作模式（PPP）是目前政府倡导的社会力量参与公共文化服务模式之一，指的是政府同私人部门通过协议、合同和特许经营等方式合作的一种公共服务供给模式。例如政府下拨部分资金，图书馆提供场所、水电、文献等资源，合作企业负责技术、运营人员等，三方按照合约完成图书馆建设。政府购买服务一般是中央政府发挥指导作用，地方政府负责实施。地方政府结合本地发展实际情况和政府的财政预算，制定购买服务的具体内容和项目，同时结合本地公民的文化需求及时调整购买策略，提高供给有效性。采用政府购买公共文化服务措施，实际上也为市场和社会文化创造了市场需求，而建立健全政府购买服务机制，则为社会力量参与公共文化服务提供了方向，并促进了公共文化服务质量和效率的提升。

三 创新社会力量参与途径的苏州探索

社会力量参与公共文化服务体系是政府相关部门和公共文化服务机构共同倡导的、必然的发展趋势。苏州市积极参与并创新社会力量介入公共文化服务的方式和路径，于2015年出台《向社会力量购买公共文化服务管理办法（试行）》。其实，在没有"社会力量"提法之前，苏州就已领先一步，做了许多先试先行的探索，有许多经验教训可供社会参与公共文化服务参照。2015年之后，更是出台多项制度和规定，使公共文化服务领域向全社会开放，鼓励优秀文化资源和民间文化力量进入公共文化服务领域，共建共享，共同发展，为民众提供更多元化更高质量的公共文化服务。

苏州市现已出台《苏州市支持高雅艺术演出活动实施办法》（2012）、《苏州市支持民营文艺表演团体发展奖励办法》（2012）、《苏州市艺术品展览和推广项目资助办法（试行）》（2014）等鼓励社会力量参与的政策，此后又陆续出台了一些专项文件，主要有《苏州市支持民营文艺表演团体发展奖励办法》《苏州市优秀群众文艺作品创作扶持办法（试行）》（2015）、《苏州市优秀新兴业态文化创意企业奖励办法》（2018），并设立群众文化市级政府奖"繁星奖"，通过政府购买、财政补贴的形式扶持原创群文作品。还出台了《深入推进苏州市文化志愿服务实施意见》《苏州市文化志愿服务管理办法》等鼓励民众参与文化志愿服务的政策。经访谈发现，苏州图书馆、苏州博物馆、苏州文化云、苏州公共文化中心积极响应政策号召，努力创新社会力量参与机制、参与路径。

（一）开放社会资本进入公共文化服务基础设施建设

公共文化服务基础设施，无论是图书馆、博物馆、美术馆还是文化馆，长期以来都是由政府财政投入、政府文化部门管理，免费或优惠提供给民众享用。公共文化服务社会力量参与最难进入的是公共文化设施和场馆建设，能否向社会资本开放，允许民间资本、私人资本投资建设，并纳入公共文化服务体系，这需要改革力度和创新思维。2012年苏州出台《十大文化工程初步方案》，其中提到"十二五"规划期内苏州要建百家左右各类博物馆，创建"博物馆之城"。当时苏州约有博物馆（美术馆、纪念馆）30家。2013年苏州审议并通过了《苏州市民办博物馆管理办法》《苏州市民办博物馆扶持办法》《苏州市民办美术馆管理办法》《苏州市民办美术馆扶持实施细则（试行）》（2014）等一系列规划管理、扶持办法，有条件地向社会力量开放博物馆、美术馆等基本公共文化服务设施建设、布展等领域并给予财政资助。

以博物馆为例，苏州私立博物馆（或称民间博物馆、民办博物馆）的发展历史并不长。博物馆管理办法和扶持办法出台之前，苏州私人博物馆正式登记在册的仅有 8 家，但向民众开放的私人博物馆已有 51 家①，其中既有企业博物馆、国助民办的专项博物馆，也有个人创办的博物馆，既有用私家居所开办的小至 20 多平方米的博物馆，也有开进社区的博物馆，还有日接待量平均达 150 多人的私立博物馆。到 2013 年前后，苏州基本形成了以苏州博物馆为龙头，其余国有博物馆为主体、专题博物馆为特色、民办博物馆为补充的类型多样、主题多元的博物体系，但民办博物馆一直都处于令人揪心的状态，资金短缺、人才匮乏、管理不到位，长期亏损，也未能得到社会足够重视，更未得到政府财政支持。民办博物馆管理和扶持办法的出台，赋权给社会力量参与博物馆建设和服务。办法规定只要符合以下五个条件的民办博物馆就可以申请市政府的资金扶持：第一，博物馆创办主体须是国家机构以外的社会组织或个人举办的非营利性社会服务机构；第二，博物馆的目的在于教育、研究、欣赏；第三，利用的是非国有文物、标本和资料；第四，取得民办非企业单位法人资格；第五，向公众免费开放。这是官方层面首次以正式文件的方式向全社会告示，私人或民间组织创办博物馆不仅合法，而且还能得到馆舍建设最高 200 万元补助、馆舍租用最高 50 万补助、陈列展览更新 30 万元/次补助以及免费开放最高 20 万元/年补助。苏州市人民政府网站 2019 年 8 月"苏州市 2018 年度民办博物馆扶持奖励项目公示"显示，有 13 个民办博物馆获得了专项资金补助或奖励（见表 9-1）②，既有馆舍租金补助、免费开放补助，也有更新基本展览补贴和科研课题奖励。截至 2020 年年初，苏州已备案博物馆 42 家，其中有近半为私人博物馆。

---

① 新浪城市：《苏州：私立博物馆 N 年记》，http://city.sina.com.cn/city/t/2011-05-19/115717 909.html。

② 苏州市人民政府网：《苏州市 2018 年度民办博物馆扶持奖励项目公示》，http://www.suzhou.gov.cn/szsrmzf/wtly/201908/89e420c7a2a44f8aa860707405cf7f1a.shtml。

表9-1 民办博物馆获扶持和奖励名单（2018）

序号	博物馆名称	扶持项目内容
1	苏州工艺美术博物馆	馆舍租金补助；科研课题奖励
2	苏州历史货币博物馆	免费开放补助
3	苏州砖雕博物馆	馆舍租金补助；免费开放补助
4	苏州南社纪念馆	免费开放补助；更新基本展览补助
5	苏州古丰阁门窗家具民艺博物馆	馆舍租金补助；免费开放补助
6	苏州基金博物馆	免费开放补助
7	苏州无言斋民俗博物馆	免费开放补助
8	苏州巧生炉博物馆	馆舍租金补助；免费开放补助
9	苏州城墙博物馆	馆舍租金补助；免费开放补助
10	苏州状元博物馆	馆舍租金补助；免费开放补助
11	苏州生肖邮票博物馆	馆舍租金补助；免费开放补助；科研课题奖励
12	苏州苏扇博物馆	馆舍租金补助；免费开放补助
13	苏州江南茶文化博物馆	馆舍租金补助；免费开放补助

《苏州市民办美术馆扶持实施细则（试行）》（以下简称《细则》）共18条，重点规定了苏州市民办美术馆新建扩建改建、租赁、免费开放、初次布展或更新陈列、赴境外展出、学术研究等方面所享有的财政资金补助或奖励的政策。主要包括最高资助200万元的美术馆新建、扩建或改建；租赁场馆开办的民办美术馆最高可享受年50万元补助；利用文物保护单位、控制保护建筑作为馆舍，可享受年50万元补助；免费开放的民办美术馆可享受最高年15万元的补助；初次布展和更新基本陈列，最高可享每次10万元补助；赴境外展出，最高可补助每次5万元；被评定为三星级以上的民办美术馆可上浮最高30%的补助等。随着民营资本投入不断增大，民办美术馆逐年增加，展厅陈列、展览推广越来越专业，2017年，苏州市对《细则》加以调整，不少项目的扶持金额大幅度提升，如初次布展或更新基本陈列，最高从10万元/次提高到30万元/次；境外办展由每次5万元提高到10万元/次，并且资助民办美术馆出版学术专著或作品，最高共享5万元。据苏州市文化广电和旅游局官网公示，2018年共有21家民办美术馆获得资助（见表9-2），大多用于免费开放补助、租金补助和初次布展补助。

表 9-2　　　　　　　　获得资助的民办美术馆（2018）

序号	单位	补助类别
1	苏州市蔡谨士蔡廷辉金石篆刻艺术馆	租金补助
		免费开放补助
2	苏州现代陶瓷艺术馆	租金补助
		免费开放补助
3	苏州市张辛稼美术馆	租金补助
		免费开放补助
4	苏州高风堂美术馆	租金补助
		免费开放补助
5	苏州市石湖美术馆	免费开放补助
6	苏州市吴中区积玉轩美术馆	租金补助
		免费开放补助
7	苏州市尹山湖美术馆	租金补助
		免费开放补助
8	苏州市明加美术馆	租金补助
		免费开放补助
9	苏州嘉木艺术馆	租金补助
		免费开放补助
10	苏州基业艺术馆	租金补助
		免费开放补助
11	苏州老万年艺术馆	租金补助
		免费开放补助
12	苏州顾建华太湖石艺术馆	租金补助
		免费开放补助
13	苏州大石金生艺术馆	租金补助
		免费开放补助
14	苏州彬龙美术馆	租金补助
		免费开放补助
15	苏州东凌艺术馆	租金补助
		免费开放补助
16	苏州兰莉园刺绣艺术馆	租金补助
		免费开放补助
17	苏州本色美术馆	租金补助
		免费开放补助
18	苏州市金谷里艺术馆	租金补助
		免费开放补助
19	苏州市盛风苏扇艺术馆	租金补助
		免费开放补助
20	苏州市一朵美术馆	租金补助
		免费开放补助
21	苏州祥韵牙雕艺术馆	租金补助
		免费开放补助

与博物馆、美术馆允许民间资本和社会力量参与公共文化服务基础设施和场馆建设,并对场馆使用和展览展示进行政府财政补助相比,公共图书馆服务体系的开放力度就要弱许多。2005年苏州率先在全国实施公共图书馆总分馆制,"在这一体系中,苏州图书馆充分发挥全市图书馆总分馆体系中的组织、指导、协调、培训、支撑功能;苏州所辖各市图书馆担任所在地区总馆职责,负责指导、支持各镇(街道)分馆的建设和运行,并以流动服务车的方式,定点定期定量地为各村(居委)图书流通点更换新书"[1]。值得注意的是,图书馆总分馆体系中的参与者主要以政府主导的公立图书馆以及其分支机构为主体,使原先分散、孤立、自成一体的各级各类图书馆整合成图书馆网络体系,以推进公共阅读资源共建共享和均等化发展,取得了引人注目的成就。此后,苏州图书馆总分馆体系陆续推出了24小时图书馆、自助取书点、网上借阅社区投递、书香苏州App等创新举措,进一步完善总分馆体系。但毋庸讳言,图书馆总分馆制的共建主体是系统内的图书馆上下级之间的合作,社会参与力量也仅限于基层地方政府组织,并不包含公共文化事业机构之外的社会主体,民营企业和个人力量基本被排除在外。

2009年苏州开创性地将原有的苏州文化馆、苏州美术单位、苏州名人馆等群众文化单位整合成立苏州市公共文化中心。苏州市公共文化中心是苏州市文化广电和旅游局下属的副处级公益一类事业单位,内含市美术馆、市文化馆、市名人馆、吴作人艺术馆(苏州书法篆刻艺术院)、颜文樑纪念馆(苏州油画院)、苏州版画院(苏州桃花坞年画博物馆)、杭鸣时粉画艺术馆(苏州粉画艺术院)、苏州公共艺术研究院等艺术场馆。2012年全国创建公共文化服务体系示范区,苏州作为第一批试点城市,加速了公共文化中心的建设和整合。迄今为止,苏州四县六市已分别建有公共文化/文体中心。区级公共文化/文体中心包含了大多数政府公益性服务设施项目,如图书馆、文化馆、档案馆、规划展示馆、青少年活动中心、妇女儿童活动中心、艺术展览中心,有的还有体育活动中心。这些公共文化/文体中心性质多元化,其

---

[1] 陈嵘、曹俊、许轶璐:《现代公共文化服务体系建设的苏州实践》,《上海文化》2014年第2期。

中，苏州市公共文化中心为全资事业单位，下属各县市区级公共文化中心则主要以国资企业为主，但在场馆的使用主体中，社会力量比较充分地参与到公共文化服务之中。多种体制、多种社会力量共同打造城市公共文化服务，发挥社会教育、文化普及、文化提升等社会功能。

（二）出台政府购买机制，社会力量多种方式参与文化服务

社会力量参与公共文化基本设施和场馆的建设毕竟受限制比较大，上述博物馆、美术馆虽然不乏民营资本进入馆舍建设，但更多还是以提供服务内容和文化产品参与其间，为此，苏州市出台《向社会力量购买公共文化服务管理办法（试行）》（以下简称《办法》，2015），加上2012年出台的《苏州市支持民营文艺表演团体发展奖励办法》等系列文件，将政府直接向社会公众提供的一部分公共文化服务事项，按照一定的方式和程序，交由具备条件的社会力量承担，政府根据合同约定支付相关费用。《办法》规定能承接公共文化服务的社会力量包括企业、个体工商户、社会组织和机构、事业单位、基层群众自治组织、个体。社会力量可以承接的公共文化服务内容，主要有公益性文化产品的创作与传播、公益性文化活动的组织与承办、传统文化保护与传承、公共文化设施运营与管理、公共文化管理服务等。政府购买的公共文化服务项目每年向社会公布，并形成信息公开制度，接受社会监督。苏州公共文化服务的年购买经费超过1000万元。苏州市政府主导并与社会力量共同探索出的公共文化服务模式不胜枚举：苏州图书馆与物流公司等多方合作开发出"网上借阅社区投递"模式，被列入财政部政府购买服务案例汇编；苏州博物馆疫情防控期间采用与高科技企业共建模式，运用阿里技术合作完善"网上预约模式"；苏州公共文化中心与保利剧院等院团合作，为市民群众提供优质院团表演；昆山市通过委托文化企业和社会组织管理基层文化设施，公共文化服务探索采用"社会化运作、项目化服务、规范化管理、绩效化评估"管理模式；工业园区创新使用"刷脸"门禁和芝麻信用借还的24小时智能图书馆，采用与高科技企业共建模式等，丰富了社会力量参与公共文化服务的方式方法。

（三）完善群文创作扶持模式，鼓励社会力量参与公共文化

苏州市在省内率先出台《优秀群众文艺作品创作扶持办法（试行）》（2015），设立群众文化市级政府奖——"繁星奖"，通过政府购

买、财政补贴的形式扶持原创群文作品。优秀群众文艺作品创作引导扶持的政策倾斜，其实质是将文艺创作和文化创新的权力交还给人民群众，激发民众参与的主动性和积极性，破除单向度向民众推举被政府文化部门、少数专家、社会精英遴选出来的未必符合民众需求和需要的文艺和文化作品，并且将潜藏在广大民众之中的文化创新力激发出来，让更多优秀的、接地气的、有温度的民间艺术作品涌现，丰富民众的公共文化生活。进入扶持的社会力量包括本市常住户口的从业人员、文化类社会组织；基层群众或群众文艺团队、以苏州市为题材的外地创作人员等；扶持金额最高为核定预算的30%—40%，并且鼓励各级文化主管部门、专业文艺机构和公共文化机构以政府购买服务的方式，优先购买扶持项目中的优秀作品，作为公共文化产品和服务提供给社会。2016年以来，市区两级共投入近3000万元，扶持了一批优秀群文作品，其中女生小组唱《一条叫作小康的鱼》获评第十七届全国"群星奖"。全市组织优秀作品巡演年均场次百场以上，更好满足了广大市民群众对高质量精神文化生活的追求。

此外，苏州市还创新市属文艺院团发展模式，组建苏州交响乐团、苏州民族管弦乐团和苏州芭蕾舞团，被誉为苏州文艺"新三朵花"。"新三朵花"采用市区共建的改革创新建团模式，通过购买服务、项目补贴等方式，鼓励和引导文艺"新三朵花"参与公共文化服务、走向国内外高端市场。其中，苏州交响乐团是由苏州市政府和工业园区共同出资组建的专业文艺团体，于2016年正式成立，次年就举行了66场交响音乐会演出，顺利完成新春团拜、央视中文国际频道直播、上海之春艺术节、iSING! Suzhou 等重要演出；乐团还"走出去"至新加坡、马来西亚及南美等各国巡演，促进了苏州文化发展的艺术性、普及性和国际性。

为进一步鼓励民众参与公共文化活动，苏州市又出台《关于推进苏州市群众文化"五个一百"工程的实施意见》（以下简称《意见》），2017，《意见》指出，至2020年，全市范围内建设培育百个标准化建设的优秀文化广场、百场群众喜闻乐见的优秀广场活动、百个各具特色的优秀文化活动品牌、百支各展其长的优秀群众文化团队和百名各显其能的优秀基层群众文化指导员。2017年，共扶持优秀文化广场20个，优秀广告活动18个，优秀文化活动品牌25个，优秀群众文化团队

25个,优秀基层群众文化指导员25个。2018年、2019年以同等规模进行扶持,财政支出近300万元。从"五个一百"入选的名单可见,广场都是普通民众生活离不开的场所,广场文化活动和文化活动品牌都是民众喜闻乐见、自娱自乐的文化形式和内容,群众文化团队来自民众来自社区,而文化指导员本身就来自社区、村和街道。

在充分调动社会力量参与公共文化服务方面,苏州市不断探索、不断创新,在通过《苏州市群众文化服务需求调研报告》了解基层公共文化工作人员和基层民众的需求的基础上,于2019年创新推出首届"苏州市公共文化服务创新大赛",向社会力量开放,进一步招募和选拔优秀文化服务项目,建立苏州市公共文化服务项目资源库,并在线公布所有文化讲座类、艺术导赏类、展览展示类、阅读活动类、特色活动类、其他创新类项目,各基层社区、村、街道可根据民众需求点选项目,被点选的项目完成后可获得政府财政补贴。据报道称,在活动开始后的3个月内,主办方拟定500场活动走进群众身边,年底评选100个基层优秀文化服务项目,使普通民众的文化娱乐方式登上政府搭建的舞台,一定程度上解决了供需错位问题,也加大了社会组织、机构、团体、民众参与公共文化服务的力度,拓展了公共文化服务的机构主体,优化公共文化服务体系。

（四）文化志愿者参与公共文化服务的创新实践

志愿服务几乎是每个文明社会不可缺少的一部分,做志愿者更是一种生活方式和价值观的体现。在公共文化服务体系中,志愿服务是社会力量参与的重要构成部分,是公共文化服务建设中人力资源的重要补充,也是公共文化服务均等化的重要表征。

志愿者参与公共文化场馆的服务由来已久。苏州图书馆的志愿者服务从开馆之初就已具备,当时主要以馆内青年团员为主,利用业余时间为老弱病残者提供送书上门服务。2006年志愿者服务团队开始吸纳社会爱心人士、中学和大学生加入志愿者队伍,2008年成立苏州图书馆志愿者协会,会员扩大到百余人。此后,苏图志愿者协会与其他志愿者组织横向合作,扩大服务范围,提供更多服务内容。志愿者创新服务弱势群体,尤其是盲人读者,是苏图志愿服务的亮点之一,包括为盲人和残障人士提供送书上门服务、组建读者协会老年组、在市盲聋学校设立流动服务点、定期为盲人举办"看"电影活动、读名著活动。苏图志愿者也为普通读者提供外借服务、图书整理服务、英语角服务和读者调查服务等工作，既为读者服务，同时，也代表民众传送读者心声，并对图书馆公共文化服务提供监督。

苏州博物馆在志愿者招募、培训、考核方面有一套完备的管理体制，形成了独立的苏博志愿者文化，获得博物馆界和民众的广泛认可，多次获得国家、省市荣誉。2018年，苏州博物馆志愿社获第九届"牵手历史——中国博物馆十佳志愿者之星"优秀志愿服务团队称号，这是中国博物馆界的最高荣誉。2019年年初，在中宣部、中央文明办等联合开展的学雷锋志愿服务先进典型活动中，获得"最佳志愿服务组织"。发展至今，能加入苏博志愿社已经成为苏州市民的骄傲。苏州博物馆正式向社会招募志愿者始于2006年。次年第一批志愿者上岗，并成立"苏州博物馆志愿社"，为苏州博物馆提供义务服务，服务社会公众。截至2019年年初，先后有600人加入志愿者队伍，包括教师、大学生、外企职员、普通工人、退休老人以及港澳台地区人员和外籍人士。志愿者为公众累计提供公益服务8万余小时，惠及100多万人。苏博志愿者的"志愿者义务全程讲解服务"自2009年推出以来，深受民众欢迎。志愿社的讲师团还协助馆方开展社会教育服务、特展服务、古籍整理、观众问卷调查、图书编辑以及社区讲座等。如2019年志愿社开展的"文化社区行"活动，全程用苏州话为当地老年人举办讲座；讲师团还走进小学、中学和大学，用不同方式讲解苏州博物馆特展"攀古奕世"等。多年来，苏博志愿社和讲师团坚持多方位、多渠道、多形式参与公共文化活动，并服务于社会公众，使许多学生和市民足不出户就能享受到博物馆的文化服务。

第六节　城乡公共文化服务均等化创新路径之四：数字化

信息时代的公共文化服务、文化生活、文化消费、文化经济以及文化传承和传播科学技术密不可分。尤其是进入全球化、数字化和新技术不断迭代更新的当下，文化发展离不开科技支撑。科技既是文化的重要内容，也是文化的重要体现形式和载体。数字化技术、网络技术、新型显示技术等新技术在文化领域广泛应用，极大地提高了各类文化产品的表现力，促进公共文化服务的发展活力。数字影像、声光多媒体、LED显示、数字三维虚拟展示、AR/VR、人工智能、5G技术等的广泛使用，明显提升了传统演艺、会展及大型文化传播活动的表现形式和感染力，增加了人们对传统文化的感受和体验，为公共文化服务提供了全新的创新空间，也极大地促进了优秀公共文化内容的均等化共创共享。

一 公共数字文化的推进及制度保障

公共数字文化建设是公共文化服务体系重要的构成部分，国内从"十一五"规划期间就开始探索，"十二五"规划中已成为文化发展的一个重点。2002年文化部和财政部联合发布《关于实施全国文化信息共享工程的通知》，正式启动"全国文化信息资源共享工程"，利用现代高新技术手段，整合中华优秀传统文化和全国各类文化信息资源，通过通信网络为社会公众共享公共性为主的公共数字文化服务。"全国文化信息资源共享工程"是国家公共文化服务体系的基础工程、国家文化创新工程，也是国家文化惠民工程。文化部为此专门成立了全国文化信息资源建设管理中心，负责组织实施全国文化共享工程，实施一系列强有力的推进举措，如"将文化共享工程实施情况纳入全国公共图书馆评估定级工作中，把是否已建设基层中心作为评定一、二级图书馆的必备条件。强调将文化共享工程建设作为创建全国文化先进县的重要条件之一，没有实施文化共享工程的县，不得授予全国文化先进县称号"[①]。当年，全国有超过一半的公共图书馆参与其中。2010年，中办、国办转发了《文化部、财政部关于进一步加强公共数字文

---

① 《关于全国文化信息资源共享工程的情况介绍》，https://www.rzlib.net/gxjs.htm。

化建设的指导意见》(以下简称《意见》),加大了公共数字文化建设的力度,使文化共享工程上升为文化创新、繁荣社会主义先进文化的基础工程。《意见》明确提出重点实施全国文化信息资源共享工程(以下简称"文化共享工程")、数字图书馆推广工程(以下简称"数字图书馆")和公共电子阅览室建设计划(以下简称"电子阅览室")三大公共数字文化惠民工程。三大公共数字文化工程在建设目标和内容上各有侧重。"文化共享工程"主要构建覆盖城乡的公共数字文化服务网络,实现优秀文化信息资源的全民共享;"数字图书馆"的主要目标是建设覆盖全国的数字图书馆虚拟网、互联互通的数字图书馆系统平台和海量分布式数字资源库群,形成完整的数字图书馆标准规范体系,借助全媒体提供数字文化服务;"电子阅览室"则以未成年人、老年人、进城务工人员等群体为重点服务对象,依托文化共享工程、数字图书馆的基础设施和文化资源,把数字资源传送到社区、城镇和农村。数据显示,当年年底,全国文化信息资源共享工程建成了1个国家中心、33个省级分中心、2867个县级支中心、22963个乡镇基层服务点、59.7万个村基层服务点,累计为9.6亿人次提供了服务。[①] 与中组部全国党员干部现代远程教育网联建70万个村(社区)基层服务点构成的六级网络服务设施。

国家层面还制定了更为详细的实施意见和目标要求,以"数字图书馆"为例。2011年文化部、财政部就数字图书馆建设发布《关于实施"数字图书馆推广工程"的通知》,2012年文化部出台《关于加快实施数字图书馆推广工程的意见》,并配套推出《数字图书馆推广工程建设方案》《省级、市级数字图书馆硬件配置标准》等文件,指定以国家图书馆和各级公共图书馆为数字资源保障体系,充分利用互联网、移动通信网络、广电网为传输载体和通道,以各级公共图书馆、智能手机、数字电视、移动电视等新兴媒体,向公众提供多层次、多样化、专业化的服务。

公共数字文化逐渐成为公共文化服务体系的重要内容,《关于加快构

---

① 《全国文化信息资源共享工程介绍》,http://www.ndcnc.gov.cn/libpage/gxgc/index.htm。

建现代公共文化服务体系的意见》(2015)首次在中央文件中强调要加快推进公共文化服务数字化建设,构建标准统一、互联互通的公共数字文化服务网络,在基层实现共建共享,这标志着公共数字文化建设上升到国家文化发展战略层面。[①] 翌年,在《公共文化服务保障法》将国家统筹规划公共数字文化建设,建构标准统一、互联互通的公共数字文化服务网络,建设公共文化信息资源库,实现基层网络服务共建共享给予法律保障。国家"十三五"规划期,文化部印发《"十三五"时期公共数字文化建设规划》将此前的指导意见、建设目标、建设内容和建设标准进一步具体,明确建设重点项目,包括建设以国家公共文化数字支撑平台、数字图书馆推广工程服务平台、中西部贫困地区数字文化设施提档升级、边疆万里数字文化长廊等为核心内容的互联互通公共数字文化服务网络;打造分级分布式公共数字文化资源库群,内含全民艺术普及基础资源库、地方特色文化资源库存、公共图书馆基础资源库等;推进面向特殊群体的数字图书馆、数字文化馆等重点公共数字文化工程建设,鼓励和支持社会力量参与公共数字文化建设,加强公共数字文化建设管理等。与此同时,国家公共文化云正式开通。国家公共文化云是全国文化信息资源共享工程、数字图书馆推广工程、公共电子阅览室建设计划三大惠民工程升级的公共数字文化服务总平台,包括了国家公共文化云网站、微信公众号、移动客户端等 App 应用。

公共数字文化服务采用了自上而下的建设模式,在地方数字化建设中,深圳和上海成绩斐然。就深圳而言,从公共数字传媒和文化网站来看,截至 2019 年,深圳市、区图书馆建有 PC 网站 9 个,移动版网站 3 个,移动 App 4 个,微信公众号 16 个,微博 3 个。"深圳文献港"整合 8 家市级图书馆、高校图书馆馆藏,提供 1503.9 万册中外文纸本馆藏和 500 多种数据库查询与获取服务,网站访问量 5545.98 万页次,移动 App 点击量 1.1 亿次。[②] 上海则从 2016 年起,率先建立了

---

① 陈胜利:《公共数字文化资源建设的宏大实践:全国文化信息资源共享工程资源建设的现状与发展》,《图书馆杂志》2015 年第 11 期。

② 深晚报道:《大数据里的"图书馆之城"新变化——〈深圳"图书馆之城"2019 年度事业发展报告〉发布》,http://www.myzaker.com/article/5ecc843a1bc8e0e119000086/。

公共数字文化服务云平台——"文化上海云"。截至2020年1月,"文化上海云"注册用户已超过500万,线上场馆数4000余家,平台日均浏览量达50万人次,累计发布40万条有效公共文化活动信息,市民通过平台预约参与的活动达14万余场。① 目前,公共数字文化正在如火如荼的建设中,问题也随之不断出现。本书以苏州公共数字文化建设为"麻雀",具体考察公共数字文化与公共文化服务均等化之间的关系。

二 苏州市公共数字文化建设基本情况

由于文化部强势推动公共数字文化的建设,苏州市面前的建设情况基本上按照文化部的部署和要求,从观念上、政策上、措施上全面推进公共数字文化建设,致力于公共文化信息资源共享、数字图书馆推广和公共电子阅览室建设三大工程的落地实施,在利用公共数字文化设施和资源上推动公共文化服务均等化方面做出了有益尝试,呈现出局部创新性,整体推进需要不断增速的情况。

(一) 文化信息资源共享工程建设情况

根据文化部、财政部的意见要求,苏州市以数字资源建设为核心,以基层服务网点建设为重点,全面实施文化共享工程,基本建成资源丰富、技术先进、服务便捷、覆盖城乡的数字文化服务体系。

网络平台和站点建设。一是积极建设"公共文化有线数字互动平台",借助有线数字网络,推动公共文化服务进社区、到客厅。2012—2013年市政府将公共文化有线数字互动平台纳入重点工程"苏州市家庭信息化(云媒体电视)"项目,通过家庭有线电视用户向城市数字化、家庭信息化、生活现代化、文化数字化转型。此后,公共文化有线数字互动平台不断升级和扩充资源。二是完成有关区级文化信息共享工程中心建设及社区(村)级基层点全覆盖建设,保证城乡民众可

---

① 上海市文旅局:《"家门口的文化生活越过越精彩"上海率先基本建成现代公共文化服务体系》,http://whlyj.sh.gov.cn/wlyw/20200113/0022-34212.html。

以通过多种方式使用数字文化信息资源等服务。三是数字文化馆建设。苏州市公共文化中心旗下的数字文化馆开通，提供群文活动信息浏览、网上艺术点播、电子杂志、在线辅导等内容。数字文化馆成为全国首批10家数字文化馆试点单位之一。四是数字资源建设情况。2015年伊始，苏州市公共文化服务数字化建设全面铺开，是年，市公共文化中心启用公共文化数字采集"游客管理系统"，苏州美术馆、名人馆相继建成"网上虚拟展厅"，全市公共图书馆实现数字化信息资源共享。2018年"文化苏州云"建成并投入运行，该平台通过"互联网+"的模式，加载场馆展示预约、文化咨询预告、文化活动预订、公共文化配送、文化团队直播、文化消费补贴、特色文化传承、文化志愿服务、文创产品展示、大数据分析等功能，形成文化资源共享、文化信息服务、文化消费补贴的一体化服务，更好地实现了文化产品的供需对接，引导群众实现多元文化消费。2020年公共服务数字化建设将继续推进，"文化苏州云"2.0已在研发中，此次将开发"六区四市"区域频道，升级"苏州旅游总入口"，增加服务项目和文旅产品，做到"文化苏州云"与"苏州旅游总入口"两相融合，真正实现以文旅数字化促公共文化服务均等化的优化方式。

（二）数字图书馆推广工程的实施情况

根据文化部和财政部有关"数字图书馆推广工程"的建设意见和要求，苏州市于2013年完成市级数字图书馆与部分区县级数字图书馆的硬件平台搭建工作，并与省级数字图书馆进行网络连接，初步建成数字图书馆虚拟网，较早达成国家关于数字图书馆硬件配置标准。

具体而言，在平台建设方面，苏州图书馆数字资源整合平台建设2013年完成，实现了苏州图书馆总分馆体系下所有总分馆馆藏书目的数字化信息资源的共建共享。数字图书馆资源建设方面，苏州图书馆连续推出少儿数字资源、音乐数字资源以及其他优选馆藏数字资源，免费开放给公众使用。苏州图书馆数字资源中，现有外购数据库23个、自建数据库17个、试用数据库7个，包括中国期刊网、万方数据、读秀、维普、库客、苏州老照片、苏州方志等，内容涵盖中外文学术资源、音乐视听、少儿绘本、地方文化、就业创业等。在疫情防控阶段，苏州图书馆提供无门槛数字资源服务。读者在家可通过PC端登录苏图主页，经过身份认证后，就能远程登录使用数字资源系统；或者下载"书香苏州"App，利用移动端可在线阅读电子书和微刊，包括30000余册畅销图书、4000余种人文期刊和200余种主流报纸，极大地方便了图书馆数字资源的使用。

（三）公共电子阅览室建设计划实施情况

苏州市公共电子阅览室建设分为三个阶段：试点阶段（2010年11月至2011年12月），推进阶段（2012年至2013年），全面完成阶段（2014年至2015年）。试点阶段为公共电子阅览室组建制定了一系列政策和实施规范，并对55%以上已配备文化共享工程设备的乡镇/街道、社区公共电子阅览室进行设备升级，完成公共电子阅览室信息资源导航系统建设，资源建设达到计划总量的20%。推进阶段则实现了已建公共电子阅览室的全面免费开放，完成已配备文化共享工程设备的乡镇/街道、社区公共电子阅览室的设备升级，并建成公共电子阅览室信息管理平台建设，资源建设达到计划总量的60%。全面完成阶段推进全社会共同参与建设公共电子阅览室，发展完善面向三网融合的资源传输调配体系，全面完成500TB资源建设计划，并提供服务。

三 公共数字文化服务的创新实验

在完成国家层面三大公共数字工程的"规定动作"，保障公共文化服务数字化、信息化、网络化的前提下，苏州积极尝试，大胆创新，从公共数字文化的基础设施、公共数字文化资源开发等方面加大创新实验，探索公共数字文化服务均等和高质量发展的新路径。

（一）智能化集成型书库的图书馆

与仅仅将图书馆古籍版本和文献数字化处理的理念不同，苏州在2013年建设第二图书馆时借助海外多样态图书馆建设的模式，结合苏州本地实际情况，非常超前地提出了建设大型智能化立体书库存的设想，并付诸实施。2019年启用的第二图书馆，自动化立体书库可容纳藏书700余万册，书库包含自动化存取系统（ASRS）、典藏管理、入库管理、出库管理、流通分拣、订单拣选、文献传送功能、系统管理以及与业务管理系统、网上借阅系统和数字图书馆管理系统对接等功能。

立体书库的高密度存储功能,使馆藏资源得到充分释放,扩大了苏州市民实际可使用文献资源的总量。大型分拣系统,实现了图书高速分拣和精准配送,与智能立体书库组成了苏州图书馆文献典藏中心和流转枢纽,促进全城文献流动,服务时效大幅提升。自动检索系统,则提高了图书检索效率,在700万册书中找书只需要花费平均11分钟,而按传统方式需要半个小时至一个小时以上的。这是全球唯一一个系统最全、业务流程最完备的图书馆系统。

图书馆的智能化体系除了智能分拣、自动化存取系统、网上借阅系统和图字图书馆系统等大型数字化、智能化基础设施外,还面向公众打造了各类智能化和数字化空间,如应用多媒体、3D等新技术建设的少儿馆,围绕文化创意、设计研发、苏州非遗等元素开辟的智能设计馆以及富有浓厚地方特色的苏州文学馆等。第二图书馆先进独特的智能化和数字化空间与使用场景使其迅速成为网红打卡的场馆。

(二)博物馆藏品数字化

苏州博物馆从2006年起就开始有计划地进行数据采集,包括三维模型数据信息采集和平面的高清采集,目的是将藏品数字化后便于展示和公众查阅。苏博早在2012年就率先推出App,做到了人性化服务,前期主要侧重于为观众提供服务导览,博物馆将一些音频、图片通过App展示给观众,观众便可根据喜好自行导览,随着技术的进步,苏博又将扫码讲解嵌入到服务中,观众只需App或微信扫码就能听取讲解,免去了排队听取讲解和程式化解说带来的不便,苏博由此被国家文物局评为"最具创新力的博物馆",对整个博物馆行业的数字化应用起到了引领作用。基于前期数字化取得的成果,苏博在2014年第一次提出智慧博物馆的概念,智慧博物馆对外以全预约方式服务于观众,对内则是智慧管理、智慧保护,所有这些都是领先行业水准的。

(三)文化艺术数字化

苏州市公共文化中心以"互联网+"最大限度扩大受众面、传播面,探索实施传统文艺的慕课建设,目的是全民艺术的普及。登录慕课平台可以发现,平台首页上有"课程""教师""学习中心"等内容选项,在"推荐课程"中还有"绘画"手"工艺"等类别。其中,"心手相传——苏作手艺慕课"从"年轻人讲老手艺"的全新视角切入，精选苏绣、苏作家具、核雕、香炉、山蠋村砚、苏扇、竹刻、琥珀、金银细作、纱罗等艺术门类进行数字化采集、精微化提炼，在构建苏州地方特色艺术数据库的同时，打造普惠大众的艺术慕课在线教学平台。而苏绣、山蠋村砚两门艺术慕课还入选全国文化信息资源共享工程2019年地方资源建设项目。慕课平台更确切说，是一个文艺素质培养舞台，其主要内容是向市民传播艺术知识，包括一些技能理论，以提高市民艺术审美为要旨。慕课资源的选题针对性强，紧扣苏州地方文化特色资源和自身优势，初步形成传承化课程；单次课程时长控制在10分钟左右，每节课重点讲解展示2—3个要点，这种短小精悍的节目分散式、系统化传播，可接受性强，易普及推广。

四 数字化展陈尽显文化服务空间现代化

2016年国家文物局、国家发展和改革委员会、科学技术部、工业和信息化部、财政部共同编制的《"互联网+中华文明"三年行动计划》明确要求，"重点关注公共文化服务领域需求，积极开发和引入与文博场馆单位功能定位相适应的产品、技术、装备等，不断丰富产品供给渠道"。苏州市早在2016年之前，就将数字化技术引入公共文化服务的展陈中，打造出虚拟空间的自助服务形态，尤以苏州市公共文化中心最为典型。2014年苏州公文中心"数字文化生活体验馆"项目进一步整合了各场馆资源，通过组建生动有趣的虚拟平台，包括网上美术馆、网上名人馆，向社会公众提供公共文化网上自助服务。网上美术馆进一步整合了苏州公文中心所属的苏州美术馆、吴作人艺术馆、颜文樑纪念馆、苏州版画院（苏州桃花坞年画博物馆）、苏州粉画艺术院等机构的资源，为居民打造了一个无边界的网上虚拟美术馆。利用多媒体和网络技术，将美术展览、美术作品及相关信息资源以数字化的形式进行展现，实现美术馆的展览、研究、教育功能，市民足不出户，通过网络就能欣赏到精美的美术作品展览，创新了传统的美术展览方式。网上名人馆运用虚拟现实技术、三维图形图像技术、计算机网络技术、立体显示系统、互动娱乐技术、特种视效技术，以三维立体的方式将实体名人馆完整呈现于网络空间。社会公众通过网络可以在虚拟名人馆中任意游览,观看馆内的展览展陈,查看历代名人的相关信息资料等。

2015年,苏州公文中心完成数字美术墙建设并对外开放,启用公共文化数字采集"游客管理系统",苏州美术馆建成"网上虚拟展厅",名人馆建成"正义的使者——倪徵日奥史料展"虚拟展厅,并启动建设"文化艺术云课堂"。2020年新冠疫情期间,苏州公文中心更是通过虚拟展览,变闭馆期为服务期,在微信公众号、网站上推出19个虚拟展览,使得市民可随时在家欣赏各类展品与展陈。利用虚拟现实技术和网络技术组建合成的虚拟文化场馆,突破了公共文化设施在时间、空间上的局限性,极大地拓展文化服务在时空上的延伸,满足公众对于文化场馆各种功能的期许,足不出户就可以享受各类公共文化服务。

五 云平台助力公众获取一站式公共文化服务

除了公共数字文化设施、公共数字文化服务内容和数字化展陈建设外,苏州市还在公众获取公共文化服务上作为,于2018年启动"文化苏州云"项目,旨在便利公众一站式获取公共文化资源与服务。文化云能够有效整合各种资源,屏蔽不同资源之间的异构性,最终实现在一个整合平台上的"一站式检索",统一提供资源与服务。用户只需通过该平台,即可方便快捷地获取资源与服务,免去了在多个检索界面来回切换的麻烦,便于公众获取文化资源,提高资源的利用率。特别对于信息素养与检索技能不高的公众群体,"一站式"检索将有力地促进其对资源的获取与利用。截至目前,"文化苏州云"平台上线后陆续推出了微信、App、微博、网站四大客户端,在线运营半年多以来,已积累用户逾29.32万人,浏览量达1270.18万人次;发布各类文化活动1500余场,线上参与人次超35万;线上交易次数达85.53万人次,平台总交易量超2611.43万元。

但相较于"文化上海云","文化苏州云"的不足还是较为明显。首先是普及率上,"文化上海云"建成第二年(2017年),覆盖率为13%,而"文化苏州云"建成第二年(2019年),覆盖率只有4%,不到"文化上海云"的1/3，两者在应用推广上，差距可见一斑。其次是信息发布量上，"文化上海云"平均每月为市民推送1万场活动信息，每月访问量达1500万人次，"文化苏州云"活动发布量每月仅为两百多场，访问量为200多万人次①，由此可见"文化苏州云"在日常信息发布上尤显不足，还需加强，须知满足公众公共文化服务的知情权，是公众准确获取文化服务的前提；另外，文化活动信息发布量，直接关系到文化服务多元化发展，对于满足不同群体公共文化需求意义甚大。再者"文化苏州云"的界面设计欠妥。如图9-7和图9-8所示，对比"文化上海云"和"文化苏州云"首页可发现，在功能入口的布局上，前者是将文化活动放在首要位置，而后者则将文化商城放在首位，文化云作为公共文化服务平台，理应充分体现其公益属性，将文化商城入口置于最醒目位置，难免会引发非议，给人造成文化云以营利为目的的印象，不利于公共文化服务均等化的构建。

图9-7　文化上海云首页　　图9-8　文化苏州云首页

六　数字化对公共文化服务均等化的积极意义

早在2013年，时任文化部部长的蔡武在"基本公共文化服务标准化均等化"的讲话中提出，构建现代公共文化服务体系，就是要打破传统使公共文化服务体系升级换代，运用现代高科技手段丰富文化产

---

①《"文化上海云"上线9个月　每月访问量达1500万人次》，http://sh.people.com.cn/n2/2016/1229/c134768-29528589.html。

品服务的生产和供给。① 在新的时代背景下，靠传统的服务模式和供给手段，是不可能实现公共文化服务均等化的。苏州市公共文化服务内容的数字化实践证明，随着云计算和移动互联网技术的高速发展，运用新技术建构公共数字文化服务，一方面能够整合公共文化服务资源、提升群众获取服务的便捷性；另一方面还能关怀弱势群体、助力公共文化服务的高品质化，真正做到创新了公共文化服务方式，促进公共文化服务均等化。因此，数字化是实现公共文化服务均等化的必然选择。

（一）解决公共文化资源的地区分布不均

要实现公共文化服务均等化，必须解决公共文化资源分布不均等的问题。往前推十多年，苏州市公共文化资源呈现出区域和系统失衡分布的特点，经济条件好的地区公共文化资源富足，经济欠妥地区则资源贫乏；市级的公共文化服务机构资源丰裕，区县级的资源则相对匮缺，基层就更为稀缺；这也是全国普遍存在的问题。自2011年以来，苏州市级和区级公共图书馆、文化馆、博物馆、美术馆、档案馆等公共文化服务机构就开始将馆藏资源转为数字形态，完成对原件的复制，开发出一种新形式文化资源，弥补了文化资源数量上的缺口，弥合了公共文化资源分布不均的鸿沟。虚拟服务网的建构，则突破了公共数字文化产品传播的时空限制，使数字文化资源传播到位。目前，苏州市数字图书馆项目建立的虚拟网络已经连通100多家市、区级图书馆，完成了市、区、乡公共图书馆三级网络体系的纵向贯通。基层公共电子阅览室的建成，为广大基层群众解决了上网难、建网贵的难题，为基层公共文化服务均等化建设起到了助推作用。此外，运用新媒体和大数据技术建立了移动服务平台和门户网站平台，则进一步拓宽了公共文化资源的可达范围。

（二）提升公众获取公共文化服务的便捷性

云平台是苏州市公共数字文化建设的突出性成果，"文化苏州云"就是最好例证。"文化苏州云"的特点之一，就是能够将加工过的数字

---

① 人民网：《蔡武：正在起草公共文化服务标准化均等化方案》，http://news.xinhuanet.com/politics/2014-02/24/c_119471363.htm。

文化资源，提供给公众，它能有效屏蔽差异资源间的异构性，做到数字文化资源的"一站式"搜寻。① 这样一来，公共数字文化资源的获取就只需通过数字平台和服务网络就能实现，公众只要具备网络条件和联网功能的终端设备，就可随时随地接入资源库，查找所需产品和服务，从而获得公共文化服务均等获取的条件。"文化苏州云"网罗了苏州图书馆、苏州公共文化中心、苏州博物馆、苏州文化艺术中心等200多家文化场馆，提供文化活动预订、资讯查询、公共文化配送、文化消费补贴、文化志愿服务等9个服务，将各机构不同来源、杂乱无序、各自为政的数字对象进行类聚、融合和重组，它将不同地区和系统的公共数字文化资源整合成一个资源池，通过网络向公众提供资源获取服务，使公众平等获取资源、充分享受服务。

（三）实现特殊群体的有效接入

群体均等是实现公共文化服务均等化的重要方面。由于社会经济及基础设施的差距，相对于社会主流群体的便利条件，实现公共文化服务均等化的难点在基层、在弱势群体，因此，一贯以来，国家层面都将残障人士、未成年人、老人、农民工、农村留守妇女儿童、贫困群体公平均等地获取公共文化服务作为建设的重点内容，以充分保障特殊群体的基本文化权益。

苏州市通过启动公共数字文化服务工程，有效缓解了特殊群体公共文化服务接入难的问题。苏州图书馆、名人馆等公共文化机构，意识到外籍来苏群体在语言上的壁垒，精心挑选精品资源，译成外文，此外，还根据不同国家地区公众的阅读习惯，定制相应的数字展示页面，并对民族语言书籍、期刊、视频等资源重新整合、分类展示。针对视障群体文化需求的特殊性，苏州图书馆独创"我是你的眼"音频服务，由当地志愿者为文献配音，后期也将与一些读屏软件结合，直接挂靠在智能终端上，比如盲文阅读机一类的便携设备。苏图还开辟了少儿数字馆，整合了一批包括少儿电影、儿童文学、儿童歌曲、少年科普等寓教于乐的教育资源，并与社会公益组织的合作，将少儿数

---

① 肖希明、完颜邓邓：《以公共数字文化资源整合促进基本公共文化服务均等化》，《图书馆》2015年第11期。

字文化产品直接带到基层，弥补了农村留守儿童文化资源上的缺口。苏州博物馆的展览馆还将青少年群体作为重点服务对象，将展览的解说词制成了青少年版，目的是吸引少年儿童对于文化展品的兴趣。苏州图书馆的数字文化网还建成了进城务工专题，包括与打工相关的政策法规、行业务工技能、住房生活经验等实用性资源，指导外来农民工融入本土环境；尤其是公共电子阅览室的建设，除了服务于青少年群体，另外一块就是重点面向外来务工人员，为其提供便捷的上网条件。另外，苏州各地文化场馆也充分依托公共数字文化资源为农民开展多样化的文化服务，如放映农科纪录片、开展文艺演出、网络培训，提供农业生产资讯、农产品价格信息、致富经验等。相对于其他群体，老年人对于公共文化服务的需求和获取有其独有的特性，由于使用习惯的差异，他们往往对于网络和数字资源并不熟悉，反而较为关注民生时政及健康养生等信息，鉴于此，苏州市依托数字文化资源，为老年群体开展了形色各异的文化服务活动，志愿者还免费为他们提供公共数字文化资源的使用引导和知识讲解。

（四）助力公共文化服务的高品质化

数字化对于公共文化服务均等化的积极意义，还在于推动了供给与需求的高效对接。公众如果对于文化服务供给爱搭不理，势必会影响其对于文化服务的接入，加重不均等发展趋势，公众之所以不买账，除了主观原因，还与服务供给与公众需求错位大有联系。因此，公共文化服务实现均等化，满足公众实际需求是关键。目前，云平台已经做到实名制。以报名参加活动为例，公众在报名时系统会要求其填写个人信息，如姓名、性别、电话号码、身份证号码等。报名者抵达现场后，活动志愿者会用云平台提供的核销系统进行核验，这样能够实名统计参加的人数。在此基础上，云平台便可做一些用户分析，这样有利于以后举办活动时做出"普适化"的策略调整。比如，举办了一场活动，都是老年人来参加的，那可能后面举办的活动就会偏向年轻化一点。这些数据，可以给各个场馆提供很多数据分析的报告。文化云还能根据用户之前的行为经历进行精准推送，比如用户之前参加了某个活动，那么今年在活动报名初期，系统就会向用户发一个短信，这个短信是定向精准到人的。

七　数字化对公共文化服务均等化的局限

苏州市公共数字文化服务的实践表明，数字化是推进公共文化服务均等化的必然选择，乃明智之举，然而，数字化进程中，仍然存在一些问题，这些问题不仅存在于苏州市，而是全国各地，在公共数字文化建设中普遍面临的。

（一）各类群体无法均衡享有数字文化资源

公共数字文化建设，在促进各类群体获取文化信息方面的成效显著，但不同群体无法均衡享有数字文化资源之弊，始终伴随其左右。首先是老年群体，由于思想观念和使用习惯上的差异，他们无法充分接入数字文化资源，技术壁垒成为横隔在老年人与文化服务之间的沟壑，让其望而却步；另外，数字化建设中，针对老年人的文化产品和服务项目，也严重缺乏。其次是社会边缘群体，以农村留守妇女儿童为典型，因自身积贫积弱的特点，他们在高速进行的都市化运动中，被抛出社会主体结构之外，缺乏应有的社会关注，无法正常享受公共数字文化资源。再者是少数民族群体，在汉民族聚居地区，因为语言差异，少数民族群体在阅读汉语资源上存在困难，多数文化场馆缺乏少数民族语言译制，即便有，也是以民族期刊和视频为主，获取途径主要为商业采购，饱受经费限制；种类方面，社会主流意识形态类期刊占据主导位置，轻视多元性文化的建设和开放，资源和类型极度不足。还需指出的是，在数字文化网的建设上，半数公共文化服务机构，缺少少儿数字文化资源的建设。因此，在当前的公共数字文化服务建设中，真正充分享受到数字文化资源利好的，是那些具备一定经济条件，属于社会多数人口的青年群体（18—44岁）[①]。

（二）数字文化产品无法精准满足公众需求

服务供给契合公众需求，是实现公共文化服务均等化的关键，因而面向公众的数字文化产品值得重点关注，但关注点不应只在数量上，

[①] 中国对青年的划分标准为18—34岁，联合国世界卫生组织则将44岁以下的人群规定为青年，所以本章结合这两个标准，将18—44岁定义为青年群体。

还应当关注其质量,即产品的趣味性、实用性。细细思来,当前数字文化产品的供给,还停留在"自上而下"的福利供给层面,而没有将其作为公众的一项文化权利,由于缺乏公众需求调查,导致文化企业在配送数字文化产品时存在盲目性,难以满足公众的实际需求,甚至还会引发不满,造成"出力不讨好"的后果。在以农村为代表的基层,这种现象更加明显,特别是数字图书馆推广工程,针对农村地区的资源整合尚未进行,主要还是通过专用网络和数字平台,向农村推送零散性的文化产品。零散性往往意味着内容空洞、乏味,从而导致基层群众对于数字文化产品的疏远。除了零散性,这些文化产品还呈现出精英文化与大众文化、高雅文化与低俗文化、时尚文化与保守文化混杂的特点,致使使用者无所适从,容易迷失于其中。

(三) 供给碎片化降低公共文化服务效能

"碎片化"原指完整事物破裂为零碎小块的状态,在公共文化服务中引申为"公共服务供给过程中,由于部门利益分割、公民利益偏好、信息分布散乱等原因,导致沟通、协调、合作等集体行动的缺乏,进而形成一种分散、隔离、断裂、冲突、失衡的状态"[①]。数字文化服务平台供给碎片化,对于公共文化服务均等化的影响,主要体现在三个方面:一是信息碎片化降低公众对于文化服务的接入率。由于来源主体众多,数字文化资源呈现出数量庞杂、种类繁多、形式各异的特点,使得文化服务信息内容重复且冗杂。须知,现代社会中,由于工作、学习、生活的多种叠加,人们的空闲时间已大幅减少,面对繁杂的文化信息,他们往往会选择忽视,甚至屏蔽,因此,文化信息的碎片化,不利于公众有效接入公共文化服务。二是监管碎片化影响公共文化服务的可达性。在国家全面深化改革的背景下,我国政府向营利组织购买公共数字文化服务呈上升态势,但购买中也出现了"一卖了之"等监管缺位的问题,致使文化服务无法保质保量地到达公众,"烂尾"现象频发。三是参与主体众多削减了供给效率。数字化使得公共文化服务供给方式推陈出新,促进了服务供给手段的多样化,而多样化的背

---

① 李利文:《公共服务供给碎片化研究进展:类型、成因与破解模型》,《国外理论态》2019 年第 1 期。

后是国家、地方政府、社会组织的参与,由于出发点和层级差异,势必造成理念冲突和信息断层,影响供给效率。

第七节　城乡公共文化均等化制度保障体系创新

在2021年推出的《"十四五"公共文化服务体系建设规划》中,再次将"推进城乡公共文化服务体系一体建设"列为重要建设要求。"均等化"显然是"服务体系一体建设"的基础。本章从公共文化服务均等化的理论依据出发,分层讨论了公共文化均等化的多条创新路径和公共文化服务数字化建设。在我们看来,作为文化福利的公共文化服务均等化,依赖自上而下的单向供给体系,由各级政府和公共文化管理部门提供公共文化服务基础设施、公共文化活动内容,并组织公共文化服务的实施,强大的资源和组织能力使文化福利制度能得到有效实施和组织,但其显在的优势更多地体现在经济发达地区和文化资源丰沛的城区,相反,经济欠发达地区和大量乡村地区由于各种因素掣肘,事实上被排斥在文化福利普及之外。而具有乌托邦色彩的"文化权利"理论将当前一定程度上被忽视和被隐藏的服务对象——民众以及他们的文化表达和文化需求从不可见转为可见,充分地尊重民众的文化需求和文化权利。当下正在推进的公共文化事业向融合现代市场经济和国家战略型文化体制的转型,从政府包揽向社会力量开放,并鼓励各种社会力量参与公共文化服务,从强调文化政治和文化意识形态训导功能向注重实行民众文化权利的转型,从而形成自上而下与自下而上通力合作的现代文化治理观念和社会实践。在这样的理论前提下,本节提出了公共文化服务均等化创新路径:其一,满足民众的文化权利,包括创新公共阅读服务模式,普遍提高公共图书馆的可及性;开展精准到位的公共文化服务,促进城乡一体化;关怀流动人口文化权利,增加城乡民众的文化认同感;创新特殊群体文化服务内容,切实关怀到不同群体的文化需求。其二,民众文化需求的表达与采纳,包括建立民意反馈机制,广开言路倾听民众文化需求;创新线上互动渠道,鼓励民众参与公共文化建设等。其三,鼓励最广大的社会力量参与公共文化均等化建设,包括对社会资本进入公共文化服务基本设施建设的开放;出台政府购买机制,社会力量多方式参与文化服务;创新扶持优秀群文创作模式,鼓励社会文化艺术团体参与公共文化服务以及文化志愿者创新机制。其四,公共数字文化的创新之路,包括提供公共数字文化服务的多元化内容;数字化展陈尽显文化服务空间现代化;云平台助力公众获取一站式公共文化服务,以及数字化对解决公共文化资源地区分布不均、获取便捷性、特殊群体的有效接入、公共文化服务的高质量发展等。

无论是城乡公共文化服务均等化、公共文化服务体系一体化建设,还是如经济发达和公共文化服务均等化走在全国前列的苏州市提出的公共文化服务高质量发展,均需要有足够的制度保障才能真正推进公共文化服务的有效实施,这其中既有我们在上文的创新机制中提及的民众文化需求的表达和民意的采纳落实,也有公共文化服务的供给制度保障,除此之外,城乡公共文化服务均等化、一体化和高质量发展还有待于改革财政制度,建立监督评审制度,健全法律制度等。

一 政策驱动公共文化服务,完善财政保障机制

财政是国家治理的基础和重要支柱。城乡公共文化服务标准化和均等化都离不开财政资金的保障,同时,在公共文化服务具有文化福利导向的前提下,为公共文化服务提供保障经费是政府的财政责任。通常而言,财政支出包含财政资金配置过程和财政资金使用过程两个方面,财政支出的效率取决于投入产出比,包含财政资金配置效率和财政资金使用效率。其中,财政资金使用效率的投入与产出,反映出地方政府履行公共职能的能力及效果,影响人民群众的切身利益。不过,由于受地区经济不平衡、城乡不平衡等要素影响,财政支出的多寡,财政分权、城乡统筹财政支出、优化财政支出结构、提升支出效率等方面差距比较明显。

在本章所考察的个案——苏州市公共文化服务财政保障机制主要

体现在加强顶层设计，不断完善公共文化服务财政制度保障。各级人民政府建立公共文化服务经费保障机制，按照常住人口落实公共文化服务所需资金，纳入所在级的财政预算。市级公共文化资金主要用于公共文化产品生产、活动开展、设施建设引导、公共数字文化建设、群众文化团队扶持和政府购买服务等；县级市（区）公共文化服务资金主要用于基层公共文化设施运行管理，重点用于扶持和引导社区（村）的公共文化服务，并且对经济薄弱地区财政支持也落实到位。财政保障机制创新体现比较突出地表现在以下几个方面：一是突破行政区域界线，以服务半径和服务人群为依据，统筹区域、城乡之间文化设施建设，创新打造城乡"10分钟文化圈"。以《苏州市公共文化设施布局规划（2015—2030）》为例，凡是列入布局规划方案的基础设施项目，由市级和区级财政投入，"十三五"规划期间，苏州完成了第二图书馆、非遗展示馆、老年人活动中心、园区体育中心、运河体育主题公园、大剧院、工业展览馆、科技馆、少年宫、第二工人文化宫等一大批市级公共文化服务设施，同时，与区级财政合作建设了几十个基础设施，如吴江区的博物馆新馆、吴中区公共文化中心、吴中区博物馆、相城区御窑金砖博物馆、姑苏区苏州教育博物馆、工业园残疾人活动中心、高新区文体中心等，形成了"三核"（古城文化设施核心区、环金鸡湖文化设施核心区、东太湖文化设施核心区）、"二轴"（人民路文化设施轴、东西向文化设施轴）、"两带"（环太湖生态文化带和大运河文化带）等构成了文化基础设施格局，这些都是依靠市区两级财政支持，又打通区域局限，为民众提供更便捷的公共文化服务场馆。二是探索国有文艺院团改革模式，做强市属文艺院团。近年，苏州组建交响乐团、民族管弦乐团和芭蕾舞团，采用市区共建的改革创新建团模式，通过购买服务、项目补贴等方式，鼓励和引导高水平文化艺术参与公共文化服务，走向国内外高端市场。三是完善向社会力量购买体制机制，做强民营院团和社会文艺组织。苏州出台《向社会力量购买公共文化服务管理办法（试行）》《苏州市支持民营文艺表演团体发展奖励办法》等系列文件。每年公布向社会力量购买公共文化服务目录清单，年购买经费超1000万元。苏州图书馆"网上借阅社区投递"服务的政府采购模式被列入财政部政府购买服务案例汇编；太仓市形成了比较完善的向社会力量购买公共文化产品的机制；昆山市通过委托文化企业和社会组织管理基层文化设施，公共文化服务探索采用"社会化运作、项目化服务、规范化管理、绩效化评估"管理模式；工业园区创新使用"刷脸"门禁和芝麻信用借还的24小时智能图书馆，采用与高科技企业共建模式等，有效提升了公共文化服务财政支出效率。

二 建立监督评审制度，提升公众满意度

公共文化服务的财政投入有效转化率代表的是公共文化服务的水平。长期以来，我国公共文化服务处于低水平传统管理的困境中，由此造成服务效能不高、服务产品质量和公众满意度不高、一些基层文化设施缺乏人气等问题。公共文化服务要提升水平，需要有完备的监管和评价制度，主要包括政府部门的绩效考核和建立监管考核制度。政府公共文化服务绩效评价不仅对于建立健全政府的竞争机制具有重要作用，也是实现民众文化权利均等化和满足民众文化需求多样的政府责任的体现。绩效考核当前在我国各级政府文化管理部门已经得到普遍认可，并形成了各具特色的公共文化服务绩效评价模式，如浙江的"绩效挂钩奖励机制"、湖南衡阳的"公共文化服务进社区问责制"、广东东莞的"基层公共文化绩效考核"、吉林长春的"公民社会评价制度"、上海和成都的"第三方评价机制"等，但总体来看我国公共文化服务绩效评价还存在"评价指导法规缺乏、评价实施主体单一、评价运行规范缺失、评价结果反馈不足等问题"[①]。

《苏州市公共服务办法》明确提出各级人民政府要建立公共文化服务绩效评估制度，评估结果纳入政府绩效考核，并且在《苏州市公共文化服务保障标准（2015—2020）》中全面量化并走过国家标准，制定了具体的可操作的绩效考核体系，考核比重在5%—8%范围内，有的区域甚至走过了10%。与此同时，建立完善了"群众基本文化需求征

---

① 张皓珏、张广钦：《国外政府公共文化服务绩效评价管理制度研究——对比英美日澳瑞五国》，《图书与情报》2021年第3期。

询、评价、反馈制度",开展公众满意度调查,苏州图书馆、苏州公共文化中心、苏州博物馆实行年报制度,每年调查公众满意率并向社会公布。组织第三方测评公司,对基层公共文化服务进行满意度测评。通过群众满意度调查,根据群众需求不断调整和提升公共文化产品和服务,又促进了群众满意度的逐年提升。

三 落实公共文化服务法律法规,健全执法检查制度

《公共文化服务保障法》出台以来,我国陆续出台9部省级公共文化服务保障地方性法规,仅2020年就连续出台了5部。这9部法规平均分布于东、中、西部地区,在设施建设和保护、强化政府保障责任、完善社会化评价机制、突出地域文化特色、体现融合发展、落实"大文化"观理念等方面有所突破。推动公共文化服务保障法全面落地并逐步完善,是"十四五"时期公共文化服务体系建设的重要任务。公共文化服务保障法形成了上下衔接的基本公共文化服务标准制度,向社会公布服务项目、支付类别、服务对象、质量标准、支出责任、牵头负责单位等具体内容,是深化此项制度的主要要求。

自2012年起,苏州市陆续出台《苏州市公共文化服务办法》《苏州市公共文化高质量发展规划(2018—2022)》等20多部法规文件,将公共文化供给侧结构性改革纳入全市深化改革总体部署,对形成政府主导、社会参与、市场配置的公共文化供给模式,提供了良好的制度体系和环境氛围。比如,在公共文化服务向社会力量公开方面,苏州出台《向社会力量购买公共文化服务管理办法(试行)》《苏州市支持民营文艺表演团体发展奖励办法》等系列文件。每年公布向社会力量购买公共文化服务目录清单,年购买经费超1000万元。苏州图书馆"网上借阅社区投递"服务的政府采购模式被列入财政部政府购买服务案例汇编;太仓市形成了比较完善的向社会力量购买公共文化产品的机制;昆山市通过委托文化企业和社会组织管理基层文化设施,公共文化服务探索采用"社会化运作、项目化服务、规范化管理、绩效化评估"管理模式;工业园区创新使用"刷脸"门禁和芝麻信用借还的24小时智能图书馆,采用与高科技企业共建模式等。苏州还出台《苏

州市优秀群众文艺作品（表演艺术类）项目资助管理办法（试行）》，加强对优秀群众文艺作品创作及展演的指导扶持；制定《苏州市关于培育发展市级社会组织（文化类项目）的实施意见》，进一步培育扶持文化社会组织，促进文化社会组织规范管理和健康发展。总之，法律法规的健全、完善是保障公共文化服务均等化得以实施的前提条件，也有利于克服人治或随机性，使民众切实享有自身的文化权利。

附录一　城乡公共服务均等化状况调查

您好！本次问卷调查采用匿名填写，仅用于学术研究，真诚希望您能把真实的想法告诉我们，感谢您的支持与合作！

填答说明：本问卷除特别说明外均为<u>单项</u>选择题，请您在您的选项下打"✓"，或在题后"____"中填写相关内容。我们对占用您的宝贵时间表示衷心的感谢，还请您本人亲自填写。

城乡公共服务均等化研究课题组

1. 结合个人切身体验，请您对本乡镇由政府各类政策和服务的满意程度进行评价，在您认为合适的地方打"✓"。

问题	非常满意	满意	一般	不满意	非常不满意
公共教育（如幼儿园、中小学教育）					
就业服务（如提供就业信息、职业介绍、职业培训等）					
社会保障（如最低生活保障、养老、工伤、失业保险等）					
医疗卫生（如医疗保险、医疗服务等）					
住房保障（如住房公积金制度、廉租房、公租房等）					
公共文化（如广播电视、图书室、农村文化娱乐等）					
基础设施（如交通建设、供水供电等）					
环境保护（如绿化、污水处理等）					
人口计生（如生育保险、计生检查等）					
公共安全（如社会治安等）					

2. 在您看来，对本地而言，以下各类政策和服务其重要程度如何？（重要就是本地政府应当更优先地提供这种服务），请在您认为合适的地方打"✓"。

问题	很重要	比较重要	一般	不太重要	不重要
公共教育					
就业服务					
社会保障					
医疗卫生					
住房保障					
公共文化					
基础设施					
环境保护					
人口计生					
公共安全					

3. 请问您觉得您所在乡镇在各类政策和服务上，是否存在城乡差别？请在您认为合适的地方打"✓"。

问题	没有差别	差别不大	一般	差别较大	差别很大
公共教育					
就业服务					
社会保障					
医疗卫生					
住房保障					
公共文化					
基础设施					
环境保护					
人口计生					
公共安全					

请在以下问题的空格线上填上具体的数字。

4. 请问全年您的家庭总收入为____元，总支出为____元。

5. 请问在您的家庭全年在公共教育方面（仅包括各类学费、杂费等涉及政府提供的公共教育服务的花费，不含校外辅导等费用），您全年家庭总支出为____元。

6. 请问您的家庭教育支出涉及您的____个孩子。在横线填写具体的孩子数。请问您的家庭全年在医疗卫生方面（包括您家庭成员和您所承担的老人的医疗保险、买药生病住院等花费），您全年家庭总支出为____元。

7. 请问您家庭总共有____口人。

8. 请问您家里有____个老人一起居住。

请问您的性别：
（1）男　　（2）女

请问您的年龄：____岁

请问您的户籍：
（1）城镇户口　　（2）农村户口

请问您的受教育程度：
（1）未上过学　　（2）小学　　（3）初中
（4）高中/职高/中专　　（5）大专　　（6）大学本科及以上

请问您的政治面貌：
（1）中共党员　　（2）共青团员　　（3）民主党派党员
（4）无党派人士　　（5）群众

请问您的职业：
（1）国家机关/党群组织/企业/事业负责人
（2）专业技术人员　　（3）一般办事人员
（4）商业/服务业人员　　（5）农林牧副渔生产人员
（6）生产/运输设备操作人员及有关人员　　（7）军人
（8）自由职业者　　（9）学生　　（10）无业/失业者
（11）退休　　（12）不便于分类的其他劳动者

感谢您接受我们的调查，祝您生活愉快！

附录二 城乡公共服务均等化访谈提纲

（一）公共服务均等化大致情况

1. 当地城乡人口比率多少（城镇常住居民人口多少）？农村居民与城镇居民收入相差多少？乡镇政府在对农民的创收问题是否有相应措施？

2. 当地新农村建设发展如何？这部分经费所占财政支出的比重有多少？

3. 公共服务占财政支出的比重有多少？乡镇政府在日常的社会公共治理中最大的阻力或困难来自哪里？

4. 乡镇在完善公共服务、实现公共服务均等化方面有过哪些政策或措施？有没有当地独创的？

5. 上级政府对你所在乡镇在落实城乡公共服务均等化上是否存在考核指标，如果存在有哪些？在执行这些考核时强度如何？

6. 上级政府对你所在乡镇在落实城乡公共服务均等化方面的财政支持力度？

7. 在维持公共服务供给方面，除了依赖上级政府的财政支持外，当地是否还存在其他途径？

8. 你认为实现公共服务均等化的难点在哪里？

9. 请你对你所在乡镇现有的公共服务供给水平做出评价。

（二）教育

1. 镇上有多少所学校（幼儿园、小学、初中、高中）？
2. 学校平均规模（包括学校等级、师生数量、班级数量、生源如何、学生升学情况）如何？
3. 镇上有多少高中生、大学生？就业情况如何？
4. 每年镇上的教育投资经费多少？

（三）卫生医疗

1. 镇上医院、卫生所、卫生站有几个？医院规模如何（等级、设备、医生水平、医生护士数量）？
2. 每千人医生数、人均医疗卫生经费支出和卫生经费总支出占GDP的比例是多少？
3. 有没有为镇上居民建立健康档案？老年人、残疾人、慢性病人、儿童、孕产妇等重点人群的建档率城乡分别达到多少？为65岁以上老年人体检：政府出钱数量和比例。为3岁以下婴幼儿成长发育做检查数量和比例。孕产妇检查：孕产妇做产前检查和产后访视数量和比例。防治指导服务：为高血压、糖尿病、重性精神病、结核病、艾滋病感染者及患者提供防治指导的数量和比例。
4. 镇上环卫所、垃圾站、公共厕所有多少个？环卫工人有多少个？垃圾桶多少米一个？

（四）文体活动

1. 镇上有多少活动中心，平时安排什么活动？都是由哪些机构组织的？
2. 镇上有多少棋牌室？都是私人营利性质的吗？
3. 图书馆有多少册书、期刊？图书来源是哪里？有没有专项拨款？多少人有借书证？

4. 镇上有多少健身房、健身广场？距离居民小区近吗？健身设施有多少？每年会维护吗？

5. 有多少群众性组织社团（老年秧歌队、健身队、舞蹈队、合唱团、读书会）？有没有志愿者组织？多久组织一次活动？每年镇上有补助吗？

（五）就业培训

1. 镇上有多少人从事农林渔养殖业？有专门的培训吗？

2. 有多少人选择到镇上工作？会对他们进行职业培训吗？

3. 对失地农民的再就业有培训吗（培训内容、培训频率、参与人数、参与人数比率）？有对失地农民再就业的统计吗（行业分布比率：服务业、工业、个体户、待业）？

4. 镇上居民整体平均收入是多少？农民平均收入是多少？非农民平均收入是多少？

（六）社会保障与养老

1. 镇上有多少养老院？都是什么性质的？有多少老人入住？镇上投资多少？有没有老年食堂什么的？

2. 社保（养老、医疗、工伤、失业、生育、住房公积金）覆盖率是多少？覆盖率最高的是哪一项？最少的是哪一项？社保最低档次个人和公司分别缴纳多少钱？五保户有多少？

3. 失地农民与普通农民的社保有何区别？有对失地农民的社保补助吗？

4. 城保与农保有何区别？有对农保的政策倾斜吗？

（七）环保

1. 在招商引资和环境保护之间，镇上干部是否存在矛盾，如何平衡？

2. 传统上，大家觉得农村就是原生态，是不需要讲究环境保护的，但是近些年随着城市的扩张，一些污染性工业转移到郊区，土地不断被征用造成大量荒地废田，城市垃圾运到郊区，农村自然资源不断被销蚀，目前镇上在环境保护方面有哪些措施？会有系统的测评指标和监督机制吗？

（八）基础设施

1. 近几年镇上修多少路？通了多少公交？有没有进行一些项目工程？投资多少？
2. 基础设施从规划到招标到建设等一系列过程中，政府、市场和社会之间的参与程度如何？
3. 目前镇上有多少居民小区？多少户人家住进楼房？每户人家平均多少面积？有没有车库？大家用水用电用煤习惯吗？每个小区周围有菜场、便利店、商场、活动中心、ATM机、电信移动联通营业厅、水电煤缴费点吗？有几个？

（九）社会治安

1. 镇上有多少派出所？多少民警？多少城管？多少路灯？多少摄像头？
2. 有没有老百姓自己组织的巡防小队、协警之类的？这些组织能发挥多大作用？

（十）征地

1. 当地征地情况如何？有多少动迁户？有几个动迁小区？乡镇政府对失地农民有哪些经济补助和政策优惠？
2. 现在有商业预留地（等待招商引资的征地）吗？有多少招商引资项目？
3. 动迁之后的农村土地的产权是如何转移的？农民合作社给每个

农民每年分发多少红利？合作社的主要负责人是如何产生的？

4. 有回流的农民吗？（从城镇回到农村）有多少？他们的政策安排是什么？

附录三　苏州市综合服务标准化工作调查问卷

您好！

为了更加深入了解贵单位开展标准化工作的现状，我们想征求您的看法。对下表中每道题的描述，您有"不同意""比较不同意""不确定""比较同意"和"同意"五种选择，请在最符合您的看法的那一栏画"√"。

感谢您的支持与合作！

苏州市公共服务标准化研究课题组

序号	题目	不同意	比较不同意	不确定	比较同意	同意
1	我们单位已经成立了相应的标准化建设领导小组					
2	我们单位相关的工作人员具备标准化的相关知识					
3	我认为现在（标准化的）培训还不能充分满足我们部门的要求					
4	我们单位标准化建设资金保障还不充分					
5	我们单位非常重视此次标准化建设工作					
6	我们行业标准化建设程度比较低					
7	我们已经梳理了现行有效的国家标准、行业标准、地方标准					
8	我们单位在标准的编制能力方面还有欠缺					
9	我们单位已经制订了标准化工作的方案和时间表，标准化工作有序进行					

续表

序号	题目	不同意	比较不同意	不确定	比较同意	同意
10	我们单位已经成立了标准化研究机构，且聘请专家、专业机构给予针对性的理论支持和技术支撑					
11	我认为标准化工作会提升苏州的城市核心竞争力					
12	我认为此次标准化工作对于我们提升单位的服务质量作用很大					
13	我们已经梳理了相关的法律法规、规章制度，已经可以将相关的规范性文件转化成标准					
14	我们清楚了各种标准之间的相互联系、分类关系可以搭建标准体系框架					
15	我们单位在标准化建设中始终积极与相关部门广泛讨论、协调					
16	我认为现在培训的覆盖范围太小					
17	我们单位对于长期推进标准化建设工作有资金保证					
18	我认为标准化工作将令我们的服务规范化					
19	我认为标准化工作对苏州市今后的发展具有重要意义					
20	我们认为标准化工作提升公务人员服务意识					
21	我们单位的资金可以在短时间保证标准化建设项目的推进					

附录四　苏州市综合服务标准化项目调研提纲（1）

1. 贵单位主要从事哪些公共服务项目？在标准化建设方面现状如何？存在哪些困难？开展标准化工作的意义如何？

2. 贵单位在服务中有哪些特色项目？

3. 通过开展标准化工作，贵单位希望达到什么样的目标（定性指标与定量指标）？

4. 在开展本次标准化工作中，已搜集到的相关现行有效的国家标准、行业标准、地方标准及规范性文件有哪些？需要转化成为标准的规范性文件有哪些？（如标准号：GB 11643—1999；标准名称：公民身份号码；标准级别：国家标准；标准性质：强制性）

5. 贵单位标准体系的搭建情况如何？标准的明细、标准文本的转化工作进展情况如何？

6. 请谈谈对已构建出的贵行业的标准体系框架图的意见和建议。

附录五　苏州市综合服务标准化项目调研提纲（2）

1. 本单位公共服务基本概况

（1）主要服务内容。

（2）主要职责。

（3）工作机制与运行流程。

（4）服务中的特色项目。

2. 标准化建设的现状

（1）标准化组织上的状况。

（2）已搜集到的相关现行有效的国家标准、行业标准、地方标准及规范性文件有哪些？请列出。

（3）需要转化成为标准的规范性文件有哪些？请列出。

3. 标准化建设的问题

（1）人力资源方面

工作人员制度：制定的标准化建设的方案和时间表，目前部门之间的协调讨论机制如何？

（2）知识本身储备方面

标准化资源：有无标准化研究机构支持？有无专职或者兼职的标准化研究人员？标准化研究机制方面情况如何？

（3）培训方面

各个项目标准化工作人员的培训次数、内容方面的情况。

（4）资金方面

短期、长期方面能否保证标准化建设项目的推进。

4. 通过标准化建设，本单位希望达到的目标。

5. 标准化建设对于本单位的意义。

附录六 政府服务标准化水平、公共服务效能及城市综合竞争力调查问卷

> 尊敬的女士/先生:
> 　　您好！感谢您参加此次问卷调查，本研究旨在探索政府公共服务标准化水平对城市综合竞争力的影响机制。问卷采用无记名方式，答案无对错之分，请您根据您的实际经历及想法真实回答。问卷调查结果仅用于学术研究，您提供的任何信息我们都将予以严格保密，不会对您个人和组织造成任何影响，敬请放心填写。我们很乐意与您分享研究成果，如果您对此感兴趣，请您留下邮箱，我们会在研究结束的第一时间反馈给您。
>
> 苏州市公共服务标准化研究课题组

第一部分 服务标准化水平

下面的项目是对政府组织服务标准化水平的描述，请您结合本单位标准化建设实际情况，对下表中每道题的描述，在最符合您的看法的那一栏画"√"。

序号	题目	不同意	不太同意	不确定	比较同意	同意
1	我们单位已经成立了由主管领导负责的标准化领导机构和工作小组	1	2	3	4	5
2	我们单位制定与本组织相适应的标准化工作制度，并形成规范性文件	1	2	3	4	5

续表

序号	题目	不同意	不太同意	不确定	比较同意	同意
3	我们单位制订试点实施方案，明确工作规划，按照工作计划保证标准化工作有序展开	1	2	3	4	5
4	我们单位配备了专（兼）职标准化工作人员，积极开展标准化教育和培训	1	2	3	4	5
5	我们单位成立了标准化研究机构，且聘请专家、专业机构给予针对性的理论支持和技术支撑	1	2	3	4	5
6	我们单位为标准化建设提供充足的资金保障，保证标准化工作长期推进	1	2	3	4	5
7	我们单位提供资金，短期内可以顺利推进标准化建设工作	1	2	3	4	5
8	我们单位标准体系构成合理、结构完整，包括基础通用、服务保障和服务提供三大子体系	1	2	3	4	5
9	我们单位标准体系结构图、标准明细表、标准统计汇总表和标准文本符合 GB/T 24421.2 和 GB/T 13016、GB/T 13017 的规定	1	2	3	4	5
10	标准文本结构合理、层次分明、内容具体，文字表达准确、严谨、简明、易懂，术语、符号统一	1	2	3	4	5
11	我们单位标准覆盖率达到80%以上	1	2	3	4	5
12	我们单位标准与相关法律法规协调，标准体系内各标准之间协调	1	2	3	4	5
13	我们单位标准体系文件具有可操作性和可检查性，能对服务组织各项活动起到支撑作用	1	2	3	4	5
14	我们单位标准体系能体现行业特点，满足工作实际	1	2	3	4	5
15	我们单位进行标准实施前的宣贯和培训	1	2	3	4	5
16	我们单位各岗位工作人员均掌握了相关标准，具有一定的标准化知识	1	2	3	4	5
17	我们单位标准实施记录完备，并将各环节形成的数据和有关情况及时反馈	1	2	3	4	5
18	我认为在我们行业标准实施率能确保达到90%以上	1	2	3	4	5
19	我们单位确定了标准实施检查的机构和人员并且职责、权限明确	1	2	3	4	5
20	我们单位制订了开展标准实施检查工作计划	1	2	3	4	5

附录六 政府服务标准化水平、公共服务效能及城市综合竞争力调查问卷

续表

序号	题目	不同意	不太同意	不确定	比较同意	同意
21	我们单位定期组织检查，实施的检查记录和问题处理记录保持完整	1	2	3	4	5
22	我们单位积极开展内部评估，对标准实施的符合性和实施效果进行评价，形成了评价报告	1	2	3	4	5
23	我们单位积极开展标准实施的社会评价，并将问题及时处理	1	2	3	4	5
24	我们单位注重持续改进，并记录完整	1	2	3	4	5
25	我们单位对标准实施检查，对自我评价和社会评价中发现的问题持续改进，及时提出修订标准的建议	1	2	3	4	5
26	我们单位定期总结试点工作中的方法、经验并在此基础上加以推广	1	2	3	4	5
27	我们单位积极与科研单位、高等院校合作提炼标准化理论成果	1	2	3	4	5
28	我们单位获市级以上标准化工作表彰	1	2	3	4	5
29	我们单位积极参与了省级以上标准制定	1	2	3	4	5

第二部分 公共服务效能

下面的项目是对政府组织公共服务效能的描述，请您根据您的真实感受对下列问题进行打分，其中最低分1分，最高分为5分，请在相应的分数栏画"√"。

序号	题目	不符合	不太符合	不确定	比较符合	符合
1	单位能高效率落实各项工作	1	2	3	4	5
2	单位对投诉的办理效率较高	1	2	3	4	5
3	单位依法处理员工违法违纪情况	1	2	3	4	5
4	单位依法进行员工各项评议考核	1	2	3	4	5
5	单位能依法公开政务实施情况	1	2	3	4	5
6	单位能很好地控制行政费用	1	2	3	4	5
7	单位对专项资金能做好审计监督	1	2	3	4	5
8	单位关键业绩目标能很好地实现	1	2	3	4	5
9	单位能高质量地完成年度重点工作	1	2	3	4	5
10	单位行政效率高	1	2	3	4	5
11	单位能很好地降低办公成本	1	2	3	4	5

续表

序号	题目	不符合	不太符合	不确定	比较符合	符合
12	单位结合工作实际推行了更多的惠民政策	1	2	3	4	5
13	单位举办了更多的公益活动	1	2	3	4	5
14	单位能创新工作创建"模式",积极推广经验	1	2	3	4	5
15	单位工作多次获市级以上领导肯定性批示	1	2	3	4	5
16	社会公众认为我们的服务效率很高	1	2	3	4	5
17	社会公众对我们的服务态度很满意	1	2	3	4	5
18	社会公众对我们的服务环境很满意	1	2	3	4	5
19	社会公众对我们的服务人员素质很满意	1	2	3	4	5
20	单位为员工的发展创造机会	1	2	3	4	5
21	单位重视人才的引进	1	2	3	4	5
22	单位沟通渠道健全	1	2	3	4	5
23	单位树立了良好的工作作风	1	2	3	4	5
24	单位重视文化建设	1	2	3	4	5

第三部分　城市综合竞争力

下面的项目是对苏州市城市综合竞争力的描述,请根据您的真实感受对下列问题进行打分,其中最低分1分,最高分为5分,请在相应的分数栏画"√"。

序号	题目	不符合	不太符合	不确定	比较符合	符合
1	经济实力	1	2	3	4	5
2	经济结构	1	2	3	4	5
3	经济效率	1	2	3	4	5
4	经济增长潜力	1	2	3	4	5
5	市民生活质量	1	2	3	4	5
6	公共基础设施	1	2	3	4	5
7	教育发展	1	2	3	4	5
8	科技水平	1	2	3	4	5
9	人力资源	1	2	3	4	5
10	文化氛围	1	2	3	4	5
11	制度保障	1	2	3	4	5

附录六 政府服务标准化水平、公共服务效能及城市综合竞争力调查问卷

续表

序号	题目	不符合	不太符合	不确定	比较符合	符合
12	区位优势	1	2	3	4	5
13	政府社会管理能力	1	2	3	4	5
14	政府行政效率	1	2	3	4	5
15	政府美誉度	1	2	3	4	5
16	环境质量	1	2	3	4	5
17	环境保护	1	2	3	4	5
18	工业污染防治	1	2	3	4	5
19	对外贸易与投资能力	1	2	3	4	5
20	国际旅游吸引力	1	2	3	4	5
21	对外交通运输能力	1	2	3	4	5

您所在单位名称：

我们的问卷到此结束，再次感谢您的配合！

附录七　苏州市地方标准：政府公共服务平台诉求分类与代码（DB3205）[①]

ICS 03.080
CCS A 24

DB3205

苏 州 市 地 方 标 准

DB3205/T 1005-2020

政府公共服务平台诉求分类与代码

Classification and code of demands for government public service platforms

2020-09-21 发布　　　　　　　　　　　2020-10-01 实施

苏州市市场监督管理局 发布

[①] 本附录全文照录该标准文件原文，对其格式、用字不做变动，以展现文件原貌。

附录七 苏州市地方标准：政府公共服务平台诉求分类与代码（DB3205）

DB3205/T 1005-2020

目　次

前言 III
1 范围 1
2 规范性引用文件 1
3 术语和定义 1
4 分类原则 1
　4.1 科学性 1
　4.2 唯一性 2
　4.3 可操作性 2
　4.4 可扩充性 2
5 分类方法 2
6 分类代码 2
　6.1 类目名称 2
　6.2 代码结构 2
　6.3 编码方法 3
　6.4 分类与代码表 3
附录A（规范性） 政府公共服务平台诉求分类与代码表 4
参考文献 46

DB3205/T 1005-2020

前　言

本文件根据GB/T 1.1-2020《标准化工作导则　第1部分：标准化文件的结构和起草规则》的规定起草。

本文件由苏州市行政审批局提出并归口。

本文件起草单位：苏州市便民服务中心、苏州大学公共服务标准化研究中心、张家港市便民服务中心、相城区社会综合治理联动中心、苏州市住房公积金管理中心、苏州市城市管理监督指挥中心、苏州市质量和标准化院。

本文件主要起草人：周旭东、江波、钱亮、潘健、易飞、何姗、陈冬兰、刘庆雅、居丽丽、张美玲、朱庆妹、徐鑫纯、尤新辉、周文渊、王芳。

本文件为首次发布。

DB3205/T 1005-2020

政府公共服务平台诉求分类与代码

1 范围

本文件规定了政府公共服务平台诉求的分类原则、分类方法和分类代码。

本文件适用于政府公共服务平台诉求的分类、管理和编目，供政府公共服务平台单位和相关职能部门进行诉求处理和信息交换使用。

2 规范性引用文件

下列文件中的内容通过文中的规范性引用而构成本文件必不可少的条款。其中，注日期的引用文件，仅该日期对应的版本适用于本文件；不注日期的引用文件，其最新版本（包括所有的修改单）适用于本文件。

GB/T 7027-2002 信息分类和编码的基本原则与方法

GB/T 10113-2003 分类与编码通用术语

3 术语和定义

GB/T 10113-2003 界定的及下列术语和定义适用于本文件。

3.1
政府热线 government hotline
由政府及其职能部门设立的非紧急公共服务呼叫系统。
[来源：GB/T 33358-2016，3.1]

3.2
政府公共服务平台 government public service platform
依托政府热线（3.1），通过电话、短信、信件、邮箱、网站及其他媒体等方式，为组织或个人参与社会治理、获取公共服务提供政策信息咨询、诉求受理与回访等公共服务的载体。

3.3
政府公共服务平台诉求 demands for government public service platform
组织或个人向政府公共服务平台（3.2）反映需求并期望由公共服务部门提供服务来满足的反应。

3.4
类目 category
信息内容属性的相同或相异，形成的各种不同的类。

4 分类原则

4.1 科学性

政府公共服务平台诉求分类符合实际需要，设置的类目涵盖政府公共服务平台所有诉求内容，并保持稳定。

附录七 苏州市地方标准：政府公共服务平台诉求分类与代码（DB3205）

DB3205/T 1005-2020

4.2 唯一性

政府公共服务平台诉求所归类目不重复，具有唯一性。

4.3 可操作性

按照政府公共服务平台诉求出现的频率，可以对高频诉求的分类进行调整。

4.4 可扩充性

政府公共服务平台诉求分类增设了"其他"类。在不影响已有分类的情况下，可根据实际情况进行完善。

5 分类方法

5.1 本文件采用 GB/T 7027-2002 给出的混合分类方法，基于公共服务的服务功能和属性，对政府公共服务平台诉求进行三级分类。

5.2 二级类目和三级类目应设有其他类，平台工作人员无法找到相应的类目归类时，归入其他类。

6 分类代码

6.1 类目名称

类目名称应精准、简短。一级类目名称统一为 4 字短语，如交通出行、民生服务等。二级类目名称字数宜少于 7 个，三级类目名称字数宜少于 9 个。

6.2 代码结构

诉求分类代码采用 6 位数字代码表示。各层代码组合表示各级代码：
——用第一层的 2 位数字代码表示一级代码；
——用第一层的 2 位数字代码和第二层的 2 位数字代码表示二级代码；
——用第一层的 2 位数字代码、第二层的 2 位数字代码和第三层的 2 位数字代码表示三级代码。
代码结构如图 1 所示：

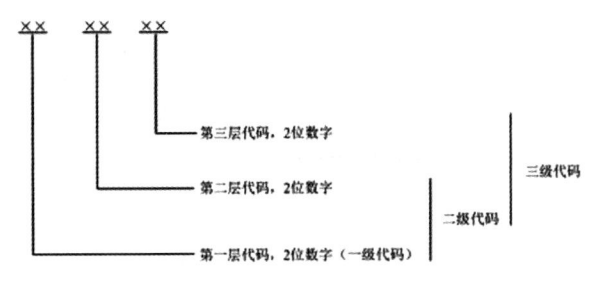

图 1 代码结构

6.3 编码方法

本文件中分类代码分三层。其中，第1位、第2位为第一层，第3位、第4位为第二层，第5位、第6位为第三层。各层次代码均采用GB/T 7027-2002中规定的顺序码。第二层、第三层中数字为"99"的均为收容项，表示其他类目。当二级诉求不再分三级诉求时，后面补"00"至第三层。

示例1：

"公交车运行时间安排"代码为010102，代码结构如下：

```
01  01  02
        └── 第三层代码，"公交班次"
    └────── 第二层代码，"公共汽车"
└────────── 第一层代码，"交通出行"
```

示例2：

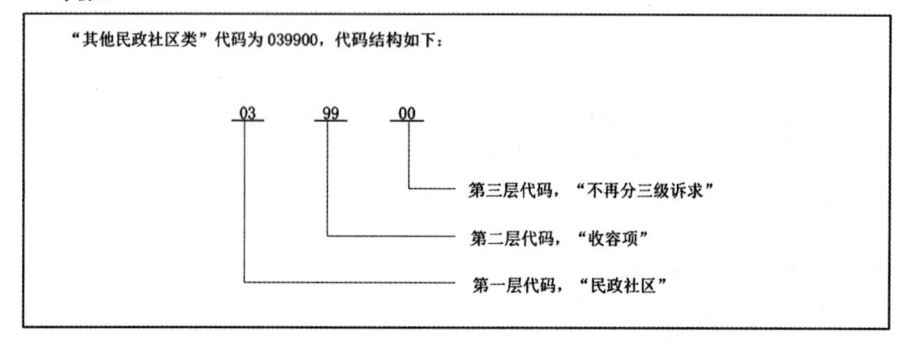

"其他民政社区类"代码为039900，代码结构如下：

```
03  99  00
        └── 第三层代码，"不再分三级诉求"
    └────── 第二层代码，"收容项"
└────────── 第一层代码，"民政社区"
```

6.4 分类与代码表

政府公共服务平台诉求分类及代码详见附录A，表A.1。

附录七 苏州市地方标准：政府公共服务平台诉求分类与代码（DB3205）

附 录 A
（规范性）
政府公共服务平台诉求分类与代码表

表A.1给出了政府公共服务平台所有诉求分类与代码及具体说明。

表A.1 政府公共服务平台诉求分类与代码

代码	类目名称	具体说明
01	**交通出行**	
0101	公共汽车	
010101	公交线路	对已有和待设公交线路的走向、站点、站名等方面的咨询、建议和投诉等
010102	公交班次	对公交车运行时间安排、准点等方面的问题的咨询、建议和投诉等
010103	公交服务	对公交车司机服务的投诉、建议、表扬等
010199	其他公共汽车	未列入上述内容的公共汽车相关诉求
0102	出租汽车	
010201	出租汽车服务	对出租车司机服务的投诉、表扬等
010202	网约车管理	对网约车服务的投诉、建议、表扬等
010299	其他出租汽车	未列入上述内容的出租汽车诉求
0103	城际客运	
010301	客运售票网点	对售票站点、售票网络系统的咨询、建议等
010302	客运票务信息	客运车票票务信息的查询及购票、退票等事宜
010303	城际客运服务	对汽车客运站以及客运车司机服务的投诉、建议、表扬等
010399	其他城际客运	未列入上述内容的城际客运相关诉求
0104	公共自行车	
010401	公共自行车卡业务	对公共自行车卡的办理、加载、退卡、补办等卡务服务的咨询、建议、投诉等
010402	公共自行车桩点管理	对空桩、满桩、桩点不足等问题的建议、投诉
010403	公共自行车车辆使用	骑行事故、车辆故障、私自占有车辆、取车还车困难等方面的投诉和举报
010404	公共自行车租赁点	公共自行车租赁点的问询、建议和管理
010405	共享单车管理	对共享单车企业产品和服务的投诉等
010499	其他公共自行车	未列入上述内容的公共自行车相关诉求
0105	轨道交通	
010501	轨交线路	对已有和待建线路的走向、站点、站名、工期、勘察等方面的咨询和建议
010502	轨交班次	轻轨交通列车运行时间安排、列车准点等方面的各类问题
010503	轨交站内设施	轻轨运营设备、设施与站内环境等方面的各类问题

表A.1（续）

代 码	类目名称	具体说明
010504	轨交车厢内设施	车厢内电视节目音量、设置，灯箱、拉手、车厢广告等方面的各类问题
010505	运营政策与安检	反映《轨道交通条例》中规定的不允许携带易燃易爆物、自行车、食物等规定方面的各类问题；反映轨道交通运营进站安检方面的各类问题
010506	轨交运营服务	反映轨道交通运营票务规则方面的各类问题，如低于市民卡7块钱不能进站、进站上厕所收费、逃票补缴5倍票价等；反映轨道交通运营服务人员态度方面的各类问题
010507	轨交文明行为	反映车厢内有人乞讨、扰乱乘车秩序等方面的各类问题，及轻轨站内不文明行为
010508	有轨电车服务	对有轨电车的站点、线路的咨询、建议，对有轨电车工作人员服务的投诉、建议等事宜
010599	其他轨道交通	未列入上述内容的轨道交通相关诉求
0106	水路交通	
010601	码头渡口管理	码头渡口的设置、迁移与撤销等管理
010602	轮、汽渡服务	对轮、汽渡工作人员服务的建议、投诉、表扬等
010603	通航管理	对通航环境、通航秩序以及相关的人为活动等的管理
010604	船舶管理	包括船舶登记管理、船舶进出港口签证管理、外国籍船舶管理、船舶机务管理、船舶技术管理以及船舶离靠码头管理等事务的管理
010605	船员管理	对船员培训、考试、发证、持证、船上配员、体格要求、遵守法规行为等方面的管理
010699	其他水路交通	未列入上述内容的水陆交通相关诉求
0107	铁路交通	
010701	铁路列次信息	铁路车次查询
010702	铁路票务信息	铁路车票票务信息、购退票事宜的咨询
010703	火车站设施管理	对火车站内厕所，取票器、显示屏，无障碍设施等站内设施的维护与管理
010704	铁路服务	对火车站站内工作人员服务的投诉、建议和表扬等
010705	车厢服务	对列车车厢工作人员服务的投诉、建议和表扬等
010799	其他铁路交通	未列入上述内容的铁路交通相关诉求
0108	空中交通	
010801	航班信息	对航班班次信息的咨询、建议等
010802	票务信息	机票票务信息、购退票事宜的咨询
010803	机场服务	对机场工作人员服务的投诉、建议和表扬等
010804	舱内服务	对机舱工作人员服务的投诉、建议和表扬等
010899	其他空中交通	未列入上述内容的空中交通相关诉求

附录七 苏州市地方标准：政府公共服务平台诉求分类与代码（DB3205）

表A.1（续）

代码	类目名称	具体说明
0109	路况管理	
010901	公共交通失物招领	在公交车、出租车、轨交等公共交通工具上遗失或捡到物品的求助或帮忙相关事宜
010902	交通违章	对交通违章行为的举报，相关信息查询等
010903	交通拥堵	对交通拥堵状况的反映，对交通疏导的请求等
010904	交通管制	对交通管制的投诉、建议等
010905	警示标志设置	对道路施工或车辆事故未及时设置警示标志或不明显等情况的反映、投诉、建议等
010906	故障救援	包括高速公路救援，市内道路救援等救援请求
010907	机动车违章停车	对机动车违章停车的举报、投诉等
010908	非机动车乱停放	对非机动车乱停放的举报、投诉等
010909	停车场管理	对市内普通停车场的车辆停放、安保服务等方面问题的投诉、建议等
010910	限高标志	在桥梁、涵洞等处设置的道路通行最高限额的道路警示标志（破损、缺失、变形、倾斜、内容错误）
010911	交通信号设施	除交通信号灯外的其他交通信号设施，包括信号灯电源箱、信号灯机箱、交通控制箱等（破损、缺失、倾斜、锈蚀）
010912	交通事故	涉及交通事故相关诉求
010999	其他路况管理	未列入上述内容的路况管理相关诉求
0110	车辆管理	
011001	渣土车及大型车管理	对渣土车及大型车驾驶行为的监督与违法举报等
011002	三小车辆整治	对摩托车、三轮汽车、四轮低速载货汽车交通违法行为等的举报、投诉、建议等
011003	人力三轮车管理	对旅游用三轮车服务的投诉、建议等
011004	非法营运	对黑车等非法营运车辆的举报、建议等
011005	非机动车手续	非机动车年检、上牌、过户等问题的咨询
011006	机动车手续	机动车年检、上牌、过户等问题的咨询
011007	驾照管理	包括驾照考试咨询，考试违规的举报，驾驶证日常管理等
011008	驾校管理	包括驾校教学行为规范的监督与举报，学员与驾校的纠纷投诉等
011009	车辆保险	对车辆保险办理、出险等事项的咨询、投诉、建议等
011010	二手车过户	包括二手车过户手续咨询，过户纠纷等
011011	车辆补贴	咨询报废车辆和新能源车辆补贴的诉求
011099	其他车辆管理	未列入上述内容的车辆管理相关诉求

表A.1（续）

代码	类目名称	具体说明
0111	道路设施	
011101	公交站亭	站牌、站、亭、场破损及其附属设施破损、缺失的报修、建议等
011102	交通岗亭	交通岗亭破损、锈蚀的报修、建议等
011103	过街天桥	桥体及其附属设施破损的报修、建议等
011104	地下通道	地面、墙面及附属设施破损的报修、建议等
011105	高架立交桥	路面及附属设施破损的报修、建议等
011106	跨河桥	桥体及其附属设施破损的报修、建议等
011107	交通护栏	交通护栏坏、脱落、缺失的报修、建议等
011108	存车支架	存车支架破损的报修、建议等
011109	路名牌	路名牌破损、锈蚀、缺失、倾斜、内容错误的报修、建议等
011110	旅游景点指示牌	旅游景点指示牌破损、锈蚀、缺失、倾斜、内容错误的报修、建议等
011111	出租车站牌	出租车站牌破损、倾斜的报修、建议等
011112	交通标志牌	交通标志牌破损、缺失、变形、倾斜、内容错误的报修、建议等
011113	交通信号灯	交通信号灯破损、缺亮的报修、建议等
011114	道路信号显示屏	道路信号显示屏破损、断字缺亮、内容错误的报修、建议等
011115	停车信息显示屏	停车信息显示屏破损、断字缺亮、内容错误的报修、建议等
011116	道路隔音屏	道路隔音屏破损、缺失的报修、建议等
011117	防撞桶	防撞桶破损、缺失、倾斜的报修、建议等
011118	人行横道桩	人行横道桩破损、缺失、倾斜的报修、建议等
011119	安全岛	安全岛破损的报修、建议等
011120	便道桩(车止石)	便道桩破损、缺失的报修、建议等
011121	无障碍设施	无障碍设施破损、缺失的报修、建议等
011122	路灯控制箱	路灯控制箱破损、锈蚀的报修、建议等
011123	非机动车停放点	非机动车停放点秩序混乱等问题的举报、建议等
011124	车辆油气电站	车辆加油站、加气站、充电站服务管理方面问题的投诉、建议等
011125	路桥隧道管理	公路、桥梁、隧道建设管理方面的报修、投诉、建议等
011126	站区服务	收费站、服务区、放行线、称重等服务的咨询与投诉
011127	高速公路管理	高速公路养护、疏导等服务管理方面的报修、投诉与建议等
011128	道路管养	对车行道、人行道、盲道的建设维护方面的报修、投诉、建议等
011129	擅自安装地锁	擅自在公共停车位上安装地锁的现象
011130	车道规划	关于更改车道行驶方向的诉求
011199	其他道路设施	未列入上述内容的道路设施相关诉求

附录七 苏州市地方标准：政府公共服务平台诉求分类与代码（DB3205）

表A.1（续）

代码	类目名称	具体说明
0112	挪车服务	
011201	占道挪车	在小区以外的道路，停车被堵，要求挪车的诉求
011202	小区挪车	小区内停车被堵，要求挪车的诉求
011299	其他挪车服务	未列入上述内容的挪车服务相关诉求
0199	其他交通出行类	
019901	苏通卡ETC	苏通卡ETC的办理、缴费等服务的咨询、建议等
019999	其他交通出行	
02	民生服务	
0201	通讯电力	
020101	通信交接箱	通信交接箱破损、锈蚀、存在安全隐患的报抢修、投诉、建议等
020102	通信基站	通信基站破损、锈蚀、建设规划的报抢修、投诉、建议等
020103	通信线缆	通信线缆破损、锈蚀、存在安全隐患的报抢修、投诉、建议等
020104	充电桩	充电桩使用、维护等方面的抢报修、投诉、建议等
020105	变压器	变压器破损、锈蚀、存在安全隐患的报抢修、投诉、建议等
020106	电力网	电力网破损、锈蚀、存在安全隐患的报抢修、投诉、建议等
020107	电信电力设施指示牌	电信电力设施指示牌破损、锈蚀、缺失、倾斜、内容错误的报修、建议等
020108	高压线铁塔	高压线铁塔破损、存在安全隐患、锈蚀明显、警示标志缺失的抢报修、投诉、建议等
020109	数字电视服务	数字电视和机顶盒的报修、投诉、建议等
020110	宽带服务	宽带提速、维修等服务的报修、投诉、建议等
020111	通信服务套餐	电信、移动、联通、固定电话等消费套餐的咨询和投诉
020112	通信账号注销	电信、移动、联通、固定电话等账号注销事宜
020113	通信信号问题	通信信号弱等问题的投诉、建议等
020114	固定电话问题	固定电话的报修等
020115	垃圾短信问题	垃圾短信的投诉等
020116	违规用电问题	举报窃电、私拉电线等行为的举报、投诉等
020117	电力安全问题	电力安全相关问题的举报、投诉、建议等，如在架空电力线路保护区内，堆放谷物、草料等物品，以及兴建建筑物、构筑物（如彩钢房、温棚等）等行为
020199	其他通讯电力	未列入上述内容的通讯电力相关诉求

表 A.1（续）

代码	类目名称	具体说明
0202	水电气暖	
020201	水路报修	水龙头、水管、阀门等问题报抢修
020202	电路报修	电路问题的报抢修
020203	燃气报修	煤气、天然气问题的报抢修
020204	暖气报修	暖气问题的报抢修
020205	供水政策	停水等政策咨询
020206	供电政策	停电等政策咨询
020207	供气政策	停气等政策咨询
020208	供暖政策	停暖等政策咨询
020209	供水服务	供水服务的投诉与建议
020210	供电服务	供电服务的投诉与建议
020211	供气服务	供气服务的投诉与建议
020212	供暖服务	供暖服务的投诉与建议
020299	其他水电气暖	未列入上述内容的水电气暖相关诉求
0203	家政服务	
020301	管道疏通	家庭下水管道疏通，厕所管道疏通，工业管道疏通清洗等管道相关服务推荐
020302	开锁服务	门锁、车锁等开锁相关服务推荐
020303	家电清洗	日常家用电器的清洗相关服务推荐
020304	搬家送货	搬家送货相关服务推荐
020305	保洁服务	室内保洁相关服务推荐
020306	旧货回收	旧货回收相关服务推荐
020307	保姆服务	保姆相关服务推荐
020308	送水换气	送水换气相关服务推荐
020309	环境净化	室内环境净化相关服务推荐
020310	母婴服务	母婴相关服务推荐
020399	其他家政服务	未列入上述内容的家政服务相关诉求
0204	设备维修	
020401	电脑维修	电脑维修相关服务推荐
020402	家电维修	家电维修相关服务推荐
020403	机动车维修	机动车维修相关服务推荐
020404	非机动车维修	非机动车维修相关服务推荐

9

附录七 苏州市地方标准：政府公共服务平台诉求分类与代码（DB3205）

DB3205/T 1005-2020

表 A.1（续）

代码	类目名称	具体说明
020499	其他设备维修	未列入上述内容的设备维修相关诉求
0205	邮政快递	
020501	报刊递送	报刊递送相关服务推荐
020502	邮政禁寄物品	邮政禁寄物品类别咨询
020503	邮政保价保险	邮政保价保险政策咨询
020504	邮件报关	邮件报关政策、手续咨询
020505	快递问题	快递问题的投诉和建议，包括丢件、破损纠纷等
020506	快递寄存柜	快递寄存柜破损、倾斜、锈蚀、缺亮、电子故障等诉求
020599	其他邮政快递	未列入上述内容的邮政快递相关诉求
0206	生活服务	
020601	鲜花礼品	鲜花礼品的预定等相关服务推荐
020602	庆典礼仪	庆典礼仪相关服务推荐
020603	宾馆餐饮	宾馆餐饮的预定等相关服务推荐
020604	休闲娱乐	休闲娱乐相关服务推荐
020605	美容保健	美容保健相关服务推荐
020606	广告设计	广告设计相关服务推荐
020607	殡葬服务	殡葬相关服务推荐
020608	号码查询	咨询企事业单位电话、咨询政府电话和转接政府电话相关诉求
020609	地址查询	咨询企事业单位地址、咨询政府地址等相关诉求
020699	其他生活服务	未列入上述内容的生活服务相关诉求
0207	房屋工程	
020701	电焊工	电焊工相关服务推荐
020702	木工施工	木工施工相关服务推荐
020703	泥水施工	泥水施工相关服务推荐
020704	油漆粉刷	油漆粉刷相关服务推荐
020705	防水堵漏	房屋漏水抢修等相关服务推荐
020706	石材养护	石材建筑的保养和维护相关服务推荐
020707	防盗门维修	防盗门维修相关服务推荐
020708	铝合金门窗	铝合金门窗的安装、维修相关服务推荐
020709	墙面钻孔	墙面钻孔相关服务推荐
020710	车库门	车库门养护与维修相关服务推荐
020711	广告灯具	广告灯具的安装、维修等相关服务推荐

表 A.1（续）

代码	类目名称	具体说明
020799	其他房屋工程	未列入上述内容的房屋工程相关诉求
0299	其他民生服务类	
029900	其他民生服务	未列入上述内容的民生服务相关诉求
03	民政社区	
0301	户政管理	
030101	身份证办理	身份证补换领、临时身份证明等事宜
030102	居住证办理	居住证办理、补换领等事宜
030103	户口簿办理	户口的登记、迁移、注销等事宜
030104	姓名事项	姓名变更等事宜
030105	证明办理	无犯罪记录证明、死亡证明办理等事宜
030106	婚姻登记	婚姻政策、婚姻登记手续等事宜
030107	收养登记	收养政策、收养手续等事宜
030108	出境入境	出入境政策、出入境事务等事宜
030109	护照办理	普通护照、港澳台湾等护照办理事宜
030110	入户政策	入户政策的咨询等事宜
030199	其他户政管理	未列入上述内容的户政管理相关诉求
0302	基本社会服务	
030201	最低生活保障	最低生活保障政策咨询、政策落实，申请最低生活保障等事宜
030202	特困人员供养	无劳动能力、无生活来源且无法定赡养、抚养、扶养义务人，或者其法定义务人无赡养、抚养、扶养能力的老年人、残疾人以及未满16周岁的未成年人的供养，包含低保边缘人群
030203	困境儿童保障	因家庭经济贫困、自身残疾、缺乏有效监护等原因，面临生存、发展和安全困境儿童的救助
030204	留守儿童关护	父母双方外出务工或一方外出务工另一方无监护能力、不满十六周岁的农村户籍未成年人的关爱保护
030205	惠民殡葬服务	免费提供遗体接运、暂存、火化、公益性骨灰寄存等基本殡葬服务；为优抚对象及城乡困难群众免费提供骨灰节地生态安葬服务；对不保留骨灰者，实行生态奖补
030299	其他基本社会服务	未列入上述内容的基本社会服务相关诉求
0303	社会救助	
030301	儿童福利院	儿童福利院相关问题的咨询、投诉等
030302	敬老院	敬老院相关问题的咨询、投诉等
030303	精神病院	精神病相关问题的咨询、投诉等

附录七 苏州市地方标准：政府公共服务平台诉求分类与代码（DB3205）

表A.1（续）

代 码	类目名称	具 体 说 明
030304	乞讨人员救助	流浪乞讨人员的救助事宜
030305	临时救助	因火灾、交通事故等意外事件或家庭成员突发重大疾病等原因，基本生活暂时出现严重困难的家庭；因生活必需支出突然增加超出家庭承受能力，基本生活暂时出现严重困难的最低生活保障家庭；遭遇其他特殊困难的家庭的救助
030306	受灾人员救助	基本生活受到自然灾害严重影响人员的救助事宜
030307	医疗救助	最低生活保障家庭成员；特困供养人员；具有当地户籍的临时救助对象中的大重病患者；享受民政部门定期定量生活补助费的20世纪60年代精减退职职工；重点优抚对象；享受政府基本生活保障的孤儿；市、县（市、区）总工会核定的特困职工；县级以上人民政府规定的其他特殊困难人员的医疗救助
030399	其他社会救助	未列入上述内容的社会救助相关诉求
0304	社会福利	
030401	老年优待	60-69周岁的老年人享受半价或免费游园、公交优惠等优待
030402	高龄补贴	经济困难的高龄失能老年人补贴，针对经济困难的高龄、失能老年人，给予养老服务、护理补贴等事宜
030403	集中供养	重点优抚对象集中供养，针对孤老和生活不能自理的抚恤优待对象，优先纳入覆盖一般群众的养老、医疗、康复等各项社会保障制度体系等事宜
030404	养老服务	养老政策咨询、政策落实，申请养老服务等事宜
030405	优待抚恤	将享受抚恤补助的优抚对象优先纳入覆盖一般群众的救助、养老、医疗、住房以及残疾人保障等各项社会保障制度体系等事宜
030406	退伍士兵安置	为退役士兵提供一次性经济补助金、安排工作、退休、供养、教育培训等安置待遇
030407	退伍优抚	退伍军官的优抚保障政策咨询、政策落实，申请退伍优抚等事宜
030499	其他社会福利	未列入上述内容的社会福利相关诉求
0305	残疾人事业	
030501	残疾人卡证	残疾人证、爱心卡的评定、年审等事宜
030502	生活补贴和护理补贴	困难残疾人生活补贴和重度残疾人护理补贴等事宜
030503	重残保障	家庭生活困难重度残疾人最低生活保障，即将家庭生活困难、靠家庭供养且无法单独立户的成年无业重度残疾人纳入最低生活保障范围等事宜
030504	辅助器具补贴	残疾人辅助器具适配与家庭无障碍改造补贴，即对符合条件的残疾人基本辅助器具和家庭无障碍改造给予补贴等事宜
030505	残疾人基本社保	残疾人基本社会保险个人缴费资助，即对符合条件的贫困和重度残疾人给予基本社会保险补贴、全额代缴、税费补贴等事宜

表 A.1（续）

代 码	类目名称	具体说明
030506	残疾人基本房保	残疾人基本住房保障，即对符合住房保障条件的城镇残疾人家庭给予优先轮候、优先选房、优先发放住房租赁补贴等政策；同等条件下优先为经济困难的残疾人家庭实施农村危房改造，基本完成农村贫困残疾人家庭存量危房改造任务
030507	残疾人托养服务	针对就业年龄段智力、精神及重度肢体残疾的人，各级政府和残联帮助解决残疾人生活照料和养护托管等服务
030508	残疾人康复服务	针对有康复需求的持证残疾人、残疾儿童，政府和社会机构为其提供康复医疗、康复训练指导、心理支持、知识普及、用品用具、咨询转介一系列的服务等事宜
030509	残疾人教育	针对残疾儿童、青少年，逐步实现残疾学生从义务教育到高中阶段教育全免费对残疾儿童普惠性学前教育予以资助；对贫困残疾人子女教育给予适当学费减免补贴
030510	残疾人培训就业	针对有就业能力和就业意愿的城乡残疾人，免费提供有针对性的职业技能培训、岗位技能提升培训、创业培训等就业创业服务；为就业困难残疾人提供就业援助和就业补助
030511	残疾人文化体育	文化精神活动和体育训练与活动服务（设立盲人阅读室、配置盲文图书馆、有声读物等有关阅读设备，提供无障碍数字阅读和社会教育等）
030512	无障碍环境支持	针对残疾人、老年人建设无障碍设施、网站，信息平台，能够让他们基本能够无障碍出行，接受信息、享有社区服务
030513	残疾人帮扶	帮助残疾人就业、扶贫工作等事宜
030599	其他残疾人事业	未列入上述内容的残疾人相关诉求
0306	社团管理	
030601	红十字会管理	包括救灾物资的接受和发放、物资储备、卫生救护（如器官捐献）、社区服务、宣传和传播等方面的管理事宜
030602	基金会管理	基金会的登记、变更、注销、年检及运营情况等事宜
030603	社会团体管理	社会团体的登记、变更、注销、年检及运营情况等事宜
030604	民办非企业单位管理	民办非企业单位的登记、变更、注销、年检及运营情况等事宜
030699	其他社团管理	未列入上述内容的社团管理相关诉求
0307	福彩管理	
030701	福利彩票管理	福利彩票的发行、销售、兑奖等方面的管理事宜
030799	其他福彩管理	未列入上述内容的福彩管理相关诉求
0308	物业管理	
030801	小区安保	小区安保方面的建议、表扬、投诉，包括小区安保人员和安全保障工作等事宜

附录七 苏州市地方标准：政府公共服务平台诉求分类与代码（DB3205）

DB3205/T 1005-2020

表 A.1（续）

代码	类目名称	具体说明
030802	小区绿化	小区绿化方面的建议、表扬、投诉，包括居民圈地种菜、绿化不足、绿化养护等事宜
030803	小区卫生	小区卫生方面的建议、表扬、投诉，包括公共区域的地面清洁、垃圾清理、小区居民乱推垃圾等事宜
030804	小区公共设施	小区公共设施方面的建议、投诉，包括门禁等公共设施的新建、维修、恶意毁坏、保护工作等事宜
030805	小区秩序	小区公共区域秩序方面的表扬、投诉等
030806	车库车位管理	小区车库车位管理的建议、投诉，包括乱停车、车库购买、租用等事宜
030807	住改商	住房改商用房的政策咨询、投诉等
030808	装饰装修房屋	装饰装修房屋方面的建议、投诉，包括对房屋小幅度的装修（不改变房屋格局），如门窗内改成朝外开等事宜。
030809	物业费缴纳	物业费缴纳的相关咨询、投诉，包括拒绝缴纳物业费、乱收物业费、物业费用的咨询、缴纳方式的咨询等事宜
030810	物业服务问题	物业服务问题的相关咨询、表扬、投诉等，如业主与物业之间的纠纷等问题
030811	小区自治	小区自治管理的咨询、表扬、建议、投诉等
030899	其他物业管理	未列入上述内容的物业管理相关诉求
0309	社区管理	
030901	居民选举	居民选举政策咨询、投诉等
030902	业委会建设管理	业委会建设、成员管理，对业委会的投诉等事宜
030903	家庭暴力	家庭暴力（发生在家庭成员之间的，以殴打、捆绑、禁闭、残害或者其它手段对家庭成员从身体、精神、性等方面进行伤害和摧残的行为）的投诉、举报，包括请求第三方介入处理、受害人保护等事宜
030904	家庭纠纷	家庭纠纷问题的咨询、投诉等，如父母与子女之间的教育问题、婆媳关系等
030905	儿童保护	儿童受到侵犯行为的举报、投诉等，如虐童、父母疏于照料等问题的举报
030906	邻里纠纷	对个人之间的口角矛盾、债务纠纷等问题的举报、投诉等
030999	其他社区管理	未列入上述内容的社区管理相关诉求
0399	其他民政社区类	
039900	其他民政社区	未列入上述内容的民政社区相关诉求
04	**住房保障**	
0401	房屋建设	
040101	房屋建设工程	房屋建设工程方面的咨询、表扬、投诉等，如偷工减料的投诉等
040102	房屋质量	房屋质量方面的咨询、投诉等，如房屋漏水、管道不通等问题的投诉

表 A.1（续）

代码	类目名称	具体说明
040103	房屋安全	房屋安全方面的投诉、举报等，如邻居擅自敲除承重墙等
040104	交房验收	交房验收方面的咨询、投诉等
040105	旧房改造	旧房改造的政策咨询、投诉等
040106	住房维修基金	住房维修基金的政策咨询，政策落实、投诉等事宜
040107	房地产监管	房地产监管相关政策的咨询、投诉等，包括规范房地产开发经营、经纪和估价行为，维护房地产市场秩序等事宜
040199	其他房屋建设	未列入上述内容的房屋建设相关诉求
0402	房产交易	
040201	购房政策	购房政策的咨询，包括异地购房、新房购买政策等事宜
040202	二手房政策	二手房交易政策、交易手续的咨询等
040203	产证办理	房产证办理的咨询、投诉等
040204	房产过户	房产过户政策的咨询等
040205	不动产登记	不动产登记政策的咨询等
040206	租赁备案	租赁政策、备案手续的咨询等
040207	房屋纠纷	对房屋买卖租赁过程中产生的纠纷的投诉等，如二手房买卖合同违约、租赁合同违约等纠纷
040208	房产中介管理	涉及房产中介公司收费、纠纷等诉求
040299	其他房产交易	未列入上述内容的房产交易相关诉求
0403	保障性住房	
040301	廉租房	廉租房相关政策的咨询等
040302	公租房	公租房相关政策的咨询等
040303	经济适用房	经济适用房相关政策的咨询等
040304	限价商品房	限价商品房相关政策的咨询等
040305	房改房	房改房（指于1994年国务院发文实行的城镇住房制度改革的产物，是我国城镇住房由从前的单位分配转化为市场经济的一项过渡政策，又称已购公有住房）相关政策的咨询等
040306	住房补贴	住房补贴相关政策咨询、申请等
040399	其他保障性住房	未列入上述内容的保障性住房相关诉求
0404	公积金服务	
040401	公积金提取	公积金提取政策、手续的咨询、投诉等
040402	公积金贷款	公积金贷款政策、手续的咨询、投诉等
040403	公积金转移	公积金转移政策、手续的咨询、投诉等
040404	公积金缴存	公积金缴存政策、手续的咨询、投诉等

附录七　苏州市地方标准：政府公共服务平台诉求分类与代码（DB3205）

表 A.1（续）

代码	类目名称	具体说明
040405	公积金余额查询	公积金余额的查询
040499	其他公积金服务	未列入上述内容的公积金服务相关诉求
0405	住房发展规划	
040501	房地产招投标	房地产招投标政策的咨询、建议等
040502	规划制定	城乡住房建设规划政策的咨询、建议、投诉等
040503	拆迁安置	拆迁安置过程中有关问题的咨询、投诉等，包括拆迁补偿、过渡住房与补贴、安置用房等问题
040504	城镇棚户区改造	城镇棚户区改造相关问题的咨询、投诉等，包含城中村改造问题
040505	城乡危房改造	城乡危房改造有关问题的咨询、投诉等
040599	其他住房发展规划	未列入上述内容的住房发展规划相关诉求
0499	其他住房保障类	
049900	其他住房保障	未列入上述内容的住房保障相关诉求
05	劳动人事	
0501	社会保障	
050101	职工养老保险	职工养老保险申请、办理、相关政策咨询、投诉等事宜
050102	城乡居民养老保险	城乡居民基本养老保险申请、办理、相关政策咨询、投诉等事宜
050103	职工医疗保险	职工医疗保险申请、办理、相关政策咨询、投诉等事宜
050104	城乡居民医疗保险	城乡居民医疗保险申请、办理、相关政策咨询、投诉等事宜
050105	失业保险	失业保险申请、办理、相关政策咨询、投诉等事宜
050106	生育保险	生育保险申请、办理、相关政策咨询、投诉等事宜
050107	工伤保险	工伤保险申请、办理、相关政策咨询、投诉等事宜
050108	社保统筹服务	社保统筹服务申请、办理、相关政策咨询、投诉等事宜
050109	市民卡	市民卡办理、相关咨询、投诉等事宜
050199	其他社会保障	未列入上述内容的社会保障相关诉求
0502	积分管理	
050201	积分入户	积分入户政策咨询、办理手续咨询等事宜
050202	积分入学	积分入学政策咨询、办理手续咨询等事宜
050203	积分入医	积分入医政策咨询、办理手续咨询等事宜
050299	其他积分管理	未列入上述内容的积分管理相关诉求
0503	劳动权益	
050301	就业登记	就业登记相关方面的咨询、建议等
050302	失业登记	失业登记相关方面的咨询、建议等

表 A.1（续）

代码	类目名称	具体说明
050303	劳动合同	劳动合同方面的咨询、建议等
050304	工资职称	企事业单位工资职称方面的咨询、投诉等
050305	福利待遇	企事业单位福利待遇方面的咨询、投诉等
050306	劳动环境	企事业单位劳动环境方面的咨询、投诉等
050307	工伤认定	工伤认定的政策咨询、手续办理、投诉等
050308	离休退休	离休退休的政策咨询、手续办理、投诉等
050309	带薪休假	带薪休假的政策咨询、投诉举报等
050399	其他劳动权益	未列入上述内容的劳动权益相关诉求
0504	劳动纠纷	
050401	拖欠薪资	企事业单位无故拖欠员工薪资等问题
050402	违规加班	企事业单位违规要求员工加班等问题
050403	违法用工	企事业单位违法雇佣童工等问题
050404	劳动保障监察	政府向各类用人单位和劳动者免费提供法律咨询和执法维权服务
050405	劳动关系协调	政府向各类用人单位和劳动者免费提供劳动关系政策咨询和培训、劳动用工指导、获得劳动合同和集体合同示范文本、劳动纠纷调解、集体协商指导等服务
050406	调解仲裁	政府向各类用人单位和劳动者免费提供劳动人事争议调解和仲裁服务
050407	离职辞退	涉及职工辞职、离职、辞退引发的相关诉求
050499	其他劳动纠纷	未列入上述内容的劳动纠纷相关诉求
0505	就业服务	
050501	就业援助	就业援助政策咨询、手续咨询、投诉等，包括免费提供职业指导、岗位信息、就业困难和零就业家庭认定等方面服务
050502	就业见习服务	就业见习服务咨询、申请办理咨询、投诉等
050503	农民工培训	农民工培训政策咨询、申请办理咨询、投诉等，包括免费提供城市生活、文化素质、法律知识、安全常识、健康卫生等基础素质教育培训等服务
050504	职业技能培训	职业技能培训政策咨询、申请办理咨询、投诉等，包括符合条件者职业技能培训补贴的发放等事宜
050505	职业技能鉴定	职业技能鉴定方面的咨询、投诉等，包括符合条件者职业技能鉴定补贴的发放等事宜
050506	职称报考	职称报考政策咨询、考点咨询、投诉等
050507	职业中介管理	职业中介相关信息的咨询、投诉等
050599	其他就业服务	未列入上述内容的就业服务相关诉求
0506	创业服务	

附录七　苏州市地方标准：政府公共服务平台诉求分类与代码（DB3205）

DB3205/T 1005—2020

表 A.1（续）

代码	类目名称	具体说明
050601	创业政策	政府提供的创业扶持政策咨询等
050602	创业融资	政府支持的创业融资政策咨询、投诉等
050603	创业指导	政府提供的创业指导、项目开发等方面服务的咨询等
050604	创业园	创业园的企业扶持、企业政策的方面的咨询、投诉等
050699	其他创业服务	未列入上述内容的创业服务相关诉求
0507	人事工作	
050701	事业编制	事业编制的信息咨询等
050702	事业单位	事业单位信息咨询、投诉等
050703	人事招考	机关事业单位人员招聘考试的信息咨询、投诉等
050704	人才引进	人才引进方面的政策咨询、建议等
050705	人事档案	涉及人事档案（个人身份、学历、资历等方面资料）的查询、储存、转移等事宜的咨询、建议等
050799	其他人事工作	未列入上述内容的人事工作相关诉求
0599	其他劳动人事类	
059900	其他劳动人事	未列入上述内容的劳动人事相关诉求
06	**商贸经济**	
0601	消费维权	
060101	假冒品牌	产品假冒别的品牌的投诉等
060102	虚假宣传	产品涉及虚假宣传的投诉等
060103	强买强卖	涉及强买强卖行为的投诉等
060104	合同违约	买卖双方涉及合同违约的投诉等
060105	不正当竞争	商家之间不正当竞争的投诉、举报等
060106	商品质量纠纷	商品质量问题引起纠纷的投诉等
060107	服务质量纠纷	服务质量问题引起纠纷的投诉等
060108	预售服务纠纷	预售服务问题引起纠纷的投诉等，包括预售卡券，保证金定金等预售服务
060109	网络消费纠纷	网络消费行为引起纠纷的咨询、投诉等
060199	其他消费维权	未列入上述内容的消费维权相关诉求
0602	无证经营	
060201	无证照餐饮店	对无营业执照和经营许可证餐饮店的投诉、举报、举报等
060202	无证照超市	对无营业执照和经营许可证超市的投诉、举报等
060203	无证照网吧	对无营业执照和经营许可证网吧的投诉、举报等
060204	无证照美容机构	对无营业执照和经营许可证美容机构的投诉、举报等

18

表A.1 （续）

代码	类目名称	具体说明
060205	无证照培训机构	对无营业执照和经营许可证培训机构的投诉、举报等
060206	无证照诊所	对无营业执照和经营许可证诊所的投诉、举报等
060207	无证照宾馆	无证照的宾馆、民宿等的诉求
060299	其他违规经营	未列入上述内容的无证经营问题相关诉求
0603	物价管理	
060301	药品收费	药品收费的咨询、投诉等
060302	教育收费	教育收费的咨询、投诉等
060303	房价管理	房价管理的咨询、投诉等
060304	景点收费	景点收费的咨询、投诉等
060305	银行收费	银行收费的咨询、投诉等
060306	通信资费	通信资费的咨询、投诉等
060307	停车费	停车费的咨询、投诉等
060308	交通运输收费	交通运输收费的咨询、投诉等，包括养路费和日常维修保养费等
060309	水电气暖收费	水电气暖收费的咨询、投诉等
060310	行政收费	行政收费的咨询、投诉等，包括公安、民政、人社、民防、法院、卫生计生等部门收费
060399	其他物价管理	未列入上述内容的物价管理相关诉求
0604	质量监督	
060401	质量管理与监督	质量管理与监督相关的咨询、求助等，如消费者要求检测产品质量的诉求等
060402	计量器具	计量器具的咨询、建议、投诉等
060403	特种设备人员许可	特种设备人员许可证相关的咨询、投诉等
060499	其他质量监督	未列入上述内容的质量监督相关诉求
0605	检验检疫	
060501	商品检疫	商品检疫相关的咨询、投诉等
060502	动植物检疫	动植物检疫相关的咨询、投诉等
060503	出入境卫生检疫	出入境卫生检疫相关的咨询、投诉等
060599	其他检验检疫	未列入上述内容的检验检疫相关诉求
0606	媒体广告	
060601	小广告治理	违法涂写张贴小广告、街头散发小广告的治理的建议、投诉等
060602	广告牌设施管理	广告牌设施管理的建议、投诉等
060603	广告审批	广告审批政策咨询、投诉等

附录七 苏州市地方标准：政府公共服务平台诉求分类与代码（DB3205）

DB3205/T 1005-2020

表 A.1（续）

代码	类目名称	具 体 说 明
060604	广告内容管理	广告内容的建议、投诉等
060605	车辆车身广告	车辆车身广告内容、形式的举报、投诉等
060606	报刊杂志新闻出版	报刊、杂志、新闻出版的内容、形式等方面的咨询、投诉等
060607	违法标语	违反法律法规的标语的投诉等
060608	广播电视网络宣传	广播、电视、网络有关问题的投诉、建议等
060609	媒体舆论管理	媒体舆论有关的投诉、建议等
060699	其他媒体广告	未列入上述内容的媒体广告相关诉求
0607	企业服务	
060701	注册登记	企业注册登记政策咨询、手续办理等事宜
060702	设立变更	企业设立变更的政策咨询、手续办理等事宜
060703	营业执照	企业营业执照办理材料、政策咨询等事宜
060704	经营许可证	企业经营许可证政策咨询、手续办理等事宜，如烟草、药品、危险化学品经营许可证等
060705	组织机构代码	企业组织机构代码的咨询等
060706	职工社保	企业单位职工社保政策咨询等，如缴费比率、缴费代扣等事宜
060707	商标管理	企业商标注册、使用、转让的咨询等
060708	投资审批	企业投资审批政策咨询、办理进度查询等事宜
060709	立项申报	企业立项申报政策咨询、办理进度查询等事宜
060710	资质年检	企业资质年检政策咨询、手续办理等事宜
060711	企业注销	企业注销政策咨询、手续办理等事宜
060799	其他企业服务	未列入上述内容的企业服务相关诉求
0608	经济管理	
060801	企业改革	对国家有关企业改革政策的咨询、建议等
060802	收入分配	对收入分配政策的咨询、建议等
060803	国有资产管理	国有资产政策的咨询，投诉等
060804	财政收支管理	财政收支管理政策的咨询、建议等
060805	政府采购	政府采购政策的咨询、建议等
060806	政府拍卖	政府拍卖政策的咨询、建议等
060807	货物招标	货物招标政策的咨询、建议等
060808	招商引资	招商引资政策的咨询、建议等
060809	公共资源交易	公共资源交易政策的咨询、建议等
060810	新能源	新能源政策的咨询等，如新能源汽车补贴政策

表A.1（续）

代码	类目名称	具体说明
060811	经济统计	经济统计信息的咨询等
060899	其他经济管理	未列入上述内容的经济管理相关诉求
0609	商务贸易	
060901	贸易服务	国内贸易与对外贸易的有关政策咨询
060902	海关服务	涉及海关事务的咨询、投诉等
060903	物流仓储管理	利用自建或租赁库房、场地，储存、保管、装卸搬运、配送货物的相关事宜
060999	其他商务贸易	未列入上述内容的商务贸易相关诉求
0699	其他商贸经济类	
069900	其他商贸经济	未列入上述内容的商贸经济相关诉求
07	医疗卫生	
0701	公共卫生	
070101	疫苗接种	公众疫苗接种相关服务的咨询、投诉等
070102	疾病防控	传染病、慢性病、地方病、结核病、艾滋病等疾病预防管理的咨询、建议等
070103	医疗用血	包含无偿献血在内的医疗用血管理问题的咨询、投诉等
070104	禁烟控烟	公共场所禁烟控烟有关情况的举报、投诉等
070105	有害生物防治	血吸虫、白蚁、老鼠等以寄生虫为代表的有害生物防治情况的举报、建议等
070199	其他公共卫生	未列入上述内容的公共卫生相关诉求
0702	医药管理	
070201	药物政策	有关药物政策的咨询、投诉等
070202	基本药物	基本药物制度相关的咨询、投诉等
070203	药品管理	药品的制造、销售问题的咨询、投诉等
070204	化妆品管理	化妆品的生产销售问题的咨询、投诉等
070205	保健品管理	保健品的生产销售问题的咨询、投诉等
070206	医疗器械管理	医疗器械的生产销售问题的咨询、投诉等
070299	其他医药管理	未列入上述内容的医药管理相关诉求
0703	医疗服务	
070301	门诊服务	对医疗机构门诊服务水平、质量的咨询、投诉等
070302	预约挂号	预约挂号相关问题的咨询、投诉等，包括电话挂号、网络挂号、排队等问题

附录七　苏州市地方标准：政府公共服务平台诉求分类与代码（DB3205）

表A.1（续）

代码	类目名称	具体说明
070303	妇幼保健	妇女保健有关问题的咨询、投诉等，包括婚检、孕妇的产前检查，叶酸的发放、高危孕产妇的监控、生殖健康的宣传、分娩的一系列检查和产后访视儿童保健包括小孩子的产后访视，体检，疫苗接种，体弱儿的监控，新筛（新生儿筛查）等等
070304	健康体检	健康体检相关问题的咨询、投诉等
070305	医学鉴定	医学鉴定相关问题的咨询、投诉等，包括工伤鉴定，亲子鉴定等鉴定事宜
070306	急救转运	急救转运（将需紧急救治的患者转运至其他医院的过程）相关问题的咨询、投诉等
070307	民营医院	民营医院建设、服务水平等相关问题的咨询、投诉等
070308	医德医风	有关医院、医生的品德行为的投诉等
070309	医患纠纷	对医生和患者本人及亲属之间发生的医疗纠纷的咨询、投诉等
070310	医疗事故	有关医疗事故（医疗机构及其医务人员在医疗活动中，违反医疗卫生管理法律、行政法规、部门规章和诊疗护理规范、常规，过失造成患者人身损害的事故）相关的咨询、投诉等
070311	非法行医	有关非法行医问题的投诉、举报等，如行医执照过期、缺失等问题
070399	其他医疗服务	未列入上述内容的医疗服务相关诉求
0704	卫生保健	
070401	居民健康档案	居民健康档案服务相关的咨询、建议等
070402	健康教育服务	健康教育服务相关的咨询、建议等，包括免费提供健康教育宣传信息、健康教育咨询服务和健康教育（包括职业健康保护和职业病防治）讲座等
070403	幼儿预防接种	幼儿预防接种相关服务的咨询、建议等，包括为0-6岁儿童免费接种国家免疫规划疫苗等
070404	儿童健康管理	儿童健康管理相关服务的咨询、建议等，包括建立保健手册，提供新生儿访视、儿童保健系统管理、体格检查、生长发育监测及评价和健康指导等服务
070405	孕产妇健康管理	孕产妇健康管理相关服务的咨询、建议等，包括建立保健手册，提供孕期保健、产后访视及健康指导服务
070406	老年人健康管理	老年人健康管理相关服务的咨询、建议的等，包括提供登记管理，健康危险因素调查、一般体格检查、中医体质辨识、疾病预防、自我保健及伤害预防、自救等健康指导服务
070407	慢性病患者管理	慢性病患者管理相关服务的咨询、建议等，包括高血压、II型糖尿病等慢性患者等
070408	艾滋病管理	艾滋病相关问题的咨询、建议等，包括艾滋病毒感染者和病人随访管理及高危行为人群干预

表 A.1（续）

代码	类目名称	具体说明
070409	结核病患者健康管理	结核病患者健康管理相关服务的咨询、建议等，包括提供肺结核筛查及推介转诊、入户随访、督导服药、结果评估等服务
070410	中医药健康管理	中医药健康管理相关服务的咨询、建议等，针对65岁以上老人、0-3岁儿童，通过基本公共卫生服务项目为65岁以上老人提供中医体质辨识和中医保健指导服务，为0-3岁儿童提供中医调养服务
070499	其他卫生保健	未列入上述内容的卫生保健相关诉求
0705	心理卫生	
070501	自杀预防	有关自杀预防（对于自杀行为如自杀未遂和自杀姿态，自杀意念如自杀观念和自杀企图的患者，应该及时、积极地提供预防自杀的措施）相关的咨询、求助等
070502	严重精神障碍患者	严重精神障碍患者管理相关的咨询、建议等，包括提供患者信息管理、随访评估、分类干预和健康体检服务
070503	心理咨询热线	为有需要的市民提供心理帮助，如苏州心理援助热线12320-4
070599	其他心理卫生	未列入上述内容的心理卫生相关诉求
0706	计划生育	
070601	计生政策	对国家计生政策法规等咨询、建议等，如一胎、二胎政策等
070602	独生子女管理	独生子女的相关政策咨询
070603	孕前检查	免费孕前优生健康检查的咨询等
070604	违法生育	违反我国计划生育法进行政策外生育行为的举报、投诉等
070605	技术指导和药具发放	育龄人群计划生育技术指导咨询和药具免费发放的咨询、建议等
070606	农村扶助	年满60周岁、领取《独生子女光荣证》且符合条件的农村居民奖励扶助金相关的咨询等
070607	家庭特别扶助	符合条件的死亡或伤残独生子女父母特别扶助问题的咨询、建议等
070608	计划生育纠纷	涉及到计生政策中的一些报销、补贴等优惠政策引发的纠纷的举报、投诉等
070699	其他计划生育	未列入上述内容的计划生育相关诉求
0799	其他医疗卫生类	
079900	其他医疗卫生	未列入上述内容的医疗卫生相关诉求
08	财税金融	
0801	银行服务	
080101	存取款	存取款服务等事宜
080102	贷还款	贷还款服务等事宜
080103	信用卡	信用卡办理、还款、超期等事宜

附录七 苏州市地方标准：政府公共服务平台诉求分类与代码（DB3205）

DB3205/T 1005-2020

表 A.1（续）

代码	类目名称	具体说明
080104	理财服务	银行理财产品服务等事宜
080105	征信服务	信用查询等事宜
080106	自助机器设备	银行自助机器设备方面的咨询、报修、投诉、举报等相关诉求
080199	其他银行服务	未列入上述内容的银行服务相关诉求
0802	证券服务	
080201	个人服务	个人业务，如资产管理、投资咨询等事宜
080202	股票交易	股票交易业务，如开通创业板、新三板等事宜
080203	公司上市	企业上市、股票增发等事宜
080204	债券发行	企业债券发行等事宜
080299	其他证券服务	未列入上述内容的证券服务相关诉求
0803	保险服务	
080301	保险办理	保险办理、续保、退保等事宜
080302	保险理赔	保险理赔等事宜
080399	其他保险服务	未列入上述内容的保险服务相关诉求
0804	税务管理	
080401	税务登记	开业、变更、停业、复业登记等事宜
080402	纳税申报	纳税申报、延期等事宜
080403	发票管理	不开、补开、遗失发票等事宜
080404	税收违法	偷税、漏税等税收违法行为
080499	其他税收管理	未列入上述内容的税收管理相关诉求
0805	审计服务	
080501	财政金融审计	财政金融事业审计等事宜
080502	行政事业审计	行政事业审计等事宜
080599	其他审计服务	未列入上述内容的审计服务相关诉求
0806	财政服务	
080601	会计服务事项	会计证、继续教育等事宜
080602	票据管理事项	财政票据的领购、发放、使用与保管等事宜
080603	资产评估服务	对单项资产、资产组合、企业价值、金融权益、资产损失或者其他经济权益进行评定、估算服务等事宜
080699	其他财政服务	未列入上述内容的财政服务相关诉求
0899	其他财税金融类	
089900	其他财税金融	未列入上述内容的财税金融相关诉求

表A.1（续）

代码	类目名称	具体说明
09	城乡建设	
0901	公共井盖	
090101	供水井盖	破损超过0.0025㎡，开裂且影响安全的报修、建议等
090102	污水井盖	破损超过0.0025㎡，开裂且影响安全的报修、建议等
090103	雨水井盖	缺失的报修、建议等
090104	电力井盖	移位的报修、建议等
090105	路灯井盖	移位的报修、建议等
090106	燃气井盖	弹跳产生声响、明显影响安全的报修、建议等
090107	通讯井盖	移动、电信、联通、有线电视、网络等通讯井盖沉降超过0.03m的报修、建议等
090108	公安井盖	非沉降维护修复的报修、建议等
090109	集约化井盖	破损、移位的报修、建议等
090110	无主井盖	非沉降维护修复的报修、建议等
090199	其他公共井盖	未列入上述内容的公共井盖问题相关诉求
0902	公用设施	
090201	立杆	破损、倾斜的报修、建议等
090202	路灯	不亮、破损、缺失、倾斜的报修、建议等
090203	地灯	破损、缺亮、缺失的报修、建议等
090204	景观灯	破损、缺失、缺亮、倾斜的报修、建议等
090205	报刊亭	破损的报修、建议等
090206	电话亭	破损的报修、建议等
090207	邮筒（箱）	箱体锈蚀明显、倾斜的报修、建议等
090208	信息亭	破损、箱体锈蚀明显、倾斜的报修、建议等
090209	自动售货机	破损、箱体锈蚀明显、倾斜的报修、建议等
090210	民用水井	破损、水质脏污的报修、建议等
090211	液化气站	破损、存在安全隐患的报修、建议等
090212	燃气调压站（巷）	破损、存在安全隐患、锈蚀明显、警示标志缺失的报修、建议等
090213	监控电子眼	破损、倾斜、锈蚀、缺失的报修、建议等
090214	售货亭	破损、锈蚀、缺失、内容不当的报修、建议等
090215	城管岗亭	破损、锈蚀的报修、建议等
090216	治安岗亭	破损、锈蚀的报修、建议等
090217	露天燃气管道	用于输送燃气的露天管道（破损、严重锈蚀）

附录七 苏州市地方标准：政府公共服务平台诉求分类与代码（DB3205）

表 A.1（续）

代码	类目名称	具体说明
090218	废旧衣物回收箱	废旧衣物回收箱破损、倾斜、锈蚀等报修
090299	其他公用设施	未列入上述内容的公用设施问题相关诉求
0903	环卫设施	
090301	公共厕所	设施破损、缺失、异味的报修、投诉等
090302	化粪池	井盖缺失、破损的报修、投诉等
090303	公厕指示牌	设施破损、锈蚀、缺失、指示错误的报修、投诉等
090304	垃圾间（楼）	破损、缺失的报修、投诉等
090305	垃圾箱	破损、倾斜、缺失的报修、投诉等
090306	洒水车	不合理喷洒、噪声的报修、投诉等
090307	灯箱霓虹灯	断字缺亮、破损、存在安全隐患的报修、投诉等
090308	环保监测塔	破损、倾斜的报修、建议等
090309	气象监测站	破损、倾斜的报修、建议等
090310	污水口监测站	破损的报修、建议等
090311	公共下水道	破损、污损的报修、建议等
090312	噪声显示屏	破损、断字缺亮的报修、建议等
090399	其他环卫设施	未列入上述内容的环卫设施问题相关诉求
0904	园林绿化	
090401	古树名木	非自然倾斜、死株等的情况举报、建议等
090402	行道树	死株、缺株、倾斜、倒伏、需要修剪等情况的反映
090403	护树设施	泥土裸露、保护设施破损、缺失等情况的举报、建议等
090404	花架花钵	破损、缺失、缺株、泥土裸露等情况的举报、建议等
090405	绿地	枯死、泥土明显裸露、杂草丛生等情况的举报、建议等
090406	雕塑	破损、缺失、倾斜、污损等的举报、建议等
090407	街头坐椅	破损、缺失、明显锈蚀等的举报、建议等
090408	绿地护栏	破损、脱落、缺失、锈蚀等的举报、建议等
090409	绿地维护设施	明显破损、缺失、漏水、设施缺件影响正常使用等的举报、建议等
090410	喷泉	破损、池水脏污等的举报、建议等
090411	病虫害	树木、花草受到病虫害侵蚀等情况的举报、建议
090499	其他园林绿化	未列入上述内容的园林绿化相关诉求
0905	其他设施	
090501	重大危险源	存在安全隐患的举报、建议等
090502	工地	工地出入口未硬化、无围挡的举报、建议等

表 A.1（续）

代码	类目名称	具体说明
090503	水域附属设施	破损、缺失、塌陷的报修、建议等
090504	水域护栏	破损、脱落、缺失的报修、建议等
090505	水域警示牌	破损、锈蚀、缺失的报修、建议等
090506	港监设施	船运指示设施破损、缺失、变形、倾斜及内容错误的报修、建议等
090507	宣传栏	破损、缺亮、锈蚀、内容更新不及时的报修、建议等
090508	防汛墙	破损、塌陷、倾斜的报修、建议等
090509	公园风管带设施	破损、锈蚀的报修、建议等
090510	LED 显示屏	破损、缺失、倾斜及内容错误的报修、建议等
090511	燃气标桩	破损、锈蚀的报修、建议等
090599	其他部件设施	未列入上述内容的其他设施问题相关诉求
0906	扩展部件	
090601	综合沟管井盖	参照井盖的六种情况
090602	跨河管线	破损、严重锈蚀、标志缺损的报修、建议等
090603	小游园	设施破损、缺失、杂草丛生的报修、建议等
090604	减速带	破损、磨损的报修、建议等
090605	地名牌	破损、锈蚀、缺失、内容不当的报修、建议等
090606	休息亭	破损、设施破损、缺失的报修、建议等
090607	高架路雨水管	雨水管破损或缺失的报修、建议等
090699	其他扩展部件	未列入上述内容的扩展部件问题相关诉求
0907	市容市貌	
090701	违法搭建	违法搭建建筑物、构筑物的举报、投诉等
090702	擅自开门开窗	违规在建筑立面开门开窗的举报、投诉等
090703	暴露垃圾	成堆、成片的垃圾的举报、投诉等
090704	积存垃圾渣土	超过临时堆放时限的建筑垃圾及堆积的渣土的举报、投诉等
090705	违法填埋垃圾	无相关许可违规填埋、处置垃圾的举报、投诉等
090706	道路不洁	未按规定及时处理的道路保洁问题的举报、投诉等
090707	水域不洁	河道、沟渠淤积、堵塞，有漂浮物、蓝藻、大面积污染的举报、投诉等
090708	绿地脏乱	有垃圾杂物的举报、投诉等
090709	废弃车辆	长期占道停放、无人使用的车辆的举报、投诉等
090710	废弃家具设备	长期占道摆放无人使用的家具设备的举报、投诉等
090711	非装饰性吊挂	主、次道路擅自悬挂、捆绑物品的举报、投诉等
090712	河堤破损	破损、坑洼、松动的举报、投诉等

附录七 苏州市地方标准：政府公共服务平台诉求分类与代码（DB3205）

表 A.1（续）

代码	类目名称	具体说明
090713	道路遗撒	道路遗撒（含施工及其他车辆污染路面）的举报、投诉等
090714	沿街立面脏缺损	临街建筑立面及阳台脏乱差、外墙面脱落等的举报、投诉等
090715	水域秩序问题	船舶搁浅，渔船、自用船非法载人行为，偷钓，电鱼行为的举报、投诉等
090716	擅自饲养家禽家畜	违反相关法规饲养家禽家畜行为的举报、投诉等
090717	公共区域屠宰	公共区域现场宰杀牲畜造成地面及气味污染等行为的举报、投诉等
090718	动物尸体清理	公共场所发现的动物尸体未能及时清理的现象的举报、投诉等
090719	农贸市场管理	农贸市场环境不洁、无秩序等现象的举报、投诉等
090720	违章接坡	未经审批私自进行道路违章接坡的现象
090721	沙（河）滩不洁	未按规定及时处理的沙（河）滩上保洁问题
090722	非法伐树	园林树木乱砍乱伐现象
090799	其他市容市貌	未列入上述内容的市容市貌问题相关诉求
0908	城乡规划	
090801	市镇基础设施规划	水电气暖设施、道路交通设施等市镇基础设施规划事宜
090802	公共服务设施规划	公园、医院等公共服务设施规划事宜
090899	其他设施规划	未列入上述内容的城乡规划相关诉求
0909	施工管理	
090901	工地扬尘	施工过程中施工堆料未采取有效防尘措施造成扬尘现象的投诉、举报等
090902	施工废弃料	竣工后未及时清运废弃料的投诉、举报等
090903	违章挖掘	未经许可挖掘道路的投诉、举报等
090904	抛撒滴漏	污染路面的投诉、举报等
090905	无证消纳渣土	未经许可擅自运输倾倒建筑垃圾、工程渣土的投诉、举报等
090906	车轮带泥	污染路面的投诉、举报等
090907	占道施工	违规占用道路施工的投诉、举报等
090908	随意排放污水废气	污染水质、空气的投诉、举报等
090999	其他施工管理	未列入上述内容的施工管理问题相关诉求
0910	应急抢修	
091001	路面塌陷	路面塌陷的抢修、举报等
091002	自来水管破裂	自来水管道破裂的抢修、举报等
091003	燃气管道破裂	燃气管道破裂的抢修、举报等
091004	热力管道破裂	热力管道破裂的抢修、举报等
091005	下水道堵塞	雨、污水管排水不畅、满溢的抢修、举报等
091006	道路积水	大面积积水影响通行的抢修、举报等

表A.1（续）

代码	类目名称	具体说明
091007	道路积雪结冰	道路大面积积雪结冰，影响通行的抢修、举报等
091008	架空线缆损坏	架空线缆下坠，存在安全隐患的抢修、举报等
091009	紧急安全通道	通道被占，不能快速通行的抢修、举报等
091099	其他应急抢修	未列入上述内容的应急抢修相关诉求
0911	街面秩序	
091101	无照经营游商	对流动摊贩（点）的举报、投诉等
091102	占道废品收购	对废品收购占用公共场所、道路的举报、投诉等
091103	店外经营	对主、次类道路上店外摆放物品，影响道路通行的举报、投诉等
091104	乱堆物堆料	对主次道路、公共场所无序堆放物品的举报、投诉等
091105	露天烧烤	对道路及公共场所内烧烤食物的举报、投诉等
091106	沿街晾挂	对主、次类道路沿街晾晒悬挂物品的举报、投诉等
091107	毁绿占绿	对非法占用绿地、毁坏绿化植被的举报、投诉等
091108	非法流动洗车	对非法在道路及公共场所流动洗车的举报、投诉等
091109	非法沿河占道洗车	对非法沿河占道洗车的举报、投诉等
091110	市容环卫责任人失职	对市容环卫责任人失职行为的投诉
091199	其他街面秩序	未列入上述内容的街面秩序问题相关诉求
0999	其他城乡建设类	
099900	其他城乡建设	未列入上述内容的城乡建设相关诉求
10	公共安全	
1001	社会治安	
100101	黄赌毒	对卖淫嫖娼，赌博，贩卖或吸食毒品的举报
100102	盗窃案件	对盗窃案件的举报
100103	骚扰电话	对骚扰电话、骚扰信息的举报、投诉等
100104	殴打伤害事故	反映人身伤害事故等暴力行为
100105	非法燃放烟花爆竹	对未经许可在规定地区、规定时间以外燃放烟花爆竹的举报、投诉等
100106	扰乱公共秩序	对纠集多人扰乱公共场所和交通秩序，抗拒、阻碍国家治安管理工作人员依法执行职务，情节严重行为的举报、投诉等
100107	非法集资	对未依照法定程序或相关部门批准而向社会公众筹集资金的举报
100108	诈骗传销	对以非法占有为目的，骗取公私财物的诈骗传销组织的举报、投诉等
100109	自杀	对自杀行为的举报、应急救援等
100110	动物保护	对动物虐待行为的举报，反映流浪动物安置问题等
100111	大型犬类管理	对非法饲养大型犬，大型犬咬人伤人等问题的举报、投诉等

附录七 苏州市地方标准：政府公共服务平台诉求分类与代码（DB3205）

DB3205/T 1005—2020

表 A.1（续）

代码	类目名称	具体说明
100112	监控设施管理	对监控设施的建议、咨询、报修等
100113	公共娱乐管理	对公共娱乐场所的建议、举报、投诉等
100114	群租房管理	对超过规定居住密度的群租房问题的举报、投诉等
100115	群众性活动治安管理	对体育比赛、演唱会、招聘会、展览会等群众性活动治安问题的建议、举报等
100116	犯罪线索举报	对犯罪事实、犯罪嫌疑人或其他犯罪线索进行举报
100117	案件侦查	对案件侦查相关线索的举报等
100199	其他社会治安	未列入上述内容的社会治安相关诉求
1002	消防安全	
100201	消防审批	对消防审批流程，消防许可证办理等问题的咨询及对服务人员态度的表扬和投诉
100202	消防验收	对消防验收流程等问题的咨询
100203	消防通道	对消防通道被占、堵塞等问题的建议，投诉等
100204	消防设施与器材	对消防设施与器材缺少、毁坏等问题的举报、投诉等
100205	消防救援	对消防救援中出现的安全问题的建议、投诉、举报等
100206	火灾调查	对火灾调查情况的咨询和相关问题的举报
100207	119平台	119平台咨询、举报、投诉、表扬等
100208	三合一场所安全	对三合一场所出现的消防安全问题的建议、投诉、举报等
100209	电动自行车安全	对电动自行车出现的消防安全问题的建议、投诉、举报等
100210	特定场所消防安全	对小商店、小学校、小医院、小餐馆、小旅馆、小棋牌室、小歌舞厅、小网吧、小美容、小微企业有关火灾隐患方面的投诉举报（不含三合一场所安全、群租房管理、电动自行车安全三大类的火灾隐患问题）
100299	其他消防安全	未列入上述内容的消防安全相关诉求
1003	重大突发事件	
100301	骚乱	对公众群体骚乱事件的举报等
100302	群体性上访	群体性上访事件的举报等
100303	恐怖事件	可疑恐怖分子、恐怖事件的举报等
100304	涉外突发事件	对涉及外交事务的突发事件的举报等
100305	金融安全事件	对危害经济活动安全的事件的举报等
100399	其他重大突发事件	未列入上述内容的重大突发事件相关诉求
1004	事故灾难	
100401	火灾	反映火灾及应急救援等问题
100402	燃气事故	反映燃气泄漏、爆炸等其他安全事故

表 A.1（续）

代码	类目名称	具体说明
100403	供水事故	反映与供水相关的、造成人员伤亡的安全事故
100404	供热事故	反映与供热相关的、造成人员伤亡的安全事故
100405	供电事故	反映与供电相关的、造成人员伤亡的安全事故
100406	地下管线事故	反映与地下管线相关的、造成人员伤亡的安全事故
100407	一氧化碳中毒	反映一氧化碳致人中毒的安全事故
100408	危险化学品	反映危险化学品泄漏的安全事故
100409	矿山事故	反映矿山塌陷、致人伤亡的安全事故
100410	建筑工程事故	反映建筑工程中的人员伤亡等其他安全事故
100411	特种设备事故	反映锅炉、压力容器、压力管道泄漏或爆炸等安全事故
100412	道路桥梁事故	反映道路桥梁垮塌等安全事故
100413	人防工程事故	反映人防工程毁坏、致人伤亡的安全事故
100414	生产安全事故	反映生产活动中发生的人员伤害和财产损失的安全事故
100415	环境生态破坏事件	反映人为或自然力量造成的生态破坏事件
100416	核事件及放射性污染	反映核泄漏、放射污染等安全事故
100499	其他事故灾难	未列入上述内容的事故灾难相关诉求
1005	公共卫生事件	
100501	鼠疫	反映由老鼠携带的鼠疫杆菌传播导致的群体感染事件
100502	炭疽	反映由炭疽杆菌所致，人畜共患的群体感染事件
100503	霍乱	反映因摄入的食物或水受到霍乱弧菌污染而引起的群体感染事件
100504	SARS	反映由SARS冠状病毒引起的群体呼吸道传染病事件
100505	流感	反映由流感病毒引起的群体呼吸道感染事件
100506	口蹄疫	反映由猪、牛、羊等主要家畜携带的口蹄疫病毒引起的群体感染事件
100507	高致病性禽流感	反映由禽类流行性感冒病毒引起的群体感染事件
100508	群体职业中毒事件	反映群体职业中毒事件（劳动者在生产劳动过程中由于接触生产性毒物引起的中毒）
100509	群体食物中毒事件	反映群体食物中毒事件（群体所进食物被细菌毒素污染，或食物含有毒素而引起的急性中毒性疾病）
100510	群体性不明原因疾病	对在较大人群范围内突然发生原因不明、具有传染性的严重疾病的反映
100599	其他公共卫生事件	未列入上述内容的公共卫生事件相关诉求
1006	自然灾害	
100601	洪涝	有关洪涝防护，救援救灾等事宜
100602	干旱	有关干旱防护，救援救灾等事宜

附录七　苏州市地方标准：政府公共服务平台诉求分类与代码（DB3205）

表 A.1（续）

代码	类目名称	具体说明
100603	地震	有关地震救援救灾和次生灾害的防护等事宜
100604	泥石流	有关泥石流防护，救援救灾等事宜
100605	滑坡	有关滑坡防护，救援救灾等事宜
100606	山体塌陷	有关山体塌陷的防护，救援等事宜
100607	大风及沙尘暴	有关对大风、沙尘暴等灾害性天气的防护、救援等事宜
100608	浓雾天气	有关浓雾天气（近地层空气中悬浮的无数小水滴或小冰晶造成水平能见度不足500米的一种天气现象）影响公共安全的咨询、救援等事宜
100609	冰雪天气	有关冰雪天气危害公共安全的救援救灾等事宜
100610	雷暴天气	有关雷暴天气造成人员财产损失的救援救护工作等事宜
100611	生物灾害	有关农作物病虫害、森林病虫害、蝗灾与鼠害、生物入侵等生物灾害的防护和治理等事宜
100612	森林火灾	有关森林火灾的防护与救援等事宜
100699	其他自然灾害	未列入上述内容的自然灾害相关诉求
1007	食品安全	
100701	餐饮店卫生	对餐饮店卫生问题的举报、投诉等等
100702	生产作坊卫生	对生产作坊卫生问题的举报、投诉等
100703	食物中毒	对食物致人中毒的举报、投诉等
100704	食物过期变质	对生产经营方生产、销售过期变质食物的举报、投诉等
100705	外卖监管	对外卖食品安全问题的监管、举报、投诉等
100706	食品添加剂	对食品添加剂的咨询、举报、投诉等
100707	食品认证	对无食品认证或认证虚假问题的举报、投诉等
100799	其他食品安全	未列入上述内容的食品安全相关诉求
1008	生产安全	
100801	危化品存储运输	对具有易燃、易爆、有毒、有害和放射性等特性的危险化学品，存储和运输中的安全保障问题的举报等
100802	生产安全隐患	对生产过程的安全隐患问题的举报等
100803	烟花爆竹生产	对存在安全问题的烟花爆竹生产的举报等
100804	建筑施工安全	对建筑施工安全问题的建议、投诉、举报等
100805	煤矿监管	对煤矿生产过程中的安全监管、举报等
100806	职业卫生	对各职业劳动过程中的卫生问题的投诉、举报等
100899	其他生产安全	未列入上述内容的生产安全相关诉求
1009	网络安全	

表 A.1（续）

代码	类目名称	具体说明
100901	网络诈骗	对以非法占有为目的，利用互联网采用虚构事实或者隐瞒真相的方法，骗取数额较大的公私财物的行为的举报等
100902	网络赌博	对以赌博网站、软件为媒介的网络赌博行为等的投诉、举报
100903	网络色情	对以色情网站、软件为媒介发生的色情传播、交易等行为的投诉、举报
100904	信息安全	对信息的保密性、真实性、完整性、未授权拷贝和所寄生系统的安全性的咨询、投诉、举报等，如个人信息被盗的投诉等
100999	其他网络安全	未列入上述内容的网络安全相关诉求
1010	特种设备	
101001	电梯问题	反映电梯停运、故障、困人等影响公共安全的问题
101002	液化气钢瓶问题	反映液化气钢瓶使用不当，存在安全隐患等问题
101099	其他特种设备	未列入上述内容的特种设备问题相关诉求
1011	人防工程	
101101	人防工程建设	对人防工程建设的咨询、建议，对安全隐患问题的投诉等
101102	应急救援包	对应急救援包的咨询、建议、投诉等
101103	防空警报	对防空警报（平时用于抗灾救灾和突发事故情况下的灾情预报和紧急报知，战时用于人民防空）的咨询、建议等
101104	疏散演练	对疏散演练（部门、单位、团体、组织相关应急人员和群众，针对突发事件的假想情景，按照应急预案所规定的职责和程序，在特定的时间和地域，执行应急响应任务的训练活动）的咨询、建议等
101199	其他人防工程	未列入上述内容的人防工程相关诉求
1012	国防军事	
101201	国防教育	对国防教育（国家对全体公民进行的具有特定目的和内容的普及性教育活动）的咨询、建议等
101202	国防安全	对国防安全教育（对全民传授与国防有关的思想、知识、技能的社会活动）的咨询、建议等，对危害国防安全行为的举报等
101203	武警	对武警（中国人民武装警察部队，担负国家赋予的国家内部安全保卫任务）的咨询、投诉、表扬等
101204	军事活动	对军事活动（有组织地使用武装力量的活动）的咨询等
101205	军事设施	对军事设施（使用于军事目的的工程建筑以及相应的组织机构和设备的统称）的咨询、举报等
101299	其他国防军事	未列入上述内容的国防军事相关诉求
1099	其他公共安全类	
109900	其他公共安全	未列入上述内容的公共安全相关诉求
11	环境保护	

33

附录七 苏州市地方标准：政府公共服务平台诉求分类与代码（DB3205）

表 A.1（续）

代码	类目名称	具体说明
1101	水污染	
110101	工业污水	对包括生产废水、生产污水以及冷却水等工业生产过程中产生的废水和废液的投诉、举报等
110102	餐饮污水	对餐饮业和单位食堂产生的残渣和废水或饭店、宾馆等饮食行业排放的含油潲水的投诉、举报等
110103	养殖污水	对养殖业产生的废水的投诉、举报等
110104	生活污水	对人类生活中使用的各种厨房用水、洗涤用水和卫生间用水所产生的排放水的咨询、投诉、举报等
110105	水体污染	对人类活动排放的污染物进入水体，引起水质下降、利用价值降低或丧失的现象的投诉、举报等
110106	水源地污染	对水源地污染情况的举报等
110199	其他水污染	未列入上述内容的水污染问题相关诉求
1102	噪声污染	
110201	商业生活噪声	对包括娱乐场所（酒吧、KTV）、固定设备（冷却塔、风机）、商业噪声等的投诉和举报
110202	交通运输噪声	对交通运输噪声的投诉等
110203	工业噪声	对工业企业噪声超标排放扰民行为的投诉等
110204	建筑施工噪声	对包括昼间施工、夜间施工产生噪音的投诉等
110205	民用生活噪声	对包括邻里、广场舞、装修、犬只噪声等的投诉和举报
110299	其他噪声污染	未列入上述内容的噪声污染问题相关诉求
1103	大气污染	
110301	室内空气污染	对室内空气污染问题的反映、投诉、举报等
110302	油烟排放	对饮食业油烟排放造成的空气污染问题的投诉等
110303	水灶浴室	对用水灶供应的浴室产生的空气污染问题的投诉等
110304	车辆尾气	对车辆排放的尾气造成的空气污染问题的投诉等
110305	垃圾焚烧	对垃圾焚烧产生的空气污染问题的投诉、举报等
110306	树叶秸秆焚烧	对树叶、秸秆焚烧产生的空气污染问题的投诉、举报等
110307	养殖异味	对养殖场或居民养殖产生的空气污染问题的投诉等
110308	地面扬尘	对地面上的尘土在风力、人为带动及其他带动飞扬而进入大气，造成空气污染问题的投诉、举报等
110309	颗粒物污染	对悬浮在空气中的固体或液体颗粒物，对生物和人体健康造成危害问题的反映等
110310	开水炉污染	对开水炉烧水产生的空气污染问题的投诉、举报等

表 A.1（续）

代码	类目名称	具体说明
110311	工业废气	对工业生产排放的废气造成的空气污染问题的投诉、举报等
110399	其他大气污染	未列入上述内容的大气污染问题相关诉求
1104	光污染	
110401	玻璃幕墙反光	对玻璃幕墙反光引起的光污染问题的投诉等
110402	汽车眩光	对汽车夜间行驶时照明用的头灯对他人视线产生影响问题的投诉等
110403	霓虹强光	对霓虹灯强光伤眼问题的投诉等
110499	其他光污染	未列入上述内容的光污染问题相关诉求
1105	土壤污染	
110501	土壤污染治理	对土壤污染治理问题的咨询、建议等
110599	其他土壤污染	未列入上述内容的土壤污染问题相关诉求
1106	固废污染	
110601	固体污染	对因不适当储存、利用、处理和排放固体废物，从而污染环境问题的投诉、举报等
110602	医疗废物污染	对由于违规处置医疗废物造成的污染问题的举报等
110699	其他固废污染	未列入上述内容的固废污染问题相关诉求
1107	辐射污染	
110701	电磁辐射污染	对电磁辐射造成的污染问题的举报等，常见来源为通信基站、高压线等
110799	其他辐射污染	未列入上述内容的辐射污染问题相关诉求
1108	环境监测	
110801	建设项目环境评价	对建设项目对周边环境造成污染的评价的咨询等
110802	环评监测与应急服务	对环境现状的监测和对污染源的监测，以及对环境污染的应急服务的咨询等
110899	其他环境监测	未列入上述内容的环境监测相关诉求
1109	污染防控	
110901	污水处理服务	对生产污水和生活污水处理服务的咨询、投诉等
110902	医疗废物安全管理	对医疗废物（医疗卫生机构在医疗、预防、保健以及其他相关活动中产生的具有直接或者间接感染性、毒性以及其他危害性的废物）安全管理问题的举报、投诉等
110903	放射源安全管理	对影响人体健康的放射源的安全管理问题的咨询、建议等
110904	居民饮用水安全保障	对居民饮用水的质量监测及安全保障问题的咨询、建议等
110905	生活垃圾无害化处理	对生活垃圾进行处理，使其不再污染环境，而且可以加以利用，变废为宝问题的咨询、建议等
110906	生态修复工作	对生态修复工作的建议、咨询等，如退耕还林，退耕还草，退耕还湖等

35

附录七 苏州市地方标准：政府公共服务平台诉求分类与代码（DB3205）

表 A.1（续）

代码	类目名称	具体说明
110907	节能减排工作	对节能减排（加强用能管理，采取技术上可行、经济上合理以及环境和社会可以承受的措施，从能源生产到消费的各个环节，降低消耗、减少损失和污染物排放、制止浪费，有效、合理地利用能源）工作的建议、咨询等
110999	其他污染防控	未列入上述内容的污染防控相关诉求
1199	其他环境保护类	
119900	其他环境保护	未列入上述内容的环境保护相关诉求
12	科教文体	
1201	科技信息	
120101	科技服务	对科技服务（以技术和知识向社会提供服务）、相关政策的咨询等
120102	科研工作	对科研工作的建议、咨询等
120103	信息技术	对信息技术（用于管理和处理信息的各种技术）的咨询等
120199	其他科技信息	未列入上述内容的科技信息相关诉求
1202	知识产权	
120201	知识产权保护	对知识产权保护（权利人的智力劳动所创作的成果享有的财产权利的保护）的建议、咨询、投诉、举报等
120202	知识产权交易	对知识产权交易（权利人的智力劳动所创作的成果享有的财产权利交易）的咨询、投诉等
120299	其他知识产权	未列入上述内容的知识产权相关诉求
1203	教育政策	
120301	学区划分	对学区划分的政策咨询、建议等
120302	学籍管理	对学生学籍管理政策的咨询、建议等
120303	幼儿园入学	对幼儿园入学政策的咨询、建议等
120304	小升初	对小学升入初中的教育考试政策的咨询、建议等
120305	中考	对中考教育政策的建议、咨询等
120306	高考	对高考教育政策的建议、咨询等
120307	免费义务教育	对九年义务教育政策的咨询、建议等
120308	高等教育	对高等教育政策的咨询、建议等
120309	学位证书	对学位证书发放政策的咨询等
120310	特殊教育事业	对特殊教育事业（对有特殊需要的儿童进行旨在达到一般和特殊培养目标的教育，如聋哑人教育等）的建议、咨询等
120311	教师资格证	对教师资格证的报考、颁发及其他方面的咨询等
120312	教师职称	对教师职称的评定、待遇等方面的咨询等
120313	教师待遇	对教师工资福利待遇政策的咨询、建议等

DB3205/T 1005—2020

表 A.1（续）

代码	类目名称	具体说明
120399	其他教育政策	未列入上述内容的教育政策相关诉求
1204	教育规范	
120401	校园安全	对校园安全问题的咨询、投诉等，包括学生在校期间的生命安全、财产安全、健康安全等
120402	校园欺凌	对校园欺凌现象的举报、投诉等，包括同学间欺负弱小、言语羞辱及敲诈勒索甚至殴打的行为等
120403	教学减负	对教学减负问题的咨询、建议等，包括减轻学生过重的课业和心理负担等
120404	假期补课	对假期补课现象的咨询、举报等，包括学生寒暑假期间补习上课等现象
120405	家校通	对家校通有关的咨询、建议等，包括家长和学校、老师的通讯联系等
120406	食堂管理	对食堂管理有关方面的建议、投诉等，包括学校食堂环境、卫生安全、服务等
120407	校车管理	对校车管理的咨询、建议等，包括校车接送时间地点安全、校车管理人员服务等
120408	校园设施	对校园设施有关问题的建议、投诉等，包括澡堂、多媒体设施、宿舍饮水机等设施
120409	心理咨询室	对心理咨询室相关问题的咨询、建议等，包括师资配置、咨询水平等
120410	师德师风	对师德师风问题的建议、投诉等，包括教师的职业道德、风尚风气、受贿行为等
120411	校风校纪	对校风校纪问题的建议、投诉等，包括学校的学风纪律等
120412	课程设置	对学校的课程设置管理的建议、投诉等
120413	教育E卡通	对教育E卡通相关问题的咨询、求助等，如E卡通的重办、充值等
120499	其他教育规范	未列入上述内容的教育规范相关诉求
1205	教育资助	
120501	普惠性学前教育资助	针对家庭经济困难儿童提供学前教育资助的资助事项
120502	生活费补助	针对义务教育阶段家庭经济困难学生提供生活费补助的资助事项
120503	中专国家助学金	针对全日制一、二年级在校涉农专业中等职业教育学生和非涉农专业家庭经济困难学生提供国家助学金等的资助事项
120504	中专免学费	针对全日制在校学生和非全日制正式学籍一、二年级在校生中涉农专业学生免学费的资助事项
120505	普通高中助学金	针对家庭经济困难学生提供高中助学金的资助事项
120506	高中学生免学杂费	针对在普通高中学习的建档立卡家庭经济困难学生免学杂费的资助事项
120507	大学生助学贷款	针对家庭经济困难的普通高校新生和在校生用于在校期间费用的助学贷款的资助事项
120599	其他教育资助	未列入上述内容的教育资助相关诉求

37

附录七　苏州市地方标准：政府公共服务平台诉求分类与代码（DB3205）

DB3205/T 1005—2020

表 A.1（续）

代码	类目名称	具体说明
1206	社会教育	
120601	民办学校	对民办学校（国家机构以外的社会组织或者个人，利用非国家财政性经费，面向社会依法举办的学校或其他教育机构）信息的咨询、投诉等
120602	艺能培训	对艺能培训信息的咨询、建议等
120603	职业等级证书	对职业等级证书（表明劳动者具有从事某一职业所必备的学识和技能的证明）报考服务的咨询等
120604	老年大学	对老年人的有组织性的学校信息的咨询、建议等
120699	其他社会教育	未列入上述内容的社会教育相关诉求
1207	文化服务	
120701	公共文化设施开放	对公共文化设施开放服务的咨询、建议等，包括公共图书馆（室）、文化馆（站）、公共博物馆（非文物建筑及遗址类）、公共美术馆等公共文化设施免费开放，免费提供基本服务项目等
120702	读书看报	对读书看报服务的咨询、建议、投诉等，包括在居民小区等人流密集地点设置公共阅报栏（屏），免费提供各类新闻和信息服务义务为盲人提供盲文出版物订购服务县级以上各级政府每年举办读书节信息等
120703	数字文化服务	对数字文化服务（文化资源通过互联网技术进行生产、消费的过程）相关的咨询、建议等，的咨询、建议等
120704	文博场馆服务	对文物建筑、博物馆、艺术馆等服务的咨询、建议等，包括针对未成年人、老年人、现役军人、残疾人和低收入人群参观文物建筑及遗址类博物馆服务等
120705	公共图书馆	对由国家中央或地方政府管理、资助和支持的、免费为社会公众服务的图书馆的咨询、建议、投诉等
120706	档案服务	对有关档案服务的咨询、建议等，包括档案收集、档案整理、档案价值鉴定、档案保管、档案编目和档案检索、档案统计、档案编辑和研究、档案提供利用等
120707	公益性流动文化服务	对公益性流动文化服务的咨询、投诉等，包括免费提供电影放映、文艺演出、图片展览、图书销售和借阅等
120799	其他文化服务	未列入上述内容的文化服务相关诉求
1208	广播电视	
120801	广播服务	对广播服务的咨询、投诉、建议等
120802	电视服务	对有线网络的咨询、投诉、建议等
120803	电影服务	对电影服务的咨询、投诉、建议等
120899	其他广播电视	未列入上述内容的广播电视相关诉求
1209	新闻出版	

表 A.1（续）

代码	类目名称	具体说明
120901	新闻出版	对新闻出版业的生产、经营、管理的咨询、投诉、建议等
120902	音像制品	对录有内容的录音带、录像带、唱片、激光唱盘和激光视盘等，包括音像软件，学习软件的咨询、投诉、建议等
120999	其他新闻出版	未列入上述内容的新闻出版相关诉求
1210	文物考古	
121001	文物保护	对具有历史价值、文化价值、科学价值的历史遗留物采取的一系列防止其受到损害的措施的投诉、建议等
121002	文化遗产保护	对物质、非物质、地方性、世界性文化遗产的投诉、建议等
121099	其他文物考古	未列入上述内容的文物考古相关诉求
1211	体育娱乐	
121101	全民健身场所和器材	对全民健身场所和器材的咨询、投诉、建议等
121102	全民健身服务	对全民健身服务（如全民健身大讲堂）等的咨询、投诉、建议等
121103	公共体育场馆	对公共体育场所的咨询、投诉、建议等
121104	体育竞技	对体育竞赛的咨询、投诉、建议等
121105	体育产业	对体育产业（为社会提供体育产品的同一类经济活动的集合以及同类经济部门的综合）的咨询、投诉、建议等
121106	体育彩票销售管理	对体育彩票销售管理（体育部门督促彩票中心加强对销售全过程的监管力度，尤其是设奖、验票、兑奖、开奖、中奖彩票查询、公证等关键环节）的咨询、投诉、建议等
121107	网吧管理	对网吧管理的咨询、投诉、建议等
121108	娱乐场所管理	对娱乐场所管理的咨询、投诉、建议等
121109	营业性演出场所管理	对营业性演出场所管理的咨询、投诉、建议等
121199	其他体育娱乐	未列入上述内容的体育娱乐相关诉求
1212	旅游服务	
121201	导游员	对导游员服务的投诉、建议等，以及导游员自身提出的投诉、建议等
121202	旅行社	旅行社相关服务的咨询、投诉等
121203	星级饭店	星级饭店相关服务的咨询、投诉等
121204	非星级饭店	非星级饭店相关服务的咨询、投诉等
121205	A级景区	A级景区的治安、环境、设施管理等方面的咨询、建议等
121206	其他景区	非A级景区的治安、环境、设施管理等方面的咨询、建议等
121207	园林年卡	苏州园林卡办理、使用的相关咨询等
121208	休闲年卡	休闲年卡办理、使用的相关咨询等
121209	旅游公共服务	旅游公共服务的咨询、建议等

附录七 苏州市地方标准：政府公共服务平台诉求分类与代码（DB3205）

表A.1（续）

代码	类目名称	具体说明
121299	其他旅游服务	未列入上述内容的旅游服务相关诉求
1299	其他科教文体类	
129900	其他科教文体	未列入上述内容的科教文体相关诉求
13	农林牧渔	
1301	农业	
130101	农民权益保障	有关农民权益保障政策的咨询、建议、投诉等
130102	村民选举	有关村民选举宣传投票的咨询、投诉、举报等
130103	村务公开	有关村务信息的咨询、投诉、举报等
130104	农业资源	有关农业自然资源和农业经济资源的咨询等
130105	农田灌溉	有关农业耕作区进行的灌溉作业的咨询、建议等
130106	土地承包	有关土地承包期限、合同、保护的咨询等
130107	粮油收购	有关粮油最低收购价格、销售交易的咨询等
130108	粮站管理	有关粮站管理的咨询、建议等
130109	农资管理	有关农资管理质量检测、监管信息的咨询、建议等
130110	农技指导	有关农业技术指导的咨询、建议等
130111	农业机械化	有关农业机械装备的咨询、建议等
130112	农副产品加工	有关农副产品加工的咨询、建议等
130113	非法种植	有关在不允许种植的区域内种植各类植物、作物行为的投诉、举报等
130199	其他农业	未列入上述内容的农业相关诉求
1302	林业	
130201	林业管理	有关林业安全管理、经营管理的咨询、建议等
130202	野生动物保护	有关野生动物保护的咨询、举报等
130203	林业保护	有关林业（如火灾、乱砍乱伐）保护的咨询、举报、投诉等
130299	其他林业	未列入上述内容的林业相关诉求
1303	畜牧业	
130301	动物防疫	有关动物疫情的咨询、举报等
130302	家畜禽类屠宰	有关家畜禽类屠宰安全问题的咨询、举报等
130303	病死畜禽问题	有关病死畜禽问题的咨询、举报等，如违法加工贩卖病死畜禽等
130399	其他畜牧业	未列入上述内容的畜牧业相关诉求
1304	渔业	
130401	渔业养殖	有关渔业养殖政策的咨询、建议、举报等
130402	非法捕捞	有关非法捕捞的咨询、举报、投诉等，如违法电鱼，在休渔期捕鱼等

表A.1（续）

代码	类目名称	具体说明
130403	休渔期管理	有关休渔期管理的咨询、建议等
130404	海域使用秩序	有关海域使用秩序的咨询、举报等
130405	海岛生态保护	有关海岛生态保护的咨询、举报等
130406	海岛使用	有关海岛使用的咨询、投诉、举报等
130499	其他渔业	未列入上述内容的渔业相关诉求
1305	水利	
130501	非法采砂	有关非法获取矿产资源的投诉、举报等
130502	私采地下水	有关企业、个体大规模取用水资源、取水资格证的投诉、举报等
130503	河道疏浚	有关河道挖宽挖深的投诉、举报等
130504	防汛抗旱	有关防台风、防风暴潮、防干旱等的投诉、举报等
130505	河道水质	有关河道水体质量、安全的投诉、举报等
130506	河岸管理	有关河岸植被、河岸带的投诉、举报等
130507	河面管理	有关水污染、河面垃圾的投诉、举报等
130508	河堤管理	有关河面水位、防堤设施的投诉、举报等
130509	水利工程建设管理	有关水利工程设施管理的投诉、建议等
130599	其他水利	未列入上述内容的水利相关诉求
1306	矿产能源	
130601	能源	有关矿产能源的咨询、建议、投诉等
130602	燃料燃气	有关燃料燃气的咨询、建议、投诉等
130603	矿产资源管理	有关矿产资源管理的咨询、建议、投诉等
130699	其他矿产能源	未列入上述内容的矿产能源相关诉求
1307	国土资源	
130701	耕地保护	有关种植农作物的土地数量、质量保护的咨询、建议等
130702	土地征收	有关土地征收的咨询、建议等
130703	复耕复垦	有关复耕复垦的咨询、建议等
130704	违规占地	有关违规占地的投诉、举报等
130705	用地性质改变	有关用地性质改变的投诉、举报等
130706	土地流转	有关土地流转的咨询、投诉、举报等
130707	土地（山林）承包纠纷	有关土地（山林）承包纠纷的咨询等
130708	农宅管理	农宅政策、农宅翻建、超占面积、一户二宅、非法买卖、征地补偿、收储地块管理等
130799	其他国土资源	未列入上述内容的国土资源相关诉求

附录七 苏州市地方标准：政府公共服务平台诉求分类与代码（DB3205）

表 A.1（续）

代码	类目名称	具体说明
1308	气象地理	
130801	气象服务	天气预报和气象灾害预警的服务事项等
130802	水文服务	有效保护水资源、促进水资源合理开发利用、减少水旱灾害损失的服务事项等
130803	地理信息测绘	地理信息测绘服务事项等
130804	地震服务	地震应急消息、地震逃离演练、实时信息的服务事项
130899	其他气象地理	未列入上述内容的气象地理相关诉求
1399	其他农林牧渔类	
139900	其他农林牧渔	未列入上述内容的农林牧渔相关诉求
14	**政法监察**	
1401	法制法规	
140101	法律法规咨询	向法律工作者(包括律师、法学专家、司法工作人员)请求咨询某一法律问题的求助
140102	行政复议	行政复议（具有法律上利害关系的人，认为行政机关所作出的行政行为侵犯其合法权益，依法向具有法定权限的行政机关申请复议，由复议机关依法对被申请行政行为合法性和合理性进行审查并作出决定的活动和制度）咨询等服务事项
140199	其他法制法规	未列入上述内容的法制法规相关诉求
1402	司法公正	
140201	检察院	针对检察院的投诉、举报等
140202	法院	针对法院的投诉、举报等
140203	律师	针对律师的投诉、举报等
140204	律师事务所	对律师事务所的投诉、举报等
140205	司法鉴定单位	对司法鉴定单位的投诉、举报等
140206	公证人员	对公证人员的投诉、举报等
140207	公证处管理	对公证处管理的投诉、举报等
140299	其他司法公正	未列入上述内容的司法公正相关诉求
1403	司法救助	
140301	法律援助	针对经济困难或特殊案件的人无偿提供法律咨询的服务事项
140302	强制隔离戒毒	由公安机关下达，属行政强制措施强制隔离戒毒的服务事项
140303	社区矫正	针对被判处管制、宣告缓刑、裁定假释、暂予监外执行这四类犯罪行为较轻的对象所实施的非监禁性矫正刑罚的服务事项
140304	纠纷调解	涉及法律问题的纠纷由司法部门予以调解的服务事项

表 A.1（续）

代码	类目名称	具体说明
140399	其他司法救助	未列入上述内容的司法救助相关诉求
1404	监狱监管	
140401	监狱管理	对监狱、高层、中层管理者培训的咨询、投诉、举报等
140402	监狱工作监督	对监狱工作的投诉、举报等
140499	其他监狱监管	未列入上述内容的监狱监管相关诉求
1405	行业监管	
140501	邮政监管	对邮政行业的投诉、举报等服务事项
140502	烟草监管	对烟草行业的投诉、举报等服务事项
140503	金融监管	对金融行业的投诉、举报等服务事项
140504	证券监管	对证券行业的投诉、举报等服务事项
140505	保险监管	对保险行业的投诉、举报等服务事项
140506	检验检疫管理	对检验检疫局的投诉、举报等服务事项
140507	银行监管	对银行的投诉、举报等服务事项
140508	无线电监管	对无线电的投诉、举报等服务事项
140509	盐务监管	对盐务的投诉、举报等服务事项
140510	供销合作社管理	对供销合作社的投诉、举报等服务事项
140511	粮食监管	对粮食局的投诉、举报等服务事项
140512	水电气暖监管	对水电气暖的投诉、举报等服务事项
140599	其他行业监管	未列入上述内容的行业监管相关诉求
1406	作风效能	
140601	服务态度	对服务态度的举报、投诉等
140602	办事拖拉	对办事拖延不及时的举报、投诉等
140603	推诿扯皮	对推卸责任，毫无必要地争论的举报、投诉等
140604	违反工作纪律	对履职不当，损害人民群众利益的举报、投诉等
140605	违反工作流程	对违反工作要求的程序的举报、投诉等
140606	工作表扬	表扬部门及工作人员
140699	其他作风效能	未列入上述内容的作风效能问题相关诉求
1407	违法违纪	
140701	大办酒宴	对责任范围内的干部职工利用婚丧事宜大操大办酒席、借机敛财的行为的举报、投诉等
140702	公车私用	对政机关以及全额拨款事业单位用车被私人使用事件的投诉、举报等

附录七 苏州市地方标准：政府公共服务平台诉求分类与代码（DB3205）

表 A.1（续）

代码	类目名称	具体说明
140703	接受宴请和馈赠	对党员领导干部接受可能影响公正执行公务的礼品、宴请和其他服务的行为的投诉、举报等
140704	违规收费	对某些机构、部门、人员以不符合正式法律法规的名目进行敛财的行为的举报、投诉等
140705	不规范执法	对野蛮执法、违法执法现象的举报、投诉等
140706	泄密报复	对泄露国家机密和以公权力报复他人行为的举报、投诉等
140707	滥用职权	对国家机关工作人员故意逾越职权，不按或违反法律决定、处理其无权决定、处理的事项，或者违反规定处理公务，致使侵吞公共财产、国家和人民遭受重大财产损失等行为的举报、投诉等
140708	收贿受贿	对国家工作人员利用职务上的便利，索取他人财物，或者非法收受他人财物，为他人谋取利益的行为的举报、投诉等
140799	其他违法违纪	未列入上述内容的违法违纪问题相关诉求
1499	其他政法监察类	
149900	其他政法监察	未列入上述内容的政法监察相关诉求
15	**政务党团**	
1501	中共党务	
150101	党员管理	党员管理的咨询等
150102	党组织关系	党组织关系的咨询等，如党员关系转入转出等事宜
150199	其他中共党务	未列入上述内容的中共党务相关诉求
1502	党派团体	
150201	民主党派	民主党派的监督管理等
150202	共青团	共青团的监督管理等
150203	妇联	妇联的监督管理等
150299	其他党派团体	未列入上述内容的党派团体相关诉求
1503	人大政协	
150301	人大工作	人大工作的投诉、举报等
150302	政协工作	政协工作的投诉、举报等
1504	民族宗教	
150401	民族管理	民族区域自治的服务事项等
150402	宗教管理	宗教管理的服务事项等
1505	港澳台工作	
150501	香港澳门工作	特别行政区，高度自治权的服务事项等
150502	台湾工作	台湾收复协商等

表 A.1（续）

代码	类目名称	具体说明
1506	侨务外事	
150601	侨务工作	保护华侨、归侨和侨眷的正当权益的咨询
150602	外事工作	涉外事务的咨询、建议等
1507	机关事务	
150701	机关事务工作	有关国家有关机关事务工作的法规政策咨询、建议等
1508	政务在线	
150801	12345热线	融合政府各职能部门服务热线，建设互联网和电话等全媒体服务渠道的咨询、建议等，不含已有工单事项的进度查询
150802	政务服务	政务信息咨询、建议等
150803	政府类互联网	政府机构所属网站的咨询、建议等
150804	非受理范围	非受理范围内的诉求
150805	工单进度查询	涉及咨询各类工单进展情况、处置结果的相关诉求
1599	其他政务党团类	
159900	其他政务党团	未列入上述内容的政务党团相关诉求

附录七　苏州市地方标准：政府公共服务平台诉求分类与代码（DB3205）

参 考 文 献

[1]　GB/T 21063.4—2007 政务信息资源类目体系 第4部分：政务信息资源分类
[2]　Classification of the Functions of Government (COFOG), 1999 version
[3]　《"十三五"国家基本公共服务清单》（国发〔2017〕9号）.2017.01.23
[4]　《江苏省"十三五"时期基本公共服务清单》（苏政办发〔2017〕65号）.2017.06.01
[5]　刘佳琦.当前中国公民诉求的两种类型及其影响因素[J].政治与法律.2011
[6]　李军鹏.论中国政府公共服务产品职能[J].国家行政学院报.2003(4)
[7]　贾博.公共服务的理论比较[J].学习论坛 2012(3)
[8]　(美)罗伯特.B.登哈特，珍妮特.V.登哈特.新公共服务：服务而不是掌舵[M].中国人民出版社.1974
[9]　Partick Dunleavy. Digital Era Govenmance: IT Corporations, the State, and E-Govenment[M]. Oxford University Press, 2006
[10]　耿瑞利.中美政务信息资源分类体系对比研究.情报杂志[J].2010(11)
[11]　田景熙，洪琢.电子政务信息系统规划与建设[M].北京：人民邮电出版社，2010
[12]　宋麗玉，曾华源等主编.社会工作理论——处遇模式与案例分析[M].明詹北：洪叶文化事业有限公司.2000
[13]　师海玲，范燕宁.社会生态系统理论阐释下的人类行为与社会环境叨.首都师范大学学报（社会科学版）.2005(4)
[14]　Bronfenbrenner, U, (1989). Ecological Systems theory. In R. Vasts (Ed.) Annals of child development. (V01.6). Greenwich, CT: Jai Press
[15]　杨颖.公共服务的概念、分类及供给主体创新研究[C].第七届中国科技政策与管理学术年会论文集.2011
[16]　Miller, G.A., The magical number seven plus or minus two: Some limits on our capacity for processing information. Psychological Review, 1956
[17]　喻柏林，荆其诚.汉语语词的短时记忆广度.心理学报.1985(4)
[18]　杨绪明.新词语的族聚特征及其社会文化心理[J].语言教学与研究.2014(1)
[19]　詹文都，董斌.新加坡电子政府的基本经验及启示[J].东南亚纵横.2008(10)
[20]　陈云.电子政务多渠道递送公共服务———对澳大利亚Centrelink的案例研究[J].云南行政学院学报.2011(11)
[21]　黄全义;夏金超;杨秀中;宋玉刚.城市公共安全大数据[J].地理空间信息.2017,15(7)

后　记

尽管本书对我而言是一项跨界研究，但由于个人兴趣和课题本身之意义所在，我和团队成员经过几年的同心协作和艰苦努力，我们不仅如愿实现了当初的研究预期，而且收获了深厚的友谊和宝贵的团队精神！

本课题立项之初，笔者调任另一所大学任职。因此，对原先的团队组成进行了必要调整。新组建的研究团队由原先苏州大学江波教授、傅强副研究员和苏州科技大学陆道平教授、蔡怡教授、邵爱国副教授、马彦副教授、孙建群副教授、钱佳副教授、孙园博士、戴西伦博士组成。

研究工作分为两个部分：第一部分是根据课题设计时所确立的三个研究目标展开，即理论梳理和分析、模式分析与机制创新研究和标准化研究。

首先，我们运用 CiteSpace 软件对中国学术期刊网络出版总库（CNKI）相关数据进行系统分析（如发文量、发文机构、研究者以及研究内容聚焦等方面），并以可视化方式呈现出中国学界有关公共服务均等化研究的基本现状。据此明晰城乡公共服务均等化的概念理解，并系统梳理和深入分析中国城乡公共服务的发展历史，探索性地提出公共服务均等化的城乡发展目标向度。这部分研究内容构成了本书第一章"公共服务均等化研究的背景、历史与目标"，由陆道平教授具体负责。

其次，拟构建"五位一体"（即"改革财政制度、服务供给制度、民意表达制度、监督评价制度、健全法律制度"）和"六级联动"（即"城乡基础教育、城乡医疗、城乡就业、城乡社会保障、城乡基础设施、城乡公共文化")的城乡公共服务均等化运行机制，这是本书设计之初的主要目的或愿景，也是本书研究之核心内容之一。通过问卷调查和实地深度访谈，我们获取了大量调查数据和20多万字的原始访谈素材。通过数据分析和素材研读，我们不仅基本掌握了乡镇居民对城乡公共服务均等化的重要性理解、进展认知程度以及满意度状况，而且对苏南、苏中和苏北地区城乡公共服务均等化实践进行了模式化总结和凝练，在此基础上，系统研读和深刻领会国家文件精神，试图构建以"五位一体"为"经"、"六级联动"为"纬"的城乡公共服务均等化机制，力求寻找能够统筹协调解决现实难题的有效方法，指导政府完善相关机制，提升公共服务水平，消除公共服务均等化的机制性障碍。这部分研究工作构成了本书第二章"城乡公共服务均等化模式分析与机制创新"，由笔者负责，马彦和孙建群、钱佳三位老师协助。

最后，系统开展公共服务标准化研究，探索以公共服务标准化助推城乡公共服务均等化的方法和路径。我们认为，公共服务标准化、均等化是加快完善公共服务体系的首要任务，但"标准化"与"均等化"并非并列关系，而是手段与目标、过程与结果的关系。基于这样的理解和思考，我们主要参与了苏州市综合服务标准化建设工作，拥有了比较系统的理论研究成果和实践探索经验积累，这使我们萌生了"标准化助推均等化"的研究初念，并借此作为本书研究目标和创新点之一。我们以苏州市为个案，通过文献研读、问卷调查、案例分析等方法，获取到大量数据和资讯，借此对公共服务标准化等系列相关概念进行梳理和分析，对公共服务标准化指标制定流程和运行保障机制进行了分析和探索，并基于苏州市公共服务标准化水平、公共服务效能、城市综合竞争力以及居民满意度等调查数据，对苏州市公共服务标准化影响机制进行了系统而深入的实证分析，得出比较可靠的研究结论。2020年，我们为苏州市人民政府研制了《政府公共服务平台诉求分类与代码》（苏州市地方标准，编号：DB3205；发布时间：2020年9月21日）。这部分研究工作构成了本书第三章"城乡公共服务均等化之助推——公共服务标准化研究"，由笔者和江波教授共同负责。

以上三方面的研究内容，是本课题设计之初所确立的三个主要研究目标，也是本课题最终研究成果的主体部分，即本书之"总论"。

本书的第二部分为"分论"部分。基于问卷调查和实地访谈所获取的大量第一手素材和相关二手资料，我们分别形成了"城乡基础教育发展均衡化研究""城乡基本公共卫生服务均等化研究""城乡基本社会保障均等化研究""城乡基本公共就业服务均衡化研究""城乡公共体育服务均等化研究""公共文化服务均等化研究"六份研究报告，这系列研究报告提交苏州市人民政府研究室，并获得了充分肯定。这些研究报告不仅是对拥有相对成功的苏州市城乡公共服务均等化的经验总结，也有融合了国内其他地区一些成功实践经验、理论探索成果的比较分析，为地方政府有效、稳步推进城乡公共服务均等化工作可持续发展提供了比较可靠的决策咨询理论依据。这样的研究安排，比较直观地呈现了江苏尤其是苏州市城乡公共服务均等化之状况及经验，不仅有效支撑了"总论"部分，而且从"总论"与"分论"之间的逻辑关系中，也可以领略到城乡公共服务均等化"一般"与"特殊"、"面"与"点"的关系。

具体而言，本书第四章"城乡基础教育发展均衡化研究"由蔡怡教授具体负责；第五章"城乡基本公共卫生服务均等化研究"由傅强副研究员具体负责；第六章"城乡基本社会保障均等化"由马彦副教授具体负责；第七章"城乡公共就业服务均等化研究"由邵爱国副教授具体负责；第八章"城乡公共体育服务均等化研究"由孙园博士具体负责；第九章"公共文化服务均等化研究"由戴西伦博士负责。笔者最后对全书进行了统稿。

本书研究开展过程中，得到了苏州科技大学教育学院院长韦洪涛教授的大力支持；在书稿出版过程中，得到了中国社会科学出版社孙萍老师、涂世斌老师等编校老师和苏州大学人文社科处张婷婷老师的精心指导和帮助，在此一并表示感谢！

田晓明
2024年7月30日于积微居